Manuel Du Cultivateur Provençal, Ou Cours D'agriculture Simplifié Pour Le Midi De L'europe Et Le Nord De L'afrique...

Henri Laure

MANUEL

DU

CULTIVATEUR PROVENÇAL.

Toulon. — Imprimerie Bellue, dirigée par A. Baume,
rue Royale 50.

MANUEL

DU

CULTIVATEUR PROVENÇAL

OU

COURS D'AGRICULTURE SIMPLIFIÉE

POUR LE MIDI DE L'EUROPE

ET LE NORD DE L'AFRIQUE,

PAR H. LAURE,

Propriétaire cultivateur, Secrétaire du Comice Agricole de l'arrondissement de Toulon, Membre correspondant de la Société Royale et centrale d'agriculture, de l'Académie Royale de Marseille, et de plusieurs autres Sociétés savantes et agricoles de Paris, Aix, Draguignan et Toulon.

TOME SECOND.

A TOULON

CHEZ L'AUTEUR,

DÉPÔT CHEZ TEISSEIRE, MARCHAND PAPETIER,

RUE DES CHAUDRONNIERS,

En face du vieux Palais de justice.

Et chez les principaux libraires de la Provence.

1839.

Le dépôt exigé par la loi a été fait. Tout exemplaire dont le second volume ne sera pas revêtu du paraphe de l'auteur sera réputé contrefait, et le contrefacteur ou débitant de contrefaçon sera poursuivi devant les tribunaux.

G. Laurent

Nota. Les caractères italiques désignent les mots latins et provençaux et les noms vulgaires.

Il m'est enfin permis d'offrir le second et dernier volume du **Manuel du Cultivateur Provençal** *aux personnes qui, ayant eu foi en mes promesses, n'ont pas craint de souscrire au premier volume de cet ouvrage. C'est à l'encouragement donné par elles à mes travaux qu'est dû l'accomplissement de la composition et de l'impression de mon Manuel. Je ne puis mieux leur en témoigner ma reconnaissance qu'en plaçant leur nom à la fin de ce second volume.*

J'espérais faire paraître plutôt ce dernier volume, mais la vie humaine est traversée par tant de contrariétés, par tant de vicissitudes et souvent par de si grands malheurs, qu'il n'est pas toujours possible de mettre à exécution les projets les mieux arrêtés. J'étais loin de penser, lorsque je me préparais à la publication de mon Manuel pour les premiers mois de l'année 1839*, que le coup le plus terrible était prêt à me frapper, que j'aurais sous peu de jours à pleurer le plus jeune de mes fils, de ce fils qui, concurremment avec mes autres enfans, fesait le charme de mon existence, de ce fils qui, ayant parcouru le Mont-Liban en* 1836*, a coopéré à l'un des articles les plus intéressants du premier volume de mon ouvrage,*

(a) *de ce fils enfin qu'un cruel destin venait de pousser à l'âge de vingt-deux ans, sur les côtes infectes du Mexique, où déjà il commandait un bâtiment et où il est mort victime de la fièvre jaune. La nouvelle de ce trop funeste évènement dût nécessairement abattre mes forces et suspendre mes travaux. Si donc j'ai tardé jusqu'à présent de mettre à jour et de publier le complément du* Manuel du Cultivateur Provençal., *on vient d'en voir la cause. Je ne doute pas qu'elle ne m'excuse auprès de tous ceux en qui tout sentiment de sensibilité n'est pas éteint.*

Maintenant que je suis arrivé au but, j'avoue qu'il a fallu être animé d'un grand courage pour oser entreprendre l'impression d'un ouvrage d'une aussi longue portée dans une ville de province. Vainement on désire la décentralisation de la Capitale; le moment n'est pas venu pour certains travaux; on ne peut encore espérer de trouver dans nos ateliers d'imprimerie, ce qui ne manque jamais dans ceux de Paris; habitude et habileté de la part des compositeurs, beauté et abondance des caractères. Cependant il y aurait ingratitude de ma part, si je ne rendais justice au zèle, aux talens et à la sagacité de M. André BAUME, chef d'atelier de l'imprimerie d'où mon livre est sorti. Mais M. Baume n'a pu tout voir, et surtout il n'a pu tout faire; il a donc fallu que les épreuves fussent quelquefois corrigées par d'autres que par lui. Qu'en est-il résulté? qu'il s'est glissé dans mon Manuel des fautes qui semblent devoir m'être attribuées, et dont je suis très innocent. Ainsi à la ligne 11 *page* 150 *du* 2e *volume, on lit : Cet arbre un des plus hauts et des plus incorruptibles*

(a) Article Cèdre.

de nos forêts *de la France*, *au lieu de* : *Cet arbre un des plus hauts et des plus incorruptibles* des forêts *de la France*. *Je le demande au lecteur le plus bénévole. Ne croirait-il pas*, *si je ne l'en prévenais*, *que cette locution fautive est de mon fait*; *et pourtant elle est une erreur de l'ouvrier*, *qui a été chargé de corriger les dernières annotations*, *apposées par moi sur les marges de la seconde épreuve*. *Qui ne doute alors que de pareilles erreurs se seront répétées*. *Ce n'est pas que je prétende que le style de mon livre soit rigoureusement pur de ces expressions qu'on est convenu d'appeler du provençalisme*; *mais je préviens que j'ai veillé à ce qu'il m'en échappât le moins possible*, *et c'est tout ce qu'on est en droit d'attendre de la part d'un auteur*, *grandi durant nos tourmentes révolutionnaires*, *forcé de se donner lui-même l'instruction dont il était si avide et composant son livre au milieu des champs de la Provence*.

AVIS DES ÉDITEURS.

Ce qui précède nous dispense de donner un *errata* dont la préparation eût demandé un temps assez long. Nous savons que la publication du *Manuel du Cultivateur provençal* est vivement désirée. C'est donc nous rendre au vœu d'un grand nombre de nos propriétaires ruraux que de ne pas la retarder davantage.

Le second volume du *Manuel du Cultivateur provençal*, contenant plus de matières que l'auteur ne le supposait, et conséquemment ayant exigé plus de feuilles d'impression que le premier volume, ce qui en a augmenté considérablement les frais, nous sommes forcés de porter le prix de l'ouvrage à 13 f. 50 c., au lieu de 12 f., ainsi que M. Laure, dans son *Catéchisme agricole*, l'avait annoncé. Cependant il ne sera rien changé aux promesses faites à MM. les souscripteurs au premier volume.

MANUEL

DU

CULTIVATEUR PROVENÇAL.

GAU.

GAUDE, espèce du genre Réséda. Voyez ce mot.

GAZON D'OLYMPE. Voyez Statice.

GENÊT, genre de la famille des légumineuses dont plusieurs espèces croissent naturellement en Provence. Celle dont je dois m'occuper plus particulièrement est le GENÊT D'ESPAGNE, *Spartium junceum*, Lin., *Ginesto* en provençal. Il faut convenir que si la base de nos montagnes calcaires n'était pas couverte par cette espèce de genêt, nous nous empresserions de la placer dans nos jardins; car il est peu d'arbrisseaux qui offrent des fleurs aussi nombreuses, aussi bien colorées en jaune et d'une odeur aussi suave. Il n'est pas jusqu'à ses tiges, toujours vertes et ressemblant à des joncs, qui ne donnent à ce charmant arbrisseau un aspect des plus agréables. Le seul inconvénient qui nuit pourtant à son port, c'est que ses feuilles sont très petites et si distantes les unes des autres, qu'il en semble entièrement privé.

Le Genêt d'Espagne, si commun dans les pays calcaires de la Provence, est très rare dans la bande granitique du département du Var, où je ne me rappelle pas d'en avoir trouvé un seul pied venu naturellement, et pourtant une fois qu'il y est transplanté, il y réussit très bien. C'est même dans ces contrées que j'ai vu des pieds d'une grosseur telle que je n'ai pas vu leur pareil sur nos montagnes calcaires.

Si, ne pouvant se procurer des pieds de Genêt d'Espagne, on a recours à ses graines, ce sera dans les premiers jours du mois de mars qu'on les sèmera dans une caisse remplie de terre légère et placée contre un abri, pour garantir les jeunes plants de l'action des rosées blanches, qui ne manquent jamais de se montrer en mars et quelquefois en avril. En été ces jeunes plants seront arrosés et sarclés, et en automne ils seront mis en pépinière, d'où ils seront, après deux ans, transplantés à demeure.

Le Genêt d'Espagne, si répandu dans la Provence, pourrait y être utilisé, et cependant personne n'y a encore songé. Il n'en est pas ainsi dans les environs de Lodève, où selon Bosc « On sème de temps immémorial le Genêt d'Espagne « dans les lieux les plus arides, sur les coteaux les plus « en pente ; c'est en mars et après un léger labour qu'on « fait cette opération.

« Au bout de trois années, pendant lesquelles on n'a « qu'à défendre la plantation des bestiaux, elle commence « à donner des rameaux assez longs pour être coupés et « employés à la fabrication de la filasse. C'est dans le courant du mois d'août que se fait la récolte du Genêt d'Espagne pour cet objet. On rassemble les rameaux en petites bottes, qu'on met tremper quelques heures dans « l'eau, après leur dessication, et qu'on fait ensuite rouir « dans la terre, en les arrosant tous les jours. Au bout de « huit à neuf jours on ôte les bottes de terre, on les lave à « grande eau, on les bat et on les fait sécher.

« Pendant l'hiver, on tille ces tiges de genêt, le fil qui « en provient est un peu gros, mais tel qu'il est, il suffit « exclusivement aux besoins du ménage de plusieurs mil- « liers de familles. J'ai pu juger personnellement que la toile « qui en provient n'est inférieure en apparence à celle du « chanvre que par des causes faciles à faire disparaître. »

GENÊT ÉPINEUX, *Spartium spinosum*, Lin., *argiéras*, *argiélas* en provençal. Cet arbrisseau, un des plus rustiques parmi ceux qui peuplent nos bois, croît sur les coteaux les plus arides et les plus pierreux de la Provence; il vient aussi bien sur les terrains calcaires que sur les sols schisteux. Il se multiplie par sa semence, ainsi que nous le prouvent les jeunes plants que l'on trouve en nombre infini sur nos montagnes. Dès lors il est étonnant que l'on n'ait point encore songé à en faire des haies, que l'on pourrait se passer de tondre et néanmoins qu'il serait impossible de franchir. Pour éviter que les chèvres ne dévorassent les jeunes Genêts, il faudrait semer la graine en février dans une terre légère, et mettre les jeunes plants en pépinière l'année suivante. Après deux ans, ils pourraient être mis en place. Combien de propriétés rurales dont la qualité et l'aridité du sol ne permettent pas l'établissement d'une haie en aubépine, en arroche, etc., que l'on pourrait fermer avec le Genêt épineux.

GENEVRIER, genre de plantes de la famille des conifères dont quelques espèces croissent spontanément dans la Provence et dont une est remarquable par son port élevé et pyramidal. C'est de cette espèce dont je vais m'occuper plus particulièrement.

GENEVRIER DE VIRGINIE, *Junisperus virgiana*, Lin., arbre d'une forme pyramidale et s'élevant à plus de quarante pieds dans la Caroline et dans tout le midi des Etats-Unis où il est indigène. Comme il ne craint pas les gelées de l'intérieur de la France, il est très multiplié dans les environs de Paris. C'est au moyen de sa graine qu'il l'a été. Ces graines se sèment en automne, ou du moins dès qu'elles sont mûres. Elles lèvent en partie au printemps d'après. Les jeunes plants sont ensuite mis en pépinière, d'où ils sont retirés, quand on veut les mettre en place. Comme les cyprès et tous les arbres résineux, il faut les enlever avec une motte de terre, si on veut être certain de leur reprise. Tout terrain convient à cet arbre, mais il croît plus lentement dans celui qui est sec et maigre. Son bois, quoique tendre, est alors incorruptible.

Genevrier faux-cèdre, *Junisperus oxicedrus*. Lin., *Cade* en provençal, arbrisseau que l'on place presque toujours dans les bosquets à chasser; il est très commun dans les bois de la Provence, c'est là que l'on va chercher les plants dont on a besoin. Ils reprennent très bien si l'on a soin de les arracher avec la motte. Dans les forêts éloignées des villes, où les bois sont rarement coupés, telle que celle des Maures. on trouve des cades de quinze à vingt pieds de haut. Les habitans de ces contrées s'en servent pour tous les usages qui demandent des bois incorruptibles, quoique exposés aux intempéries de l'air; or il est reconnu qu'il n'en est aucun qui résiste aussi long-temps que celui de ce genevrier.

Genevrier feuilles de cyprès, *Junisperus phœnicea*, Lin., *morvenc* en prov. Cette espèce est moins abondante que la précédente, ses feuilles diffèrent de celles du précédent. Elles ont plus de ressemblance avec celles du cyprès et du thuya. Ce que j'ai dit du Genevrier-cade s'applique en entier au Genevrier de Phénicie.

Genevrier commun, *Junisperus communis*, Lin., *ginevrier* en prov. C'est avec le fruit de cet arbrisseau que l'on fait cette eau-de-vie dite de genièvre. On l'obtient en distillant du vin, dans lequel on a mis à macérer des baies de genièvre. Les grives et les merles étant aussi friands des fruits du genevrier commun que de ceux du genevrier cade, il convient d'en planter aussi quelques pieds dans les bosquets ou tèses de Provence. On multiplie cet arbrisseau au moyen de ses graines, qui doivent être semées à la fin de l'été. Si les bois, que l'on a dans son voisinage, sout fournis de ce genevrier, il est facile de se procurer de jeunes pieds, que l'on doit transplanter avec une motte de terre.

GÉRANION, genre de plantes de la famille des géranoïdes. C'est une des plus nombreuses en espèces, car on en connaît aujourd'hui près de trois cents. La plupart sont des plantes de serre ou tout au moins d'orangerie. Quelques unes pourtant peuvent passer l'hiver en plein champ dans la Provence, mais alors il est nécessaire de placer les pots qui les contiennent contre un mur qui les abrite du nord et de l'ouest. Un froid de deux à trois degrés suffit pour les geler. Parmi ces dernières espèces les plus répandues dans les jardins sont le Géranion a odeur de rose, *Geranium roseum*, le Géranion des jardins, *Géranium zonale*, Lin., le Géranion éclatant, *Geranium fulgidum*, Lin., etc. Une terre substantielle, sans être trop fertile, est celle que préfèrent les géranions. On les multiplie de boutures faites en printemps et placées dans des pots ou dans une caisse, remplis avec un mélange de terreau et de terre légère et presque sablonneuse. Ces boutures sont tenues à l'ombre jusqu'à ce qu'elles aient végété. Alors les arrosemens doivent être fréquens et les sarclages répétés. En avril ou en mai, de l'année d'après, selon que l'hiver s'est plus ou moins prolongé, l'on arrache ces boutures qui pour lors sont bien enracinées, et on les replante chacune dans un pot qu'on arrose et qu'on abrite du soleil pendant quelques jours; il faut modérer les arrosemens pendant l'hiver. Si ce n'est durant les hivers rigoureux, tels que ceux de 1830, 1837, on conserve très bien ces géranions, quand ils sont placés contre un abri.

GESSE, genre de plantes de la famille des légumineuses. Il se compose de plus de vingt espèces, je n'en mentionnerai que quelques unes, comme étant cultivées dans la Provence.

GESSE ODORANTE, pois de senteur, *Lathyrus odorantus*, Lin., *pese d'ooudour* en prov. Cette plante, que l'on trouve toujours dans les parterres les plus modestes, ne demande aucun terrain particulier. Elle vient bien sur tout sol qui n'est pas trop humide pendant l'hiver. Ses graines se sèment en automne, et ses fleurs se montrent en avril et en mai. Un ou deux sarclages en hiver la font végéter avec plus de force. Ses graines, que l'on récolte en juillet, sont recherchées par tous les bestiaux et surtout par les volailles. Si l'on en récoltait plus qu'il est nécessaire pour les besoins, l'on pourrait donc utiliser le superflu.

GESSE CULTIVÉE, *Lathyrus sativus*, Lin., *jaïsso*, *gaïsso* en prov. Les graines de la gesse n'étant guère estimées, la culture de cette plante n'est dominante sur aucune métairie. On en cultive une ou deux soles dans chaque ferme, et encore le produit est-il plus souvent destiné à l'engrais des cochons qu'à la nourriture de l'homme; de fait nos paysans préfèrent les haricots blancs qui nous arrivent par mer et qui nous sont livrés à très bas compte, et qui sont reconnus pour être un aliment plus sain et plus agréable que la gesse. Quelques auteurs prétendent que son usage habituel finit par causer aux hommes et aux animaux la paralysie des jambes. Cela n'est pas encore prouvé, et si ce légume n'était pas d'une difficile digestion et si conséquemment il pouvait convenir à tous les estomacs, la crainte de cette maladie ne devrait pas être un obstacle à sa culture. La vesce, coupée en vert pour fourrage, est du goût de tous les bestiaux. Semée, venue et coupée avec l'avoine elle donne un très bon foin. En octobre ou novembre un sarclage est très utile pour activer sa végétation. Encore vertes, ses graines sont moins difficiles à digérer, c'est pourquoi beaucoup de gens de la campagne en font quelquefois usage dans cet état et les mangent ainsi qu'ils font des pois et des fèves. Il ne faut pas tarder d'arracher les plantes de gesse, quand on s'aperçoit que leurs gousses sont arrivées à maturité. Plus les graines restent alors exposées au soleil, plus elles sont long-temps à se cuire, et plus elles pèsent sur les estomacs débiles.

Plusieurs espèces de gesses se montrent chaque année au milieu de nos plantes de froment. Il est nécessaire, pour que ces plantes n'en soient pas affamées et pour que ses produits ne soient pas souillés par la présence des graines de ces gesses, qu'elles soient exactement arrachées pendant l'hiver. Voyez au mot Froment.

Il est une espèce que l'on cultive peu sans doute, mais dont je dois parler, parce qu'il est possible que des cultivateurs désirassent la connaître et se la procurer, c'est la Gesse chiche, *Lathyrus cicera*, Lin. Cette plante, qu'on ne doit pas confondre avec le pois chiche, ressemble à la gesse cultivée; elle n'en diffère essentiellement que par ses fleurs qui sont rouges au lieu d'être bleues. Ses fruits, que je ne connais point, sont, dit-on, plus estimés. Sa culture est la même que celle de la gesse cultivée.

GIROFLIER, genre de plantes de la famille des crucifères. Plusieurs espèces le composent. Je ne mentionnerai que celles cultivées dans les jardins des amateurs.

En Provence nous appelons violiers les girofliers à fleurs jaunes, et girofliers ceux à fleurs rouges, blanches, roses.

Je vais m'occuper d'abord des violiers; les girofliers, proprement dits, viendront après.

GIROFLIER JAUNE, *cheirantus cheiri*, Lin., *vioulier* en prov. On trouve cette plante, qui est vivace, sur les vieux murs, dans les terrains pierreux et frais de certains pays. C'est ce giroflier qui par l'effet des soins et de la culture a donné, ainsi que le GIROFLIER DES ALPES, *cheiranthus alpinus*, Lin., ces beaux girofliers à fleurs doubles de couleur jaune et quelquefois mêlée de bistre. On multiplie cette plante au moyen de boutures qu'on obtient en détachant dans le printemps les petites branches qui naissent le long de sa tige principale; il faut avoir soin de les tirer de haut en bas, pour qu'un peu du bois et de l'écorce de la tige y adhère. On place ces petites branches, dont on coupe les feuilles et dont on pince l'extrémité avec les ongles, dans un pot rempli de terre légère et mêlée avec du vieux terreau. Le pot est mis à l'ombre, et arrosé selon les besoins. Si les boutures tardaient de pousser, il serait utile de gratter la superficie de la terre du pot, pour rompre la croûte que les arrosemens auraient pu y former. Vers la fin de l'automne on dépote les jeunes violiers qui sont alors plus ou moins enracinés, et on les plante chacun dans un pot particulier ou en pleine terre. Si cette terre a été bien ameublie et bien fumée, les violiers s'y développent et commencent à donner des fleurs dans le printemps d'après. Ils ne demandent plus d'autres soins que des houages en hiver, des binages et des arrosages en été. En pleine terre, fumés de temps à autre, ils peuvent vivre sept à huit ans. Il faut penser à renouveler ceux des pots quelques années après.

GIROFLIER BLANCHATRE, *cheiranthus incanus*, Lin. C'est encore cette espèce qui, par la culture, a donné le GIROFLIER DE JARDIN, *giroflier d'Italie*, *garanier*, *engoouranier* en prov. Ce giroflier, qui vit deux ou trois ans, pousse une tige de deux à trois pieds de haut. Ses fleurs au moyen des semis de graines, prises sur les pieds à fleurs simples, deviennent doubles et sont de plusieurs couleurs. Il y a donc des variétés blanches, rouges, violettes, panachées, toutes à fleurs simples ou doubles. Depuis quelque temps on cultive une variété à grandes fleurs couleur de chair qui, étant double, orne singulièrement les platebandes où elle est placée. Elle est connue par les amateurs sous le nom de *Giroflier du Cap*.

GIROFLIER QUARANTAIN, *cheiranthus ananus*, Lin., *garanier quaranten* en prov. Cette espèce, qui est presque toujours bisannuelle dans nos jardins, quoique son nom indique qu'elle ne dépasse pas l'année qui l'a vu naître, donne, comme la précédente, des variétés à fleurs simples ou doubles et de différentes couleurs.

C'est toujours par semis que l'on se procure les plants de ces giroffliers. A cet effet on conserve chaque année deux ou trois pieds choisis parmi les simples. On les soigne comme ceux à fleurs doubles, et dès que les siliques sont prêtes à s'entr'ouvrir, on ramasse les graines qu'on enferme dans un lieu sec. On a recommandé, et Rozier est de cet avis, de ne prendre que les graines des siliques produites par la tige principale. D'autres veulent que ce ne soit que sur les branches latérales, auxquelles on a donné plus de vigueur, en pinçant la tige avant qu'elle fleurisse. J'ai toujours semé de la graine prise indistinctement sur la tige ou sur les branches, et toujours j'ai obtenu plus de plantes à fleurs doubles qu'il ne m'en a fallu pour mes besoins.

Ces graines se sèment à la fin du mois de septembre ou dans le mois de mars, sur une terre légère et bien ameublie. Si les plants qui en proviennent sont trop serrés les uns contre les autres, on les éclaircit, on les sarcle et on les arrose suivant les besoins. C'est de la vigueur avec laquelle ils végètent que dépend la beauté de leurs fleurs. Lorsque les jeunes giroffliers sont assez forts pour supporter la transplantation, on les met en place, soit dans des pots, soit en pleine terre, ce qui vaut mieux, parce qu'ils durent plus long-temps. Tout terrain leur convient alors. Il suffit de les abriter du soleil, jusqu'à ce que leur reprise soit assurée. Avant de transplanter les quarantains il faut attendre que les boutons à fleurs commencent à paraître, afin de ne planter que ceux à fleurs doubles. On reconnaît ceux-ci à leurs boutons, pleins, arrondis et plats à leur sommet. Les boutons à fleurs des simples sont minces, allongés et pointus. On obtient une forme plus gracieuse des Girofliers Quarantains en pinçant la partie de la tige qui porte les premiers boutons à fleurs. Cette opération force la sève à se porter aux yeux qui existent, ou qui ne tardent pas à se montrer aux aisselles des feuilles, et à y faire naître des branches qui toutes fleurissent, et qui donnent par leur disposition, une forme arrondie à la plante.

Les quarantains venus de graines semées en automne sont

en fleurs en mars, si l'hiver n'est pas rigoureux ; ou ils sont beaucoup plus forts, quand le printemps arrive ; et alors ils ont le temps de se développer davantage que ceux produits par des graines semées en printemps. Car l'on ne doit pas oublier que le nom qu'ils portent leur a été donné parce qu'ils montrent leurs boutons à fleurs quarante à cinquante jours après qu'ils se présentent hors de terre. Cela est vrai pour les derniers, car ceux semés en septembre ne fleurissent qu'en mars, et encore faut-il que les gelées n'aient pas été fortes pendant l'hiver.

Les amateurs des belles giroflées se donnent beaucoup de peine pour faire doubler les plants de girofliers. M. Féburier croit être certain que l'air de la mer influe sur leur disposition à doubler, et à cet effet il invite à saler légèrement le terrain sur lequel on sème les graines. Pour moi, je ne prends aucune peine, et bien que ma terre soit à deux lieues de la mer, j'obtiens, comme je l'ai dit, plus de pieds à fleurs doubles qu'il ne m'en faut.

GLAYEUL, genre de plantes de la famille des iridées, dont une espèce est trop répandue dans les champs de la Provence pour que je ne la mentionne pas, c'est :

Le Glayeul commun, *Gladiolus communis*, Lin., *gloouj̀oou*, *couteou* en prov. Il est des terres qui en sont tellement fournies, que dans le mois de mai elles ressemblent à un jardin ; peu de plantes sont plus difficiles à détruire que le glayeul. Sa racine, qui est bulbeuse, est souvent à près d'un mètre de profondeur dans la terre. Si ce n'est lors des défoncements à plein du terrain, ces racines ne peuvent être extirpées complètement. Il est certain que la présence de cette plante ne nuit pas au froment et autres céréales au milieu desquels elle se trouve. Elle se nourrit à une trop grande profondeur de la terre pour leur être préjudiciable, mais elle est inutile, et dès lors il convient de s'en débarrasser toutes les fois que cela se peut.

GNAPHALE, genre de plantes de la famille des corymbifères, dont une espèce est cultivée très en grand dans les environs de Toulon depuis quelques années, c'est :

La GNAPHALE D'ORIENT, *Gnaphalium orientale*, Lin., l'immortelle jaune, *immourtello*, *Eisooureto* en prov. Il y a moins de quinze ans que cette gnaphale n'était cultivée dans le midi que comme plante d'ornement. Aujourd'hui il y a des champs d'une grande étendue qui en sont remplis.

C'est dans la commune d'Ollioules, près Toulon, que l'on a commencé à cultiver l'immortelle jaune pour en vendre et en exporter les fleurs. On sait que ces fleurs, lorsqu'elles sont cueillies avant leur entier épanouissement, et séchées à l'ombre, se conservent avec leur éclat et avec une apparence de vie, pendant plus d'une année. Elles servent pendant l'hiver à l'ornement des appartemens, et pendant toute l'année à faire ces couronnes que l'amour, l'amitié, la reconnaissance, le devoir et quelquefois l'hypocrisie placent sur la tombe des morts.

Les demandes de Paris et du nord de l'Europe furent si grandes en 1834 et 1835, que le prix du paquet d'immortelles, du poids d'un quart de kilogramme, environ 10 à 11 onces, monta de vingt-cinq à cinquante centimes. On vit alors des petits coins de terre, entièrement complantés en immortelles, dont le produit dépassa le montant du prix de leur achat. On pense bien qu'il n'en fallut pas davantage pour que la culture de cette plante devint pour ainsi dire générale, non seulement à Ollioules, mais encore dans plusieurs communes de l'arrondissement de Toulon, où le terrain et l'exposition paraissaient favorables à ce nouveau genre d'industrie agricole. L'immortelle préférant les terres arides et caillouteuses aux sols frais et fertiles, ce ne furent ni ce terrain, ni cette exposition qui manquèrent; car qui ne sait pas que les dehors de Toulon, de la Valette, de Solliès, de Saint-Nazaire, de Bandols, sont tous secs et bien abrités du froid par les hautes montagnes qui bordent à une lieue de distance le littoral de la Provence. Ce ne fut pas à deux ou trois mille pieds qu'on se borna. Je connais une seule personne, qui en 1835 en planta quatre-vingt-dix mille pieds; j'ai calculé que dans cette seule année, le nombre des pieds plantés dépassa un million. Toujours prudent dans mes essais, je me contentai de trois mille pieds; je ne tardai pas à reconnaître la justesse de mes prévisions; car il arriva, ce qui se voit toujours quand les producteurs sont plus nombreux que les consommateurs. Les immortelles devinrent si communes à Paris, que les caisses qui s'étaient vendues à 150 francs chaque en 1835, ne purent plus être placées qu'au prix de 25 francs en 1836. Les cultivateurs en furent pour leurs avances en frais de défoncement du terrain et d'achat des pieds d'immortelles, lesquels s'étaient vendus 6 francs le mille. Le découragement s'empara d'eux et la majeure partie des terres complantées en immortelles furent rendues à leur première destination. On n'a guères conservé que les immortelles placées dans les terrains tellement arides qu'on ne peut y faire végéter des céréales ou des légumineuses sans engrais. Et bien par un événement imprévu, ceux qui ont gardé les fleurs de l'année 1836, en tireront bon parti, car le froid de 1837 a été si violent que les trois quarts des pieds d'immortelles restans ont été tués, ou tout au moins bien endommagés. Il paraît que cette plante ne résiste pas à cinq degrés de froid ; les miennes, quoique bien exposées et plantées dans un lieu, où le thermomètre n'est pas descendu à cinq degrés, ont beaucoup souffert. Je suis certain que les demandes pour 1837 ne pourront être remplies.

La culture de la gnaphale d'Orient ou immortelle jaune n'est pas difficile. Il ne faut que défoncer le terrain à douze ou quinze pouces, le fumer si l'on veut, car cela n'est ni nécessaire, ni guère usité. J'ai vu une plantation de vingt mille pieds, qui n'a pas survécu à l'hiver de 1836. Elle avait été faite avec le plus grand soin, et le terrain avait été copieusement fumé. N'est-ce pas parce que ces immortelles étaient trop vigoureuses, et parce qu'elles se trouvaient peut-être en végétation par l'action du fumier, que le froid les a atteintes? Ce qui semble le prouver, c'est que je ne sache pas que d'autres plantations aient alors souffert de la gelée. Le terrain étant préparé, l'on plante à la fin de février les pieds d'immortelles en les espaçant de 75 centimètres en tout sens. Cette opération se fait à la cheville ou à fossette. Dans l'un et l'autre cas, il est nécessaire d'entourer les petites racines du jeune pied, avec de la terre non mêlée avec des cailloux et fortement tassée contre ces racines. Les femmes chargées de mes plantations portaient avec elles une corbeille remplie de terre noire dont elles couvraient les racines des immortelles. Mon terrain était si argileux et si pierreux que j'étais obligé à cela. Mes frais n'en furent pas sensiblement augmentés ; c'est une précaution que je conseille de prendre toutes les fois que l'on opérera sur une terre de la nature de la mienne. Un ouvrier, muni de deux arrosoirs, suit les femmes et il arrose de suite les immortelles qui viennent d'être plantées.

La gnaphale d'Orient se multiplie par boutures qui s'obtiennent en éclatant les jeunes pousses toujours très nombreuses autour des vieux pieds. C'est en juillet que l'on met en terre ces boutures, et c'est sur les pieds que l'on veut arracher pour cause de vieillesse qu'on les prend. Le terrain où on les place doit avoir été ameubli et être arrosable. S'il était ombragé, cela ne serait que mieux. Les arrosemens ne doivent pas être négligés sans être trop fréquens. Ces boutures ne tardent pas à s'enraciner et elles doivent être plantées à la fin de l'hiver suivant. Quelques personnes plantent leurs immortelles pendant tout l'hiver ; l'expérience m'a appris que tous les végétaux, accessibles à l'action de la gelée, ne doivent être transplantés que lorsque les grands froids ont cessé.

Les immortelles donnent quelques fleurs pendant l'été qui suit leur plantation, mais pour que les plantes se renforcent il est bien de les empêcher de fleurir, et à cet effet de couper les tiges dès qu'elles se montrent.

Pendant cette première année on donne deux sarclages au moins à la plantation. Dans le mois de mars suivant, le terrain est boué, il est biné en mai, et si des herbes se montrent plus tard, ces travaux seront suivis d'un sarclage. Ces façons sont de rigueur pendant toutes les années qui suivent et qui durent pendant huit à dix ans, âge le plus avancé où puissent arriver les plantes d'immortelles.

C'est à la seconde année de leur plantation que ces plantes commencent à donner des tiges de fleurs. La récolte s'en fait dès que les boutures sont tout-à-fait développées, mais non entièrement épanouies. On ne cueille que les tiges arrivées au point désiré, en ne pas oubliant que les commerçants qui les achètent, refuseraient les fleurs qui seraient trop épanouies ou pas assez développées. Les femmes que l'on charge de cette opération, ne tardent pas à être au fait, comme aussi de celle de faire les paquets pour être envoyés dans le nord. Ces paquets, de suite après qu'ils sont faits, sont suspendus les fleurs en bas. Une fois secs, ils sont envoyés à Ollioules, pays où sont les commerçans qui les encaissent et les expédient au loin.

GOMBAUT. Voyez KETMIE.

GRAINE DE CANARIES. Voyez PHALARIDE.

GREFFE. Je ne connais pas en agriculture d'opération plus utile, plus amusante et plus attrayante que celle de la greffe. Je me rappelle encore quelle fut ma satisfaction, lorsque je cueillis le premier fruit de ma première greffe.

L'art de greffer les arbres paraît aussi ancien que celui de cultiver la terre. Théophraste, auteur grec, parle déjà de la greffe comme d'une opération pratiquée depuis longtemps. Il est certain que durant bien des siècles l'homme a dû se nourrir avec les fruits acerbes que donnaient et que donnent encore aujourd'hui le pêcher, le poirier, l'abricotier, etc. sauvages. Cependant il dut s'apercevoir que la même espèce d'arbre produisait, mais sur des pieds différens, des fruits plus doux et quelquefois plus gros. Dès cet instant il dut chercher à propager les espèces qui lui parurent préférables. Ce fut vraisemblablement au moyen des semis ; mais ce moyen étant lent, et même incertain, puisqu'il arrive assez ordinairement qu'il donne des produits de moindre valeur, il eut sans doute recours à la greffe quand il connut cette opération. C'est sans nul doute au hasard que l'homme dut cette connaissance ; diverses branches qu'il aura liées ensemble pour en obtenir un plus fort ombrage et qui se seront ensuite soudées les unes avec les autres, lui auront donné l'idée de la greffe. C'est donc la greffe par approche qui fut la première exécutée. Mais une fois que le mécanisme et les résultats de cette opération lui furent révélés, les greffes en fente et en couronne ne tardèrent pas à être mises en usage. Ce dût être long-temps après, que celle à écusson fut imaginée, comme ce n'est que de nos jours que les greffes herbacées ont été tentées par le baron Tschoudy. Bien que l'art agricole ait poussé fort loin les bornes de la science, il est bien sûr que l'opération de la greffe n'est pas encore arrivée à son entier perfectionnement.

Lorsque les végétaux n'étaient pas classés par familles et par genres, une infinité de greffes ne réussissaient pas, parce qu'on les faisait sur des sujets dont la sève n'avait pas la moindre analogie avec celle de l'arbre dont on avait tiré ces greffes. Aujourd'hui des familles et des genres naturels divisent ces végétaux, et l'expérience a démontré que ce ne sont généralement que les espèces d'un même genre et quelquefois d'une même famille qui peuvent se greffer les unes sur les autres.

C'est au célèbre Thouin que je dois mes connaissances sur l'art de greffer. Conséquemment sa Monographie des greffes, dont je dois un exemplaire à sa bienveillance et à son souvenir, et les notes prises par moi durant le cours d'agriculture professé par cet homme chez qui la science n'était égalée que par les sentimens d'estime, de respect et d'amour que sa modestie et sa simplicité lui attiraient de la part de ses élèves, me serviront de guide pour ce que j'ai à dire sur la théorie de cet art, et une pratique de plus de 30 ans me fournira ce que j'aurai à prescrire sur la manière d'opérer.

La greffe, suivant Thouin, est une partie végétale vivante qui, unie à une autre, s'identifie et croît avec elle comme sur son propre pied, lorsque l'analogie entre les individus est suffisante.

Chaque année les arbres dicotylédons s'accroissent d'une couche d'aubier (Voyez ce mot.) et d'une plaque d'écorce qui se forment intérieurement entre l'aubier et l'écorce de l'année précédente. C'est donc sur la couche la plus extérieure de l'aubier et sous la couche la plus intérieure du liber que se fait l'accroissement annuel des arbres dicotylédons. Celui des arbres monocotylédons tels que les palmiers, les yuccas, les bananiers, se fait au centre de la tige. Pour bien comprendre comment se fait la soudure de la greffe sur le sujet, et pour savoir bien opérer, il faut que celui qui greffe n'oublie jamais, que l'écorce verte d'un jeune individu, lors de l'ascension et de la descente de la sève, est susceptible de se réunir à l'écorce d'un autre individu également en sève et que le bois et l'aubier ne peuvent jamais se souder ainsi.

L'auteur de la Monographie des greffes observe « que les « gemma sont les rudimens des bourgeons, comme les graines « le sont des individus parfaits ; que celles-ci donnent nais- « sance à des êtres qui subsistent par eux-mêmes, et que « ceux-là peuvent croître soit aux dépens de la branche sur « laquelle ils se trouvent naturellement, soit en s'assimilant « les sucs d'une branche étrangère, sur laquelle on les place « conformément à certains principes.

« Ces trois faits reconnus servent de base à l'art de la gref- « fe : déjà nous en pouvons conclure :

1°. « Que c'est au moyen d'un ou de plusieurs gemma « que l'on peut multiplier de greffe un arbre quelconque ;

2°. « Qu'il faut que cet arbre soit une variété de la même

« espèce, une espèce du même genre, ou, par extension, « un genre de la même famille que celui sur lequel on veut « le greffer, parce qu'il faut nécessairement de l'analogie « entre la sève des deux individus et les époques de son « mouvement, de la conformité dans le temps de la durée « ou de la chute des feuilles, et dans les qualités des sucs « propres ;

3°. « Qu'il est nécessaire de choisir, pour greffer, le « moment où la sève est en mouvement, et d'avoir égard « même à sa marche ascendante ou descendante, pour la « prompte réussite de l'opération ;

4°. « Qu'on doit unir exactement les parties incisées de « l'écorce de la greffe, quelle qu'elle soit, aux parties éga- « lement incisées de l'écorce de l'arbre sur lequel on greffe, « pour faciliter la reprise de ces deux écorces et la circula- « tion des fluides montans et descendans ;

5°. « Enfin, qu'il faut mettre beaucoup de célérité dans « l'opération, pour que le contact de l'air ne dessèche pas « les parties incisées.

« Le cultivateur instruit et actif saura aussi choisir les « circonstances météorologiques les plus favorables à la ré- « ussite des greffes, et empêcher autant que possible les effets « de celles qui pourraient leur être contraires.

« Les sujets ne changent pas le caractère essentiel des « arbres dont ils reçoivent les greffes ; mais ils le modifient « souvent. Ainsi les pommiers qui, greffés sur franc, s'é- « lèvent à sept ou huit mètres, greffés sur paradis, attei- « gnent à peine la hauteur de deux mètres.

« Ainsi le pistachier greffé sur le térébinthe, (pételin « en prov.) est moins sensible au froid que les individus « provenus de semence. Les premiers résistent à un froid

« de dix degrés, tandis que les seconds périssent à six degrés.

Le contraire arrive pour nos orangers; greffés sur ballotin, ou même sur franc, ils redoutent une gelée de quatre degrés ; venus de semence ils résistent souvent à cinq degrés. Dans un jardin complanté d'une quarantaine d'orangers dont un seul provient de pepins, tous les pieds greffés sont morts pendant l'hiver de 1837 ; un seul a résisté, et c'est ce dernier. Dans ma terre des Moulières je n'ai conservé que des orangers produits par des pepins, et non greffés. Pourtant ces pepins avaient été pris dans des oranges venues des Iles Baléares, pays bien plus au Sud, et bien plus chaud que les nôtres. Les pieds greffés, quoique provenant des mêmes pepins, ont péri jusqu'à rez de terre. Je connais un propriétaire d'orangers qui a le projet d'après ces faits de greffer tous ses arbres avec des orangers provenus de semences. Je doute qu'il parvienne à les conserver par ce moyen. Je crains que le sujet ne modifie la précieuse qualité qu'ont les orangers de pepins de résister à un froid de quatre à cinq degrés.

Thouin a réuni toutes les greffes connues en quatre sections, savoir : Les greffes par approche, les greffes par scions, les greffes par gemma et les greffes des parties herbacées des végétaux ou greffes Tschoudy.

DES GREFFES PAR APPROCHE.

Ces greffes sont celles qui tiennent à leurs pieds enracinés, et qui continuent à être nourries par eux jusqu'à ce que la soudure soit accomplie, et qu'il y ait communication entre les deux sujets greffés. On conçoit que la greffe par approche ne peut se faire qu'autant que les deux sujets sont voisins l'un de l'autre. Cependant si l'un des deux se trouve dans un pot, il est alors possible d'opérer cette sorte de greffe sur des sujets distants l'un de l'autre. Il ne s'agit que de rapprocher le sujet qui est dans un pot de celui en pleine terre. C'est ainsi qu'on agit quand on veut multiplier une espèce d'orangers ou autre végétal ligneux encore rare et que l'on cultive dans un pot ou dans une caisse.

La greffe par approche est celle qu'on peut le plus diversifier, c'est-à-dire, dont la forme et la position sont les plus variées. L'auteur de la Monographie des greffes en mentionne trente-neuf espèces différentes. La majeure partie étant plus curieuse qu'utile, je ne décrirai que celles d'un avantage réel.

On voit souvent un jeune arbre languir par maladie ou par blessure du tronc, ou encore par retranchement d'une ou de plusieurs grosses racines à la suite d'un défoncement de terrain ; si tout près de lui se trouve un jeune arbre de la même espèce, ou du même genre, on coupe celui-ci au-dessous de la jonction de la branche, on taille en biseau la partie du tronc coupée, et on l'introduit dans la partie supérieure du tronc de l'arbre auquel on veut donner plus de vigueur. Lorsque la soudure du sujet avec la greffe est complète, on peut à volonté laisser subsister le pied de l'arbre greffé, ou le couper et l'enlever, si sa présence est gênante.

Si l'on veut fermer d'une manière pittoresque l'entrée d'un jardin ou d'un bosquet paysager, on plante deux arbres qui donnent naturellement un tronc droit et élevé, tels que le vernis du Japon, *Rhus vernix*, le marronnier d'Inde, etc. Lorsqu'ils sont suffisamment développés on les courbe l'un sur l'autre, on entaille profondément les points où ils se croisent, et on les retient dans cette position par une ligature, qui doit être faite avec le plus de solidité possible à cause des vents impétueux auxquels nous sommes si sujets.

dans la Provence. En général les greffes par approche ne manquent que par la disjonction des points mis en contact. Il arrive souvent qu'on désire greffer un gros et vieil arbre, par la raison que son port, son feuillage, ses fleurs ou enfin ses fruits ne conviennent plus. Comme le retranchement total et instantané de toutes ses branches pourrait compromettre son existence, on commence la première année par couper et par greffer en couronne ou en fente une ou deux de ces branches. Les greffes s'étant développées, on peut par la suite en rapprochant celles-ci des branches non encore coupées, les greffer par approche ; à cet effet on les entaille et on les lie ensemble, de manière que les écorces des unes et des autres soient parfaitement jointées. La forme de l'entaille varie suivant la courbure et la grosseur du sujet et de la greffe. Cette observation s'applique à toutes les greffes par approche. J'ai exécuté cette greffe sur un poirier sauvage d'un âge très avancé, qui s'est trouvé dans un terrain que j'ai défriché et planté en vignes.

Lorsqu'un espalier, une quenouille ou même un plein vent offre un vide par suite de la mortalité ou de l'enlèvement d'une branche par le vent, on peut remplir ce vide, et remplacer la branche qui manque, par une branche voisine qu'on greffe par approche dans la position la plus convenable.

Le vent du Nord-Ouest brise très souvent la tige d'un arbre, faisant partie d'une plantation régulière ; pour plus vite former la tête à cet arbre, l'on peut incliner une des branches latérales du pied le plus voisin, et greffer par approche un des rameaux de cette branche sur la tige dont la tête a été rompue par le vent.

Si l'on veut se procurer un arbre d'un effet pittoresque et

par fois très curieux, on plante dans une même fosse des jeunes arbres d'espèces différentes. Vers le mois de juillet, c'est-à-dire lorsqu'ils ont bien repris, on les écorce dans la partie qui est en regard les uns des autres, on les réunit ensemble au moyen d'un lien souple, tel que l'écorce de mûrier, et on les force à se souder mutuellement. Il faut avoir soin de lâcher le lien, l'année d'après ; mais en ayant soin de remplacer chaque tour de spire par un nouveau lien qui permette aux jeunes arbres de croître et de grossir. Cette greffe par approche ne donnera pas un arbre qui participera des qualités des diverses espèces qui le composeront, mais chaque tige, quoique soudée aux autres, donnera le feuillage et les fruits qui lui sont propres; ce qui pourtant ne sera pas sans agrément. C'est au moyen de cette greffe que l'on voit sur le même pied, des cerises, des prunes, des amandes, etc. Il faut autant que possible, pour que la soudure puisse se faire plus facilement, ne planter dans la même fosse que des arbres d'une même famille, ou même que des arbres, quoique d'un genre différent, ayant déjà de l'analogie entr'eux. Ainsi le poirier, le néflier, le pommier, le cognassier, l'azerolier devront être réunis de préférence à tous autres, il en sera de même pour les abricotiers, les pruniers, les pêchers, les amandiers, les cerisiers, etc. Au surplus voyez l'article FAMILLE.

Si on plante dans la même fosse des arbres de même espèce, l'on obtient, dit-on, des sujets d'une plus grande dimension et d'une plus longue existence. On assure que les fameux châtaigniers du Mont Etna (Voyez CHATAIGNIER.) ont été ainsi greffés. Cette greffe est pratiquée sur les oliviers en Espagne où elle paraît avoir été introduite par les Maures, pendant leur domination dans ce pays.

On donne plus de solidité à une haie, si l'on greffe par approche les diverses branches des arbustes dont elle se compose ; il ne s'agit que d'entailler légèrement et de lier tous les points qui sont en contact.

On augmente l'ombrage d'une allée, dont les arbres forment un berceau par l'inclinaison de leurs branches, si l'on greffe également par approche toutes les branches qu'on peut croiser les unes sur les autres. Indépendamment de la solidité que cette opération donne à la haie ou au berceau, il résulte encore de cette greffe par approche un avantage qui doit la faire mettre en pratique dans plusieurs circonstances ; c'est celui de prévenir le vide causé par la mortalité des racines d'un ou de plusieurs pieds. Les branches de ceux-ci sont alors nourries par les racines des pieds voisins. On peut voir l'effet de cette greffe dans une très-longue allée de platanes, plantée dans le domaine de la Calabro, situé à la base sud-ouest du pic de la montagne de Coudon près de Toulon. Tous ces arbres ne forment qu'un seul tout. Partout où deux branches ont été liées ensemble, bien que les parties en contact n'aient pas été incisées, il y a soudure complète. Cette allée est véritablement curieuse pour tout homme qui s'occupe de greffes et de physiologie végétale. L'époque la plus favorable à l'exécution des greffes par approche est celle où la sève se met en mouvement. On peut néanmoins les effectuer dans toutes les saisons ; mais alors c'est avec moins de chances de succès.

La théorie de ces greffes consiste, selon l'auteur de la Monographie des greffes :

1° « A faire aux parties qu'on veut greffer les unes sur « les autres des plaies correspondantes, bien nettes et pro- « portionnées à leur grosseur, depuis l'épiderme jusqu'à

« l'aubier, souvent dans l'épaisseur du bois, et quelquefois « jusque dans l'étui médullaire, suivant qu'il en est besoin.

2° « A réunir ces plaies de manière qu'elles se recou« vrent mutuellement, qu'elles ne laissent entre elles que le « moins de vide possible, et surtout que les feuillets du « liber de la greffe et du sujet soient joints ensemble exac« tement dans un très-grand nombre de points.

3° « A fixer les parties ainsi disposées au moyen de liga« tures et de tuteurs solides, pour empêcher toute disjonction.

4° « A préserver les plaies de l'accès de l'eau, de l'air « et de la lumière, au moyen d'emplâtres durables.

5° « A surveiller le grossissement des parties, pour pré« venir toutes nodosités difformes, nuisibles à la circulation « de la sève, et surtout pour empêcher que les branches « ne soient coupées par les ligatures.

6° « Et enfin, à ne séparer les greffes de leurs pieds na« turels que lorsque la soudure ou l'union des parties est « complétement effectuée. »

DES GREFFES PAR SCIONS.

Thouin nomme ainsi les greffes faites au moyen de jeunes pousses ligneuses, séparées des arbres dont on veut propager les espèces et placées sur d'autres arbres dont on veut changer les productions. Dans cette section se trouvent comprises les greffes en fente, en couronne, en ramilles, par racines, et de côté.

Le temps le plus convenable pour opérer les greffes par scions est pendant la première ascension de la sève. On verra bientôt qu'on peut aussi les exécuter pendant l'hiver. Pour celles qu'on doit faire lors de l'ascension de la sève, il faut que les scions soient coupés plusieurs jours à l'avance, afin qu'ils soient presque privés de sève, lors de l'opération. Comme dans la nature l'équilibre est une des conditions fondamentales de l'existence des êtres, il résulte de cette précaution que le sujet, se trouvant plus fourni de sève que la greffe, déverse naturellement son surplus dans celle-ci qui en est alimentée, ce qui assure sa reprise; le contraire arriverait, si la greffe était plus fournie de sève que le sujet. Dans ce cas ce serait la greffe qui fournirait une partie de la sève à celui-ci. On conçoit que par ce seul fait, elle se dessécherait et qu'elle ne prendrait pas.

Les scions sont placés tantôt sur les branches et tantôt sur le tronc; à cet effet on incise les uns et les autres, et cela de telle ou telle autre manière, selon qu'on greffe en fente, ou en couronne, ou par côté, etc. Les plaies doivent être faites avec un instrument bien tranchant, et dans tous les cas les bords des incisions doivent être parés, si par suite de la fente il y a déchirure de l'écorce.

Il est de rigueur que les couches du liber des greffes et des sujets coïncident exactement.

Greffes en fente. L'opération consiste à couper la branche ou la tige du sujet, à les fendre avec un couteau, à tenir cette fente ouverte au moyen d'un coin en bois bien dur ou en fer, à tailler la greffe qui est toujours prise sur une pousse de la dernière sève et qui est munie de deux ou de plusieurs yeux; à la tailler, dis-je, en lame de couteau, c'est-à-dire à laisser un peu plus d'épaisseur à l'un des côtés de la partie taillée, à insérer la greffe dans le sujet, mais de manière que le côté le plus épais de la partie taillée se trouve en dehors et que les écorces, tant de la greffe que du sujet, soient aussi en contact que possible, à retirer alors le coin qui tenait le sujet ouvert, à garnir avec de l'étoupe fine la partie du sujet incisée, afin que la terre ou l'argile ne puisse pas s'introduire dans l'intérieur du tronc, et à ligaturer, si le sujet n'est pas assez fort pour contenir et serrer la greffe, quand le coin est enlevé. On enterre le sujet et une portion de la greffe, si l'on a coupé rez terre la tige du sujet, ou l'on entoure d'argile et l'on fait une poupée si l'opération se fait au dessus du sol; en ayant soin de lier les greffes pour les fortifier contre l'action du vent. Dans tous les cas et pour prévenir l'action de l'air, il ne faut pas négliger de recouvrir avec de l'argile le sommet de la greffe, quand ce sommet ne finit pas par un bouton terminal. J'ai compris dans cette série de greffes, les greffes par racines par la raison que l'opération est la même et qu'elles ne diffèrent entr'elles, que parce que dans la greffe en fente, on opère au-dessus du sol, et que dans la greffe par racines, on coupe à plus ou moins de profondeur la tige du sujet.

Beaucoup de jeunes arbres, mais plus particulièrement la vigne et le figuier exigent la greffe en fente, faite sur sujet coupé à deux ou trois pouces dans la terre. On conçoit que la greffe, étant alors enfouie, se conserve bien plus longtemps dans toute sa fraîcheur. Aussi ne voit-on pas souvent manquer celles faites sur la vigne. Il est bien rare qu'on soit dans le cas de faire une ligature aux vignes et aux arbres ainsi greffés dans la terre, mais dans tous les cas, on n'a plus à s'occuper de cette ligature, l'humidité du terrain la pourrissant avant qu'elle s'oppose à l'accroissement du sujet et de la greffe. C'est dès l'ascension de la sève, c'est-à-dire dans le mois de mars, qu'on effectue ces greffes.

Si l'on voulait ne pas s'exposer à perdre des greffes qu'on ne pourrait se procurer que dans l'hiver, une expérience faite récemment prouve qu'on peut greffer en fente, et même avec plus d'avantages, pendant l'inaction de la sève.

Le sieur André Flory, jardinier pépiniériste de la Valette, le même auquel la Société royale et centrale d'agriculture vient d'accorder sa grande médaille d'argent pour les améliorations qu'il a faites dans la taille et la greffe des oliviers, ayant taillé, en décembre 1836, les poiriers d'un fruitier où se trouvaient des espèces qu'il ne possédait pas dans ses pépinières, et craignant de ne pouvoir conserver les greffes qu'il obtint à la suite de cette taille, s'imagina de les placer, au moyen de la greffe en fente, pratiquée à deux pouces dans la terre pour maintenir la fraîcheur et l'existence des jeunes scions, sur cinq poiriers sauvageons. Il fit cette opération le 24 décembre 1836. Malgré les gelées successives des mois de janvier, février et mars, les greffes se sont très-bien conservées, et vers la fin d'avril, elles ont toutes commencé à pousser, lorsque celles faites en mars ne paraissaient pas vouloir encore végéter. Le 20 mai 1837, les premières sont déjà fournies de bourgeons qui ont près d'un pied de longueur, les secondes ont à peine développé leurs boutons. C'est encore une découverte que l'on doit aux essais multipliés du sieur Flory ; la science lui en saura gré.

Si le sujet est assez gros, on peut placer une greffe sur chacune des deux extrémités de la fente. C'est ainsi que j'ai fait cette année pour des greffes de chêne-liège, faites sur chêne-yeuse, et pour des greffes de châtaigniers faites sur chêne blanc, opérées les unes et les autres en coupant les sujets à un pouce au dessus du sol.

Si l'on désire rendre moins saillant le bourrelet de la greffe sur un arbre auquel on veut former une tige régulière, on ne place sur le sujet, qui pour lors est coupé à une certaine hauteur au dessus du sol, qu'une seule greffe, et l'on taille en long biseau la partie du tronc ou de la tige du sujet qui est opposée à celle où est insérée la greffe.

On peut multiplier certains arbres étrangers de pleine terre à gemma écailleux, en les greffant en fente au dormant. C'est M. Maupas de Lyon qui le premier a pratiqué cette greffe. On exécute cette greffe dans le mois d'août sur un jeune sujet, auquel on laisse la plus grande partie des rameaux inférieurs à la partie coupée ; on supprime ces rameaux et les bourgeons qui peuvent s'être montrés après l'opération, dans le mois de février ; ce qui détermine la sève à se porter sans partage sur les boutons de la greffe, et à produire des bourgeons.

Il est des arbres ou des arbustes à greffer dont les tiges ont peu d'épaisseur ; on choisit alors des rameaux sur lesquels on puisse prendre des greffes d'un diamètre egal à celui des sujets, on les taille en manière de coin allongé, et on les insère dans une fente évidée avec un instrument bien tranchant, de manière que les écorces des greffes coïncident parfaitement avec celles des sujets. C'est surtout sur les diverses espèces de jasmin, sur les œillets que l'on pratique cette greffe ; les jasmins d'arabie, les chinois, etc. qui nous arrivent chaque année de Gênes et que l'on voit souvent exposés sur les quais de Marseille, de Toulon, ne sont pas différemment greffés, ainsi que l'on peut s'en assurer. C'est la greffe nommée *ferrari* par Thouin.

Il est des arbres sur lesquels la greffe en fente est plus sûre que celle en couronne. C'est sur ces arbres qu'on pratique quand ils sont très gros la greffe que Thouin nomme la *quintinie*. On fend en quatre parties le sujet ou la branche du sujet, et l'on place au bord de chaque fente une greffe taillée en lame de couteau.

Lorsqu'on veut multiplier un arbre qui n'a pas de congénères, on relève l'une de ses racines par son petit bout, on la fend dans son milieu et l'on insère dans la fente une greffe taillée en lame de couteau, et prise sur le sujet. On fait cette opération en mars, et dès l'hiver suivant on peut arracher le jeune arbre qui se trouve ainsi muni d'un assez grand nombre de racines pour ne pas craindre la transplantation.

On peut encore multiplier les arbres qui n'ont pas de congénères par le moyen de la greffe *cels*, ainsi nommée par Thouin en mémoire de *Cels*, cultivateur distingué. On sépare des racines de leurs souches, on les greffe en fente avec des rameaux pris sur le même arbre, et on les plante en ayant soin de les enfouir jusqu'à l'avant dernier œil de la greffe.

L'expérience a prouvé, cette année 1838, à M. Aguillon, ancien député du Var, que des sommités de tiges ou de rameaux, placées au lieu de la partie moyenne ou inférieure de ces même tiges ou rameaux, poussaient, par le bouton terminal, un bourgeon qui s'élevait deux fois plus que le plus vigoureux de ceux produits par les scions privés de ce bouton terminal. Il paraît que la sève se porte de préférence vers ce bouton où elle arrive naturellement par sa force d'ascension à ceux qui sont sur les côtés des rameaux greffés où elle ne peut parvenir que par des vaisseaux obliques. On doit ajouter foi à cette expérience de M. Aguillon, lui qui est, parmi les amateurs de l'art de greffer, celui qui a peut-être le plus exécuté de greffes, qui les a variées le plus, et qui observe avec le plus de soins et le plus de sagacité leur résultat.

Greffes en couronne. Cette sorte de greffe par scions diffère de la précédente en ce que pour placer la greffe qui doit être toujours prise sur des rameaux de l'avant-dernière sève ou sur ceux de l'âge de dix-huit mois, il ne faut pas fendre le cœur du bois du sujet. La greffe en couronne se pratique sur des arbres d'un diamètre trop petit ou trop gros pour pouvoir être fendues.

La plus usitée des greffes en couronne est celle désignée par Thouin sous le nom de greffe *théophraste*. C'est même la seule connue et pratiquée par les cultivateurs de la Provence. Voici comment on l'exécute : après avoir coupé la tige ou la branche du sujet, on fend son écorce longitudinalement, et cela sur la partie où elle est la plus unie ; si le tronc ou la branche ont une circonférence qui permette de placer plusieurs greffes, on fend l'écorce aux divers endroits où l'on veut les insérer. On sépare cette écorce de l'aubier et l'on y insère les greffes après les avoir taillées en bec de flûte, et de manière qu'il reste un cran à la partie supérieure de l'entaille ; lequel cran doit porter sur la partie coupée du sujet. On ligature et on enveloppe le tout avec de l'argile que l'on contient au moyen d'une poupée, ou on le recouvre avec de la terre. Comme par suite de l'épaisseur de la partie de la greffe placée sur le sujet, il reste souvent un vide entre cette partie et l'écorce du sujet, vide qui donne accès à l'air et qui peut dessécher la greffe, je me suis toujours bien trouvé, avant de faire la ligature, de placer dans l'angle rentrant, formé par la saillie de la greffe sur chacun de ses côtés, ou pour mieux m'exprimer, dans la partie où l'écorce par suite de la saillie de la greffe ne joint ni l'aubier du sujet, ni les bords de l'entaille de la greffe, ce qui pourtant est une des conditions pour faire réussir cette greffe, un morceau du premier rameau d'arbre sec qui me tombe sous la main au moment de l'opération, de la grosseur d'un tuyau de pipe, et d'une longueur d'un à deux pouces. Par le fait de la ligature ces deux petits morceaux de bois sec, font rentrer l'écorce dans le vide, et la tiennent en contact avec l'aubier du sujet, et avec les bords de l'entaille de la greffe. Cette précaution, dont il n'est fait mention dans aucun ouvrage sur les greffes, est cependant d'une absolue nécessité, toutes les fois que l'on place des greffes d'une certaine grosseur; je la recommande aux personnes qui débutent dans l'art de la greffe. Il est une autre greffe en couronne dont on peut faire usage, c'est la greffe *Pline* de Thouin. Elle est la même que la précédente, avec la seule différence que les greffes sont insérées entre l'écorce et l'arbre du sujet, sans inciser l'écorce. On la sépare seulement au moyen de la spatule en ivoire qui tient au greffoir. A part la non incision de l'écorce du sujet, l'opération ne diffère nullement de celle faite pour la greffe théophraste.

Si le sujet présente un petit diamètre, on taille le sujet en forme de coin, après qu'il a été coupé, en ayant soin de conserver les écorces sur toute la longueur de la partie taillée, et l'on pose dessus la greffe qui doit être du même diamètre et que l'on doit fendre et évider de manière qu'elle reçoive parfaitement le coin du sujet. On lie, et on recouvre de terre, car cette greffe, nommée *Dumont courcet* par Thouin, ne peut guères être faite, du moins pour la vigne, que rez terre.

Greffes en ramille. Ces greffes s'effectuent avec de petites branches garnies de leurs rameaux, ramilles et souvent de leurs boutons à fleurs. Thouin en décrit plusieurs espèces; comme elles ne sont pas usitées et qu'elles ne peuvent guère l'être par nos cultivateurs, je ne décrirai que la greffe *huard*, nom du jardinier qui paraît l'avoir inventée en

1775. On coupe la tête à un jeune sujet de huit mois à trois ans, on y fait une entaille triangulaire, longue de près d'un pouce, sur l'un des côtés de la tige, on choisit un rameau garni de ramilles, de feuilles, de boutons et de fruits naissans, on le taille par le gros bout en pointe triangulaire, et on lui fait remplir exactement l'entaille du sujet. On place celui-ci sur une couche tiède, couverte d'un châssis, et ombragée pendant les premiers jours. On peut avec cette greffe faire produire du fruit à des orangers, dès la première année de leur naissance.

Greffes de côté. Ces greffes diffèrent des précédentes en ce qu'on peut les effectuer sans couper la tête des sujets sur lesquels on les place. Leur usage est de remplir des vides et de remplacer une branche que le vent, ou autre cause auront brisée.

La greffe de côté la plus usitée et la plus facile à exécuter c'est la greffe *Richard* de Thouin. J'en ai fait plusieurs sur poiriers sauvageons et j'ai presque toujours réussi. Je la pratique lorsque voulant multiplier le nombre des greffes sur un sujet, l'écorce de celui-ci se trouve trop épaisse ou trop raboteuse pour recevoir un écusson. Cette greffe a l'inconvénient d'être facilement détachée par le vent. On fait sur l'écorce du sujet une incision en forme de T et l'on y introduit une greffe taillée en bec de flûte et semblable à celles que l'on prépare pour les greffes *Théophraste* et *Pline*, décrites ci-dessus. On lie et on couvre d'argile. Thouin recommande cette greffe pour les arbres résineux.

Une autre greffe de côté est celle qui était connue par les anciens, et que pour cela Thouin nomme la greffe *Térence*, nom d'un agronome de l'antiquité. On fait un trou dans l'épaisseur du tronc du sujet avec un villebrequin, et l'on y place une greffe amincie et arrondie de manière qu'elle n'entre qu'avec peine dans ce trou et encore que son écorce joigne exactement celle du sujet. J'ai pratiqué sans succès cette greffe l'année dernière, sur trois cyprès et sur deux figuiers. Les Romains se servaient de cette greffe pour multiplier la bonne espèce d'oliviers et de vignes.

Il est des arbres qui n'ont pas de congénères sur lesquels on puisse les greffer ; si l'on possède un de ces arbres et si l'on veut le multiplier, en supposant qu'il ne drageonne pas, et encore que ses boutures ne s'enracinent pas facilement, on coupe sur cet arbre un bourgeon de quatre à cinq pieds de longueur, on ouvre une petite fosse autour de son pied, on y plante ce bourgeon, après qu'on a fait plusieurs incisions sur l'écorce de la partie enterrée et après que la fosse a été comblée avec de la bonne terre ou mieux avec du terreau ; l'extrémité supérieure du bourgeon est taillée en bec de flûte, et insérée dans une ouverture en forme de ⊥ renversé, faite au bas du tronc de l'arbre que l'on veut multiplier ; on lie et on couvre d'argile.

La sève du sujet, en communiquant avec la bouture greffée, active la végétation de celle-ci, et lui fait pousser des racines ; lorsqu'on est assuré que la bouture est suffisamment enracinée, ce qui ne peut avoir lieu que un ou deux ans après, on scie la greffe, on l'arrache et on la transplante ailleurs.

On peut faire porter des fruits sur des sauvageons ou sur des arbres autres que celui qui fournit les greffes, mais dont les deux sèves ont de l'analogie entr'elles. On prend des petites branches à fruit, et dès l'ascension de la sève, on les place dans des incisions en forme de T faites sur les sujets. Comme pour les autres on lie et on couvre d'argile.

GREFFES PAR GEMMA.

Thouin a désigné par cette dénomination les greffes faites au moyen d'un ou plusieurs boutons ou gemma, détachés avec une plaque d'écorce plus ou moins grande et de formes différentes, et transportés sur le sujet. Il réunit dans cette seule section les greffes en écusson, à plaques, en flûte, en sifflet, etc.

Greffes en écusson. Cette greffe s'opère au moyen d'une plaque d'écorce munie d'un ou deux yeux. On la nomme à écusson, parce qu'assez ordinairement la forme de cette plaque imite un écusson d'armoirie.

Nous avons en Provence deux sortes de greffes à écusson; celle à un seul œil, et celle à deux yeux. On divise encore cette sorte de greffe à œil poussant, et à œil dormant. Les écussons sont détachés avec une légère couche d'aubier ou n'ayant aucune adhérence de bois. La greffe à écusson est la plus usitée dans les pépinières. C'est, de toutes les greffes, la plus expéditive, et j'ose dire la plus assurée; car les bourgeons qu'on obtient sont très rarement abattus par le vent.

Celle à œil poussant se fait : 1° lors de l'ascension de la première sève, c'est-à-dire, à la fin de mars et en avril, et 2° dans le mois de juin, c'est-à-dire, comme disent nos greffeurs, au fruit mûr. Les écussons sont pris sur des bourgeons de l'année précédente, quand on greffe en mars et en avril, et sur des bourgeons produits pendant le printemps, quand on opère en juin; il faut avoir grand soin que ces derniers bourgeons soient fournis d'yeux bien formés : si l'on craignait qu'ils ne le fussent pas, il faudrait quinze jours avant d'opérer, pincer l'extrémité des rameaux, ce qui arrête la sève, et la force à rétrograder vers les yeux et à les perfectionner. Le sujet, dans l'une et l'autre époque, est coupé au dessus de l'insertion des écussons.

Pour opérer avec moins d'embarras, il est des propriétaires cultivateurs qui retardent leur plantation d'oliviers sauvageons jusqu'au moment où la sève commence à se mettre en mouvement et permet de détacher l'écorce de l'aubier, et alors placés autour d'une table, et souvent au coin de leur feu, ils greffent ces arbres après qu'ils sont arrachés et ne les mettent en place qu'après l'opération terminée Le résultat de cette manière d'opérer est celui que ces arbres ainsi greffés, et je dois dire par expérience que rarement la greffe manque quand elle est faite avec soin, et que les écussons ou plaques sont détachés sans effort, poussent de suite du franc et qu'ils continuent de végéter sans être dérangés, comme le sont ceux qu'il faut greffer deux ou trois ans après. Que si la greffe manque, les arbres sont dans les mêmes conditions que ceux qui n'ont pas été greffés, c'est-à-dire qu'ils poussent du sauvageon. Cette greffe se pratique aussi sur les boutures de limoniers, de cognassiers, etc. Elle réussit également très bien et c'est une grande avance, car la végétation des sujets produits par ces boutures n'est plus arrêtée, et ceux-ci peuvent être mis en place après deux ans de pépinière. Ce qui ne peut avoir lieu pour celles qui ne sont greffées qu'après leur plantation. J'ai exécuté plusieurs fois ces deux genres de greffe et je m'en suis toujours bien trouvé.

La greffe à œil dormant se pratique dès la seconde ascension de la sève, c'est-à-dire en août, et on peut la continuer jusqu'en fin septembre; mais ce n'est guères que dans les terrains arrosables, ou lorsque le mois d'août est pluvieux, ce qui est fort rare en Provence, et ce qui fait monter la seconde sève dans les arbres plantés à sec. Cependant je connais des pépiniéristes qui greffent leurs arbres au dormant. C'est qu'alors ils ont soin de défoncer à près de trois pieds le terrain de leur pépinière ; dans ce cas les jeunes arbres y sont en végétation pendant tout l'été. Si l'on tenait à greffer au dormant des arbres plantés au sec, il faudrait opérer à la fin de juin ou au commencement de juillet, époque où finit le mouvement de la sève dans les terrains non arrosables. On pourrait encore greffer ces arbres au dormant dans les premiers jours d'octobre, s'il pleuvait dans le courant du mois de septembre, l'écusson aurait encore le temps de se souder sûr le sujet avant l'arrivée du froid. Au dormant on ne touche pas à la tête du sujet. Ce n'est que vers la fin de l'hiver d'après, et si la greffe a réussi, ce que l'on reconnaît au renflement de l'œil, qu'on supprime cette tête. C'est à un pouce au dessus de la greffe qu'elle doit être coupée. J'ai vu plus d'une fois des greffes qui avaient très bien réussi se dessécher et périr par la seule cause qu'on avait coupé le sujet trop près d'elles. Dans ce cas l'action du soleil et de l'air leur est extrêmement nuisible. Combien de greffes ne poussent pas avec vigueur pendant la première année par ce seul fait !

Quand on veut greffer à écusson, on coupe à l'avance les bourgeons, on en détache les feuilles en les pinçant avec les ongles et de manière qu'il reste sur le bourgeon une partie du pétiole. Celle-ci sert à tenir et à placer l'écusson. On les place dans des herbes fraîches, et si l'on ne doit en avoir besoin que dans le courant de la journée, on a soin d'en placer l'extrémité inférieure dans de l'eau.

Les écussons sont placés, dans une fente faite à l'écorce sur le sommet du sujet, quand la tête en a été supprimée, et sur la partie la plus convenable, quand on greffe à œil dormant. Dans ce dernier cas l'incision faite a la forme d'un T. On soulève avec la spatule du greffoir les deux lèvres de l'incision et on insère l'écusson entre l'aubier et cette écorce ainsi soulevée. Il y a plus d'un procédé pour détacher l'écusson de dessus le bourgeon sur lequel il est pris. Le meilleur est celui qui permet de l'enlever de manière que l'œil soit bien conservé, et que les bords de l'écorce soient coupés nets et pas le moindrement mâchés. Une fois l'œil inséré on le descend dans la fente autant qu'il est possible au moyen du pétiole, en évitant de détacher celui-ci; après on rapproche les lèvres de l'écorce et on ligature. Quand on opère sur des jeunes sujets on emploie des liens de sparte. Ce sont les liens les plus commodes, en ce qu'ils ne blessent ni le sujet, ni la greffe, et qu'ils sont les plus économiques; un paquet avec lequel on greffe plusieurs centaines de greffes, ne coûte que dix à douze centimes.

Si l'on veut éviter que le hâle du soleil agisse sur la greffe à œil poussant, on peut, comme pour celle à œil dormant, faire l'incision en forme de T à un ou deux pouces au dessus du sommet du sujet. Cette précaution ne s'oppose pas à ce qu'on prenne aussi celle de recouvrir la partie coupée du sujet avec de l'argile.

Si quinze jours après le pétiole se détache comme de lui-même, en le touchant tant soit peu, c'est une preuve certaine que les greffes ont réussi. On ne tarde pas alors à voir les boutons se gonfler et pousser. C'est le moment de desserrer les liens et d'enlever les pousses qui se montrent sur tout le sujet. Ceci s'entend pour les greffes à œil poussant; on conçoit que les sujets, greffés à œil dormant, n'étant pas coupés, ne donnent point de bourgeons en dessous de la greffe, et que l'œil ne devant pousser qu'au printemps d'après, ne peut pas être étranglé ni gêné par le lien.

C'est toujours la pointe en haut que l'œil de la greffe est placé. Il peut arriver qu'on soit dans le cas de le placer en sens inverse. L'opération ne varie pas pour cela. Cette greffe m'a été fort utile dans la formation d'une allée de mûriers, taillés en berceau. Un pied était conformé de manière que vers le milieu de sa largeur il y avait un vide qui ne pouvait pas être complètement rempli, le bourgeon qui s'y trouvait étant déjeté en dehors; je plaçai sur ce bourgeon et à deux pouces au dessus de sa jonction avec le tronc un écusson à œil renversé. Le nouveau bourgeon décrivit nécessairement une portion de cercle pour prendre la direction verticale, et cet avancement du bourgeon suffit pour qu'il se trouvât sur l'alignement des autres. Cette greffe ne peut être utile que dans un pareil cas. On a cru qu'elle pouvait procurer de plus gros fruits par la position inclinée du bourgeon, mais c'est une erreur. Celui-ci revient toujours à la direction verticale qui lui est naturelle, et conséquemment ne donne ni de plus beaux fruits, ni de fruits plus abondans.

Il est des momens où les arbres qu'on veut greffer sont en si grande sève, qu'on court risque de voir la greffe en être noyée; on a reconnu qu'alors il était utile de préparer l'écusson de manière que la pointe se trouve au dessus de l'œil et de l'insérer dans une incision en forme de T renversé. Il ne s'agit, en plaçant l'écusson, que de l'insérer de bas en haut. Thouin recommande cette espèce de greffe pour les arbres résineux. On peut encore greffer ces arbres à écusson, selon la forme ordinaire, en enlevant au dessus de la greffe une lanière d'écorce de quelques lignes de largeur en manière de chevron brisé.

Si l'on possède un arbre qu'on veuille multiplier, et qui cependant n'ait point de congénères, on découvre une ou plusieurs de ses racines, mais en supposant qu'elles tracent et qu'elles n'aient pas un diamètre de plus de cinq à six lignes. On y place sur chacune d'elles, et dès le premier mouvement de la sève, un ou deux écussons à œil poussant, et qu'on laisse à découvert. Pendant l'hiver qui suit, on retranche ces racines de l'arbre, en leur conservant autant de chevelu que possible, et on obtient ainsi de nouveaux pieds qu'on plante avec les soins convenables.

Les arbres à feuilles opposées peuvent se greffer au moyen d'un anneau d'écorce contenant deux yeux, mais il faut que le rameau, sur lequel cet anneau est enlevé, soit assez gros et que l'écorce soit assez souple, pour que le tout fasse comme une plaque carrée que l'on applique sur le sujet, qui doit avoir au moins le diamètre d'un pouce. C'est la greffe usitée dans les environs de Toulon pour les oliviers. Elle offre le grand avantage que les bourgeons qui en proviennent ne sont jamais abattus par le vent. Thouin ne connaissait pas cette greffe, car il ne l'a pas mentionnée. Celle qu'il a nommée la greffe *Aristote*, en diffère en ce que la plaque d'écorce, également carrée, ne contient qu'un seul œil.

Le sieur Flory, jardinier pépiniériste de la commune de la Valette, près Toulon, ayant perfectionné cette greffe, qu'il pratique par milliers chaque année, je vais en donner la description d'après son procédé. Sa pratique paraîtra longue et minutieuse, ainsi que Thouin le dit pour la greffe *Aristote*, qui est bien plus simple. Je puis cependant assurer que c'est une erreur. J'ai vu le sieur Flory la répéter près de deux cents fois dans un jour, si un ouvrier scie à l'avance le sujet, et s'il le nettoie de tous bourgeons et rejets qui gêneraient l'opération ou qui pourraient nuire à son succès. Il m'est arrivé souvent de faire plus de cent greffes de ce genre dans un jour, et certes je n'ai pas l'habitude d'un greffeur par état.

On fait trois incisions à l'écorce du sujet : l'une horizontale et les deux autres verticales et parallèles. Celles-ci sont plus ou moins écartées suivant que la plaque d'écorce est prise sur un rameau plus ou moins gros, afin que les deux yeux se trouvent à découvert et que les bords de l'écorce puissent être insérés dans ceux des lèvres latérales de la partie restante sur le sujet. On abaisse la lanière d'écorce, on soulève l'écorce, et de suite après on enlève un anneau d'écorce, pris sur un rameau de deux ans et à écorce unie, (Les rameaux d'oliviers sont toujours munis d'yeux non développés, non apparens, mais qui n'en contiennent pas moins les rudimens d'un ou plusieurs bourgeons prêts à se montrer.) cet anneau, étant déroulé, forme une plaque qu'on insère dans les parties d'écorce soulevées, en la faisant descendre autant que possible, ce qu'on exécute en plaçant le pouce sur le milieu de la plaque et entre les deux yeux. On relève sur la greffe la lanière d'écorce qui avait été abaissée, et pour que les yeux n'en soient pas couverts, on fait avec la pointe du greffoir une entaille de chaque côté de cette écorce et on lie. C'est au sieur Flory que nous devons ce perfectionnement. Avant le froid de 1820, on était dans l'habitude de placer une feuille de vigne entre l'écorce relevée et la greffe, et on liait le tout ensemble. Quinze jours après on déliait les greffes et on enlevait la feuille de vigne. La partie d'écorce relevée ne s'étant plus trouvée en contact avec celle qui restait sur l'arbre, s'était desséchée en partie, et par ce fait elle était alors toujours assez séparée du tronc, pour ne pas empêcher la greffe de développer ses bourgeons. Mais cette manière d'opérer était vicieuse, en ce sens que si l'on oubliait de délier les greffes, les yeux, se trouvant couverts par la feuille de vigne et l'écorce relevée et liée sur elle, ne poussaient pas et les greffes manquaient. Lorsque par suite des grands froids de 1820 il fallut greffer le grand nombre de rejets sauvageons venus au pied des oliviers coupés rez du sol, on ne voulut pas s'exposer à cet oubli, et beaucoup firent greffer leurs arbres en couronne; ce fut alors que le sieur Flory imagina de perfectionner cette greffe en supprimant la feuille de vigne et en pratiquant de petites entailles sur la partie d'écorce relevée. Cette écorce étant remise en contact avec celle dont elle a été séparée par l'incision, on conçoit que presque toujours, ou du moins très souvent, ces écorces se soudent ensemble, et que la greffe dont les yeux seuls sont à découverts, est mieux contenue et plus solide qu'aucune autre.

Une autre amélioration que l'on doit au sieur Flory est celle-ci. Toujours on ne faisait au sujet que les deux entailles verticales et parallèles dont il a été fait mention, la supérieure était naturellement fermée par la section de la coupe de la tête ou des branches du sujet. Les greffes se trouvaient alors placées tout près l'extrémité de la partie coupée. Bien souvent l'action du soleil ou de l'air empêchait la reprise des greffes, malgré qu'on eût soin de recouvrir cette partie avec de l'argile. Celui-ci a paré à cet inconvénient en faisant les trois incisions déjà mentionnées, à deux ou trois pouces au dessous du sommet du sujet ou des branches, et il se contente de couvrir le sommet du sujet, c'est-à-dire, la partie coupée avec la première pierre un peu applatie qui lui tombe sous la main. Il va plus vite en besogne, et ses doigts ne sont plus salis d'argile, ce qui est à éviter lorsqu'on greffe. La moindre parcelle de terre qui se trouverait apposée sur les lèvres des écorces incisées, suffirait pour faire manquer une greffe. C'est à la fin du mois d'avril et dans le mois de mai, qu'on fait cette greffe. J'ai observé que plutôt elle est faite, et plus les bourgeons se développent dans le courant de l'été.

Greffes en flûte, à sifflet. Dans le mois de mars ou d'avril, suivant la nature des arbres sur lesquels on opère, on enlève sur un rameau de l'arbre qu'on veut multiplier, un anneau ou un tube d'écorce muni d'un ou de plusieurs yeux, et on les pose sur le sujet, qui doit avoir le même diamètre que ce rameau et dont on a détaché l'écorce après l'avoir incisée sur plusieurs points, ou dont on l'a enlevée, en la coupant circulairement dans la partie où doit arriver la partie inférieure de la greffe. Comme ces greffes ne sont pas liées, et que souvent on ne les recouvre pas, il est utile pour prévenir le hâle du soleil de les faire vers le soir. Cette greffe est généralement usitée dans tous les pays de la Provence où le châtaignier est cultivé. C'est vers la fin du mois d'avril qu'on la pratique. On le pourrait aussi vers la fin de la sève d'août. Alors les bourgeons ne se développeraient que dans le printemps d'après. Si l'on ne voulait pas couper la tête du sujet, on fendrait l'anneau ou le tube d'écorce, et on l'appliquerait à la place d'un pareil anneau enlevé sur le sujet. La tête du sujet ne serait supprimée qu'autant que la greffe aurait réussi, ce qui ne pourrait se reconnaître que vers la fin de l'hiver.

GREFFES TSCHOUDY.

Jusqu'au moment où le baron Tschoudy fit connaître ses

belles expériences sur les parties herbacées des végétaux, on ne pensait pas que la soudure des greffes pût se faire autrement que par l'union des écorces. C'est à ce savant et habile agriculteur qu'on doit les greffes dont la soudure se fait non par le bois et l'aubier, mais par les parties herbacées, destinées quelques mois après à se convertir en bois. Ces greffes sont d'autant plus utiles, et la science doit en savoir d'autant plus de gré à ce célèbre cultivateur que ce n'est que depuis la publication de son mémoire intitulé : Essai sur la Greffe de l'herbe des Plantes et des Arbres, qu'on a pu greffer avec chances de succès les arbres résineux et les plantes annuelles et vivaces. Je renvoie à ce mémoire les personnes qui désireraient connaître ces greffes avec plus de détails. Selon le baron Tschoudy il faut toujours avoir soin, en opérant les greffes herbacées, d'insérer la greffe sur le sujet dans l'aisselle ou dans le voisinage d'une feuille vivante, de manière que la sève qui devait se porter au bourgeon de cette feuille puisse animer le bourgeon inséré. Les feuilles sont les organes de la respiration et de la transpiration des végétaux. Elles sont comme le principal laboratoire où se forme le cambium. « C'est donc « par l'action des feuilles, nous dit le baron de Tschoudy, « qu'il faut greffer l'herbe (partie non ligneuse des végé« taux) sur l'herbe pleine des tiges vertes. Mais les parties « d'un végétal qui, par défaut d'organes propres à l'accrois« sement, ne pouvant se prolonger, meurent en cédant leur « propre substance au bouton voisin. Si donc vous avez coupé « une tige verte un pouce au dessus d'un bouton, ne gref« fez pas sur cet inutile tronçon de tige verte qui ne pouvant « vivre pour lui-même, est dans l'impuissance d'animer une « greffe. Greffez à hauteur de ce bouton terminal qui en

« se prolongeant occasionnera la cicatrisation, et qu'on « supprimera lorsque le bouton inséré aura puisé sur cette « jeune tige le principe d'une vie nouvelle. »

Comme pour toute greffe possible, il faut faire coïncider les parties incisées et surtout les mettre à l'abri de l'action du soleil. De plus il est bien recommandé par M. le baron Tschoudy de ligaturer fortement pour prévenir l'écartement des fibres ligneuses du sujet lors de leur durcissement.

Ce n'est que quelques jours après que l'on enlève les bourgeons inférieurs qui se trouvent sur la tige du sujet. Puis on pince le bourgeon même de la feuille nourrice et un peu plus tard on le supprime tout-à-fait. Dès que l'œil placé se développe, et qu'il a acquis une certaine longueur, ce qui a toujours lieu vingt-cinq à trente jours après, on délie la greffe, et on la contient au moyen d'une légère ligature faite avec un brin de laine. Ce n'est que lorsque les arbres ou les plantes qu'on veut greffer ont commencé à pousser leur tige, et c'est avant que cette tige cesse d'être herbacée qu'on opère les greffes du baron Tschoudy, c'est-à-dire vers le milieu et la fin du printemps.

Les greffes Tschoudy se divisent en greffe des unitiges, en greffe des omnitiges, en greffe des multitiges, et en greffe des végétaux herbacés.

Greffe des unitiges, c'est-à-dire des arbres dont la tige centrale seule s'élève verticalement, tandis que les branches décrivent avec cette tige un angle plus ou moins ouvert suivant leur poids, et ne peuvent jamais arriver à la verticalité, quand même la tige centrale serait supprimée. Les arbres résineux sont presque tous dans ce cas.

On coupe horizontalement la tête du sujet on dépouille de ses feuilles le point où la greffe doit être placée, et on y pratique une entaille triangulaire, en ayant soin de conserver les feuilles qui n'empêchent pas l'incision. On prend un rameau terminal d'un unitige dont la sève a de l'analogie avec celle du sujet, on le prépare de manière que son extrémité inférieure s'adapte parfaitement à l'entaille triangulaire du sujet, on lie et on bute avec une argile bien fine, ou mieux avec un composé de cire jaune, de résine et un peu d'huile fondues et mêlées ensemble sur le feu.

Greffe des omnitiges et des multitiges, c'est-à-dire des arbres susceptibles de croître et de s'élever par toutes leurs tiges. Tels sont tous nos arbres à feuilles caduques.

Comme dans la précédente, on coupe le sujet horizontalement, mais à un pouce au dessus du pétiole de la feuille qui précède le faisceau terminal; on incise le sujet dans une longueur d'un pouce à un pouce et demi et dans une direction oblique, de manière à ce que l'incision parte depuis l'aisselle de la feuille dont il vient d'être fait mention, jusqu'au centre de la tige. On taille la greffe en coin et de telle sorte qu'après son placement sur le sujet le bouton de la feuille la plus inférieure se trouve à la hauteur du bouton du sujet et contre lequel l'incision a été faite; on lie et on bute avec soin.

Greffes des plantes herbacées et annuelles ou vivaces.

Greffe d'un rameau de giroflier sur chou cabus. Après qu'on a coupé sa pomme pour l'usage de la cuisine on fend un chou en face d'une feuille et l'on y insère une tige de giroflier prise près de la racine et taillée en lame de couteau.

On lie légèrement et on couvre la greffe avec une feuille pour l'abriter de l'action de l'air et du soleil. J'ai fait greffer par le sieur Flory, dont j'ai eu occasion de parler, et en suivant le même procédé, des pommes d'amour sur pommes de terre, et j'ai vu produire par la même plante des tubercules et des fruits.

M. Tschoudy ayant greffé des petits melons parvenus à la grosseur d'une noix, en coupant la tige à un pouce et demi au dessous de l'insertion du pédoncule, en taillant en coin cette section de tige, et en introduisant ce coin dans une incision oblique, pratiquée dans une tige de concombre et contre l'aisselle d'une feuille soulevée par suite de cette incision, M. Tschoudy, dis-je, a obtenu des melons supérieurs à ceux qui étaient venus sur leurs propres pieds.

Quel que soit le genre de greffe pratiqué, il faut visiter souvent les arbres greffés, soit pour enlever dès qu'ils se montrent, les bourgeons que pousse le sujet en dehors de la greffe, opération qui ne doit jamais être négligée, soit pour les délier quand le lien commence à les gêner.

Je termine ici ce que j'avais à dire sur un article qui demanderait sans doute un volume à lui seul et auquel j'ai peut-être donné trop d'extension, si l'on considère que je ne puis, à cause des bornes que j'ai dû imposer à mon ouvrage, me livrer à de longs développemens.

GRENADIER. Genre de plantes de la famille des myrthycées, composé de deux espèces qui sont le Grenadier commun et le Grenadier nain.

GRENADIER COMMUN, *Punica granatum*, Lin.; *vingranier, migranier* en provençal. Cet arbre qu'on trouve presque dans son état naturel en Provence, sert à faire des haies qui ne tardent pas, à cause des piquans et des rameaux serrés dont il est garni, à devenir une des meilleures clotures connues. Il résiste assez bien au froid de nos hivers, et ce n'est que lorsque le thermomètre descend à plus de sept à huit degrés qu'il souffre de la gelée. Ses fruits ne sont jamais très développés, et ils sont d'une acidité qui ne permet pas de les manger.

Par la culture l'homme a obtenu du grenadier commun plusieurs variétés qui sont :

LE GRENADIER A FRUITS DOUX. Cet arbre, plus élevé que le type de l'espèce, donne des feuilles plus grandes et des fruits d'une grosseur bien différente; ils sont si estimés que chaque hiver il s'en fait des envois considérables du midi au nord de l'Europe Nous possédons en Provence plusieurs sous-variétés du grenadier à fruits doux. Les plus multipliées sont celles qui donnent les fruits connus sous les noms de grenade à gros grains, de grenade américaine et de grenade à petits grains. La meilleure est sans contredit la grenade à gros grains; ceux-ci sont très-pulpeux, d'un rose plus ou moins foncé et n'ont presque pas de pépins; c'est la grenade *apyrine* des Romains. La grenade américaine renferme des grains plus petits et colorés en rouge grénat très-foncé. La grenade à petits grains est la moins estimée. Ces grains peu charnus sont très petits, bien que le pépin y soit au moins aussi gros que dans les précédentes. Ils sont plus colorés que ceux de la grenade à gros grains, mais bien moins que ceux de l'américaine.

LE GRENADIER A FRUITS DEMI ACIDE. Arbre qui tient le milieu entre le type de l'espèce et le précédent. Ses fruits sont recherchés par les personnes auxquelles un goût aigrelet ne déplaît pas.

LE GRENADIER A FLEURS DOUBLES; le *Balaustier*, vulgairement.

LE GRENADIER A FLEURS BLANCHES.

LE GRENADIER A FLEURS JAUNES.

Le grenadier a feuilles et a fleurs panachées.

Le grenadier prolifère, produisant un rameau au milieu de sa fleur.

Les fruits de ces diverses variétés ne sont pas mangeables.

Le grenadier se complait dans tout terrain, s'il est ameubli, fumé et arrosable. Cette dernière condition est d'une absolue nécessité, si l'on veut obtenir de belles grenades; rarement il retient, quand il est cultivé au sec, et le peu de fruits qu'il y donne est petit, peu savoureux et arrive difficilement à maturité sans s'ouvrir. C'est du dix au vingt octobre que dans les environs de Toulon, les grenades doivent être cueillies. Plus tôt elles n'ont pas encore acquis toute leur douceur; plus tard les premiers froids pourraient les surprendre encore sur les arbres. On conçoit d'après cette considération que plus au nord, il est difficile de cultiver le grenadier à fruits doux avec avantage.

On multiplie cet arbre de graines, de drageons et de boutures. Le premier moyen n'est pas usité, et c'est mal à propos; car c'est par semis des graines que l'on obtient des arbres de plus longue durée, d'une plus grande élévation et souvent d'une plus forte rusticité. Nous observons en Provence, et nous en avons eu un exemple frappant pendant l'hiver de 1837, que les orangers venus de pepins résistent bien davantage au froid que ceux produits par des boutures.

Les graines se sèment dans les premiers jours du printemps, dans une terre légère et bien préparée, pour qu'il n'y reste pas de mottes; on arrose souvent, et on repique les jeunes plants deux ans après. Ils demeurent dans la pépinière pendant deux ou trois ans. Comme ils ne doivent donner que des fruits acides, il est nécessaire de les greffer avant de les mettre en place, c'est en mars et à un pouce dans la terre qu'on les greffe à la fente. 4

Les drageons et les boutures de grenadiers se placent en pépinière dans le mois de mars. Il est sous entendu que le terrain a dû être défoncé à l'avance. Ils sont binés et arrosés pendant l'été. S'il ont été bien soignés, les jeunes pieds sont bons à lever deux ans après. Ils sont transplantés et mis en place à la fin de l'hiver. Il est essentiel que ce soit après les grands froids, et lorsqu'on n'a plus à craindre que le thermomètre descende à un ou deux degrés au dessous de zéro.

Si l'on abandonne le grenadier à lui-même, il buissonne par sa disposition naturelle à drageonner; il faut donc, dès l'instant qu'il est planté, le débarrasser des bourgeons et des drageons qui naissent autour et au bas de sa tige. Avec cette précaution on lui donne une tête arrondie qui donnera d'autant plus de fruits que l'arbre sera plus souvent taillé, car ce n'est que sur les rameaux de deux ans que viennent les fleurs. La taille du grenadier a lieu dans les premiers jours de mars. Il faut éviter qu'un froid trop vif vienne le saisir peu de temps après qu'il a subi cette opération. Il n'y résisterait pas.

Si l'on veut que les grenades arrivent à une belle grosseur, il faut que le terrain, dans lequel sont cultivés les grenadiers, soit chaque année houé, fumé, biné et arrosé. Ces arbres se trouvent ordinairement disséminés dans les jardins potagers; ils reçoivent alors toutes ces façons, à mesure que l'on s'occupe des plantes qui se trouvent dans leur voisinage. L'expérience a prouvé que les vieux pieds donnent de bien meilleurs fruits que les jeunes plants.

Il arrive que des grenadiers, pris chez des pépiniéristes peu consciencieux, ne donnent que des fruits à petits grains, ou qu'ils n'en donnent presque jamais. C'est par la greffe en fente ou en couronne, faite à la fin de l'hiver et à un pouce dans la terre qu'on les rend productifs. La greffe à écusson est très difficile à réussir sur ces arbres.

Lorsque le thermomètre descend à plus de cinq à six degrès au dessous de zéro, le grenadier à fruits doux périt ou du moins il est très endommagé. Il est utile de le visiter dans le mois de mars de la même année. Si l'écorce se détache tout autour de son pied, il faut le couper rez terre aussitôt; bien que les branches soient encore vertes. Il produira dans le printemps plusieurs rejets, auxquels il ne faudra pas toucher durant tout l'été. A la fin de l'hiver d'après, on réduira à quatre tous les rejets produits : en juin on émandera, mais avec ménagement, ces quatre rejets ; en août on coupera le sommet de la tige des rejets qui devront être arrachés en mars suivant. On enlèvera ces derniers pour ne conserver que celui ou ceux qui devront remplacer le pied détruit par la gelée deux ans avant. Une fort belle allée de grenadier ombrageait une partie du jardin de mon père à la Valette, lorsque la gelée de 1820 vint la détruire. Comme les branches des arbres qui formaient cette allée étaient très vertes, je ne pus jamais déterminer mon père à couper son allée ; il se félicitait d'autant plus de sa détermination, que dans les mois de mai et de juin tous ses arbres, sans la moindre exception, se couvrirent de feuilles et de fleurs; mais en août ils se desséchèrent et ils périrent. On ne put les remplacer au moyen de leurs rejets par la raison qu'une grande partie de la sève était montée dans les branches, et n'avait pu produire que des faibles rejetons. Le contraire fût arrivé, s'ils avaient été coupés dès qu'on s'aperçut que l'écorce s'était circulairement détachée du bas de leur tronc. Mais si ce n'est que sur un des côtés du tronc que la séparation de l'écorce a lieu, il est alors prudent de ne leur rien couper.

Ce n'est que vers la fin du mois d'août, et lorsqu'on reconnaît les parties véritablement atteintes par le froid, qu'on taille ces arbres. Aux articles Oliviers et Orangers, je dis sur quoi je fonde la nécessité du retard de cette taille.

C'est avec le grenadier à petits fruits acides que l'on fait ces haies dont j'ai parlé. En mars l'on prend des boutures d'un pied de longueur; on les met en pépinière dans une terre arrosable, et deux ans après, on plante à demeure les jeunes grenadiers; on les espace d'un pied. Ils sont binés au moins une fois pendant cette première année. Une fois repris et leur végétation assurée, ils n'exigent plus aucuns soins, si ce n'est celui d'être débarrassés des drageons qu'ils ne manquent pas de pousser. Ce ne sera qu'à la troisième année de leur plantation que l'on commencera à les tailler en dedans et en dehors à cinq ou six pouces de long, à les rabaisser et à les mettre de niveau et à la hauteur de la haie. C'est alors qu'on pourra croiser et lier ensemble avec du fil de fer les branches inférieures des pieds voisins les uns des autres. Ces branches ainsi contenues se grefferont ensemble et la haie en deviendra impénétrable.

Grenadier nain, *Pnnica nana*, Lin. Arbuste destiné à l'ornement des jardins paysagers. Son fruit n'est pas mangeable. Il demande la même culture et les mêmes soins que le grenadier commun. Il passe l'hiver en pleine terre où il résiste à un froid de quatre à cinq degrès.

GRENADILLE. Genre de plantes de la famille des capa-ridées, composé d'un grand nombre d'espèces; comme toutes, à l'exception d'une seule, ne sont d'aucun intérêt ou ne peuvent être cultivées en pleine terre dans la Provence, je ne mentionnerai que la Grenadille bleue, *Passiflora cœrulea*, vulgairement nommée *Fleur de passion*, parce que l'on croit reconnaître dans ses fleurs les divers instrumens de la passion. Cette plante, à tiges sarmenteuses, est cultivée, soit à cause de ses belles fleurs bleues, soit à cause de sa faculté à ombrager par ses nombreuses tiges une tonnelle, un cabinet, un berceau, etc. On la multiplie de graines, de rejets et de marcottes. Il suffit d'enfouir une de ses tiges, pour avoir plusieurs pieds que l'on peut transplanter l'année d'après, si l'on a soin d'arroser la marcotte de temps à autre pendant l'été. Il pousse autour de chaque pied des rejets toujours assez nombreux pour y trouver les sujets dont on peut avoir besoin. Les graines se sèment en mars et en pots dans une terre propre aux semis, c'est-à-dire légère et fertile. Tout terrain, s'il est arrosable, mais pas trop humide surtout pendant l'hiver, convient à la grenadille bleue. Ses fruits un peu aigrelets, mais agréables, peuvent se manger, quand ils arrivent à une entière maturité.

GROSEILLIER, genre de plantes de la famille des cactoïdes. Un grand nombre d'espèces compose ce genre. Je ne m'occuperai que de celles généralement cultivées dans nos jardins.

Le GROSEILLIER ROUGE, GROSEILLIER COMMUN, *Ribes rubium*, Lin.; *groseilhier*, *grosellier* en prov. Arbuste dont les fruits servent à faire la gelée de groseille, et une boisson acidulée, rafraîchissante et fort agréable, nommée *eau* de groseille. Le groseillier, indigène des pays à température modérée, ne s'accommode pas trop du climat de l'extrême sud du midi de la France; aussi n'y est-il pas très abondant. Par contraire, il croît avec la plus grande vigueur dans le nord et dans l'intérieur de la Provence où il est cultivé avec le plus grand avantage, car c'est de là que l'on tire les groseilles qui approvisionnent les marchés d'Aix, de Marseille, de Toulon, etc. C'est donc dans les expositions au nord qu'il convient de cultiver le groseillier, qui de plus demande une terre arrosable, sans être humide pendant l'hiver, ni trop ombragée pendant l'été, ni trop exposée à notre mistral, vent qui est cause bien souvent de la coulure de ses fleurs. On le multiplie de boutures, de drageons et de graines. Ses boutures poussent si facilement de racines, que l'on ne s'occupe pas des autres moyens de multiplication. Cependant les plants produits par ses graines seraient certainement plus agrestes, plus durs contre notre température, et se conserveraient plus long-temps. N'est-ce pas le moyen d'obtenir de nouvelles variétés? qui sait si l'on ne finirait pas par en trouver une, acclimatée à notre soleil, à notre température? Chaque année le groseillier pousse des tiges du collet de ses racines. Ce sont ces tiges que, dans le mois de février, on fiche en terre et à demeure, en admettant que le terrain a été préalablement fumé et défoncé à un pied et demi de profondeur. Si on les bine deux fois en mai et en juillet, et si on les arrose souvent, il en manquera fort peu. Par la suite les plants de groseilliers seront annuellement houés, binés et arrosés; du fumier, répandu une fois en deux ans, les rendra plus vigoureux et conséquemment plus productifs. Une œuvre qui est bien utile pour les mettre en fruits, c'est celle de la taille.

Elle a lieu en février. Elle consiste à couper le bois vert et les branches qui ont plus de trois ans, à retrancher les brins faibles, quand le sujet est trop touffu, à rabaisser les forts bourgeons à trois ou quatre yeux et les faibles à deux ou trois.

Le groseillier buissonne naturellement, il ne faut pas contrarier cette disposition naturelle. Il faut donc autant que possible, évaser le centre du buisson qui pour lors ne sera pas aussi touffu ; ce qui mettra les fruits à découvert. Ceux-ci, jouissant de l'influence solaire, seront plus gros et plus doux.

On peut cependant élever le groseillier sur une seule tige et le faire monter sur un tuteur bien droit, en lui laissant de distance en distance de petites branches latérales, taillées à fruits ; ce qui fait un effet très agréable. On lui donne aussi, soutenue par un tuteur, la forme de tige arrondie, d'espalier, d'éventail, de palissades, de petit gobelet.

La groseille, quoique acide, forme un de nos desserts ; mais son plus grand usage est de faire une gelée qu'on recommande aux convalescens, et qu'on sert sur la table des personnes aisées. Cette gelée se fait à froid ou à chaud ; à froid elle ne se conserve pas facilement ; elle a besoin d'être consommée de suite. On écrase la groseille, on l'exprime à travers un linge et on mélange le suc obtenu avec à peu près un poids égal au sien de sucre en pain et pulvérisé. On remue le tout soit avec la main, soit avec une cuillère, jusqu'à ce que le sucre soit entièrement dissous. C'est le moment où le tout prend une consistance de gelée. Cette confiture demande à être placée dans un lieu frais et complètement privé d'humidité. La gelée à chaud se conserve durant plusieurs années, et je la crois plus saine et plus convenable aux estomacs débiles. On fait bouillir la groseille, on l'écrase et on exprime à travers un linge. On remet le suc obtenu sur le feu, après l'avoir uni à moitié de son poids avec du sucre pulvérisé. On fait bouillir jusqu'à ce que la gelée ait pris assez de consistance pour être retirée du feu.

En ayant la précaution d'empailler un peu avant leur maturité les grappes à fruit du groseillier, on parvient à les conserver sur leurs tiges jusqu'en automne. La groseille ainsi conservée n'est plus acide et elle est bien meilleure.

La culture a fourni plusieurs variétés de groseilliers dont une donne des fruits blancs qui sont moins acides que ceux du groseillier commun.

Le GROSEILLIER NOIR, vulgairement le *Cassis*; *ribes nigrum*, Lin. Cet arbuste est fort rare dans la Provence. Son fruit a un goût qui ne déplait pas à quelques personnes, mais qui est bien repoussant pour beaucoup d'autres, et je suis parmi ceux-ci. Je n'ai jamais pu supporter son odeur quand il est écrasé. Il sert à faire un ratafia qui, dit-on, favorise la digestion par sa propriété stomachique et diurétique. On le cultive et on le multiplie comme le groseillier rouge.

Le GROSEILLIER ÉPINEUX, *Ribes uva crispa*. Lin.; *roulano* en prov. Arbuste cultivé pour son fruit connu sous le nom de *groseille à maquereau*, parce que. étant encore vert, il sert à l'assaisonnement des mets et surtout au poisson nommé le maquereau. Cette espèce offre un nombre infini de variétés. Les plus multipliées dans nos pays sont celles à fruits rouges, à fruits blancs, à fruits violets, etc. Les unes et les autres sont très rustiques et résistent mieux que les groseilliers rouges et noirs, à la sécheresse de nos étés. Ce que j'ai dit sur la culture de l'espèce commune est applicable à celle-ci.

GUI. *Viscum album*, Lin.; *guis* en prov. Genre de plantes de la famille des caprifoliacées, dont une espèce vit sur plusieurs de nos arbres, et surtout sur l'amandier et sur le chêne. Il suffit que ses baies, dont les grives sont avides, soient transportées sur un arbre dont l'écorce est fendue, pour qu'il croisse là une plante de gui, si sa semence tombe dans la fente de l'arbre. Cette même semence ne germerait pas si elle était mise en terre; le gui est donc un vrai parasite, puisqu'il ne peut vivre qu'aux dépens des végétaux sur lesquels le hasard le fait naître. Il était en grande vénération du temps des Druides, qui le distribuaient avec une sorte de pompe aux peuples accourus au sacrifice. Ils le coupaient toujours avec une faucille d'or. Bien que cette plante serve à faire de la glue et qu'elle puisse être employée en médecine à cause de ses propriétés laxatives, il est convenable, quand on le peut, de ne pas la laisser multiplier dans les pays où il ne s'en montre que quelques pieds. Elle incommode beaucoup les arbres sur lesquels elle se nourrit et elle nuit singulièrement à leur végétation.

GUIMAUVE. Genre de plantes de la famille des malvacées, dont une espèce très commune dans les plaines d'Hyères, de Grimaud, etc. est souvent cultivée à cause du grand usage qui s'en fait en médecine. C'est la GUIMAUVE OFFICINALE, *Althea officinarum*; *maugo*, *mauvo blanco*, *althia* en prov. Un terrain léger, toujours frais, mais pas trop humide, est celui qui convient à cette plante. On la multiplie de rejets ou d'éclats qu'on plante dans le mois de février. C'est avec le suc de sa racine, qui contient beaucoup de mucilage, qu'on fait la pâte de Guimauve.

H.

HAIES. Il en est de deux sortes: les haies vives et les haies sèches. C'est avec des plants d'arbrisseaux placés à quelques pouces les uns des autres, que l'on établit les haies vives; et c'est avec des branches d'arbres que l'on construit les haies sèches. Il n'est pas nécessaire d'un long raisonnement pour démontrer les avantages que les premières ont sur les secondes. Celles-ci sont improductives et de peu de durée; elles ne résistent pas à la violence de notre vent du nord-ouest, si elles ne sont pas faites avec les plus grands soins. Combien de haies sèches détruites par le mistral, peu de temps après leur construction. Par contraire, une haie vive, si elle n'est pas négligée durant les premières années de sa plantation, peut exister pendant un siècle et donner de temps à autre du bois de chauffage. De plus son aspect est bien plus récréatif qu'un amas de branches sèches. Cela seul ne doit-il pas engager tout propriétaire rural, qui veut clorre sa terre, à le faire au moyen d'une haie vive? Que l'on ne dise pas que les frais de la préparation du terrain, de l'achat et de la plantation des sujets sont quelquefois très élevés. Une haie sèche, solidement établie, ne se fait pas sans y employer un bon nombre de journées d'ouvriers, et en supposant que l'on trouve chez soi les branches d'arbres, les épines dont on a besoin, ne faut-il pas les couper d'abord et les transporter ensuite? Une haie vive n'occasionne d'autres dépenses que celle du défoncement du terrain et de mise en place des plants. N'est-ce pas avec des boutures, obtenues toujours sans frais, que la plupart de ces haies sont formées? et pour celles faites avec des buissons ardents, des aubépines, des jujubiers et autres arbres qu'on ne peut multiplier par boutures, un propriétaire ne doit-il pas les tirer de ses pépinières?

Un reproche, que l'on fait aux haies vives, est celui que, par le prolongement de leurs racines, elles portent préjudice aux arbres ou aux plantes cultivés dans leur voisinage; mais il y a moyen de prévenir ce préjudice. Il suffit, quand la haie est nouvellement établie, d'ouvrir un fossé de 50 à 60 centimètres de profondeur dans toute la longueur de son bord intérieur. Les racines, ne pouvant se prolonger de ce côté, savent bien s'étendre du côté de la route ou du chemin sur la lisière desquels la haie est formée.

On peut utiliser une haie, quand elle ne longe pas un sentier trop fréquenté, en laissant, de quatre en quatre mètres de distance, un pied non soumis à la tonte, que l'on greffe ensuite avec un arbre fruitier de la même espèce. Ainsi une haie d'aubépine pourra fournir des azéroles; une haie de buisson ardent, des nèfles; une haie de grenadier sauvage, des grenades à gros grains.

Les arbrisseaux avec lesquels on peut former une haie vive dans le midi de la France, sont l'arroche et le grenadier, qui prennent très bien de boutures; le jujubier et le paliure ou nerprun porte chapeau, *arnavé* en Provence, qu'on multiplie par drageons, rejets et par jeunes plants venus de graines; et finalement l'aubépine, le buisson ardent, le genêt épineux, etc. etc. dont on obtient facilement par le semis de leurs graines les plants qui sont nécessaires. En traitant de ces divers arbrisseaux j'ai dit comment le semis de leurs graines ou la préparation de leurs boutures, la plantation des jeunes pieds doivent être faits, et quels soins il faut donner à la haie, lorsque les plants se développent.

HARICOT. Genre de plantes de la famille des légumineuses, dont quelques espèces sont cultivées dans le midi de la France, soit à cause de leurs gousses et de leurs semences, qui sont un des principaux alimens du peuple, soit à cause de la couleur, de la forme ou de la suavité de leurs fleurs.

Les botanistes ont formé deux espèces de haricots généralement cultivés dans les champs; et ils en ont fait le HARICOT NAIN, *Phaseolus nanus*, Lin., et le HARICOT COMMUN, *Phaseolus vulgaris*, Lin. Ces deux espèces sont confondues en une seule par les cultivateurs et désignées par eux sous le nom générique de haricot. *Fayoou* en prov. *moungeto* dans les environs de Bordeaux et dans une partie de Languedoc.

Ayant reconnu que les haricots, par leur hauteur, peuvent être partagés en trois sections, je les ai divisés pour plus de facilité dans leur classement,

En HARICOTS NAINS,

En HARICOTS MOYENS,

En HARICOTS GÉANTS.

HARICOTS NAINS. Leur tige est droite, courte, ne s'élevant pas à plus de trente à quarante centimètres, garnie de fleurs très rapprochées et ne s'entortillant pas aux arbres ou autres corps qui sont dans leur voisinage. Il en est plusieurs variétés; deux seulement sont cultivées dans nos champs, mais plus souvent dans nos jardins; elles sont connues dans plusieurs pays dela Provence sous les noms de *Haricots Hatifs*, ou *Quarantains*, et de *Haricots Biscarlot* ou *loquou*.

Haricots quarantains. Ils sont ainsi désignés, parce que dans moins de deux mois, ils commencent à donner des haricots verts, *fayoou verts*, *banetos* en Provence. Si ces haricots verts ne sont pas des meilleurs, surtout lorsqu'on tarde un peu trop à les cueillir, ils ont le grand avantage de pouvoir être servis sur la table de l'homme aisé un mois avant les autres. Les premiers, qui arrivent au marché de Marseille, se vendent habituellement trois à quatre francs la livre.

C'est en février que l'on sème les premiers, et l'on continue de quinze en quinze jours pour avoir des haricots verts en différents temps, en ayant soin de choisir les lieux les plus abrités pour ceux semés en février et au commencement de mars. Si la fin de l'hiver n'est pas rigoureuse, on pourra en cueillir dans la première quinzaine d'avril. C'est pourquoi on ne les sème que le long d'un mur à l'abri du vent du nord et à celui des rosées blanches, au moyen de couvertures formées avec des paillassons, des branches feuillées, etc. Il est encore très utile, pour les semis en grand faits en mars, lesquels pour lors doivent l'être par rangées, de les abriter; ce que l'on exécute avec des sarmens, serrés les uns contre les autres, et posés sur des petits piquets enfoncés en terre et inclinés du sud au nord le long de chaque rangée et placés de manière que les plantes, recevant obliquement les rayons solaires sont garanties du vent du nord et des rosées blanches. Combien de fois voyons-nous, malgré toutes ces précautions, les jardiniers d'Hyères, de Toulon, d'Ollioules, c'est-à-dire des pays les plus chauds de la France, perdre tous leurs haricots dans une seule matinée.

On peut semer les quarantains dans un terrain non arrosable; si le printemps n'est pas trop sec, ils y réussissent aussi bien que dans les jardins.

Le quarantain a l'inconvénient de dégénérer en peu d'années, si on n'en surveille pas les plantes. Comme il cesse d'être hâtif dès l'instant qu'ils est dégénéré, il faut avoir soin chaque année d'arracher, avant leur floraison, les pieds qui se sont abâtardis. On les reconnaît à leur tige qui s'allonge et se rapproche du haricot commun, ce que ne fait pas le vrai quarantain.

Haricots biscarlots ou *loquou*. Ils sont moins élevés que les précédents, mais ils sont plus touffus. Ils sont très productifs. Ils ne sont pas mangeables en vert, mais ils sont excellents secs. Le grain est alors long et arrondi. Sa couleur varie du blanc au noir, au rouge, au jaune, au varié, etc. Le biscarlot végétant plusieurs mois sans rien produire, et le terme de son existence étant très prolongé, on ne peut le cultiver dans le midi de la France à cause de la sécheresse qui règne dans ce pays, une fois le mois de mai passé, que dans dans les terrains naturellement frais et dans les terres arrosables; c'est pourquoi, pour profiter le terrain, on ne le sème ordinairement que vers les premiers jours de juillet, après une récolte de céréales, et après avoir enfoui le chaume. Les grains ne sont mûrs et bons à ramasser que vers la fin du mois d'octobre. Il est sujet aussi à s'abâtardir et à filer. Les pieds qui dégénèrent doivent être soigneusement arrachés.

Haricots moyens. Leur tige s'élève de cinquante à quatre-vingts centimètres. Ils filent et s'entortillent les uns avec les autres, car on n'est pas dans l'habitude de les ramer. Les fleurs, réunies au nombre de deux ou de trois, sont portées par des pédoncules qui naissent plus ordinairement autour de la partie basse de la tige. Les variétés qui composent cette section, sont le *Haricot bouquetier*, le *Haricot gourmandon*, le *Haricot bigarré*, le *Haricot blanc commun*.

Haricot bouquetier. Les fleurs naissent sur divers pédicelles sortant d'un pédoncule commun, et sont réunies en une sorte de bouquet; de là son nom de bouquetier. Gousse et grains aplatis bons en vert et en sec. Semé en avril et en mai.

Haricot gourmandon. Excellente variété. Gousse et grains arrondis et allongés. Semée en avril et mai comme le bouquetier. Plus tard la rouille s'en saisit, et les pieds périssent sans rien produire. Comme toutes les autres variétés, celle-ci s'abâtardit, s'élève et file alors davantage. Si l'on tient à conserver l'espèce, il faut ne pas laisser fleurir les pieds qui sont en dégénération et qui finiraient par se convertir en haricot commun.

Haricot bigarré. Grains colorés et plus souvent de plusieurs couleurs; de là son nom de bigarré. Gousses et grains aplatis, parfaits en sec et en vert; mais ils sont peu estimés en sec à cause de leur couleur qui donne à la soupe une teinte foncée et dégoûtante. C'est la variété la plus rustique. Tout terrain lui convient. Elle produit toujours beaucoup et supporte plus aisément la sécheresse. C'est pour cela qu'on la cultive de préférence dans les champs. C'est dans les premiers jours d'avril que le grain doit être semé. Sa couleur varie du jaune au gris, au noir, au rougeâtre, etc.

Haricot commun. Gousse aplatie et pas mangeable en vert; grains petits, ovoïdes, de couleur blanche et excellents secs. Cette variété s'élève plus que les précédentes. Cependant on ne la rame pas. On la sème durant tout l'été, quand on la cultive en terrain arrosable.

Haricots géans. Tige feuillée, très allongée, s'entortillant et s'élevant à huit à dix pieds, fleurs géminées, portées par des pédoncules qui se montrent dans toute la longueur de la tige. Les variétés les plus répandues sont, le *Haricot sans fil*, la *mongète*, le *Haricot pois*, le *Haricot du Brésil*.

Le *Haricot sans fil.* Cette variété était généralement cultivée autrefois à cause de l'absence du filament, dont sont toujours pourvues les gousses des autres variétés, filament qu'on est dans l'habitude d'enlever avant de les faire cuire. Depuis quelques années, le haricot sans fil a cédé la place à la mongète chez les jardiniers, et au haricot pois chez les propriétaires qui cultivent pour leur usage. En effet ses gousses, quoique bonnes et se prolongeant jusqu'aux gelées, ont un goût plus sauvage que celles de ces deux dernières variétés. Le grain qui est presque arrondi, n'est pas estimé en sec. Sa couleur varie, comme la plupart des haricots, du blanc au jaune, au rouge, au varié, etc.

Haricot mongète. Ce haricot n'est qu'une sous-variété de la variété précédente; car la gousse manque aussi de ce filament qu'on trouve dans les gousses des autres variétés. Il n'est connu que depuis 1819. Quelques grains furent apportés alors de Vintimille et semés dans les environs de Toulon. Aujourd'hui il est très répandu. Les jardiniers n'en cultivent pas d'autres; leurs gousses étant très grosses, sont plutôt cueilliès et sont plus pesantes; après celles du haricot pois, elles sont les meilleures connues. On peut les manger quoique jaunes et prêtes à se dessécher. Le grain presque rond est blanc avec une plaque d'un rouge violet autour de l'ombilic. Cette variété, qui se renouvelle chaque année avec les mêmes caractères, ne doit pas être confondue avec une autre mauvaise variété, nommée aussi mongète, dont le grain est violet et ayant une plaque de couleur blanche autour de l'ombilic. Cette variété a le fil, et ne vaut aucune de celles mentionnées ici; aussi n'en dirai-je rien de plus.

Les haricots mongète et sans fil ne fleurissent et leurs fleurs ne retiennent bien qu'en septembre. J'ai semé souvent des haricots sans fil en mai et je n'ai jamais été plus avancé que lorsque je les semais en juillet. C'est donc à la fin de juin et dans tout le mois de juillet que ces haricots, ainsi que le haricot pois, doivent être semés.

Haricot pois. Sa gousse est courte, arrondie; elle est munie du filament qui se trouve sur la suture des gousses de la plupart des haricots Cet inconvénient est racheté par sa qualité d'être le meilleur haricot, soit en vert, soit en sec. Son grain est ordinairement blanc et de forme ovoïde ou ronde. Il y a le haricot pois rouge qui n'est qu'une sous-variété de celui-ci.

Haricot du Brésil. Gousse d'un vert fouetté de rouge, aplatie et très délicate quoiqu'une des plus grosses. Grain très gros, allongé, plat et d'un blanc jaunâtre; ombilic tout-à-fait jaune. Il est d'une cuite facile et il est excellent. Ce haricot venu du Brésil, a été apporté en 1835 par la *Favorite*, gabarre de l'état, en provision de bord. Ce haricot est très productif, quand il est cultivé avec soin. Vingt-cinq grains m'en ont donné, en 1837, sept mille trois cent cinquante.

Lorsqu'ils sont servis par le temps, les haricots prospèrent et produisent dans tous les terrains, mais ils végètent toujours avec plus de vigueur dans celui qui est naturellement frais ou arrosable, gras et plus léger que compacte. Deux labours d'hiver sont les seules œuvres que l'on donne au sol, destiné à la culture des haricots dans les pays de grande culture. Là on sème à la volée, à fossettes ou à rayons. Le premier mode est le plus vicieux, en ce que les plantes sont tantôt trop distantes, et tantôt trop rapprochées les unes des autres, et en ce qu'on dépense une plus grande quantité de semence. Le semis à fossette se pratique en ouvrant des petites fosses ou des trous au fond desquels on place cinq à six grains, et que l'on espace plus ou moins, selon que la variété de haricots s'élève ou s'arrondit peu ou beaucoup. Ainsi les fossettes devront être séparées par une distance de trente à trente-cinq centimètres pour les haricots nains, et elles devront l'être de cinquante à soixante pour les haricots géants. Dans les petites cultures, et surtout quand le terrain est arrosable, c'est par rangées que l'on sème les haricots. On place toujours deux grains ensemble. Ils s'entr'aident à soulever la terre, quand elle a été tassée par la pluie, après leur mise en terre.

Dans les jardins et dans tous pays de petite culture, on bêche ou l'on houe la terre sur laquelle on veut semer des haricots; et à l'avance, si elle n'est pas naturellement grasse ou abondamment fumée lors de la culture précédente, et encore faut-il que celle-ci n'ait pas été de nature trop épuisante; et à l'avance, dis-je, on y apporte de l'engrais. Il est prudent de n'y employer que du fumier dont la fermentation est terminée, et jamais de la vase, des boues, etc. par la raison que ces sortes de fumiers influent souvent sur le goût des haricots verts. Un à deux pouces sont la profondeur où doit être placée la semence; plus que cela elle est sujette à se pourrir, s'il survient de la pluie. Aussi doit-on bien se garder, à moins d'une sécheresse extrême qui fit craindre la non-germination des grains, d'arroser le terrain semé en haricots; il y a plus, l'expérience a prouvé qu'il est utile au succès de cette culture qu'une fois levées, les jeunes plantes ne reçoivent le premier arrosement que lorsqu'on reconnaît qu'elles souffrent du sec. Cet arrosement les fait alors végéter avec une vigueur surprenante. Après celui-ci il est de rigueur que les autres se succèdent fréquemment, surtout quand les haricots sont en fleurs. Un sarclage et un binage sont des soins qu'exigent impérieusement ces plantes. Pour les variétés qu'on est obligé de ramer, il faut placer les rames aussitôt qu'elles se sont élevées de huit à dix pouces et qu'elles ont été binées.

Les haricots sont sujets à la rouille; les quarantains, les bouquetiers, les gourmandons, et en général tous les haricots hâtifs plus que les autres, si on les sème pendant l'été. J'ai plus d'une fois chaulé les haricots semés en juin et juillet ; très souvent ils ont été exempts de cette maladie, mais quelquefois ils en ont été pris complètement ; n'est-ce pas là une preuve qu'il n'y a pas de moyen assuré pour la prévenir ?

Haricot caracolle, Haricot à Grandes fleurs. *Phaseolus caracalla*, Lin. Espèce vivace cultivée dans nos jardins à cause de ses fleurs très développées, contournées en spirales colorées en rouge peu foncé sur un fond blanc et odorantes. Cette plante, ne résistant pas à la moindre gelée, demande à être placée à une bonne exposition ; sa tige, qui s'allonge beaucoup et qui par cette raison doit être soutenue par un roseau autour duquel elle s'entortille, périt chaque hiver, mais on garantit le pied de l'action du froid en le couvrant comme il est d'usage pour le câprier ; (Voyez ce mot.) avec ces précautions, si la caracolle ne se trouve point dans un terrain naturellement humide et si l'année n'est pas très pluvieuse, on la conserve très bien. C'est en avril que l'on sème sa graine et dans un pot, mis à l'abri des dernières rosées blanches ou des courants d'air trop froids, comme nous en éprouvons encore quelquefois dans ce mois. On ne met en terre la jeune plante que lorsqu'elle a atteint une hauteur de huit à dix pouces. Il est sous entendu qu'on la transplante avec toute la terre du pot, mais avec les précautions mentionnées à l'article Rempoter. Ce haricot demande une terre légère, souvent fumée ; il ne peut se passer d'un sarclage et d'un binage chaque année et de fréquens arrosemens.

Haricot d'espagne, *Phaseolus coccineus*, Lin. On cultive quelquefois cette plante à cause de ses belles fleurs d'un rouge écarlate. Comme elle s'élève à plus de trois mètres, on en garnit les tonnelles, les berceaux qu'elle orne de ses nombreuses fleurs. Sa culture est la même que celle du haricot commun.

HARICOT NOIR. *Dolichos unguiculatus*, Lin. Dolic onguiculé. C'est sans doute au mot DOLIC que j'aurais dû parler de cette plante; mais elle est si généralement cultivée dans la Provence où elle n'est connue vulgairement que sous le nom de haricot noir, *fayoou negré*, *fayoou pichoun*, que j'ai dû renvoyer ce que j'ai eu à dire à la suite de l'article HARICOT. Tout terrain ne convient pas à cette plante. Elle ne réussit jamais dans celui qui est calcaire, s'il n'est pas profondément défoncé, c'est-à-dire s'il n'a pas été approfondi à cinquante ou soixante centimètres. Par contraire il végète avec beaucoup de vigueur, il est très productif dans un terrain granitique ou schisteux, quoique labouré seulement à quelques pouces de profondeur. Je possède des terres de ces deux sortes, et je me garde de cultiver le haricot noir dans celles qui sont calcaires, n'ayant jamais réussi à y recueillir plus de trois semences pour une, bien que le terrain fût défoncé de quarante à cinquante centimètres. La gousse du haricot noir, *baneto negro* en prov., est très bonne à manger; mais il faut qu'elle soit bien tendre, et que le grain ne soit pas encore formé. Elle a pourtant une saveur particulière laquelle n'a rien de semblable à celle du haricot vert ordinaire, et elle n'est pas du goût de tout le monde.

Le haricot noir, quoique en terrain granitique, préfère une terre légère, fraîche, mais substantielle ou rendue telle au moyen du fumier, à une terre forte. On ne commence à le semer qu'à la fin d'avril. Il lui faut de la chaleur pour germer, c'est pourquoi il veut ne pas être trop enfoui; un à deux pouces suffisent. Sa culture est la même que celle du haricot commun.

HÉLIANTHE. Genre nombreux de plantes de la famille des corymbifères, dont quelques espèces vont être mentionnées.

HÉLIANTHE SOLEIL. Tournesol, *Helianthus annuus*, Lin. *Viro souleou* en prov. Cette plante, annuelle, est trop connue pour que j'en donne la description. On sème sa graine dès les premiers jours d'avril, ou du moins dès qu'on n'a plus à craindre des rosées blanches pour le jeune plant qui n'y résiste pas. Les plants de tournesol transplantés ne végétant pas avec grande vigueur, il est nécessaire que la graine soit semée sur place. Cette plante demande une terre fraîche ou arrosable, profondément défoncée et très fumée. Dans une pareille terre, il n'est pas rare d'en voir dont les tiges s'élèvent à près de trois mètres et donner en même tems un grand nombre de branches qui portent chacune plusieurs fleurs, mais moins grandes que celle venue au sommet de la tige. Toutes ces fleurs produisent des graines. Il est utile, quand on cultive le tournesol comme plante de produit, de le soigner et de l'espacer suffisamment, c'est-à-dire à peu près un mètre, pour que ses branches ne se gênent pas naturellement, et que leur frottement entr'elles, quand il règne du mistral, n'en détache pas les graines. Un sarclage, un binage et des arrosemens, quand c'est possible, sont des œuvres indispensables à la prospérité de cet hélianthe, que l'on cultive dans beaucoup de jardins non seulement comme plante d'ornement, mais encore comme plante d'utilité. Ses feuilles peuvent, en vert et en sec, être données aux bestiaux, bien entendu que c'est en automne seulement qu'on les détache pour cet usage; plus tôt la plante en souffrirait, et on retire de ses graines une huile bonne à brûler et que même l'on peut manger dans les pays où l'olivier n'est pas cultivé ; ces graines servent encore à la nourriture des animaux de basse cour et de certains oiseaux que l'on tient en cage, tels que le gros pinson, le bec croisé, etc. Par la culture on a obtenu un hélianthe soleil à fleurs doubles. Comme cette variété fournit aussi et autant de graines que celle à fleurs simples, et qu'elle orne bien autrement les lieux où elle se trouve, il convient de lui donner la préférence.

HÉLIANTHE MULTIFLORE, *Petit soleil. Helianthus multiflorus*, Lin. Plante vivace dont les fleurs jaunes, simples ou doubles et fort nombreuses, font l'ornement de plus d'un jardin à la fin de l'été et en automne. On la multiplie pendant l'hiver par éclat de ses racines naturellement traçantes. Elle vient bien partout, mais mieux dans une terre substantielle, forte et arrosable. Là ses fleurs sont plus belles et de plus longue durée.

HÉLIANTHE TOPINAMBOUR, *Helianthus tuberosus*, Lin.; *tartiflo*, *giganto* en prov. Plante vivace, originaire du Brésil, dont les racines fournissent des tubercules ayant un faux goût d'artichaut et qui est cultivé depuis long-temps dans les recoins les moins abrités de nos jardins, tant cette plante est rustique et s'accommode de toute exposition. Sa culture n'est pas très répandue; l'usage que l'on fait de ses tubercules, quoique vendus toujours à bas prix, étant très borné. Cependant ils sont, aussi bien que les fanes de la plante, une excellente nourriture pour les bestiaux qui en sont engraissés à vue d'œil. Pourquoi faut-il aller dans le centre de la France, où le topinambour n'est connu que depuis peu d'années, pour trouver des champs entiers destinés à la culture de ce végétal? C'est que dans le Midi et surtout dans la Provence, les cultivateurs ne font que ce qu'ils ont toujours vu faire, et si la science fait quelques progrès de nos jours, ce n'est encore que chez quelques propriétaires instruits et mieux avisés. Espérons qu'à leur exemple, les fermiers de nos terres finiront par comprendre qu'on peut tirer un meilleur parti de celles qu'ils exploitent. L'extension que la culture de la betterave a prise cette année en donne la certitude. Cette dernière plante que l'on commence à cultiver expressément pour la nourriture des bestiaux, ne peut prospérer que dans les terrains frais, ou arrosables, ou du moins profondément défoncés; de plus il faut la resemer chaque année et elle demande des soins particuliers. Par contraire le topinambour vient partout où il y a de vingt à vingt-cinq centimètres de terre ameublie, et une fois planté et développé, on n'a plus à s'en occuper que pour arracher ses tubercules: et cela pendant des siècles, car le seul inconvénient qu'il présente, c'est qu'une fois mis quelque part il y reparaît tous les printemps, bien que l'on fasse en sorte durant l'hiver d'en enlever autant de tubercules qu'il est possible. Combien de terrains incultes, dont on ne retire rien, qui pourraient cesser d'être improductifs, si on y plaçait quelques tubercules de topinambour. Il ne s'agirait que de les labourer ou de les passer avec la houe après y avoir répandu dessus un peu de fumier. Combien de bords de ruisseaux, de chemins sont en friche et sur lesquels on pourrait cultiver cette plante! Il ne faudrait que du vouloir. Au lieu de rester les bras croisés, lorsque les terres sont trop aqueuses à la suite des longues pluies d'hiver, que l'on utilise son temps à défricher ces terrains, où l'on pourra planter dans le mois de mars qui suivra des topinambours, dont le produit nourrira et engraissera par la suite le mulet ou les bœufs attachés à l'exploitation du domaine que l'on possède ou que l'on tient en ferme. Ces animaux, n'étant plus nourri avec de la paille seule, comme je l'ai vu pratiquer tant de fois par de pauvres gens, quand les récoltes sont en défaut; ces animaux, dis-je, seront mieux en état, et ils feront de bien meilleurs labours. C'est à vous que je m'adresse, fermiers peu fortunés, à vous que j'ai vu plus d'une fois ne donner à vos mulets pour toute nourriture que des sarmens de vigne coupés en morceaux. Faites ce que je vous conseille. Ce que je vous dis n'est que dans votre intérêt. Quel profit m'en reviendra-t-il? sinon le plaisir de voir améliorer votre position.

Si l'on désire expulser le topinambour d'un terrain où il a été cultivé et s'en débarrasser complètement, il faut pendant deux ans arracher les jeunes tiges qui se montrent, et ce avant que ces tiges aient déjà produit de petits tubercules.

Nous ne possédons en Provence qu'une seule variété de topinambour. A Paris, où pourtant cette plante ne peut amener sa graine à maturité, et où l'on est obligé de faire venir de nos pays celle que l'on veut semer, car on multiplie l'hélianthe topinambour et par ses racines, et par ses graines, on a déjà obtenu un certain nombre de variétés. Déjà l'on y cultive le topinambour blanc, le jaune, le rosé, etc.

HÉLIOTROPE. Genre de plantes de la famille des borraginées, dont deux espèces sont cultivées dans presque tous les jardins à cause de l'odeur de leurs fleurs.

Héliotrope du Pérou. *Heliotropium peruvianum*, Lin.; *héliotropo* en prov. Il n'est pas un seul amateur d'horticulture qui ne connaisse ce joli petit arbuste dont les fleurs répandent une odeur de vanille si douce, si suave, qu'on ne s'éloigne de lui qu'avec regret. On multiplie cet héliotrope de graines, de boutures et de marcottes. Il demande une terre légère, mais grasse ; car il effrite beaucoup la terre ; c'est pourquoi il est nécessaire de le dépoter et de lui donner de la nouvelle terre au moins une fois l'année. Les graines se sèment en avril, ou si c'est en mars, le semis doit se faire à une bonne exposition au midi et à l'abri des derniers froids. C'est en mai qu'on fait les boutures et les marcottes qu'on peut mettre en place l'année d'après. La plante, une fois développée, a besoin de fréquens arrosemens pendant l'été. Comme elle est très sensible aux gelées, il faut pendant l'hiver, et si elle est cultivée en pleine terre, la couvrir au moyen d'un paillasson en forme de toiture qui la garantisse du froid sans la priver de l'air qui lui est très nécessaire. Il n'est pas rare, avec cette précaution, de voir des héliotropes acquérir une élévation de près d'un mètre. Il est prudent durant toute saison d'être prodigue de soins et avare d'arrosemens.

Héliotrope a grandes fleurs. *Héliotropium grandiflorus*, Lin. Arbuste d'une dimension un peu plus forte que le précédent. Ses fleurs, plus grandes aussi que l'héliotrope du Pérou, n'ont pas une odeur aussi prononcée. Il demande les mêmes soins et la même culture.

L'herbe, connue en Provence sous le nom d'herbe aux verrues, *herbo ei barrugos*, *ei toiros* en prov., est un héliotrope. C'est l'héliotrope d'Europe des botanistes. Cette plante n'est bonne à rien, pas même pour faire passer les verrues, malgré que son nom l'annonce. Lorsqu'elle est abondante dans un champ, on peut l'utiliser en l'arrachant quand elle est en fleurs, et en la mêlant avec le fumier, dont elle augmente le volume en se pourrissant.

Héliotrope d'hiver. Voyez tussilage.

HÉMEROCALLE. Genre de plantes de la famille des narcissées dont plusieurs espèces sont fréquemment cultivées dans nos parterres. Les deux plus communes sont celles connues sous le nom de lis jaune et de lis fauve. Elles prospèrent dans toute terre, qui n'est pas trop humide en hiver et à toute exposition. On les multiplie de graines ou au moyen de leurs bulbes que l'on sépare des vieux pieds en automne.

Les hémerocalles bleues, distiques et du Japon ne demandent pas d'autres soins, si ce n'est qu'elles ne végètent avec vigueur que dans la terre de bruyère.

HÊTRE. Arbres de la famille des amentacées, dont un, très-commun dans plusieurs parties de l'Europe, mérite d'être mentionné.

Hêtre des bois. *Fagus sylvatica*, Lin.; *fau fayard* en prov. Le midi de la France est un pays trop sec pour que cet arbre y croisse naturellement avec abondance; il demande une terre légère, fraîche, mais pas trop humide et pas argileuse. Il se multiplie par semis de ses graines renfermées trois par trois dans chacun de ses fruits qui sont connus sous le nom de faines. Ces graines doivent être stratifiées dès qu'elles sont mûres, c'est-à-dire, en automne et semées au printemps d'après. Comme les jeunes hêtres sont difficiles à la reprise, il est bien de semer les graines sur place, en ayant soin dans ce cas, comme dans celui où le semis serait fait en pépinière, d'attendre la fin des rosées blanches, si tardives dans nos pays, les jeunes plants n'y résistant pas, et de garantir ceux-ci pendant l'été de l'ardeur du soleil, par tous les moyens possibles. On y parvient en exécutant le semis sur un terrain adossé à un mur élevé du côté du midi ou ombragé par de grands arbres. Les arrosemens doivent ne pas leur manquer ; ils doivent être sarclés au moins deux fois pendant la première année et binés ensuite tant qu'ils n'ont pas atteint deux à trois mètres de hauteur. Lorsqu'ils sont venus en pépinière, il est nécessaire de les transplanter et de les mettre en place dès qu'ils ont trois ou quatre ans d'existence, et encore ce doit être toujours avec une motte de terre s'il y a possibilité. Le hêtre des bois, qui est un des plus grands arbres connus est d'une si grande utilité et d'un port si majestueux qu'il conviendrait d'en faire des plantations dans tous les terrains qui lui sont propres. Les faines sont recherchées par les enfants et peuvent servir à la nourriture de certains animaux. Les cochons les mangent par fureur et en sont bientôt engraissés. Nétoyées de leur enveloppes, les amandes contenues dans le fruit du hêtre, donnent une huile excellente à manger et très-bonne à brûler. Le bois du hêtre sert à différens usages. Les bras de toutes nos charrettes proviennent des jeunes hêtres coupés avant que leur tronc ait pris trop d'épaisseur en même temps qu'il a acquis une assez grande élévation.

Il existe plusieurs variétés du hêtre des bois qui toutes se greffent sur celui-ci. La greffe à chalumeau ou en flûte est celle qui réussit le mieux.

On pourrait également cultiver dans le midi de la France le hêtre ferrugineux ; il est remarquable par son bois qui est varié du blanc au rouge et que l'on pourrait utiliser ; il ne demande ni plus de soins, ni plus de culture, ni d'autre exposition que le précédent.

HORTENSIA. *Rose du Japon. Hortensia apuloïdes.* Arbuste indigène de la Chine. Plante formant un genre de la famille des saxifragées et à peine connue depuis la fin du siècle dernier. Elle est maintenant très répandue; on la trouve dans tous les jardins. En effet conçoit-on un plus joli arbuste. Ses feuilles sont grandes, ovales, très-régulières, d'un beau vert et chacune de ses tiges se termine par une réunion de fleurs disposées en boule comme celle de la viorne, boule de neige, persistantes depuis la fin de mai jusqu'en octobre et prenant les couleurs suivantes : Vert tendre, blanc rosé, rouge dit hortensia, rouge purpurin, rouge verdâtre ; si on mêle de la limaille de fer avec la terre du pôt où l'hortensia est cultivé, ou mieux si cette terre est naturellement ferrugineuse, ces fleurs prennent une couleur bleue. L'hortensia demande une terre très-légère et très-perméable à l'eau et aux émanations atmosphériques. Celle de bruyère, sans être ni passée, ni criblée, lui convient plus qu'aucune autre. Il se multiplie de boutures et de rejets. Il veut être tenu à l'ombre et arrosé journellement pendant l'été, il résiste aux froids les plus rigoureux de nos pays, s'il est placé contre un abri. Les arrosemens doivent être ménagés pendant l'hiver. C'est dans le mois de mars, et au moment où il va se mettre en sève, que l'on détache les rejets, toujours assez nombreux autour des vieux pieds, et que l'on prépare les boutures. Les uns et les autres ne demandent pas d'autres soins que ceux donnés à la mère-plante, c'est-à-dire qu'ils doivent être placés à l'ombre, arrosés fréquemment et débarrassés des mauvaises herbes, s'il en survient.

HOUBLON CULTIVÉ. *Humulus lupulus*, Lin. Plante formant un genre de la famille des urticées. Je ne mentionne cette plante que parce qu'elle est connue comme formant un des ingrédiens, qui entrent dans la fabrication de la bière. Sans doute il serait utile de cultiver le houblon dans le midi de la France, et on le pourrait d'autant mieux qu'il croît naturellement sur les bords des rivières ou plutôt des torrens qui traversent les plaines humides de nos pays, où on le voit chaque année s'entortiller autour des roseaux et des arbres dont ces bords sont complantés ; mais il n'est aucune culture, qui redoute plus les grands coups de vent que celle de houblon ; et l'on sait que dans nos pays le nord-ouest se fait sentir avec une si grande force que les plus grands arbres, les tuyaux de cheminée, les toitures, etc. n'y résistent pas. De plus, la consommation de la bière n'y est pas assez grande pour faire espérer que l'on puisse placer avantageusement sa récolte. Je ne pense donc pas que la culture du houblon devienne jamais un objet de spéculation pour nos cultivateurs, du moins je ne conseille pas d'en faire l'essai ; cette culture demande de trop grandes avances et présente trop de chances périlleuses, pour qu'on risque d'y employer ses capitaux. En effet, c'est contre de perches fort élevées qu'on fait grimper les plantes de houblon. Pour ceux qui connaissent la violence de notre mistral, il est certain que la majeure partie de ces perches et les plantes de houblon avec elles, quelque précaution que l'on prît, seraient abattues bien souvent.

HOUE. Instrument de culture ainsi nommé du mot latin *upupa*, par lequel les Romains le désignaient. Ils lui avaient donné ce nom à cause de sa ressemblance avec la tête de la hupe. Il est connu en Provence sous le nom de bêche et *magaou* en patois. Il en est de plusieurs sortes. La houe est carrée ou arrondie, ou pointue, ou fourchue.

La HOUE CARRÉE. *Trenco*, *trinco*, *picolo* en prov., est propre aux terres douces et légères, et à certains travaux superficiels, tels que le buttage des plantes potagères, le binage des vignes, des oliviers, etc., le dégazonnement des vieilles prairies. C'est un instrument des plus utiles et employé dans tous les pays de grande et de petite culture. Ce qui vient d'être dit de la houe carrée s'applique à la houe arrondie, laquelle devrait avoir la préférence pour le buttage des plantes potagères que l'on blesse parfois avec un des angles de la houe carrée.

La HOUE POINTUE. *Magaou plat*, *eissado* en prov., est d'une absolue nécessité dans toutes les terres arrosables qui ne sont pas très légères. Elle sert à ouvrir les rigoles d'arrosage, et là elle remplace avec avantage la houe carrée et la houe arrondie, pour toutes les façons et tous les travaux de jardinage où celle-ci est employée.

La HOUE A DEUX POINTES. *Bechard*, *magaou fourca* en prov., est un des meilleurs instrumens de culture connus, et cependant son introduction dans la Provence n'est pas très ancienne. Je me souviens d'avoir vu nos ouvriers ne se servir que du pic et de la houe pointue pour tous nos travaux de la campagne. Comme ces travaux étaient longs, coûteux et pénibles, il est certain que nous devons de la reconnaissance aux propriétaires ruraux, qui les premiers firent connaître cet instrument d'agriculture dans nos pays secs et rocailleux. On ne peut disconvenir que le remuement de nos terres naturellement serrées et pierreuses ne se fasse depuis lors plus vite, mieux et à moins de frais.

HOUQUE. Genre de plantes de la famille des graminées, dont une espèce la HOUQUE SORGHO, *Holcus sorgho*, Lin., est cultivée dans quelques contrées du midi de la France et y est connue sous le nom de *meillasso*, *millasso*, *mi deis escoubos*, en prov., *millet des balais*. Cette plante, qui est annuelle et qui ressemble au maïs, tant qu'elle n'a pas fleuri, s'élève à près de trois mètres dans les terres grasses et fraîches, ou arrosables. Elle se termine par une panicule garnie de fleurs d'abord et de grains ensuite. Ce grain, un peu aplati, sert à la nourriture de l'homme en Afrique et dans l'Inde, mais en France on ne le donne qu'aux volailles qui en sont promptement engraissées. Les panicules de cette houque, après que le grain en a été détaché, sont utilisées à faire ces balais que les Italiens apportent par milliers à Marseille, à Toulon et qui de là se répandent dans l'intérieur des départemens.

La houque sorgho se sème en avril sur trois raies de labour, à la volée ou mieux par rangées. Un sarclage et un butage au moins sont les façons nécessaires pour le faire produire. Ses feuilles, lorsque les graines sont arrivées à leur maturité, peuvent et doivent même être données aux bestiaux qui s'en accommodent très bien. Les tiges sont ensuite coupées d'une longueur telle que l'on puisse en faire les balais auxquels elles sont toujours destinées après que le grain en a été séparé. Comme la maturité de celui-ci n'est pas complète sur toutes les plantes, et comme bien souvent on est obligé de couper ces tiges plutôt qu'il ne faudrait à cause des dégâts que les oiseaux y font, il est nécessaire pour terminer la maturité du grain de les réunir par grands tas et de couvrir les panicules avec des herbes. Lorsqu'on reconnaît que le grain a acquis toute sa maturité, on bat les panicules avec une gaule ou avec un léger fléau, en ayant soin de ne pas briser les panicules, lesquelles alors ne pourraient plus être d'aucun usage.

HOUX. Genre de plantes de la famille des rhamnées. Parmi les espèces qui le composent je ne mentionnerai que

Le HOUX ÉPINEUX, *Ilex aquifolium*, Lin.; *garrus*;

grieou, *greoubaguier* en prov. Cet arbrisseau croît naturellement sur quelques unes de nos montagnes du midi. Son port, son feuillage luisant, persistant et son fruit de couleur rouge, le rendant propre à l'ornement d'un bosquet ou à faire partie des arbres de tèse ou remise à chasser, et sa reprise n'étant pas certaine quand on tire les plants des bois où il se trouve, je vais donner les moyens de le multiplier par semis. Ce moyen est long sans doute ; mais c'est le plus assuré et d'ailleurs celui employé pour tous les fruits à noyaux très-durs, tels que ceux de l'olivier, de l'aubépine, etc.

Durant le mois d'octobre on se procure des baies de houx, on en sépare les graines qui sont osseuses, au nombre de quatre et on les sème de suite. Plus on tarde et plus elles demeurent en terre sans germer. Si la terre a été bien ameublie et si elle est arrosée de temps à autre, elles lèveront presque toutes dans le courant de l'été d'après. Les jeunes plants doivent être sarclés deux ou trois fois pendant la première année et binés durant tout le temps qu'ils demeurent en pépinière. Si les graines ont été semées trop rapprochées et alors si les plants, après avoir germé, sont trop serrés les uns contre les autres, on les transplante en les espaçant de vingt-quatre à vingt-cinq centimètres, en ayant soin de pincer la pointe du pivot, afin de leur faire pousser du chevelu, ce qui facilitera la reprise lors de leur mise en place. Cette opération devra avoir lieu trois ans après ; plus tard la plantation serait sujette à ne pas réussir.

Le houx n'est pas un arbre seulement d'agrément, mais il est encore un arbre de grande utilité. C'est avec son écorce que l'on fabrique presque toute la glu qui se vend dans le commerce pour la chasse de certains oiseaux. On sait que c'est avec cette résine glutineuse qu'on se saisit des premières grives qui passent à la fin d'octobre et qu'on vend de 2 à 3 francs la pièce aux amateurs des cabanes ou postes à feux. Comme parmi les gens qui habitent la campagne, il en est qui sont en position d'avoir des houx dans leur terre, je crois leur rendre service en donnant ici la manière de préparer la glu nécessaire à leur usage : après avoir râclé avec un couteau l'épiderme ou l'écorce la plus extérieure des jeunes branches du houx, on prend toute l'écorce restante, on la pile dans un mortier, jusqu'à ce qu'elle forme comme une pâte, on la met dans un pot qu'on enterre et qu'on laisse pendant huit jours dans du fumier en pleine fermentation, on retire ensuite cette pâte, on la pétrit et finalement on la lave dans une grande quantité d'eau ou à eau courante pour la débarrasser des parties d'épiderme et des filamens du liber qu'elle contient toujours, quand elle est en fabrication. On la place, après cette dernière opération, dans de l'eau et dans un lieu frais. Ainsi conservée, elle est bonne pendant trois ans. Pour qu'elle ait la qualité qu'on lui désire, la glu doit être verte, molle, gluante et qu'elle s'allonge en longs filamens sans se rompre. Ce n'est pas seulement le houx qui fournit la glu, le Gui et plusieurs autres végétaux en donnent aussi : mais ce n'est guères que le premier qui sert à la préparation de celle qu'on trouve chez les marchands.

La grande élasticité du bois du houx épineux fait rechercher les tiges droites et longues de cet arbre par les rouliers et les braconniers, qui en font les uns des manches de fouet et les autres des baguettes de fusil.

Il existe plusieurs variétés de houx. Elles se greffent toutes sur le houx épineux. La greffe qui réussit le mieux est celle à écusson; mais plus sûrement à œil dormant qu'à œil poussant.

HYDRANGÉE. Genre de plantes de la famille des saxifragées dont les espèces qui le composent sont souvent cultivées dans nos bosquets. Elles sont originaires de la Floride et autres parties de l'Amérique septentrionale, elles se multiplient de marcottes ou de rejets toujours nombreux autour des anciens pieds. On peut les placer dans toute terre plus ou moins légère et conservant de la fraîcheur pendant l'été ou mieux arrosable.

L'HYDRANGÉE RADIÉE, *Hydrangea nivœa*, est celle, à cause de ses fleurs blanches, ayant de l'analogie avec la boule de neige, et se montrant pendant l'été, qui est plus particulièrement cultivée.

I.

IBÉRIS. Genre de plantes de la famille des crucifères dont quelques espèces sont placées dans nos jardins. Les plus répandues sont l'IBÉRIS OMBELLIFÈRE, l'IBÉRIS TOUJOURS VERTE, et l'IBÉRIS DE PERSE ou *Thlaspi vivace*. Ces deux dernières, vivaces, se multiplient de graines et de marcottes semées et faites au printemps. Toute terre, si elle n'est pas trop humide, leur convient; la dernière fait une très jolie bordure. L'ibéris ombellifère, *taraspic* des jardiniers, est annuelle, se multiplie de graines, semées en pots. Ces deux plantes doivent être transplantées avec la motte. Il faut semer cette graine en divers temps du printemps et de l'été pour en avoir des plantes pendant plus long-temps.

IF. Genre d'arbre de la famille des cônifères et composé de plusieurs espèces. Quatre à cinq peuvent être cultivées en pleine terre dans le midi de la France. Elles se multiplient toutes par boutures et par greffes sur l'if commun. Les exotiques sont connues sous le nom de ,

IF NUCIFÈRE , *Taxus nucifera* , Lin. venue du Japon.

IF A FEUILLES LARGES , *Taxus latifolia* , du Cap.

IF VERTICILLÉ , *Taxus verticillata* , du Japon.

Je n'en dirai rien de plus pour m'occuper plus spécialement de l'espèce indigène.

IF COMMUN , *Taxus baccata*, Lin. *Tuy* dans la Provence où on le connaît aussi sous le nom d'arbre de la Ste-Baume parce qu'il est très commun sur la montagne de la Ste-Baume dans le département du Var. Cet arbre , d'une croissance lente , mais d'une très longue durée , est souvent placé dans les jardins paysagers. On le trouve par fois à l'entrée d'un parterre à cause de la facilité que l'on a à le tailler et à lui donner la forme que l'on veut. Comme il est d'un vert très foncé et qu'il est conséquemment d'un effet peu récréatif , sa véritable place est dans le point le plus solitaire d'un bosquet. L'homme qui aime à méditer , l'amant porté à la mélancolie se reposeront plus volontiers au pied d'un if qu'à celui de tout autre arbre.

Il est d'autant plus utile à un propriétaire rural de planter quelques ifs dans ses domaines , que par la suite ses descendans pourront tirer parti du tronc de ces arbres. Le bois en est excellent ; sa couleur d'un rouge orangé et sa dureté le rendent propre à faire de très jolis meubles. C'est principalement avec ses racines et surtout avec son bois roncé, comme disent nos ébénistes, que l'on en obtient des plus recherchés et des plus curieux. Combien de forêts déboisées que l'on pourrait repeupler au moyen de l'if. On le multiplie de marcottes et de boutures faites en hiver , mais mieux de graines tenues à l'ombre , que l'on sème de suite après leur maturité , si l'on ne veut pas demeurer deux ou trois ans sans les voir germer. Les jeunes plants sont mis en pépinière à l'âge de deux ans et en place après un séjour à la pépinière de plusieurs années. Comme tous les arbres résineux il doit être arraché avec une motte de terre, et être transplanté pendant le premier printemps, c'est-à-dire, lorsque la sève commence à se mouvoir. Tout terrain, s'il n'est pas trop humide, ou trop compacte lui convient, mais il demande impérieusement l'exposition du nord.

IMMORTELLE, voyez GNAPHALE. On nomme encore ainsi l'AMARANTHINE GLOBULEUSE. Voyez ces mots.

IMPÉRIALE. Genre de plantes de la famille des liliacées qui a été séparé depuis peu de temps du genre FRITILLAIRE. La seule espèce cultivée dans nos jardins est l'IMPÉRIALE COURONNÉE OU COURONNE IMPÉRIALE, *fritilaria impérialis*, Lin. Belle plante d'ornement, mais exhalant une odeur fétide. On la multiplie par ses cayeux toujours nombreux autour de l'oignon que l'on enlève en automne tous les trois à quatre ans, et que l'on plante de suite à trois pouces de profondeur dans une terre peu fumée. Par le semis de ses graines en printemps on a obtenu des variétés nombreuses. Les plus communes sont la rouge simple, double ; la jaune simple, double ; l'orangée, celles à double couronne, à grosse cloche, à feuilles panachées.

N'ayant pas mentionné le genre FRITILLAIRE j'observe ici que la culture du FRITILLAIRE DAMIER, *maléagre* et du FRITILLAIRE DE PERSE est la même que celle de la couronne impériale.

IPOMÉE. Genre de plantes de la famille des convolvulacées dont quelques espèces annuelles se trouvent dans les jardins des amateurs ; leurs tiges volubiles ou grimpantes ont besoin d'appui.

IPOMÉE ÉCARLATE, *jasmin rouge de l'Inde*. *Quam-*

oclit écarlate. *Ipoméa coccinea*, Lin. Fleurs nombreuses, petites, d'un rouge vif.

Ipomée a feuilles ailées, *fleur du cardinal. Ipomœa quamoclit*, Lin. Fleur solitaire d'un écarlate très vif.

Ipomée nil. *Convolvulus nil*, Lin. Fleur d'un bleu satiné. Très jolie plante.

Ipomée pourpre. *Volubilis des jardiniers. Convolvulus purpureus*, Lin. Tiges très élevées, si elles sont soutenues ; grandes fleurs, plusieurs variétés, à fleurs panachées, à fleurs bleues, à fleurs blanches.

Les graines des ipomées se sèment en mars, sur place ou en pot ; dans ce dernier cas les plantes sont repiquées à la fin d'avril. Les ipomées viennent dans tout terrain. Le dernier se multiplie lui-même par ses graines. J'en fais arracher des pieds toutes les années par la raison qu'ils se montrent dans des parties où ils sont gênants. Si le terrain est arrosé, ils fleurissent pendant tout l'été.

IRIS. Genre de plantes de la famille des iridées, qui se compose de plus de 60 espèces. Ne pouvant les énumérer toutes, je dirai seulement que pour les mieux reconnaître on a divisé les iris en fleurs barbues et en fleurs non barbues. Parmi les premières sont : l'iris d'Allemagne, flambe. *Iris germanica*, Lin. Grandes fleurs bleues violet, jaunes ou blanches suivant les variétés. C'est l'espèce la plus répandue et que l'on trouve dans beaucoup de jardins.

L'iris de Florence. *Iris florentina*, Lin. Espèce à fleurs blanches, dont la racine, étant sèche, exhale une odeur de violette. Les pharmaciens et les parfumeurs l'emploient dans plusieurs de leurs compositions, les premiers en raison de sa propriété d'être purgative, incisive, sternutative, et les seconds en raison de son odeur. Les fabricants de vin en font un assez fréquent usage pour donner à certains vins le bouquet des vins de St-Perray, de Nuit, etc.

Cet iris se plaisant sur le sol et sous la température de la Provence, il est étonnant que nulle part, à ce que je crois, il y soit cultivé comme plante productive. Il est certain que nos droguistes préféreraient se pourvoir sur les lieux, à qualité égale. Or, des racines d'iris de Florence, récoltées dans nos pays, ayant été comparées avec celles du commerce et ayant paru plus odorante, sans doute parce qu'elles étaient plus fraîches, il est plus que probable qu'une plantation de cet iris pourrait devenir une bonne spéculation agricole.

L'IRIS DE SUZE, *Iris tigrée*. Fleurs très grandes de couleur violette et mélangée d'un rouge pourpre. Cette espèce est fréquemment cultivée dans les parterres.

Parmi les iris à fleurs non barbues sont :

L'IRIS SCORPION, *Iris scorpioides*, ainsi nommé par Desfontaines, qui l'a trouvé à Alger, parce que ses divisions extérieures ont une ligne jaune et des traits de couleur bleue formant un scorpion. C'est une très petite plante et fort remarquable à cause de ses fleurs.

L'IRIS FÉTIDE, *Iris gigot. Iris fœtidissima*, Lin. dont les fleurs d'un jaune sale sont variées de pourpre, et dont les feuilles, étant froissées, répandent une odeur de mouton rôti, d'où lui est venu son nom. Ses graines d'un rouge vif se montrent et demeurent long-temps dans les capsules entr'ouvertes, ce qui donne à cette plante un aspect des plus agréables et la fait rechercher par certains amateurs.

Les iris en général demandent une terre fraîche en été, pas trop humide en hiver. Il faut cependant en excepter l'IRIS DES MARAIS qui ne végète que sur le bord des eaux, plus ou moins stagnantes, que l'on cultive fréquemment pour l'ornement des pièces d'eau, et que plus utilement l'on devrait planter dans les terrains sujets à être emportés par des débordemens de rivière. Une fois maîtresses de ce terrain leurs racines fortement entrelacées serviraient de digue à la violence des eaux.

On multiplie les iris de graines et de séparation de racines qu'il convient de relever de temps à autres pour les espèces moins rustiques que l'iris flambe, l'iris des marais, etc. C'est en été que l'on fait cette opération, et c'est en automne qu'on plante les racines et les cayeux. Les graines semées en pots demandent une terre légère. Les jeunes plants sont mis en place après trois ans. Ce moyen étant plus long que celui de la séparation des racines, on n'emploie en général que ce dernier.

IVRAIE. Genre de plantes de la famille des graminées dont deux espèces ne peuvent passer inaperçues dans cet ouvrage ; ce sont l'ivraie annuelle, *Lolium temulentum*, Lin. et l'ivraie vivace, *Lolium perenne*, Lin.

IVRAIE ANNUELLE. *Jueilh*, en prov. Il est peu de plantes, parmi celles qui se montrent naturellement dans nos champs, qui soient aussi préjudiciables que cette ivraie. Indépendamment de ce qu'elle effrite la terre comme toutes les graminées, elle donne un grain qui, même mêlé avec le blé, peut causer les plus grands ravages dans l'économie animale. Il n'est pas rare de voir des personnes qui ont mangé du pain dans lequel l'ivraie se trouvait quelque peu abondante, éprouver des vomissemens, des vertiges, des mouvemens convulsifs. Il est des exemples d'individus qui en sont morts; il en arrive autant à certains animaux, je dis à certains animaux, car la poule, le dindon en font souvent leur repas sans en être le moindrement incommodé. On a remarqué que moins la maturité de l'ivraie est avancée, et plus elle est malfaisante. Chaque année je fais donner aux jeunes poulets des gerbes d'ivraie arrachées dans mon blé en mai et en juin, et jamais je ne me suis aperçu que ces animaux s'en soient trouvés plus mal que lorsqu'on leur donne ce grain après avoir acquis sa maturité. Il n'y a donc aucun inconvénient d'utiliser ainsi l'ivraie que l'on obtient lors du sarclage des blés; et je ne partage point l'opinion de Bosc à ce sujet, j'ai l'expérience pour moi. Nonobstant l'avantage de tirer ce parti des grains d'ivraie, tant frais que secs, il est prudent, il est même de l'intérêt du cultivateur de retirer et d'extirper, par tous les moyens qui sont en son pouvoir, les ivraies qui sont mêlées avec les blés que l'on veut semer ou qui sont venues parmi les plantes de froment. On purge le blé de l'ivraie qu'il contient, en le criblant et surtout en le passant au tarare, machine fort ingénieuse qui sépare le blé de l'ivraie, et le grain bien arrondi du grain aminci. Malgré ces précautions, il est des grains d'ivraie qui étant d'une grosseur égale à celle du blé, suivent et sont semés avec celui-ci. Dans tous les cas il convient, si l'on veut obtenir un grain propre à être vendu pour semence ou pour en retirer un plus haut prix, d'arracher les plantes d'ivraie venues au milieu de celles de froment, ou lors du sarclage, et elles sont alors faciles à reconnaître au luisant et au vert foncé de leurs feuilles, ou lorsqu'elles sont montées en épi. Toutes personnes, les enfans même, peuvent être employés à cette dernière opération. C'est surtout quand l'hiver est pluvieux que l'ivraie se montre abondante. On en voit même des plantes dans des froments dont la semence a été triée à la main. C'est ce qui fait croire à nos cultivateurs que le blé se convertit en ivraie. Certainement je suis loin d'avoir cette croyance, mais je puis assurer avoir quelquefois vu dans des portions de mes terres où l'eau avait long-temps séjourné, des plantes d'ivraie remplacer en entier celles de froment, cependant n'en apercevoir presque pas là où la terre n'avait pas été exposée au séjour de l'eau. C'était pourtant le produit de la même semence. Ce fait que je n'ai pas remarqué une fois seule prouve au moins que l'humidité est favorable à la végétation de l'ivraie, puisqu'elle prospère dans les parties de terre où le froment périt. Quoiqu'il en soit, il faut autant que possible expulser ce grain de ses récoltes. Sans cela le blé est moins vendable, et le pain qu'on en fabrique est mal sain. Si l'on se trouvait dans le cas d'être malade pour avoir fait usage de ce pain, le plus prompt remède est l'eau tiède, prise en abondance, pour provoquer le vomissement.

Ivraie vivace. *Lolium perenne*, Lin. C'est le *margaou* des Provençaux et le *ray-grass* des Anglais. Cette plante est peu ou plutôt pas du tout cultivée en Provence, bien qu'elle y soit abondante sur les bords des chemins et partout où le sol se gazonne. Aussi est-ce comme plante fourrageuse et propre à former un épais et joli gazon qu'elle est en si grand usage en Angleterre et dans plus d'un pays de la France. C'est en automne que l'on sème la graine du ray-grass. C'est bien une plante fourrageuse, mais elle ne remplacera jamais avec avantage le fromental. Ce n'est donc que comme propre à fournir du gazon que je conseille de la semer. Pour que ce gazon soit uniforme et pas entremêlé de vides, il faut que le terrain soit bien ameubli, fumé et nivelé. La première tonte de gazon aura lieu à la fin de juin, et la seconde en automne. Il devra être tondu trois fois dans la suite, et toujours avant que les épis soient en fleurs. Avec la précaution de l'arroser tous les quinze jours en été, le gazon fait avec l'ivraie vivace sera de longue durée, et il offrira durant toute son existence, qui peut être de dix à douze ans, un épais tapis de verdure.

J.

JACHÈRE, du verbe latin *jacere*, se reposer. En agriculture on entend par ce mot le temps pendant lequel on laisse reposer une terre cultivée. La jachère est donc une opération agricole, puisque, suivant la plupart des cultivateurs, c'est pour remettre en fertilité une terre, qui a été fatiguée par une récolte épuisante, qu'on ne lui fait rien produire pendant un temps plus ou moins long. Mais cette opération est-elle conseillée par l'expérience? non. Les fermiers et les propriétaires ruraux, qui considèrent le repos des terres comme étant nécessaire, ne suivent qu'une aveugle routine. Que ne prennent-ils un guide plus sûr! la nature. Ne la voit-on pas, chaque printemps, parer d'une verdure toujours renaissante les terres que la main de l'homme ne lui a pas enlevées. Les assujettit-elle quelquefois au repos? jamais. Depuis des milliers d'années, elles produisent sans se lasser, et toujours elles se couvrent d'une végétation vigoureuse. Il y a plus, si l'on compare ces terres à celles qui sont cultivées, on reconnaîtra qu'elles sont d'une qualité bien autrement supérieure. Imitez donc la nature, elle, si sage quand elle n'est pas contrariée. Ne laissez jamais vos terres sans produire; mais ayez soin d'alterner vos cultures. Qu'une céréale succède à une légumineuse; que celle-ci soit suivie d'une récolte de racines; que les prairies surtout soient la base du système d'assolement que vous adopterez.

C'est alors que vos terres vous offriront le double avantage et d'être plus productives, et de devenir meilleures.

Il est pourtant dans le midi de la France, à cause des longues sécheresses qui y règnent, des circonstances où les jachères sont forcées et même où elles sont utiles. Les jachères sont forcées, toutes les fois qu'une récolte en vert de plantes annuelles, telles que la vesce, le seigle, l'avoine, les féverolles, le lupin, etc. a été fauchée pour fourrage ou coupée et enfouie comme engrais dans le mois de mai. A l'exception de celles qui sont naturellement fraîches ou qui sont arrosées, les terres ne sont pas assez souvent humectées alors par les pluies pour oser leur confier une nouvelle semence ou du moins pour espérer que les plantes qui pourraient provenir de cette semence en cas de pluies, fort rares dans les mois de juin, juillet et d'août, pussent végéter et donner quelques produits. Il faut donc attendre après les pluies d'automne pour y établir une nouvelle culture, mais on profite de cette jachère d'été pour bien préparer et bien ameublir le sol. Les jachères sont utiles, lorsqu'un champ est tellement envahi par les plantes à racines traçantes et vivaces que celles-ci nuisent à la végétation des plantes qu'on cultive. Il n'y a alors que les labours d'été qui, en ramenant sur la superficie du sol le chiendent (*lou gramé*), la potentille traçante (*la frago*), etc. peuvent les détruire, sinon en entier, du moins en partie.

Dans la Provence, les vignes étant plantées en lignes que l'on sépare par des soles de plusieurs mètres de largeur, il est d'un usage général de cultiver et d'introduire dans ces soles des céréales, des légumineuses, des plantes à racines, etc. Cependant il est des localités où par le manque de fumier, on se contente de labourer ces soles plusieurs fois sans les ensemencer. Par ce que je viens de dire, cette méthode paraît vicieuse au premier abord, car le terrain semble voué à une jachère éternelle, et cependant elle mène à un résultat plus satisfaisant que si elle était remplacée par un genre de culture tout opposé; une végétation plus vigoureuse et un plus grand produit de la part de la vigne en sont la suite. La terre n'est donc pas en repos. Ce n'est pas là une jachère absolue. En effet, si on fouille le sol à une légère profondeur on y voit une infinité de racines qui s'y croisent en tous sens. Non seulement on y trouve des racines de vignes, mais encore des racines d'oliviers, d'amandiers, de figuiers et d'autres arbres presque toujours entremêlés dans nos plantations de vignes. Lorsque ce sol est ensemencé et mis en culture, il a donc à fournir et aux plantes qui y sont placées temporairement, et aux grands végétaux qui y sont à demeure. Aussi ces derniers, à moins qu'on ne soit prodigue de soins et d'engrais, ne végètent jamais avec autant de force que ceux dont les alentours ne produisent rien. Voyez au mot ASSOLEMENT la partie qui traite des assolemens des terrains complantés en vignes et en oliviers.

JACINTHE. Genre de plantes de la famille des liliacées dont une espèce est généralement cultivée par les amateurs de belles fleurs.

JACINTHE D'ORIENT, *Hyacinthus orientalis*, Lin.; vulgairement *grains de Bretagne. Jacintho* ou *jacentho* en prov. Il est peu de plantes parmi les nombreuses liliacées qui parent aussi bien les platebandes d'un parterre que celle-ci. Ses fleurs odorantes simples, semi-doubles ou doubles varient en couleur.

Les Hollandais, nos maîtres dans la culture de certaines fleurs, en possèdent de bleues gris de lin, bleues poupre, pourpres noirâtre, blanches, blanches et jaunes, blanches et rouges, blanches et roses, blanches et pourpres, rouges, roses ou couleur de chair, jaunes et rouges, jaunes et pourpres, etc. Cette culture comme celle des tulipes est chez eux un objet de dépense. Pour nous qui ne traitons pas la jacinthe avec plus de partialité que les autres fleurs, il nous convient seulement de savoir qu'un sable fin, (celui pris sur les bords de la mer est préférable, à défaut on y ajouterait du sel marin), et fertilisé avec du tan, sorti des fosses depuis longtemps et presque réduit en terreau et avec un compost fait avec des feuilles d'arbres, à l'exception de celles du platane, du chêne, du châtaignier dont le parenchyme est trop tênace, est la terre dans laquelle il faut placer les oignons de jacinthes. Si on pouvait, à l'exclusion de tout autre fumier, y ajouter de la bouze de vache, on aurait une terre où les jacinthes ne donneraient pas sans doute les surprenantes productions de celles cultivées en Hollande et en Belgique, mais où elles prospéreraient et donneraient des fleurs bien plus belles que celles obtenues dans nos jardins. Dans le mois d'octobre on en forme une couche de 25 à 30 centimètres d'épaisseur, on y pose dessus les oignons à 15 centimètres de distance et on les recouvre avec 10 à 12 centimètres de la même terre. Le seul soin qu'exigent ensuite les jacinthes sont d'être tenues nettes des herbes et arrosées au besoin, je dis au besoin, car elles craignent l'humidité. En mars elles fleurissent et dédommagent bien, par l'éclat et la beauté de leurs cloches, des peines qu'on s'est données pour elles.

La jacinthe d'Orient, comme toutes les liliacées, se multiplie de graines et de cayeux. Au moyen des graines, prises sur celles à fleurs simples ou semi-doubles, on obtient de nouvelles variétés ; avec les cayeux on conserve les variétés déjà existantes.

C'est en septembre et sur une terre préparée comme il a été dit, qu'on sème la graine ; il faut la couvrir d'un pouce de la même terre. Si l'automne est sèche, ainsi que cela nous arrive souvent dans le Midi, on entretient l'humidité ou plutôt la fraîcheur du terrain par de légers arrosements. Une fois la graine levée, il n'y a plus d'autres soins à donner que des sarclages superficiels et suffisans pour arracher les nouvelles herbes venues avec les jeunes plants. Dans l'hiver qui suit, on bine ceux-ci et on les recouvre d'un pouce de terre ; on répète cette opération chaque hiver jusqu'à ce qu'on lève tous les nouveaux oignons ; ce qui ne doit avoir lieu qu'à la fin de la troisième année. Ces oignons sont alors traités comme les cayeux ou les anciens oignons, c'est-à-dire, que dans le mois d'octobre on les met en terre, et qu'on les en retire toutes les années, dès que les feuilles se sont desséchées pendant l'été, pour les replanter de nouveau.

JASMIN. Genre de plantes de la famille des jasminées et composé de plusieurs espèces.

Jasmin commun, *Jasmin blanc*, *petit jasmin* ; *jasminus officinale*, Lin. ; *jooussemin*, *joussemin* en prov. Cette plante, quoique originaire de l'Inde, s'est si bien naturalisée dans nos contrées, qu'elle y vient sans culture et qu'elle y forme des touffes très épaisses et très élevées. Comme ses fleurs, quoique blanches et odorantes, sont petites, le jasmin commun devient toujours plus rare et il a fait place à l'espèce dont il va être fait mention. Cependant il peut être utile pour masquer un mur, pour couvrir une tonnelle, mais il faut avoir la précaution de le contenir dans les bornes qu'on lui désire, car abandonné à lui-même il envahit tout le terrain qui l'entoure au moyen de ses nombreux drageons.

Jasmin a grandes fleurs, *Jasmin d'Espagne*, *Jasminus grandiflorum*, Lin. Il est peu de jardins où cet arbuste ne se trouve. Il est surtout commun dans les environs de la ville de Grasse. C'est là qu'il faut aller pour apprendre à le cultiver et à tirer tout le parti possible de cet arbuste, d'autant plus précieux qu'il orne très bien l'extrémité d'une allée par ses belles et jolies fleurs, et qu'il est d'une absolue nécessité pour les fabriques de parfumerie. Il croît dans tout terrain, s'il n'est pas trop humide en hiver et pas trop sec en été ; mais il végète avec plus de vigueur dans une terre arrosable, légère et substantielle ou rendue telle par les engrais. Le jasmin d'Espagne est sensible aux gelées. C'est pourquoi il faut le placer contre un mur à l'abri du nord, ou le garantir du froid. Plaqué contre un mur il résiste assez bien au froid de nos hivers ordinaires. Il ne périt que lorsque le thermomètre descend à trois et quatre degrès au dessous de zéro. Dans tous les cas il convient de le tailler chaque année vers les derniers jours de mars ; alors s'il a souffert du froid on coupe les rameaux qui ont été atteints et on le ravale jusqu'au vif. S'il est cultivé en grand, on recouvre ses tiges en octobre et on le couvre d'une butte de terre de 25 à 30 centimètres de hauteur. Dès les premiers jours de mars on le découvre, on retaille les tiges qui ont souffert de l'action du froid ou de l'humidité, on fume et on houe le terrain.

Le jasmin d'Espagne se multiplie de marcottes, faites en septembre, et transplantées un an aprés pour leur donner le temps de pousser des racines, ou de greffes faites sur le jasmin commun. Ces greffes se font presque toujours à la fente et à quelques pouces en terre. On pourrait greffer aussi à écusson, soit à la pousse en juin, soit à œil dormant en août. Si ce dernier genre de multiplication s'exécutait sur le jasmin indigène, JASMIN A FEUILLES DE CYTISE, que l'on trouve sur nos montagnes calcaires, on obtiendrait des pieds de jasmin à grandes fleurs qui prospéreraient sur les sols demi sécs; ce qui serait un grand avantage pour les personnes qui ne possèdent pas de terres arrosables.

Il existe une variété de jasmin d'Espagne dont les fleurs sont semi-doubles, mais comme elles ne s'ouvrent qu'imparfaitement, on préfère celui à fleurs simples.

JASMIN DES AÇORES. Joli arbuste que l'on cultive pour ses fleurs blanches et odorantes. Tout ce qui a été dit pour le précédent lui est applicable aussi bien que pour le JASMIN MULTIFLORE, le JASMIN TRIOMPHANT, le JASMIN A FEUILLES DE TROÈNE, le JASMIN SARMENTEUX, le JASMIN GENICULÉ, le JASMIN DE L'ÎLE DE FRANCE.

JASMIN JONQUILLE, *Jasminum odorantissimum*, Lin. *Jasmin à fleurs jaunes et à odeur de jonquille.* Même culture que les précédents, si ce n'est qu'on peut le multiplier de graines et de drageons.

JASMIN D'ARABIE. Ce joli arbuste, cultivé dans presque tous les jardins du midi de la Provence, du Languedoc, dans le sud de l'Italie et dans toute l'Espagne méridionale, n'est connu dans nos pays que sous la dénomination que je lui donne. C'est pourquoi je crois devoir le placer ici, car qui s'aviserait, à l'exception de quelques grands amateurs d'horticulture, d'aller le chercher à l'article MOGORI. Le vrai est cependant que cet arbuste est du genre des MOGORIS et qu'il n'est désigné par les savants que sous le nom de MOGORI SAMBAC, *Nyctanthes sambac*, Lin. Il est ordinairement cultivé en pot, mais j'en ai possédé plusieurs pieds en pleine terre. Dans ce cas il doit être placé contre un abri et couvert d'un paillasson lorsqu'on est menacé de neige ou de grands froids. On le multiplie de marcottes, de boutures, mais plus ordinairement de greffes pratiquées en fente sur le petit jasmin. Tous les pieds qui nous arrivent annuellement de Gênes sont ainsi greffés. Il demande d'ailleurs la même terre et les mêmes soins que le jasmin d'Espagne, c'est à-dire, un houage en avril, des sarclages et des arrosemens en été. L'humidité pendant l'hiver lui est contraire. Il y en a plusieurs variétés dont la plus remarquable est celle à fleurs très doubles et plus grandes. On pourrait greffer le mogori sambac sur le jasmin indigène et le cultiver alors en terrain sec, mais toujours très abrité.

JONQUILLE. Voyez NARCISSE.

JUJUBIER. Arbre formant un genre de la famille des rhamnoïdées et très commun dans plusieurs parties de la Provence et du Languedoc, où il résiste aux plus grands froids. L'hiver désastreux de 1820, pendant lequel périrent tous les orangers et la majeure partie des oliviers, ne l'atteignit pas. J'en possède de gros pieds qui étaient alors entourés de nombreux drageons; pas un seul ne souffrit du froid et cependant le thermomètre descendit là où ils se trouvent à près de dix degrés au dessous de zéro. Tout terrain convient à cet arbre, s'il est arrosable. Il est d'une rusticité sans égale, et pendant les années de sécheresse, il s'empare de l'entière humidité du terrain, et porte le plus grand préjudice aux autres arbres placés dans ses environs. Je ne dirai rien de son port; seulement j'observerai que cet arbre n'est plus reconnaissable quand il est cultivé dans un terrain non arrosable. Une particularité qui distingue ce végétal de tous les autres, c'est que les bourgeons, auxquels tiennent les feuilles, les fleurs et les fruits, se dessèchent en automne et tombent. En observant ce fait j'ai cru reconnaître que ces bourgeons ne sont autres que des feuilles composées, dont le pétiole, comme celui de toutes les feuilles, se sépare des rameaux de l'arbre, quand celui-ci n'est plus en sève. Je ne sais à quoi attribuer le silence des auteurs, ou du moins de ceux que j'ai sous la main, au sujet de cette disposition singulière et particulière au jujubier seul.

Le jujubier est cultivé pour son fruit que l'on vend frais pour être porté au marché des grandes villes et sec pour être converti en pâtes et autres médicamens mucilagineux et expectorans. On sèche les jujubes sur des claies ainsi que les figues, mais comme elles se rapetissent en séchant, il faut se débarrasser des petites jujubes en les envoyant, fraîches encore, au marché.

Le jujubier se multiplie par ses nombreux drageons. Il se passe de culture et de soins, et s'il est arrosé pendant l'été, il ne donne pas moins beaucoup de fruits, mais lorsqu'il est houé en mars et biné en été, ou plutôt lorsqu'il se trouve dans un jardin où on cultive des plantes potagères, il végète avec plus de vigueur. On peut le transplanter pendant tout l'hiver, et il est bien rare qu'il manque par le fait de sa transplantation. On pourrait le multiplier par semis du noyau contenu dans son fruit, mais le noyau ne levant que la seconde année, ce moyen est trop long pour qu'il soit pratiqué.

Le jujubier résiste si bien à toutes les intempéries des saisons, et il est si fourni d'épines crochues, qu'on pourrait en former des haies qui seraient impénétrables.

JULIENNE. Genre de plantes de la famille des crucifères dont deux espèces sont principalement cultivées dans les parterres.

Julienne des jardins. *Hesperis matronalis*, Lin. Cette plante dont les fleurs sont blanches, violettes ou rouges, simples ou doubles, est bisannuelle et se multiplie de graines, de boutures et par éclats des vieux pieds pour les variétés à fleurs doubles. Il lui faut une terre arrosable et très substantielle, c'est-à-dire, très fertile au moyen des engrais. Les boutures se font avec des tiges dont les fleurs sont desséchées, et que l'on coupe en deux ou trois morceaux. Elles doivent être mises à l'ombre et fréquemment arrosées. Mises en place pendant l'hiver, elles donnent des fleurs la même année et fournissent elles-mêmes les boutures nécessaires à la conservation de l'espèce ou de la variété.

Julienne de Mahon, *Giroflée de Mahon*, *H. maritimum*, Lin. C'est avec cette jolie petite plante à fleurs roses, violettes ou rouges que l'on forme ces bordures d'un aspect si agréable qui se trouvent dans presque tous les jardins ou que l'on garnit ces pots placés sur une infinité de fenêtres et de balcons. Tout terrain convient à cette julienne, que l'on sème en automne, en hiver et au premier printemps, pour jouir de ses fleurs durant une partie de l'année. Une variété à fleurs blanches est connue depuis peu de temps.

K.

KALMIER. Arbrisseaux formant un genre de la famille des rosagées, tous originaires de l'Amérique septentrionale et susceptibles d'être cultivés dans le midi de la France, à toute exposition, mais dans une terre arrosable et très légère, ou mieux de bruyère. Le kalmier à larges feuilles est celui qui mérite le plus d'être multiplié. C'est un très joli arbrisseau qu'on ne doit jamais négliger de placer dans un jardin paysager. Les kalmiers se multiplient de graines semées dès l'instant de leur maturité et sur terre de bruyère mêlée à du sable très fin, de rejetons et de marcottes que l'on fait à la fin de l'été avec du jeune bois et qu'on ne transplante qu'à la seconde année.

KETMIE. Genre de plantes de la famille des malvacées, et dont quelques espèces sont cultivées soit pour leurs fleurs, soit pours leurs fruits.

Ketmie des jardins, vulgairement *althea. Hibiscus subdarifa*, Lin. Arbrisseau dont les fleurs simples et quelquefois doubles varient en couleur du blanc au rose, au violet, etc. Il prospère à toute exposition et à tout terrain, mais mieux s'il est cultivé dans une terre substantielle et arrosable. On le multiplie de graines, de boutures, de marcottes ou plus souvent avec ses rejetons. Durant les hivers rigoureux, souvent il arrive qu'il est atteint par le froid; on le taille alors jusqu'au vif, vers le milieu de l'été.

Ketmie gombo ou *gombaud. Hibiscus esculentus*, Lin. Plante cultivée depuis quelques années pour son fruit que l'on cueille avant la formation de ses graines et que l'on prépare pour être mangé de diverses manières. Mais il faut en avoir l'habitude pour en faire ses délices. Les colons des Antilles, habitant la France, sont presque les seules personnes qui en fassent usage. Toute terre, si elle est arrosable, convient à cette plante. On sème sa graine en avril, en place ou en pépinière. Les jeunes plants ne demandent que des sarclages et de fréquens arrosemens. On attend pour cueillir le fruit du gombo qu'il soit arrivé à sa grosseur naturelle, il n'est pas aussi estimé quand il l'est plus tôt ou plus tard.

Il y a quelques autres ketmies, telle que celle connue

sous le nom de rose de la Chine, qui passe si difficilement l'hiver en pleine terre, que je ne crois pas devoir m'en occuper. C'est dommage; car la rose de la Chine est produite par un arbrisseau que j'ai cultivé durant trois ou quatre ans en pleine terre, mais à une exposition unique dans son genre. Il périt jusqu'aux plus profondes racines pendant un hiver où les orangers ne souffrirent que dans leurs branches; le thermomètre n'étant descendu alors qu'à deux ou trois degrès au dessous de zéro.

L.

LAITUE. Genre de plantes de la famille des chicoracées, dont une espèce est cultivée pendant une partie de l'année dans tous les jardins potagers et est connue sous le nom de LAITUE CULTIVÉE, *Lactuca sativa*, Lin., *lachugo* en prov. Dire toutes les variétés que la culture a fait obtenir de cette espèce, ce serait trop long et tout-à-fait inutile. Il existe trois sortes de laitues cultivées, qui sont les LAITUES POMMÉES, les LAITUES CHICON et les LAITUES NON POMMÉES.

LAITUES POMMÉES, vulgairement *Laitues rondes*, *petites laitues*, *leis redounos* en prov. Le nombre de ses variétés est presque infini. Les plus multipliées et les plus nécessaires à connaître sont la *laitue pommée d'hiver* et la *laitue pommée d'été*. La laitue pommée d'hiver peut encore se diviser en deux grandes sous-variétés : la *verte*, *verdastro* en prov., et la *rouge*, *rougeto* en provençal. L'une et l'autre montant facilement, on ne peut en semer la graine que depuis septembre jusqu'en janvier. Plus tard elles se mettraient en graines sans pommer. Elles sont bonnes à cueillir de janvier en avril. La graine de ces deux laitues est noire et les feuilles de la verte sont d'un vert foncé, et celles de la rouge sont vineuses en leurs bords et d'un vert teint de rouge sur le restant. De ces deux sous-variétés sont sorties une infinité de laitues dont la fane et les couleurs diffèrent plus ou moins.

La laitue pommée d'été présente également deux sous-variétés dites la *blanche*, la *blanqueto* en prov. ; et la *laitue chou* ou la *grosse*, la *grosso* en prov.

La *blanche* se sème d'avril en juillet. Repiquée pendant l'été, elle pomme fort bien si le terrain lui convient, cependant il en monte toujours quelques unes. On la mange depuis la fin de mai jusqu'à la fin d'août. La graine est blanche et les feuilles sont d'un vert tendre, donnant sur le roux dans les parties non frappées par le soleil.

La *laitue chou* se sème dans les premiers jours de juin et ne pomme parfaitement que dans le mois d'août, et même elle ne réussit bien que dans les terrains qui lui plaisent. C'est une variété d'autant plus estimée qu'elle est excellente et qu'une seule suffit pour remplir un grand saladier. Sa graine est blanche et ses feuilles sont légérement frisées et vertes, quelquefois rougeâtres vers leurs bords.

Les LAITUES CHICON, vulgairement *laitues longues*, *leis longos* en prov., ont aussi fourni deux grandes sous-variétés, le *chicon* et la *romaine*.

Le *chicon*, vulgairement la *pommée*, la *cabusso* en prov., est ainsi nommé parce qu'il pomme sans avoir besoin d'être lié. Sa graine, qui est blanche, se sème depuis septembre jusqu'en janvier. Il est bon à cueillir depuis février jusqu'en mai. Ses feuilles d'un vert foncé dans les parties exposées aux rayons solaires sont très nombreuses et très serrées les unes contre les autres.

La *Romaine*, la *roumano* en prov. Cette laitue a les

feuilles plus écartées que le chicon, c'est pourquoi il est nécessaire de la lier pour la faire pommer. Sa graine est blanche, elle se sème depuis avril jusqu'à juin. La romaine est bonne à manger durant tout l'été.

Les LAITUES NON POMMÉES ont les feuilles très écartées et elles les étalent sur le terrain à mesure qu'elles se développent. Elles ne peuvent donc jamais pommer. Aussi n'est-ce que pour en couper les feuilles pendant l'hiver qu'on les cultive dans quelques jardins; ces feuilles font partie, étant coupées, de la salade mélangée, dite salade fine, et composée de cresson alenois, de roquette, de petites endives, etc. Il en existe plusieurs sous-variétés auxquelles on a donné, suivant la forme de leurs feuilles, le nom de *laitue épinard*, *laitue chicorée*, *laitue à couper*, etc. La couleur de leurs graines diffère suivant les sous-variétés, les unes sont blanches et les autres sont noires.

La laitue se cultive dans tous les jardins. On la voit partout où l'on trouve des plantes potagères. Elle n'est donc pas difficile sur la qualité du terrain. Cependant elle vient avec plus de vigueur, elle se développe davantage, elle pomme mieux dans une bonne terre végétale et légère que dans un terrain compacte. Les laitues d'hiver et de printemps peuvent être placées dans les jardins non arrosables, et même dans les champs; les pluies de ces deux saisons suffisent ordinairement pour les conduire jusqu'à la fin de leur végétation. Il n'en est pas ainsi de celles d'été, qui exigent des arrosemens copieux et fréquens. Quelques sarclages sont les seules façons à donner aux laitues. On lie les romaines dès qu'elles sont arrivées à une certaine grosseur, et on ne les serre pas trop pour ne pas gêner le développement des feuilles intérieures. Il ne faut pas lier celles que l'on garde pour graines et qu'à cet effet on laisse en réserve ; ce sont toujours les plus grosses. Si l'on tient à conserver une variété, il ne faut pas que dans le voisinage, des pieds d'une autre sous-variété montent aussi en graines. Dès que toutes les fleurs se sont desséchées et qu'elles sont remplacées par des aigrettes de couleur blanche, on place un linge à côté de chaque plante, on penche tant soit peu la tige et on la secoue légérement ; ce qui suffit pour détacher la graine mûre. On répéte la même opération quelques jours après. On y revient une troisième fois, si les besoins l'exigent. La graine mise à sécher pendant deux ou trois jours est séparée des aigrettes et des parties de tige qui l'ont suivie par le secours du vent ou d'une passoire, et est enfermée dans un lieu sec jusqu'au moment des besoins. Les oiseaux étant très friands de la graine de laitue, il est prudent de les en tenir éloignés par tous les moyens possibles.

La graine de laitue, à cause de sa ténuité, doit être clair-semée pour que les jeunes plants ne soient pas trop serrés les uns contre les autres ; ce qui arrive presque toujours et pour la même cause, elle demande une terre très légère, bien ameublie et ne veut pas être couverte plus que de quelques lignes de terre. Si le semis se fait pendant l'été, ou s'il ne pleut pas, quand on sème en hiver, on arrose quelques jours après, mais ce ne doit être qu'avec un arrosoir à pomme. On transplante les jeunes plants dès qu'ils sont pourvus de plusieurs feuilles, en ayant soin de ne pas toucher à leurs racines et de ne pas les cheviller trop profondément. Combien il en est qui se pourrissent et qui ne reprennent pas pour avoir été placés plus bas qu'il ne faut.

LARMILLE A CHAPELET. *Coix lacrima*, Lin. Plante d'un genre de la famille des graminées et originaire de l'Inde. Cette plante, qui est vivace dans son pays, est annuelle dans le nôtre où on la sème en avril. Des sarclages et des arrosemens sont les seuls soins qu'elle demande. Elle peut être placée dans tout terrain. En septembre et octobre elle produit des grains luisants, durs et percés à une de leurs extrémités ; ce qui permet de les enfiler pour en faire des chapelets, le seul objet auquel on les emploie. Comme cette plante talle beaucoup, je ne conseille pas d'en avoir plus d'un à deux pieds ; l'usage de sa graine étant très borné.

LAUREOLE. Genre de plantes de la famille des thymelées, et connue aussi sous le nom de DAPHNÉ. Ce genre se compose de plusieurs espèces toutes à écorce âcre, dont on fait usage quelquefois en médecine, et se couvrant de petites fleurs réunies en paquets axillaires d'une odeur très suave; c'est pourquoi l'on place quelques espèces plus ou moins rustiques dans les bosquets. Celles qui sont exotiques se greffent sur la LAURÉOLE COMMUNE ou *daphné lauréole* qu'on multiplie de graines semées de suite après leur maturité. Si l'on attend le printemps, elles ne lèvent que l'année d'après. Une espèce que l'on trouve fréquemment dans les jardins paysagers c'est la LAURÉOLE MÉZÉRÉON, *bois gentil*, dont les fleurs, à odeur suave, se montrent dès la fin de l'hiver. Indigène de l'intérieur de la France, il ne vient bien dans nos pays que dans les terrains frais et ombragés en été. Il exige encore une terre légère. Il se multiplie de graines qu'il faut s'empresser de semer quand elles sont mûres.

LAURIER. Arbres formant un genre de la famille des laurinées et dont plusieurs sont cultivés en pleine terre dans le midi de la France. Je ne m'occuperai que de ceux-ci :

LAURIER FRANC, *Laurier d'Apollon*, *laurier de cuisine*, *laurus nobilis*, Lin. ; *baguier*, *lauzier* en prov.

Cet arbre que l'on trouve le long des rives incultes et boisées de nos ruisseaux, est originaire du Levant. S'il est devenu si abondant sur quelques points du midi de la Provence, c'est que son climat est celui qui lui est propre et qu'il se multiplie de lui-même, soit de ses drageons, soit de ses graines dont les grives, les merles sont très friands. C'est à ces oiseaux que l'on doit sans doute le transport des graines qui ont propagé cet arbre dans nos contrées. C'est donc pour eux et aussi parce qu'il conserve ses feuilles pendant tout l'hiver qu'il ne faut pas oublier d'en placer plusieurs pieds dans les tèses. Toute exposition et tout terrain conviennent au laurier franc, qui se passe de culture. Il est inutile de dire que s'il est dans une terre fraîche et arrosable, il croît avec plus de vigueur et il arrive plutôt à une belle hauteur. Il se multiplie de graines que l'on doit semer de suite, à cause de l'huile qu'elles contiennent, ou de drageons toujours très nombreux autour des vieux pieds. Ce dernier moyen est le seul usité pour les plantations que nous en faisons. C'est en février ou en mars que l'on plante ces drageons en ayant soin de bien tasser la terre qui est placée sur leurs racines. Les feuilles du laurier franc sont employées par les cuisiniers dans certains ragoûts, elles servent aussi à la conservation des figues sèches ; leur odeur forte et aromatique faisant périr les vers qui s'y trouvent quand on les prépare. Ce qui vient d'être dit est applicable aux variétés de ce laurier ; les plus remarquables sont celles à feuilles panachées, à feuilles étroites, etc.

Laurier faux benjoin. Arbre originaire de la Virginie et qui se cultive en pleine terre en Europe. Ses feuilles et son écorce exhalent une odeur agréable. Les premières sont employées en Amérique comme assaisonnement. Cet arbre peut être placé avantageusement dans nos têses et dans nos bosquets à cause de ses baies d'un rouge vif d'abord, et d'un noir prononcé ensuite. Il se multiplie de graines semées en terrines de suite après leur maturité, et de marcottes qui ne prennent racine qu'autant qu'elles sont incisées et faites avec des pousses d'un an. Comme il est dioïque il faut avoir un pied mâle et un pied femelle placés l'un près de l'autre pour obtenir des graines.

Laurier sassafras, *L. sassafras*, Lin. Arbre de la Caroline, qui est aussi dioïque et qui se trouve dans les jardins paysagers de la France. Il peut se multiplier de drageons. A part cette particularité, on peut lui appliquer ce qui a été dit pour le précédent. Ses baies sont bleues, enfermées dans une capsule et portées par un pédicule rouge.

Laurier royal. *L. indica*, Lin. Arbre des Canaries que l'on peut cultiver en pleine terre dans la Provence. S'élevant à dix ou douze mètres, conservant ses feuilles durant tout l'hiver et ornant très bien les lieux où on le place, le laurier royal devrait être plus propagé dans nos pays qu'il ne l'est. Il se multiplie comme les précédens.

Laurier camphrier, *L. camphora*. C'est de cet arbre, qui est originaire du Japon, que l'on retire le camphre du commerce. Cet arbre, qui passe très bien l'hiver dans nos pays, devrait y être multiplié à cause de sa résine. Il n'y a pas le moindre doute que le camphre qu'on en retirerait serait aussi estimé que celui qui nous arrive à si haut prix d'outre-mer. L'opération n'est ni longue, ni difficile. Il s'agit seulement de couper par petits morceaux ses branches et ses racines et les faire bouillir dans de larges et peu profondes chaudières. Avec des spatules en bois et tenues à l'avance dans de l'eau froide, on recueille le camphre à mesure qu'il se présente sur la surface du liquide en ébullition. On multiplie le laurier camphrier par marcottes et par baies qui sont d'un pourpre foncé.

La culture de ces divers lauriers est la même que celle du laurier franc.

LAURIER AMANDÉ, laurier cerise. Voyez Cerisier.

LAURIER-ROSE. Voyez Laurose.

LAURIER-THYM. Voyez Viorne.

LAUROSE. *Laurier-rose*. Genre de plantes de la famille des apocinées, dont une espèce, indigène de la Provence, a fourni un nombre sans fin de variétés et est devenue un objet intéressant d'horticulture depuis quelques années. Je ne m'occuperai que de celle-ci :

Laurier-rose ordinaire, *Nerium oleander*, Lin. C'est sur les bords, et quelquefois dans le lit des torrents de Maravène et de Pansar, entre la ville d'Hyères et la commune de Bormes, que l'on trouve en abondance cet arbuste. Il faut être allé dans ces pays agrestes et presque sauvages, pour se faire une idée de l'effet magique que font, dans les mois de juin et de juillet, ces innombrables lauriers-rose, alors couverts de leurs fleurs, et formant par leur état de fraîcheur un contraste étonnant avec les bruyères, les pins, les chênes-liège qui les cernent de partout et dont l'aspect est si peu récréatif. Si l'on doutait que le laurier-rose ordinaire fût originaire de la Provence, je dirais encore : J'ai possédé durant quelques années une partie de l'ancien bois du don de Bormes. Cette partie comprend des montagnes si élevées et si froides que ni la vigne, ni les oliviers ne pourraient y vivre long-temps ; et bien dans un ravin où coule quelque peu d'eau, il se trouve plusieurs pieds de laurier-rose. Certainement personne ne s'est jamais avisé de les y placer, car c'est un pays en friche et entièrement désert. Les chevriers, les chasseurs, et des individus qui défrichent tous les douze ou quinze ans quelques parcelles moins rocailleuses, sont les seuls êtres qui se permettent d'aller visiter ces montagnes ou plutôt ces déserts. Cette contrée étant distante de près de deux lieues du torrent de Maravène et se trouvant beaucoup plus élevée, on ne peut pas raisonnablement penser que les graines des lauriers, végétant sur les bords de ce torrent, ont pu y être apportées par le vent ou par les eaux.

Quoiqu'il en soit, ce n'est que dans un espace de quelques lieues qu'on trouve ce charmant arbrisseau. La variété à fleurs rose, qui paraît être le type de l'espèce, est pour ainsi dire la seule qui y végète ; j'y ai vu cependant un pied à fleurs blanches.

Par les soins que l'on a pris pour se créer de nouvelles jouissances, on a obtenu des variétés dont bientôt on ne trouvera plus le nombre ; il y en a à fleurs simples, doubles, odorantes, inodores, roses, blanches, couleur de chair, jaunes, à feuilles panachées, etc. On possède de plus un laurier-rose de l'Inde, qui n'est qu'une variété du précédent et qui a donné aussi des nombreuses sous-variétés.

Le laurier-rose qu'on ne rencontre abondamment que sur les bords de certains torrents, vient partout et sans culture. En quelque endroit qu'on le place, il végète toujours. S'il est arrosé il vient plus vite ; s'il est au sec, il ne végète pas moins et il finit par s'élever à une hauteur de deux à trois mètres. Cet arbrisseau, qui sur les bords et dans le lit de Maravène est dans l'eau pendant tout l'hiver, craint cependant les terrains humides ; c'est ce qui a été reconnu par tous les horticulteurs. C'est que le torrent de Maravène offrant une grande pente les eaux n'y sont jamais stagnantes, et aussi c'est que la plupart des lauriers-roses qui y croissent sont implantés sur des rochers schisteux ou granitiques entièrement dépouillés de terres et dans les fissures desquels ils prolongent leurs racines. On multiplie le laurier-rose de boutures, de marcottes qu'il faut inciser, de graines que l'on sème en avril, sur une terre légère et très émiettée, et de rejetons toujours très nombreux autour des vieux pieds.

Si la culture a augmenté le nombre des variétés du laurier-rose, elle a fait disparaître cette rusticité qui distingue le laurier-rose. Le plus grand nombre de ces variétés demande une terre franche et substantielle, des binages et des arrosemens en été et quelques précautions en hiver. Nous voyons bien souvent le *nerium splendens* périr par la gelée, lorsque le *nerium oleander* n'en est pas du tout atteint.

C'est depuis le mois de février jusqu'en avril qu'on transplante le laurier-rose; plus la variété est sensible au froid et plus il convient de retarder la transplantation. L'expérience m'a appris qu'un arbre résiste d'autant moins au froid qu'il a été planté depuis peu de temps. En 1830 je ne perdis que trois oliviers, et ce furent trois oliviers qui avaient été transplantés en janvier. J'ai plus d'une fois fait la même remarque sur des orangers plantés pendant l'hiver.

LENTILLE. *Ervum lens*, Lin.; *lentillo* en prov. Espèce de plantes du genre ERS et de la famille des légumineuses, et dont le grain sert d'aliment à l'homme. L'usage de la lentille est presque général en Europe. Les purées de lentille sont connues de chacun. Dans cet état ce légume est très sain et très nourrissant. Il n'est pas une métairie où l'on ne cultive cette plante pour ses besoins. Elle demande une terre légère et peu fertile pour prospérer. Dans un terrain très gras, elle se développe trop et donne peu de grains. Elle est alors plus sujette à une maladie qui l'attaque particulièrement et que l'on nomme le blanquet, et ses fleurs, lorsque la plante végète avec une grande vigueur, sont plus dans le cas de couler et de ne pas retenir. C'est donc dire qu'il faut bien se garder de fumer le terrain destiné à cette culture. Un ou deux labours sont les seules préparations qu'on lui donne. On sème la lentille dans les mois d'octobre et de novembre, et il faut avoir soin d'épargner la semence, car plus les plantes de lentilles sont rapprochées, moins elles produisent et plus vite elles se communiquent le blanquet quand quelques unes en sont atteintes. Un sarclage en mars est indispensable. Si l'on veut que les lentilles cuisent aisément, il faut arracher les plantes un peu avant leur complète maturité et les faire sécher à l'ombre. C'est, lorsqu'elles demeurent exposées à l'ardeur du soleil, que les lentilles se durcissent et sont difficiles à cuire. Comme dans cet état elles sont d'une digestion lente et pénible, il est prudent de faire tremper les lentilles dès la veille du jour qu'on veut les manger, dans une eau tenant en dissolution une poignée de sel. Cela suffit souvent pour les attendrir et faciliter leur cuisson; si l'on n'y réussit pas, on y parvient plus sûrement en y ajoutant un morceau de tartre de la grosseur d'une grosse noisette dans l'eau où elles cuisent. La lentille n'est pas encore enfermée qu'elle contient déjà le germe d'une larve (celle d'une mylabre). Il est d'une absolue nécessité de les passer au four, ce qui les durcit et nuit à leur cuisson, ou mieux les tremper dans de l'eau bouillante.

Ce qui vient d'être dit sur la culture de la lentille est, en tout point, applicable à la culture de l'ERS, qui est ordinairement d'autant plus productif qu'il a été semé dans un terrain plus maigre. On ne cultive cette plante que pour son grain qui sert à la nourriture des mulets. On le leur donne mêlé avec du son. Mis en farine, il sert aussi à l'engrais des bœufs, des cochons, etc. C'est toujours dans les terrains trop peu fertiles, pour y admettre des céréales, que l'on cultive l'ers (*erré*) en prov. Mais presque toujours ces terrains contiennent des oliviers ou des amandiers, des mûriers, etc. Déjà ces arbres souffrent et sont d'une végétation languissante, tant par la qualité du terrain que par l'état d'inculture où on le tient; c'est donc alors bien mal comprendre ses intérêts que de semer et de recuillir quelques décalitres de mauvais grain. C'est réduire à rien le produit de ces arbres, il serait bien plus avantageux de leur donner de la vigueur en mieux cultivant et en fumant le terrain.

LENTISQUE. Arbrisseau du genre PISTACHIER. Voyez ce mot.

LIERRE. Arbrisseau rampant faisant partie d'un genre de la famille des caprifoliacées. Comme on peut être dans le cas de le placer au pied d'un grand mur qu'on veut masquer ou de le planter pour le besoin de ses feuilles, ou encore pour attirer des grives et des merles très friands de ses graines, je dirai qu'il se multiplie de graines semées de suite après leur maturité ou mieux de marcottes qui s'enracinent de suite. Tout terrain, pas trop humide pourtant, convient au lierre. Une fois repris, au moyen d'un binage et de quelques arrosemens, il se passe de soins.

LILAS. Genre de plantes de la famille des lilacées, dont deux espèces se trouvent dans tous les jardins.

LILAS COMMUN. *Syringa vulgaris*, Lin.; *lilas* en prov. L'effet d'un ou de plusieurs pieds de lilas dans un bosquet est trop connu pour que je m'occupe ici de la beauté de son feuillage et de ses fleurs. C'est un arbrisseau que l'on multiplie d'autant plus qu'à l'avantage d'orner singulièrement les lieux où il est planté, il joint celui d'être très rustique et de s'accommoder de tout terrain. On le voit souvent dans les sols les plus arides. On le multiplie par semis de ses graines et par éclats de ses rejetons toujours nombreux autour des vieux pieds. C'est pendant tout l'hiver que ceux-ci sont mis en terre. Si la pluie se fait attendre trop long-temps, un arrosement assure leur reprise. La graine se sème en printemps dans une terre légère et tenue fraîche. Les plants, qui en proviennent, sont mis en pépinière lorsqu'ils sont assez forts pour supporter la transplantation. C'est ordinairement deux ans après. Le semis de la graine n'a lieu que pour obtenir de nouvelles variétés, ou d'arbres moins sujets à drageonner et plus susceptibles de former d'arbres de haute tige. Le lilas venu de semis peut monter jusqu'à quatre mètres. Il est alors un des plus jolis arbrisseaux connus. Comme ce genre de multiplication est très lent, on préfère celui des rejets. Il existe plusieurs variétés de lilas commun; la plus propagée est le lilas à fleurs blanches; on l'obtient comme le précédent par semis de graines et par rejetons.

Le lilas de Perse. Cette espèce ni moins jolie, ni moins répandue que la précédente, surtout depuis que le *lilas varin* est connu, se distingue du lilas commun à ses feuilles plus étroites et plus allongées, et à sa moindre hauteur. Il ne s'élève jamais plus qu'à deux mètres. Moins rustique, il demande une terre légère et pas humide en hiver. Il brave la sécheresse de nos étés. On le multiplie aussi de graines et de rejetons. Ses variétés ont obtenu le plus grand succès. Il est peu de plantes plus recherchées que le lilas varin, nom qui lui a été donné parce que c'est à Varin, cultivateur de Rouen, que l'on doit la découverte de cette variété. Le lilas de Perse a fourni deux autres variétés que l'on multiplie aussi beaucoup, dont une est à fleurs blanches et l'autre à feuilles pinnatifides.

LIN. Genre de plantes de la famille des cariophyllées, dont une espèce est généralement cultivée en France. Je ne m'occuperai que de celle-là, les autres n'étant ni assez utiles, ni assez intéressantes pour être mentionnées ici.

Lin commun, *Linum usitatissimum*, Lin.; *lin* en prov. C'est dans une terre légère, bien fumée et bien ameublie, qu'en octobre on sème la graine de lin. Elle doit l'être à quelques lignes seulement de profondeur. Si l'on cultive cette plante pour sa graine, dont on extrait une huile employée dans les arts et notamment dans la peinture, il convient que cette graine soit clair semée, les pieds de lin étant plus espacés donnent plus de produit; si par contraire c'est pour sa filasse, il faut semer très épais, car plus les pieds seront serrés et plus ils seront déliés et plus ils donneront une filasse fine.

Bien que les plantes de lin soient toujours très rapprochées les unes des autres, on y voit souvent des mauvaises herbes naître et croître au milieu d'elles. Nécessairement leur végétation doit en souffrir. Il est bien de passer le long des soles ou des planches et d'arracher ces herbes qui, sans cette précaution, profiteraient de l'engrais et de la préparation donnée à la terre pour vivre aux dépens du lin. Si des pluies trop abondantes, si des taupes ou autres accidents n'ont pas contrarié le semis ou la culture des plantes de lin, celles ci couvrent le sol en entier dans les mois de février et de mars, et dans les premiers jours de mai elles offrent à l'œil du passant des millions de grandes fleurs bleues. C'est alors que notre vent du nord-ouest (le mistral) fatigue et abat ces plantes. Une forte averse fait quelquefois le même effet. Les relever de suite, c'est une bonne opération ; plus tard on n'y est plus à temps ; la sève en circulant donne de la raideur à la tige et la maintient dans la position où elle se trouve ; or, la tige de lin étant couchée ne donne plus ni autant de graines, ni une filasse aussi estimée. On peut redresser les plantes de lin abattues par la pluie ou par le vent au moyen d'un long roseau que l'on introduit sous les tiges couchées. A la fin de juin le lin a terminé sa végétation et son existence. C'est le moment de l'arracher. Plus tôt la graine n'aurait pas acquis toute sa maturité, et soit qu'on la destine au semis de l'année suivante, soit qu'on veuille la porter au moulin à huile, elle n'aurait pas encore acquis cette perfection de maturité si désirable et nécessaire pour ces deux objets, et la filasse serait plus cassante et plus faible. P us tard les capsules s'ouvrent et l'on perd une partie des graines. Il est donc utile de surveiller le moment de la maturité complète, afin de ne pas le dépasser. Le lin étant arraché, on en forme de petites bottes que l'on réunit et que l'on couche ensemble et de manière que formant deux petits tas, les capsules contenant les graines sont en dedans et les racines sont en dehors. Comme la maturité du lin ne peut jamais être égale pour toutes les plantes, par la raison que, celles qui bordent la sole ou le carré, ayant végété avec plus de vigueur, demandent plus de temps pour terminer leur végétation, il est prudent de les réunir toutes ensemble sur un seul point, afin que les graines et les tiges arrivent là à une maturité complète et égale. Cette réunion est encore nécessaire pour mettre la graine à l'abri de la voracité de certains oiseaux qui en sont friands. Quinze à vingt jours au plus suffisent pour opérer la complète dessication de tiges, tant la chaleur est grande en juin, époque à laquelle l'arrachis du lin a lieu. Dès le moment que les tiges sont arrivées au point que l'on désire, on les prend par poignées et on bat la partie contenant les capsules et la graine; celle-ci étant séparée des débris des capsules et des tiges qui se sont mêlées avec elle, est mise à sécher de nouveau durant quelques jours et enfermée dans des sacs qu'on place en lieu sec. Les tiges, dont on a fait tomber les graines, sont assemblées le mieux possible en ayant soin qu'elles ne se dépassent pas les unes les autres du côté de leurs racines, et elles sont de suite portées au rouissoir. Cet arrangement des tiges est utile pour qu'il n'y ait pas de perte lors du sérançage. Les tiges étant rouies et séchées sont teillées et la filasse est obtenue par le moyen du sérançage. Comme cette opération est le lot des femmes de nos campagnes, qu'elles en ont une grande habitude, et que de plus leur méthode et les machines qu'elles y emploient, telles que le chevalet sur lequel elles teillent, la broie, avec laquelle elles rompent la chenevotte, l'égrugeoir au moyen duquel elles purgent les filasses du bois et de tout autre corps étranger, ne diffèrent pas de celles mises en usage dans les pays de grande culture de lin, je ne prolongerai pas cet article par une description longue et pour ainsi dire inutile.

LIN DE LA NOUVELLE ZÉLANDE. C'est le nom vulgaire du PHORMION. Voyez ce mot.

LIQUIDAMBAR. Genre d'arbres de la famille des amentacées que l'on peut cultiver en pleine terre dans nos pays. On en connaît deux espèces. Le LIQUIDAMBAR D'ORIENT et le LIQUIDAMBAR D'AMÉRIQUE. Le premier fournit le parfum connu sous le nom de storax calamite, et le second la résine qu'on nomme baume de copahu. Ces deux arbres se multiplient de leurs graines et de marcottes ; ils demandent un terrain arrosable ou du moins assez frais pour résister aux longues sécheresses de nos étés.

LIS. Genre de plantes de la famille des liliacées. Il se compose de plusieurs espèces, la plupart servant à l'ornement de nos jardins.

Lis blanc, *Lis commun*, *lilium candidum*, Lin. ; *hieri*, *hieli* en prov. Cette plante se trouve dans tous les parterres ; soit à cause de l'élégance de ses fleurs d'un blanc parfait, soit à cause de sa rusticité qui permet de la cultiver jusque dans les champs, c'est-à-dire, dans quel terrain que ce soit, fort ou léger, sec ou arrosable, si pourtant il est convenablement préparé ; soit enfin à cause de ses oignons qui sont souvent employés comme un des meilleurs émollients connus. On multiplie le lis blanc au moyen de ses graines semées sur terre légère en mars, et de ses cayeux que l'on plante de suite après que l'on a relevé les anciens oignons, ce qui doit se faire tous les trois à quatre ans et pendant le milieu de l'été. Un ou deux sarclages sont les seules façons qu'on donne aux cayeux quand ils ont poussé. Quelquefois ils fleurissent dans le mois de mai qui suit, mais ordinairement ils attendent la seconde année. Il y a plusieurs variétés de lis blanc. Les plus remarquables sont le *lis blanc à fleurs doubles* et celui *à fleurs panachées de pourpre*. Ces deux lis se multiplient comme le précédent; ils ne peuvent guères être cultivés que dans une terre substantielle, mais plus légère que forte.

Lis superbe, *Lilium superbum*, Lin. Plante cultivée pour ses fleurs au nombre de trente à quarante réunies autour du sommet de la tige et d'un beau rouge orangé, ponctué de pourpre. Il se multiplie comme le lis blanc, il demande la terre de bruyère. Il vient mal dans toute autre.

Les LIS DU CANADA, de POMPONE ou *turban*, MARTAGON, des PYRÉNÉES à fleurs pendantes, tigré, etc. etc. se cultivent comme le lis superbe, c'est-à-dire, qu'ils doivent être mis en terre de bruyère, être binés en hiver et sarclés dans le printemps. On les multiplie au moyen de leurs cayeux.

LISERON. Genre de plantes dont plusieurs espèces sont cultivées pour leurs fleurs, et dont une l'est pour ses racines tuberculeuses.

LISERON TRICOLORE, *Convolvulus tricolor*, Lin.; *belle de jour*, Liset. Plante annuelle, seulement d'un pied de haut et ainsi nommée à cause de ses fleurs qui sont jaunes au fond de leur orolle, blanches au milieu et bleues sur leur bord. Multiplication de graines semées en mars et sur place.

LISERON SATINÉ, *Convulvulus cneorum*, Lin. Arbuste de 50 à 60 centimètres de haut, conservant les feuilles et donnant des fleurs blanches et lavées de rose en été. On le multiplie de graines et de boutures. Il lui faut une terre fraîche mais pas humide, substantielle, mais pas compacte.

LISERON LINÉAIRE, *Convolvulus linearis*. Arbuste dont les feuilles sont plus étroites et plus longues que dans l'espèce précédente, donnant des fleurs d'un rose pâle pendant une partie de l'été; mêmes culture et observation. Il est un genre de plantes que l'on confond souvent avec celui-ci. Voyez IPOMÉE.

LISERON PATATE. Cette plante n'étant connue par nos jardiniers et nos amateurs que sous le nom seul de patate, j'ai cru devoir placer son article dans le rang que lui assigne cette dénomination. Voyez PATATE.

LOTIER. Genre de plantes de la famille des légumineuses composé de plusieurs espèces, dont une ne peut être passée sous silenre, c'est le LOTIER CULTIVÉ, *Lotus tetragonolobus*, Lin. Cette plante, qui est annuelle, donne des gousses que l'on mange en vert en Sicile, où elle est indigène, et des graines que, dans l'Allemagne, on emploie en guise de café. Le lotier cultivé offre donc assez d'avantage pour être placé dans les jardins qu'il orne très bien par ses grandes fleurs rouges. Comme il craint beaucoup les gelées tardives, il ne faut le semer qu'en avril; il doit l'être en place, comme on fait pour la fève, le haricot, et il ne demande ni plus, ni moins de soins que ces plantes.

LOUCHET. Voyez BÊCHE.

LUPIN. Genre de plantes de la famille des légumineuses dont une espèce est cultivée de temps immémorial. C'est celle dont je vais m'occuper spécialement.

LUPIN CULTIVÉ, *Lupin blanc*, *lupinus albus*, Lin. Plante annuelle qui végète avec une grande vigueur dans les mauvais sols schisteux ou granitiques, et où elle acquiert une hauteur de plus d'un mètre, et qui languit dans les meilleurs terrains calcaires où elle ne s'élève souvent pas à plus de 25 à 30 centimètres. Enfoui en vert, le lupin fournit un engrais abondant; ses graines dépouillées de leur écorce sont, dans quelques pays, un aliment pour l'homme et pour certains animaux. Il s'en fait une forte consommation en Italie.

Dans quelle nature de terrain que le lupin soit cultivé, il prospère davantage dans une terre substantielle, sèche et légère que dans une terre humide et argileuse. C'est à la fin de septembre qu'il doit être semé. Lorsqu'on cultive dans un pays où les rosées de la nuit sont naturellement abondantes, ou pendant une automne pluvieuse, on se contente de jeter la semence sans labourer le sol. C'est ce que j'ai pratiqué bien souvent et ce qui se fesait du temps des Romains. Pline, liv. XVIII, chap. 27. La sécheresse ayant nui plusieurs fois à la germination des graines ainsi semées, je remplaçai ce mode d'ensemencement par celui de l'enfouissement au moyen d'un léger labour. Le lupin étant sensible au froid, quand il n'a pas encore pris un certain accroissement, il est de rigueur de ne pas laisser passer le mois de septembre sans en semer la graine. Pline le recommande expressément et la pratique m'a confirmé que cet auteur avait raison.

Si l'on cultive le lupin pour en obtenir la graine, il est utile de le sarcler, ne fut-ce que pour empêcher que les semences des herbes, qui y viendront, ne souillent le sol et ne salissent les récoltes suivantes; mais si c'est pour l'enfouir en vert, il ne demande aucun soin, les herbes étant enfouies avec lui servent aussi d'engrais. Dans les terrains qui lui conviennent, le lupin a acquis à la fin d'avril un développement tel qu'on a beaucoup de peine à l'enfouir en entier. On est obligé d'en porter une partie ailleurs. Cet excédant peut être mis au pied des oliviers, des amandiers, des vignes, etc. C'est ainsi qu'on agissait du temps des Romains au rapport de Pline. Le seul inconvénient que présente la culture du lupin pour engrais, c'est que durant les printemps secs, le terrain se dessèche et se serre au point qu'il est difficile à entamer, même avec la houe à deux pointes. Les plantes étant fort rapprochées et très rameuses s'emparent de l'eau de la pluie, s'il en survient quelqu'une, et l'absorbent presqu'en entier. Dans ce cas on peut tirer parti des plantes de lupin en les laissant grainer, ou en les coupant et en les enfouissant dans un terrain qui se trouverait labouré et qui aurait profité des petites pluies de la saison.

Si les lupins sont enfouis vers la fin d'avril, si le printemps est pluvieux ou si le sol est frais naturellement, on peut faire suivre cet enfouissemenf d'une culture de haricots blancs ou de dolics (haricots noirs).

Peu de plantes sont aussi productives que le lupin, mais ses graines sont d'une amertume qui les rendrait d'aucune utilité, si on ne leur fesait subir une préparation. Je ne connais pas d'animaux, pas même les cochons, qui se décident à s'en nourrir, tant qu'elles conservent cette amertume. C'est en les laissant macérer pendant douze à quinze heures dans de l'eau de mer ou de l'eau alkalisée que l'on adoucit les graines de lupin. Elles peuvent être alors données aux animaux qui pourtant ne s'en contentent et n'en sont engraissés que lorsqu'ils sont habitués à cette nourriture. Il en est de même de son feuillage. J'ai essayé plusieurs fois d'en donner à des chevaux, à des bœufs, et je ne leur ai jamais vu mordre une seule feuille. Cependant des auteurs conseillent la culture du lupin comme plante fourragère. Il est possible qu'après des essais multipliés, on puisse réussir. Cette culture serait alors très avantageuse, car les plantes de lupin s'élèvent de près de deux mètres dans les terrains qui leur conviennent. J'en ai enfoui bien souvent au milieu desquels un homme de haute taille était presqu'entièroment caché.

C'est dans l'écorce de la graine que réside le principe amer. Si par une demi-mouture on concassait ces graines et on les séparait de leur écorce, il est vraisemblable que sans aucune préparation on pourrait les utiliser. Quoi qu'il en soit il s'en fait une grande consommation en Italie, où on les vend dans les rues, après qu'elles ont été préparées et bouillies.

Je me suis toujours aperçu que le froment croît avec plus de vigueur et produit davantage sur les terrains qui ont donné une récolte de graines de lupin que sur les autres, si pourtant le sol est d'une même qualité. Cela vient que les nombreuses et grandes feuilles de la plante tombent au moment de la maturité de la graine, et qu'elles forment par leur décomposition une couche d'engrais qui est mêlée avec la terre au moyen des labours qui suivent la récolte du lupin, récolte qu'on ne recueille qu'à volonté et que lorsqu'on en a le temps. J'ai laissé sur pied des lupins en graines jusqu'à la fin du mois d'août, quoique prêts à être coupés depuis la fin de juin, et pas une graine n'était tombée.

LUZERNE. Genre de plantes de la famille des légumineuses dont une espèce est généralement cultivée dans le midi de la France.

Luzerne cultivée, *Medicago sativum*, Lin.; *luzerno* en prov. Il est peu de plantes qui donnent en fourrage autant de produit que celle-ci; c'est pourquoi Olivier de Serres lui donnait le nom de *merveille du ménage*. On la coupe jusqu'à cinq et même six fois pendant l'été, si le terrain peut être largement arrosé une fois, après que ses tiges ont été fauchées et enlevées. Toute sorte de terrain ne convient pas à la luzerne. Elle vient cependant partout; mais elle ne végète avec vigueur, elle ne fournit un fourrage abondant, et elle ne vit huit à dix ans que dans une terre substantielle, profonde et pas humide. Une humidité permanente est ce qu'elle redoute le plus et ce à quoi elle ne résiste point. Il faut donc bien examiner le terrain que l'on veut convertir en luzernière.

On sème la graine de luzerne à la fin de février ou à la fin de mars, suivant que le sol est sec ou arrosable et qu'il est plus ou moins abrité. Elle ne doit l'être que lorsque ce sol a été profondément défoncé et copieusement fumé. S'il est arrosable, le terrain doit avoir été préparé de manière que les irrigations se fassent sans peine et que les eaux circulent sans trop de vitesse, mais aussi sans trop de lenteur. A cet effet il est nécessaire de lui donner une légère pente.

Il est bien de faire soi-même la graine dont on a besoin. Si on l'achète il faut choisir de préférence celle qui est lourde, luisante et d'un jaune donnant sur le brun. La quantité de graines à semer varie suivant la nature de la terre. Dans celle qui est très ameublie ou qui est naturellement sablonneuse, il en faut moins répandre que dans celle qui est compacte. Dans la première il ne demeure pas une graine sans germer; dans la seconde par contraire une partie ne lève pas. Comme la graine de luzerne est très menue, il est nécessaire de ne la guère enfouir. C'est une recommandation que l'on ne doit cesser de faire aux ouvriers chargés de cette besogne. Dans les terres qui ne sont ni trop fortes, ni trop légères, je sème ordinairement de trois à quatre onces de graines par are (25 cannes). Pour qu'elle soit plus uniformément répandue, j'ai soin de l'unir à du sable avant de la jeter. C'est une bonne opération que je conseille de mettre en pratique.

Beaucoup de gens sèment la luzerne mêlée avec de l'avoine et de la vesce que l'on coupe pour fourrage. L'expérience m'a appris que c'est là un mauvais travail; la luzerne se ressent du voisinage de ces plantes qui, prenant tout leur accroissement en peu de mois, l'affament et l'étouffent. D'autres la mêlent avec du fromental, du trêfle ou autres plantes fourrageuses. La luzerne végétant plus vite que celles-ci, il arrive quand on fauche, ou que la luzerne est trop avancée, ou que le fromental et le trêfle ne le sont pas assez. Si l'on veut voir prospérer une luzernière, il faut donc cultiver cette plante seule. Alors ses tiges s'élèveront et fourniront cinq belles coupes et des herbes d'hiver qu'il faut se presser de vendre et de faire paître. Si l'on attend le mois de décembre, il peut survenir une forte gelée, qui empêche d'en tirer aucun parti.

Une infinité de plantes sauvages naissent et croissent avec la luzerne. La sarcler serait une bien bonne opération, mais que de frais et au bout du compte ces plantes ne-sont-elles pas étouffées par la luzerne à la seconde année de sa végétation ?

Si jamais le plâtrage peut être utile, c'est bien lorsqu'on le pratique sur une luzernière d'un an. C'est doubler ses produits et cela à peu de frais. Cependant je me suis assuré que les effets de cette opération sont plus sensibles sur les luzernes cultivées dans un terrain granitique ou schisteux que dans un terrain calcaire. Voyez au mot PLATRE.

Il ne faut pas se presser de faucher la luzerne pendant le premier été qui suit son semis. La plante désigne elle-même le moment convenable, c'est lorsqu'elle commence à pousser de nouveaux jets de son collet. Plus tôt ce serait nuire à sa végétation par le principe bien reconnu qu'il doit y avoir équilibre entre les tiges et les racines d'un végétal pour que celui-ci végète avec vigueur. Or, n'est-ce pas rompre cet équilibre que de faucher la luzerne avant que ses tiges aient pris tout leur développement ; on reconnaît qu'elles l'ont acquis, lorsqu'on s'aperçoit qu'elles cessent de pousser et que de nouvelles et de plus nombreuses tiges se montrent autour du collet de la plante. Un célèbre agriculteur d'Angleterre recommande de semer la luzerne par rangées que l'on peut alors cultiver au moyen d'une petite charrue. Je n'ai jamais essayé ce genre de culture qui ne peut être usité que dans les grandes exploitations. Mais je suis persuadé qu'il doit parfaitement réussir, surtout pour les luzernes cultivées en terrains non arrosables. Quand faut-il faucher la luzerne? c'est ce qu'on me demande souvent. Je réponds toujours : quand elle est en pleine floraison. Plus tôt les tiges n'ont pas pris assez de consistance et par le fanage, le foin qu'on en obtient est presque réduit à rien; plus tard les tiges sont trop dures, elles sont alors rebutées par certains animaux, et l'on perd une coupe de fourrage pendant l'été, c'est-à-dire, qu'on ne peut faire que quatre coupes au lieu de cinq.

Ce sont ordinairement les tiges venues après la seconde coupe qu'on laisse pour graines. Dès qu'on s'aperçoit que les graines, du moins la majeure partie, sont mûres, ce qui se reconnaît à leur couleur d'un jaune brun et à leur densité, on coupe les sommités de ces tiges, et on les fait sécher sur une aire ou sur une terrasse carrelées, ou sur des draps pour ne pas perdre les graines qui peuvent se répandre, quoique ne se détachant pas toujours fort aisément des gousses dans lesquelles elles sont enfermées. Une fois sèches, on bat avec des petites gaules les gousses; au moyen du vent, on nettoie la graine des débris de tiges qui suivent, et on enferme celle-ci dans des sacs qu'on tient en lieux très secs. J'en remplis des damejeannes et avec cette précaution je la conserve pendant quatre à cinq ans.

La luzerne poussant de longues racines et s'emparant de la presque totalité de l'humidité du sol, il ne faut jamais la cultiver dans les terrains complantés en arbres, ces terrains fussent-ils même arrosables. J'ai éprouvé bien souvent que les noisetiers, si communs dans plusieurs de nos terres arrosables, souffrent singulièrement du voisinage de cette plante. Il en est de même de tous les arbres fruitiers, s'ils sont encore jeunes. Que serait-ce si on la cultivait dans les soles qui séparent nos rangées de vignes, comme on le fait, rarement il est vrai, mais comme on le pratique plus souvent à l'égard du sainfoin. Ce serait vouloir sacrifier un long produit à un autre de peu de durée.

Suivant Rozier, aucun fourrage ne peut être comparé à celui fourni par la luzerne pour la qualité, aucun n'entretient les animaux dans une aussi bonne graisse, n'augmente autant l'abondance du lait des vaches et autres femelles qui s'en nourrissent. Cela est vrai, mais il aurait dû ajouter : cependant tous ces avantages sont contrebalancés par quelques inconvéniens. La luzerne étant donnée verte ou étant broutée lorsqu'elle est imprégnée d'humidité peut causer la météorisation ou gonflement de la panse ; maladie, si elle n'est pas arrêtée de suite, qui cause la mort de l'animal ; sèche et prodiguée hors de raison, elle échauffe et irrite l'organisme animal. Elle perd par le fanage une partie de ses feuilles, et s'il est poussé trop loin, il n'y reste que les tiges, comme déjà on l'avait reconnu du temps de Pline, liv. XVIII, chap. 16.

Plusieurs causes détruisent la luzerne ; une humidité permanente pendant l'hiver, une plante parasite connue sous le nom de cuscute et divers insectes.

On prévient les dommages que l'humidité fait éprouver à

la luzerne, en ouvrant des rigoles ou des ruisseaux supérieurs qui conduisent les eaux, stagnantes faute d'écoulement, dans un point plus bas que la luzernière. On remplace quelquefois ces ruisseaux par des rigoles souterraines connues en Provence sous le nom d'*ouides*, d'*odes*. Si le sol cultivé en luzerne était disposé de manière que les eaux ne pussent s'écouler, on s'en débarrasserait au moyen d'un bois-tout ouvert dans la partie la plus basse de la prairie. On appelle ainsi un puits creusé jusqu'à ce qu'on trouve une couche de terre perméable à l'eau qu'on y amène. On remplit et on comble ensuite ce puits de pierres plus ou moins grosses, afin d'éloigner tout danger.

Il arrive parfois que l'on voit dans une luzernière des espaces dont les plantes jaunissent d'abord, se dessèchent ensuite et périssent entièrement. Si on examine ces plantes avec soin, on les trouve entourées de filamens très déliés, rameux, de couleur rougeâtre, implantés sur ces plantes et se nourrissant de leurs sucs. Ce sont les tiges d'une plante annuelle et parasite connue sous le nom de CUSCUTE, *cuscuta europæa*, Lin.; *cheveu de Vénus*. Comme cette cuscute ne se multiplie, ainsi que toutes les plantes annuelles, qu'au moyen de ses graines, il faut arracher, avant qu'elles se mettent en fleurs, toutes les cuscutes que l'on peut apercevoir, et pour cela il faut aussi sacrifier toutes les plantes de luzerne qui en sont atteintes. L'empêcher de grainer, c'est l'empêcher de se montrer de nouveau.

Parmi les insectes qui se nourrissent sur la luzerne, il en est une espèce connue sous le nom d'Eumolpe obscur, dont les larves se montrent par milliers, et qui en dévorent les feuilles et les sommités des tiges en peu de jours, si l'on n'y prend pas garde. Mais ce n'est qu'après la première coupe et lorsque les tiges de la seconde pousse commencent à se développer qu'elles sont apparentes. Il est prudent de faucher de suite la luzerne qui est attaquée par ces insectes. Quelques jours trop tard, il ne reste plus que les tiges privées de leurs feuilles. Aussi est-ce bien rarement que l'on attend la floraison de cette coupe. Presque toujours la présence de ces larves force à la faucher avant le temps. Les repousses suivantes n'en sont jamais atteintes. Les autres insectes ne causent pas assez de dommages à la luzerne pour que je les mentionne dans un article déjà très prolongé.

LYCHNIDE. Genre de plantes de la famille des cariophyllées, dont plusieurs espèces vivaces ornent fort bien les jardins. On les multiplie de graines semées en mars sur terre légère, ou de boutures en été, ou d'éclats des vieux pieds en automne. Les plus remarquables sont :

La LYCHNIDE DE CHALCEDOINE, *Croix de Malte*, dont la fleur d'un rouge éclatant prend la forme d'une croix de Malte. Il y a des variétés à fleurs roses, blanches, à fleurs doubles.

La LYCHNIDE DIOÏQUE, le *robinet*, la *jacée*.

La LYCHNIDE LACINIÉE, *Véronique des jardins*.

La LYCHNIDE A GRANDES FLEURS. Ses fleurs sont grandes et d'un beau rouge de minium.

LYCOPODE. Genre de plantes de la famille des mousses, dont une espèce, la plus grande mousse d'Europe, fournit la poudre jaune et inflammable connue sous le nom de soufre végétal et dont on fait un si grand usage sur les théâtres lors de l'apparition des spectres, des démons, des magiciens, etc. Il suffit d'en jeter une pincée sur du feu pour obtenir de suite une flamme qui s'élève sans aucun risque, car elle ne se communique pas. Elle est inodore et elle ne donne pas de la fumée. Cette poudre est la poussière fécondante de la plante.

M.

MACHE. Plante annuelle, formant un genre de la famille des valérianées et dont on fait un grand usage dans l'économie domestique. On la trouve dans les lieux frais et elle est connue souvent sous le nom de *doucette*, *douceto* en prov. *Valeriana locusta*, Lin. Comme elle n'est jamais assez abondante dans les environs des grandes villes, la mache est cultivée dans plus d'un jardin. On en sème la graine depuis le mois de septembre jusqu'à celui de février, pour en avoir toujours de bonnes à manger. Tout terrain lui convient, mais elle est plus savoureuse dans les terrains maigres que dans ceux qui sont naturellement fertiles, où pourtant elle prend plus de développement et surtout que dans ceux qui sont trop fumés, où elle prend souvent un goût de fumier qui déplait aux palais délicats. Le semis se fait sur place. Comme nous avons parfois de longues sécheresses dans le printemps, il ne faut pas oublier les arrosemens, car la mache, comme toutes les autres espèces de salades, devient alors dure et ne pousse pas avec vigueur. Il est encore nécessaire de la débarrasser des mauvaises herbes qui croissent avec elle et qui nuiraient à sa croissance. Il faut avoir soin, lorsque les plantes sont bonnes à cueillir, d'en réserver quelques unes pour graines que l'on ramasse dès que l'on s'aperçoit que la majeure partie est mûre.

MAGNOLIER. Genre de plantes de la famille des magnoliacées, dont plusieurs espèces sont représentées par des arbres plus ou moins élevés, originaires de l'Amérique septentrionale, susceptibles d'être cultivés en pleine terre dans le midi de la France et tous d'un port remarquable. Sans m'occuper de ces diverses espèces, je parlerai plus particulièrement du MAGNOLIER A GRANDES FLEURS, *Magnolia grandiflora*, Lin., comme étant celui qui doit et qui est en effet le plus multiplié. Ce que j'en dirai pourra s'appliquer aux autres. Peu d'arbres sont aussi beaux, aussi majestueux que le magnolier à grandes fleurs Il s'élève dans son pays jusqu'à plus de trente mètres, et il se couvre de grandes fleurs qui répandent une odeur des plus suaves. On le multiplie de graines qu'on sème de suite après leur maturité dans du terreau et dans des terrines placées à l'abri du froid, ou de marcottes par strangulation ou par incision. Les jeunes plants ne doivent être mis en place qu'après avoir été tenus pendant deux ou trois ans dans des pots que l'on met à l'abri des gelées durant l'hiver. Dès que les jeunes magnoliers sont assez forts pour supporter la transplantation et la pleine terre, on les met en place et on leur choisit un terrain sec, mais arrosable, très gras, très fertile et entretenu dans cet état en y mélangeant chaque année du fumier bien consommé. Ces arbres ne redoutent rien tant qu'un terrain humide pendant l'hiver. Dans cette position, il suffit de quelques fortes gelées pour les faire périr; tandis qu'ils supportent des froids bien plus violents, s'ils sont placés dans un sol parfaitement sec en hiver. Ils ne demandent dans la suite qu'un labour, un ou deux binages et des arrosemens souvent répétés, mais pas trop copieux.

MAIS. Plante annuelle formant un genre dans la famille des graminées, originaire d'Amérique et cultivée dans le midi de la France, partout où se trouve un terrain substantiel, fertile et frais ou mieux arrosable. Elle est connue sous le nom de *Blé de Turquie*, *blé de Barbarie*, *gros blad*, *blad turc*, *fuado* en prov.; *Zea maïs*, Lin. Il est sans doute parmi les céréales des plantes d'une grande utilité, mais il n'en est pas qui rendent plus de service que le maïs, là où sa culture peut être admise. Son grain, d'un rendement de plus de cent pour un, quand la plante est cultivée dans un sol qui lui convient, sert à la nourriture de l'homme et de tous les animaux. Ses tiges et ses feuilles sont un fourrage toujours recherché par les chevaux, les bœufs, etc. Les enveloppes intérieures, qui recouvrent les épis, se vendent chaque année à haut prix pour la garniture des paillasses; l'axe des épis fournit un combustible dont la flamme de couleur bleuâtre, s'élève peu et conséquemment n'est pas à craindre comme celle de nos sarmens de vigne. Notre célèbre Parmentier, à qui l'on doit le premier écrit sur la culture du maïs en France, ne se serait pas aussi particulièrement occupé de cette plante s'il n'en avait pas reconnu les grands avantages. Je sais qu'un jardinier des environs de Toulon trouve chaque année dans le produit du maïs cultivé dans son jardin, le prix de son fermage montant à 1600 francs, et cette plante n'occupe dans ce jardin que les bordures des carrés ou planches dans lesquels ses plantes potagères sont placées. Comme il a besoin de beaucoup de fumier, il a toujours dans ses cochonniers de quatorze à seize porcs que d'abord il nourrit avec des herbages et qu'ensuite il engraisse avec son maïs. La vente de ses cochons suffit pour acquitter son fermage. Il lui reste en net le produit de ses autres plantes et des arbres fruitiers. Que l'on calcule ses bénéfices; et à qui les doit-il ces bénéfices? à la culture du maïs. Ce sont encore les habitans des pays qui sont au fond du golfe de Fréjus et de Saint-Tropez qu'il faut consulter sur les services que leur rend cette culture. Là on y voit de très grandes terres couvertes tous les deux ans en maïs. Le pauvre s'en nourrit presque tout l'hiver. Il en fait de la bouillie, qui est connue en Provence sous le nom de *farnado*, c'est la polenta des Italiens, la gaude dans plusieurs pays de l'intérieur de la France.

Nous possédons plusieurs variétés de maïs. Les plus connues sont le maïs à grains jaunes, à grains blancs, à grains variés, quarantain, à poulet, etc. Le maïs à grains jaunes paraît être le type de l'espèce. Je fonde mon opinion sur ce que le maïs blanc, le maïs de diverses couleurs, qui conservent leur caractère distinctif quand ils sont cultivés séparément, dégénèrent et finissent par ne produire que des grains jaunes quand ils sont cultivés dans le voisinage de ce maïs; tandis que celui-ci, bien qu'il soit entouré de maïs blanc ou de maïs varié, donne bien quelques grains dégénérés, mais jamais ou du moins fort rarement, il abandonne en entier sa couleur primitive. C'est donc le jaune à grains arrondis, inégalement placés, que l'on trouvait autrefois dans presque tous les pays de la Provence. Ayant reçu dans un envoi que me fit le célèbre professeur d'agriculture au jardin des Plantes de Paris, André Thouin, un épi d'une nouvelle variété de maïs, désignée sous le nom de *maïs de Pensylvanie*, je le multipliai dans mes terres et je le répandis dans le département du Var. Cette variété, dont les grains de couleur jaune, applatis et régulièrement rangés en ligne, est très productive; et il faut bien que cela soit ainsi, puisque aujourd'hui on ne trouve plus que cette variété dans les plaines de Grimaud, de Cogolin, dans les jardins des environs de Toulon.

Le quarantain et le maïs nain ou à poulet ont l'avantage

sur les autres variétés de terminer la phase de leur végétation en moins de trois mois. Le dernier offre encore celui qu'il peut être donné aux jeunes poulets et aux pigeons. L'un et l'autre peuvent être cultivés en terrains secs, s'il sont abrités, en ayant soin de les semer dans le mois de mars. Les grains sont arrivés à leur maturité avant les grandes sécheresses de nos étés.

Une terre fraîche ou arrosable, fertile, et plutôt légère que forte, est celle où le maïs prospère le mieux Pendant l'hiver on lui donne deux labours aussi profonds que possible. On sème le maïs depuis la fin de mars jusqu'aux premiers jours de mai suivant l'exposition et la nature du terrain. Dans celui qui est sec et à l'abri des dernières gelées qui surviennent parfois dans le printemps, on ne doit pas dépasser le commencement du mois d'avril. Dans celui qui est froid et humide, et les plaines qui avoisinent le littoral de la Méditerranée sont dans ce cas, il ne faut pas se presser. Souvent à cause des pluies du printemps on ne le peut que vers le 8 ou le 10 mai, et ce retard n'empêche pas que les plantes de maïs, ainsi tardivement venues, ne donnent de beaux et bons épis, que pour lors on ne récolte qu'à la fin de septembre. Dans les jardins on sème à trous faits avec le plantoir. Dans les terrains d'une certaine étendue, c'est-à-dire, dans ceux où le semis se fait au moyen de la charrue, moyen plus expéditif et plus économique, on sème à la volée ou à raies. Ce dernier mode est celui que j'ai toujours mis en pratique lorsque je cultivais mes terres de la commune de Cogolin. J'espaçais les raies d'un mètre et demi. Après un sarclage donné à la main par des femmes et pendant lequel on retranchait les plantes inutiles et les pousses latérales des pieds conservés, je buttais les jeunes maïs avec mon araire (Voyez ce mot) à une seule oreille, dès qu'ils étaient assez élevés pour profiter de cette opération. Je répétais ensuite le buttage deux autres fois dans le courant de l'été. Cette œuvre était d'autant plus nécessaire que je détruisais les herbes toujours très nombreuses dans les terres de ce pays, et que par les divers labours que recevait mon terrain, il était préparé pour la culture qui suivait celle du maïs.

Si on fait tremper le grain pendant un jour dans une eau qu'on a fait tiédir, on obtient une plus prompte germination. Si cette eau était prise dans une fosse à fumier, non seulement le grain germerait plus tôt, mais il végéterait avec plus de vigueur que celui non soumis à cette préparation.

Il est nécessaire que le maïs soit enfoui, lors de son semis, à un pouce de profondeur; quand il le serait à trois et même à quatre, il n'en germerait pas moins bien.

Si le maïs a été semé à la volée, on sarcle et on bine au moins deux fois les plantes venues de ce semis.

Comme dans les pays où la culture du maïs se fait en grand, on exécute en général les travaux des terres avec des bœufs et que bien souvent il s'y trouve des troupeaux de vaches, on a grand soin de couper les sommités des tiges de maïs pour les donner à ces animaux. Si l'on se pressait trop de faire ce retranchement on nuirait au grossissement de l'épi; on n'a pas à craindre cet inconvénient si l'on attend que celui-ci soit entièrement formé, c'est-à-dire que ses grains soient arrivés à toute leur grosseur, bien qu'ils ne soient pas encore mûrs. Ces sommités des tiges et toutes les feuilles de la plante, détachées peu de jours avant la complète maturité des grains, sont un produit que l'on ne doit pas laisser perdre, quand même on n'aurait que des chevaux ou des mulets à nourrir. Ceux-ci s'en accommodent fort bien, si l'on a soin de diviser ces tiges et ces feuilles en plusieurs morceaux.

Il faut attendre que les enveloppes des épis de maïs soient desséchées sur pied pour en faire la récolte. Cependant comme dans le nombre il en est toujours quelques uns qui ne sont point encore complètement mûrs, il est prudent de déposer tous les épis dans des greniers spacieux et de les remuer de temps à autre pour les empêcher de se moisir et pour obtenir le plus tôt possible leur entière dessication. Dès qu'on s'aperçoit que ces enveloppes sont parfaitement sèches, on les sépare des épis, et ceux-ci sont encore déposés dans des greniers où ils achèvent de perdre tout restant d'humidité. Au surplus il ne faut pas se presser de les égrener; plus ils sont secs et plus l'égrenage est facile, et il est certain que le grain se conserve mieux quand il tient encore à l'axe de l'épi. C'est même ce qu'il faut observer pour celui que l'on veut garder pour semence. Dans ce cas on retrousse sur elles-mêmes, en mettant les grains à nu, les enveloppes des épis les plus gros et les plus sains; on lie ensemble les enveloppes de plusieurs épis, on les suspend au plancher d'un hangard ou d'un grenier, et on ne les égrène qu'au moment des besoins.

Je conseille ce mode de conservation pour le grain destiné à la reproduction de l'espèce, plutôt que celui de laisser les épis recouverts de leurs enveloppes, par la raison que celles-ci deviennent souvent le refuge et le réceptacle de plusieurs insectes qui vivent tantôt aux dépens de l'axe de l'épi, et tantôt à ceux des grains.

Les plantes de maïs sont sujettes à diverses maladies. Les feuilles sont souvent couvertes de petites élevures d'une couleur peu apparente d'abord, mais qui deviennent ensuite jaunâtres et laissent échapper une poussière de même couleur, c'est la rouille. Les épis en sont rarement atteints, mais le grain se ressent de cette maladie de la plante, en ce qu'il n'est jamais bien nourri.

Des excroissances charnues, plus ou moins arrondies, de nature fongueuse et dont la grosseur varie suivant la partie de la plante qui en est affectée, et se convertissant, en se desséchant, en une poussière noire, se montrent souvent sur la tige, l'épi ou les fleurs mâles. Quoi qu'en ait dit un auteur de nos jours, dans un intéressant ouvrage sur le maïs, je partage l'opinion de Bosc, et comme lui je pense que cette maladie n'est autre que le charbon, dont j'ai parlé à l'article FROMENT. Le chaulage du grain ne doit donc pas être négligé au moment du semis. Depuis que je pratique cette opération, je vois mes maïs bien moins couverts de ces fongosités qui sont une véritable maladie pour la plante, puisqu'alors elle ne produit pas d'épis ou qu'elle n'en donne que d'imparfaits.

L'égrenage des épis n'est pas un travail facile et expéditif. C'est avec la main, c'est en roulant les épis sous les pieds, ou mieux c'est en les passant contre une barre de fer (Les chenets de la ferme servent ordinairement à cet usage) que l'on détache les grains de l'axe auquel ils sont fixés. Après que ceux-ci sont nettoyés et, au moyen du vent et du crible, séparés des corps étrangers qui se mêlent avec eux au moment de l'égrenage, on les place dans un lieu sec, où on peut les conserver pendant fort long-temps : ils sont bien alors sujets à être attaqués par l'alucite et le charançon des céréales, mais je ne me suis jamais aperçu que ces insectes m'aient causé un grand dommage. Cependant on prévient tout ravage de leur part, si on a le soin d'enfermer les grains de maïs dans des sacs.

L'usage du grain de maïs est général dans le midi de la France. Il s'en fait une consommation immense. Mis en farine, le pauvre en fait une bouillie qu'il assaisonne avec du sel et de l'huile et dont il fait sa principale nourriture pendant tout l'hiver. Il est donné en grains aux cochons, aux volailles, qu'il engraisse en peu de temps. Quelques personnes le leur donnent en farine délayée avec de l'eau tiède. J'ai donné pendant long-temps du maïs à mes jumens et à leurs poulains quand ils étaient sevrés; mais j'avais soin pour prévenir l'usure des dents de le faire tremper dans l'eau pendant vingt-quatre heures. Comme cette nourriture est très substantielle, j'avais l'attention de ne la leur donner que modérément.

Les tiges de maïs contiennent un mucilage sucré qui est assez abondant pour qu'elles puissent être un aliment sain et agréable pour les chevaux, mulets, cochons, après la récolte des épis; mais comme alors ces tiges sont dures et coriaces, il faut avoir soin de les couper en petits morceaux ou de les écraser entre deux pierres avant de les donner à ces animaux. Humbolt assure que dans le Mexique, ce mucilage est en quantité suffisante pour permettre d'en extraire du sucre.

Ce qui vient d'être dit de la propriété qu'ont les tiges de maïs, propriété que d'ailleurs elles partagent avec celles de la plupart des graminées, semble indiquer que cette plante pourrait fournir un fourrage propre à la nourriture des bœufs, des vaches et même des cochons. C'est en effet ce qui a été reconnu dans plus d'un pays du Languedoc et de la Provence; et c'est pourquoi dans plus d'un canton il est d'usage de cultiver le maïs comme plante fourrageuse. Dans ce cas on ne doit pas craindre de semer épais. On fauche dès que les fleurs mâles se montrent au sommet de la plante. Le seul inconvénient que présente cette culture est celui que la dessication des tiges est longue et demande huit à dix jours de beau temps et de chaleur. Il faut être assuré que cette dessication est complète avant d'enfermer cette sorte de fourrage. J'ai vu un grenier prêt à être incendié par la cause qu'on y avait enfermé du fourrage de maïs, qui paraissait sec, mais qui avait été mis en grenier pendant un jour couvert et durant lequel un vent humide soufflait. Lorsqu'on a de l'eau en abondance, on peut utiliser tout terrain qui vient de donner une récolte en juin et juillet, par une culture de maïs pour fourrage; seulement il faut veiller à ce que la fauchaison se fasse dans les premiers jours de septembre. Plus tard on ne serait plus à temps à obtenir la dessication des tiges de cette plante.

MARCOTTE. C'est le nom qu'on donne à une branche d'arbre, d'arbrisseau et à une partie de plante vivace ou de plante grasse qui prennent racine soit par accident, soit par le fait de l'homme. En séparant les branches d'arbre ou les parties de plantes vivaces ainsi enracinées des sujets qui les ont produites, on obtient de nouveaux pieds qui servent à reproduire l'espèce à laquelle elles appartiennent. Les marcottes sont donc un moyen de multiplication qui doit d'autant mieux être mis en usage qu'il est le seul possible pour tous les végétaux qui ne fournissent pas de semences ou qui n'en donnent que d'imparfaites, ou encore qui par semis demeurent trop long-temps à remplir l'objet qu'on attend d'eux. Plusieurs opérations sont pratiquées pour le marcottage. Thouin, qu'on ne peut trop citer quand on parle des divers procédés d'agriculture, dit que « la théorie du mar-

« cottage consiste à déterminer, au moyen de l'humidité, « de la chaleur, d'une terre préparée, des ligatures, les « rameaux marcottés à pousser des racines et à former par « ce moyen, de nouveaux individus doués de toutes les qua- « lités de leurs souches. »

On marcotte un arbre ou une plante 1° en buttant ses rejets ou pousses inférieurs, 2° en enfouissant ses branches basses, et 3° en introduisant ses branches élevées dans un entonnoir ou dans un pot à marcottes.

Marcotte par buttage. Vers la fin de l'hiver on prend de la terre grasse, on en met la quantité nécessaire pour faire une butte autour des jeunes tiges des individus que l'on veut marcotter et on la presse assez fortement pour lui conserver sa fraîcheur le plus de temps possible. A la fin de l'automne on déterre les marcottes, et si on les trouve suffisamment enracinées, on les sépare de la mère-souche et on les met en place. On attendrait l'année d'après, si ces racines n'étaient pas assez développées.

Marcotte par enfouissement. On courbe la tige ou la branche d'un arbre ou d'une plante dans une fosse ou dans un trou, préalablement préparés au pied du sujet et dont la grandeur et la profondeur varient suivant les dimensions de la branche ou de la tige à marcotter. On recouvre celle-ci avec de la bonne terre, on en fait sortir le sommet à la distance que sa longueur le permet, on la relève et on la contient dans cette position par la pression de la terre, ou au moyen d'un tuteur contre lequel on la fixe. Placer du fumier, presque réduit en terreau, dans la fosse avant d'y courber la branche qu'on veut y enfouir, c'est favoriser la naissance et le développement des racines. Ce n'est qu'à la seconde année, et seulement lorsqu'on voit la marcotte végéter avec vigueur qu'on la sèvre du sujet.

On exécute ce genre de marcotte vers la fin de l'hiver. On l'emploie fréquemment pour regarnir les vides d'une haie ; d'une plantation en bordures ou en rangées. Le provignage de la vigne n'est autre opération qu'un marcottage par enfouissement. Lorsque la plante que l'on marcotte est peu développée, on contient la branche courbée, qui nécessairement alors a peu de longueur, au moyen d'un petit crochet en bois. C'est ce qui se fait pour les héliotropes, les girofliers, les œillets, etc. Dans ces derniers cas, la meilleure saison pour opérer le marcottage est le printemps.

Marcottes par introduction. Lorsqu'une branche par sa position ne peut être enfouie, ou encore que sa nature ne se prête pas à une courbure, on l'introduit dans un entonnoir ou dans un pot ouvert sur un de ses côtés dans toute sa longueur, nommés entonnoir ou pots à marcottes. On assujettit cet entonnoir ou ce pot en les fixant, soit aux branches voisines, soit à un pieu fiché en terre. On remplit ensuite le pot ou l'entonnoir avec une terre fine mais substantielle, que l'on recouvre d'un lit de mousse pour entretenir son humidité et on mouille cette terre toutes les fois qu'il en est besoin. C'est durant tout le printemps et pendant une partie de l'été, que l'on fait cette marcotte. En effet, si l'on tient à multiplier le plutôt possible une espèce, on marcotte ses jeunes pousses dès qu'elles sont aoutées ; or, dans nos pays, bien que la végétation des arbres soit plus précoce que dans l'intérieur de la France, les pousses de l'année n'arrivent dans cet état que vers le milieu de l'été.

Tout comme on pince les feuilles des boutures prises sur des arbres à feuilles persistantes, tels que le citronnier, etc.

il est bien d'en faire autant pour les marcottes des arbres de cette nature et pour celles faites pendant la feuillaison des autres arbres.

S'il est des arbres et des végétaux dont les branches et les éclats poussent facilement des racines dès qu'ils sont couverts de terre, il en est qui ayant une écorce plus dure, ne produisent des racines qu'autant qu'on prend certains moyens pour les y forcer. Ces moyens sont l'incision, la ligature ou la strangulation et l'enlèvement d'un anneau d'écorce.

Premier moyen. Thouin, qu'on me permettra de citer de nouveau; Thouin avec son style si simple, si naturel, nous dit à ce sujet : « Pour l'ordinaire on choisit un rameau « de l'avant-dernière pousse. Au petit gonflement qui mar- « que son extrémité et le commencement de la dernière pousse « on fait une incision horizontale, qui coupe la branche jus- « qu'au milieu de son diamètre. Ensuite, en remontant vers « le haut de la branche, on fait une autre incision perpen- « diculaire d'environ un pouce de long, qui aboutit par sa « partie inférieure à l'incision horizontale. Il est très utile de « se servir d'un canif à lame très fine et très tranchante. Ces « deux opérations faites, on courbe la marcotte, alors la « portion de la branche, qui a été séparée, s'ouvre et for- « me un angle. Pour que cette ouverture se maintienne dans « son écartement, on y introduit de la terre ou un caillou. « Lorsque les marcottes sont susceptibles de reprendre dans « le courant d'une année, la terre seule est suffisante, « mais lorsqu'elles doivent rester deux ou trois ans sur leur « pied, le caillou est préférable. Cette précaution de mettre « un corps étranger dans la fente a pour but d'empêcher « ces deux parties de se rapprocher, ce à quoi elles ont de la « propension. La marcotte ayant été préparée ainsi, est

« courbée en anse de panier et enfoncée de quatre à huit pou-
« ces en terre, suivant la force de la branche, soit en pleine
« terre, soit dans un pot ou entonnoir à marcottes. Cette
» branche est retenue et fixée à sa place par un ou deux pe-
» tits crochets de bois fichés en terre.

Second moyen. Au sujet de ce genre de marcottage, le même auteur ajoute : « On emploie la ligature des branches
» pour certaines espèces de végétaux ligneux qui se prê-
» tent difficilement au marcottage par incision ; elle con-
» vient particulièrement à des branches portées sur des ar-
» bres élevés, d'une grosseur à ne pouvoir être courbées
» dans un pot à marcottes, et auxquelles on se contente d'a-
» juster un entonnoir. Cette ligature se fait en fil ciré ou en
» fil de fer suivant le plus ou moins de temps qu'on pré-
» sume que les marcottes doivent mettre à reprendre. Le fil
» de laiton doit être rejeté, son oxide étant mortel pour
» presque tous les végétaux. C'est ordinairement sur des
» jeunes rameaux de la dernière ou de l'avant-dernière
» pousse qu'on fait les ligatures, qui doivent serrer l'écorce
» sans trop la comprimer, et encore moins en couper l'é-
» piderme, il vaut mieux laisser au grossissement insensi-
» ble et progressif de l'écorce le soin de former le bourre-
» let, que de le déterminer subitement par une pression
» trop forte qui obstruerait les canaux de la sève.

Troisième moyen. Continuant le même sujet, il dit :
» On emploie le moyen de l'anneau cortical sur les bran-
» ches gourmandes d'arbres fruitiers ou autres qui empor-
» tent la sève. C'est pour ne pas perdre ces branches et en
» faire, au contraire, des arbres utiles et francs de pied
» qu'on pratique cette sorte de marcotte, son procédé est
» simple. Il consiste à enlever dans la circonférence de la

» branche qu'on veut marcotter un anneau d'écorce de la » largeur d'une à 5 lignes, suivant la grosseur des bran- » ches, l'état de l'écorce et la force des individus. Il est né- » cessaire au succès de l'opération que l'aubier soit exac- » tement mis à nu. On commence par décrire deux cercles » autour de la branche dont on veut enlever l'anneau ; en- » suite on fait dans la largeur de l'anneau une incision per- » pendiculaire ; après quoi avec la pointe de l'instrument, » on enlève un des bouts de la bande d'écorce qui a été cou- » pée, et on la tire dans toute sa circonférence. Lorsque » l'arbre est en sève, cet enlèvement se fait avec la plus » grande facilité, et c'est toujours le temps qu'il faut choi- » sir pour cette opération ; mais il est plus naturel et plus » sûr d'attendre le moment qui précède l'époque de la des- » cente de la sève vers les racines. Cette sève, trouvant un » obstacle insurmontable, s'arrête sur la partie de l'écorce » qui forme la lèvre supérieure de la plaie, elle y établit » un bourrelet, qui commence à se montrer entre l'aubier » et les dernières couches du liber, s'augmente rapidement, » et donne naissance à des mamelons qui, par leur prolon- » gement, deviennent des racines. »

MARJOLAINE. Voyez Origan.

MARNE. De tous les temps l'expérience a prouvé qu'une addition de terre sur un terrain déjà cultivé augmente la fertilité de ce terrain d'une manière étonnante ; les plantes qui y végétaient avec peine auparavant, y deviennent vigoureuses et y donnent d'abondantes récoltes, les arbres fruitiers, les oliviers qui s'y trouvent se couvrent comme par enchantement d'un feuillage très vert et produisent des fruits et plus gros et plus nombreux. C'est donc une bonne opération d'agriculture que le transport des terres. Ayant été obligé à un grand déblai de terrain lorsque j'ai fait construire un des bâtimens de mon domaine des Moulières, je fis apporter et répandre les terres déblayées sur la partie la plus voisine de ce domaine, elle était complantée en oliviers. Depuis lors (c'était en 1831) ces arbres sont devenus les plus vigoureux et les plus productifs.

Toute espèce de terre, si elle est tant soit peu argileuse, peut être employée avec avantage de cette manière ; mais si c'est la marne qu'on emploie de préférence, les résultats sont bien plus satisfaisants. La raison en est que la marne est un mélange de calcaire et d'argile susceptible de se déliter à l'air. Cette propriété de la marne la fait distinguer des pierres calcaires contenant de l'argile et lui fait donner la préférence sur cette terre, bien que celle-ci soit un très bon amendement, comme on peut s'en assurer au mot ARGILE, à cause de la dépense qu'occasionnent sa division et son mélange avec le sol qu'on veut amender.

La marne est un mélange de calcaire et d'argile, mais avec des proportions qui varient ; tantôt c'est l'une, et tantôt c'est l'autre de ces deux subtances, qui domine. Si l'on veut améliorer un terrain compacte, il est nécessaire de l'amender avec de la marne à base calcaire ; si par contraire on agit sur une terre légère, c'est la marne à base d'argile qu'il faut employer. Comme le simple aspect ne suffit pas pour reconnaître les principes constituans de la marne, il faut avoir recours à l'analyse, mais à une analyse qui puisse être faite par l'homme le moins expérimenté et le moins instruit en chimie. Voici comment on doit opérer. On pèse une once de marne dessséchée au feu, on la jette dans du fort et bon vinaigre. Le calcaire est bientôt dissous, l'argile et le sable se précipitent au fond du vase. On décante en ayant soin que ces deux substances ne suivent pas ; on verse de l'eau sur le précipité, et on mélange le tout pendant quelques instants avec une spatule ou une cuillère en bois. Le sable, malgré l'agitation imprimée à l'eau, tombe encore au fond du vase dès qu'on cesse de remuer l'eau. On sépare cette eau qui tient l'argile en suspension, on la met et on la laisse déposer dans un autre vase, on fait dessécher complètement ce sable et l'argile, et leur poids, défalqué de celui de la marne, fait connaître le poids du calcaire.

La marne se trouve, ou sur la superficie du terrain, ou à une grande profondeur du sol. Dans le premier cas, on peut sans aucune crainte s'en servir de suite ; il n'en est pas de même pour la marne extraite à une certaine profondeur. Celle-ci est comme toutes les terres retirées à quelques pieds au dessous de la surface du sol, tout-à-fait infertile quand on l'emploie peu de temps après son extraction. C'est pourquoi il est d'usage de ne la répandre qu'un an après, afin qu'elle ait le temps, ainsi exposée à l'air, de se saturer du carbone ou des divers principes gazeux nécessaires à la végétation et de se déliter en entier. On en forme de petits tas, soit sur le terrain qu'on veut amender. soit dans les environs du lieu d'extraction.

Le marnage d'une terre étant toujours une opération coûteuse, il convient d'en calculer à l'avance et les frais et les produits. Répandre la marne avec excès, c'est augmenter la dépense, souvent sans un avantage réel. Aussi Bosc recommande-t-il de marner médiocrement, mais d'y revenir tous les trois, quatre, cinq, six ou dix ans, selon les circonstances dans lesquelles on se trouve et les avantages qu'on peut en retirer.

Il ne faut pas croire que le marnage dispense de fumer.

Sans doute une terre, amendée avec de la marne, donne plus de produits qu'auparavant, mais ces produits sont bien autres quand on répand du fumier en même temps.

L'automne est la saison la plus favorable pour le marnage des terres. Les pluies et les gelées de l'hiver, en opérant la désunion complète des molécules de la marne, déterminent son entière décomposition ; on l'enfouit alors par les labours du mois de mars. Mais est-il toujours facile d'opérer en automne ? Les grandes pluies de cette saison ne s'opposent-elles pas à l'introduction des charrettes ou tombereaux employés au transport de la marne ? Pour prévenir cet inconvénient, je conseille de ne pas laisser passer la première quinzaine de septembre sans apporter la marne sur le terrain.

L'usage de la marne est aussi ancien qu'universel. Il était connu autrefois, et il l'est de nos jours dans tous les pays où l'art de cultiver les terres est mis en pratique. Les Grecs, les Romains, les Gaulois marnaient leurs champs ; c'est au moyen du marnage que les Chinois et les divers peuples agricoles de l'Asie retirent de leurs terres de si grands produits. Presque tous les peuples d'Europe ne manquent pas d'avoir recours à cette opération quand ils croient devoir améliorer leurs sols. La Provence seule semble faire exception à un usage aussi répandu et aussi fructueux. C'est que chez nous l'agriculture était tout-à-fait livrée à la routine et encore couverte de ses langes, il y a peu d'années ; mais espérons que les exemples récens donnés par les Bergasse, à Varages ; les Beauregard, les Aurran, à Hyères ; les Colbert, au Cannet ; les Destelle, à Fréjus, et autres habiles agriculteurs répandus dans les Bouches-du-Rhône, Vaucluse, etc., entraîneront la tourbe de nos cultivateurs, et finiront par leur persuader que la pratique la plus ancienne ne suffit pas toujours pour bien faire.

Ce que j'ai dit sur les effets que l'addition d'une terre produit sur les oliviers et sur les arbres fruitiers peut s'appliquer aux prairies, surtout si elles sont à base de légumineuses. Mais alors un demi ou un pouce de terre au plus suffisent. Des fraisiers qui touchaient à leur fin, des luzernières dont les produits étaient sensiblement diminués ont été remis par moi en grande prospérité en y faisant répandre dessus quelque peu de terre tirée d'une fosse à asperges et dont j'étais embarrassé. Ainsi l'on ravivera toute prairie, soit naturelle, soit artificielle, que l'on marnera légérement. C'est après la dernière coupe de foin que la marne sera répandue, et elle devra l'être aussi uniformément que possible.

MARRONNIER. Genre de plantes de la famille des malpighiacées, composé de plusieurs arbres dont deux de la plus grande hauteur et tous plus ou moins cultivés dans le midi de la France.

Marronnier d'inde. *OEsculus hippocastanum*, Lin.; *marrounier* en prov. Arbre de la plus grande hauteur et remarquable par ses belles feuilles digitées, par ses fleurs terminales, et réunies en grappes, de couleur blanche et marquées de rouge ou de jaune, et par ses fruits hérissés de piquans. Il vient dans toute espèce de terrain. Cependant une terre profonde, grasse et naturellement fraîche ou arrosable pendant l'été, est celle où il prospère le mieux dans nos pays. On le multiplie par semis de ses grosses graines contenues dans des capsules, couvertes de piquans. Elles sont connues sous le nom de marrons. Comme les marrons perdent leur faculté germinative peu de temps après leur chute, qui a lieu lors de leur maturité complète, il faut de suite les semer ou les stratifier. Les jeunes plants peuvent être mis en pépinière à la fin de l'année de leur semis ; on a soin alors de pincer leur pivot, pour les forcer à se munir d'un plus grand nombre de racines. Après cinq à six ans de pépinière, les jeunes marronniers sont assez développés pour être mis en place. Comme cet arbre n'a jamais une forme aussi gracieuse que lorsqu'il est livré à lui-même, il ne faut pas imiter ces propriétaires qui, croyant mieux faire que la nature, le taillent et lui donnent des formes qui varient à l'infini, car peu d'arbres se prêtent aussi facilement que celui-ci au caprice d'un jardinier.

Le marronnier, si multiplié autrefois, est aujourd'hui généralement remplacé par le platane. Celui-ci a l'avantage de croître plus vite et de ne pas présenter l'inconvénient que l'on reproche au premier ; celui de ne pas se promener impunément sous une allée de marronniers dont les fruits sont arrivés à leur maturité. Il y a plus d'un exemple de blessures plus ou moins graves causées par la chute d'un marron. Voulant prévenir cet inconvénient, on a tenté tous les moyens possibles pour obtenir une variété à fleurs doubles, et conséquemment ne donnant pas de fruits ; mais tous les soins qu'on s'est donné jusqu'à ce jour ont été peine perdue.

Le bois du marronnier n'est d'aucun usage. Il est trop mou, trop filandreux, il se tourmente trop pour qu'on puisse l'employer, et il ne donne ni beaucoup de chaleur, ni beaucoup de charbon quand on le brûle. Il est fâcheux que l'on ne puisse pas non plus tirer un grand parti des marrons toujours produits en abondance par cet arbre. Il existe quelques variétés du marronnier d'Inde. Elles diffèrent du type de l'espèce par leurs fleurs très rouges ou blanches sans nuance de rouge, et par leurs fruits non couverts de piquans.

MARRONNIER PAVIE, *Pavia à fleurs rouges*; *æsculus rubra*, Lin. Arbuste qu'on ne se lasse pas d'admirer quand il est couvert de ses belles fleurs rouges. Il demande un terrain gras, léger et arrosable. On le multiplie par la greffe à œil dormant et par marcotte, rarement par semis, car il ne donne presque jamais de fruits. Ceux-ci sont sans épines.

MARRONNIER A PETITES FLEURS. Arbuste remarquable par ses longues grappes de fleurs blanches et très odorantes. Il donne rarement des fruits, mais ceux qu'il produit sont doux et bons à manger. Il demande une terre très légère, très fertile et arrosable. On peut le multiplier au moyen des marcottes, de ses racines, et encore par la greffe sur le marronnier d'Inde. Mais alors il ne vit pas au delà de deux ou trois ans. C'est ce qui arrive aussi à l'espèce précédente; il y a une trop grande disproportion dans leurs dimensions respectives.

MARRONNIER A FLEURS JAUNES. *Pavia jaune*, *æsculus flava*, Lin. Arbre plus gros et plus élevé que le marronnier d'Inde. Il se plait dans les mêmes lieux que ce dernier, et tout ce que j'en ai dit lui est applicable.

MAUVE. Genre de plantes de la famille des malvacées. Ce genre se compose de plusieurs espèces dont quelques unes, à cause de leurs fleurs ou de leurs feuilles, comme la mauve frisée, se trouvent dans certains jardins. On les multiplie de boutures ou de graines semées en mars. On repique les jeunes plants en mai dans une terre grasse et arrosable.

MAUVE EN ARBRE. Nom vulgaire de la LAVATÈRE A FEUIL-

LES POINTUES, *Lavatera olbia*, Lin. Ce que je viens de dire sur les espèces de mauve cultivées lui est applicable.

MÉLÈZE. Genre de plantes de la famille des cônifères, qui fesait autrefois partie de celui des pins et qui en a été séparé à cause de plusieurs caractères qui lui sont propres. Quelques espèces composent ce genre. La plus commune est le

MÉLÈZE DES ALPES, *Pinus larix*, Lin.; *mèle* en prov. Cet arbre, qui est, selon Malesherbes, selon cet homme si philantrope, si vertueux, si dévoué à son roi, un des plus hauts, des plus droits et des plus incorruptibles de nos forêts de la France, ne se montre naturellement que dans les parties les plus élevées de nos Alpes. On n'en trouve même pas sur les Pyrénées. Cependant on assure par tradition que la montagne de Faron, au nord de la ville de Toulon, était anciennement couverte de mélèze. J'ai ouï plusieurs vieillards l'annoncer comme le tenant de gens qui avaient encore vu ces arbres debout. Difficilement on peut ajouter foi à cette assertion. Cet arbre ne vient et ne prospère que dans les pays froids et sur les terrains frais; or, la montagne de Faron est excessivement aride, et de plus il y règne pendant l'été une température extrêmement chaude. Néanmoins il est certain que dans les démolitions de vieux édifices et même de vieilles maisons, on trouve très souvent des solives et des poutres très bien conservées, de couleur rouge et reconnues par nos maçons être de bois de mélèze; ces bois sont toujours mis de côté et de nouveau employés. Il est bien vrai que le bois du vrai mélèze, selon Malesherbes, est tantôt blanc et tantôt rouge ou jaune. Mais ces arbres qui peuplaient jadis notre montagne de Faron, et dont l'existence n'est un doute pour qui que ce soit, ne pouvaient-ils pas être d'une essence différente? Parmi les arbres résineux, le mélèze est-il le seul dont le bois soit quelquefois de couleur rouge? Il serait curieux de constater le fait, afin de connaître quel est l'arbre qui croissait autrefois sur cette montagne et qui fournissait un bois aussi incorruptible que celui de mélèze. Car on ne peut disconvenir que ces vieux bois de démolition n'aient été pris dans le voisinage; ce qui semble le prouver c'est que parmi les bois qui nous arrivent de dehors et que nous employons dans nos constructions actuelles, nous ne trouvons que le sapin dont le bois est blanc.

Le mélèze ne pouvant être pour nous qu'un arbre d'agrément, et encore faut-il le placer dans un terrain frais et arrosable en été et exposé au nord, je n'en dirai rien de plus, si ce n'est qu'on le multiplie de graines conservées dans leurs cônes jusqu'en avril, époque où on les sème en terrines et dans une terre légère et tenue constamment dans un état de fraîcheur. Des mélèzes plantés par le président De la Tour d'Aigues, dans les environs d'Aix, et à une exposition qui paraissait leur être convenable, n'ont pas prospéré du tout, bien qu'ils eussent montré une végétation assez vigoureuse durant les premières années de leur plantation.

C'est du mélèze que l'on retire la thérébentine avec laquelle on fait l'essence de thérébentine et la colofane, résine sèche, si nécessaire aux joueurs de violon, aux potiers d'étain, aux ferblantiers, etc.

Le Mélèze noir d'Amérique et le mélèze a petits fruits sont des arbres qui, non plus, ne sont pas faciles à élever dans le midi de la France. Du reste leur culture, dans les pays où elle peut être admise, n'offre jamais les mêmes avantages que le mélèze des Alpes.

MELISSE. Genre de plantes de la famille des labiées dont

une espèce, la **Mélisse officinale**, *Melissa officinalis*, Lin.; *pouncirado*, *citrounello* en prov. est souvent placée dans nos jardins à cause de l'odeur de ses feuilles, odeur qui se rapproche de celle du citron; de là son nom vulgaire de citronnelle. C'est avec les feuilles de cette plante que l'on fabrique l'eau de Cologne, l'eau des Carmes. On multiplie cette plante en février et mars par le déchirement des vieux pieds. Tout terrain lui convient, surtout s'il est arrosable. On peut encore la multiplier de graines semées en printemps.

MELON. Plante potagère du genre concombre et de la famille des cucurbitacées, dont la culture est très répandue à cause de son fruit qui est généralement estimé et recherché. Le melon est trop connu pour que j'en vante les bonnes qualités. On a prétendu que c'est un fruit malsain; oui, quand il est cueilli avant sa complète maturité; non, quand on le mange bien mûr et surtout quand on y ajoute une pincée de sel et qu'on fait usage d'un vin vieux et généreux. Bien de gens ont l'habitude, par goût et par précaution, de le saupoudrer d'un peu de poivre, et je suis de ce nombre. C'est ainsi que dans le temps du choléra je faisais usage de ce fruit dont je ne me suis jamais privé, mais en ayant soin d'en user modérément. Ce que je viens de dire s'applique aux melons à chair jaune et ferme; ceux à chair blanche et fondante sont d'une trop facile digestion, quand ils sont cueillis à point et quand on n'en fait pas un excès, pour causer la moindre indisposition. La culture, par le mélange des pollens, a produit des variétés de melon à l'infini. Cependant il paraît, si on les compare ensemble et si on les observe attentivement, que les melons à écorce épaisse et inégale et les melons à écorce mince et unie, sont deux espèces bien distinctes et établies par la nature. Sans décrire chaque variété, je vais désigner les plus communes de ces deux espèces.

Melons a écorce inégale. On peut les diviser en deux sections, *Melons à écorce brodée* et *Melons à écorce raboteuse.* Il n'y a pas encore bien long-temps que nous ne connaissions dans le midi de la France, parmi les melons à écorce inégale, que ceux à écorce brodée ; ce n'est guère que vers la fin du dix-huitième siècle que nous avons vu les premiers *cantaloups*, nommés alors *padouans*, sans doute parce que c'est de la ville de Padoue qu'ils nous furent apportés ; car dans le temps de leurs victoires, nos soldats ne se contentaient pas de nous offrir seulement les lauriers qu'ils avaient moissonnés chez l'étranger, ils nous en rapportaient aussi les graines des plantes dont nous étions privés. Voyez froment, page 570.

Il y a plusieurs variétés de melons à écorce brodée. La plus commune est celle connue à Paris sous le nom de *melon maraïcher.* Sa forme est arrondie, il est brodé en entier et ses côtes sont plus ou moins ou pas de tout apparentes. On cultive aussi beaucoup un melon très gros, de forme allongée, à côtes régulières et bien marquées, c'est le *melon d'Honfleur* des jardiniers de Paris. On en récolte dans les environs d'Antibes de monstrueux. Au nombre des melons à écorce brodée se trouvent aussi diverses variétés à chair fondante et de couleur blanche ou verte. Ceux-ci mûrissent en été et ne doivent pas être confondus avec nos melons d'hiver, bien que parfois quelques uns de ceux-ci soient couverts de quelques broderies.

Les melons à écorce raboteuse ont fourni aussi plusieurs variétés, mais elles sont toutes désignées sous le nom de *cantaloup*. On reconnaît ces melons à leur écorce verte ou brune, marquée de côtes profondes et souvent couvertes de protubérances plus ou moins grosses, et à leur chair bien plus ferme, mais plus savoureuse et plus sucrée que celle des précédens, et à leur propriété de ne pas craindre comme ceux-ci un excès de maturité. Sans nul doute ils ne sont plus aussi bons, quand on les oublie durant quelques jours, mais ils sont encore mangeables, ce qui n'arrive pas aux melons à écorce brodée.

Les MELONS A ÉCORCE MINCE ET UNIE, fournissant diverses variétés fort estimées, sont très répandus dans nos pays. Parmi elles sont les *melons d'hiver* dont l'écorce est tantôt verte et lisse et tantôt parsemée de légères broderies, dont la chair est blanche, très fondante et très ferme, et dont la forme est ovoïde. Depuis quelques années nous devons à nos officiers de marine une nouvelle variété que nous avons appelée *melon de Smyrne*. Sa forme est très allongée et ressemblant quelquefois à un gros concombre. Son écorce est très unie, luisante et de couleur jaune. Lors de sa parfaite maturité, sa chair est blanche, sucrée, fondante et odorante. C'est maintenant un de nos meilleurs melons. Il commence à se répandre. Je crains qu'il ne dégénère dans la suite par son voisinage avec les autres variétés. J'ai déjà éprouvé plusieurs fois que, plus qu'un autre, son pollen s'unit facilement avec celui de certaines variétés. Alors il n'est plus aussi mince et aussi allongé. Cette variété, mûrissant presqu'en même temps que les cantaloups, je ne doute point qu'elle ne puisse être aussi cultivée dans l'intérieur de la France, où les autres melons à écorce unie ne peuvent l'être.

J'ai dit que les melons à écorce mince et unie sont une espèce primitive et distincte des melons à écorce épaisse et inégale. Ce qui me confirme dans mon opinion, c'est que l'expérience a prouvé que ces derniers demandent ou supportent une opération à laquelle on ne doit jamais soumettre les autres. Je veux parler de la taille. En effet l'observation a démontré que les melons à écorce unie peuvent bien être débarrassés de leurs branches inutiles, mais que jamais leurs tiges ne doivent être arrêtées dans leur longueur. C'est une règle reconnue par tous nos cultivateurs.

Le melon se cultive au sec ou à l'arrosage. Au sec il donne un fruit plus savoureux et plus de garde pour la variété dite melon d'hiver, mais pour que cette culture soit productive, le terrain doit être défoncé plus ou moins profondément ; sur nos coteaux, toujours si arides pendant l'été, 75 centimètres ne sont pas de trop. A l'arrosage l'on obtient quelquefois de plus gros fruits, mais ils se pourrissent souvent sur place. On prévient cet inconvénient en veillant à ce que les arrosemens ne soient pas trop souvent répétés et surtout à ce qu'ils ne soient pas très copieux avant le développement de la plante.

Le terrain ayant été préparé en hiver, vers les premiers jours d'avril on met à tremper les graines de melon dans du vinaigre mêlé avec de la suie, pour les garantir des attaques des mulots, des rats, etc. D'autres préfèrent les faire immerger dans du bon vin doux, ce qui devance leur germination et fait produire, dit-on, des fruits plus sucrés. Cela fait, on dispose la terre, on sème ces graines et on façonne la plante comme il a été dit du concombre. (Voyez ce mot.)

Les jeunes plants de melon à chair jaune ayant été pincés, poussent, de l'aisselle des feuilles qui ont été conservées, de petites tiges. Ces tiges amènent quelquefois des fleurs femelles, lesquelles sont reconnaissables en ce qu'elles sont portées par l'ovaire dont la forme annonce déjà l'existence du fruit. C'est au dessous de la feuille supérieure à celle où se trouve le petit melon, qu'on pince de nouveau la nouvelle tige ; si par cas il ne paraît pas de fleurs femelles ou que ces fleurs ne nouent pas, on pince ces tiges secondaires à neuf ou dix pouces de longueur. Pour cette fois les bourgeons qui naissent sur ces tiges ne manquent jamais d'amener des fleurs femelles. C'est alors que la melonnière demande une grande surveillance. Il faut retrancher toutes les tiges non pourvues de fruits, pincer les nouveaux bourgeons ou tiges tertiaires au dessus des petits melons et supprimer tous les bourgeons qui se montrent pour que la sève et les sucs nutritifs de la plante soient réservés en entier au grossissement des melons laissés, lesquels ne doivent jamais dépasser deux ou trois sur chaque pied.

C'est à leur odeur et à la couleur plus ou moins jaune de leur écorce qu'on reconnaît la maturité des melons d'été. Les melons d'hiver étant inodores et leur couleur ne variant jamais, j'ai cherché un autre indice, c'est celui de la dessication de la vrille qui accompagne quelquefois le pédoncule du fruit ou de celle qui est la plus voisine. Ce signe ne manque jamais. On peut alors conserver les melons jusqu'au mois de janvier et de février. Si on les cueille avant, ils se pourrissent en hiver sans jamais arriver à une bonne maturité ; si on les cueille plus tard, ils mûrissent en octobre et en novembre.

Lorsqu'on opère sur des terrains spacieux, il faut avoir soin de séparer par de grandes distances chaque variété de melon, et surtout de les éloigner des concombres. C'est pour ne pas avoir pris ces précautions dans les premiers temps que je fesais de l'agriculture pratique, que j'obtenais des melons hybrides d'une qualité toujours inférieure à leur type. J'en avais souvent obtenus d'arrondis, mais terminés à l'extrémité opposée à celle qui tenait à la queue ou pédoncule, par une portion de concombre qui semblait seulement une annexe du melon ; car cette partie était de la couleur du concombre, ayant la peau lisse et semblait sortir du centre du melon, dont il était distinct par une suture. Jamais ces fruits n'ont été mangeables. Ils se sont toujours gâtés avant d'arriver à toute leur grosseur.

La beauté des melons, obtenus à Honfleur et à Antibes, villes placées sur le littoral, semble annoncer que c'est au voisinage de la mer, c'est-à dire, aux émanations atmosphériques qui en arrivent, que les plantes de melon doivent la vigueur dont elles jouissent dans ces deux contrées, quoique séparées par une grande distance et placées sous une température si différente. M. Féburier recommande à ce sujet de saler légérement les eaux qui servent à l'arrosage des melons, mais le pourrions-nous dans nos pays où les arrosemens se font par irrigation ?

Si l'on veut avoir des melons primeur, on sème en février ou en mars suivant les circonstances quelques graines dans des petits pots que l'on place sous châssis vitrés. Dès les premiers jours d'avril et lorsqu'ordinairement on sème les graines en pleine terre, on dépote les jeunes plants et on les met en place en ayant soin de n'en laisser que deux dans un même trou ; par ce moyen on obtient des melons mûrs un mois avant la méthode ordinaire. Maintenant que les châssis vitrés sont communs dans tous les jardins potagers des environs de Marseille, Aix et Toulon, on ne cultive plus différemment dans ces jardins les melons, les concombres, les pommes d'amour, les aubergines, etc.

MENTHE. Genre de plantes de la famille des labiées composé de plusieurs espèces toutes vivaces, et se multipliant facilement par déchirement de vieux pieds en automne ou en printemps. Un terrain frais et substantiel est celui où elles se plaisent. Une espèce très commune dans les terrains frais de nos pays et connue sous le nom provençal de *mentastre*, d'*armentastre*, nuit beaucoup, par ses racines qui tracent à l'infini, à la culture de plusieurs plantes vivaces de nos jardins. Il est donc très utile d'extirper et de faire disparaître cette menthe de tous les lieux cultivés où elle s'introduit. Cette espèce est la MENTHE MENTHASTRE des botanistes, *mentha rotundifolia*, Lin.

MEREVION. Nom donné dans plus d'un pays de la Provence à la vesce. Voyez ce mot.

MÉRISIER. Voyez CÉRISIER.

MICOCOULIER. Genre de plantes de la famille des amentacées. Plusieurs espèces, toutes représentées par de grands arbres, composent ce genre.

MICOCOULIER DE PROVENCE. *Celtis australis*, Lin., *fabrigourier*, *falabriguier*, *ariguier* en prov. Cet arbre, connu dans plus d'un pays de la Provence sous le nom d'alisier, était autrefois très commun dans le midi de la France. Nos places, nos promenades en étaient généralement ombragées. Depuis que le platane au feuillage plus gai, a été introduit chez nous, celui-ci a remplacé partout le micoucoulier. Il est fâcheux qu'un arbre aussi utile soit ainsi délaissé, et qu'il le soit au point que dans moins d'un siècle, il ne se retrouvera plus dans le pays même dont il porte le nom. Cependant le bois du micocoulier de Provence est dur, compacte, tenace et inaltérable, quand il est à l'abri des injures de l'air. Les menuisiers, les charrons l'emploient à divers usages.

Coupé obliquement, il prend un très beau poli et sert alors à faire de jolis meubles. Ses rejets sont recherchés pour en faire les manches des fouets de cochers, à cause de leur flexibilité. Ses feuilles sont du goût des chèvres et des moutons, et ses fruits, dont nous étions avides pendant nos jeunes ans, nous qui, venus vers la fin du dernier siècle, avons encore vu cet arbre dans presque tous les villes et villages de la Provence, ont une saveur douce et sont utiles dans la dyssenterie. Ah! si nos ancêtres revenaient parmi nous, ils ne cesseraient de nous redemander les arbres qu'ils nous ont laissés et pour lesquels ils avaient tant de vénération. Ils ne manqueraient pas de nous dire : Vos platanes ne remplaceront jamais complètement nos anciens micocouliers, ils ne peuvent avoir le même degré d'utilité pour vous, et pour nous ils ne peuvent avoir ce charme de souvenir que la présence de ceux-ci retracerait à notre mémoire. N'est-ce pas à l'ombre du grand micocoulier de notre village qu'enfant encore nous avons passé de si douces et de si joyeuses journées? N'est-ce pas sous le même arbre qu'arrivé à l'adolescence nous avons d'abord débuté dans les danses, alors si décentes qui s'y fesaient, et ensuite avons ressenti les premières atteintes de l'amour? Parvenus à l'état d'hommes publics, combien de fois nous avons discutés et défendus les intérêts de notre commune en nous promenant sous l'ombrage de ce grand micocoulier, et enfin lorsque les infirmités de la vieillesse sont venues nous accabler, n'est-ce pas sous le feuillage de cet arbre antique, sous cet arbre si riche de faits et de souvenirs pour nous, sous cet arbre dont la vue seule nous réjouissait, que nous nous reposions et que nous respirions l'air pur et balsamique de la Provence? Propriétaires aisés ne dédaignez donc pas de planter le micocoulier dans vos parcs, dans vos bosquets. Un terrain calcaire frais et léger est celui où il se plait le plus, c'est là où il atteint quelquefois une hauteur de vingt-cinq à trente mètres. Les sols arides et ceux qui sont argileux et très humides lui sont contraires. On le multiplie par semis du noyau contenu dans son fruit. Comme ce noyau contient une amande huileuse et que cette amande est sujette à se rancir en peu de temps, il faut faire ce semis en automne, époque de la maturité des micocoules (*fabrigouros*, *chicoulos* en prov.) Une partie de ces graines lève au printemps d'après, le restant ne se montre qu'à la fin de l'été. Le plant est mis en pépinière deux ans après et en place au bout de quatre ans de pépinière.

Dans le Languedoc il est des pays où l'on plante le micocoulier dans un sol frais, sur le bord d'une rivière tout exprès pour en retirer des manches de fouet de cocher. A cet effet on les place très près les uns des autres, après dix à onze ans on les coupe rez terre et ce sont les vigoureux rejets qu'ils poussent alors, et auxquels on supprime les bourgeons latéraux jusqu'à trois mètres de haut, qui sont ensuite coupés, redressés au feu, s'ils ne sont pas parfaitement droits, et livrés aux carrossiers.

Si l'on s'en rapporte à Olivier, membre de l'Institut et originaire de la Provence, les Lesbosiens, dans l'empire Ottoman, retirent une couleur jaune foncée des rameaux du micocoulier qu'ils emploient à la teinture de la soie.

Il est quelques autres espèces de micocoulier qui sont aussi utiles et aussi faciles à multiplier que l'espèce précédente. Ces espèces sont le MICOCOULIER DE LA LOUISIANE, le MICOCOULIER DE VIRGINIE, le MICOCOULIER A FEUILLES EN CŒUR.

MILLET. Voyez PANIC.

MORELLE. Genre de plantes de la famille des solanées, dont plusieurs espèces servent à la nourriture de l'homme ou à l'assaisonnement de ses alimens, et dont quelques unes sont cultivées comme sous-arbrisseaux d'agrément. Les premières sont traitées aux articles aubergine, pomme de terre, tomate, etc. Les espèces cultivées dans les parterres sont la MORELLE CERISETTE, *Solanum pseudo-capsicum*, Lin., et la MORELLE DE BUENOS-AYRES, *Solanum bonariense*, Lin. que l'on multiplie, la première de graines semées en avril, et la seconde de rejets, toujours fort nombreux autour des vieux pieds, que l'on transplante dans le printemps. Ces plantes, pour produire un joli effet, ont besoin d'être arrosées pendant l'été. Alors elles prospèrent dans tout terrain.

MOUTARDE. Genre de plantes de la famille des crucifères. Deux espèces sont dans le cas d'être mentionnées à cause de l'usage que l'on fait de leurs graines et parce qu'à cet effet elles sont cultivées dans plus d'un pays.

MOUTARDE NOIRE, *sénévé*, *sinapis nigra*, Lin.; *moustardo* en prov. dont la graine, étant mise en poudre, sert à faire la moutarde servie sur nos tables, et est employée en médecine par ses qualités anti-scorbutique, diurétique, vésicatoire.

MOUTARDE BLANCHE, *Sinapis alba*, Lin. Cette plante fournit une nourriture excellente pour les bœufs, les vaches. Elle donne à celles-ci une plus grande quantité de lait; de là son nom de *plante à beurre*. C'est même comme plante alimentaire des bestiaux qu'on la cultive dans le nord. On la coupe jusqu'à deux fois et elle n'est pas difficile sur la qualité du terrain. Ses graines, prises intérieurement, sont depuis quelque temps préconisées par quelques personnes comme un remède puissant dans un grand nombre de maladies. Elles donnent de l'huile après avoir été triturées et pressées ; elles ont cela de commun avec les graines de la moutarde noire.

L'une et l'autre se multiplient de graines que l'on sème en août sur un terrain arrosable et dont les plants sont repiqués en octobre et novembre. Il leur faut un terrain naturellement gras ou à défaut très bien fumé.

MURIER. Genre de plantes de la famille des urticées, composé de plusieurs espèces dont une est dans le cas d'être mentionnée très particulièrement.

Murier blanc, *Morus albus*, Lin.; *amourier* en prov. Cet arbre, au nombre des plus utiles et des plus productifs parmi ceux qui sont cultivés dans le midi de la France, est originaire de la Chine, où sa feuille sert depuis des milliers d'années à la nourriture des vers à soie (1). Après avoir successivement traversé l'Asie et la partie orientale de l'Europe, il est enfin arrivé, mais après un laps de temps considérable, dans nos pays. Ce fut sous l'empereur Justinien, c'est-à-dire, vers le milieu du deuxième siècle de l'ère chrétienne, que ce mûrier fut apporté à Constantinople, et les premiers pieds, qui furent plantés en Provence et en Dauphiné, ne l'ont été qu'à la fin du quinzième siècle de cette ère, et après le retour des Seigneurs Provençaux et Dauphinois, qui avaient accompagné Charles VIII dans sa conquête du royaume de Naples. Bientôt la culture du mûrier, étant

(1) Des auteurs Chinois, s'appuyant sur des écrits très anciens, rapportent que les vers à soie étaient élevés dans leur pays à une époque qui remonte d'après les calculs les plus exacts, au delà de 2000 avant Jésus-Christ.

encouragée par nos rois et surtout par notre bon Henri IV, on en planta des pieds dans toutes les provinces méridionales de la France. Aujourd'hui le mûrier blanc est devenu si commun, il est si multiplié que ses produits sont une source où une infinité de propriétaires ruraux puisent leurs revenus et leur aisance. C'est pourquoi je crois devoir prolonger cet article en raison de son utilité et de son importance.

Le mûrier blanc, comme tous les végétaux cultivés depuis long-temps, a fourni des variétés à l'infini. On en compte quinze à seize, différant les unes des autres par la nature et la grandeur des feuilles et par la couleur de leurs fruits qui sont blancs, violets, roses, rouges, noirs, etc. Je n'entreprendrai pas de les décrire, mais je dirai qu'il en est une qui a été en grande vogue, il y a quelques années; mais qu'on est bien prévenu maintenant contr'elle. C'est celle connue sous le nom de mûrier multicaule. Ses grandes et minces feuilles sont souvent déchirées par le vent, et puis elle a le défaut de commencer à pousser ses feuilles dès les premiers beaux jours du printemps et même de l'hiver, et alors d'être atteinte par les rosées blanches qui ne manquent jamais de se montrer dans notre midi durant les mois de mars et d'avril. On doit s'attacher à planter, de préférence à toutes les autres, celle qui donne les feuilles les plus propres à la nourriture de la larve à laquelle on les destine. Or la feuille, qui véritablement convient le mieux au ver à soie, est celle du mûrier sauvageon, c'est-à-dire de l'arbre provenu de semis et non greffé; de sorte que la variété d'un mûrier greffé qui donnerait une feuille douce au toucher, de grandeur moyenne, et dont les rameaux seraient peu chargés de mûres, serait celle que l'on devrait choisir, soit pour y prendre des boutures et des marcottes, soit pour y couper des greffes. Si l'on pouvait se procurer le pied mâle de la variété monoïque, on serait sûr de n'avoir jamais de mûres, ce qui serait très avantageux. On ne peut disconvenir que c'est la grande quantité de mûres données avec les feuilles aux vers à soie, qui accélère la fermentation des lits, qui développe dans ces lits une humidité morbifique et qui conséquemment est la cause de ces mortalités si nombreuses dans les éducations mal soignées.

Pour ombrage, cette variété vaut mieux aussi, car n'ayant pas de mûres, on n'a pas de mouches. Je possède plusieurs pieds mâles de cette variété. J'en offre aux propriétaires qui voudront la propager chez eux.

Il ne faut pas, quand on veut faire une plantation de mûriers, qu'on oublie un seul instant que la feuille la plus grossière, la plus rude et la plus juteuse, est peu nourrissante, et conséquemment préjudiciable à la santé et au succès des vers à soie.

J'ai dit que le mûrier blanc était originaire de la Chine, et que depuis des milliers d'années, il était cultivé dans ce vaste empire pour en nourrir les vers à soie. Dès lors n'est-il pas juste de reconnaître que les Chinois sont des modèles à suivre pour la culture de cet arbre, comme pour l'éducation des vers à soie. Cela est si vrai que le gouvernement a chargé M. Stanislas Julien, professeur de langue et de littérature chinoise au collége de France, de traduire la partie d'un immense recueil d'agriculture, publié en Chine vers l'an 1607, contenant un résumé des meilleurs ouvrages chinois qui traitent de la culture des mûriers et de l'éducation des vers à soie. C'est de cette traduction que j'ai extrait tout ce qu'on lira dans cet article qui a trait aux divers modes de culture du mûrier mis en usage dans la Chine.

Le mûrier se multiplie de graines, de boutures et de marcottes.

Les arbres, venus de graines, sont fournis de racines qui tendent naturellement à pivoter; par contraire ceux obtenus par marcottes et par boutures donnent des racines qui tracent plus qu'elles ne pivotent. Il y a donc avantage à planter les premiers à l'exclusion de ceux-ci. Combien de mûriers voyons-nous être arrachés ou du moins renversés par notre fougueux *mistral*, et l'on sait que nous ne plantons que de ceux venus de graines; que serait-ce, si laissant de côté cet usage, nous ne plantions que des arbres venus de marcottes ou de boutures?

La graine doit être choisie sur un arbre donnant la feuille la plus grande et arrivé déjà à une belle grosseur. Si la feuille n'en a pas été cueillie cette année, le fruit sera plus volumineux, plus succulent et partant la graine sera plus grosse et mieux nourrie. Cette graine étant produite par un arbre à larges feuilles donnera une pourrette dont plusieurs pieds se couvriront d'une feuille assez grande pour ne pas avoir besoin d'être greffés. On attendra que les mûres tombent d'elles-mêmes ou qu'elles ne résistent pas à une légère secousse imprimée aux branches.

Un auteur Chinois recommande de retrancher avec des ciseaux les deux bouts de la mûre et de prendre seulement la partie du milieu. Les graines des deux extrémités sont comparativement plus petites que les autres, et si on les sème, elles produisent des arbres chétifs. Un autre prétend que le milieu de la mûre donne des graines plus grosses et plus dures. Les mûriers qui en proviennent ont les branches plus fermes et plus fortes.

Rozier, qui avait long-temps habité les pays du midi de la France où le mûrier est cultivé en grand, recommande de les exposer à l'air, mais à l'ombre, jusqu'à ce que la pulpe en soit parfaitement desséchée et de les enfermer ensuite dans un lieu sec, soigneusement enveloppées dans du papier; mais il ne nous dit pas, comme on doit s'y prendre, quand le moment du semis est arrivé, pour séparer et détacher les graines de la pulpe des mûres. Je crois l'opération bien difficile, et s'il l'eût mise à exécution comme moi, il ne l'aurait pas conseillée.

De plus on ne peut séparer la bonne d'avec la mauvaise graine, et pourtant c'est une de ses recommandations. Car selon lui la mauvaise graine, c'est-à-dire, celle qui n'est pas bien nourrie, ne donne que des pieds mal venant d'abord, et rachitiques ensuite. Suivons donc l'ancienne méthode, bien que cet agronome prétende qu'elle contrarie le vœu de la nature qui n'a pas rempli, dit-il, de pulpe les baies du mûrier pour nous donner le plaisir de les pétrir. Mais ne mangeons-nous pas la pulpe de la pêche, la chair de la poire dont nous voulons semer le noyau et les pépins? Faisons comme les pépiniéristes et les cultivateurs qui, à l'imitation des Chinois, après avoir choisi les mûres les plus grosses, les écrasent le jour même dans un baquet plein d'eau, versent et renouvellent cette eau plusieurs fois; ce qui rejette les graines qui surnagent à cause de leur légèreté et conséquemment de leur imperfection, qui mettent à part celles qui tombent au fond du vase, qui les font sécher à l'ombre et qui les conservent dans des bouteilles de verre noir, placées en lieu sec et tempéré.

Anciennement on frottait les mûres toutes fraîches contre une vieille corde de sparterie que l'on enterrait de suite. Les jeunes plants, qui en provenaient, étant trop serrés les uns contre les autres, et bien souvent assez difficiles à séparer de la corde au centre de laquelle ils avaient souvent implanté leur radicule, et de plus les jeunes plants n'ayant pas le temps de beaucoup s'allonger avant l'arrivée du froid, ce n'était qu'avec peine qu'on pouvait retirer cette pourrette en bon état et en former des pépinières. Cette méthode a donc été mise de côté et remplacée par le semis de la graine.

Rozier veut que l'on sème dans les pays où l'olivier est cultivé, dès l'instant que la graine a été recueillie. C'est, dit-il, une année d'avance et il a raison, mais il ne faut pas que l'hiver soit rigoureux. Dans ce cas il arrive que les jeunes plants, n'ayant végété que pendant deux mois, n'ont pas le temps de se fortifier contre le froid et sont atteints par les gelées en tout ou en partie. Je préfère semer à la fin de mars. C'est dans un terrain léger, fertile, arrosable et préalablement défoncé à 25 ou 30 centimètres que ce semis doit être fait. On ouvre de petites rigoles, distantes de 30 à 40 centimètres et profondes de 3 à 4, on sème les graines au fond de ces rigoles, en ayant soin de les y placer de manière qu'elles n'y soient pas trop épaisses, relativement les unes aux autres, et on les recouvre avec du terreau, ou tout au moins avec de la terre sablonneuse. Si le temps est au sec, il faut légérement humecter le terrain au moyen d'un arrosoir à pomme.

Les Chinois font mieux que nous ; ils commencent par semer, au sud de chaque rigole dans laquelle la graine de mûrier doit être placée, une ligne de graines de chanvre, d'où naissent des plantes qui abritent les jeunes mûriers de l'ardeur du soleil. Cette méthode me paraît si bien entendue que je compte la mettre en pratique en 1839. D'autres sèment les graines de mûrier avec des graines de millet. C'est à l'ombre des plantes de millet et en supposant que le terrain est arrosé, que les jeunes mûriers naissent, croissent et prospèrent. A la fin de l'été, ils récoltent le millet et quand l'hiver arrive ils mettent le feu au chaume du millet, ils brûlent les tiges des jeunes plants de mûrier, mais ils évitent que le feu ne soit trop violent, pour que les racines de ces plants n'en souffrent pas. Au reste qu'ils abritent leurs pourrettes avec du millet ou avec du chanvre, ou avec des paillassons, ils sont dans l'habitude de les brûler pendant l'hiver. En mars, ils coupent rez terre leurs jeunes mûriers qui poussent, disent les auteurs, avec une vigueur surprenante.

Le jeune plant provenu de semis a besoin d'être éclairci, car il en pousse toujours plus qu'il ne faut. N'oubliez jamais que plus un végétal a un commencement d'existence fort et vigoureux, et plus il prendra de l'accroissement par la-suite. La veille du jour de l'éclaircissement doit être marqué, s'il ne pleut pas, par un arrosement copieux qui facilitera l'extraction et le tirage des pieds inutiles et trop rapprochés les uns des autres. Des binages et des arrosemens pendant l'été sont ensuite nécessaires pour la prospérité du jeune plant qui aura atteint près d'un demi-mètre d'élévation en automne, s'il a été soigné, comme je le recommande. Durant l'hiver la pourrette, (nom donné au jeune plant de mûrier) sera transportée en pépinière et elle le sera de manière que les pieds seront espacés d'un demi-mètre et mis par rangées distantes d'un mètre. En arrachant la pourrette et en la plantant, on aura soin que ses racines ne soient ni mutilées, ni coupées.

Plus le sol de la pépinière sera gras et fertile et plus les jeunes mûriers pousseront avec vigueur, mais aussi plus ils craindront après leur mise en place, s'ils sont ensuite plantés dans un fond plus maigre que celui de la pépinière, à moins que la fosse qui doit les recevoir soit large de deux mètres au carré, profonde d'un mètre et fumée abondamment. Au mois d'août qui suit leur mise en pépinière, les plants, assez développés pour supporter cette opération, seront greffés à œil dormant. En mars d'après, on coupe la tige des arbres dont l'œil greffé paraît vivant et on enlève les liens, tant de ceux-ci que de ceux dont la greffe n'a pas réussi. Quant à ces derniers on les greffe une seconde fois sur le plus gros bourgeon parmi ceux qu'ils ont repoussés, soit en avril, soit en juin à œil poussant. Comme tous les arbres en pépinière, les jeunes mûriers seront tenus nets des mauvaises herbes au moyen d'un houage en hiver et d'un ou deux binages en été. Deux ou trois ans après ils seront assez gros pour être plantés à demeure.

Dans les Cévennes on ne greffe pas les mûriers en pépinière, ou du moins on attend que les arbres soient assez développés pour pouvoir être greffés au dessus du tronc. Les cultivateurs de ce pays croient que le tronc d'un sauvageon résiste mieux aux intempéries de l'atmosphère que le tronc d'un mûrier greffé rez terre. Nous ne plantons en Provence que des mûriers ainsi greffés, et je puis dire qu'à Anduze pas plus qu'à Alais, je n'ai vu des mûriers égaux en grosseur à plusieurs des nôtres. La nature du tronc n'influe donc pas sur la durée non plus que sur le développement de ces arbres. On y pratique ordinairement la greffe en flûte.

La multiplication du mûrier par boutures et par marcottes offre l'avantage qu'on obtient, sans avoir recours à la greffe, la variété que l'on veut se procurer ; mais les arbres en provenant seront-ils d'aussi longue durée? certainement non. L'expérience de tous les temps a prouvé que les arbres venus de semences sont plus vivaces, plus rustiques et d'une plus longue durée. C'est là une de ces vérités que ne peuvent contester les auteurs qui ont cultivé eux-mêmes et qui joignent la pratique à l'instruction. Cependant comme par ce genre de multiplication on se procure en peu de temps de beaux pieds de mûriers, surtout depuis que le mûrier des îles Philippines, le multicaule, s'est propagé en France, il convient de ne pas le négliger. Les boutures de mûrier se font ainsi qu'il suit : En février on coupe sur l'arbre, dont la variété convient, des pousses de l'année et longues d'un peu plus de demi-mètre, on les place dans une rigole ouverte dans un terrain profondément défoncé et de manière que les boutures soient distantes entr'elles et mises à une profondeur d'un demi-mètre. En les recouvrant, il faut avoir soin de bien tasser la terre contre elles pour qu'il ne reste pas de vide autour ; c'est une précaution essentielle et nécessaire pour le succès de l'opération. Si la saison est sèche, il faut arroser de temps à autre et de telle sorte que le terrain soit constamment frais, sans être trop humide ; car un excès d'humidité pourrirait les boutures ou du moins s'opposerait à leur reprise. C'est surtout en été que les arrosemens ne doivent pas être épargnés. Des sarclages durant la première année et des binages répétés durant les années qui suivent sont indispensables. Si les jeunes pieds sont bien soignés, ils pourront être transplantés après quatre à cinq ans ; mais ils n'auront jamais pris le développement de ceux venus de semences.

Pour obtenir de beaux pieds par marcottes et plus vite que par la voie des boutures, on coupe en automne à 25 centimètres au dessus du sol un pied de mûrier déjà vigoureux, planté depuis cinq à six ans au plus et greffé rez terre ; au printemps d'après des bourgeons se montrent en plus ou moins grand nombre autour de la souche, on butte ces bourgeons dès qu'ils ont une élévation de près d'un mètre ; et après deux ans ils sont assez enracinés et assez forts pour être mis en place. On découvre alors le pied qui a fourni les marcottes. Il ne tarde pas à repousser, et en plus grand nombre, de nouveaux bourgeons auxquels on fait subir la même opération. Plusieurs de ceux-ci pourront être inclinés dans une petite rigole, pratiquée autour du mûrier-mère, ainsi qu'il est dit à l'article marcotte. (Voyez ce mot.) Si les bourgeons sont nombreux, c'est le moyen, en les espaçant davantage, d'obtenir de plus beaux pieds.

Qu'on les ait obtenus de marcottes ou de boutures, ou qu'ils soient venus de graines, les plants de mûriers seront mis en place, dès qu'ils auront atteint la grosseur désirée ; mais j'observe que plus un mûrier a grossi en pépinière, sans y avoir pourtant trop vieilli, et plus vite on en retire du produit. Un mûrier peu développé ou trop jeune, se ressent pendant plus long-temps des effets de la transplantation que celui qui serait dans une position opposée. J'ai vu des mûriers ayant près d'un mètre de circonférence être changés de place, sans craindre cette transplantation.

Dès le courant de l'été qui précède la mise en place des jeunes mûriers, et si le sol est libre, on ouvre des fosses qui sont d'autant plus grandes, plus profondes et plus rapprochées les unes des autres que le terrain est plus sec et plus maigre. Deux mètres de largeur en tous sens, un mètre de profondeur et six mètres de distance sont nécessaires dans ce dernier cas. Si le terrain est arrosable, ou même s'il est gras et fertile, et conséquemment si le sol est souvent ameubli pour la culture des plantes qu'on y élève, on peut se dispenser de donner un pareil développement à ces fosses, et leur distance doit être de huit mètres. C'est dans ces sortes de terres, lorsqu'elles ne sont pas naturellement aqueuses, que le mûrier se montre avec toute la vigueur qui lui est propre et qu'il prend tout le développement dont il est susceptible. On conçoit que dans un pareil terrain, les mûriers ont besoin d'être plus éloignés les uns des autres. Je veux parler de ceux formant une mûreraie ; car pour ceux plantés en cordons ou en allées, on ne court aucun risque de les moins espacer ; leurs racines pouvant s'étendre dans la direction opposée à celle de l'allée ou du cordon.

Le mûrier vient et végète dans presque tous les sols. Cependant il faut se garder de le placer dans celui qui est très humide pendant l'hiver et très aride en été. Là non seulement il ne prospère pas, mais il ne tarde pas à y périr.

C'est en automne de préférence, et pendant tout l'hiver, quand des circonstances particulières ne permettent pas de devancer cette époque, qu'on retire de la pépinière et qu'on plante les mûriers. Le premier soin du propriétaire doit être de veiller à ce que les racines des arbres soient conservées aussi longues que possible, et à ce qu'elles ne soient ni mutilées, ni blessées pendant qu'on arrache les mûriers. A cet effet, il munira l'ouvrier qui sera chargé de cette opération, et je suppose que c'est de sa propre pépinière qu'il tirera ses sujets, car chez les pépiniéristes on ne peut exiger de pareilles précautions ; il munira, dis-je, cet ouvrier d'une serpe bien tranchante, et il l'obligera de couper avec cet instrument les racines qu'il rencontrera en lui recommandant expressément de ne pas chercher à les diviser avec l'outil dont il se servira pour les mettre à découvert. La racine du mûrier, par sa nature textile, ne cède pas facilement aux coups de la bêche ou de la houe, et elle en est plutôt déchirée que coupée ; c'est ce qu'il faut éviter, parce que bien souvent, elle en est fendue dans sa longueur, et alors il faut la rabattre et la raccourcir, ce qui nuit à la reprise de l'arbre. Dans tous les cas, il faut retrancher toutes les parties mutilées des racines ; c'est là un point essentiel.

On recommande de mettre du fumier dans les fosses au moment de la plantation. C'est mal à propos. Si l'arbre est planté dans un terrain maigre, mais destiné à être fumé tous les deux ou trois ans, on le peut alors sans crainte ; mais si le sol n'est destiné qu'à la culture du mûrier, et qu'on ne soit pas dans l'intention de l'améliorer au moyen des engrais, il ne faut pas accoutumer le jeune arbre dès ses premières années à une nourriture succulente qu'il ne devrait plus retrouver ; ce qui serait certainement cause d'une végétation languissante par la suite, comme on le voit journellement. Une meilleure opération est celle-ci. On place au fond des fosses des cistes, des lentiscles, des buis ou autres végétaux ligneux chargés de feuilles. Cet amas de rameaux ne laisse pas, par sa décomposition, d'améliorer le terrain, en même temps qu'il conserve dans le fond des fosses, et pendant l'été qui suit la plantation, une humidité salutaire aux racines.

Durant les premières années de leur plantation, il est d'une absolue nécessité, si on tient à les voir prospérer, de houer et de biner les pieds de chaque mûrier, et de donner deux ou trois labours au terrain. Si le sol n'est pas très frais et très fertile, il est utile de continuer pendant long-temps ces diverses œuvres ; la dépense qu'elles occasionneront sera largement compensée par un grand produit de feuilles. Par contraire les mûriers placés dans un fond à leur convenance, c'est-à-dire, dans un sol doux, frais pendant l'été, sans être trop humide en hiver et contenant beaucoup d'humus, peuvent se passer de ces façons qui, dans tous les cas, ne leur seraient jamais nuisibles. Je vois journellement des mûriers qui depuis plus de quarante ans n'ont pas reçu une seule œuvre, et qui cependant végètent avec une grande vigueur et ont pris un accroissement considérable. Il est vrai que ces arbres, plantés dans un bon terrain, sont les uns disposés en allées et les autres sont placés autour d'une maison qu'ils ombragent. Il n'en serait pas de même s'ils formaient une mûreraie. Dans ce cas les racines, se croisant en tous sens, s'affament réciproquement et ne peuvent pas fournir tous les sucs nécessaires à une végétation vigoureuse; aussi voit-on les propriétaires des pays où l'on cultive le mûrier en grand, et où l'on connaît son véritable produit, dans les Cévennes, par exemple, avoir grand soin de fumer les mûreraies tous les deux ou trois ans. C'est avant le premier labour d'hiver qu'il faut répandre le fumier ; et cela pour qu'il soit détrempé par les pluies de cette saison. Dans la Chine où on cultive le mûrier avec plus de soins, on fume le terrain chaque année. Il est même des cultivateurs qui reviennent jusqu'à deux et trois fois à cette opération vers le milieu et la fin de l'hiver, après leur fumure d'automne. Il est vrai qu'on trouve le mûrier dans une grande grande partie de cet empire, et qu'il est alors des contrées où sans doute il ne prospère qu'à force de soins par suite des fortes gelées de l'hiver. C'est vraisemblablement là qu'on fume ainsi. Voyez au mot ENGRAIS ce qui est dit des peines que les Chinois se donnent pour s'en procurer.

Les mûriers sont le plus ordinairement plantés à haute tige, mais il est des propriétaires qui en plantent à basse tige et en haies. Les mûriers de haute tige, une fois développés, sont les plus productifs ; ils prennent un plus grand accroissement et ils vieillissent davantage que les mûriers nains ou à basse tige ; mais ceux-ci donnent plutôt du produit, parce qu'on peut cueillir les feuilles deux ans après leur plantation, et parce qu'étant plus rapprochés les uns des autres, un champ ainsi complanté fournit, après cinq à six ans, une quantité de feuilles bien autrement considérable qu'un autre champ de même étendue, complanté en mûriers de haute tige. Les mûriers nains se plantent à deux, à trois mètres de distance, et même à moins, s'ils forment une allée ou une bordure autour d'une terre. On a prétendu que ces arbres donnaient une feuille grossière, juteuse et conséquemment peu riche en élémens soyeux. C'est une erreur. Ne ravalez pas vos arbres nains chaque année ; laissez leurs branches s'étendre, en ayant soin de ne retrancher ou de ne raccourcir que celles qui gênent ou qui se rapprochent trop des arbres voisins, ou enfin qui ont été mutilées lors de la cueillette de la feuille et vos mûriers nains ne seront pas plus vigoureux que ceux à haute tige; et lorsque leurs racines se croiseront et s'affameront mutuellement, si vous leur faites faute de fumier, vous aurez plutôt à vous plaindre du peu de grosseur de leurs feuilles que de trop de développement. Les terres les plus arides, d'après M. Payen, cité par M. Faujas de Saint-Fond, dans son histoire du

Dauphiné, produisent par la culture des mûriers nains, ce que peuvent produire des prairies arrosables. Ce qui a été dit précédemment sur la plantation et sur la culture des mûriers de haute tige peut s'appliquer aux mûriers nains.

Les haies de mûriers se font avec des pourrettes de deux à trois ans au plus, sur un ou sur deux rangs. Sur un rang, on les espace de 70 à 80 centimètres; sur deux rangs on les place à une distance de 120 à 125 centimètres les uns des autres sur la même ligne; mais comme il est d'usage que les arbres d'un rang s'entre-croisent avec ceux de l'autre, il résulte que les pieds ainsi espacés ne le sont pas trop. Les mûriers plantés en haies, surtout si leurs branches basses sont greffées par approche les unes avec les autres, fournissent une clôture qu'il n'est pas facile de franchir et procurent une feuille précoce. Si on voulait trouver sur une haie de mûrier des feuilles plus grandes que celles produites par le mûrier sauvageon, il ne faudrait que greffer de quinze en quinze mètres un des pieds de la haie. Ce pied n'étant point contenu par la tonte annuelle à laquelle une haie de clôture est soumise, s'éléverait, se développerait et fournirait une feuille telle qu'on peut la désirer.

Les mûriers nouvellement plantés ont besoin d'être élagués de leurs petites branches S'ils n'ont pas poussé avec une grande vigueur durant le premier été de leur plantation, ma pratique est de ne rien leur retrancher. Je renvoie à la seconde année cette opération, qui est alors de rigueur pour commencer à leur donner la forme qu'on désire. Cette pratique paraîtra surprenante aux propriétaires de mûriers qui sont dans l'habitude de rabattre chaque année jusqu'au tronc toutes les branches que les jeunes mûriers ont données pendant l'été. Ils agissent ainsi pour que le tronc de leurs arbres prenne plus d'accroissement, disent-ils, comme si le tronc d'un arbre non taillé ne grossit pas autant et même plus que celui dont on a coupé toutes les branches. Voyez le mot TAILLE. Au sujet de tout ce qui vient d'être dit, je ne saurais trop recommander un ouvrage sur la culture du mûrier dans le midi de la France par M. Boyer, pépiniériste à Nismes, à toutes les personnes qui cultivent déjà ou qui voudront cultiver le mûrier. Je partage entièrement l'opinion de cet habile cultivateur, qui joint à une longue pratique le désir de se rendre utile à son pays

D'après ses conseils, qui sont en tout conformes à ma manière d'opérer, il faut supprimer aux mûriers plantés pendant l'hiver de l'année précédente, tous les bourgeons inutiles, mais conserver et ne rien couper à ceux que l'on destine à devenir les mères-branches de l'arbre. Si pourtant ils avaient poussé des rameaux secondaires, ces derniers devraient être enlevés sans ménagement. On continue de même l'année d'après et les suivantes, en ayant soin de laisser sur les bourgeons conservés et qui ont commencé à former les branches du mûrier, les rameaux qui bientôt deviendront les branches secondaires et tertiaires de l'arbre. A mesure que celui-ci se développe, on le taille légérement pendant l'hiver, c'est-à-dire, qu'on supprime les rameaux et les bourgeons qui se croisent, se frottent les uns contre les autres ou qui prennent une direction contraire à celle qu'on veut leur donner.

Bien qu'à Anduze et dans les basses Cévennes on cueille la feuille dès la troisième année de la plantation de mûriers, je ne commence à dépouiller mes arbres de la leur qu'après leur cinquiéme année de mise en place. On a beau dire que le mûrier est un arbre rustique, il est impossible, et on en est convaincu quand on a tant soit peu étudié la physiologie des arbres, il est impossible, dis-je, que le dépouillement de ses feuilles, au moment où la sève est dans son plus grand mouvement d'ascension, ne soit, pour un arbre quel qu'il soit, une opération contrariante et affaiblissante. Il faut donc laisser les mûriers se développer paisiblement, et sans arrêter la marche ordinaire de la sève pendant cinq à six ans, avant de les soumettre à un dépouillement de feuilles qui ne peut jamais, et dans aucun cas, leur être salutaire. Aussi j'ai grand soin de ne faire ramasser que la moitié de la feuille lors de leur premier dépouillement, et durant quelques années j'ordonne aux ouvriers chargés de la cueillette de la feuille d'en laisser quelques unes çà et là. Ma pratique se trouve conseillée dans l'excellent ouvrage de M. Fraissinet (Guide du Cultivateur du Mûrier.), et je ne puis mieux faire que de transcrire ici ce qu'il dit à ce sujet.

« Gardez-vous de faire la guerre à vos cueilleurs parce « qu'ils n'ont pas arraché de vos arbres jusqu'à leurs moin- « dres feuilles ; de cette prétendue perte, doit résulter un « profit réel. Plus on aura laissé de ces feuilles éparses, « qu'on nomme en quelques endroits papillons, moins on « aura fait éprouver du mal à l'arbre, mieux il respirera, « plus tôt il sera revêtu de sa nouvelle robe, plus il pous- « sera de bois et plus il rendra de feuilles à la récolte sui- « vante.

« Laisser sur tout le pourtour du mûrier quelques rameaux « sans les dépouiller, est une précaution qui peut avoir les « plus heureux résultats ; l'action de leurs feuilles entretient « la circulation du fluide séveux, prévient la suffocation de « l'arbre, empêche l'engorgement de la sève, qui résulte si « souvent de la cueillette et par là le met à l'abri des mala-

« dies dont ces tristes effets deviennent eux-mêmes la cause,
« et qui font de si grands ravages dans nos plus belles plan-
« tations. »

Le mûrier, parvenu à un grand développement, ne peut se passer d'être taillé, non pour ses propres besoins, tant que ses racines ne sont pas mutilées, coupées par accident ou par le fait de l'homme, et tant qu'elles trouvent dans la terre les sucs et gaz nécessaires à l'accroissement de ses parties terrestres, mais pour la commodité de l'ouvrier chargé de cueillir la feullle. Comment celui-ci se portera-t-il sur les divers points d'un grand arbre, si ses branches, se croisant, lui barrent le passage et sont un obstacle pour lui, ou si se rejetant trop en dehors, il ne peut en atteindre les rameaux. Il faut donc de toute nécessité tailler ou du moins élaguer, émonder les muriers. Mais à quelle époque cet élagage doit-il se faire?

Les Chinois, qui connaissent mieux que nous les habitudes de ces arbres, les taillent en janvier. « Quand l'arbre
« est devenu fort, » dit un des auteurs traduits par M.
« StanislasJulien', « un homme peut se tenir debout dans
« le centre.

« Il y a trois sortes de branches qu'il faut nécessairement
« retrancher : 1° les branches qui pendent vers les racines;
« 2° celles qui se jettent en dedans et tendent vers le tronc;
« 3° celles qui croissent deux à deux : on doit en couper
« une; 4° celles qui sont trop touffues. »

Les Chinois, en taillant ainsi leurs arbres, agissent bien différemment qu'on ne le fait dans le département du Gard, et surtout dans les environs d'Anduze, pays que je suis allé visiter en juillet 1838. Là, après avoir été dépouillés en entier de leurs feuilles, ils sont peu de temps après taillés et privés de la presque totalité du bois nouveau. A peine les arbres sont-ils effeuillés que la sève se met à même de réparer le mal qu'ils viennent de recevoir, et elle se porte vers les jeunes boutons qui ont échappé au défeuillage ; car beaucoup ont été détachés par cette opération qui se fait à tant du quintal pesant, et de manière que plus un ouvrier cueille de feuilles dans un jour et plus il gagne. Je vous le demande alors ? prend-il garde à ne pas mutiler l'arbre sur lequel il se trouve? non ; car la moindre contrainte qu'il éprouverait diminuerait la quantité de feuilles qu'il compte recueillir. C'est parce que la feuille est plus facile à ramasser sur les arbres taillés annuellement, que cette mauvaise opération a lieu dans les Cévennes. Les éducateurs m'ont assuré qu'ils ne trouveraient pas à faire cueillir la feuille de leurs mûriers, si ces arbres n'étaient pas ainsi taillés; mais que n'augmentez-vous le prix de cueillette, leur ai-je dit? et alors vous trouverez autant de cueilleurs que vous en désirerez. Le haut prix des cocons de vos pays vous en dédommagerait et de plus vous conserveriez vos arbres plus long-temps et ils grossiraient plus qu'ils ne font. Détrompez-vous ; vos mûriers, dont vous vantez la grosseur, sont des arbres nains en comparaison de ceux que nous avons dans plus d'un pays de la Provence. Il en est dans les plaines de Cogolin, de Grimaud, d'Hyères, etc. etc., dont l'étendue d'un seul couvrirait deux des plus vastes que vous pourriez me montrer.

Les voyageurs peuvent se faire une idée de la grosseur de nos mûriers, en voyant celui qui ombrage la place de la Commune de la Valette près Toulon ; et encore a-t-on été obligé d'en restreindre les branches, leur poids les faisant pencher sur la rue qui fait partie de la route royale de Toulon à Nice.

Sur tous les points que j'ai parcourus de Nismes à Anduze, d'Anduze à Alais, et d'Alais à Nismes, je n'ai vu que des arbres de grosseur moyenne. Savez-vous d'où vient cette différence de grosseur entre vos mûriers et les nôtres, dont nous cueillons aussi la feuille, c'est que nous ne les taillons que lorsqu'ils en ont besoin, c'est-à-dire, que nous ne leur retranchons, comme font les Chinois, que les branches inutiles, et encore ne faisons-nous cette opération que durant l'hiver. En effet, comment pourriez-vous ne pas reconnaître que cette taille d'été, dont vous êtes si partisan, n'est pas dans la nature. Je viens de dire qu'après l'effeuillement la sève cherche à refaire l'arbre du mal qu'on lui a causé. Bientôt elle est répandue dans tout l'arbre et surtout dans le jeune bois ; en enlevant ce bois, ce qui ne peut se faire que douze, quinze et vingt jours après, et souvent plus, suivant la quantité de mûriers que vous possédez, vous refoulez cette sève dans l'intérieur de l'arbre et nécessairement vous nuisez à son accroissement, comme le dit Rozier, par l'engorgement et la pourriture de ses racines (Voyez aux mots OLIVIER et TAILLE) et par les maladies que vous faites naître sur son tronc. Suivez donc le conseil que vous donne M. Fraissinet et tous les auteurs qui ont écrit sur le mûrier, et surtout M. Boyer de Nismes et moi qui, loin de nous parer du titre d'écrivain, ne sommes comme vous que des cultivateurs, qui opérons sur nos arbres et sur nos plantes pendant le jour, et qui ne réservons au travail de notre cabinet que le temps que vous donnez au repos et bien souvent au plaisir.

Le mûrier, dont la feuille est pour la larve du ver à soie une nourriture si attrayante, ne paraît l'être pour aucune chenille, pour aucun insecte. On ne la voit jamais rongée et jamais cet arbre ne se présente à nous dans l'état où nous voyons si souvent nos pommiers, nos pruniers, nos pins, c'est-à-dire, couverts de chenilles qui les rendent méconnaissables. Mais si les insectes respectent le mûrier, il n'en est pas ainsi des maladies. Plusieurs viennent l'assaillir, et parfois dans un âge peu avancé. Celle qui se présente le plus communément est une plaie qui se manifeste par un écoulement sanieux presqu'insensible sur un point du tronc ou des grosses branches. Là il se forme une petite plaie, qui ravageant le cœur de l'arbre finit par le tuer. Agrandir la plaie, dès qu'on s'en aperçoit, et trancher jusqu'au vif, c'est détruire la cause du mal et sauver l'arbre. Après on recouvre la partie mise à découvert avec de l'argile contenue au moyen d'un linge. Il n'est pas rare de voir de vieux mûriers, sur lesquels cette maladie s'est continuée durant nombre d'années sans les faire périr et sur lesquels il s'est fait une grande excavation. L'eau de la pluie, pénétrant dans cette excavation, y entretient une pourriture constante qui finit par ronger une grande partie du bois. Nous avons des pieds qui, par suite de cette maladie, sont vides et caverneux. On prévient cet état en remplissant le vide dès qu'il commence à s'agrandir, avec du mortier fait avec du bon sable et de la bonne chaux.

On s'aperçoit quelquefois qu'un mûrier jaunit, se dessèche et meurt. C'est que ses racines sont pourries et ne tardent pas à être en pleine décomposition. C'est à la présence d'une plante cryptogame du genre isaire qu'est due cette maladie incurable. Comme elle est contagieuse, non seulement pour les mûriers qui sont dans le voisinage, mais encore pour les broussonneties et pour les figuiers qui s'y trouveraient aussi, il est prudent et nécessaire d'arracher l'arbre contaminé et d'en rechercher jusqu'aux moindres racines pour empêcher que celles des mûriers voisins viennent y puiser le germe de leur mort. Ce ne serait même pas une précaution inutile que de sacrifier au reste de la plantation les arbres, quoique sains encore, qui entourent le mûrier qui vient de cesser de végéter.

Murier noir, *Morus nigra*, Lin.: *amourier dei maraous* en prov. *Mûrier des malades*. Cet arbre, qu'on trouve dans presque toutes les propriétés de la Provence, est cultivé à cause de son fruit que l'on mange au moment de sa maturité et dont on fait un sirop adoucissant et calmant les inflammations de la gorge et la toux. Le mûrier noir se multiplie ordinairement de boutures, car rien n'est plus facile que de faire pousser des racines à un de ses bourgeons, quand il est bien aouté. On le pourrait aussi de graines, mais pour cela il faut avoir un pied dioïque, c'est-à-dire, portant des fleurs mâles et des fleurs femelles ; ce qui est assez rare, le plus souvent cet arbre étant monoïque. Comme on ne multiplie que les pieds à fleurs femelles, on obtient des fruits, mais pas de graines. Les soins à donner, soit aux jeunes plants de la pépinière, soit aux arbres mis en place, sont les mêmes que ceux recommandés pour le mûrier blanc.

La feuille du mûrier noir n'est pas repoussée par les vers à soie, mais étant dure, épaisse et grossière, elle ne leur convient pas autant que celle du mûrier blanc. Ce n'est donc que lorsqu'on est en manque de celle-ci, qu'on doit la faire servir à l'alimentation des vers à soie.

Il est une troisième espèce de mûrier connue par les botanistes sous le nom de Murier rouge. Celui-ci s'élève plus que les précédens ; il a quelque ressemblance avec le mûrier noir, mais il en diffère par les feuilles qui sont grandes, rudes, noirâtres en dessus et blanchâtres en dessous, et par ses fruits qui sont allongés et de couleur rouge. Plus acides que ceux du mûrier noir, ils sont plus agréables au goût de quelques personnes. On le multiplie et on le cultive comme le mûrier noir. Tout ce que j'ai dit de celui-ci lui est donc applicable.

MURIER A PAPIER. Voyez Broussonnetie.

MYRTE. Genre de plantes de la famille des myrtées, composé de plusieurs espèces dont une, indigène du midi de la France, et cultivée dans tous les jardins du nord, à cause de ses feuilles persistantes d'un vert luisant et d'une odeur agréable, et à cause de ses fleurs blanches ou rougeâtres et odorantes, dont une, dis je, ne peut être passée sous silence dans le Manuel du Cultivateur provençal. Mais ce sera la seule dont je m'occuperai.

Myrte commun, *Myrtus communis*, Lin.; *nerto* en prov. Ce myrte, que l'on trouve dans les terrains incultes, mais frais, de certaines parties du midi de la France, est un de nos plus jolis arbrisseaux indigènes. Aussi est-il généralement cultivé. On le multiplie de graines, de marcottes et de rejetons. On se procure si facilement ces derniers qu'on ne pratique jamais la multiplication par graines. C'est pourtant le seul moyen d'obtenir des variétés nouvelles. Les graines de myrte doivent être semées dès leur maturité dans une bonne terre végétale très légère, les jeunes plants sont mis en pépinière à la fin de l'hiver qui suit, si pourtant ils ont acquis cinq à six pouces d'élévation. Les marcottes se font en automne; une fois enracinées, on les sépare de la mère-plante, ainsi que les rejetons, à la fin de l'hiver, pour les mettre à demeure s'ils sont assez gros, ou pour les placer en pépinière dans laquelle on les laisse un ou deux ans. Dans l'un et l'autre cas, il leur faut une terre naturellement légère et fertile et des arrosemens fréquents. Il ne faut jamais oublier de planter quelques pieds de myrte dans une tèse. Les grives et les merles sont friands de leurs graines.

On trouve dans nos bois plusieurs variétés de myrte. Celui à petites feuilles est fort joli. La culture a fait obtenir par semis le myrte à fleurs doubles. C'est la variété la plus estimée et la plus recherchée. On la multiplie par le moyen de la greffe en fente ou à écusson sur le myrte commun. Une variété qui est également très répandue, c'est le myrte d'Andalousie ou myrte à feuilles d'oranger.

N.

NARCISSE. Genre de plantes de la famille des narcissées. Il se compose de plusieurs espèces dont quelques unes sont dans le cas d'être mentionnées.

NARCISSE JONQUILLE. *Narcissus jonquilla*, Lin.; *jounquillo* en prov. C'est de toutes les espèces la plus intéressante à mon avis. La variété à fleurs doubles surtout devrait se trouver dans tous les parterres à cause de ses fleurs qui ont une odeur des plus suaves. On ne cultive la variété à fleur simple, que lorsqu'on ne peut se procurer celle à fleur double; et c'est avec raison, car les fleurs de cette dernière variété sont plus belles, et tout autant et même plus odorantes que celle de la variété à fleurs simples. On multiplie la jonquille par ses cayeux toujours très nombreux autour des bulbes que l'on relève tous les trois ou quatre ans. Comme ils tendent à s'enfoncer dans la terre et à prendre une forme allongée, ce qui s'oppose à leur floraison, il est bien de les cultiver en caisse ou en terrines peu profondes. Il faut leur donner une terre très légère et très grasse. On est sûr alors d'obtenir des cloches très belles et quelquefois au nombre de sept à huit sur la même tige.

Si, comme le recommande Thouin, et comme je l'ai éprouvé, on incline un peu le cayeux en le plantant, on parvient à l'empêcher de s'allonger. Il faut ne jamais oublier en cultivant la jonquille, que plus le bulbe s'éloigne de la forme allongée pour en prendre une arrondie, et mieux la plante fleurit. Les arrosemens en temps secs et les sarclages sont des façons indispensables. J'ai observé, lorsque j'ai essayé la culture de la jonquille en pleine terre, que mes plantes n'étaient ni aussi vigoureuses, ni aussi chargées de fleurs que celles cultivées en terrines ou mieux en caisses.

Les autres narcisses, que l'on trouve dans les jardins des amateurs, sont le NARCISSE A BOUQUETS, *Narcissus tazetta*, Lin., *narcisso muguet* en prov.; le NARCISSE DES BOIS, *Narcissus pseudo-narcissus*, Lin., *grand muguet* en prov.; le NARCISSE BLANC, le NARCISSE ODORANT. Une terre substantielle, mais légère, est celle qui convient aux diverses espèces de narcisse. On les multiplie toutes par leurs cayeux que l'on met en terre dans le mois de septembre et où on les laisse trois ou quatre ans. C'est particulièrement le narcisse à bouquet que l'on fait venir dans des carafes pleines d'eau et placées sur une console ou sur une cheminée. Du charbon, mis dans ces carafes, conserve l'eau pendant long temps; ce qui dispense de la changer. Cependant si l'on tient à ce que les narcisses ainsi cultivés donnent des fleurs odorantes, il est prudent de leur donner de l'eau nouvelle de temps à autre, car les plantes venues dans une eau qui n'est jamais changée donnent des fleurs presque inodores. Si l'on veut conserver les oignons de ces plantes, il faut les mettre en terre dès l'instant que les fleurs commencent à se faner. Ils y continuent leur végétation, et ils doivent y demeurer plusieurs années de suite avant d'être replacés sur des carafes.

NAVET. Espèce du genre chou, qui est cultivée à cause de sa racine dont on fait une grande consommation dans la cuisine du riche, comme dans celle du pauvre. Je diviserai les différentes variétés obtenues par la culture en deux sections. En navets secs ou navets proprement dits, et en navets tendres ou navets-raves.

Les NAVETS SECS, *naveou* en prov., sont presque les seuls cultivés dans le midi, du moins lorsqu'ils ne le sont que pour l'usage de l'homme. Il y en a plusieurs sous-variétés. Le *navet petit*. Il est d'un blanc jaunâtre, demi-long et le plus estimé de tous, quand il vient de la commune de Signes, qui est en possession de fournir à Marseille et à Toulon une partie de ceux qui se vendent sous le nom de navets de Signes; il est cassant et il devient doux et fondant par la cuisson. Le *navet allongé* est gros et à peau noire. ou blanche; s'il sort d'un terrain convenable, il est également bon. Les autres sous-variétés se confondent avec l'un ou l'autre de ces navets, selon qu'elles sont cultivées dans une terre ou dans une autre.

NAVETS TENDRES, raves. *Rabos* en prov. Il en est aussi plusieurs sous-variétés. Les uns sont applatis dans le sens du terrain, et les autres sont plus ou moins allongés. Parmi les navets plats on peut citer comme un des plus estimés le navet blanc, plat, hâtif; parmi les navets-raves allongés ou arrondis, le navet des sablons qui est demi-rond, blanc est un des meilleurs, celui des vertus qui est oblong est aussi très bon.

Depuis quelque temps, il a été importé des Etats-Unis en

Europe un petit navet, dit navet jaune de Malte, tenant le milieu entre les navets secs et les navets tendres ; il est d'une bonne qualité et il devrait être multiplié dans nos pays, où comme je l'ai dit on ne fait guères usage que des navets secs. Il n'y a pas de doute qu'il pourrait être, comme ces derniers, cultivé au sec ; ce qu'on ne peut faire pour les navets-raves.

Les navets ne viennent bien, ou du moins ne sont bons que lorsqu'ils sont venus dans une terre légère et même sablonneuse. Ils sont ordinairement plus gros, quoique d'une même sous-variété, quand ils sont dans une terre compacte et fertile ; mais alors ils sont spongieux, durs et souvent amers. C'est donc dans un terrain très léger, ayant été fumé, lors de la culture qui a précédé celle des navets, qu'il faut de préférence semer la graine des navets proprement dits. Les navets-raves sont moins difficiles. Ils supportent les autres espèces de terre. C'est ordinairement sur le chaume de froment et sur un houage peu profond ou même après une simple raie de labour que l'on sème la graine des premiers. On attend les premières pluies de la fin de l'été. Or, comme il est des années où ces pluies se font attendre pendant longtemps et qu'elles ne surviennent parfois que lorsqu'il est trop tard, il arrive alors que les navets sont fort rares et fort chers dans nos pays. C'est pour se prémunir contre ce contre-temps, et aussi pour en avoir de plus précoces, que les jardiniers et les propriétaires de terrains arrosables sèment les graines de navets sur leurs terres depuis la fin de juillet jusqu'à la fin d'août ; mais il est bien reconnu que les navets arrosés ne valent jamais ceux venus en plein champ. C'est donc après les premières pluies qui surviennent pendant le mois d'août et dans les premiers jours de septembre, mais pas plus tard, qu'on sème sur le chaume les graines de navets. Les plantes abandonnées à elles-mêmes, sont assez développées au commencement de novembre pour que leurs racines puissent être consommées ; on les laisse sur place pendant une partie de l'hiver. On n'arrache qu'au fur et mesure des besoins.

En janvier, ne fût-ce que pour permettre les travaux nécessités par la culture qui doit suivre celle des navets, on enlève tous ceux qui restent, on coupe le collet de leur racine, on les met dans du sable, soit à la cave, soit à tout autre lieu peu éclairé, et ainsi préparés, ils se conservent sans donner aucun signe de végétation jusqu'au printemps. En les arrachant on a soin de choisir les plus gros, les plus naturels, et on les replante dans un terrain frais et arrosable, où ils ne tardent pas à pousser, à fleurir en avril et à fournir la graine pour l'année suivante. Dès qu'on s'aperçoit que la plus grande partie des siliques a jauni, et un peu avant que la maturité les fasse ouvrir, on coupe les tiges, on les lie par bottes, et on les suspend de bas en haut à la branche d'un arbre. Après huit à dix jours, les siliques sont assez sèches et les graines assez mûres, pour qu'on puisse étendre un drap en dessous et recevoir ces graines que l'on fait tomber en friant les siliques avec les mains. C'est une récolte bientôt faite et facile ; car il ne s'agit plus que de nettoyer les graines des débris des siliques mêlés avec elles, au moyen du vent. Ces graines étant toujours très abondantes dans un petit espace de terrain, je me demande pourquoi nous n'en récoltons pas une assez grande quantité pour en extraire de l'huile, et pourquoi alors nous ne nous procurerions pas le navet de Suède, connu sous le nom de *ru-*

tabaga, qui est celui que l'on doit préférer, quand on le cultive pour obtenir l'huile de ses graines.

Les navets-raves se sèment de juillet en août et dans une terre arrosable, n'importe sa nature si elle a été rendue fertile par des anciennes fumures. Aussi n'est-ce guères que dans quelques jardins d'amateurs ou dans ceux voisins d'une de nos grandes villes, telles que Marseille, Nismes, qu'on cultive les navets-raves. Les racines, destinées à fournir la graine pour l'année d'après, sont replantées et traitées comme il a été dit; mais il faut avoir soin, si on cultive les deux variétés, de séparer et d'éloigner les plantes porte-graines pour que la poussière séminale de l'une n'agisse pas sur celle de l'autre. Sans cette précaution on obtiendrait des graines qui donneraient des plantes dont les racines participeraient des deux variétés. C'est ainsi qu'on a obtenu le navet jaune de Malte et quelques autres sous-variétés qui tiennent le milieu entre les navets proprement dits et les navets-raves.

Ce n'est pas seulement pour la nourriture de l'homme que l'on peut cultiver les navets-raves; il est des pays où des champs entiers en sont ensemencés pour les faire consommer aux bestiaux. Tout le monde a entendu parler du navet turneps dont les Anglais font si grand cas et avec lesquels ils engraissent leurs moutons et leurs bœufs. Assez ordinairement pour éviter les frais de transport et pour bonifier leurs terres, ils arrachent et ils font consommer les turneps, soit sur le lieu même, soit sur un champ voisin, qui qui se trouve alors en partie fumé par les déjections des animaux qui s'alimentent de ces racines.

L'usage est dans nos pays de ne donner aucune façon aux navets, mais il est bien certain que lorsqu'ils sont sarclés et éclaircis, ils croissent plus vite et grossissent davantage ; ce qui est à considérer pour les cultures en grand et pour les racines destinées à la nourriture des bestiaux. La graine de navet, étant très menue, est mêlée avec du sable afin que le semis en soit fait plus régulièrement. Il en faut ordinairement de quatre à cinq kilogrammes par hectare. Il en faudrait moins si on semait en ligne, comme les Anglais le pratiquent depuis long-temps et comme on commence à le faire en France.

NAVETTE. *Brassica napus*, Lin. Plante formant une espèce du genre choux et qui est cultivée pour sa graine dont on retire l'huile connue sous le nom d'huile de navette. J'ai cultivé le colza durant plusieurs années, et toujours des plantes de navette étaient mêlées avec le colza. Elles sont faciles à reconnaître à leurs feuilles inférieures en lyre et dentées, et à leurs feuilles supérieures, amplexicaules, cordiformes ou lancéolées. Tout ce qui a été dit au mot COLZA (Voyez ce mot) est en tout point applicable à la navette.

NEFLIER. Genre de plantes de la famille des rosacées, composé de plusieurs espèces.

NÉFLIER COMMUN. *Mespilus germanica*, Lin. ; *nespier* en prov. Cet arbre, assez rare dans le midi de la France, donne un fruit acerbe et astringeant, qui n'est mangeable que lorsqu'il est arrivé à cet état de mollesse et de maturité nommé blossissement. (Voyez ce mot.) La culture a fourni plusieurs variétés dont celle à gros fruit et celle à fruit sans noyau, sont les plus répandues. On multiplie la première par semence de ses noyaux, qu'il faut stratifier (Voyez ce mot.) et tenir humides pendant un an avant de les mettre en terre ; et la seconde par la greffe sur poirier, cognassier et aubépine. Les néfliers se plaisent dans les terrains frais, mais pas trop aqueux en hiver. C'est en automne que l'on cueille les néfles, *nespos* en prov. Pour les faire blossir plus vite et prévenir leur pourriture, qui diffère du blossissement par le mauvais goût et l'odeur du fruit, on les met sur un lit de paille ou tout simplement sur des tablettes et séparées les unes des autres. Il en est des néfles comme des cormes. Il est imprudent d'en faire un trop fréquent usage. Elles sont indigestes, elles constipent et elles peuvent causer le ténesme.

Néflier pyracanthe, *Buisson ardent. Mespilus pyracantha*, Lin. Peu d'arbrisseaux ornent autant que celui-ci les bosquets et les jardins paysagers en automne et en hiver par ses feuilles persistantes et par ses fruits, d'un rouge de feu, toujours très nombreux, souvent réunis en boules ou en grappes et demeurant sur l'arbre pendant plusieurs mois après leur maturité. On multiplie très facilement le buisson ardent par ses graines qu'on sème en hiver et qui lèvent toutes au printemps. Les auteurs, qui ont annoncé qu'elles ne lèvent pas la première année, prouvent que ce n'est pas toujours au milieu des champs que se font les livres d'agriculture. Les plants venus en pot ou en caisse, obtiennent 18 à 20 centimètres d'élévation pendant le premier été, et doivent être mis en pépinière avant le printemps qui suit. Deux ans après ils sont assez développés pour être mis en place. Tout terrain, s'il n'est pas trop aquatique, leur convient. Quelques pieds dans une tèse sont nécessaires. Certains oiseaux se nourrissent volontiers de son fruit, qui est d'une très longue durée sur l'arbre, comme je l'ai dit. On fait avec le buisson ardent des haies qui sont fort jolies, soit pendant sa floraison, soit pendant la maturité de son fruit, et qui de plus sont impénétrables. Ces haies ont encore l'avantage qu'elles supportent la tonte la plus rigoureuse sans qu'elles en souffrent.

Néflier du Japon, *Bibacier*, *mespilus japonica*, Lin. Arbre originaire de la Chine, fort multiplié dans le midi de la France, où pourtant il n'est connu que depuis moins de trente ans, et cultivé à cause de ses feuilles grandes et persistantes, de ses fleurs odorantes et s'épanouissant au cœur de l'hiver et de ses fruits qui sont du goût de beaucoup de gens, qui mûrissent sur l'arbre dans le mois de juin et qui sont déjà assez abondans pour qu'on en trouve dans les marchés de Marseille, Toulon, etc. Ce néflier vient bien et prospère dans tout terrain, s'il n'est pas trop humide en hiver. On le multiplie par la greffe sur cognassier et sur aubépine, mais mieux par ses graines que l'on sème de suite après la maturité du fruit par la raison qu'étant très huileuses, elles se rancissent en peu de temps. Elles germent et lèvent bientôt, si on a soin d'arroser tous les deux jours le pot ou la terrine dans lesquels on les place. Bien que semées en juin, les jeunes plants en provenant, s'ils sont bien soignés, sont assez développés en automne pour être repiqués et mis en pépinière. Après trois ans ils peuvent être transplantés partout où l'on voudra. Les néfliers du Japon, venus de semence, sont plus tardifs à fructifier que ceux greffés sur cognassier, mais ils sont de plus longue durée, ce qui est un grand avantage. Du reste ne peut-on pas les greffer, tout comme on fait pour l'oranger également venu de pépin ?

Il est plusieurs autres espèces de néfliers que l'on cultive comme arbre d'agrément. Sans les mentionner en particulier, je dirai seulement que ce qui a été dit pour le néflier commun est applicable aux espèces à noyaux osseux et que l'on peut appliquer à celles à noyaux moins durs, ce qui a été dit pour le néflier pyracanthe.

NENUPHAR. Genre de plantes de la famille des renonculacées, dont deux, le nénuphar blanc et le nénuphar jaune, sont souvent placés dans les pièces d'eau comme plantes d'ornement. On les multiplie par graines, semées de suite après leur maturité, et plus souvent par éclats de leurs racines. Pour que ces éclats de racines reprennent et végètent, il faut avoir soin de ne pas les trop submerger, avant qu'on soit assuré de leur reprise. Il est encore une observation à faire, c'est celle de ne les placer que dans des pièces d'eau dont le fond est vaseux et pas bâti.

NICTAGE. Genre de plantes de la famille des nictaginées, dont deux espèces sont cultivées dans nos jardins.

NICTAGE DU PÉROU, *Belle de nuit. Mirabilis jalapa*, Lin.; *bello de nuech* en prov. Ses fleurs, comme son nom l'indique, ne s'ouvrent que pendant la nuit. Il y en a de rouges, de blanches, de jaunes et de panachées. Quoiqu'elle soit vivace, la belle de nuit se multiplie de graines que l'on sème en mars, ou plutôt qui se sèment d'elles-mêmes, quand une fois on en possède un ou deux pieds dans son jardin. Si l'on habite un pays trop froid pour que la plante puisse se multiplier sans les soins de l'homme, on peut arracher ses racines, les conserver en lieux secs et à l'abri du froid pour les replanter en mars. Toute terre convient à la belle de nuit, mais elle se complait davantage dans celle qui est légère, substantielle et arrosable.

Les autres nictages, cultivés en Europe, sont :

Le NICTAGE DICHOTOME, originaire du Mexique à fleurs rouges et odorantes, mais plus petites que celles de la belle de nuit ordinaire.

Le NICTAGE A LONGUES FLEURS, originaire aussi du Mexique et à fleurs blanches, ayant un tube très long et répandant une odeur qui n'est pas sans analogie avec celle de l'orange.

Le NICTAGE HYBRIDE. Plante dont les fleurs tiennent de celles du nictage du Pérou et de celles du nictage à longues fleurs. Pour tous, même culture et même multiplication que pour la belle de nuit.

NOISETIER, *Coudrier*. Genre de plantes de la famille des amentacées. Plusieurs espèces composent ce genre. Une seule mérite que je m'en occupe.

NOISETIER COMMUN, *Avelinier*, *Corylus avellana*, Lin. *avelanier* en prov. Cet arbre, originaire du centre de l'Europe, se rencontre dans tous les bois, les buissons des terrains plus ou moins humides. Les longues sécheresses de nos étés ne permettent pas qu'il puisse végéter naturellement dans nos pays, et cependant il paraît que notre température et notre sol lui conviennent plus que tous autres ; et cela est si vrai que c'est la Provence qui fournit à l'Europe une grande partie des noisettes nécessaires à sa consommation.

On peut même dire que le produit des noisetiers est un des revenus des environs de Toulon. Un seul propriétaire en a fait une plantation qui sous peu d'années doit lui rapporter plus de 20,000 francs par an, et encore n'a-t-il pas donné à cette plantation toute l'extension qu'il avait projetée, dans la crainte qu'une trop surabondance de produit ne nuisit à la vente de ses noisettes et à celles de ses concitoyens. Il est vrai que c'est le propriétaire rural qui, dans notre arrondissement, s'occupe d'agriculture avec le plus de zèle, de connaissances et de succès On comprend que je veux parler de M. Jacques Aurran.

Le noisetier est donc si répandu et il est si propagé dans nos jardins que je ne puis, malgré les bornes circonscrites de mon Manuel, me passer de prolonger cet article plus qu'il ne semble le comporter. C'est presque toujours en allées qu'on plante cet arbre, et l'on a raison, car il n'y en a pas qui soient plus ombragées et plus délicieuses, et qui davantage fassent naitre en soi cette sensation inexprimable de joie et de plaisir que l'on ressent chaque année, quand la nature vient de revêtir sa robe printannière, et j'ajouterai qui soient plus utiles et plus productives.

Le noisetier dans le midi de la France ne prospère et ne donne du fruit en abondance que dans les terrains arrosables ou naturellement frais. A part cette condition, il vient tout aussi bien dans un sol argileux que dans un sol léger, dans un terrain calcaire que dans un terrain schisteux. Il se multiplie de rejetons et de drageons toujours très nombreux autour de chaque pied. On pourrait le multiplier par semences, mais le moyen serait très long, aussi n'en fait-on jamais usage. Les rejetons doivent être mis en pépinière, et être arrosés fréquemment et binés plusieurs fois pendant l'été. S'ils sont ainsi soignés, ils seront assez gros pour être mis en place trois ans après. Des fosses d'un mètre au carré et de 60 centimètres de profondeur doivent être préparées quelque temps avant la transplantation des pieds. Il est bien que ces pieds soient plantés avant le premier mouvement de la sève qui a lieu en mars, et quelquefois en février. C'est donc de novembre en janvier qu'ils doivent l'être.

Le noisetier, pour donner d'abondans produits, a besoin de quelques soins qui sont d'une absolue nécessité et dont pourtant on croit pouvoir se dispenser dans quelques plantations. Que là les propriétaires connaissent peu leurs intérêts ! En effet, visitez ces arbres au moment de la récolte, vous n'y voyez presque pas de fruits, tandis que souvent les mêmes arbres ploient sous le poids des noisettes dans les environs de Toulon où cette culture est parfaitement entendue. Ces soins consistent à fumer et à houer le terrain de la complantation pendant l'hiver, à le biner en mai et en juillet, à l'arroser deux fois par mois, quand il n'est pas naturellement frais, et finalement à débarrasser chaque arbre des nombreux rejetons qui croissent toujours autour de son pied, et cela toutes les fois que l'on houe et que l'on bine. Les noisetiers bien tenus sont sur un seul tronc. Ceux des pays où l'on ne se fait pas une idée de la culture du noisetier, se montrent sur trois à quatre troncs et quelquefois plus. Et bien ce nombre de tronc nuit singulièrement au produit de l'arbre.

Le noisetier redoute la taille. Les plaies occasionnées par l'amputation d'une branche de plus d'un pouce de diamètre se recouvre difficilement, et le bois non recouvert ne tarde pas à se pourrir. Cette pourriture gagne insensiblement l'intérieur de l'arbre, et finit par porter un préjudice à sa végétation d'abord et à son existence ensuite. C'est pourquoi je plante mes noisetiers sans leur couper la tête. Je les émonde de tous leurs rameaux et je laisse subsister dans toute leur longueur les deux ou trois principales branches. J'ai une allée faite avec des arbres qui avaient dix à douze ans d'existence quand je les plantai et que j'étêtai, par la raison que leurs branches étaient trop grosses et trop élevées. Quoique mes arbres soient plantés depuis huit ans, la presque totalité des plaies n'est pas encore et ne sera jamais recouverte, et ces plaies, dont le bois mis à nu s'est pourri, sont devenues le réceptacle d'une infinité d'insectes et de colimaçons ; ce qui est cause que mes arbres languissent et ne végètent pas comme ceux que j'ai plantés d'après la méthode que j'ai adoptée et que je recommande. De plus j'ai éprouvé que les noisetiers non étêtés végètent avec plus de vigueur, sont plutôt formés et donnent plus vite du fruit.

C'est parce que l'on doit se garder de couper les grosses branches des vieux noisetiers, quand il n'y a pas urgence, qu'il est nécessaire, quand ils sont jeunes encore, de leur retrancher tous les rameaux qui se croisent, par la raison qu'on ne pourrait plus les enlever sans danger lorsque ces rameaux seraient devenus des branches d'une certaine dimension. Cet émondage est une opération très utile pour avoir des arbres moins fournis en bois et en même temps plus productifs.

C'est au moyen de la greffe que l'on multiplie les variétés qu'on désire se procurer. La greffe par approche est celle qui réussit le mieux. Mais peut-on la pratiquer à volonté? non. Il est si rare que l'on possède deux arbres en position d'être ainsi greffés. C'est par la greffe à écusson, faite en juin, que je me suis procuré la variété à fruit long et rouge. Mais je dois dire que cette greffe manque souvent. Celle en fente sur le collet de la racine, et pratiquée pendant l'hiver, est plus certaine.

Les noisettes destinées à la vente ne doivent être ramassées qu'à leur complète maturité. On reconnaît ce point à leur couleur bien foncée et à la facilité avec laquelle elles se détachent de leur cupule. Il suffit alors de donner une secousse aux arbres, pour en faire tomber des milliers. Dès l'instant qu'elles ont été cueillies, on les porte dans un grenier où elles sont étendues et remuées de temps à autre pour qu'elles perdent l'humidité qu'elles contiennent encore. Sans cette précaution les noisettes se moisiraient, et c'est ce qu'il faut éviter pour ne pas éloigner les acheteurs, et pour obtenir d'eux le meilleur prix.

On cultive dans nos jardins trois variétés de noisetier, qui sont :

Le *Noisetier à fruit oblong*. Il y en a deux sous-variétés ; dans l'une, l'amande est recouverte par un pellicule rouge, et dans l'autre cette pellicule est blanche. C'est la noisette de Saint-Gratien dans l'intérieur de la France. Comme cette noisette n'est pas recherchée par les commerçans, on ne trouve l'arbre qui la produit qu'en très petit nombre et dans fort peu de localités. Elle est pourtant préférable aux autres, quand on veut la manger fraîche.

Le *Noisetier à gros fruit anguleux*. Ce fruit est presque entièrement recouvert par sa cupule qui est très allongée. C'est le noisetier d'Espagne. Cet arbre n'est pas aussi productif que la variété suivante. Nos jardiniers l'appellent le noisetier mâle, par la raison qu'il ne se charge jamais beaucoup.

Le *Noisetier à gros fruit rond*. C'est celui qui donne l'*aveline* du commerce, l'*avelano* en prov., et qui est si multiplié dans nos pays. C'est le noisetier femelle de nos jardiniers. C'est de tous les noisetiers celui qu'il faut cultiver de préférence. Peu d'arbres, de quelque nature qu'ils soient, sont aussi productifs que lui. Le petit jardin de ma famille, jardin dont la surface est à peine de 25 ares, et qui pourtant offre de si doux souvenirs à ma pensée, car c'est là où la passion de la culture des plantes s'est développée en moi dès les premières années de mon existence ; le jardin de ma famille, dis-je, vient (en 1837) de rendre à mon frère, indépendamment de la consommation qui s'en est faite, soit pour l'usage de sa table, soit par le gaspillage des passans, treize quintaux de noisettes qui ont été vendues à raison de quarante francs le quintal. Quel autre arbre ou quelle autre plante eussent-ils pu rendre autant ?

C'est pour les envoyer dans l'intérieur de la France que les noisettes sont achetées. Elles y forment un des principaux desserts d'hiver. Elles font partie des quatre mendians, composés comme l'on sait des figues sèches, des raisins secs ou panses, des amandes fines et des noisettes ; l'usage qu'on fait de ce fruit dans le midi de la France est très-borné. C'est une erreur de croire qu'on s'en sert à la teinture, et c'est pourtant la croyance de la plupart de nos cultivateurs.

Parmi les quelques espèces qui composent le genre noisetier, il en est une que nous devrions multiplier dans le midi de la France. C'est le *noisetier de Bizance*. Il croît naturellement dans la Grèce et dans l'Asie mineure où la température est à peu près la même que la nôtre. Ce noisetier s'élève à près de vingt mètres de haut et il fournit un bois qu'on emploie, dans le pays où il est connu, à la construction des maisons. Son fruit est plus petit que celui de notre noisetier et il lui est inférieur. On le multiplie aussi par semis, par rejeton ou par la greffe sur l'espèce commune. Le noisetier de Constantinople qu'on pourrait également multiplier dans nos départemens méridionaux, me paraît être une variété du noisetier de Bizance.

NOYER. Genre de plante de la famille des térébinthacées et composé de plusieurs espèces dont une est représentée par un arbre de la plus grande utilité et que conséquemment l'on cultive dans tout le midi de la France. C'est de cette espèce dont nous nous occuperons plus particulièrement.

Noyer commun. *Juglans regia*, Lin.; *nouguier* en prov. Ce noyer, le seul dont la culture offre un grand avantage, soit à cause de l'amande contenue dans son fruit, soit à cause de son bois, toujours très recherché par les menuisiers et par les ébenistes, est plus ou moins répandu dans nos contrées, suivant que le sol est plus ou moins profond, plus ou moins frais ou arrosable. Un terrain aride ou sans profondeur ne convient pas du tout à cet arbre; il n'y meurt pas, mais il y languit et il ne donne presque jamais de produits. A part cette exception et celle d'un sol marécageux, le noyer commun croît et prospère dans toutes les positions possibles. On le multiplie par semis. A cet effet on choisit les noix les plus grosses et les plus naturelles sur la variété qu'on veut se procurer. On sème à demeure ou en pépinière. Il est certain que, toutes choses étant égales d'ailleurs, l'arbre venu à demeure doit l'emporter sur celui qui aura été transplanté. L'effet seul de la transplantation doit être de retarder la croissance et le développement de l'arbre, ajoutez à cet inconvénient celui de n'être pas aussi solide contre la violence du vent par le fait de la supression du pivot; tout cultivateur sait qu'on ne peut arracher un arbre produit par semis du fruit sans en couper la racine pivotante. L'amande de la noix étant de nature oléagineuse, ils est bien de semer de suite après leur maturité les noix que l'on destine à la multiplication de l'espèce. Cependant je sais par expérience que l'on peut fort bien les garder une partie de l'hiver pour ne les mettre en terre qu'en janvier ou février. On me donna vers la fin de février de l'année 1831 une noix recouverte seulement par une pellicule. Si l'action de l'air avait dû agir sur une amande, c'était bien sur celle-là, puisqu'elle n'en était pas séparée par une enveloppe ligneuse; et bien semée dans les premiers jours de mars, elle germa en avril, et l'arbre qui en est provenu a commencé à donner du fruit en 1837.

Mais ce fruit a dégénéré et il s'est trouvé couvert d'une coque ligneuse, à peine sensible il est vrai, et que l'on brise très aisément avec les doigts. Nonobstant ce que je viens de dire, il est plus sûr et plus prudent de semer en octobre ou du moins de conserver lesnoix en jauge, c'est-à-dire, de les placer dans une caisse où on les recouvre d'un lit de sable ou de terre fine jusqu'aux premiers jours de mars. Il est bien entendu que cette caisse doit être enfermée et mise à l'abri des gelées et de la pluie. Le plan levé demande à être sarclé plusieurs fois et arrosé fréquemment pendant le premier été qui suit la germination. A moins d'une végétation prompte, et telle que les jeunes arbres se soient élevés à près de 50 centimètres à la fin de l'été, il ne faut pas penser à mettre ceux-ci, en pépinière. Ce ne sera qu'après la seconde année que l'on en fera la transplantation. Pour accélérer leur croissance, il faut les y placer à un mètre de distance les uns des autres. Il est évident que je m'adresse à de propriétaires et non à des pépiniéristes. Ceux-ci calculent les vides d'un terrain dont souvent ils paient un prix de fermage très élevé, ceux-là par contraire n'élèvent des arbres que pour leur usage, et alors ils ne désirent rien tant que de les mettre en place le plutôt possible.

Les soins à donner aux jeunes noyers, pendant leur séjour dans la pépinière, consistent à les houer, à les biner et à les arroser. L'expérience m'a prouvé que la suppression des pousses latérales du tronc, avant que l'arbre se soit élevé de deux mètres, est nuisible à sa croissance. Il faut donc ne pas se presser de les couper, et encore quand on croit devoir les retrancher doit-on pratiquer la taille en crochet, c'est-à-dire, laisser un chicot d'un à deux pouces aux branches supprimées. Ces chicots seront coupés l'année d'après, mais jamais rez du tronc. Ce n'est pas les noyers seulement qu'il est nécessaire de conduire ainsi. Combien d'arbres j'ai perdus ou dont j'ai retardé la croissance, pour avoir voulu les faire monter trop tôt et leur former une tête arrondie. L'expérience m'a donc prouvé que Rozier avait raison quand il disait dans son grand et bel ouvrage : *Les branches basses d'un arbre en pépinière servent à retenir la sève et à fortifier le tronc.* Si avant d'être plantés à demeure les jeunes noyers ont déjà donné du fruit, et qu'alors on ne soit pas satisfait de la qualité, il est bien de les greffer avant de les tirer de la pépinière. Les greffes en sifflet et à écusson sont les seules usitées sur le noyer. Ce sont celles aussi que l'on pratique sur les vieux noyers. A cet effet on couronne les arbres dont on veut modifier la qualité de la noix et l'année d'après, et lorsque là sève est en plein mouvement, on greffe soit à écusson, soit à sifflet les bourgeons que les arbres couronnés n'ont pas manqué de pousser, et dont on a dû supprimer une partie pendant l'hiver. Je sais par observation que le noyer peut être encore greffé en fente et par approche.

Les plants en pépinière ayant atteint la hauteur désirée, il faut penser à les transplanter. A cet effet on ouvre de grandes fosses de deux mètres au carré sur un mètre de profondeur, on y place quelques fagots de broussailles et de branches d'arbres à feuilles persistantes, on les remplit à moitié avec la terre végétale qui se trouve sur les bords des fosses et on y place les noyers en les laissant dans toute leur longueur. Si les branches ou pousses latérales étaient nombreuses on en supprimerait une partie, en ayant soin encore de ne pas rapprocher la plaie du tronc. Le noyer est destiné à devenir un arbre de haute tige ; dès lors est-il nécessaire de couper sa sommité quand on le transplante ; non sans doute, et je sais que l'on gagne beaucoup de temps à ne pas l'étêter quand on le plante à demeure.

Les noyers nouvellement plantés ont besoin d'être élagués des nouvelles branches qui paraissent être inutiles. Plus tard et lorsqu'elles auraient pris un grand accroissement on n'y serait plus à temps. Ces arbres craignent une trop forte taille; les plaies causées par l'amputation des grosses branches ne se cicatrisent jamais, le bois, restant à nu, finit par se pourrir et par nuire à la végétation des noyers ainsi taillés. La plupart des noyers dont le tronc est vide, et dont la végétation est languissante, ne sont dans cet état que parce qu'on leur a fait subir une taille inconsidérée. Cependant il est possible que par accident du ciel ou de l'atmosphère, c'est-à-dire, que par la foudre, le vent ou le froid, on fût obligé de couper de grosses branches sur des noyers plus ou moins mutilés par ces contretemps; dans ce cas il faut bien se soumettre à toutes les conséquences d'une taille rigoureuse, mais alors on aura soin de couper aussi net que possible, et l'on ne se servira pas de couteaux scie pour cette opération, mais bien d'une hâche ou d'une serpe bien tranchantes.

Il est peu d'arbres qui soient plus productifs et plus utiles que le noyer et qui en même temps aient un port plus imposant, plus majestueux. Cependant il est fort rare que l'on en plante des avenues. On ne voit partout maintenant que le platane qui, à la vérité, offre l'avantage de grossir bien plus vite que le noyer, mais qui n'est d'aucun produit, car ni ses feuilles ni ses fruits ne peuvent servir à aucun usage. Ce dernier par contraire fournit une amande qui fait la base de nos desserts d'hiver, et qui presque toujours est servie sur nos tables avec la figue sèche; des feuilles dont on fait une excellente litière, ce que l'on ne peut avec celles du platane, si coriaces qu'elles ne se pourrissent jamais ; et un bois très propre et très estimé pour la fabrication des meubles, de divers objets de menuiserie et d'ustensiles sujets à une grande force. Une avenue de noyer, pour peu qu'elle fût longue, serait conséquemment dans le cas de donner un revenu annuel de 7 à 800 francs, de procurer une litière abondante, et après un certain laps de temps de produire par l'abattage et la vente des troncs une somme de 5 à 6,000 francs. Une allée de platane pourra-t-elle jamais promettre de pareils avantages.

Les noix étant arrivées à leur maturité, ce que l'on reconnaît au crevassement de leur enveloppe ou brou, on les abat avec de longs roseaux ou avec des perches dans les pays où il n'existe pas de roseraies. Comme les meurtrissures faites aux arbres nuisent toujours plus ou moins à la récolte de l'année d'après, il est prudent de retarder le gaulage des noix jusqu'au moment de leur plus complète maturité, c'est-à-dire, jusqu'au moment où elles commencent à se détacher de l'arbre et à tomber d'elles-mêmes ; dès l'instant qu'elles sont ramassées, on les porte dans des greniers où elles sont étendues et remuées tous les jours d'abord et de temps à autre par la suite. Ce remuement sert à les priver de l'humidité qu'elles contiennent encore au moment de leur chute, humidité qui les ferait moisir ou même fermenter, si elles étaient trop entassées, et qui nuirait à leur conservation, à leur vente et à leur produit en huile. La noix, comme je l'ai dit, est un de nos principaux desserts d'hiver ; bien des personnes les préfèrent sèches, il en est qui les aiment mieux quand elles sont fraîches : celles-ci peuvent prolonger leur jouissance pendant tout l'hiver en ayant soin d'avoir toujours en provision une petite quantité de noix mises à tremper dans l'eau pendant un, deux ou trois jours, suivant que la coque est plus ou moins dure.

Dans les pays où les noyers sont cultivés en grand, la majeure partie de la récolte de ces noix est destinée à faire de l'huile. Cette huile nouvellement obtenue remplace celle d'olive pour les tables et la cuisine, et de plus elle est employée dans la peinture. On s'en sert aussi pour brûler quand par un long repos, elle est devenue limpide. Les noix, comme les olives et les graines oléagineuses, contiennent un liquide mucilagineux qui ne se convertit en huile qu'après un certain temps. La maturité complète du fruit ne suffit pas. L'olive ne fournit pas autant d'huile si elle est portée au moulin dès l'instant qu'elle a pris la couleur noire que lorsqu'elle est dans cet état désigné dans le pays sous le nom de *fachouiro*. Il en est de même de la noix : celle-ci ne doit être envoyée au moulin que lorsque son mucilage s'est changé en huile, ce qui se reconnaît à l'adhérance de la pellicule à son amande, et ce qui n'a lieu que quelques mois après la chute de l'arbre. L'expérience prouve tous les ans qu'il ne faut pas se presser de faire son huile. On gagne de plus à ce retard que si l'on attend l'été, la température élevée de cette saison favorise singulièrement l'extraction de l'huile.

L'olive est portée au moulin telle qu'on la ramasse, il n'en est pas ainsi de la noix. Son amande outre la pellicule qui lui est adhérente est recouverte d'une enveloppe ligneuse dont il faut nécessairement l'émonder. On conçoit que cette opération doit être faite chez soi. C'est presque toujours la besogne des enfans, des vieillards et de tous les individus dont la force physique ne permet pas les travaux des champs. Plus cette enveloppe ligneuse est épaisse et dure, plus l'amande s'en sépare difficilement et plus l'émondage des noix est long et coûteux. Il a été reconnu que ces noix, nommées *strachanes* dans plus d'un pays du midi de la France, donnent plus d'huile que celles à coquilles tendres.

L'amande de la noix se conserve presque toute l'année sans rancir, tant qu'elle est enfermée dans sa coque, mais elle ne tarde pas à le devenir, une fois qu'elle en est séparée; c'est pourquoi il convient de l'envoyer au moulin le lendemain de l'émondage.

Les noix, étant réduites en pâte sous une meule et étant pressées, donnent l'huile vierge. C'est la meilleure pour la cuisine; elle a bien toujours un goût de fruit ne convenant pas aux personnes qui ne font pas habituellement usage de l'huile de noix, mais elle n'est pas forte comme celle que l'on obtient de la pâte qui est échauffée, soit dans des bassines ou dans des chaudières, soit par sa pression entre des plaques de fonte chauffées à l'avance. Le marc de noix est fort bon pour les volailles qu'il engraisse et pour les bestiaux qu'il nourrit mieux que beaucoup d'autres alimens. Il ferait également un très bon engrais. Bosc dit qu'il peut être moulé en petits pains à l'usage de l'homme, s'il a été délayé dans une grande quantité d'eau, opération au moyen de laquelle les pellicules qui y sont contenues montent à la surface, et la partie nutritive se précipite. Il est bien entendu qu'il est nécessaire pour que ces pains soient agréables au goût, que les noix ne soient pas rances, lorsqu'on les porte au moulin.

On cultive plusieurs variétés de noyer. Celles qui doivent avoir la préférence sur les autres sont :

Le *Noyer à coque tendre* ou *le noyer mésange*. Son nom indique ses qualités. On sert son fruit sur la table sans le casser. Les doigts suffisent pour briser sa coque. Le semis n'est pas un moyen assuré de multiplier ce noyer ; voyez ce que je dis plus haut d'un noyer que j'ai obtenu du semis d'une noix couverte d'une enveloppe non ligneuse.

Le noyer à grosses noix ou noix de jauge.. C'est le fruit de cet arbre que l'on dore, dans lequel on enferme une paire de gands et que l'on trouve chez certains marchands.

Cette noix n'est belle qu'à l'œil ; son amande ne remplit jamais le vide de la coquille.

Le noyer à coque mi-tendre. Son fruit est oblong, et il se casse fort aisément par un peu de pression dans la main. Son amande remplit toujours en entier les cavités de sa coquille, sans y être retenue quand on l'ouvre par des cloisons ligneuses comme cela arrive dans les noix surnommées *strachanes*. C'est une excellente qualité qu'il convient de multiplier.

Le noyer tardif, noyer de la St-Jean. Cet arbre n'offre aucun avantage sur les autres noyers, on dirait un arbre sans vie jusqu'à la fin de juin. J'aime bien mieux un noyer qui se pare de ses feuilles dès le mois d'avril.

Parmi les espèces de noyers étrangères à l'Europe il en est quelques unes qui méritent toute notre attention et que conséquemment nous devrions propager dans le midi de la France. Les plus intéressantes sont le *noyer pacanier et le noyer noir*. Le pacanier s'élève autant que le noyer commun et ses amandes sont bonnes à manger, mais elles ne valent pas celles de notre noyer. Il se multiplie, de fruits venus de l'ouest de l'Amérique septentrionale où cet arbre est indigène, ou par marcotte ou encore par greffes. Sa culture est la même que celle décrite ci-dessus.

Le noyer noir est un des plus beaux arbres qui ornent le globe. Il est de première grandeur et d'un port magnifique.

Son bois est excellent pour tous les cas où celui du noyer commun est employé. Ce que j'ai dit du noyer pacanier lui est applicable.

O.

OEILLET. Genre de plantes de la famille des caryophilées, composé d'un grand nombre d'espèces dont plusieurs sont dans le cas d'être mentionnées.

OEILLET DE JARDIN. *Dianthus cariophlus*, Lin.; *Ginounflier*, *uillet*, en prov. Je ne dirai rien de la fleur de cette plante ; elle se trouve dans tous les jardins, elle a pour elle la forme, la couleur, le parfum, c'est-à-dire, tout ce qui fait la réputation d'une fleur. Si la rose est la reine des jardins, l'œillet est le roi des parterres. Cette plante par la culture a fourni un nombre considérable de variétés. Les fleuristes Français les ont classées en œillet à ratafia, c'est celui qu'on obtient par semis de graines, qui est presque toujours simple et assez ordinairement de couleur rouge et à odeur de gérofle, en œillets crévarts ou à carte, en œillets jaunes et en œillets flamands. Cette division des œillets est à peu près la même que celle faite dans la Provence, mais qui l'est sous des noms bien différens. Nous faisons aussi quatre classes d'œillets qui sont, les petits œillets simples, les mahonnais, les intendans et les œillets de Lille ou les flamands.

Les premiers sont ceux connus sous le nom d'œillets grenadin ou à ratafia, les mahonnais sont tous les œillets dont le calice est allongé et s'ouvrant régulièrement. La sous-variété la plus recherchée est celle dont les pétales extérieurs sont d'un beau blanc et dont les pétales intérieurs sont couleur de chair. De tous nos œillets c'est celui qui a l'odeur la plus développée et la plus agréable ; il y en a de rouges, de panachés, de jaunes, etc.

Les intendans sont les crevarts du nord, c'est-à-dire, les œillets dont le bas du calice est renflé par la multitude de pétales qu'il renferme, et qui étant fortement distendu par le grossissement de ces pétales crève et s'ouvre d'un seul côté. Aussi ces œillets demandent-ils des soins particuliers. Il y a des intendans roses, jaunes, blancs, rouges, noirs, panachés, etc. Un des plus estimés est le blanc de lait. On fait aussi grand cas du grand jaune pur, du grand rouge noir.

Les œillets de Lille ou Flamands ne sont communs en Provence que depuis sept à huit ans Ils sont panachés et à pétales non dentelés. On ne multiplie que ceux dont les panachures sont vives et bien tranchées et les pétales nombreux faisant le dôme.

Une terre substantielle, et rendue fertile par du vieux fumier fait avec des matières végétales et presque réduit en terreau, est celle qu'il faut donner aux œillets. Celle qu'on trouve au-dessus des vieilles prairies après leur défrichement est recherchée par les vrais amateurs. Dans tous les cas il est nécessaire que la terre que l'on emploie soit tamisée.

On multiplie les œillets par le semis des graines, par boutures, par marcottes et par greffes. Il est sous-entendu que l'on ne doit prendre les graines que sur des pieds déjà remarquables par la beauté ou la singularité de leurs fleurs. On opère le semis de ces graines en automne et en printemps. Les plantes venues en automne sont, dans le midi de la France, assez fortes dans le courant de l'été suivant, si pourtant elles ont été bien soignées et transplantées en avril, pour donner quelques fleurs. C'est gagner une année de temps. L'avantage qui en résulte, c'est qu'on arrache de suite les pieds d'œillets qui ne conviennent pas, et qu'ainsi le terrain n'est pas inutilement occupé, comme cela arrive pour les plantes venues par semis de printemps. Dès que les graines ont levé, il faut veiller à ce que les jeunes plants soient éclaircis, s'ils sont trop rapprochés, à ce qu'ils soient tenus nets des mauvaises herbes et à ce qu'ils soient arrosés toutes les fois qu'ils en auront besoin. Lorsqu'ils ont poussé cinq à six feuilles, c'est le moment de les transplanter. La planche, où ils seront placés, doit avoir été bien émiettée et fertilisée à l'avance. Si l'on tient à un succès complet, c'est-à-dire, à obtenir de beaux œillets, il faudrait enlever de la surface de cette planche une couche de terre de sept à huit pouces d'épaisseur, et la remplacer par du terreau pris, soit sur une vieille prairie dégazonnée, soit dans les taillis dont le sol est couvert de débris d'arbres. Pour favoriser la reprise des jeunes plants, il est prudent de les garantir des rayons solaires, déjà bien chauds en avril, époque de la transplantation pour les semis d'automne, au moyen d'une claie appuyée contre deux piquets en bois. Quand on cultive des fleurs, il ne faut jamais oublier que la beauté des fleurs est en raison des soins et conséquemment de la végétation forte et vigoureuse des plantes. Or la transplantation est une opération qui fatigue toujours plus ou moins l'individu qui la subit. Il faut donc prendre toutes les précautions possibles pour qu'il ne s'en donne pas si l'on veut qu'il donne de belles fleurs; et bien ces précautions sont de l'arracher avec une motte de terre, de l'abriter de l'ardeur du soleil, de ne pas oublier de l'arroser. Une fois repris, les pieds de l'œillet ne demandent plus que des sarclages fréquens et des arrosemens nombreux, mais non trop abondans.

C'est dans le mois de mai que l'on fait les marcottes, et

dans celui d'avril que l'on met en terre les boutures des plantes d'œillet. Voyez les mots bouture et marcotte pour la théorie et la pratique de ces deux opérations.

J'ai dit que la greffe est encore un moyen de multiplication pour les œillets dont on veut se procurer la variété. C'est chez le sieur Flory, jardinier pépiniériste de la commune de la Valette près Toulon, que j'ai vu les premiers œillets greffés. C'était des œillets venus de semence et ne produisant que des fleurs simples. Voici comment il opère et comme depuis lors j'ai opéré moi-même sur mes œillets à fleurs simples : Il coupe rez terre pendant l'hiver et une partie du printemps les pieds dont les fleurs ne sont pas à sa convenance, il les fend et il y pose une greffe qu'il prend sur une tige déjà munie d'un ou plusieurs jeunes bourgeons auxquels il coupe les feuilles et dont il fait coïncider l'écorce avec celle du sujet. Une fois posée et liée la greffe est recouverte de terre fraîche jusque près de son sommet. Cette terre par sa fraîcheur entretient son existence jusqu'à l'instant où elle est alimentée par la sève du pied greffé.

Œillet plume, *Mignonette*, *mignardise*, *dianthus plumaris*, Lin.; *uillet plumo* en prov. Peu de plantes de bordure peuvent être comparées à l'œillet plume. Il ne laisse pas de vide, et quand il est en fleurs, il fait la plus jolie et la plus agréable bordure possible, tant par le nombre et la couleur que par la bonne odeur de ses fleurs. Il y en a plusieurs variétés : les plus remarquables et les plus multipliées sont celles à fleurs blanches, à fleurs roses ayant toujours un cercle brun ou pourpre dans leur milieu. Un terrain gras, et pas du tout humide, est celui où l'œillet plume prospère le mieux. Aussi passe-t-il très bien l'été dans nos pays de longues sécheresses, et fournit-il beaucoup de fleurs dans les terrains non arrosables. On le multiplie en printemps par éclat de ses touffes, que l'on peut faire enraciner à l'avance, en les couvrant en automne avec une pelletée de terre légère et fertile. La variété à fleurs simples, donnant des graines, peut être multipliée par semis.

OEillet de gazon. *Dianthus cespitosus*, Lin. On fait avec cette plante des bordures peu élevées et fort agréables. On la cultive tout comme l'espèce précédente.

OEillet barbu. *Bouquet fait* en Provence. *Dianthus barbatus*, Lin. Cette plante, dont les fleurs sont réunies au sommet de la tige, où elles forment un bouquet naturel, orne très bien un parterre par la couleur de ses fleurs, qui varient du rouge foncé au rose, au blanc, et qui sont souvent panachées et tiquetées. Elles sont sans odeur. Tout terrain est bon pour cette plante, s'il n'est pas trop humide, mais elle végète avec plus force et donne des fleurs plus nombreuses dans celui qui est gras et qu'on peut arroser quelquefois en été. On la multiplie par semis de graines en printemps et par éclat des vieux pieds, pendant l'hiver. On confond souvent cet œillet avec une autre espèce connue sous le nom d'oeillet de poete. Celui-ci donne toujours des fleurs d'un rouge vif sans jamais varier. Une autre espèce que l'on dirait encore une variété de l'oeillet barbu c'est l'oeillet des chartreux, dont les fleurs de couleur rouge sont aussi réunies en corymbe terminal. Il est reconnaissable à l'involucre qui accompagne chaque fleur et qui est formé du calice extérieur, lesquelles sont terminées par un long poil. Ce qui a été dit de la culture de l'œillet barbu est applicable en tous points à ces deux derniers œillets.

OEillet de la chine, *OEillet de la régence. Dianthus sinensis*, Lin. La couleur variée et le velouté de ses fleurs font de cet œillet une jolie plante que l'on multiplie par semis de ses graines et jamais autrement. Elle périt presque toujours pendant l'hiver, cependant il nous arrive souvent dans le midi de la France de la conserver jusqu'à la seconde année, mais alors ses fleurs ne valent pas celles semées pendant la première. Comme cette plante ne grossit pas beaucoup, c'est presque toujours en pots qu'on la cultive, il lui faut une terre substantielle et plus légère que forte.

OIGNON. Plante du genre ail et de la famille des liliacées. *Allium cepa*, Lin.; *cébo* en prov. Cette plante est d'un usage si répandu dans la Provence qu'elle est cultivée, non seulement dans chaque commune, mais encore dans chaque propriété rurale d'une certaine étendue. On la multiplie de ses graines qu'on sème en deux saisons différentes.

Le semis d'hiver demande des soins particuliers. La graine, qui doit être bien noire et bien nourrie, est semée dans les mois de janvier ou de février, suivant qu'on est dans l'intention de transplanter un peu plus tôt ou un peu plus tard le jeune plant. Les planches destinées à recevoir le semis sont préalablement ameublies et les mottes de terre qui s'y trouvent sont soigneusement divisées; une couche de deux à trois pouces d'épaisseur de bon fumier y est aussitôt répandue dessus et est couverte d'un peu de terre fine. C'est sur cette terre que la graine est jetée, en ayant soin de la semer très dru et de la couvrir de quelques lignes de terre également fine.

On arrose légèrement le semis toutes les fois qu'on s'aperçoit que la terre, qui recouvre les graines, commence à se dessécher. Pendant la nuit on place un paillasson ou autre couverture sur le semis. Si cette précaution était négligée, et qu'il survint une forte gelée, on courrait risque de perdre le fruit de son travail. A mesure que des herbes sauvages se montrent, il faut être soigneux de les arracher.

Dans les pays situées au nord de la Provence, non seulement le semis doit être couvert, mais les planches qui lui sont destinées doivent encore se trouver abritées du froid par des murs élevés.

Le jeune plant provenu de ce semis, s'il n'a pas souffert, soit du froid, soit de la sécheresse que donne à la terre le grande quantité de fumier qu'on est obligé d'employer pour le faire végéter pendant l'hiver, est bon à être replanté dans le mois d'avril ou de mai, selon que la graine a été semée plus tôt ou plus tard.

Le semis d'été exige moins de précaution. C'est dans le mois d'août que la graine est semée dans une terre arrosable, plus légère que forte et préalablement bien fumée et bien ameublie. L'ombre de quelques arbres assez éloignés pour que leurs racines ne vinssent pas nuire au semis, serait favorable à la germination de ces graines en empêchant que le soleil ne desséchât pas trop le terrain. A défaut de positions semblables, les arrosemens doivent être répétés souvent. Les jeunes plants sont en état d'être transplantés dans le mois d'octobre.

C'est donc en avril et en octobre qu'en Provence on replante les jeunes plants d'oignons et qui y sont connus vulgairement sous le nom de *saboùlat*. Pour prospérer et arriver à une belle grosseur, ceux d'été demandent une terre fertile, substantielle et ne perdant jamais son humidité, ou arrosable pendant les grandes chaleurs de cette saison. Ceux d'hiver exigent également une terre fertile et bien ameublie, mais ils peuvent alors être placés dans les champs. Dans quelle saison que l'on opère, on ouvre un sillon avec la houe, on répand au fond de ce sillon deux ou trois pouces de fumier, qui soit très consommé pour ceux d'été, et l'on y place les plants d'oignons qui seront arrachés avec une bêche pour ne pas briser leur chevelu. Quoique les plants arrachés depuis plusieurs jours puissent encore être replantés, il convient cependant de n'employer que ceux arrachés nouvellement. Il faut avoir soin de ne pas imiter certains cultivateurs qui leur retranchent une partie des feuilles et du chevelu. C'est une pratique vicieuse qui n'est déjà que trop en usage. Ils sont plus ou moins espacés selon l'usage qu'on veut en faire. S'ils doivent être en partie consommés encore jeunes, on les rapproche davantage, parce qu'on les éclaircit, à mesure qu'on arrache ceux nécessaires pour les premiers besoins. Les jeunes plants sont posés de manière que le chevelu porte sur le fumier ; avec la terre enlevée du second sillon, on couvre ceux placés dans le premier, mais très légèremment, et de aniére que le chevelu seul soit recouvert. J'ai souvent vu manquer des plantations d'oignons, parce qu'ils avaient été plantés trop bas. On continue de même, tant qu'on a des plants à placer. La dernière opération consiste à arroser chaque ligne soit avec l'arrosoir, soit avec de l'eau courante.

Dès que les plants d'oignon ont commencé à se développer, ils sont sarclés et ce sarclage se répète toutes les fois qu'on s'aperçoit que de mauvaises herbes se montrent dans les planches qui les contiennent. Ceux d'été sont arrosés de trois en trois jours et l'on ne doit jamais oublier que les oignons sont d'autant plus gros, plus doux qu'ils ont été plus souvent et plus abondamment arrosés.

On voit quelquefois des plants pousser leur tige peu de tems après qu'ils sont plantés, ils doivent être arrachés lors des sarclages ; ils ne donneraient qu'un petit bulbe , et ils ne nuiraient pas moins à la croissance de leurs voisins.

C'est dans le mois de juin et dans le mois d'août que les oignons ont acquis tout leur développement. C'est en observant ceux récoltés dans la commune de la Garde, près Toulon, commune où ils sont cultivés en grand et considérés comme un des principaux revenus de cette commune , qu'on peut se faire une idée de la grosseur à laquelle parviennent les oignons bien cultivés. Il est utile pour ceux d'été de suspendre les arrosemens pendant les dix jours qui précédent leur arrachage. Ils sont alors moins aqueux et s'ils sont peut-être un peu plus forts, ils se conservent davantage. Il n'y a que ceux récoltés à la fin d'août, qu'on peut garder pendant tout l'hiver ; ceux arrachés dans le mois de juin ne se conservent pas au-delà de l'automne.

Il est d'un usage général dans nos pays qu'avant d'arracher les oignons, on les trépigne et on écrase ainsi leurs tiges, espérant par ce moyen leur faire acquérir une entière maturité ; cette pratique n'a pas reçu l'assentiment de nos savans. « La théorie , » nous dit M. Bosc , » la repousse » comme produisant des effets directement contraires à ceux » qu'on en attend. Il faut laisser à ces bulbes le tems de se » consolider , et par conséquent leurs feuilles , qui concou- » rent autant que leurs racines à ce résultat , doivent être » ménagées. »

Les oignons arrachés sont laissés sur place pendant deux ou trois jours , pour qu'ils perdent , étant ainsi exposés au soleil , une portion de leur eau de végétation , et portés ensuite dans le voisinage de l'habitation où leurs fanes finissent de se dessécher. C'est alors que des femmes , à l'aide de joncs , les tressent et en font des bottes ou chaînes nommées en provençal *rès*. Les oignons sont plus ou moins doux, non seulement selon qu'ils ont été plus ou moins arrosés, mais encore selon le sol où ils ont été récoltés. Il faut avoir goûté des oignons cultivés dans le terroir de la Garde pour savoir jusqu'à quel point un oignon peut être doux. Il est même dans ce pays des quartiers où les oignons qu'on y récolte peuvent être mangés crûs et sans pain. Le sol a si bien de l'influence sur la qualité des oignons, que plusieurs fois j'ai porté du *saboulat*, pris à la Garde, dans mes terres de Cogolin et toujours mes oignons, quoique convenablement arrosés, ont été âcres et piquans. D'autres cultivateurs ont fait la même épreuve pour d'autres pays, et jamais leurs oignons ont acquis la douceur et la bonté des oignons de la Garde.

La culture nous a donné plusieurs variétés d'oignons. Les plus répandues sont l'oignon rouge ou rose et l'oignon blanc. L'un et l'autre sont applatis et peuvent prendre une largeur ou un diamètre de neuf à dix pouces. Le blanc est plus particulièrement cultivé pendant l'hiver. On a cru reconnaître qu'il supportait plus aisément les gelées.

Depuis quelque tems nous possédons une nouvelle variété remarquable par la grosseur. J'ai récolté plusieurs oignons de cette espèce qui ont pesé jusqu'à cinq livres; ils sont ovales et colorés en rose.

Qeulques personnes pensent que les petits oignons, dont on se sert pour potages et mattelottes, sont une variété différente. Il n'en est rien. Ces petits oignons, dont les plus gros ne doivent jamais égaler le volume d'une petite pomme, proviennent de graines clair semées dans le printemps. Les jeunes plants qu'elles donnent ne sont point transplantés. Abondamment arrosés dans le mois de mai, ils sont abandonnés dans le mois de juin, c'est-à-dire, au moment des grandes chaleurs. Leur fane se desséche bientôt et leur bulbe faute d'humidité cesse de végéter et conséquemment conserve le peu de grosseur qu'il avait quand on a cessé de l'arroser.

Il arrive souvent que les oignons, quoique tressés en bottes, commencent à végéter pendant l'hiver. S'ils ne sont consommés de suite, leurs tuniques extérieures se dessèchent et ils ne peuvent plus servir à l'usage de la cuisine. On peut encore les cultiver en les mettant en terre, ils donnent alors deux ou trois bourgeons bulbifères qui, étant arrachés dans le printemps, et conséquemment avant qu'ils poussent leur tige, rendent un grand service aux cuisiniers qui dans cette saison sont bien souvent en manque d'oignons.

C'est pendant l'hiver qu'on plante les oignons pour graines. Les cultivateurs de la Garde choisissent les plus gros et les mieux conservés ; et c'est ainsi que doit faire tout cultivateur jaloux d'obtenir de belles et bonnes productions. On les place à côté les uns des autres. Dès les premiers jours du printemps, ils se mettent en végétation, et poussent bientôt trois ou quatre tiges au sommet desquelles viennent, réunies en boule, les fleurs et les graines. Dès que celles-ci sont bien mûres, ce qu'on reconnaît à la couleur noire dont elles sont alors revêtues, on coupe ces tiges, on les lie ensemble et on enveloppe d'un linge la partie qui contient les graines, afin que celles-ci ne se perdent pas à mesure que le pedicelle, auquel elles tiennent, se dessèche. On fixe le tout contre une poutre, soit sous un hangard, soit dans un grenier, et on le laisse jusqu'au moment du semis. Il suffit alors de battre légérement les têtes d'oignons, pour en faire tomber les graines qu'on nettoie des écailles calicinales qui s'y trouvent mêlées au moyen du vent. Si on veut garder cette graine, qui conserve sa faculté germinative durant plusieurs années, on l'enferme dans une bouteille, placée ensuite dans un lieu sec.

OLIVIER. Genre de plantes de la famille des jasminées, composé de dix à douze espèces, dont une doit nécessairement être traitée d'une manière toute spéciale dans mon Manuel.

OLIVIER COMMUN, *Olea europœa*, Lin.; *ooulivier* en prov. Cet arbre, d'un vert grisâtre, d'un aspect triste, mais dont le fruit donne la meilleure huile à manger, et la seule propre à la fabrication du savon, quand on ne fait pas usage de la soude factice, forme une des principales cultures de la partie la plus méridionale des anciennes provinces de la Provence, du Languedoc et du Roussillon. C'est dans les seuls départements du Var, des Bouches-du-Rhône, du Gard, de l'Hérault, de l'Aude, des Pyrénées-Orientales, de Vaucluse et des Basses-Alpes que l'on trouve l'olivier et encore n'est-il pas très multiplié dans les deux derniers. De tous les arbres connus, l'olivier est, dans les contrées qui lui conviennent, et j'observe, qu'à l'exception de quelques cantons privilégiés, ce n'est pas en France que sont ces contrées, celui qui rapporte le plus. On ne se fait pas même une idée de ses véritables produits dans nos pays. Nous savons ce que les olives rendent dans les moulins à huile, mais nous ignorons ce que leur résidu, au sortir de ces usines, donne aux propriétaires des moulins à rescence. Si l'on en juge par la fortune rapide de plusieurs propriétaires de ces moulins, et surtout par l'empressement de tous à se procurer le marc ou grignon des olives, les eaux, les crasses et les boues des caquiers ou enfers de nos moulins à huile, ce produit doit être immense.

Il est de fait que l'olivier a toujours été considéré, si nous

nous en rapportons aux anciens auteurs, tels que Columelle, Pline, comme le premier de tous les arbres. Il semble dès lors que l'on devrait le propager dans le midi de la France, plus qu'on ne le fait, et que les propriétaires ruraux ont tort de ne pas s'adonner davantage à cette culture. Cela serait vrai, si dans nos pays cet arbre n'était pas aussi souvent frappé par la gelée, et s'il pouvait arriver à la grosseur et à la hauteur des oliviers cultivés dans la Sicile, la Calabre, les îles Ioniennes, les côtes méridionales de l'Espagne. Là il fournit d'abondantes et de nombreuses récoltes. Pour nous, nous sommes loin de jouir de pareils avantages. Non seulement nous n'avons en général, par suite des gelées intenses qui atteignent si souvent nos oliviers, que des arbres peu développés, mais encore que des récoltes perdues par l'action de ces gelées. Il suffit d'un hiver rigoureux, et malheureusement ces hivers se succèdent d'une manière effrayante depuis quelque temps, pour que nos oliviers demeurent plusieurs années sans rien produire (1). Si l'on joint à ce grave inconvénient celui de la diminution de récolte par une sécheresse trop prolongée comme celles de 1834, 1837, etc. et celui, plus ruineux pour le propriétaire, de la présence du ver dans les olives qui en sont souillées au point que souvent on les laisse sur les arbres sans les cueillir, on comprendra aisément pourquoi la culture de l'olivier va toujours en décroissant et en se repliant vers les expositions les plus abri-

(1) D'après un mémoire de M. le marquis de Pennes sur les pépinières d'oliviers, ce n'est pas de nos jours seulement que ces arbres sont sujets aux mêmes vicissitudes. Il en était de même durant le dernier siècle. *Nos oliviers*, dit-il, *sont morts en* 1740, 1745, 1748, 1755, 1768. — Cinq fois en vingt-huit ans.

tées du littoral du midi de la France. En effet, sans en excepter ces positions privilégiées, celles pourtant où la culture de l'olivier doit se continuer encore durant plusieurs siècles, il n'est pas de récoltes aussi incertaines, aussi chanceuses et aussi précaires que celle des olives. Ce n'est donc pas nous qui pouvons dire de l'olivier : *Olea prima omnium arborum est* (1); et je prouve cette assertion, qui pourra paraître paradoxale aux personnes qui n'ont jamais cultivé l'olivier, par la proposition suivante : A une lieue et à l'est de Toulon, et conséquemment sur un des points de la partie du midi de la France qui s'avance le plus vers le sud, et qui jouit de la température la plus convenable à l'olivier, est la commune de la Garde. Les propriétés rurales de la plaine de cette commune sont en général complantées en vignes, presque toujours mélangées, ou du moins bordées ou traversées par des rangées d'oliviers; et bien je pose en fait, et sans crainte d'être démenti par eux, que si par un ordre supérieur, les possesseurs de ces propriétés étaient forcés de sacrifier l'une de ces cultures à l'autre, il n'en est pas un seul qui ne se décidât à arracher ses oliviers pour conserver ses vignes, tant ces arbres sont souvent atteints par la gelée. Il est vrai qu'on n'obtiendrait pas le même sacrifice dans les complantations d'oliviers faites à grands frais sur les coteaux, par la raison que là, le sol étant naturellement pierreux, sec et aride, on ne pourrait jamais y remplacer la culture de l'olivier, bien que ses produits n'y soient pas assurés, par une autre plus avantageuse; cet arbre étant un de ceux qui résistent le plus long-temps à la sécheresse de nos étés et qui supportent le mieux l'état de

(1) Columelle, liv. V, chap. 7.

souffrance où les tiennent les terrains rocailleux de la Provence.

La culture de l'olivier n'étant pas, ainsi que je viens de le dire, aussi lucrative qu'on le pense généralement, ne semble-t-il pas qu'elle devrait être plus encouragée qu'elle ne l'est. En effet, que rapporterait la presque totalité des terrains complantés en oliviers, si l'on abandonnait cette culture? plus rien. Et dans ce cas, quel impôt en retirerait le trésor de l'état? aucun. Dès lors ne conviendrait-il pas au gouvernement de favoriser cette culture par tous les moyens qui sont en son pouvoir, soit par des primes accordées à toutes les grandes plantations, soit par un allégement des impositions qui pèsent sur les oliviers, impositions d'autant plus lourdes, que souvent le produit de ces arbres est nul pendant plusieurs années de suite, soit enfin par un affranchissement complet de ces impositions, lorsque la gelée vient atteindre les oliviers, et cela durant tout le temps que ces arbres demeurent sans donner un produit qui puisse compenser les frais culture.

Comme tous les végétaux qui se multiplient au moyen de leurs semences, l'olivier a produit des variétés sans fin, et le nombre de ces variétés paraît d'autant plus grand que les mêmes portent des noms particuliers dans chaque localité, ainsi une variété dont le fruit donne une des meilleures huiles à manger, et qui, par cette cause, est la plus multipliée, est connue ici sous le nom de cayon, là sous celui de plant d'Entrecasteaux; ailleurs sous celui d'étranger, de rougeone, de caillone. Je mes suis assuré que le nombre des dénominations servant à désigner cette seule variété, une des plus répandues, il est vrai, est indéfini. Ce que je viens de dire de cette variété peut s'appliquer à presque toutes les variétés qui se sont multipliées dans diverses parties du Languedoc et de la Provence. Mais est-ce bien nécessaire que je m'occupe de la description de toutes les variétés connues d'oliviers, aujourd'hui si nombreuses? Je ne le pense pas; d'abord il aurait fallu, pour que mon travail fût de quelque utilité, qu'il eût été fait sur des notes prises par moi dans chacun des huit départemens où l'olivier est cultivé; or, l'exploitation de mes terres s'opposant à une trop longue absence de ma part, je n'ai pu l'entreprendre, et ensuite les bornes circonscrites, que des exigeances locales ont forcé de donner à mon Manuel, ne permettent pas que j'entre dans ces longues descriptions, qui pourraient sans doute être utiles à l'homme qui voudrait étudier en particulier certaines variétés, mais qui ne feraient que prolonger mon ouvrage, sans nécessité, la culture des oliviers étant la même pour tous. Dès lors je me bornerai à faire connaître les variétés les plus estimées et les plus multipliées dans le département du Var, comme étant les seules que j'aie pu observer ou sur lesquelles j'ai pu me procurer des renseignemens certains, et je donnerai seulement la nomenclature des principales variétés répandues dans les huit départemens où l'olivier est cultivé.

Le *plant de Toulon* ou le *brun*, « ainsi nommé, selon « Lardier, à cause de la couleur noirâtre de son bois. Cet « arbre croît lentement et parvient à une très grande hauteur « avec le temps; il est productif, quand il est bien cultivé. « Ses fruits ne sont pas sujets à se pourrir sur terre, quand « le vent les fait tomber. Tenant assez bien sur les branches « après leur maturité, ils donnent le temps de se procurer « des bras. Son huile est grasse, de couleur dorée et recher- « chée par la fabrication. » Lorsqu'elle est faite avec soin et avec des olives cueillies à la main sur l'arbre, avant leur parfaite maturité, elle est moins colorée et très bonne à manger. Cette variété est la plus multipliée dans l'arrondissement de Toulon, et avant que le cayon y fût connu, c'était à peu près la seule qu'on y cultivait. C'est ce qui me détermine à la désigner sous le nom de plant de Toulon. C'est une des plus rustiques. Nous possédons encore quelques pieds qui ont survécu aux grands froids de 1709, 1789, 1820.

Le *plant d'Entrecasteaux* ou le *cayon*; si on a soin d'élaguer souvent l'arbre et de ne pas le laisser trop s'élever ou plutôt si on le fume abondamment tous les deux ans, car il aime les soins et les engrais, le cayon donne une abondante récolte tous les deux ans. Son fruit, bien moins acerbe que celui du brun, donne une des meilleures huiles connues, mais aussi il est plus sujet à être dévoré par les vers, qui s'y trouvent quelquefois réunis au nombre de deux à trois. Cette variété a contr'elle d'être fréquemment atteinte par le froid. Malgré ces inconvéniens, c'est presque la seule qu'on greffe aujourd'hui dans les pépinières; les propriétaires ne veulent plus planter que le cayon. Il a bientôt réparé le mal que lui font les gelées. Il n'est pas rare de lui voir porter du fruit deux ans après; (il faut au moins quatre ans au brun pour qu'il se mette en fleurs;) on le trouve dans presque tout le département du Var. Il y est connu sous différens noms. C'est l'étranger de Cuers, le Rougeon de l'arrondissement de Brignolles. Ce qui prouve la supériorité du cayon sur les autres variétés, c'est qu'on le trouve sur tout le littoral de la Provence et dans l'intérieur du département du Var.

Le *Plant de Figanières* ou le *Cayet*. Cette variété d'olivier ne grossit pas beaucoup, et elle a cela de commun avec le plant d'Entrecasteaux. Elle produit beaucoup et presque chaque année. Cet olivier vient dans tout terrain, et au besoin il peut se passer de culture et d'engrais, sans pour cela discontinuer d'être fertile; il résiste assez bien au froid. Son huile est de qualité inférieure. Il n'est abondant que dans quelques cantons de l'arrondissement de Draguignan.

Le *plant de cocorelle.* Variété que le hasard a fait découvrir dans le terroir de Draguignan. Elle est moins souvent atteinte par le froid que d'autres et elle produit abondamment. Elle devient toujours plus commune dans les environs de Draguignan, où elle n'a été remarquée pour la première fois que vers la fin du dix-huitième siècle.

Le *plant de Bargemont*, *de Callas* ou le *gros ribiés.* Cette variété charge de fruit tous les deux ans et elle devient un des plus grands oliviers. Elle craint la taille et surtout le froid, aussi est-elle souvent atteinte par les gelées; ce qui est cause que non seulement on ne plante plus de gros ribiés dans certains pays et notamment à Draguignan, mais encore qu'on greffe en d'autres variétés les pieds qu'on y possède.

Le *plant du Val* ou le *bousserlous.* On trouve cet olivier dans quelques cantons de l'arrondissement de Brignolles et particulièrement au Val, d'où il a été envoyé dans les alentours de Toulon. C'est la variété qui donne l'olive la moins acerbe, quand elle est demi-mûre. Aussi la prépare-t-on pour la manger dans cet état sans avoir besoin de la lessiver. Elle offre de plus l'avantage d'avoir un très petit noyau se détachant facilement de la chair. L'huile qu'elle fournit est excellente. L'arbre est très productif et il peut être rangé parmi les variétés qui tiennent le milieu entre les plus sensibles au froid et les plus rustiques. Le défaut du plant du Val est d'être parsemé, tant sur ses branches que sur ses rameaux, de protubérances ou galles qui grossissent, se crevassent, se dessèchent et nuisent nécessairement, par cette sève extravasée, à la croissance de l'arbre, mais qui sont cause que ses fleurs nouent en plus grande quantité. On le nomme BOUSSERLOUS, du nom provençal *bousserle* synonime de grosseur, protubérance.

Le plant de Grasse, *la cayanne*. Cultivé, de préférence à tous autres, dans l'arrondissement de Grasse où il est plus connu sous les noms de *cayet*, *caillet*, *pendoulier*. On le trouve aussi, mais moins communément dans l'arrondissement de Draguignan. Selon Bernard c'est, dans les environs d'Aix et de Marseille, le *rapuguier*. On le reconnaît à ses jets s'élevant verticalement chaque année, ce qui fait qu'en peu de temps il monte et devient un des plus grands oliviers connus. Ces beaux arbres, qu'on remarque dans la rivière de Gènes, à Nice, à Oneille, ne sont autres que cette variété, si je dois m'en rapporter à un commerçant d'huile de ce dernier pays, qui a eu occasion de voir les pieds que je possède. A Grasse comme partout il donne beaucoup de fruit, et de la bonne huile. On ne saurait donc trop multiplier le plant de Grasse dans les environs de Toulon, où il était encore ignoré avant que je l'y eusse introduit. Ce qui ne remonte pas avant 1831 (1). On distingue cet olivier des autres à ses brindilles allongées et pendantes et surtout à la longueur et à la direction verticale de ses jets,

---

(1) Ayant multiplié dans mon domaine des Moulières cette variété, aussi bien que les plants de cocorelle, de Figanière, du Val et autres, j'offre des greffes aux cultivateurs qui désireront se procurer ces diverses variétés.

qui ordinairement ne produisent des rameaux qu'à leur sommet. Cette variété est plus délicate que le brun, le plant de Figanière, le plant de cocorelle, mais elle est plus rustique que le cayon. Ses fleurs, toujours très nombreuses, coulent en grande partie quand il est jeune et cela par excès de sève; plus âgé, il se couvre d'olives une année et l'autre non. Celles-ci tenant aux rameaux, plus que bien d'autres, cet arbre ne peut être gaulé sans être mutilé. C'est donc à la main et au moyen de longues échelles qu'il faut cueillir son fruit. C'est pourquoi dans la rivière de Gênes, on attend qu'elles tombent par excès de maturité.

Le *plant de Lorgues* ou le *bécu*, variété qui n'est commune que dans le terroir de la ville de Lorgues, prospère dans les plus mauvais terrains, même sans engrais, s'il est taillé fréquemment. Ses olives sont assez grosses, ovales et terminées par une pointe recourbée. Le bécu n'est atteint que par les plus grands froids. Il résiste, du moins en partie, à ceux qui font périr le cayon, le plant de Grasse, etc. Son huile, ayant le goût du fruit, est fort bonne.

Le *curnet* ou *plant de Fayence*. Si M. Lardier n'a pas été trompé, le curnet, que je n'ai jamais eu occasion d'observer, est le phénix des oliviers. Les olives, à mesure égale ou à poids pareils. donnent un tiers d'huile de plus que les autres variétés. Il a résisté aux gelées de 1789 et de 1820. Il réussit à tout terrain et à toute exposition.

Ayant voulu m'assurer si le curnet possédait réellement les qualités que lui donne M. Lardier, j'ai demandé des renseignemens précis sur cet arbre, et voici ce que M. Gardiol Seillans, maire de Fayence et connu par ses connaissances et ses écrits en agriculture, a bien voulu me répondre: « Le curnet a résisté aux froids de 1789 et de 1820 et

« mieux encore à ceux de 1830 et de 1837. Son bois est « dur et très resserré. Plusieurs ont reçu quelques atteintes « du froid de 1820, mais ils ont été seulement couronnés au « branchage, et aucun n'a été frappé de mortalité. Le « curnet croît plus lentement que la plupart des autres oli- « viers, par la suite il acquiert une très grande élé- « vation. Il se plait dans toutes les terres, mais dans celles « qui sont légères et bien cultivées, il se développe avec « une vigueur extraordinaire.

« L'huile produite par le curnet est très fine et très bonne. « Il est des quartiers privilégiés où seize doubles décalitres « de ses olives ont donné quatre-vingt-douze litres d'huile. » (Dans les terrains des environs de Toulon qui sont les plus propres à la culture de l'olivier, le brun, et celui-ci passe pour un des oliviers les plus productifs, ne rend jamais autant.) «Dans les autres terrains, le produit de ces olives est « souvent d'un quart et communément d'un cinquième en sus « de celui des autres olives. »

Les nombreuses variétés d'oliviers cultivées dans les huit départements de la France que j'ai déjà cités, sont :

Pour le Var : le plant de cocorelle, le plant de Figanière ou le *caillet*, le plant de Toulon ou le *brun*, le plant de Lorgues ou le *bécu*, le plant de Fayence ou le *curnet*, le plant de beau Serrez, l'avelanet ou l'*avelan*, le négret, le saurin, (Cette variété demande un terrain frais et profond pendant l'été ou du moins arrosable, et cependant pas trop humide pendant l'hiver.), le plant de Grasse ou la *cayanne*, ou encore le *cayet*, le *pendoulier*, le blanquet (dans les environs d'Antibes), le blave, le caillet rouge, le caillet roux, le caillet blanc, le pruneau, le redounan, la pardiguière, le plant d'Entrecasteaux ou le *cayon*, l'*étran-*

ger, le *rougeon*, la cayonne de Vence, l'araban, la verdale, le plant du Val ou le *bousserlous* ; le plant de Varages, le plant de latil, le partan ou le *groussan*, le gros ribiés, le petit ribiés, le raymet ou le *rimet*, le gros et le petit sanguin, le plant de belle fleur, le plant de Belgencier ou la *picholine*, le selounen, le basquasset, le sebeiron, le langastier. Ces deux derniers, qu'on trouve fréquemment dans les environs de Fayence, sont très rustiques.

Pour les Bouches-du-Rhône : l'aglandaou ou la *pounchudo*, le plant de la Fare, le plant de Salon, la cayanne, la rougette ou le *pigan*, la grapuguette ou la *ribeirote*, l'ampouleau ou le *redounaou* ou la *barralenque*, le plant d'Eyguière ou la *verdale* ou le *vermillaou*, le mouraou ou la *negrouno*, le plant d'Aix ou la *tripardo* ou la *couyasso*, l'olivière, la cayonne, l'olivier pleureur, la picholine.

Pour le Gard : le boutignaou, le vermillaou, le verreaou.

Pour les Basses-Alpes : la grosse et la petite merveillete, la couloumbale, l'olivier de Lucques.

Pour l'Hérault : la pigale, la cornière, l'amellaou, la verdale, la rougette, le bouteillan, la mouralle, la négrette ou *mourette*, la sayerne, la marseillaise, l'olivière, le redouan, l'amessingue.

Pour Vaucluse : la verdale ou *verdaou*, la longuette noire, le prunaou.

Pour l'Aude : l'olivière, la moureaude ou la *mourette* à gros et à petits fruits, la verdale, l'amessingue, la picholine.

Pour les Pyrénées-Orientales : le verdal, le palma, l'espagnole.

L'olivier se multiplie par semences, par rejetons, par marcottes et par boutures,

Suivant M. Bernard de Trans, auteur d'un excellent traité sur la culture de l'olivier, il n'y a pas long-temps encore qu'une pépinière d'oliviers était une chose fort rare en Provence. Il n'en existait même pas, peu de temps avant lui. M. de Combaud de Lorgues fut le premier qui, en 1772, s'occupa en grand d'un pareil établissement. Il fit arracher dans ses bois plusieurs milliers de jeunes sauvageons ; il les réunit dans un terrain qu'il avait préparé tout exprès, et le succès de son opération dépassa ses espérances. M. François Aurran en fit autant dans son domaine de Sauvebonne, et il démontra aux cultivateurs d'Hyères, de Cuers, etc., comme M. de Combaud l'avait démontré à ceux de Lorgues, Draguignan, etc. que l'on pouvait facilement établir des pépinières d'oliviers toutes les fois qu'on avait à sa disposition de jeunes plants d'oliviers trouvés dans les terrains incultes.

Bientôt les pépinières d'oliviers se multiplièrent, mais bientôt aussi les bois furent presque entièrement dépouillés des sauvageons qu'on y voyait auparavant avec abondance. Cependant ce genre de multiplication était celui que l'on préférait et que l'on préfère encore aujourd'hui, parce que c'est celui au moyen duquel on obtient des pieds forts et vigoureux. On se décida alors à semer des olives, les unes, telles qu'elles tombaient de l'arbre, les autres débarrassées de leur pulpe, mais c'était toujours inutilement. On savait pourtant que les sauvageons, répandus dans les bois, provenaient des noyaux d'olives qui avaient été transportés dans ces lieux, soit par des oiseaux, soit par des quadrupèdes. Mais alors, se disait-on, pourquoi les noyaux semés avec les plus grandes précautions ne germent-ils pas ? Quelle est la cause qui s'oppose à leur germination ? Quel est le mystère qui couvre encore cette opération si naturelle, si facile pour les autres graines ? Il était réservé à un des meilleurs et des plus savans agriculteurs de nos jours, à un de nos compatriotes, de soulever d'abord un coin du voile qui enveloppait cette mystérieuse opération et de déchirer bientôt ce voile en entier.

M. de Gasquet de Lorgues, comme ses devanciers, avait commencé par semer des noyaux d'olive, débarrassés de leur chair, mais il n'avait pas été plus heureux. Pour lors il présuma que si les olives, transportées dans les bois, paraissent germer avec la plus grande facilité, c'est qu'ayant été avalées, soit par des animaux ruminans, soit par des oiseaux, le noyau en est ensuite réjeté, après un séjour plus ou moins long dans leur premier estomac, entièrement et parfaitement net de sa chair et de sa partie huileuse; celle-ci doit certainement, quand le noyau n'en est pas entièrement dépouillé, empêcher l'infiltration de toute humidité à travers le bois. Or, sans cette infiltration, point de gonflement de l'amande, point de rupture du noyau et par conséquent point de germination. Il chercha donc un moyen propre à faire disparaître jusqu'à la dernière parcelle huileuse dont le noyau de l'olive est toujours empreint. Après divers essais, il réussit, et il réussit si complètement que la germination des noyaux d'olive est aujourd'hui une des opérations d'agriculture les plus faciles à pratiquer. En découvrant et en communiquant son procédé, il a rendu un service éminent à la Provence et à tous les pays d'oliviers. Il a donc des droits incontestables à la reconnaissance publique.

Voyez la note qu'il a donnée à ce sujet et qui a été insérée dans la deuxième édition du Nouveau Cours complet d'Agriculture, vol. 10, article OLIVIER, page 503. Depuis la publication de cette note, une foule de propriétaires s'est occupée de ce genre de multiplication, et si quelques uns de ceux-ci n'ont pas toujours obtenu du succès, c'est qu'ils n'ont pas su opérer. Il faut attendre que l'olive, avant de la dépouiller de sa chair, soit arrivée à sa complète maturité. Plus tôt, l'amande, contenue dans le noyau, n'aurait pas encore acquis cette perfection qui est nécessaire à la germination.

On reconnaît que l'olive est parvenue au point de maturité convenable, à sa couleur noire et à la transformation en huile du mucilage contenu dans sa chair. C'est seulement alors qu'il faut cueillir les olives pour cet objet. L'opération que je fais est celle-ci : je mets les olives dans un baquet avec un peu d'eau ; après un séjour plus ou moins long dans cette eau, qui ne tarde pas à se décomposer et à décomposer elle-même la pulpe des olives et à faciliter par là l'enlèvement de cette pulpe, je place ces olives sur une pierre plate, et avec une brique un peu lourde que je passe plusieurs fois sur elles, j'obtiens le déchirement de l'enveloppe et de la chair des olives. Jetées et frottées alors dans un vase, quel qu'il soit, rempli d'eau, je sépare facilement les noyaux, qui tombent au fond du vase, de leur chair qui se mélange avec l'eau. Je renouvelle ce lavage deux ou trois fois et lorsque je reconnais que les noyaux sont parfaitement dépouillés de leur chair je verse dessus un lessif des plus caustiques, c'est-à-dire, un lessif fait avec la chaux et la cendre, ou mieux encore je les mélange avec de la chaux vive mise en poudre. Bientôt les noyaux sont relavés de nouveau et ils sont alors en état d'être semés ou plutôt d'être stratifiés. S'il était possible de briser le noyau de manière que l'amande ne souffrît pas de la secousse qui lui est donnée par cette opération, on pourrait, en février ou en mars, mettre en terre ces noyaux ainsi brisés, et le germe ne tarderait pas à se montrer ; mais presque toujours la brisure du noyau entraîne celle de l'amande. C'est pourquoi l'on préfère ne les semer qu'en octobre ; si l'on gardait ces noyaux ainsi préparés jusqu'en octobre sans aucune précaution, et sans les abriter du contact de l'air, l'amande se rancirait, et par ce fait seul elle perdrait sa faculté germinative. Il faut donc de toute nécessité placer ces noyaux, de manière que l'air ne puisse avoir aucune action sur l'amande, et pour cela on ouvre une petite fosse de près d'un demi-mètre de profondeur. On met les noyaux au fond de la fosse, on les recouvre d'une légère couche de sable, lequel par sa couleur blanchâtre, facilite leur recherche, quand on veut les déterrer pour les semer, et on remplit la fosse avec la terre qui en avait été retirée. Les noyaux ainsi placés en pleine terre se conservent mieux que s'ils avaient été mis dans un pot, ou dans une caisse. Vers la fin de l'été on fait choix d'un terrain frais et léger, on le défonce à plus d'un demi-mètre de profondeur, on le fume et finalement on l'épierre. Ces diverses œuvres sont d'autant plus faciles que l'on n'opère que sur un très petit espace. Une ou deux caisses même suffisent quand on ne veut obtenir que quelques centaines de jeunes plants. Ces caisses ou le lieu destiné au semis doivent être exposés au sud et abrités du froid par un mur. A la fin d'octobre, on retire les noyaux du fond de la fosse où ils avaient été enfouis et de suite on les met dans des rigoles ouvertes sur le terrain préparé et seulement espacées de 18 à 20 centimètres (7 à 8 pouces). Comme il arrive bien souvent que les noyaux sont en partie privés d'amandes, on les place tout près les uns des autres. On les recouvre d'un ou deux pouces de terre et de suite après, et pour garantir du froid le germe d'abord et les jeunes plants ensuite, on répand des feuilles mortes ou de la litière sur le terrain. S'il était trop sec, par manque de pluie, il serait bien de verser quelques arrosoirs d'eau sur le semis, afin de donner à la terre la fraîcheur nécessaire à la conservation et à la germination des amandes. Mais ceci ne s'entend que pour ces années, malheureusement trop communes en Provence, dont l'automne est privée de pluies. A part ces années, il faut bien se garder d'humecter le terrain, il l'est toujours assez. Pendant l'hiver et surtout vers le commencement du printemps les feuilles séminales des jeunes oliviers se montrent. Dès qu'on n'a plus de froid à craindre, on retire les feuilles ou la litière qui avaient été placées sur le terrain du semis; on ne tarde pas à arracher avec la main seulement les mauvaises herbes qui ne manquent pas de se montrer sur ce terrain, et ce n'est que lorsque les jeunes plants sont très apparents et qu'ils ont même acquis un à deux pouces de hauteur que l'on peut se permettre de les sarcler, et encore n'est-ce qu'avec précaution. Ce sarclage doit être répété vers la fin de l'été; il est alors sans inconvénient. Si l'année avait été très sèche, et qu'il parut y avoir danger pour leur existence, alors, mais seulement alors, il faudrait arroser les jeunes plants. On pourrait même revenir à un second et même à un troisième arrosement, si on les voyait souffrir par le fait de la sécheresse. A moins que ces plants eussent pris un développement tel qu'ils pussent être transplantés sans aucune crainte, il faut les laisser là pendant toute la seconde année, en ayant soin de les sarcler plusieurs fois. Les pieds provenant de ces jeunes oliviers étant destinés à être plantés un jour dans des terrains secs et souvent très arides, il faut les habituer dès leur jeune âge à se contenter des eaux pluviales ; c'est pourquoi je ne les arrose plus, quelle que soit la sécheresse de l'année. C'est là la raison qui m'a fait recommander de défoncer à plus d'un demi-mètre le terrain destiné à ce semis. Ce défoncement a permis aux racines des jeunes arbres de s'enfoncer profondément dans la terre et de trouver là l'humidité suffisante à leur conservation.

Pendant l'hiver qui suit il faut ne pas attendre trop tard pour s'occuper du choix et de la préparation du terrain de la pépinière. A cet effet on se rappellera de nouveau que les arbres qui y doivent être élevés seront par la suite presque tous plantés sur un sol plus ou moins sec et plus ou moins maigre. On se fixera donc pour celui qui sera d'une qualité moyenne, c'est-à-dire, ni trop, ni pas assez fertile, et l'on se gardera de le fumer et d'imiter en cela certains pépiniéristes qui, par le moyen des engrais et des arrosements, obtiennent en peu de temps de beaux sujets. Il est certain que des oliviers, sortis d'une terre arrosable et bien fumée et placés dans un mauvais sol, se ressentent de ce changement durant toute leur vie. C'est encore pour le même motif que l'on s'éloignera de tout terrain qui serait naturellement humide. Il faut que les oliviers s'habituent, jeunes encore, à cette vie de souffrance et de misère que leur réservent et la nature de notre sol et la sécheresse de notre climat.

Ce n'est pas seulement pour les jeunes plants venus de semences, et élevés par soi, que l'on est quelquefois dans le cas de préparer le terrain d'une pépinière. Souvent c'est pour y placer des plants trouvés dans les bois, ou des boutures ou encore des rejets et des souchets détachés des anciens pieds d'oliviers. Mais pour tous la préparation et les observations à faire sont les mêmes.

Après avoir choisi l'emplacement le plus convenable, on le défonce à un mètre de profondeur (quatre pans). Je me sers ici de l'expression locale pour qu'on ne puisse pas faire erreur; car c'est de cette grande profondeur, donnée au sol, que dépend tout le succès de la pépinière. J'insiste sur ce point. D'après ce que j'ai dit, le terrain doit être naturellement peu fertile et pas arrosable. Or, pour qu'un jeune plant, mis dans un pareil terrain, végète avec force et prenne en peu de temps un grand accroissement, il faut nécessairement qu'il soit ameubli à cette profondeur. Il est prudent d'attendre que la saison des froids rigoureux soit passée pour arracher et pour planter les sauvageons ou les jeunes oliviers qu'on veut mettre en pépinière. Ce ne doit être jamais avant la fin de février, ni après la fin de mars. Plus tôt une gelée de quelques degrés au dessous de zéro suffirait pour les faire périr en partie, et plus tard un printemps non pluvieux amènerait le même résultat. Si en les arrachant, ces arbres sont munis de plusieurs bourgeons, on les supprimera et même l'on rabattra la tige principale à 30 ou 40 centimètres, si elle est trop longue.

C'est par rangées, distantes d'un mètre les unes des autres, qu'on place les plants d'oliviers dans la pépinière en laissant entr'eux un espace de 40 centimètres. Il est indispensable au succès de la pépinière qu'ils soient arrachés avec soins, surtout s'ils le sont dans nos bois, et qu'une fois arrachés, ils ne soient pas trop de temps exposés à l'action de l'air et principalement à celle d'un vent froid, comme il en règne encore par fois dans le mois de mars. La manière de les planter étant la même que celle usitée pour tous les autres arbres, on trouvera au mot PLANTATION quelles sont les précautions à prendre, si l'on tient à une reprise assurée et à une végétation certaine des sujets mis dans la pépinière. Des binages répétés durant le premier été qui suit la plantation sont d'une utilité reconnue par tous les bons pépiniéristes. Ceux-ci se gardent bien de retrancher le moindre bourgeon aux arbres nouvellement plantés dans la pépinière, soit pendant le premier été de la plantation, soit durant l'hiver suivant. Ce n'est qu'en juillet de la seconde année qu'ils commencent de leur enlever les bourgeons qui se croisent ou qui sont trop nombreux et encore ont-ils attention de ne pas trop les dégarnir de ces bourgeons; en cela ils agissent prudemment. Les végétaux se nourrissent autant par les feuilles que par les racines, et par suite de ce principe bien constaté de physiologie végétale, il faut qu'il y ait concordance entre les parties aériennes et les parties souterraines des arbres. Si donc on supprime un trop grand nombre de bourgeons à un jeune arbre, on porte le plus grand préjudice à sa végétation. Pour peu qu'il observe ce qui se passe sous ses yeux, un cultivateur instruit ne tarde pas à remarquer que les oliviers nouvellement plantés que l'on dépouille en grande partie de leurs bourgeons, cessent de végéter avec une vigueur égale à celle qu'ils avaient montrée jusque là.

Les œuvres à donner au sol de la pépinière sont, depuis la seconde année de son établissement jusqu'à sa fin, un houage dans les mois de février ou de mars, et deux binages donnés, l'un en mai et l'autre en juillet.

Après un séjour de trois à quatre ans dans la pépinière, les oliviers sauvageons, si les soins ne leur ont pas manqué, seront assez gros pour être greffés. On peut les greffer à œil poussant ou à œil dormant. La greffe à œil poussant se pratique du 15 avril au 15 mai, soit à la fente, soit en couronne, soit à écusson, soit enfin à plaque munie d'un ou deux yeux. La greffe à œil dormant s'exécute lors de la seconde sève quand on la fait à écusson ou à plaque, c'est-à-dire, de juillet en août, et pendant tout l'hiver, quand on la pratique à la fente. Ces diverses greffes ayant été traitées au mot GREFFE, voyez ce mot pour le détail des opérations.

Les jeunes arbres greffés étant développés au point de pouvoir être transplantés, on ouvre pendant l'hiver qui précède leur mise en place, ou plus tard, si la sécheresse ne le permet pas alors, des fosses de deux mètres au carré par un mètre de profondeur. Je répondrai à ceux qui me feront l'objection que des fosses de cette dimension sont très coûteuses, surtout si l'on opère sur un sol rocailleux, que l'expérience prouve tous les jours que plus une fosse est large et profonde, et plus les jeunes arbres se développent, fructifient, et plus tôt le propriétaire est remboursé de ses avances. J'ai vu faire en 1805 une grande plantation de jeunes et petits oliviers sauvageons dont la majeure partie ne donne pas encore aujourd'hui (en 1838) un seul panier d'olives. Les trous où on les plaçait n'étaient guères plus grands qu'une coiffe de chapeau. Et bien je pose en fait, quelques minimes qu'aient été les frais de cette plantation, les pieds avaient été tirés des bois du propriétaire, que ces arbres n'ont pas encore, après trente-trois ans de plantation, assez fourni de fruits pour rembourser des avances que cette opération a nécessitées.

Quelles que soient la volonté et les précautions de l'ouvrier, les jeunes oliviers ne peuvent être extraits de la pépinière ou des lieux qui les fournissent, tels que les forêts, les troncs des vieux oliviers, etc. sans que la plûpart des racines soient mutilées et conséquemment dans le cas d'être retranchées, il n'y a donc plus équilibre entre les racines restantes et les branches de l'arbre à planter. Celles-ci ne recevraient plus la quantité de sève nécessaire, non seulement à leur accroissement mais encore à leur existence. La vie des arbres plantés serait donc compromise. De là la nécessité de couper les branches d'un arbre qui vient d'être arraché et de les ravaler jusqu'auprès du tronc. Si pourtant les oliviers devaient être placés dans un champ ouvert aux bestiaux, ce qu'il faut éviter autant qu'il est possible, il conviendrait de les étêter à une longueur telle que leurs bourgeons à venir, du moins les plus élevés, fussent à l'abri des atteintes et des morsures de ces animaux. Un mètre et demi au dessus de la surface du sol ne serait pas trop. Cette hauteur ne serait pas même suffisante, si l'on craignait l'approche de bœufs ou de vaches. Je sais par plus d'une expérience que de jeunes oliviers broutés pendant la première ou la seconde année de leur plantation, soit par des bœufs, des vaches, des chevaux, des ânes, soit par des chèvres ou par des brebis, sont des arbres sans espoir si leurs bourgeons supérieurs ont été dévorés par eux. Leur végétation en devient languissante, et ils se laissent dépasser en vigueur et en hauteur par leurs voisins, en tant que ceux-ci ont été respectés par ces animaux.

L'époque de la plantation des oliviers étant la même que celle de leur mise en pépinière, je ne reviendrai pas sur ce qui en a été dit.

La distance qu'on doit laisser entre chaque pied varie selon qu'on plante des variétés susceptibles d'un plus grand ou d'un moindre développement. Il n'est pas inutile d'observer que les oliviers trop rapprochés les uns des autres sont moins vigoureux et moins productifs. Cela se conçoit. Leurs racines s'entre-croisent et s'affament naturellement et leurs fleurs nouent plus difficilement que celles des arbres exposés à toutes les influences de l'atmosphère. Ceux-ci, étant battus par le vent, sont bientôt débarrassés de leurs fleurs après leur épanouissement et ils sont moins sujets aux maladies et aux attaques des insectes qui vivent aux dépens de l'olivier. Les cayons et autres variétés à moindres dimensions doivent donc être espacés de six mètres. Les ribiés, les bruns, les grassencs ne seront pas trop distants si on les met à douze mètres les uns des autres.

Pour ce qui est du procédé de la plantation, je renvoie à ce mot. Cependant je ferai remarquer qu'étant ordinairement placés dans des terrains secs et pierreux, il est urgent de planter les oliviers assez bas, lorsqu'en effet ils se trouvent dans un pareil terrain, pour ne pas craindre les sécheresses si constantes dans nos étés. C'est donc suivant que le sol est naturellement frais ou sec, argileux ou rocailleux que l'on doit plus ou moins enterrer les racines de ces arbres. Je dirai de plus que si le terrain n'est pas destiné à être fumé, soit à cause de sa nature qui ne permettra point de le cultiver en céréales, soit à cause du manque des engrais, il faut bien se garder de mettre du fumier dans la fosse où les oliviers doivent être enfouis. Ce serait les préparer à un aliment dont ils seraient privés par la suite. Les arbres en deviendraient sans doute plus vigoureux et durant un ou deux ans leur végétation en serait plus forte, mais ils ne manqueraient pas de tomber dans un état de langueur qui contrasterait avec l'état de prospérité qu'ils auraient montré auparavant. J'ai éprouvé ce que j'avance non seulement pour l'olivier, mais encore pour la vigne et pour les arbres fruitiers. C'est pour le même motif qu'il est prudent de s'abstenir d'arroser les oliviers pendant l'été qui suit leur plantation, et cela pour en assurer la reprise. Notez bien que si un olivier n'a offert une végétation vigoureuse et que si son existence n'a été soutenue qu'au moyen de ces soins artificiels, notez bien, dis-je, que cet arbre languira et dépérira lorsque les engrais et les arrosemens lui manqueront. Je suis contrarié de me trouver sur ce point en opposition avec un de nos agronomes les plus distingués qui recommande les arrosements pendant l'été; mais l'expérience, l'amour de la science et de la vérité, et l'intérêt de mes concitoyens me forcent d'être vrai, plutôt que complaisant.

Il est cependant des années exceptionnelles pendant lesquelles il est à craindre que les oliviers, plantés alors, ne reprennent pas; c'est lorsque la partie de l'hiver et le printemps qui suivent la plantation sont si secs que pas une goutte d'eau n'a pu fournir la moindre fraîcheur aux racines de ces arbres, et bien dans ce cas seulement j'arrose une seule fois mes oliviers, mais je les arrose copieusement. Comme je ne sais pas, quand je plante un olivier, si le restant de l'hiver et le printemps à venir seront secs ou pluvieux, j'ai soin de placer au fond de la fosse deux ou trois fagots de pin ou de chêne vert ou de tout autre arbre conservant ses feuilles. L'office de ces fagots est d'abord, pour peu que l'eau de la pluie les pénètre, de conserver au fond de la fosse et pendant tout l'été suivant, une humidité favorable à la reprise de l'olivier et ensuite de maintenir la terre dans un état d'affaiblisssement qui facilite le prolongement des racines de l'arbre planté et qui par contre-coup active la végétation de celui-ci. Si une de ces années exceptionnelles survient, c'est-à-dire, si vers la fin du mois d'avril, mes oliviers, plantés dans le courant de l'hiver qui vient de finir, n'ont pas reçu de pluie, je les fais découvrir et verser autour de chaque pied l'eau contenue dans une comporte remplie, *cornudo* en prov. Cette eau, en pénétrant les fagots placés au fond de la fosse, suffit pour offrir à mes arbres, sinon une surabondance d'humidité, du moins la fraîcheur qui leur est nécessaire pour résister à la sécheresse et à la chaleur quelquefois étouffante des mois de juillet et d'août.

Si l'on ne s'est pas écarté des conseils que j'ai donnés, les oliviers plantés, sans en excepter un seul, commencent dès la fin d'avril ou dans le courant de mai à pousser des bourgeons qui se font jour à travers des gerçures plus ou moins multipliées que la force de leur végétation fait naître sur leur écorce. Ces bourgeons, quelqu'en soient le nombre et la place, doivent être sévèrement respectés durant tout l'été qui suivra la plantation. Vers la fin de l'hiver d'après on retranchera les plus faibles seulement et cela par suite des principes de physiologie végétale rappelés plus haut. Dans le courant de cette seconde année, on continuera à supprimer quelques uns de ces bourgeons et ce ne sera que dans le mois de mars de la troisième année de la plantation que l'on supprimera tous ceux qui paraîtraient inutiles. Une observation à faire lors de la suppression de ces bourgeons, qui sont devenus alors des branches, est celle qu'il ne faut pas les couper trop près du tronc. Je les taille toujours sur un chicot de près d'un pouce de longueur. La sève continue d'arriver dans ces chicots par les vaisseaux qui alimentaient les branches coupées, elle s'y amoncèle et le tronc grossit en proportion du nombre de ces chicots ainsi laissés. Je sais que cette taille, recommandée par les agriculteurs les plus expérimentés et désignée par eux sous le nom de taille en crochet, ne convient pas à beaucoup de gens ; mais l'expérience est là pour leur répondre, s'ils veulent se donner la peine d'observer ce qui se passe sur un jeune olivier dont plusieurs branches ont été coupées rez de terre. Je me suis toujours aperçu que les oliviers nouvellement plantés et soumis à une pareille taille ne végètent plus avec la même force ; tandis qu'ils ne cessent pas d'être vigoureux, s'ils ont été taillés en crochet, et encore c'est seulement dans la supposition que l'arbre n'a pas été trop dégarni et qu'il n'y a pas trop de disproportions entre le développement de son feuillage et celui de ses racines. Car s'il y avait une disproportion excessive entre les parties aériennes et les parties souterraines de l'arbre, par le fait d'une trop forte suppression de branches, et si la coupe de ces branches avait été faite trop près du tronc, le jeune olivier courrait risque de périr ou tout au moins sa végétation serait stationnaire et il demeurerait plusieurs années sans donner de nouveaux bourgeons. Ce fait ne se remarque pas seulement sur l'olivier, mais encore sur tous les arbres. Combien de jeunes pins sont arrêtés dans leur croissance par un élagage immodéré de branches! Voyez l'article Pin.

Les œuvres indispensables à donner aux oliviers, nouvellement plantés, sont un houage en mars et deux binages donnés l'un en printemps et l'autre en été.

La plus essentielle de ces œuvres c'est le houage. Il faut donc surveiller les ouvriers qui en sont chargés ou du moins il faut leur recommander d'être munis d'une serpe ou d'une grande serpette, afin d'ébarbiller complètement la souche de l'olivier. Si ces barbilles ne sont pas enlevées, il en résulte que trouvant une terre ameublie par le houage et humide par les pluies du printemps, elles se prolongent jusqu'au moment de la sécheresse de l'été : alors ne trouvant plus l'humidité qui est nécessaire à leur existence, elles soutirent de l'arbre la sève dont elles ont besoin, et cela lorsque celui-ci n'en peut être privé sans que la végétation en souffre. Les barbilles, que l'on trouve chaque année au pied des oliviers, étant donc plus nuisibles qu'utiles à ces arbres, il convient de les enlever soigneusement. Presque tous les propriétaires d'oliviers font brouter leurs arbres au moment du houage ; ils prétendent que, par cette opération, les oliviers résistent mieux et plus long-temps à la sécheresse de l'été. C'est une erreur. La terre, mise sur la souche de l'olivier, fournira pendant le printemps, et cela pour peu qu'il pleuve dans cette saison, la production d'une infinité de barbilles. Or on sait, par ce qui vient d'être dit, combien peu ces barbilles sont utiles à l'arbre sur lequel elles naissent ; de plus cette terre devient la retraite et le gite de la plupart des insectes qui se nourrissent sur l'olivier. Ce butage des oliviers, au moment de les houer, est conséquemment une opération vicieuse qu'on doit bien se garder d'adopter. A cet effet on recommandera aux ouvriers d'égaliser la terre autant que possible autour de chaque pied d'olivier. Mais je préviens, par expérience, que si l'on n'est pas constamment auprès de ceux-ci, ils oublieront la recommandation qui leur sera faite, tant ils ont l'habitude de chausser les oliviers qu'ils sont chargés de houer.

J'ai dit qu'il fallait biner deux fois les oliviers nouvellement plantés. Assez ordinairement on se dispense de le faire et c'est mal à propos. Durant quelques années ces arbres ont besoin d'être soignés plus particulièrement, c'est le moyen de favoriser le développement et le prolongement de leurs racines.

Si l'olivier est cultivé dans un champ dont la nature du sol permette d'y introduire une culture qui exige du fumier, les racines de cet arbre peuvent constamment, dans l'étendue du rayon qu'il leur est donné de parcourir, s'emparer du carbone et des autres substances dont elles ont besoin ; si par contraire il est placé, et c'est ce qui arrive souvent, dans un terrain dont la maigreur et l'aridité s'opposent à toute autre culture, ses racines s'approprient d'abord tout l'humus contenu dans ce terrain ; mais après un certain laps de temps elles finissent par ne plus y trouver l'aliment qu'elles cherchent et c'est alors que l'arbre languit, que son feuillage n'offre plus qu'une couleur jaunâtre et qu'il cesse de donner des fleurs et conséquemment des fruits. Cependant c'est pour l'huile fournie par son fruit que l'on cultive l'olivier. Quel est le moyen alors à employer pour lui redonner une végétation vigoureuse ? La taille ! dira-t-on ; les engrais ! répondrai-je ; mais les fumiers, objectera-t-on encore, sont rares et trop chers dans le midi de la France pour les porter aux pieds des oliviers ; sont-ils plus abondans, et à un prix moindre sur les côtes de la principauté de Gênes ! répondez, vous qui prétendez que par cette cause on ne peut fumer nos oliviers. Faites comme le cultivateur ligurien. Procurez-vous des chiffons de laine, du vieux cuir, des copeaux de corne, des crins, des peaux, des ongles, des os d'animaux, etc. ; et surtout ne nous dites pas qu'il y a peu d'oliviers dans la rivière de Gênes, car vous savez trop bien que c'est à l'immense quantité d'huile qui arrive de ce pays à Marseille que vous devez souvent la baisse du prix de vos huiles. Or, si dans cette contrée on est parvenu au moyen de ces matières à posséder des oliviers qui semblent des géans, comparativement aux vôtres, et à obtenir des récoltes qui font votre désespoir, pourquoi n'imiteriez-vous pas les propriétaires d'oliviers de la Ligurie? J'avais à peine 13 ans, lorsque je vis, le long du môle de Livourne, un petit bâtiment chargé en entier de vieilles semelles de souliers. La nature de ce chargement me frappa. Je demandai à un des matelots du bord sur quel parage on allait transporter ces vieilles semelles; à Oneille, me dit-il, et là on les enfouira autour du pied des oliviers.

C'est donc dans des pays lointains que les Gênois vont chercher les engrais avec lesquels ils donnent à leurs oliviers cette stature gigantesque sous laquelle ils se montrent, et avec lesquels ils les rendent si fertiles. Ils se servent toujours d'engrais d'une longue durée, pour n'être pas dans le cas d'y revenir trop souvent. Ce n'est guères que tous les trois ou quatre ans qu'ils leur redonnent une nouvelle fumure. Si pendant l'iutervalle le terrain est ensemencé en céréales ou en légumineuses, cet engrais, qui est toujours enfoui profondément, n'empêche pas que l'on ne répande encore sur ce terrain du fumier ordinaire. Les oliviers n'en deviennent que plus productifs. Il est des propriétaires qui enterrent autour de leurs oliviers deux ou trois petites jarres dont le fond est percé de plusieurs trous, et d'une contenance chacune de cinquante à soixante litres. Ils placent ensuite, soit chez eux, soit chez des individus qui n'ont pas de terres, ni d'arbres à fumer, et auxquels ils paient une somme plus ou moins forte selon le nombre d'êtres composant leur famille, des comportes ou barils, dans lesquels sont reçues toutes les déjections animales obtenues dans l'habitation. Ces comportes, une fois remplies, sont transportées dans les champs et versées dans les jarres. On conçoit que ce ne sont que les matières liquides qui y sont versées, et qu'au moyen des petits trous dont le fond des jarres est percé, l'engrais arrive de suite jusqu'aux racines les plus profondes de l'arbre et qu'ainsi placé il ne peut servir à alimenter les mauvaises herbes qui se montrent chaque année autour des oliviers. La partie épaisse sert à fumer d'autres oliviers autour desquels un fossé est ouvert à cet effet. On change de place la jarre et on la transporte, soit sur un autre point, soit autour d'un autre arbre, dès qu'on y a versé plusieurs barils.

Dans le même temps que j'apprenais en Toscane, comment les Gênois fumaient leurs oliviers, d'autres Provençaux, forcés aussi de fouler le sol étranger, car c'était en 1794, observaient et apprenaient de leur côté que dans la rivière de Gênes on obtenait d'abondantes récoltes d'olives au moyen des barils. Cet exemple n'a pas été perdu du moins, et aujourd'hui nous voyons en Provence plus d'un propriétaire d'oliviers posséder plusieurs barils mis en dépôt chez leurs locataires ou dans leurs fermes, et fumer leurs oliviers avec des matières fécales. La couleur verte de leurs arbres, la grande quantité de fruits dont ces arbres se couvrent une fois en deux ans, et le produit, que ceux-ci en retirent, devraient stimuler les propriétaires voisins, et engager ceux qui n'ont pas la facilité de se procurer un pareil engrais, d'employer les matières animales les plus à leur portée; et bien pas du tout; on prétend que l'achat d'une certaine quantité de ces matières demande une avance de fonds très considérable dont la rentrée est plus ou moins incertaine. Si l'on habite en effet un pays où les oliviers sont exposés à être gelés très souvent, comme nous le voyons maintenant dans l'arrondissement d'Aix, je conviens que ce n'est pas sans raison qu'on ne veuille pas risquer des avances qui n'aboutiraient à rien, si les arbres venaient à être gelés peu de temps après; car cet engrais, étant entièrement décomposé en trois ou quatre ans, n'aurait donné aucun profit. Mais heureusement il est encore des arrondissemens, dans divers départements du midi où l'olivier peut être cultivé sans craindre de le voir surpris aussi souvent par la gelée. C'est là que les propriétaires ruraux doivent redoubler d'efforts pour retirer de leurs arbres, pendant tout le temps que le froid ne vient pas les atteindre, tout le produit possible. Or, ils n'y parviendront qu'en imitant les cultivateurs de la rivière de Gênes.

De quelque nature que soient les engrais employés, l'usage veut qu'on les enfouisse dans le milieu de l'hiver; ce serait mieux en automne. Les longues pluies de cette saison commenceraient à les décomposer, et dans le printemps d'après, les racines trouveraient de suite à y puiser les sucs dont elles sont si avides. Preque toujours on ouvre un fossé circulaire autour du pied de l'olivier, on le creuse à 30 ou 40 centimètres de profondeur, et on dépose l'engrais au fond du fossé que l'on recomble de suite. Mais dans le voisinage du pied des arbres, il n'y a que de grosses racines; or, c'est par leur chevelu que celles-ci s'emparent de l'aliment nécessaire à la végétation; c'est donc dans la partie du terrain la plus garnie de ce chevelu qu'il faut placer les engrais; et cette partie est celle qui se trouve dans un rayon de trois à quatre mètres de distance du tronc des arbres. On obtient en effet, et c'est par expérience que je le dis, un plus prompt et un meilleur résultat, en répandant l'engrais sur le terrain, et en l'enfouissant à 30 centimètres de profondeur. Dans l'un et l'autre mode d'opérer, les ouvriers doivent avoir le soin de ne pas blesser et surtout de ne pas couper les grosses racines qu'ils ne manquent pas de rencontrer.

De mon opinion qu'il est plus avantageux de fumer que de tailler les oliviers qui paraissent souffrir par la maigreur du terrain, il n'en faut pas conclure que je ne veux pas qu'on taille ces arbres ; ce n'est pas là mon intention. Indépendamment d'un élagage annuel, mais léger, et l'enlèvement des gourmands qui naissent très souvent pendant l'été sur les grosses branches de ces arbres, opération qui même est très usitée sur les côtes des états de Gênes, il est des cas où la taille est d'une absolue nécessité. Les oliviers, comme la plupart des arbres, poussent des branches qui se croisent, se gênent et se frottent les unes contre les autres ; dans cette circonstance ne convient-il pas de les couper? Les racines de ces arbres sont souvent blessées ou même séparées du tronc par divers travaux, tels que le défoncement du terrain pour plantation de vignes, l'ouverture d'une tranchée, etc ; elles sont quelquefois atteintes de maladies qui les font périr. Dans ce cas l'équilibre qui existe naturellement entre les parties terrestres et les parties aériennes de l'arbre, est rompu. (Voyez au mot TAILLE,) Et bien n'est-il pas évident qu'alors pour remettre et rétablir cet équilibre, il faut nécessairement enlever une partie des branches de l'olivier qui est ainsi mutilé dans ses racines. Aussi nos cultivateurs ne manquent-ils jamais de couper plusieurs grosses branches aux arbres autour desquels on a fait un profond défoncement. Ce n'est pas pour remettre en équilibre leurs racines et leur feuillage qu'ils agissent ainsi, mais parce que l'expérience leur a appris que les oliviers, auprès desquels on vient de faire une plantation de vigne, sont souffrans durant longues années, lorsqu'on ne leur fait pas subir une forte taille peu de temps après que le terrain a été défoncé.

Si on ne peut pas se procurer des engrais en assez grande abondance pour fumer ses oliviers, ou si l'on n'a pas les moyens d'en faire l'achat, et que les arbres soient en souffrance par l'état de maigreur du terrain, ne convient-il pas encore, puisque dans ce cas ils ne donnent presque plus d'olives, de les tailler? Sans nul doute! La taille est même alors une opération nécessaire, pour leur faire produire des fleurs d'abord et des fruits ensuite. L'expérience prouve tous les ans que c'est le seul moyen d'obtenir quelques produits des oliviers qu'on ne fume pas. De là ces proverbes provençaux: *Faï-mi paoure et iou ti faraï riche, deshabille-mi et iou t'habillaraï.* Fais-moi pauvre et je te ferai riche, déshabille-moi et je t'habillerai. Et de ces proverbes il en résulte qu'il est des propriétaires qui les prenant à la lettre, réduisent leurs arbres presqu'à rien. Quelles sont les suites de ces tailles excessives? celles que les arbres n'ont jamais plus un développement de branches égal à celui avec lequel ils se montraient avant la taille, et que si ces tailles excessives sont répétées plusieurs fois, il arrive, après quarante ou cinquante ans, qu'ils sont presque entièrement privés de rameaux et que tel arbre qui aurait pu fournir deux sacs d'olives, s'il avait été taillé avec précaution, n'en peut plus donner que deux paniers. Ainsi donc il est prudent de ne confier ses oliviers, et cela dans quel état qu'ils soient, qu'à des hommes reconnus pour n'être pas partisans de cette sorte de taille. Conséquemment diminuer le nombre des branches d'un arbre, qui est languissant par défaut d'engrais, est une chose nécessaire, mais il faut se contenter d'abattre celles qui paraissent souffrir davantage, et d'élaguer légérement celles qui paraissent un peu plus vigoureuses.

Si une taille ainsi modérée est suivie de trois bons labours donnés autour des oliviers, pendant le printemps et l'été d'après, ces arbres prendront de la vigueur et il arrivera même qu'ils pousseront des gourmands sur plusieurs points de leurs branches. Presque tous nos propriétaires et fermiers d'oliviers négligent d'enlever ces gourmands, c'est mal à propos; la sève qu'ils absorbent se porterait dans les rameaux des arbres, et ce sont ces rameaux qui l'année d'après doivent donner du fruit. On n'oubliera donc jamais dans le courant du mois d'août, de faire couper par un homme intelligent les gourmands des oliviers nouvellement taillés. On en fera autant pour ceux qui ont été fumés, car ces derniers ne manquent pas d'en donner beaucoup, surtout si l'engrais enfoui, tel que celui retiré des fosses d'aisance, agit de suite.

Je viens de m'occuper des soins à donner aux oliviers, lorsqu'ils n'ont pas à souffrir de l'intempérie des saisons; je vais maintenant observer ces arbres après un de ces hivers désastreux qui trop souvent viennent porter le désespoir et la misère chez nos malheureux cultivateurs, et je prendrai pour exemple celui de 1820, dont les funestes effets se font encore ressentir sur la position de plusieurs grands propriétaires d'oliviers.

Plus les froids tardent à se montrer, plus long-temps les oliviers continuent à végéter et plus ils sont en danger d'être atteints par les grandes gelées qui durant certaines années se font sentir subitement.

Ces arbres, n'étant pas préparés à ce changement instantané de température, se trouvent surpris en végétation et alors leur sève est congelée, leurs vaisseaux sont déchirés par le fait de cette congélation de sève et leur existence est gravement compromise. C'est ce qui arriva en janvier 1820; après une température des plus douces, qui dura pendant tout le mois de décembre précédent, survint un refroidissement subit de l'atmosphère, et trois jours après, le 11 janvier, le thermomètre marquait à six heures du matin de 10 à 11 degrés au dessous de zéro. On conçoit quel ravage ce froid dut causer sur la sève des oliviers. En effet, le mal fut à son comble et il fallait remonter à 1709 pour retrouver les traces d'un pareil désastre. Tous les oliviers qui se trouvèrent placés à une bonne exposition, tous ceux qui étaient les mieux cultivés, les plus fumés, furent complétement gelés. Presque tous périrent jusqu'à leur tronc. Les oliviers les plus exposés au nord, ceux qui étaient mal tenus résistèrent en partie. Le plus grand nombre d'entr'eux ne fut frappé par la gelée que dans ses branches. L'hiver de 1830 fut pour ainsi dire plus rigoureux encore, et cependant ses effets sur les oliviers furent moins meurtriers; c'est que le froid s'était déjà fait sentir en novembre 1829 et qu'il continua jusqu'en mars 1830, de manière que la sève de ces arbres fut arrêtée dans son mouvement dès le commencement de l'hiver et qu'elle ne reprit son cours ascensionnel que dans le printemps. Si dans plus d'un pays les oliviers périrent, c'est qu'ils eurent à supporter des gelées trop violentes et telles qu'elles durent désorganiser leur économie végétale.

Toutes les fois qu'on voit le thermomètre descendre à plus de 7 à 8 degrés au dessous de zéro, on doit s'attendre à ce que les oliviers seront plus ou moins atteints par le froid, et qu'ils seront dans le cas d'être recépés ou d'être soumis à une taille excessive. Comme on ne doit pas se livrer à de pareilles opérations sans un examen approfondi et sans être assuré du mal existant, je crois devoir entrer dans le plus de détail possible sur ce sujet; car c'est de la bonne ou mauvaise tenue des oliviers frappés par la gelée que dépend leur prompte régénération, et ce que je vais dire sera extrait d'un mémoire, couronné en 1820, par la Société d'agriculture de Draguignan. L'expérience m'ayant confirmé dans l'opinion que j'émis alors, je ne puis mieux faire que de puiser dans cet écrit ce que j'ai à dire à cet égard.

Lorsqu'à une de ces gelées, malheureusement trop communes depuis quelques années dans le midi de la France, a succédé une température modérée, il est nécessaire de faire la visite de ses oliviers, et d'observer autant qu'il est possible la somme du mal qu'ils ont éprouvé. On doit ranger ces arbres en trois classes. Dans la première sont placés ceux dans lesquels, à l'exception des racines, tout principe de végétation est éteint. Ce sont les oliviers dont le bois, l'aubier et l'intérieur de l'écorce ont dans l'entière circonférence de leur tronc une couleur d'un jaune fortement prononcé. Leur écorce ne tarde pas à se crevasser, et il en est plus d'un sur lesquels l'écorce laisse fluer un liquide rougeâtre. La neige n'était pas encore fondue lors du froid de 1820, que déjà autour de plusieurs pieds d'olivier on apercevait sur sa surface des traces de ce liquide. Plusieurs individus crurent au premier aspect que c'était du sang qui avait été répandu.

La seconde classe se compose des arbres dont les organes végétatifs sont en partie détruits, et dont l'existence est encore incertaine, tels sont ceux dont le bois et l'aubier n'ont pas été endommagés, mais dont les lames intérieures du liber sont plus ou moins colorées, sinon dans toute la circonférence du tronc, du moins dans la plus grande portion. Ce sont les oliviers surpris, en sève par la gelée, qui sont dans cet état ; le froid survenu le 24 mars 1837 a placé la plupart des jeunes oliviers, bien tenus ou exposés au midi, dans cette position.

Les oliviers, qui ont été maltraités par le froid, mais dont la végétation est assurée, quoique devant être d'une activité bien différente, comparés les uns aux autres, forment la troisième classe. Ce sont les arbres dont le tronc n'a été atteint par la gelée que légérement et encore que sur une face, ceux dont le tronc n'a pas souffert, mais dont les branches et les rameaux ont été endommagés et finalement ceux dont l'épiderme se détache du liber sur les rameaux de deux ou trois ans ou dont les feuilles seulement sont tombées.

Des oliviers de la première classe. Les oliviers, rangés dans cette classe, n'offrant plus que des troncs secs, on doit s'empresser de les couper et cela de suite après le froid. La couleur jaune de leur bois et de leur écorce prouve suffisamment que ces arbres ont cessé de végéter ; cette couleur jaune n'est-elle pas due en effet au déchirement des vaisseaux séveux, et à l'extravasation du liquide qu'ils contenaient, et qui se répand alors entre l'aubier et l'écorce, sous forme d'une humeur noire et puante, pour me servir de l'expression employée dans une relation du froid de 1709 ? Plutôt on recépera ces arbres et mieux on fera. L'expérience a prouvé en 1820 que tous les oliviers dont le tronc avait été atteint en entier par le froid, n'ont plus donné aucun signe d'existence. La relation du froid de 1709 dit : « L'espérance « qu'on avait de voir pousser les oliviers par les branches

« en fit retarder la coupe ; mais on a reconnu par la suite « que ceux qui ont les premiers pris le parti d'abattre les « troncs, ont plutôt profité du fruit des rejetons. » En renvoyant le recépage des oliviers de cette première classe dans le courant de l'été, on se prépare de grands embarras, et il peut en résulter de graves inconvéniens pour le développement des nouveaux arbres. En effet, comment opérera-t-on alors que de nombreux et vigoureux rejetons se seront montrés autour de chaque tronc? Les coupera-t-on? Mais dans ce cas on repercutera et l'on refoulera vers les racines la sève qui commençait de reprendre son cours par ces nouvelles pousses. Cette répercussion de la sève par le retranchement des rejets formera un engorgement dans ces racines et non seulement il s'opposera à leur accroissement et à leur prolongement, mais encore il les fera périr. Car la nature a voulu que lorsque l'équilibre, qu'elle a établi entre les parties aériennes et les parties terrestres d'un arbre, est rompu par un fait quelconque, cet équilibre soit rétabli,soit par une plus forte végétation de la partie en souffrance, soit par la mort de la partie qui, par sa vigueur ou par la force des choses, n'est plus en rapport avec l'autre. Ainsi, un orme, abandonné à lui-même,devient après un siècle d'existence un très grand et très gros arbre ; et bien si l'on découvre alors ses racines, on le trouve se prolongeant à une très longue distance; par contraire il ne présente que de petites racines, quand par une tonte annuelle, il est tenu en charmille. Ainsi encore le cyprès mis en bordure et soumis à une tonte annuelle, n'offre qu'un tronc et des racines proportionnés à la longueur et au développement de ses branches ; ne voit-on pas la vigne se prolonger à l'infini et grossir étonnamment, quand elle est cultivée en treille et n'être qu'un très petit arbuste quand elle est tenue basse par la taille ordinaire. Au surplus cette opinion que les racines et les branches des arbres se ressentent toujours du retranchement des unes ou des autres, est celle de nos plus célèbres agriculteurs. Thouin nous dit : « Lorsqu'on coupe une fois ou de « loin en loin le tronc ou les branches à un arbre pendant « l'hiver, les racines ne paraissent pas s'en ressentir, quoi« qu'elles s'en ressentent nécessairement, parce qu'elles « repoussent des jets nombreux, fort garnis de larges feuil« les; mais si tous les ans on coupe ces jets, alors les ra« cines cessent presque de croître en grosseur et en longueur « et elles ne donnent plus que du chevelu. » Il aurait dû dire et presque toujours une grande partie périt. C'est ce que l'expérience a prouvé, lorsqu'on a défoncé quelques années après 1820 les terrains où étaient cultivés des oliviers qui avaient été complétement atteints par la gelée. On trouvait sur presque tous ces arbres de grosses racines desséchées, ce qui ne se voyait pas auparavant.

Cette opinion de Thouin, sur le retranchement des jets que repoussent les racines après le recépage du tronc, fait comprendre que l'on ne doit pas couper l'année d'après ceux produits par les oliviers complétement gelés. Voici les soins qu'on donnera à ces arbres : on buttera, dès la fin du mois de mai, les jets qui auront commencé à pousser; si le tronc n'a pas été recépé de suite après le froid, bien que je l'aie conseillé, on coupera, dans le courant de l'été ou de l'hiver qui suivent, les branches de ces oliviers, en ayant la plus grande attention de ne pas endommager les rejets. A moins que le recépage des arbres, qui n'ont pas été de suite soumis à cette opération, puisse se faire sans couper les rejets, on ne l'effectuera que dans trois ans, parce qu'alors les rejets greffés, et réduits au nombre de quelques uns seulement, ne seront plus un obstacle pour l'ouvrier qui opérera.

Plusieurs propriétaires d'oliviers se sont empressés, dès les mois de juin et juillet de l'année 1820, d'enlever les rejets des arbres recépés ou à recéper et de n'en laisser que trois à quatre espérant que ceux-ci, recevant toute la sève fournie par les racines, végéteraient avec plus de force et se développeraient davantage en moins de temps. L'expérience m'a prouvé qu'ils ont fait une faute. Sur plusieurs pieds ces rejets se sont desséchés, et sur presque tous les autres les nombreux rejets, qui sont venus de nouveau autour des pieds des oliviers ainsi traités, ont poussé avec une telle vigueur qu'ils ont dépassé en hauteur et en grosseur ceux qui avaient été destinés à régénérer l'arbre. Lorsqu'on se trouvera dans ce cas, on n'oubliera pas ce principe de physiologie végétale: plus il y a de tiges ou de branches et par conséquent de feuilles sur un arbre et plus il y a de racines. C'est par suite de ce principe que les racines des oliviers, atteints par la gelée en 1820, ont été frappées de mortalité par l'effet du froid sur les branches et le tronc de ces arbres, et c'est aussi par le même principe que l'auteur déjà cité ajoute : « Gé- « néralement les racines vivent autant que les tiges, du « moins lorsque quelques causes particulières ne frappent « pas l'une plutôt que l'autre. Cette opinion je la fonde sur « ce que dès qu'un arbre est couronné » (On dit qu'un arbre est couronné, lorsqu'il se dessèche par la tête.) « on « trouve toujours que l'extrémité de son pivot et de ses plus « longues racines est morte. »

Si donc les racines vivent autant, mais pas davantage que les tiges, si l'extrémité du pivot et des racines périt toutes les fois qu'un arbre est couronné, niera-t-on que les racines des oliviers, atteints par la gelée, ne périssent également en partie ? J'insiste sur ce fait parce qu'il fait toute la force de mon système.

Une conséquence de ce système est celle qu'il faut se bien garder de fumer les oliviers, atteints par la gelée, durant les trois années qui suivent leur mortalité. Les racines de ces arbres ne périssant que par engorgement de sève, il est inutile et même nuisible de répandre de l'engrais dans leur voisinage. Ils n'ont besoin durant ce temps là que de deux labours donnés l'un en mars et l'autre en juin, d'un houage autour des pieds à la fin de l'hiver et de deux binages exécutés pendant l'été autour des rejets, pour les débarrasser du chevelu superficiel. On commencera, dans le mois de mars, de supprimer une partie des rejetons, et comme ce retranchement n'aura lieu que successivement, et de manière à n'en couper que cinq à six au plus, on répétera plusieurs fois cette opération dans le courant de l'été. Cette suppression des rejets n'étant que partielle, les racines ne s'en ressentiront pas. L'année d'après on finira de retrancher les derniers rejets, de sorte qu'il ne restera plus à la troisième année que dix à douze des plus forts. Ce nombre suffira, parce qu'alors l'étendue des branches et des rameaux de ces rejets sera proportionnée à celle des racines. Quand par la suite les jeunes oliviers se seront développés et seront pourvus de nombreux rameaux, on réduira, à trois ou quatre, les pieds qui resteront, et l'on pourra planter ailleurs ceux qu'on enlèvera, et auxquels on conservera, pour leur réussite, les racines et le chevelu qu'ils auront poussés. Ce retranchement ne se fera, comme celui des rejets, que partiellement et seulement lorsqu'on s'apercevra que les rameaux de ces arbres se gênent les uns les autres, et qu'ils ne végètent plus avec la même vigueur.

Parmi les oliviers recépés, quelques uns donneront sans doute des rejets francs, mais le plus grand nombre ne produira que des sauvageons. Dans le mois d'août de la seconde année, on greffera à écusson et à œil dormant dix à douze des plus vigoureux, et dans le mois d'avril d'après, on greffera à écusson, ou suivant la méthode usitée dans chaque localité, ceux dont l'œil dormant se sera desséché. On coupera en même temps à quelques centimètres au dessus de ce même œil, les tiges de ceux dont la greffe a réussi et dont l'œil est prêt à pousser.

Des oliviers de la seconde classe. Ces oliviers donnent bien au cultivateur quelque espérance, mais la suite prouve bientôt que c'était là une espérance trompeuse. Le bois et l'aubier n'ayant pas été atteints par le froid dans les arbres de cette classe, l'ascension de la sève n'est pas interrompue, elle continue de circuler et elle ne s'arrête que là où les parties de l'arbre sont entièrement frappées par la gelée. Comme cette sève, avant d'atteindre les parties de l'olivier où elle ne peut plus circuler, trouve presque toujours des parties de branches, et souvent même des branches entières parfaitement conservées, il en résulte que l'arbre se couvre quelquefois de feuilles et même de fleurs; mais les vaisseaux, qui servent à ramener la sève des feuilles aux racines, étant dans un état complet de désorganisation par l'entière décomposition du liber dans presque toute la circonférence du tronc, il en résulte que la circulation des sucs nourriciers ne peut s'établir. Et cela est si bien ainsi, que l'on voit alors ces sucs s'amonceler et former des tubérosités sur diverses parties des branches et du tronc. C'est surtout à la suite du froid arrivé subitement le 24 mars 1837 que ce phénomène s'est présenté à l'œil de l'observateur. La plupart des jeunes oliviers, qui se distinguaient de leurs voisins par une végétation plus vigoureuse, furent presque tous atteints par ce brusque changement de température ; cependant on ne s'en doutait pas, car plusieurs ne perdirent pas même leurs feuilles, et en mai ils se couvrirent de fleurs. Qu'il fut grand le mécompte des propriétaires des oliviers qui étaient dans ce cas! D'abord on vit les fleurs et ensuite les feuilles de ces arbres se dessécher et l'année d'après il a fallu les recéper. On avait déjà constaté ce fait sur une infinité d'oliviers après le froid de 1820 ; mais ce qu'il y a eu de fâcheux, c'est que ces arbres n'ont pas donné de rejets et cela se conçoit très bien. La sève s'étant portée vers les branches et les rameaux de l'arbre, le pied de celui-ci n'a pas dû produire de rejets, et cette année là a été entièrement perdue pour la végétation de ces sortes d'oliviers. La raison dit qu'il eût été bien plus avantageux de les couper rez terre de suite après le froid. Mais ces arbres ne paraissant pas avoir souffert, il n'est pas un cultivateur qui ait seulement pensé à faire une pareille opération. Pourtant, si l'on avait visité leur tronc, on se serait aperçu que l'écorce était soulevée et séparée du bois, et que les lames intérieures du liber avaient pris une teinte jaunâtre, ce qui était un signe suffisant pour annoncer que l'arbre, malgré l'apparente conservation de son aubier et de son écorce, devait cesser de végéter dans le courant de l'été. L'expérience prouve tous les jours, et depuis long-temps Duhamel l'a dit dans son Traité sur la Physiologie végétale: « Qu'un arbre périt si on lui enlève son écorce, mais qu'il « résiste et survit à cette opération si l'on a le soin de lais- « ser quelques lames de liber sur son aubier. » L'olivier n'ayant pas la faculté de se former une nouvelle écorce quand il est dépouillé de sa première écorce, ce qui d'ailleurs, et contrairement à l'opinion de Duhamel, ne se voit que sur le chêne blanc, voyez le mot Bois; l'olivier, dis-je, doit nécessairement cesser de végéter toutes les fois que son écorce est, par l'action du froid, soulevée et séparée de l'aubier. Dés lors n'est-il pas très utile à la prompte régénération de l'arbre de le recéper avant le commencement de la sève, afin que celle-ci ne soit pas perdue et puisse donner naissance à de nombreux rejets que l'on traitera comme ceux des oliviers de la première classe. Du reste ce qui a été dit sur la culture des arbres de cette classe est applicable en tout point aux arbres de la seconde classe.

Quant aux arbres qui, n'ayant pas été recépés, donnent des signes de végétation, il est prudent de ne pas y toucher, et d'attendre le mois de mars d'après pour les tailler. A moins d'une végétation franche et vigoureuse, il sera bien alors de leur couper toutes les branches, et même le tronc s'il le fallait, qui n'ont donné que des rameaux faibles et sans espérance. La faiblesse de ces rameaux indique assez que la sève n'arrive qu'avec peine dans les parties encore vivantes et que les rameaux languissants, qu'elle a produits durant tout l'été précédent, ne peuvent recevoir les sucs nourriciers dont ils ont besoin pour grossir. Dès lors ne convient-il pas de recéper l'arbre et de le forcer à pousser de son pied des jets qui deviendront d'autant plus gros qu'ils recevront toute la sève fournie par les racines. Ces rejets seront encore traités comme ceux des arbres recépés de suite après le froid; mais je préviens que ces derniers rejets, toutes choses égales d'ailleurs, n'auront pas la vigueur de ceux venus autour des pieds coupés un an auparavant.

Les oliviers, dont les rameaux paraîtront sains, et en disposition de se développer, seront soumis aux mêmes opérations que les arbres les plus maltraités de la classe suivante.

DES OLIVIERS DE LA TROISIÈME CLASSE. Après un hiver rigoureux, il est toujours quelques oliviers qui se dépouillent de leurs feuilles; ce qui est un signe certain qu'ils n'ont souffert que dans cette partie, les feuilles de ceux qui ont été atteints par la gelée se desséchant sur les arbres sans tomber; il en est d'autres dont l'épiderme des rameaux de deux ou trois ans se détache et se sépare du restant de l'écorce; enfin il en est dont les rameaux seulement se sèchent et meurent. On conçoit que ces oliviers, bien qu'ils aient été à la veille d'être détruits par le froid, sont dans un état qui fait espérer une prompte et belle végétation; c'est pourquoi on les soignera tout comme ceux qui ont résisté aux rigueurs de la saison, c'est-à-dire qu'ils seront labourés, houés et fumés comme ces derniers, mais on ne les débarrassera des rejets et des gourmands qu'ils auront poussés qu'après qu'ils se seront couverts de tout leur feuillage, c'est-à-dire, vers la fin de l'été et on ne les élaguera que dans le courant du mois de mars suivant. Si les ravages causés par le froid s'arrêtaient là, si jamais nos oliviers n'étaient plus maltraités, on ne verrait pas une infinité de malheureux propriétaires se traîner dans la gène et dans les angoisses où les plongent ces hivers que nous voyons se succéder d'une manière effrayante depuis quelque temps. Déja nous avons vu que les oliviers, compris dans la première et dans la seconde classe des arbres atteints par la gelée, sont dans le cas d'être abattus. Les années 1820, 1830, 1837 nous ont laissé la triste expérience que ces arbres ne commencent à donner quelques produits, que plusieurs années après. Ce n'est pas tout; les oliviers de la troisième classe, dont les rameaux ont été atteints par le froid, ne porteront aussi des olives que bien tard et surtout si les arbres sont d'une variété, dont les rameaux ne fleurissent que lorsqu'ils sont produits par du bois de deux ou trois ans, telle que celle dite le brun dans les environs de Toulon.

Je range encore dans cette troisième classe les oliviers dont le tronc et les branches n'ont souffert que sur une de leurs faces. Ces oliviers, dont beaucoup ne végètent pas avec force pendant l'été qui suit, donnent alors autour de leurs pieds des rejets presque aussi nombreux que ceux venus à l'entour des oliviers recépés. Toujours invariable dans mon opinion, basée sur ce que les racines se ressentent du retranchement des tiges, et sur le principe bien reconnu que plus il y a de tiges et de feuilles, et plus il y a de racines, mon avis est qu'on ne doit pas couper ces rejets. D'ailleurs est-on bien certain que les rameaux, produits par les branches ou par le tronc, ne se dessécheront pas avant la fin de l'été. Combien d'arbres, avons-nous vu pendant le désastreux hiver de 1820, cesser de végéter en entier dans le courant du mois de juillet et d'août. N'est-ce pas alors par leurs rejets que ces oliviers ont dû se régénérer; les premiers rejets ayant été coupés, il a fallu attendre ceux venus en automne ou même au printemps d'après; que de temps perdu, et de plus ces seconds rejets ne végètent jamais avec la même vigueur que ceux déja supprimés.

Le moment de la suppression varie suivant la force de la végétation des rameaux venus sur les branches des oliviers. Si ces rameaux sont nombreux, et s'ils conservent jusqu'en septembre une même vigueur, on supprimera alors tous les rejets et tous les gourmands venus au tour du pied et sur le tronc. Mais s'ils sont peu développés, ou même peu fournis, on ne devra couper que la moitié de ces rejets sans toucher aux gourmands et renvoyer au mois de mars l'enlèvement de ceux-ci. L'olivier est un arbre trop précieux pour qu'on ne prenne pas les précautions les plus minutieuses et les plus propres à le faire végéter avec force et à le mettre en produit le plutôt possible.

Lorsqu'un de ces hivers désastreux vient de finir, il est plus d'un propriétaire d'oliviers qui font tailler leurs arbres. Il en est qui, plus prudents, attendent la fin de l'hiver d'après. L'expérience m'a démontré que ce sont des opérations vicieuses. En taillant pendant les mois d'avril et de mai de l'année du froid, et au moment où les arbres commencent à végéter, on ne connaît pas encore la somme vraie du dommage causé aux arbres; aussi qu'arrive-t-il, c'est que presque toujours on est obligé de revenir à une nouvelle taille à la fin de l'hiver d'après. Bien que l'on coupe la branche au dessus du vif, soit que les arbres encore trop malades se ressentent de cette opération, soit qu'en effet le mal soit plus grand qu'il n'y paraissait, on voit une partie des branches taillées se dessécher dans le courant de l'été.

En renvoyant la taille des oliviers à l'année d'après, on agit sans doute avec plus de discernement, mais si cette taille n'est pas rigoureuse on est encore obligé d'y revenir un an après. Pour ne pas être exposé à cet inconvénient et pour donner aux arbres le temps nécessaire de montrer les parties où leur végétation est naturelle, mon opinion est qu'il faut renvoyer cette opération à la fin du second hiver qui suit l'année du froid. Cette taille des oliviers atteints dans leurs branches par la gelée, ainsi retardée de deux ans, va paraître absurde à plus d'un cultivateur. Je sais et je prévois tout ce qu'on peut m'objecter ; mais que peuvent les objections, quelques spécieuses qu'elles paraissent être, contre l'expérience. Les oliviers, dont les branches ont été gelées, semblables à un homme qui sortirait d'une maladie grave et presque mortelle, ont besoin d'un long repos pour se remettre du mal qu'ils ont éprouvé. Une seule année ne suffit pas pour que ces arbres soient en état de supporter une taille très rigoureuse, sans en plus ou moins souffrir.

Je conviens qu'il n'est rien de plus pénible à voir qu'un champ d'olivier, dont les branches non coupées sont desséchées en partie ; mais si cela est nécessaire pour que ces arbres soient plutôt en état de porter du fruit, ne doit-on pas supporter un tableau bien affligeant sans doute, sans chercher à s'en débarrasser par une taille anticipée et inconvenante. Ce n'est pas une seule observation qui a formé mon opinion, le nombre est en infini. Je vais en citer quelques unes, parce que je suis bien certain qu'elles feront plus d'effet sur l'esprit de beaucoup de gens que les raisons que je pourrais donner en faveur de cette manière de gouverner les oliviers atteints dans leurs branches par le froid.

1° Dans une terre aux environs de Toulon, quelques oliviers furent fortement endommagés par le froid de 1811. On commença à les tailler dès la fin de l'hiver ; s'étant aperçu, quand on en fut au second, que la sève commençait d'être en circulation, on discontinua cette opération. Les oliviers frappés par la gelée et non taillés, languirent pendant tout l'été, mais dès la seconde année, quoiqu'ils n'eussent point encore été nettoyés de leur bois gelé, ils végétèrent avec beaucoup de vigueur et l'année suivante ayant été débarrassés de tout le bois mort, ils donnèrent des fruits en abondance. Les deux oliviers qui avaient été taillés peu de temps après le froid ont toujours été languissans à tel point qu'ils furent arrachés quatre ans après.

2° Les oliviers cultivés dans les environs de la commune du Luc, furent extrémement maltraités par le froid de 1811. M. Martel, garde général des eaux et forêts, voulant suivre la méthode usitée par M. Lebas (1), son beau-père, ne fit tailler les siens que deux ans après : il fit une superbe récolte d'olives dès la troisième année, lorsque les autres propriétaires de ce pays, qui avaient fait tailler leurs oliviers selon l'usage, n'en recueillirent presque pas.

3° Le froid de 1811 endommagea plusieurs oliviers que je possède dans les environs de la commune de Cogolin. J'en observai un qui me parut être plus maltraité que les autres ; l'écorce de la plupart de ses grosses branches était fendue. Je fus au moment de le couper rez terre, tant il était malade. Cependant il donna quelques signes de végétation en mai et plus tard il poussa quelques rameaux sur les parties conservées de ses branches. N'ayant pas touché à ses rameaux pendant l'hiver suivant, les plus inférieurs se montrèrent avec une forte végétation, tandis que les supérieurs se desséchèrent. Cet arbre ayant été taillé dans le mois d'avril de la deuxième année, se couvrit d'une si prodigieuse quantité de fleurs d'abord et de fruits ensuite que j'en fus étonné. On observera dans ce fait, que les rameaux les plus élevés de cet olivier s'étant desséchés après l'hiver qui suivit celu

(1) Aïeul de M. Lebas, ingénieur qui a su avec autant de gloire que de succès, élever l'obélisque de Luxor.

du froid, on aurait été fort embarrassé si on l'avait taillé à l'époque voulue par la coutume du pays, et que vraisemblablement il aurait fallu plus tard récidiver la taille faite alors.

4° Ayant été chargé par mon père, de la conduite de ses oliviers après le froid de 1820, je suivis ma méthode pour tous ses arbres. Ceux que je possède aujourd'hui dans le terroir de la commune de la Valette n'ont pas été traités différemment. Et bien je demande aux personnes qui vont de Solliès à Toulon, s'ils ont vu quelquefois des oliviers plus vigoureux et plus beaux que ceux que l'on aperçoit à l'ouest de ma maison de campagne, remarquable par sa situation à la base et sous le pied de la haute montagne de Coudon et reconnaissable par les grands platanes et la masse de verdure qui ombrage les alentours.

5° La terre dite la Bremone, propriété d'une grande étendue et toute complantée en oliviers, sise dans le terroir de La Valette, fut vendue en 1824. Depuis le rigoureux hiver de 1820, ces oliviers n'avaient reçus aucuns soins; leurs pieds étaient entourés de milliers de rejets et leurs branches, les unes desséchées en partie et les autres mortes en entier n'avaient point été coupées au moment de la vente. Le nouveau propriétaire s'empressa de supprimer les rejets inutiles et de tailler les arbres dont les branches avaient végété. Ce ne fut donc que trois ans après le froid que les oliviers de la Bremone furent taillés. Ce retard a-t-il nuit à la fécondité de ces arbres? non. Car l'ancien propriétaire n'y avait jamais récolté autant d'olives que son successeur.

6° J'avais défriché en 1829 un coteau sur lequel j'avais aperçu un nombre considérable de jeunes oliviers sauvageons.

Bientôt ces arbres se développèrent et ils furent tous greffés de 1833 à 1834, en variété caillons et en celle dite cayanne ou plant de Grasse. Ils végétaient avec tant de force que je me complaisais à les visiter journellement. Etant vigoureux et se trouvant bien exposés, ils furents atteints par le froid du 24 mars 1837, au moment où leur sève commençait à circuler. Ils ne paraissaient pourtant pas avoir souffert, car ils conservaient leurs feuilles et en mai ils se mirent à fleurir. Mais en juin, juillet et même en août, ils se desséchèrent au point que quelques uns furent recépés l'année d'après. Les autres poussèrent des rameaux plus ou moins nombreux. Ces arbres jadis si verts, me fesaient tant de peine à voir, qu'oubliant mes observations et ma méthode, je les ai fait tailler en avril 1838. Déja je suis revenu une seconde fois à la taille de plusieurs de ces arbres et aujourd'hui 10 mars 1839, je suis obligé de les tous retoucher. J'en ai assez dit, je pense, pour prouver qu'il est utile de ne pas se presser de tailler les oliviers sur lesquels le froid n'a agi que sur quelques unes de leurs parties.

Si après avoir attendu deux ans, on remarque que ces mêmes oliviers n'ont poussé que faiblement de leurs branches ou de leur tronc et qu'ils ont produit des rejets vigoureux autour de leurs pieds, fussent-ils même sauvageons, il faut sans balancer un instant les recéper. Ces rejets en quelques années auront un chapeau plus développé que celui qui aurait pu se former sur le pied. On gagnera de plus à cette opération que les nouveaux oliviers qu'on obtiendra seront sur un pied sain et naturel, ce qui ne serait pas sur le vieux pied.

Parmi ces oliviers de la troisième classe, il en est encore

dont les branches ne donnent que de faibles rameaux et dont le tronc par contraire végète avec vigueur. On a vu des milliers d'arbres dans ce cas après le froid de 1820. Il est inutile de dire que tous ces oliviers ont été taillés de manière qu'on ne leur a conservé que le tronc, et que leurs rejets même ont été supprimés. Les pousses venues sur le tronc, s'étant developpées en peu d'années, ont été réduites à trois ou quatre et elles n'ont pas tardé de former les branches de l'arbre ; mais ces branches n'ont pu s'unir solidement sur le vieux bois qui les avait produites, et il suffit de quelques coups de vent, comme ceux qui règnent en Provence, pour les abattre; que deviennent de pareils arbres? on est obligé alors d'attendre que les rejets, qui vont croître l'année d'après autour de leurs pieds, puissent les régénérer. C'est donc huit à dix ans de perdus. Combien eût-on gagné si l'on se fût décidé de les recéper dès qu'on s'aperçut que le tronc seul donnait des signes de végétation? J'ai plusieurs arbres que je suis encore obligé de renouveler aujourd'hui au moyen de leurs rejets, par le fait qu'ils n'ont pas été recépés après l'hiver de 1820.

Les oliviers qui auront produit des rameaux vigoureux sur leurs branches, et qui conséquemment n'auront pas été dans le cas d'être recépés, ne tarderont pas à donner des récoltes d'olives ; toutefois on doit s'attendre à ce que plusieurs d'entr'eux, ayant été gelés sur une portion de la surface de leur tronc, se dépouilleront d'une partie de leur écorce, leur aubier, étant mis à nu, sera bientôt décomposé par l'action de l'air, et ces arbres ne présenteront plus dans la suite que des troncs vides et caverneux, qui rappelleront aux hommes à venir les années calamiteuses qui les ont réduits en cet état. Avant le froid de 1820 nous avions un grand nombre de pieds sur lesquels on voyait encore les traces de celui de

1709, et aujourd'hui nous avons des arbres qui portent celles de l'hiver de 1820. Il est prudent de laisser croître un des rejetons qui pousseront au pied de ces oliviers, ainsi qu'au pied de tous ceux dont une végétation faible et languissante annoncera qu'ils ne peuvent plus produire de belles récoltes d'olives, afin qu'étant greffés, s'ils ne sont pas du franc, ils puissent un jour remplacer ces oliviers de peu d'espérance. Jusqu'à présent on ne s'est pas rendu compte de ces jeunes et vigoureux oliviers que je laisse en nombre d'un ou de deux autour de mes vieux arbres; maintenant on saura dans quel but je traite ainsi mes oliviers. Après le froid de 1820 je me trouvai en société d'hommes qui passaient pour être des habiles agriculteurs de Draguignan. Ils prétendaient que la mortalité de nos oliviers avait été un mal nécessaire, par la raison que nous avions beaucoup de vieux arbres qui avaient besoin d'être renouvelés; et que ne faisaient-ils, ce que je fais aujourd'hui pour mes oliviers? Que ne renouvelaient-ils leurs arbres au moyen des rejets qui ne manquent jamais de se montrer chaque année. La nature nous met constamment ce moyen sous la main, sachons donc en profiter toutes les fois que nous avons des arbres qui ne nous paraissent pas être assez vigoureux. Ne croyez pas que par suite du peu de vigueur de l'ancien pied, le rejeton ne végétera qu'avec peine. Comme c'est par le dépérissement des racines que le vieux pied languit, le nouveau se formera à lui des racines particulières qui se prolongeront et qui iront puiser les sucs nécessaires à son accroissement. C'est pourquoi il faut choisir toujours de préférence les rejets les plus éloignés du pied et ceux dont la base est la plus enfouie dans la terre.

De ce que je viens de dire sur les oliviers atteints par la gelée, on peut en former le précepte suivant :

Recépez de suite les oliviers dont vous aurez bien certainement reconnu la mortalité, et ne taillez, que deux ans après le froid, ceux qui donneront quelques signes de végétation.

Les oliviers, comme tous les autres arbres, sont sujets à diverses maladies. Les plus graves, et conséquemment celles que le cultivateur doit connaître plus particulièrement, sont la mouffe, le noir ou la morfée, les galles et la mousse.

De la mouffe. On voit quelquefois, plus souvent dans les terrains en plaine que sur les sols montagneux, des pieds d'olivier dont la végétation devient languissante, sur lesquels le feuillage jaunit et qui finissent après plusieurs années par se dessécher et mourir. Ils sont alors attaqués de la maladie connue sous le nom de mouffe, *mouffo*. Si on découvre les racines de ces arbres, on les trouve en partie pourries. Elles sont réduites en cet état par une humidité permanente. C'est souvent sur les arbres, auprès desquels des eaux ont été nouvellement amenées, soit par des travaux d'homme, soit par des mouvements de terrain, parfois non apparents à l'extérieur et occasionnés par de fortes pluies, que l'on observe cette maladie. Les remèdes les plus sûrs, pour guérir les oliviers qui commencent à en être atteints, sont 1° de couper jusqu'au vif les racines privées de vitalité, 2° de tailler fortement l'arbre et de manière à remettre en équilibre le nombre des rameaux avec celui des racines encore saines, et 3° d'ouvrir au dessus de l'olivier malade un fossé ou une tranchée assez profonds pour retenir et donner un écoulement aux eaux, si toutefois le sol le permet.

Du noir des oliviers. Cette maladie, connue aujourd'hui sous le nom de morfée, est un fléau pour les pays et durant les années où elle se montre sur nos oliviers. Elle attaque également les orangers. Les arbres saisis par le noir sont reconnaissables à une matière noire tantôt friable, tantôt compacte dont sont couvertes l'écorce des branches et des rameaux et la partie verte ou supérieure des feuilles ; leur végétation s'affaiblit, et ils cessent de donner d'abondantes récoltes d'olives. Cette maladie est-elle occasionnée par la cochenille ou kermès, ou est-elle indépendante de cet insecte? Voici ce qu'en dit Bosc, mais ce savant naturaliste n'habitait pas les pays à oliviers, et il a suivi les erremens de Bernard dans tout ce qu'il a écrit sur cet arbre. « On donne « le nom de noir, dit-il, aux environs d'Aix, à la croûte « noirâtre qui recouvre en automne les jeunes branches et « les feuilles des oliviers qui ont été surchargés de coche- « nilles au printemps, croûte formée par la sève qui en a « été extraite par ces insectes et par la poussière apportée « par les vents. Cette croûte nuit aux arbres en empêchant « les fonctions de leur épiderme. Pour l'empêcher de naî- « tre, il faut détruire les insectes. » Bernard croit que le noir est le résultat de la sève extravasée par les cochenilles laquelle, en délayant les excrémens de ces insectes, prend une couleur noire et teint de cette matière les feuilles et les branches.

Deux naturalistes de ces derniers temps, M. l'abbé Loques et M. Risso, habitant l'un et l'autre les environs de Nice, ont reconnu que le noir des oliviers, qui est le même que celui des orangers, était une plante cryptogame, et l'ont désignée le premier, la considérant comme une mousse, sous le nom de *mucor minimus niger*, et le second la regardant comme un byssus, sous celui de *dœmatium monophillum*. J'invite les agriculteurs qui désireraient avoir plus de détails sur le noir ou la morfée des oliviers, de lire l'excellent mémoire de M. le docteur Donadei de Grasse, inséré dans le Bulletin de la Société d'agriculture de Draguignan, n° XVI, année 1824.

Il n'y a rien de surprenant que le noir des oliviers soit une production végétale. Le charbon et la carie des céréales, aussi nommés vulgairement le noir, ne sont-ils pas également des plantes? Les expériences de Bénédict Prévot laissent-elles le moindre doute? Et alors pourquoi la matière noirâtre que nous voyons sur les oliviers, sur les orangers trop fourrés et non battus par le vent, ne pourrait-elle pas être aussi une plante? Quoiqu'il en soit, cette maladie est si préjudiciable à la végétation des arbres qui en sont attaqués, qu'il convient de les en débarrasser et même de la prévenir, s'il y a possibilité. J'ai toujours remarqué que les orangers, qui, par leur placement contre un mur, ne sont pas dans le cas d'être frappés par le vent et qui en même temps végétant avec vigueur sont surchargés de rameaux et conséquemment de feuilles, ce qui les prive de l'action de l'air, sont toujours plus ou moins atteints par la morfée. Dès lors n'est-il pas évident que plus un arbre est aéré, et moins il doit être sujet à cette maladie, et qu'en étant déjà attaqué, il est nécessaire de le tailler et d'élaguer, après la taille, les rameaux restant, afin que l'air puisse librement circuler autour et dans l'intérieur des branches et des rameaux. C'est d'ailleurs ce que l'on fait maintenant dans l'arrondissement de Toulon, lors de la taille des oliviers. On les vide en dedans pour que l'air arrive aisément dans le milieu de l'arbre.

On a indiqué des fumigations, des frottemens; les fumigations pouvaient être ordonnées quand on croyait que le noir était occasionné par la présence des cochenilles ; mais aujourd'hui qu'on a vu des arbres couverts de morfée, sans qu'on ait pu y découvrir un seul de ces insectes, bien qu'assez ordinairement, on aperçoive plus ou moins de cochenilles sur les arbres infestés par cette maladie, il est reconnu qu'elles sont inutiles. Lardier, qui, lui aussi, a reconnu que le noir des oliviers est une plante totalement indépendante du kermès, puisqu'il a également remarqué des arbres atteints de cette maladie, sans y apercevoir une seule cochenille ou kermès, recommande, quand le noir ne s'est encore montré que sur les branches, de les frotter aussitôt avec une forte brosse, trempée dans de l'eau de chaux. Il est sous entendu que les frottemens ne peuvent avoir lieu que dans ce cas. En effet comment pourrait-on frotter les feuilles d'un olivier, et toutes seraient dans le cas de l'être, si le mal avait gagné les diverses parties de l'arbre.

Il est un remède qui détruit la morfée instantanément ; mais il n'est pas au pouvoir de l'homme d'en disposer, et souvent il est pire que le mal ; c'est une gelée de cinq à six degrés au dessous de zéro. On voit, après les premières pluies qui surviennent, la matière noirâtre, qui constitue la morfée, se détacher et être entraînée par les eaux.

Des GALLES, CHANCRES, *bousserlos*, *rasquetto* en provençal, *rogne* en Italie. Des excroissances d'une nature spongieuse se montrent parfois sur certains oliviers. Ces grosseurs, après quelques mois, se gercent, se dessèchent ensuite par dégrés, demeurent en cet état durant plusieurs années et finissent par laisser une cicatrice ineffaçable sur la partie de l'arbre où elles se sont formées. Elles sont ordinairement très nombreuses sur un même pied. Non seulement elles absorbent alors une grande quantité de sève, mais elles causent souvent le dépérissement de plus d'un rameau.

Les galles sont-elles occasionnées par un insecte, comme l'ont prétendu Bernard, dans son excellent Traité sur les oliviers, traité couronné par l'académie royale de Marseille, en 1786, et après lui Bosc, dans son article Olivier du nouveau Cours d'agriculture? Je ne le pense pas. Giovène s'est assuré, voyez son mémoire *Sulla rogna degli olivi*, qu'elles ne sont pas l'ouvrage d'aucun insecte, comme l'ont cru tous les auteurs qui ont écrit avant lui, mais qu'elles leur servent de réfuge et peut-être aussi de nourriture. L'opinion de cet auteur est aussi celle de M. Hypolite De Fonscolombe qui est une autorité en fait de tout ce qui concerne les insectes. Une grande preuve en faveur de cette opinion est celle que les galles ne se montrent qu'accidentellement sur quelques pieds de différentes espèces d'oliviers et toujours sur une variété très-commune dans les environs de la ville de Brignolles et particulièrement au Val, où elle est connue sous le nom de bousserlous.

Or, si elles étaient le fait de la teigne des oliviers, comme le disent les auteurs déjà cités, et cet insecte se trouvant indistinctement sur tous les oliviers, nul doute que les galles ne fussent également multipliées sur ces arbres. M. de Fonscolombe a trouvé des tineites sur les oliviers des environs d'Aix, et jamais il n'y a aperçu une seule de ces excroissances. Il y a plus. J'ai placé tout exprès sur les branches d'un même pied sauvage une greffe d'olivier bousserlous et une d'olivier cayon, après deux ans de végétation le premier commença à montrer quelques galles et finit plus tard par en être presque couvert; le second, placé à côté, et même ayant les rameaux entremêlés avec ceux du bousserlous, n'en a jamais produit que quelques unes. Ce fait est assurément inexplicable, mais il n'en est pas moins vrai. A quoi donc attribuer ces excroissances ? A une extravasation de sève sans doute. Et qui occasionne l'ouverture par où la sève s'extravase ? C'est encore un secret. Si c'était la chenille mineuse, nom que Bernard donne à la larve de la teigne ou tineite de l'olivier, ou tout autre insecte, pourquoi préférerait-il certaines variétés ou tel individu plutôt que tel autre ; car outre les bousserlous qui sont constamment galleux, disposition qui leur paraît naturelle, et qui est transmissible chez eux, ainsi que je l'ai éprouvé sur tous les sujets que j'ai greffés, il est, parmi les autres variétés, de certains pieds, habituellement couverts de galles, bien que leurs congénères n'en offrent jamais une seule.

Un fait que j'ai bien remarqué et qui est connu de tous nos cultivateurs, c'est que les oliviers galleux sont toujours plus productifs que ceux de la même variété, toutes choses égales, d'ailleurs dénués de galles. Rien ne prouve mieux que ces grosseurs interceptent plus ou moins la circulation d'une partie de la sève que cette fertilité. Il est plus que probable que c'est au reflux de ce liquide vers les rameaux qu'elle est due, et que c'est à ce dérangement de circulation de sève qu'il faut attribuer le dépérissement des rameaux trop chargés de galles et qui peuvent avoir obligé d'arracher les oliviers magnifiques que Bernard avait vus à Vence, à Toulon, à Grasse, etc., dépérissement dont il accusait injustement l'innocente et faible tineite.

Si les galles ou chancres de l'olivier ne sont pas causés par la piqûre ou seulement par la présence d'un insecte, elles sont nécessairement alors une maladie de l'arbre. M. Hypolite de Fonscolombe le pense ainsi, et certes l'opinion d'un homme qui, comme lui, joint à beaucoup de science l'art difficile de savoir bien observer, ne doit point être repoussée, sans avoir la preuve en main. Il a ouvert une infinité de ces chancres et jamais il n'y a trouvé trace d'insectes. Il m'est arrivé qu'après avoir partagé ou brisé des galles d'olivier, j'ai rencontré deux ou trois larves et une nymphe; mais l'état de ces galles qui n'étaient pas de l'année, m'a prouvé que ces larves, beaucoup plus grosses que celle de la tineite, étaient venues, comme le dit Giovène, s'y loger pour se nourrir de la substance parenchymenteuse dont elles sont formées, ou plutôt pour y subir leur dernière métamorphose, et qu'elles ne pouvaient pas avoir causé les chancres dans lesquels je les avais trouvées. D'ailleurs je n'ai jamais vu que trois larves et une nymphe dans toutes mes recherches, et j'ai examiné plus de milles galles; et puis comment expliquer autrement que comme maladie héréditaire, la transmission des galles par la greffe.

De la mousse. Dans les pays dont l'air est ordinairement chargé d'humidité, le tronc et les grosses branches des oliviers sont couverts d'une mousse de couleur, tantôt d'un gris verdâtre, et tantôt d'un vert terne. Les oliviers cultivés au fond du golfe de Saint-Tropez sont dans ce cas. Cette mousse, comme dit Lardier, « porte, aux arbres qui en sont attaqués, le plus grand préjudice, quoiqu'elle ne vive pas « de leur sève, soit en bouchant leur pores, ce qui empêche « leur transpiration, soit en s'emparant des sucs aériens « qui flottent autour d'eux et qu'ils sont privés de pomper. »

Ayant remarqué que les oliviers que je possède à Cogolin, commune voisine de celle de Saint-Tropez, étaient souffrants à cause de la mousse qui les couvrait, je les ai fait racler plus d'une fois, et toujours j'ai remarqué que mes arbres reprenaient de la vigueur et donnaient conséquemment des rameaux plus verts et plus chargés d'olives, quand cette mousse était enlevée. Bien qu'elle revienne de nouveau quelques années après ; je ne puis donc trop recommander cette opération que l'on fait pratiquer par des femmes pour éviter une trop forte dépense. On ne se fait pas une idée du nombre d'animaux microscopiques qui vivent sur cette mousse. En débarrasser nos oliviers, n'est-ce pas les soulager et doubler la somme du bien qu'on leur fait.

Si l'on considère le nombre des insectes qui vivent sur l'olivier et celui des animaux qui se nourrissent de ses fruits pendant une partie de l'année, et si l'on observe ensuite que cet arbre est un des plus utiles à l'homme, on sera forcé, de reconnaître que la nature en créant l'olivier a voulu faire un don précieux aux êtres destinés à habiter le sol où la température permettrait à cet arbre de végéter, et de dire avec Columelle : L'olivier est le plus précieux de tous les arbres, *Olea prima omnium arborum est.*

Les animaux les plus à craindre pour les oliviers sont les rats, les chiens, les renards, les corbeaux, les corneilles, les geais, les pies, les ramiers, les grives, etc. Il est des pays où quelques uns de ces derniers causent un si grand préjudice aux récoltes d'olives, qu'on est obligé de les chasser, en les effrayant avec des coups de fusil, ou avec un grand bruit de tambours, ou de couvercles de casseroles. Ce sont ordinairement de petits enfants que l'on arme de ces couvercles. Ils ne font autre chose que d'aller de temps à autre d'une extrêmité de la propriété à l'autre. C'est surtout dans les environs de Draguignan, de Lorgues, etc., qu'on fait usage de ces moyens. Je ne saurais trop prescrire de les mettre en usage dans tous les pays où les corneilles abondent. Comme elles sont toujours en grand nombre, le mal, qu'elles font dans moins d'une heure, dépasse de beaucoup la valeur de la journée d'un enfant.

Si l'on peut se garantir des attaques de divers animaux qui s'alimentent du fruit de l'olivier, il n'en est pas ainsi de celles des insectes. Il semble que la providence veille avec plus de soins à la conservation des êtres faibles et sans défenses qu'à celle de ceux qui sont forts et rusés.

Jamais homme ne parviendra à détruire la mouche de l'olive, le charançon de l'olivier, mais il est possible qu'il trouve un jour le moyen, sinon d'empêcher, du moins d'atténuer les ravages de ces insectes. C'est pourquoi il est utile que je m'occupe de leur histoire, en passant sous silence pourtant ceux dont les ravages ne sont pas appréciables, tels que certains bostriches qu'on trouve dans les parties mortes de l'arbre.

Parmi ces insectes, les uns se nourrissent dans le bois vivant de l'arbre : le bostriche de l'olivier.

Les autres vivent aux dépens des feuilles et des sommités des bourgeons : la tineite de l'olivier, le charançon de l'olivier.

Il en est que l'on ne trouve que dans la chair ou dans l'amande de l'olive ; la mouche de l'olive, la tineite de l'olive.

Quelques unes enfin aspirent ou sucent la sève de l'arbre : la cochenille adonide, la psylle de l'olivier.

Du BOSTRICHE DE L'OLIVIER. Cet insecte, désigné par les entomologistes sous le nom de *bostriche*, *hylerinus oleæ*, et sous celui de *vrillète de l'olivier*, est le *ciron* des Provençaux, *chiroun* en patois. Les bostriches, en général, ne vivant que dans le bois mort, Bosc a pensé que celui-ci ne devait pas être préjudiciable à l'olivier. Dans quelle erreur il est tombé, ou plutôt dans quelle erreur il a été plongé par Bernard qui dit dans son Traité sur l'olivier : « Je n'ai jamais observé cet insecte dans aucun endroit de « la basse Provence, et s'il y existe, il n'est pas aussi nui- « sible que dans les lieux où il a été étudié par M. Danthoine. « Selon ce dernier, la larve de la vrillète se nourrit de l'au- « bier de l'olivier, et vit sur les petites branches qu'elle « fait constamment périr. » Ce dernier avait raison, et ce qu'il avait observé dans les environs de Manosque, ville de la haute Provence, j'ai eu occasion de le voir dans les environs de Toulon, vers les premières années du siècle. Je me souviens que les oliviers du domaine que je possède aujourd'hui fesaient peine à voir, tant les rameaux atteints par les bostriches étaient nombreux. Lorsqu'ils se trouvent sur des rameaux d'un à deux ans, ces insectes ayant bientôt formé des galeries circulaires ou perforé le centre du bois, et la sève se trouvant arrêtée et ne pouvant plus circuler, les rameaux se dessèchent et périssent, ou ils sont brisés par le vent dans la partie affaiblie par les bostriches. Comme c'est dans l'été que ceux-ci se montrent sur nos oliviers, on comprend que plus il y a de rameaux attaqués par eux et plus la récolte de l'année est diminuée.

Les ravages causés par ces petits insectes sont donc plus considérables que ceux que les oliviers éprouvent de la part du charançon, de la tineite et de la chenille mineuse dont Bernard parle comme de l'insecte le plus à craindre pour nos oliviers, etc. Quand le bostriche se montra dans les environs de Toulon, les propriétaires d'oliviers ne manquèrent pas de faire tailler leurs arbres pour les débarrasser des rameaux desséchés sur l'arbre, et ensuite par l'espérance de diminuer le nombre de ces insectes. Cela aurait pu être, s'ils avaient brûlé de suite tout le feuillage produit par la taille ; mais c'est ce qu'ils ne firent pas. Aussi quinze à vingt jours après, les mêmes arbres furent de nouveau couverts de rameaux desséchés. Plusieurs revinrent à un second élagage, et ce fut encore inutilement. Alors on se résigna et l'on attendit tout du temps. En effet, deux ans après les bostriches cessèrent leurs ravages, sans qu'on ait jamais connu la cause qui les fit disparaître. Heureusement qu'ils ne se montrent que de loin en loin, et seulement par quartiers ou par zônes. S'ils étaient permanents, il faudrait renoncer à la culture de l'olivier. J'ai lu dans une feuille agricole que ces insectes si malfaisans portent en ce moment leurs ravages sur les oliviers du département des Pyrennées orientales. Que la providence les en délivre ! Je sais par expérience qu'ils peuvent causer la ruine de plus d'un propriétaire d'oliviers. Je me rappelle fort bien que nos arbres, quand ils en furent atteints, ne donnaient pas seulement des demi récoltes.

Je finissais à peine ce que j'avais à dire sur les insectes qui attaquent le bois des oliviers, lorsque le 28 septembre 1838, et à la suite d'un grand coup de vent du nord-est, je vis le dessous d'un grand nombre de mes oliviers, jonchés de rameaux d'oliviers ; les ayant observé particulièrement, ainsi que bien d'autres qui tenaient encore aux arbres, je reconnus que c'était à un petit insecte qu'était due la chute de ces rameaux dont le bois était rongé, et sur tous c'était à leur point de jonction avec les branches. Ayant adressé quelques uns de ces insectes à M. Hypolite de Fonscolombe, il voulut bien, comme à son ordinaire, avoir la complaisance de me répondre et de me dire que cet insecte était le *phloiotibus oleæ* de Latreille, qui le premier a décrit cet insecte. Bien qu'il porte quelque préjudice à nos récoltes d'olives, il n'est pas, selon moi, un de ceux que nous avons le plus à craindre. Aujourd'hui 27 avril 1839, au moment de mettre sous presse cette partie de mon Manuel, les oliviers, sur lesquels j'avais remarqué ces insectes, sont très vigoureux, et ne paraissent pas du tout avoir soufferts de la présence de ceux-ci.

La TINEITE DE L'OLIVIER, *tinea oleolla nobis*, Fonscolombe; *tinea oleolla*, Fabricius; la *teigne de l'olivier*, Bosc; la *chenille mineuse*, Bernard. Cet insecte, parfaitement reconnu et décrit par notre savant entomologiste M. Hypolite de Fonscolombe, d'Aix, « vit entre les deux sur- « faces de la feuille d'olivier où elle se trouve et se nourrit « du parenchyme. Elle quitte souvent cette retraite vers la fin « de sa vie, et se loge alors à l'aide de quelques fils de soie « entre les bourgeons et les feuilles le long des pousses les « plus tendres qu'elle ronge et détruit. La petite taille de la « chenille, qui, dans son plus grand accroissement, n'est pas « plus épaisse qu'un gros fil, et au plus de la longueur de deux « lignes, n'empêche pas, à cause de sa grande multiplica- « tion, et du mal qu'elle fait aux bourgeons, qu'elle ne de- « vienne très nuisible; elle cause surtout beaucoup de dom- « mage aux oliviers du département du Var et du comté de « Nice où elle paraît être plus multipliée. » (1)

Je veux bien croire que cet insecte puisse nuire à la végétation des arbres souffrans, mais il n'en est rien pour les oliviers vigoureux. Que de bourgeons trop nombreux et nécessitant un élagage souvent réitéré, ces arbres poussent à

(1) Pour plus de renseignemens sur cet insecte, voyez le restant de la notice de M. de Fonscolombe insérée dans les annales de la Société entomologique, séance du 5 juin 1835.

chaque printemps. Les bourgeons, rongés par la tineite, sont en moins à couper, et de plus la sève qui se serait portée sur ces bourgeons est distribuée à ceux qui sont à côté, et ils en deviennent plus forts et conséquemment plus disposés à se mettre en fleurs l'année suivante. C'est avec peine que j'émets une opinion contraire à celle d'un savant qui m'honore de sa bienveillance, mais j'écris pour l'instruction des cultivateurs et alors ma conscience avant tout. Du reste ce que je viens de dire sur le peu de crainte que m'inspire cette tineite n'ôte rien au mérite des observations de M. Hypolite de Fonscolombe. Jusqu'à présent cet insecte n'était pas bien connu, Bernard l'avait confondu avec une autre tineite qui se nourrit dans l'amande de l'olive et qui a été également reconnu et décrit par notre savant entomologiste. C'est donc un vrai service qu'il a rendu à la science. La difficulté, à cause de son peu de grosseur, de trouver facilement la tineite de l'olivier, est un obstacle à la destruction de cet insecte, dont les ravages, ainsi que je l'ai dit, ne me paraissent pas assez importans pour compenser la perte de temps que des ouvriers passeraient à le rechercher. Cependant selon Bernard d'abord, et selon Bosc ensuite, qui ne paraît être que l'écho du premier, celui-ci n'ayant jamais eu occasion sans doute d'observer la tineite de l'olivier, cet insecte est on ne peut plus nuisible à la production des oliviers, soit à cause des grappes de fleurs qui se dessèchent par suite de la désorganisation des feuilles qui ont servi d'asile à la larve et à l'aisselle desquelles ces grappes naissent, soit à cause du nombre des bourgeons qui se dessèchent par l'effet de cette larve, soit par la formation de galles qui absorbent une grande quantité de sève, ces galles étant occasionnées par la piqûre que fait la larve pour s'insinuer dans le centre des bourgeons naissants, soit enfin par la perte des olives dont le noyau a été dévoré par celle-ci avant leur maturité. D'après mes observations, il est très rare que beaucoup de grappes de fleurs se dessèchent avant que les fleurs se soient épanouies, et si l'on en voit alors, c'est que n'ayant pas noué, elles doivent nécessairement se détacher de l'arbre. Au surplus, si toutes les grappes de fleurs restaient et si chacune d'elles portait une seule olive, l'arbre ne résisterait pas à une telle exubérance de produits. La perte d'un quart des grappes ne serait donc pas un grand préjudice quand même elle serait occasionnée par cette tineite. J'ai vu souvent la totalité des fleurs d'une partie des grappes ne pas nouer, et pourtant la récolte des olives être des plus abondantes. J'ai déjà dit que la destruction d'un certain nombre de bourgeons n'était pas non plus un dommage dont on doive tenir compte. J'ai déjà démontré que les galles étaient une maladie ou une disposition naturelle de certains oliviers, et l'on verra bientôt que ce n'est pas la larve de cette tineite qui s'introduit dans le noyau de l'olive.

Du CHARANÇON DE L'OLIVIER. En 1823, un insecte inconnu jusqu'alors dans la partie orientale du département du Var, se montra sur les oliviers des environs d'Antibes. Cet insecte, que l'on vit dans le printemps dévorer les nouvelles feuilles et les jeunes bourgeons de ces arbres, répandit l'alarme dans ces contrées, par la crainte, bien excusable sans doute, que l'olivier, qui commençait à se refaire des maux que lui avait causé le froid du rigoureux hiver de 1820, ne pût résister à ses attaques réitérées. Aussitôt la Société d'agriculture de Draguignan s'empressa d'inviter les cultivateurs à observer cet insecte, signaler ses ravages et communiquer les moyens qu'on pourrait employer pour arriver à sa destruction.

Ayant déjà moi-même observé cet insecte, j'adressai de suite à cette Société une notice dont j'ai extrait ce qui suit :

Parmi les nombreux insectes qui sont nourris par l'olivier, il en existe un qui est noir, un peu globuleux et d'une longueur d'environ quatre à cinq millimètres ; à ses élitres durs et surtout à sa tête prolongée en forme de trompe, j'ai reconnu que c'est un véritable charançon. Cet insecte, que j'appelle le charançon de l'olivier, trouve son aliment dans les feuilles et les bourgeons naissans de cet arbre. Très multiplié dans les environs de Toulon depuis dix à douze ans, ce charançon y est connu sous le nom vulgaire de *chaplun* du verbe provençal *chaplar*, couper par petits morceaux, hâcher. On lui a sans doute donné ce nom parce qu'il festonne et qu'il mutile les feuilles sur lesquelles il exerce ses ravages. Bien que cet insecte n'ait été décrit par aucun agriculteur, il paraît que ce n'est pas de nos jours seulement qu'il fréquente les oliviers ; Bernard dit dans son mémoire publié en 1787 : « J'ai vu, pendant plusieurs années, aux « environs de Toulon, que les feuilles d'oliviers étaient « presque toutes découpées. Personne ne soupçonnait que « ce fut là l'ouvrage d'un insecte. » Et c'est encore à la tinéite qu'il attribue cette mutilation des feuilles. Dans une note qu'il donne en parlant de cette chenille, on y voit que M. Isnard avait vu des charançons sur des oliviers aux environs de Grasse. « Nous avons, dit celui-ci, un triste exemple devant les yeux du dommage que peuvent causer les « charançons ; il y a, au nord et aux portes de notre ville, « tout un quartier tellement infesté de ces insectes, que les « oliviers y sont tous galleux, rabougris, etc. » A quoi Bernard ajoute : « Tous ces détails sont vrais, mais M. Isnard « s'est trompé sur la cause du mal, c'est-à-dire, c'est à « la chenille mineuse qu'il faut l'attribuer. »

Comme la plupart des êtres malfaisans, le charançon craint et fuit la lumière ; aussi n'est-ce que pendant la nuit qu'il commet ses dégâts ; et c'est alors, si la chose était possible, qu'il faudrait aller à sa poursuite. Pendant le jour il s'enferme dans une retraite obscure où il attend dans l'inaction le retour de la nuit. Avant le froid de 1820 l'écorce de nos oliviers n'offrant aucune gerçure, cet insecte se retirait dans la terre à quelques centimètres au dessous de la surface du sol, et même c'est encore là qu'il faut le chercher, lorsqu'on ne le rencontre pas dans les crevasses des arbres qu'on reconnaît dévorés par lui.

Les charançons de l'olivier commettent sans doute de grands ravages sur les arbres qu'ils attaquent, parce qu'ils sont quelquefois très nombreux sur un seul pied et qu'alors ils dévorent une quantité infinie de feuilles, et privent ainsi cet arbre d'organes essentiellement nécessaires à son existence et à l'alimentation du fruit ; et que bien souvent, non contents de s'attacher aux feuilles, ils se nourrissent encore de boutons à fleurs et des sommités des nouveaux bourgeons. Toutefois je dois dire que ces ravages n'ont jamais sensiblement diminué nos récoltes d'olives. Cependant comme il est prudent d'éloigner de nos oliviers jusqu'au moindre de leurs ennemis, il convient de détruire ces insectes, autant qu'il est en notre pouvoir. Le seul moyen qu'on peut aisément mettre en pratique, c'est celui de soulever les parties d'écorce crevassées ou de fouiller la terre autour du tronc des arbres et d'écraser tous ceux qu'on découvre. De même que les autres charançons, ceux-ci ont la ruse de se laisser alors tomber, sans plus donner le moindre signe d'existence. Dans cet état ils paraissent déjà morts. Mais il ne faut pas s'y méprendre ; c'est un pur artifice de leur part, car si l'on s'éloigne d'eux et que l'on s'en rapproche quelques instans après, on ne les retrouve plus. Ainsi non seulement le dommage que les oliviers éprouvent de ce charançon n'est pas très considérable, du moins dans sont état d'insecte parfait, celui causé par sa larve ne nous étant pas connu, mais encore il est facile à prévenir par la facilité avec laquelle on peut détruire cet insecte.

De LA MOUCHE DE L'OLIVE. De tous les insectes qui se nourrissent sur l'olivier, le plus à craindre, sinon pour la végétation de l'arbre, du moins pour la conservation du fruit, c'est la larve de la mouche désignée par les naturalistes sous le nom de la *mouche* de *l'olive*.

Lorsque l'olivier s'est mis en fleurs, ce qui n'arrive pas toutes les années, lorsque ses fleurs n'ont pas été enveloppées dans une espèce de réseau, nommé vulgairement le coton, lequel empêche le fruit de nouer et est produit par un tout petit insecte dont je m'occuperai bientôt, lorsqu'enfin le vent du nord-ouest (*lou mistraou*), ou même celui du nord (*la mountagnièro*), n'ont pas soufflé avec trop de violence au moment de la floraison, les olives ne tardent pas à se montrer et à grossir. Dès qu'elles ont acquis un certain volume, on commence à apercevoir sur leur surface des petits points noirs. Ces points sont autant de piqûres faites par la mouche pour l'introduction des œufs qu'elle y dépose, mais comme alors la chair de l'olive est très dure et privée d'aquosité, à cause de la grande sécheresse qui règne pendant l'été en Provence, les jeunes vers, qui éclosent bientôt après n'ont point assez de force pour la pénétrer et s'en nourrir, et assez ordinairement leur existence n'est que de quelques heures. Il n'en est pas de même si le printemps a été pluvieux, ou si durant ou vers la fin du mois d'août, il survient une pluie assez abondante pour humecter le feuillage et les racines superficielles de l'olivier ; alors son fruit, se trouvant pénétré non seulement par l'eau de cette pluie, mais encore par une sève plus abondante et plus aqueuse, prend une consistance plus molle et le petit ver, si toutefois de nouvelles mouches surviennent, arrive et s'introduit sans effort dans son intérieur.

Assez souvent on ne trouve qu'un ou deux vers dans chaque olive, mais ils suffisent, pour réduire à moitié le produit des olives et pour en détériorer la qualité. Quelquefois ces vers y sont en plus grand nombre, et alors les olives, étant dévorées en entier, sont abandonnées sous les arbres par le cultivateur. Qu'on juge du dommage qu'un aussi petit être porte à notre agriculture du midi ; que serait-ce s'il diminuait dans certaines années d'un tiers, ou même plus, nos récoltes de froment, comme je le démontrerai bientôt. On ne saurait donc trop prendre de moyens pour se garantir de ces attaques, et le Conseil général du département du Var ferait un acte de patriotisme, s'il accordait une prime de dix à douze mille francs à celui qui serait assez heureux ou assez intelligent pour arriver à ce résultat. Une pareille découverte serait un bienfait pour la Provence ; elle y gagnerait des millions. Pourrait-on la trop payer ?

Il est possible qu'aprés de nombreux essais on parvienne à éloigner cet insecte de nos oliviers ; quant à sa destruction, il n'y faut point penser. Jamais la mouche de l'olive, pas plus que la mouche qui nous incommode nous-mêmes, périra par le fait de l'homme. Elle peut cesser d'être, mais assurément elle vivra autant que le voudra celui qui l'a placée sur la terre.

Cependant il est des années où les olives sont saines et donnent une huile limpide, parfaite et abondante. Que deviennent les mouches cette année là? Si elles ne paraissent pas alors, pourquoi, dira-t-on, ne peut-on pas espérer qu'elles ne se montreront plus? Je ne dis pas que cela ne puisse arriver. La nature a des ressorts cachés qu'elle sait mettre en jeu toutes les fois qu'elle veut créer ou détruire; mais qu'on ne s'y trompe pas, il est chaque année des contrées où les olives sont plus ou moins piquées du ver, et même dans celles où ce fruit en paraît généralement exempt, je me suis assuré qu'il en est toujours quelques uns, (un sur mille peut-être) qui renferment un ver. Il n'en faut pas davantage pour la propagation de l'espèce; car la nature ne perd jamais ses droits. Elle veille à la conservation de la plus informe comme de la plus parfaite de ses œuvres, et pour elle le ver, qui rampe et traîne péniblement son existence, est aussi précieux que l'être superbe et dédaigneux, qui de son pied écrase le faible insecte qui se meut sous ses pas.

Après avoir acquis tout son développement et avoir pratiqué une ouverture à la pellicule qui recouvre l'olive, afin qu'il puisse en sortir, quand il aura subi ses diverses métamorphoses, le ver se transforme en nymphe et ayant demeuré un certain nombre de jours dans un état d'immobilité complète, il se montre hors de l'olive sous la forme d'une mouche d'un blanc jaunâtre, pour devenir ensuite, vue au microscope, d'un noir nuancé de jaune et de vert. C'est depuis la fin du mois d'octobre jusque vers le quinze décembre, selon que le ver a plus tôt ou plus tard pris naissance, que la mouche quitte l'olive, et s'envole dans les champs. Alors les lieux où sont renfermées les olives aussi bien que les moulins à huile en sont couverts. Que devient cette mouche depuis ce moment de l'année jusqu'à celui où elle pourra déposer sa progéniture sur le fruit de l'olivier? Comment passera-t-elle la saison la plus rigoureuse de l'année? C'en est fait; l'hiver se présente avec ses longues et froides nuits, la frêle mouche de l'olive ne pourra résister aux glaces et aux neiges, elle périra, engourdie, qu'elle sera, par les gelées excessives du mois de janvier. C'est ce qui survint surtout pendant le long hiver de 1830. Elle meurt; mais guidée par la nature qui, en bonne mère, a tout prévu et a pourvu à tout, elle a déjà déposé les œufs conservateurs de l'espèce dans les plantes de froment que le cultivateur imprudent s'est trop pressé d'ensemencer.

Bernard, lui aussi, croyait que la mouche de l'olive ne déposait pas toujours les vers conservateurs de l'espèce sur ce fruit. Voici ce qu'il dit à ce sujet : « Comme la mouche « qui dépose ses œufs sur les oliviers se reproduit plusieurs « fois dans le temps où ces fruits approchent de leur matu- « rité ou y sont parvenus, il est à présumer qu'elle vit avant « ce temps de quelqu'autre manière. Il est possible qu'on « découvre la production végétale qui est nécessaire pour « entretenir la multiplication de cet insecte, jusqu'à ce qu'il « puisse vivre sur les olives. Voilà des recherches dignes « des naturalistes, et qui pourraient peut-être fournir des « moyens pour diminuer les dommages occasionnés par « cette mouche. »

Enfermés dans le centre des tiges des plantes de froment, les vers nés de ces œufs passent en sûreté la saison la plus terrible. (Voyez le mot FROMENT.) Tous nos cultivateurs savent que les blés semés trop tôt sont dans le cas d'être attaqués par un ver et qu'il est des années où ils le sont plus que les autres. J'ai observé plus d'une fois que ces années sont justement celles durant lesquelles les olives sont aussi dévorées par le ver (1). Ayant enfermé sous cloche plusieurs plantes de froment qu'à la couleur jaune de leurs feuilles et à leur état de souffrance j'avais reconnues devoir contenir des vers, ce que je ne fesais que pour connaître la nature de l'insecte qui cause tant de dommages à nos froments, je fus étonné après quelques jours, de voir voltiger plusieurs mouches dans la cloche. Ayant examiné ces mouches je crus remarquer que, par leur grosseur, leur allure et leur couleur, elles ressemblaient beaucoup à celle des olives. Ayant prié M. de Fonscolombe de me dire s'il connaissait cette mouche sans lui désigner la plante sur laquelle je l'avais obtenue, il me répondit qu'elle avait beaucoup d'analogie avec celle de l'olive. C'est cette réponse qui m'a fait penser que la mouche qui sort de l'olive se régénère au moyen des plantes de froment.

Le ver, non seulement, diminue la quantité d'huile contenue dans l'olive, mais il détériore ce liquide au point qu'il n'est plus propre qu'à la fabrication du savon et qu'il perd alors considérablement de sa valeur. Combien donc il serait utile de préserver les olives de ses attaques ! Je doute qu'on puisse amais y parvenir; cependant je croirais manquer le but que je me propose en écrivant pour les propriétaires ruraux du midi de la France, si je ne leur faisais part des observa-

(1) Les olives de la récolte de l'année 1838 ont été la proie des vers et je constate qu'aujourd'hui 15 janvier 1839, les fromens, semés en octobre dernier, sont également atteints par le ver.

tions que j'ai faites à ce sujet.

J'ai remarqué, même dans les années où l'on est forcé d'abandonner les olives à cause du nombre de vers qu'elles recèlent, que celles produites par les arbres plantés sur la lisière des grandes routes sont saines et presque entièrement privées de vers. En 1827, les oliviers étant peu chargés de fruit, les mouches dûrent nécessairement multiplier leurs piqûres sur chaque fruit, et en effet les olives furent si remplies de vers, qu'on se décida à les laisser sous les arbres, et bien cette même année je fis saler des olives très bien conservées que j'avais fait cueillir sur un arbre que je possède sur le bord d'une de nos grandes routes. En 1832 les olives furent si ravagées par le ver qu'en novembre déjà la chair du fruit avait été totalement dévorée par eux, le noyau n'était recouvert que par la pellicule qui enveloppe le fruit, et c'est à peine si l'on trouvait au dessous de cette pellicule une sanie, secrétion des vers qui s'y étaient nourris. Non seulement alors, mais encore le onze décembre j'examinai sur la grande route d'Italie deux oliviers de l'espèce cayone, et je trouvai toutes les olives très bien conservées, et propres à produire de l'excellente huile.

A quoi tient cette différence que l'on aperçoit sur divers oliviers, selon qu'ils sont voisins ou distants de la route, bien qu'ils soient plantés sur un sol de même qualité et qu'ils reçoivent les mêmes soins? Pas à une autre cause qu'à la poussière jetée par les vents sur les olives, lesquelles en sont couvertes au point qu'elles en sont blanchies. La mouche, trompée par cette couleur, qui n'est pas celle de l'olive, ou peut-être contrariée par la poussière qu'elle rencontre sous ses pieds, va déposer ses œufs ailleurs.

Si véritablement la poussière éloigne la mouche des oliviers plantés sur les bords des grands chemins, si c'est surtout sur ces arbres voisins des routes empierrées avec des cailloux calcaires qu'on remarque ce fait plus particulièrement, ce qu'il est impossible de nier, ne semble-t-il pas qu'il suffit d'imiter ce que le hasard produit; et dès lors n'est-il pas probable qu'en répandant sur nos oliviers de la vieille chaux en efflorescence, on obtiendrait de cette opération un résultat satisfaisant. Seulement il faudrait avoir soin de la répéter toutes les fois que les arbres auraient été lavés ou secoués par la pluie ou par les vents.

Mais cette opération est-elle praticable sur les grands arbres et dans les grandes complantations? je ne le crois pas; du moins sans une dépense considérable, laquelle même deviendrait inutile, si la mouche, peu nombreuse cette année là, ne devait pas porter de préjudice à notre récolte d'huile. Ce n'est pas que cette opération fût entièrement perdue. On a dû s'apercevoir que les oliviers, plantés sur les bords des chemins empierrés avec du calcaire, non seulement donnent un fruit sain et exempt de vers, mais encore qu'ils végètent avec une vigueur étonnante, et que leurs rameaux, presque chaque année, fléchissent sous le poids des olives dont ils sont surchargés. Ce serait vouloir ne croire à rien que de ne pas reconnaître avec moi que la forte végétation et l'excessive production de ces arbres sont dues à l'action de la poussière dont ils sont constamment couverts. Si par l'opération que je conseille, l'on rendait productifs et l'on donnait de la vigueur à des oliviers dont la végétation est faible, ne serait-on pas largement dédommagé de la dépense qu'elle aurait occasionnée. Il faudra ne se servir que de la chaux qu'on aura placée et laissée assez long-temps dans un lieu accessible à l'humidité atmosphérique, mais cependant à l'abri de la pluie.

Les personnes qui auraient plus de facilité à se procurer du plâtre en poudre que de la chaux, feront très bien de l'employer. J'ai fait également l'observation que les oliviers plantés dans le voisinage des fabriques à plâtre sont bien plus verts et plus souvent couverts de fruits que ceux qui en sont plus distants, et que ces fruits sont aussi moins souvent atteints par le ver. Le plâtre aurait l'avantage de pouvoir être employé de suite, et celui encore plus grand de s'appliquer et de s'unir à la surface de l'olive, mieux que la chaux. Déjà l'effet des vieux plâtras répandus autour des oliviers est connu; que ne doit-on pas espérer de l'effet du plâtre répandu en nature sur le feuillage de ces arbres? Je conseille donc, toutes les fois que la valeur de cette matière le permettra, de s'en servir à cette opération en remplacement de la chaux en efflorescence.

De la tineite de l'olive. Dans le courant du mois d'août on commence à voir quelques olives percées au point de l'insertion de leur pédicule ou queue. C'est que l'amande contenue dans le noyau a servi de nourriture à une larve et que celle-ci étant arrivée à toute sa grosseur, est sortie de l'intérieur du noyau, soit en état d'insecte parfait comme la mouche de l'olive, soit pour aller se métamorphoser en nymphe sous une feuille de l'arbre. Jusqu'à présent on avait cru que cette larve était celle de la tineite de l'olivier et Bernard en était pleinement persuadé. Il appartenait à M. de Fonscolombe (Hypolite) (1) de reconnaître qu'elle ap-

(1) On sera peut-être étonné de ce que je désigne toujours M. de Fonscolombe par son prénom; j'y suis obligé parce qu'il n'est pas le seul individu de ce nom, cité dans mon Manuel. La science

partenait à une espèce différente. Cette espèce est si petite, il faut avoir une si grande habitude d'observer qu'il n'est pas étonnant que Bernard soit tombé dans cette erreur. Il est certain que le premier a bien constaté que c'est la larve d'une autre tineite (larve plus grosse que celle de la teigne mineuse) qui pénètre dans le noyau de l'olive.

La présence de cette tineite dans l'olive ne donne pas grands soucis aux propriétaires d'oliviers, ils ne comptent pas sur l'huile de l'amande du noyau qui n'est jamais broyée, mais seulement concassée. On perd bien une certaine quantité d'huile par les olives qui tombent en août et même en septembre, mais elles ne sont jamais très nombreuses. Ce n'est qu'en octobre et en novembre que les vents d'automne en abattent beaucoup, et alors elles sont presque entièrement mûres. On a vu une année de grande récolte où les olives tombèrent presque toutes, sans avoir recours au gaulage. Ces olives, qui d'ailleurs étaient saines, produisirent

---

est héréditaire dans sa famille. M. Boyer de Fonscolombe père, ancien conseiller au parlement d'Aix, nous a laissé de très-bons mémoires d'agriculture et de minéralogie. C'est à lui et à son savant collaborateur, M. Henri Pontier, que l'on doit la connaissance du cromote de fer, dont le premier échantillon fut trouvé par eux dans le département du Var, non loin de la terre de la Molle, appartenant à M. de Fonscolombe. Ses fils marchent sur ses traces et chacun dans une carrière différente. M. Hypolite est un des meilleurs entomologistes du midi de la France, M. Charles est un des bons agriculteurs de la Provence et M. Marcecelin se fait remarquer par ses connaissances et ses travaux en archéologie. Il y a peu de jours (août 1838) que les journaux ont annoncé la mort d'un de ses petits fils, Maurice de Fonscolombe, jeune homme de la plus grande espérance et auteur d'un mémoire couronné par la société des sciences de la ville d'Aix.

de l'huile en quantité et de bonne qualité, quoiqu'elles fussent toutes percées par le fait de la tineite. Aussi nos cultivateurs considèrent la tineite de l'olive comme un être plus utile que nuisible.

De la cochenille adonide, Fabricius, le *kermès* de Bernard. On aperçoit parfois sur les oliviers vigoureux, peu exposés au vent, un insecte immobile, plus long que large, dont une de ses extrémités est allongée et l'autre est arrondie. C'est la cochenille de l'olivier, nommé vulgairement le *pou*. Si des observations n'avaient été faites par des hommes qui se sont exclusivement occupés d'entomologie, tels que Réaumur, Bonnet, etc., on aurait peine à croire ce qu'on dit de ces insectes. Les mâles diffèrent entièrement des femelles; les premiers sont très petits et ont deux ailes transparentes. Les femelles ne ressemblent plus à des êtres organisés lorsqu'elles sont fécondées; leur corps se renfle considérablement à mesure que les œufs se développent, et ils sont si nombreux que Bernard assure en avoir compté jusqu'à deux mille. De chacun de ces œufs sort un insecte d'un rouge très clair d'abord et d'une couleur plus grisâtre par la suite, couleur qu'il conserve assez long-temps. A peine les petits insectes sont éclos que la femelle qui les a produits, meurt sans rien perdre de sa forme et de sa position; aussitôt les jeunes cochenilles, vont, pendant le jour, se nourrir sur la partie inférieure des feuilles les plus tendres et sur les bourgeons naissants et, le soir venu, elles rentrent sous le cadavre de leur mère qui leur sert d'asile et d'abri jusqu'au moment qu'ils sont obligés, à cause de leur croissance, d'abandonner le toit maternel pour se répandre sur les différentes parties de l'arbre.

A l'âge de quatre à cinq mois, ils abandonnent les feuilles

et ils s'attachent aux branches et alors ils ne changent plus guères de position. Ils sont presque toujours visités par des fourmis qui se nourrissent, soit des débris de ceux qui meurent, soit d'une liqueur mielleuse qui suinte de leur corps.

Les cochenilles, lorsqu'elles sont nombreuses sur un même pied, nuisent, sans nul doute, à la végétation de l'arbre, mais le préjudice qu'elle lui causent n'est pas aussi grand que l'ont cru Bosc, Bernard, etc. Ces savants agriculteurs ont prétendu, ainsi que bien d'autres avant eux, que la croûte noirâtre qu'on remarque souvent sur la feuille des oliviers, désignée par les naturalistes de notre temps sous le nom de morfée, est une plante criptogame que l'on a vu végéter, se reproduire et qu'on a même semé sur des arbres qui n'en étaient pas atteints. J'ai déjà traité de ce sujet dans la partie relative aux maladies des oliviers.

Dès qu'on aperçoit quelques cochenilles sur un olivier, il est prudent de les détruire, et le plus sûr moyen est celui de frotter les branches ainsi que les rameaux sur lesquels elles se trouvent, avec du gros linge trempé dans du fort vinaigre. Si on néglige ce moyen, ces insectes fourmillent bientôt, et comme c'est avec la sève soutirée par eux de l'arbre qu'ils s'alimentent, ils ne laissent pas que de l'affaiblir, surtout si cet arbre n'est pas tenu avec soin et s'il n'est pas largement fumé.

De la psylle de l'olivier. Les grappes de l'olivier ne sont pas encore entièrement développées que déjà on en voit plusieurs enveloppées d'une matière visqueuse, épaisse et ressemblant à un duvet fort blanc. De là le nom de coton que nos cultivateurs lui donnent. Ce coton, par sa nature glutineuse, colle les boutons à fleurs les uns contre les autres, et préjudicie plus ou moins à la récolte des olives. Selon Bernard et Bosc après lui, cette substance est le produit d'un petit insecte qu'on découvre à cette époque de l'année, autour des pétioles des feuilles et des pédoncules qui portent les grappes de fleurs. Ayant souvent remarqué une petite araignée de couleur verte dans le voisinage de ce duvet, j'avais cru dans un temps que c'était elle qui avait préparé cette espèce de rêts pour y prendre les petits insectes qui vivent sur l'olivier. J'avais été porté à cette erreur par un passage de Pline, liv. XVII, chap. 24, ainsi conçu : « Le haut des « oliviers est quelquefois enveloppé d'une sorte de toile qui « les fait avorter. C'est une maladie de l'arbre connue sous « le nom de toile d'araignée. »

Bien que Bernard nous dise qu'il s'est assuré que le coton était produit par la partie postérieure de la psylle, on se demandera toujours pourquoi cette substance ne se voit sur les oliviers qu'au moment de la floraison, lorsque le même nous dit : « J'ai trouvé des nymphes de psylles dans toutes « les saisons. On ne les voit en automne et en hiver que sur « les pousses les plus tendres et sur les oliviers qui jouissent « d'une bonne exposition. »

La larve de la psylle se nourrit, comme la cochenille, de la sève de l'arbre dont elle s'empare au moyen d'une piqûre qu'elle fait, tantôt à l'aisselle des feuilles, tantôt autour des pédoncules des grappes à fleurs. Cependant le dommage, qu'elle nous cause, provient plus du coton qu'elle produit que par la quantité de sève qu'elle enlève à nos oliviers. Cet insecte est d'un si petit volume (une ligne de longueur dans son état d'insecte parfait) qu'il est bien difficile qu'on puisse le rechercher pour le détruire.

Il existe bien quelques autres insectes sur les oliviers,

tels que la *punaise staphylin*, *barban* aux environs de Nice, la *tipule*, le *stomoxe keiron*, décrits par Risso, mais en parler, ce serait prolonger inutilement cet article, ces insectes n'étant pas aussi à craindre que ceux dont je me suis plus particulièrement occupé et dont nous n'avons véritablement à redouter que le bostriche, la mouche, la cochenille et la psylle.

Des olives. Puisque le but de toute plantation et de toute culture est celui d'obtenir un produit qui dédommage des dépenses qu'on a faites, les cultivateurs d'oliviers doivent faire en sorte, d'abord que leurs arbres donnent beaucoup d'olives, et ensuite que ces olives rendent la plus grande quantité d'huile possible. Jusqu'à présent ils n'ont d'autre méthode à cet égard que celle du pays où ils se trouvent.

Là, on porte les olives au moulin de suite après les avoir recueillies; ailleurs on les conserve plus ou moins long-temps avant de les triturer, et dans ce cas les uns les entassent et les autres les répandent dans des greniers; il est des pays où on cueille les olives encore demi mûres, et alors c'est pour faire de l'huile fine; il en est, et c'est la généralité, où on attend leur complète maturité et dans ce cas encore les uns ne les cueillent qu'à fur et mesure qu'elles tombent de l'arbre, comme dans la Corse, la rivière de Gênes, la Morée, etc., ce qui prolonge la durée de la récolte jusqu'en été, et les autres les font tomber avec des roseaux ou avec des longues gaules, dès qu'elles leur paraissent mûres.

Si on me demande quel est de ces divers usages celui qui doit être préféré, je répondrai aujourd'hui ce que je disais en 1827 dans un mémoire que j'adressai à la Société d'agriculture de Draguignan.

Je dois avant tout annoncer que diverses expériences

m'ont démontré, 1° que les olives d'un arbre cultivé sur le calcaire donnent plus d'huile que celles d'un olivier, quoique de la même espèce, venu sur le granit et celles-ci plus que les olives recueillies sur les chiste.

2° Que les olives des coteaux sont plus productives que celles de la plaine ; et cette remarque est si juste que si l'on détrite à part les olives de la partie inférieure d'une propriété à plan incliné, on en obtiendra moins d'huile que de celles ramassées dans la partie la plus élevée.

3° Que les olives, ordinairement peu nombreuses d'un arbre souffrant pour cause d'inculture, sont, à terrain de même nature, toujours plus productives que celles d'un olivier bien tenu, et rendu fertile par des engrais et des soins.

4° Que les olives récoltées dans les années où le ver ne es attaque pas, produisent infiniment plus que lorsqu'elles sont dévorées par cet insecte.

Une fois le principe posé et reconnu que selon certaines causes, indépendantes de l'industrie humaine, les olives sont plus ou moins productives, il est utile de se demander, si nous retirons de nos olives toute l'huile qu'elles peuvent donner.

Déjà plus d'une fois on s'est fait cette question sans être plus avancé. Cependant M. B***, agriculteur distingué de l'Hérault, l'a résolue négativement dans un mémoire, inséré dans la plupart des journaux et bulletins agricoles. Il s'est assuré, dit-il, qu'en aspergeant des olives avec du vinaigre, on obtient un dixième d'huile en plus que de celle produite par des olives non soumises à ce procédé. Cette découverte me paraissant extrêmement avantageuse, je me hâtai par le plaisir que j'éprouve toujours, de me rendre utile à mon pays, de mettre à l'épreuve cette méthode. Le résulta de mon expérience me persuada bientôt que M. B*** avait été, par je ne sais quelle cause, jeté dans une erreur complète : et certes l'on ne pourra pas me reprocher de n'avoir pas opéré sur une assez grande masse, ni avec assez de surveillance et de soins, lorsqu'on saura que les olives après avoir été mêlées ensemble au moyen d'un pelversage prolongé, ont été divisées en deux tas, qui ont été pesés chacun séparément; que le poids de chacun de ces tas a été de 372 kilogrammes ; qu'après le pesage, les olives de l'un des deux tas ont été de nouveau pelversées et aspergées pendant trois fois avec du vinaigre de première qualité, ce qui constitue le procédé de M. B*** ; que le pesage, tant des olives que de leur produit, s'est fait en ma présence et avec la plus grande exactitude, et enfin que je ne suis sorti, du moulin pendant le détritage que durant l'heure de mes repas, avec la précaution de me faire remplacer par un homme de confiance.

De mon expérience est résultée pour moi la conviction que le procédé de cet agronome, digne d'ailleurs de mes respects, par son âge, son caractère et ses connaissances en agriculture, ne convient pas de tout à nos olives puisque celles qui n'ont pas été aspergées avec du vinaigre ont donné plus d'huile que celles préparées selon la méthode de M. B***, et que le moyen le plus sûr et le plus facile à employer pour leur faire rendre toute l'huile qu'elles sont dans le cas de produire, c'est, après avoir été cueillies, si elles ne sont pas dans un état complet de maturité, de ne pas les porter de suite au moulin et de les conserver pendant un certain temps en les entassant et en les pressant chaque jour pour les empêcher de s'échauffer et de fermenter, dispositions qui pourraient les conduire à la pourriture et leur faire perdre une partie de l'huile qu'elles contiennent.

Si l'on cueille une olive au moment où ce fruit commence à peine à se colorer, et qu'on la presse entre ses doigts après l'avoir ouverte, il en découle une liqueur blanchâtre au milieu de laquelle surnagent quelques légères parcelles d'huile. Si l'on répète cette expérience dès que l'olive est tout-à-fait noire ou rougeâtre selon la teinte plus ou moins foncée de sa couleur, la liqueur qui en sort est d'un blanc rougeâtre, offre plus de consistance et une plus grande quantité d'huile. Enfin si l'on ouvre une olive lorsque, par excès de maturité, elle se trouve dans l'état que nous nommons *fachouiro*, c'est-à-dire dans un état qui permet de la manger sans que le gosier soit affecté par l'âcreté qu'on rencontre dans ce fruit, lorsqu'il n'est pas bien mûr, il ne découle plus aucune liqueur et en la pressant il en sort une huile claire et limpide. Dans le premier état, l'olive n'offre qu'une eau laiteuse, qu'un mucilage mêlé avec l'eau de végétation qui, avec le temps, se serait transformé en huile. Des olives cueillies dans cet état, et portées de suite au moulin, ne donnent qu'une très petite quantité d'huile. Les olives noires, approchant de leur maturité, en contiennent sans doute davantage, mais aussi elles contiennent encore beaucoup de mucilage et conséquemment elles ne produisent point encore toute celle qu'elles peuvent fournir. De là je conclus que les olives ne doivent être ramassées qu'après leur maturité parfaite, et que si elles le sont avant, elles ne doivent être détritées que plusieurs jours après avoir été récoltées.

Il est certain que les graines et les fruits oléagineux tendent pendant leur maturation à un état mucilagineux. Leur analyse avant la maturité prouve qu'ils contiennent tous une grande quantité de mucilage et l'expérience donne la certitude que l'huile qu'on trouve ensuite dans ces fruits ou dans ces graines, n'est autre chose que cette même substance, ainsi convertie par la complète maturité. Il est probable, et l'observation en fournit la preuve, que les olives ne font point exception à cette disposition de tous les fruits oléagineux. Si donc on est obligé de conserver pendant quelque temps avant de les porter au moulin, les noix, les amandes, les graines de colza, de pavot, etc., et c'est en effet ce qui est usité dans tous les pays à huile de graines, n'est-il pas également nécessaire d'en user de même pour les olives, et surtout pour celles que le vent fait tomber, ou que l'on cueille avant leur maturité?

Dans les environs d'Aix, où l'on fait la meilleure huile du monde, on sait fort bien que pour retirer des olives une plus grande quantité d'huile, il est nécessaire d'entasser ces fruits et de les laisser ainsi en tas pendant trois jours; ce qui suffit pour leur donner une tiédeur suffisante et pour convertir en huile une portion du mucilage qu'elles contiennent. Sans nul doute que ces olives ne produisent pas autant que si, en les gardant un peu plus long-temps, on attendait l'entière conversion de leur mucilage en huile; mais dans ce pays le haut prix de cette denrée dédommage amplement et avec bénéfice de la perte que fait le cultivateur. Il n'en est pas de même dans le département du Var. Là on fabriquerait de l'huile supérieure à celle d'Aix qu'on n'en retirerait pas un prix beaucoup plus élevé que celui des huiles communes. En 1835, ma récolte d'olives étant très abondante, je crus agir sagement que de cueillir mes olives cayonnes, et c'est chez moi l'espèce qui fournit la meilleur huile, dans les premiers jours de novembre; alors elles étaient encore mi-vertes. Je les gardai, comme à Aix, durant trois jours; il est sousentendu que celles que le ver ou le vent avaient fait tomber furent mises et détritées à part, et que celles cueillies sur l'arbre étaient reçues dans des paniers et sur des draps. Possédant un moulin à huile dans la commune de la Valette, je pus faire mon huile avec toute la propreté possible. En effet, j'obtins un résultat des plus satisfaisans. Mon huile fut reconnue valoir celle d'Aix, soit par son goût du fruit, soit par sa douceur. Quelques mois après l'huile se vendait au moulin, c'est-à-dire, au moment où elle contient encore toutes les substances hétérogènes que plus tard elle doit déposer, au prix de 82 francs la millerole. Je ne pensai pas demander un prix trop fort de la mienne pendant le courant de l'hiver en l'annonçant à 100 francs. Et bien mon huile m'est restée 1° parce que le consommateur, trouvant à se procurer à un prix inférieur, en acheta ailleurs, et 2° parce que les commerçans d'huile des environs d'Aix ne vinrent pas et ne viendront jamais prendre leur huile dans le département du Var, persuadés qu'ils sont, que nous ne savons pas ou que nous ne pouvons pas faire de la bonne huile. Quel fut le résultat de mon opération? Celui de perdre un tiers du produit de mes olives cayonnes. J'en eus la conviction par le fait suivant : Quelques arbres de cette variété, trop éloignés de la masse des autres cayons, ne furent pas compris dans la première cueillette. Leurs olives ne furent récoltées que trois mois plus tard ; elles me donnèrent trois quarts d'une millerole par maultes, tandis que les premières produisirent à peine la demi millerole.

Combien de temps, dira-t-on, faut-il garder les olives que le vent et la pluie font tomber, ou qu'à cause de la position des arbres sur un chemin public ou sur un torrent, on est obligé de cueillir avant leur maturité, pour que leur mucilage soit entièrement converti en huile? Autant de temps qu'on pourra ; je répondrai, pourvu que l'on veille à leur conservation, c'est-à-dire, pourvu qu'on les empêche de s'échauffer. On sait qu'avant la construction de la grande quantité de moulins à huile qui subsistent aujourd'hui dans tous les pays de la Provence où l'olivier est cultivé, les olives d'une récolte rencontraient souvent celles de la récolte suivante; et bien j'ai ouï dire plusieurs fois à nos vieillards du commencement du dix-neuvième siècle, que ces olives, détritées pendant l'été, produisaient une quantité infinie d'huile, et telle qu'on n'en a plus d'exemple depuis que les olives sont détritées pendant l'hiver qui suit leur maturité. Beaucoup de gens se souviennent encore de ces olives, qu'un bâtiment, venant de l'Asie, apporta à Toulon pendant l'été de 1819; elles furent portées dans plusieurs moulins, et dans tous elles produisirent une quantité d'huile surprenante: une millerole et un quart par maulte, c'est-à-dire, 76 kilogrammes par chaque trente-deux décalitres. Ces faits suffisent sans doute pour démontrer de la manière la plus péremptoire que les olives, pour rendre toute l'huile qu'elles renferment, ne doivent point être portées au moulin au moment de leur cueillette. Ne voulant cependant point épuiser cette matière sans ne plus laisser aucun doute dans l'esprit des personnes qui ne partageraient pas mon opinion, je vais donner le résultat d'une expérience qui n'est que la répétition de celle que je fis en 1819 et qui est consignée dans le mémoire dont il a été fait mention. Ayant commencé, dès les premiers jours de novembre 1835, de cueillir les olives d'une petite propriété que je possède à peu de distance de mon domaine des Moulières et ayant terminé cette besogne le 10 du même mois, je divisai ces olives en deux portions égales. Les unes furent déposées dans une des cases à olives de mon moulin où elles furent soigneusement pressées avec les pieds, et les autres furent détritées le 12. Celles-ci formèrent cinq maultes et donnèrent 262 litres d'huile. Les premières n'ayant été détritées que le 3 janvier d'après, ne continrent plus que quatre maultes et demi et donnèrent cependant 307 litres d'huile. Le résultat de cette expérience ne démontre t-il pas jusqu'à la dernière évidence que les propriétaires d'oliviers, qui veulent faire produire à leurs olives toute l'huile qu'elles peuvent rendre, ne doivent les détriter qu'un certain temps après les avoir recueillies, en ayant soin de les préserver de la fermentation, ce à quoi l'on parvient aisément en les réduisant, comme on est dans l'usage de le faire dans les environs de Toulon, Cuers, Hyères, etc. en un aussi petit volume que possible par l'effet du piétinement. Je ne dois pas oublier de dire que plus la masse des olives ainsi conservées offre d'épaisseur, celles dont je vais parler au paragraphe suivant en offraient une de près de deux mètres, et mieux elles se conservent. Cela se conçoit, puisqu'alors l'air les pénètre plus difficilement.

Une objection, qu'on ne manquera pas de me faire, est celle que l'huile provenant d'olives ainsi conservées, est forte et rarement mangeable. Je conviens en effet qu'assez ordinairement dans notre département, les huiles produites par des olives récoltées depuis quelque temps ont une odeur et un goût de rancidité qui déplaisent généralement; mais ne serait-il pas possible, par une manipulation telle que celle qu'on fait subir aux huiles de la Ligurie, de les priver de ce goût et de cette odeur; ou plutôt est-il bien difficile d'empêcher que les olives, conservées pendant quelques mois, s'échauffent au point d'entrer en fermentation? Rien n'est plus aisé; il s'agit de les presser avec soin toutes les fois qu'on apporte de nouvelles olives dans une même case. Pour cela il ne faut que les couvrir d'une natte en sparterie et les piétiner durant quelques minutes. Au surplus, j'ai par devers moi une observation qui me confirme que des olives, ramassées depuis trois à quatre mois, donnent une huile mangeable, si l'on veut se donner la peine de les conserver ainsi. Cette observation, je l'ai faite en avril 1820. Un riche propriétaire, ayant fait cette année, dans une vaste oliveraie qu'il possédait dans le terroir de la commune de la Valette, une abondante récolte d'olives, ne finit leur détritage, quoique recueillies en novembre et en décembre 1819, qu'à la fin d'avril 1820. Invité par lui de m'assurer de l'état de ses olives, je remarquai qu'ayant été pressées exactement et en grande masse dans une case destinée à les recevoir, elles étaient dans la partie tranchée pour enlever la portion nécessaire qui alimentait chaque jour le moulin à huile, et ce moulin appartenait au même propriétaire et ne travaillait que pour lui; elles étaient, dis-je, parfaitement conservées, sans moisissure et sans odeur. L'huile qu'elles produisirent bien qu'en plus grande quantité, comparativement avec les olives détritées en novembre, fut d'une si bonne qualité que celui-ci la vendit pour huile de bouche, et au même prix que celle des olives portées au moulin au moment de leur récolte. Si l'on s'obstinait à ne pas vouloir reconnaître que la pression, quand elle est faite avec soins, est un moyen de conserver les olives, autant vaudrait-il douter de la conservation des endobages de M. Appert. Quel est l'effet de la pression sur les olives, sinon de les priver du contact de l'air? Or, on sait assez que tout corps placé dans une position qui le met à l'abri des atteintes de l'oxigène (Voyez le mot AIR.) se conserve intact aussi long-temps que cette position ne change point.

Lorsque les olives ne sont pas exactement pressées, opération qui les lie et les agglomère les unes aux autres, il arrive qu'elles s'échauffent et qu'elles fermentent. Non seulement l'huile obtenue alors de ces olives est forte, mais la chaleur qui se développe dans le tas fait disparaître une partie de l'huile. C'est pourquoi il est utile de tenir constamment un ou deux roseaux enfoncés jusqu'au fond du tas d'olives et de le retirer une fois tous les deux ou trois jours, afin de s'assurer, en y passant la main dessus, de l'état des olives. Si on trouve que le roseau a pris de la chaleur, il faut de suite porter les olives au moulin. Il est d'usage dans tous les moulins des pays où l'on entasse les olives, de suspendre tout travail, pour détriter aussitôt les olives qui ont pris feu, désignation vulgaire donnée à celles qui sont en fermentation. L'expérience a trop bien prouvé que si l'on retardait d'un seul jour, elles pourraient être réduites à un état tel qu'elles seraient aussi sèches que du charbon ; et en effet elles ne seraient alors que des olives charbonnées. Il n'y a que les olives mûres qui soient dans le cas de pouvoir être convenablement pressées ; celles qui sont vertes encore ne pouvant point être agglomérées ensemble, ce qui est de toute nécessité pour leur conservation, il est nécessaire de les porter au moulin quelques jours après leur cueillette, mais seulement, comme je l'ai dit, après qu'elles ont pris de la tiédeur, et qu'une partie de leur mucilage s'est changée en huile. Quelquefois on trouve les olives entassées, couvertes d'une couche blanchâtre ; c'est une preuve qu'elles ont été mal pressées, et que l'air a pénétré dans la masse, ce qui les a échauffées et les a moisies. Il est donc d'une nécessité absolue de veiller à la préparation des olives qu'on est forcé de garder sans pouvoir les détriter, ainsi que cela se voit durant les années où il y a abondance d'olives ; les moulins ne pouvant pas suffire à toutes les demandes. Il est des pays où dans ce cas on les laisse sur les arbres aussi long-temps que possible, et où même on attend qu'elles tombent d'elles-mêmes les unes après les autres, ce qui n'a lieu que vers le printemps, mais alors que d'olives perdues ; les unes sont entraînées par les eaux pluviales, les autres sont mangées par des animaux.

Dans quelques localités du département du Var, on est dans l'habitude d'étendre les olives dans un grenier et de les pelverser de temps à autre, lorsqu'on ne peut les détriter de suite. C'est là un moyen de conservation que je considère comme très vicieux : 1° en ce qu'il empêche les olives d'acquérir cette tiédeur si nécessaire à la conversion du mucilage en huile, et 2° en ce que ces olives, étant exposées à l'impression de l'air, sont sujettes à se geler pendant les hivers rigoureux ; ce qui nuit plus ou moins à leurs produits. L'expérience, qui est toujours mon guide, vient encore au secours de cette opinion. Lorsque je devins propriétaire dans la commune de Cogolin, je suivis d'abord les usages du pays ; chaque année mes olives étaient étendues dans des greniers. En 1821 mes greniers se trouvant encombrés par de la garance que j'avais récoltée, et que je n'avais pu vendre encore, je fus obligé de placer les olives dans un recoin de mon rez-de-chaussée où elles furent entassées et pressées. Le produit en huile de ces olives ayant été plus grand que celui que j'obtenais ordinairement de ces fruits, j'ai toujours continué de les entasser et de les presser, et depuis mes olives ont été plus productives qu'elles ne l'étaient auparavant.

Je me résume, et je dis que le meilleur procédé pour obtenir le plus d'huile possible des olives, c'est de ne les cueillir qu'au moment de leur maturité, et de ne les porter au moulin que lorsque le mucilage, qu'elles contiennent encore, s'est converti en huile ; résultat qu'on obtient en les gardant durant quelques jours, en ayant la précaution de les entasser et de les presser, si on ne peut les détriter aussitôt qu'on les croit prêtes à l'être.

Il est des circonstances pourtant où il est prudent et même nécessaire de cueillir les olives dès qu'elles commencent à changer de couleur ; c'est lorsque les vers les attaquent. Il est des années, où leur chair est dévorée en entier par ces animaux. Alors mieux vaut avoir une petite quantité d'huile que de ne pas en avoir du tout. Il m'est arrivé plus d'une fois, faute de les avoir ramassées à temps, d'abandonner mes olives sur les arbres ; ces fruits ne contenant plus assez d'huile, (et quelle huile détestable elles donnent alors,) pour payer les frais de cueillette et du moulin. Lorsqu'on cueille les olives encore vertes, il est urgent de les mettre en tas ; mais cette fois il ne faut pas les presser, car ce qu'on doit chercher c'est qu'elles acquièrent un certain degré de chaleur. Ne contenant encore que du mucilage, cet état leur est nécessaire pour que l'huile de la partie non dévorée par le ver puisse se former et de plus il force le ver à sortir de l'olive ou il le fait périr ; ce qui arrête le progrès du mal. J'ai vu plus d'une fois des milliers de vers sur le sol d'où l'on venait d'enlever un tas d'olives véreuses. Or, ces vers seraient restés dans les olives, si elles avaient été laissées dans les champs, ou si, étant ramassées, elles n'avaient pas pris un degré de chaleur devenu insupportable à ces animaux, et ils auraient continué à se nourrir de leur chair. C'est là une vérité incontestable; l'observation prouve qu'ils ne quittent ordinairement ces fruits que lorsqu'ils sont devenus insectes parfaits. Combien de mouches j'ai surpris au moment où elles sortaient de l'olive. D'après un passage de Pline, livre XVIII, chapitre 24, il paraît que les olives étaient de son temps sujettes au ver. Les vers, dit-il, sont quelquefois utiles, mais plus souvent préjudiciables; s'ils attaquent la chair du fruit, ils la gâtent, tandis qu'ils rendent les olives plus grosses et mieux nourries, s'ils se mettent dans leur noyau. Pline, comme on le reconnaît, était dans l'erreur quand il écrivait ces lignes; mais cela prouve que depuis des milliers d'années, la chair et l'amande de l'olive ont été la proie d'un ver.

Quand on se décide de cueillir les olives encore vertes à cause du ver, il est indispensable que cette opération se fasse à la main. Elles sont alors si adhérentes à l'arbre, qu'il faudrait le mutiler si on voulait le gauler pour en détacher les olives. A Aix, et partout où les oliviers sont tenus bas, on ne connaît pas d'autre méthode, mais dans quelques uns des pays où ces arbres sont plus ou moins élevés, c'est presque toujours avec des roseaux ou avec de longues perches qu'on les abat. Sans nul doute qu'arrivées à une maturité complète, les olives ne gagnent plus rien à rester dans les champs. D'abord elles fatiguent les arbres sans aucun profit pour le cultivateur et ensuite elles disparaissent en partie par l'effet des animaux et des grandes pluies de l'hiver. Il faut donc alors, comme lorsque le ver s'est emparé d'elles, se presser de les cueillir. Dans l'un et l'autre cas, de quelque manière que soient tenus les oliviers, il est à désirer qu'elles le soient à la main. Si les arbres sont très élevés, on se servira de hautes échelles, des mêmes qui sont en usage pour la taille; car le gaulage fait un mal infini aux oliviers. Les Romains l'avaient si bien reconnu, et ils avaient tant de vénération pour ces arbres, qu'ils n'avaient pas dédaigné d'en faire l'objet d'une loi. Celle-ci défendait de frapper les oliviers pour en faire tomber le fruit sans une permission expresse du maître. *Oleam nestringito neve verberato injussu domini.* Caton, *de rerustica.* En effet, il faut avoir vu un olivier qui vient d'être gaulé pour se faire une idée du dommage qu'on lui cause. Le sol est jonché de ses rameaux; il est vrai qu'on trouve quelquefois des ouvriers adroits qui par habitude savent détacher les olives sans briser les rameaux des arbres, mais aussi on en rencontre souvent qui les mutilent de manière qu'ils s'en ressentent pendant plusieurs années. Qu'on ne dise pas que les oliviers n'en peuvent pas souffrir par la raison qu'ils n'éprouvent aucun sentiment. C'est là une erreur. Examinez-les la veille d'un grand froid, et vous vous convaincrez qu'ils savent à l'avance pressentir le danger qui les menace. Voyez comme leurs feuilles se rapprochent du bourgeon et cherchent ainsi à garantir les boutons à fleurs et à bois de l'impression du temps qui se prépare. N'est-ce pas là un sentiment de prudence, de prévoyance? Il n'y a donc pas à douter que ces arbres éprouvent aussi celui de la souffrance. Epargnons-le leur. Il y a peu de générosité, bien plus il y a ingratitude de notre part de battre et d'abymer les oliviers qui viennent de s'épuiser pour nous enrichir. Si par suite de l'usage ou de la trop grande élévation des arbres ou encore du danger que des ouvriers peuvent courir on tient à gauler les oliviers, qu'on attende au moins que les olives soient arrivées à une maturité complète ; la moindre secousse les fait tomber alors. Les vents du mois de janvier en laissent fort peu sur les arbres. La récolte des olives de l'année 1835 fut une des plus abondantes. Les journées de femmes montèrent jusqu'à un franc. Malgré cela on se pressa, dans tous les pays voisins de celui que j'habite, de gauler les oliviers en novembre et en décembre. Quel ne fut pas l'étonnement de mes ouvriers, lorsqu'ils se virent renvoyés de chez moi, alors que partout ailleurs on les recherchait. Quand la cueillette des olives fut sur sa fin je repris la mienne. Les femmes vinrent s'offrir à 60 centimes par jour, le vent avait fait tomber la presque totalité des olives et ma besogne fut entièrement terminée vers les premiers jours de mars. Ce retard fut pour moi une économie de plus de trois cents francs, soit par la diminution du prix des journées de femmes, soit par le moindre nombre de journées d'hommes employés à la cueillette des olives sur les arbres, celles-ci ayant été abattues en grande partie par le vent. Je gagnai de plus que les arbres, dont les rameaux élevés ne pouvaient être atteints, ne souffrirent pas du gaulage, les olives ne tenant presque plus aux arbres.

Non seulement les olives sont propres à donner de l'huile, mais elles sont encore un mets recherché par beaucoup de gens. Elles se mangent vertes ou mûres. Vertes elles sont en les cueillant d'une âpreté âcre qui pique le gosier péniblement. On est parvenu à leur faire perdre ce goût en les tenant plus ou moins long-temps dans une lessive caustique. Voici le procédé, suivi dans les ménages de la Provence : On passe à travers un tamis en crin une certaine quantité de cendres, et l'on choisit la meilleure possible. On en remplit une mesure, n'importe la capacité ; le plus souvent on se sert d'une assiette ; on jette cette cendre dans un vase, soit en bois, soit en terre, on remplit d'olives la même mesure et l'on met ces olives dans le même vase. On revient ensuite à la cendre et puis aux olives et l'on continue tant qu'il y a des olives à préparer, et de sorte cependant que la dernière mesure de ces dernières soit suivie d'une mesure de cendre et de manière que celle-ci soit en plus, c'est-à-dire que si l'on a huit mesures d'olives il y en ait neuf de cendres. Quelques personnes pour accélérer l'action de la cendre y ajoutent deux ou trois poignées de chaux fusée ou fleur de chaux. On verse de l'eau sur le mélange jusqu'à ce que le tout, après être remué avec les mains, et non avec un instrument, même en bois, qui meurtrirait les olives, ce qu'on doit éviter, si on veut les conserver pendant long-temps, jusqu'à ce que le tout, dis-je, soit en consistance de bouillie. De temps à autre, c'est-à-dire, de deux en deux heures, on tourne et on retourne le mélange. Dès qu'on s'aperçoit que la chair de l'olive se détache et abandonne facilement le noyau, ce qui arrive après vingt-quatre heures plus ou moins, selon le degré de causticité du lessif, on jette de l'eau en abondance sur les olives, on les retire pour les laver à plusieurs eaux et on les met dans le même ou dans un autre vase que l'on remplit d'eau commune. On change cette eau tous les jours, et cela jusqu'à ce qu'en goûtant les olives, on reconnaisse qu'elles sont dépouillées d'un certain goût que leur a communiqué le séjour dans le lessif. C'est au bout de huit à neuf jours. Il ne reste plus alors qu'à verser dessus la saumure. Ces olives sont celles, si répandues en Europe sous le nom d'olives à la picholine, du nom de l'inventeur de cette méthode, qui se nommait Picholini. Les personnes voisines d'une fabrique de savon, se procurent du lessif des savonniers ; et alors elles n'y laissent les olives que durant quelques heures. Ce lessif est si caustique que si les olives y demeuraient quelques minutes de trop, elles ne se conserveraient pas. C'est pourquoi il est prudent de les visiter et d'en détacher la chair à chaque instant. Il est bien de savoir qu'il vaut mieux que les olives restent moins que plus dans le lessif de quelque nature qu'il soit. Elles perdent l'amertume qui leur reste en séjournant dans la saumure.

Les habitans des campagnes qui ne veulent pas se donner tant de peine, écrasent tant soit peu les olives au moyen de deux pierres ou incisent leur chair avec un couteau et les tiennent dans l'eau, en ayant la précaution de la changer, tous les jours et cela jusqu'à ce qu'elles aient perdu leur âpreté, et qu'elles soient en état d'être mises dans la saumure.

Les olives, au moment où elles ont entièrement pris la couleur noire ou celle qui leur est naturelle, sont aussi préparées pour être mangées, après avoir demeuré durant quelque temps dans la saumure. Mais comme elles sont alors moins acerbes, par la raison qu'elles approchent de la maturité, il suffit de les piquer avec une épingle et de les tenir dans une eau que l'on renouvelle tous les jours jusqu'au moment de les mettre dans la saumure. Les olives de l'olivier, nommé le bousserlous, sont celles qui sont préférées pour être mangées ainsi. En effet, j'ai fait préparer diverses espèces d'olives, et je n'en ai point trouvé qui fussent comparables à celles du bousserlous. Je recommande aux propriétaires, jaloux de propager les bonnes variétés d'olivier, de se procurer celle-ci. Indépendamment de la bonté de ses fruits, le bousserlous produit beaucoup et son fruit donne une très bonne huile. Le seul désavantage qu'il offre est celui qu'il se couvre de galles ou d'excroissances sur l'écorce de ses branches et de ses rameaux. Voyez ce que j'en ai dit à la partie qui traite de la maladie des oliviers.

La saumure se prépare de la manière suivante : Après avoir pesé les olives, on met dans un chaudron du sel de cuisine dont le poids doit être le seizième de celui des olives, c'est-à-dire une livre par seize livres d'olives, on y verse la quantité d'eau suffisante pour recouvrir les olives et on fait bouillir. Quand le sel est fondu, on passe l'eau à travers un linge, en ayant la précaution de ne pas faire suivre le fond où se sont déposées les parties terreuses du sel, et on remet l'eau sur le feu. Dès qu'elle commence à bouillir pour la seconde fois, on y ajoute un quart de livre de coriande, une demi-once de canelle, autant de bois de rose et une petite botte de tige de fenouil pour chaque seize livres d'olives. Après quelques bouillons, on retire de dessus le feu, et si la saumure est destinée aux olives noires, on la verse tout aussitôt, c'est-à-dire, encore bouillante, sur ces olives ; si on doit s'en servir pour des olives vertes, quelle que soit leur préparation, on la couvre, et on attend qu'elle soit presque froide, pour la verser.

Les olives à la picholine étant dépouillées de leur noyau, au moyen d'une incision, tantôt longitudinale et tantôt en spirale, et celui-ci étant remplacé par un petit morceau d'anchoix et par une câpre, constituent un mets qui est très estimé et qu'on ne voit guères que sur la table de l'homme opulent, à cause de son prix élevé. On conserve fort bien ces olives pendant plus d'un an en les tenant dans de la bonne huile.

On choisit toujours, pour les diverses préparations dont il vient d'être fait mention, les plus grosses olives. L'olivier connu sous le nom d'*olivier à gros fruits*, *olivier à saler, plant de Belgencier*, le *saurin* dans les Bouches-du-Rhône, est celui sur lequel on cueille celles dont on a besoin. Une partie du terroir de Belgencier est complantée de ces arbres; les propriétaires de cette commune étant en possession de fournir de ces olives les marchés de Toulon, Marseille, Cuers, Hyères, etc. Il y a une olive, connue sous le nom de *groussan espagnenc*, qui est fort grosse, mais qui n'est pas bonne à saler, sa chair est la plus grossière de toutes les espèces. Cette olive n'étant pas non plus productive en huile, l'arbre, qui la fournit, doit être greffé.

Lorsque les olives sont arrivées à leur maturité, on les saupoudre avec du sel, on les fait sauter une fois tous les jours, et on écoule l'eau que le sel leur fait rendre. On le renouvelle après sept à huit jours et on continue d'écouler l'eau de végétation dont les olives se purgent journellement. Dès qu'on s'aperçoit qu'elles sont mangeables, c'est-à-dire, dès qu'elles n'affectent plus le gosier ni la langue d'une sensation désagréable, on les arrose avec de la bonne huile et on y ajoute une ou deux feuilles de laurier et une pincée de poivre. Elles se conservent ainsi pendant long-temps, en ayant la précaution de bien couvrir le pot qui les contient. Quelques personnes les plongent en entier dans l'huile. Dans cet état, elles sont connues dans une partie de la Provence sous le nom de *fachouires*. On désigne encore sous le même nom les olives qui, étant tombées de l'arbre par excès de maturité, sont demeurées plusieurs jours sur le sol, dont l'eau de végétation s'est entièrement évaporée, et qui se mangent sans aucune autre préparation que l'assaisonnement nécessaire pour en relever le goût, c'est-à-dire, de l'huile, quelques gouttes de vinaigre et du sel. Nos ouvriers, depuis le mois de novembre jusqu'à la fin de janvier, n'ont pas d'autre mets à leur repas de midi que ces olives.

De l'huile. Tout comme il y a des espèces de raisins qui donnent un meilleur vin ou qui en produisent davantage, il y a des espèces d'olives qui fournissent plus d'huile ou une huile plus fine que certaines autres espèces. Le cayon ou plant d'Entrecasteaux est un de ceux qui fournissent la meilleure, et s'il n'est pas au nombre des plants qui en fournissent le plus, il peut du moins être rangé parmi ceux dont les olives en donnent beaucoup. C'est cet avantage, et celui de produire des récoltes biennales et abondantes, qui ne manquent jamais, quand il ne règne pas de grands froids, qui sont cause de sa grande multiplication dans tout l'extrême midi de la Provence. Dans les environs d'Aix, c'est l'aglandaou, plant d'Aix, la pounchudo, dont les olives fournissent cette huile si renommée, et qui en même temps sont des plus productives. J'ai déjà dit que moins l'olive s'approche de sa maturité, et plus l'huile est fine et prend le goût du fruit. Cependant il faut ne faire la cueillette des olives pour huile de provision que lorsqu'elles ont commencé de se colorer, et il est nécessaire d'avoir plusieurs sacs afin de séparer les olives qui sont déjà tombées de l'arbre de celles que l'on cueille. Celles-ci doivent être reçues sur des draps et être mises dans des sacs qui n'aient pas une mauvaise odeur. L'aire du sol où on les déposera et où elles devront demeurer durant quelques jours pour qu'elles prennent une légère chaleur et pour qu'une partie de leur mucilage ait le temps de se convertir en huile, sera lavée à l'avance et nette de toute saleté. Il ne faut cueillir les olives que trois à quatre jours avant celui pendant lequel on aura le moulin à sa disposition. Elles y seront transportées dans les mêmes sacs qui auront servi à les apporter des champs. Déposées au moulin, on veillera à ce qu'elles soient mises sous la meule le même jour. Si les olives qui ont précédé n'étaient pas destinées à faire de l'huile fine, et conséquemment qu'elles fussent dans le cas de donner un mauvais goût, à celle qu'on veut obtenir, il faudrait faire laver avec de l'eau chaude le puits ou la coupe, (marre dans une partie de la Provence) au fond duquel est la pierre sur laquelle les olives devront être broyées, et ce lavage s'étendrait aussi sur les meules. Les mêmes précautions seraient également prises pour les cabas, les pressoirs et les récipiens où l'huile est reçue. Dans les environs d'Aix il n'est nullement nécessaire de s'occuper de tous ces soins. Là on ne fabrique que d'huile de bouche, et on n'a pas à craindre que les ustensiles donnent un goût à celle qui vient après. Les cabas des huiles à fabrique sont distincts et séparés de ceux destinés aux huiles de bouche. Ce ne peut être ainsi dans les nombreux moulins des autres parties de la Provence où généralement on ne fai que des huiles communes. Contrairement à ce qui se passe journellement, les vieux cabas seront préférés à ceux qui, étant sortis de chez le fabricant, n'auraient pas encore servi. Les cabas neufs communiquent à l'huile un goût désagréable qu'elle ne perd presque jamais; on doit me croire, je suis propriétaire d'un moulin à huile, et il n'y a guères que les meuniers qui connaissent cette particularité, et dont avec juste raison ils ne parlent pas, dans la crainte que les propriétaires d'oliviers les refusassent; ce qui serait un embarras pour eux et pour le maître du moulin. Je prêche sans doute contre mes intérêts en divulgant cette sorte de secret; mais je me suis promis, en composant ce Manuel, d'être vrai et de dire tout ce qui, étant à ma connaissance, peut être utile aux cultivateurs provençaux, et alors aucune considération ne saurait arrêter l'exécution de mes promesses. Avec de pareils soins, on sera certain de faire une huile, sinon comparable à celle d'Aix, du moins d'une qualité qui en approchera beaucoup.

On a prétendu que la chair de l'olive, étant séparée du noyau et manipulée à part, donnerait une huile supérieure à celle que nous obtenons. Il paraît que les Romains, d'après ce que disent Caton, Columelle, Pline, écachaient seulement les olives sans briser les noyaux, par la croyance dans laquelle ils étaient que le noyau et l'amande, qui y est enfermée, donnent une huile âcre et capable de gâter l'huile de la chair. Vers la fin du siècle dernier on est revenu sur ce procédé et sur ce préjugé des Romains, et par des expériences on a cru démontrer que l'on obtenait trois sortes d'huile dont la meilleure était celle de la chair. Mais Bernard, dans son Traité sur l'olivier, traité qui est ce que nous avons de mieux sur cet arbre, prétend que ces expériences sont supposées, et il le prouve de manière à ne laisser aucun doute sur l'esprit de ses lecteurs. En effet, je demanderai aux amateurs et connaisseurs de la bonne huile, s'il est possible que jamais on parvienne à fabriquer une huile supérieure à celle d'Aix, lorsqu'elle est faite avec soin? et pourtant les trois sortes d'huile obtenues par M. Sieuve s'y trouvent mêlées.

Comme il n'est que trop certain que nous n'avons de récoltes passables d'olives qu'une fois en deux ans, et que pendant l'année, où la récolte est moindre, les olives sont presque toujours attaquées par le ver, ce qui s'oppose à ce qu'on puisse obtenir de ces olives une huile mangeable, il faut, durant l'année de la grande récolte, faire une double provision d'huile fine. Mais cela ne suffit pas ; il faut encore savoir la conserver. Rien n'est plus aisé, si au sortir du moulin, on la dépose dans une urne dont le vernis est intact, bien lavé et rincé avec du bon vinaigre, et si après trois à quatre mois, c'est-à-dire, si dans les mois d'avril ou de mai au plus tard, on la transvase dans des damejeannes de verre noir, que l'on bouche hermétiquement.

Nos moulins n'ont pas encore acquis cette perfection désirable pour les propriétaires d'oliviers. La preuve en est dans les marcs ou grignons, qui, achetés par les propriétaires des moulins à récence, fournissent encore beaucoup d'huile, et de plus si on les compare avec les tourteaux de colza et d'œillette. Ceux-ci sont secs et serrés au point qu'on a de la peine pour les briser, les marcs d'olive par contraire sont plus ou moins humides et plus ou moins friables. Il ne dépend donc point des cultivateurs de faire rendre à leurs olives toute l'huile qu'elles contiennent. Dès lors nous ne pouvons, eux et moi, que faire des vœux pour qu'on parvienne à obtenir une meilleure pression des olives réduites en pâte.

L'olivier n'est pas seulement un arbre utile en raison de l'huile que l'on retire de son fruit et de l'usage que l'on fait de ce même fruit sur nos tables ; il l'est encore sous plus d'un autre rapport. Son bois est un des meilleurs à brûler ; car il s'enflamme aussi bien vert que sec. L'irrégularité de ses fibres et de ses couleurs lui donnent un veiné qui le rend propre à la marqueterie. J'ai vu des meubles faits avec ce bois qui n'étaient pas sans mérite. Sa dureté le fait employer dans toutes les circonstances où l'on a besoin d'un bois de longue durée. Son feuillage, recherché par tous les animaux ruminans, nourrit pendant une partie de l'hiver les nombreux troupeaux qui descendent de la haute dans la basse

Provence. Les bergers ne manquent jamais d'acheter les fagots faits avec les rameaux d'oliviers coupés lors de la taille ou de l'élagage de ces arbres. Enfin ses feuilles sont un très bon fébrifuge, prises en décoction. Le docteur Giadorou, médecin à Sebenico en Dalmatie, s'est assuré par de nombreuses observations que la gomme-résine de l'olivier doit à l'avenir faire partie des meilleurs fébrifuges connus. La dose est de 52 grammes divisés en six prises que l'on prend de deux en deux heures dans une quantité convenable d'eau et pendant l'apyrexie. Il est fâcheux que nous ayions ce fébrifuge sous la main, et que nos médecins, faute d'expérience sans doute, continuent à ordonner le quina, substance qu'il faut importer à grands frais de l'Amérique.

Les amateurs cultivent plusieurs autres espèces d'olivier dont les plus remarquables sont :

L'olivier odorant. *Olea fragrans*, Thumb. Arbuste de six à huit pieds et originaire de la Chine. Ses feuilles sont persistantes, coriaces, denticulées et oblongues. Ses fleurs de couleur blanche et très petites sont si suaves que les Chinois s'en servent pour parfumer le thé. Il vient à toutes les expositions et dans tous les terrains qui conviennent à notre olivier. Il se multiplie de rejets et de graines. Il a fourni une variété à fleurs rouges et à feuilles plus grandes et dentées plus profondément.

L'olivier d'Amérique. *Olea americana.* Arbre de 30 à 40 pieds d'élévation. Il peut être greffé sur l'olivier de nos pays. Ses fleurs sont un peu odorantes ; son fruit est de couleur pourpre bleuâtre.

ONGUENT DE SAINT-FIACRE. On nomme ainsi un mélange de bouze de vache avec une terre qui a de la ténacité, ou mieux avec de l'argile. De tous les englumens connus celui-ci est le meilleur et il doit être préféré, toutes les fois qu'on aura une plaie d'arbre à recouvrir, aux différens mélanges que l'on vend et qui joignent à l'inconvénient d'être d'un prix plus ou moins élevé, selon leur composition, celui d'être plus nuisible qu'utile. En effet, les préparations graisseuses, à cause de l'humidité occasionnée par l'épanchement de la sève, ne s'appliquent jamais bien sur la plaie, et l'écorce, qui forme le contour de la plaie, se dessèche, si la cire domine; car alors l'application de cette substance arrête le cours des sucs végétaux dans cette partie, et comme c'est toujours de l'écorce que naît le bourrelet qui doit fermer la plaie, celle-ci ne peut se cicatriser que fort tard. L'onguent de Saint-Fiacre par contraire s'unit exactement au bois, empêche le desséchement et la gerçure de la plaie et ne s'oppose pas à la formation du bourrelet.

Combien d'arbres, et surtout combien de noisetiers, de châtaigniers, n'auraient pas leur tronc creux et conséquemment vivraient davantage, si on avait fait usage de l'onguent de Saint-Fiacre, quand on a coupé les branches dont la plaie a causé l'état où ils sont réduits.

ORANGER. Genre de plantes de la famille des hespéridées, composé de plusieurs espèces. La douce température qui règne durant les hivers ordinaires sur le littoral du département du Var permettant de cultiver en pleine terre dans cette heureuse contrée les diverses espèces de ce genre, il me convient de traiter cet article avec plus de détails que ne doivent le faire les agriculteurs qui écrivent pour le centre ou le nord de la France.

Tous les arbres qui composent le genre oranger ont un port plus ou moins gracieux, plus ou moins élégant; leur feuillage persistant et d'un vert luisant est d'une beauté qu'on chercherait vainement ailleurs ; leurs fleurs sont grandes et odorantes, et leurs fruits sont d'une forme, d'une couleur et d'une nature dont aucune autres ne sauraient approcher. Dès lors est-il étonnant que ces arbres soient cultivés partout où il est possible de leur faire supporter le froid de nos hivers, soit au moyen des abris, soit en les abandonnant à la rigueur du temps. Quelques espèces étant plus rustiques résistent à quelques degrés de froid au dessous de zéro, les orangers, les bigarradiers. Aussi voit-on habituellement ces arbres croître et prospérer en plein vent dans nos jardins. Il en est par contraire qui ne supportent pas deux degrés de froid sans périr ; c'est que leur sève est toujours en circulation, les cédratiers, les limoniers, les limetiers, etc. Ceux-ci sont toujours cultivés en espalier, à l'exposition du sud ou de l'est; et encore, dans les jardins dont les propriétaires tiennent à la conservation de leurs arbres, sont-ils couverts chaque nuit avec des paillassons que l'on roule le matin au dessus des murs contre lesquels ils sont placés. Le jardin de M. de Ramatuelle à Saint-Tropez peut être pris pour modèle de cette culture. Là j'ai vu, en janvier 1820, des limoniers en pleine terre couverts de fleurs, de fruits verts et de fruits mûrs, lorsque huit jours avant j'avais observé à Ollioules près Toulon, à Hyères même, que non seulement tous les arbres à fruits acides, mais encore que la plupart des orangers, à fruits doux, étaient dans le cas d'être coupés au pied par suite des gelées de ce rigoureux hiver. Il existe pourtant dans certaines anfractuosités des montagnes qui longent le rivage de la mer entre Bormes et Gassin des terrains où des cédratiers, des limoniers sont cultivés en plein vent et où ils ne sont atteints que bien rarement par le froid, quoique non couverts pendant l'hiver. C'est en effet de cette partie du littoral que viennent la plupart de ces gros fruits vendus sur nos marchés sous le nom de poncires.

La classification du genre oranger était encore incertaine, confuse, lorsqu'enfin en 1818, MM. Risso et Poiteau publièrent leur excellent et bel ouvrage intitulé : Histoire naturelle des Orangers. Comme depuis, leur classification a été généralement adoptée, je puiserai dans leur livre ce que j'ai à dire sur la nomenclature de ce genre.

Le genre oranger se compose de huit espèces, qui sont les orangers, les bigarradiers, les bergamotiers, les limetiers, les pompelmouses, les lumies, les limoniers, et les cédratiers ou citronniers.

Des Orangers. *Oourangier, arangier, arangelier* en prov. Leurs caractères distinctifs sont des feuilles ovales ou allongées, aiguës, pétiolées, à pétiole plus ou moins ailé ; des fleurs blanches et odorantes, des fruits arrondis ou ovales, obtus, rarement terminés par une pointe ou par un mamelon, d'un jaune d'or qui rougit un peu, dont les vésicules contenant l'huile essentielle de l'écorce sont convexes et dont la pulpe est très aqueuse et d'une saveur douce sucrée, très agréable. Cette espèce offre, selon les auteurs que je viens de citer, quarante-trois variétés. Parmi elles figure sous le nom d'oranger à fruit rugueux, celui qui est presque le seul cultivé dans les jardins de la basse Provence. Mais la rugosité de nos oranges est-elle bien un caractère propre à une variété particulière, ou est-elle occasionnée par notre climat encore trop dur, trop sévère pour l'oranger ? Sous peu d'années on pourra s'en assurer dans mon jardin. J'ai planté plus de cent orangers venus de pépins que j'ai semés. Les uns provenaient d'oranges de Majorque et conséquemment d'oranges à écorce fine, et les autres ont été pris dans nos oranges à écorce grossière. Si les fruits produits par ces divers arbres sont couverts d'une écorce épaisse et rugueuse, il n'y aura plus aucun doute que cette particularité de nos oranges est due à la nature de notre climat. Ce qui me ferait pencher vers cette opinion, c'est que quelques orangers, rejetons de vieux pieds tués en 1820, ayant résisté en partie au froid de 1837, m'ont donné quelques fruits qui ont été cette année là plus rugueux et dont l'écorce a été plus épaisse que d'habitude. J'ai fait la même remarque sur des oranges produites par des arbres à pépins dans le beau jardin de M. Farnoux, autrefois de M. Filhe à Hyères.

Des BIGARRADIERS. *Oourangiers bigarrats* en prov. Ils s'élèvent moins haut que l'oranger à fruit doux; leur feuillage est plus ample, le pétiole des feuilles est plus largement ailé, leurs fleurs sont plus grandes et plus odorantes. Leurs fruits, connus en Provence sous le nom d'oranges *bigarrats* ou de *bigarrades*, ont la forme et le volume de l'orange douce, mais l'écorce est plus raboteuse et est parsemée de vésicules concaves, au lieu d'être convexes, et le suc qu'ils renferment est acide, mêlé d'amertume.

Les variétés cultivées dans la basse Provence sont le *bigarradier franc*; le *bigarradier corniculé*; le *bigarradier riche dépouille*, *bouquetier* en Provence; le *bigarradier à gros fruit*, *lime plate* en Provence; le *bigarradier à fruit doux*, *l'orange-pomme* en Provence; le *bigarradier à feuilles de saule*; le *bigarradier chinois*; le *bigarradier à feuilles de myrte*. Ces deux arbres sont connus en Provence sous le nom de *chinois à grandes feuilles* et de *chinois à feuilles de myrte*;

le *bigarradier bizarrerie*, *l'hermaphrodite* en Provence.

Des BERGAMOTIERS. Ils ont les feuilles oblongues, aiguës ou obtuses, et portées par des pétioles ailés; leurs fleurs sont petites, blanches, d'une odeur particulière et très suave. Les fruits sont pyriformes ou déprimés, lisses ou toruleux, d'un jaune pâle, à vésicules d'huile essentielle concaves, à pulpe légérement acide et d'un arome très agréable.

Cette espèce composée seulement de cinq variétés comprend le *bergamottier ordinaire*, et le *bergamottier mellarose*. L'un et l'autre sont cultivés dans nos jardins, mais ils ne le sont, comme les arbres des espèces suivantes, qu'adossés contre des murs qui les abritent du froid; lorsque les individus des espèces précédentes, le bigarradier bizarrerie excepté, sont placés à plus ou moins de distance des murs et des abris.

Des LIMETIERS. Ces arbres ont le port et le feuillage du limonier, leurs fleurs sont blanches, petites, d'une odeur douce et particulière; le fruit plus ou moins gros, selon les espèces est d'un jaune pâle, ovale, arrondi et terminé par un mamelon. Les vésicules d'huile essentielle de son écorce sont concaves; sa pulpe contient une eau douceâtre fade ou légèrement amère.

Cette espèce composée de huit variétés n'est cultivée que par quelques amateurs. La plus remarquable est le *limetier*, *pomme dAdam* des Italiens.

Des POMPELMOUSES. Ces arbres ont les feuilles grandes, épaisses et portées sur des pétioles munis d'ailes, le plus souvent d'une largeur remarquable. Les fleurs sont blanches et les plus grandes du genre. Les fruits sont arrondis ou pyriformes, la plupart d'une grosseur surprenante, d'un jaune pâle, à écorce lisse, et dont les vésicules d'huile essentielle sont planes ou convexes, la chair, épaisse, spongieuse, rougit un peu dans quelques variétés par le contact de l'air; la pulpe est verdâtre, peu aqueuse et d'une saveur douce, légèrement sapide.

Les pompelmouses ne sont pas très communs dans nos jardins, cependant on trouve chez presque tous les amateurs le *chadec* et chez quelques uns le *pompoleon.*

Des LUMIES. Les lumies sont les arbres du genre oranger dont les feuilles, les fleurs et les fruits affectent à peu près la forme et la couleur de ceux du limonier, mais dont la pulpe est douce, plus ou moins sucrée. Les lumies ne sont pas communes dans nos jardins, c'est à peine s'il en existe quelques pieds chez les plus grands amateurs.

Des LIMONIERS. *Limouniers*, *citrouniers*, *limiers* en prov. Ils ont les feuilles ovales et oblongues, la plupart dentées, d'un vert jaunâtre, articulées sur un pétiole simplement marginé. Les bourgeons et les feuilles sont à leur naissance et jusqu'à ce qu'ils aient pris un certain développement, de couleur rouge foncée. Les fleurs, de moyenne grandeur, sont rougeâtres en dehors et blanches en dedans, pentapétalées et à étamines réunies ou quelquefois libres. L'ovaire ou jeune fruit est d'abord vert, ensuite rouge et enfin verdâtre; quand il a acquis toute sa grosseur et sa mâturité, le fruit de forme ovale, oblongue, rarement arrondie, à surface unie, rugueuse ou sillonnée, est d'un jaune clair. Il est presque toujours terminé par un mamelon; son écorce est assez mince et couverte de vésicules concaves, la pulpe est abondante et pleine d'un suc très acide et savoureux.

Cette espèce se compose de quarante-cinq variétés. On

en cultive plusieurs dans les jardins de la Provence. Les plus multipliées sont le *limonier sauvage*, le *limonier ordinaire*, le *limonier incomparable*, le *limonier de Nice*, le *limonier à grappes*, le *limonier balotin*. Celui-ci est très répandu chez tous les pépiniéristes. C'est avec ses bourgeons dont on fait des boutures, qui sont ensuite greffées, qu'on fait les grandes pépinières d'orangers à Hyères, Ollioules, etc. On ne le multiplie que pour ce seul usage. Il est peu productif.

Des CÉDRATIERS. Ces arbres diffèrent dès limoniers par leurs feuilles plus étroites et en général plus longues, et par leurs fruits qui sont ordinairement plus verruqueux et plus gros et qui ont la chair plus épaisse, plus tendre et la pulpe moins acide.

Cette espèce offre dix-sept variétés, dont la plupart se trouvent dans les jardins des amateurs. C'est particulièrement à l'abri des montagnes du département du Var, qui bordent le littoral depuis Bormes jusqu'à Saint-Tropez, qu'ils se développent le mieux et qu'ils fructifient. Cependant ils n'y sont jamais en grande masse, par la raison que ces contrées ne sont habitées que par des paysans. Ceux-ci se contentent d'avoir un ou deux arbres. C'est encore là que l'on voyait ce beau dattier dont j'ai parlé à l'article dattier, et qui n'existe plus depuis deux ans.

Les cédratiers les plus multipliés sont le *cédratier ordinaire*, valençois en prov., le *cédratier poncire*, *pounciri* en prov., le *cédratier à gros fruit*, *gros pounciri* en prov., *poncire courge*, à cause de son énorme volume, le *cédratier de Florence*, *cedrat* en prov.

Les orangers, supportant assez facilement le froid de nos hivers, quand il ne sont pas trop rigoureux, sont cultivés dans toute la zône méridionale du département du Var. Ce qui favorise cette culture c'est une chaîne de montagnes assez élevées qui, à une ou deux lieues de la mer, courent d'est à ouest. C'est donc plus à l'abri naturel, formé par nos montagnes, qu'à notre température que nous devons la conservation de nos orangers. Ce qui le prouve ce sont des orangers et des limoniers que j'ai vus dans le jardin de M. de Châteaudouble à Rebouillon, village au nord-ouest de Draguignan, où ces arbres ne peuvent être cultivés en pleine terre s'ils ne sont pas couverts pendant tout l'hiver. C'est que le village de Rebouillon, au pied duquel est le jardin de M. de Châteaudouble, est abrité par une montagne presque à pic, laquelle forme un si bon abri qu'en 1826, c'est-à-dire six ans après le grand froid de 1820, il y avait un limonier, quoiqu'il fut un rejet venu depuis cette année, qui avait une hauteur et un développement tels que je n'avais pas remarqué son pareil dans les jardins d'Hyères que j'avais parcourus quelques mois avant. Les forêts d'orangers que l'on voit dans ces derniers jardins n'existent même là que parce qu'ils sont abrités par une petite montagne au bas de laquelle est bâtie la ville d'Hyères. Il est donc constant que même sur les points les plus méridionaux de la Provence, il ne faut point penser à cultiver les orangers, s'ils ne sont garantis de l'action du froid, soit par des abris naturels, soit par des abris artificiels. Comme il n'est pas à la puissance de l'homme de faire naître des abris naturels, il doit, lorsqu'il désire cultiver des orangers en pleine terre, s'occuper à créer, pour sa plantation, des abris artificiels. Or, rien n'est plus facile; il suffit d'une double ou mieux d'une triple ligne de cyprès ; sans doute l'action de ces sortes d'abri ne s'étend pas fort avant, mais ils permettent la culture de trois ou quatre rangées d'arbres. Qu'on ne pense pas que les orangers, ainsi mis à couvert des gelées, soient plus aisément atteints par le froid que ceux abrités par des murs bâtis. On a eu l'expérience du contraire en 1837. Presque tous les orangers qui sont cultivés dans la vallée de Solliès-Toucas, furent coupés rez-terre après le rigoureux hiver de cette année. Une seule plantation n'a souffert que dans ses rameaux. Elle était abritée par une file de cyprès. Cela cessera d'étonner quand on saura que malgré les fortes gelées de cet hiver, gelées qui cependant avaient déjà fait périr une partie des oliviers des environs de Lorgues, de Draguignan, nos orangers n'avaient soufferts que dans la sommité de leurs tiges, et qu'ayant eu un commencement de végétation par suite du radoucissement de l'air atmosphérique dans le courant du mois de mars, ils se trouvèrent en sève lorsque la trop fameuse gelée du 24 de ce mois se fit sentir. Alors pas un ne put supporter ce changement brusque et inopportun de la température. Toutefois les orangers dont j'ai parlé, ainsi que tous ceux, qui n'étaient abrités que par des cyprès, ne recevant pas des reflets de chaleur comme ceux abrités par des murs, ne se trouvèrent pas en sève, et ils n'eurent presque pas à souffrir de cette gelée intempestive. Les orangers, cultivés contre des arbris naturels, éprouvèrent le même sort que ceux placés contre des murs. Cela devait être; la position avantageuse, où ils étaient placés, avait dû mettre leur sève en circulation avant l'arrivée du froid du 24 mars. C'est par la même cause que le catalpa, ainsi que le dit Bosc, résiste mieux à l'action du froid, quand il est à l'exposition du nord qu'à celle du sud. Cependant quels que soient les soins qu'on se donne, il survient de temps à autre des gelées auxquelles les orangers ne peuvent survivre;

c'est lorsque le thermomètre descend à plus de quatre degrés au dessous de zéro. L'expérience nous prouve que ces gelées ont lieu à des époques presque périodiques dont la plus longue durée, depuis mon souvenir, n'a pas dépassé 17 ans.

Les hivers de 1789, 1794, 1811, 1820, 1830, 1837 ont laissé des marques de cette périodicité. Cependant les orangers n'ont été généralement tués et coupés au pied qu'à la suite des hivers de 1789 et de 1820. S'il est des plantations qui n'ont pas résisté aux hivers de 1830 et de 1837, la faute en revient aux pépiniéristes d'abord et aux planteurs ensuite. Autrefois on ne connaissait d'autre genre de multiplication des orangers que le semis des graines de leurs fruits, et alors on avait des arbres de trente à quarante ans d'existence, et comme l'oranger croît très vite, il arrivait qu'on voyait dans les jardins bien exposés des pieds dont le tronc avait souvent plus de vingt-cinq à trente centimètres de diamètre. Plus tard les demandes s'étant accrues, les orangistes ne purent plus y fournir, et comme il eût été trop long d'attendre des arbres de graines, ils garnirent leurs pépinières avec des boutures de limonier (celles d'oranger ne poussant des racines que difficilement,) qu'ils greffèrent l'année d'après et qu'ils livrèrent à la quatrième année aux acheteurs; or, on sait qu'un oranger de graines ne peut être mis en place qu'après sept à huit ans. Quel fut le résultat de cette nouvelle manière de multiplier les orangers ? celui que les arbres, qu'on en obtint, ne résistèrent pas à un froid de plus de trois dégrés. Croirait-on que la conservation des arbres, venus de semis, a depuis lors servi d'exemple? non. On continue de planter des orangers greffés sur limonier, et pourtant il ne survient pas un hiver, tant soit peu rigoureux, sans qu'on reconnaisse que ceux-ci périssent ou souffrent lorsque les autres résistent. On voit en ce moment à Solliès-Pont un jardin où sont complantés trois rangées d'orangers pépins, nom donné en Provence aux orangers de graines, au nombre d'environ quarante en tout, dont pas un seul n'a été coupé au pied après les hivers de 1830 et 1837, et cependant il est plus d'un jardin à Hyères, quoique plus avancé vers le sud que Solliès, où la majorité des orangers ont été recépés. C'est que là on ne plante plus que des arbres venus de bouture. J'ai fait en 1832 une plantation de près de cent pieds d'orangers, mon frère en a fait une à la même époque de plus de trois cents pieds. Ces deux plantations ne sont pas à plus de six cents mètres de distance, et à l'aspect des lieux, il n'est personne qui ne reconnaisse que l'exposition de l'orangerie de mon frère ne soit plus abritée ; après le froid de 1837, à l'exception de huit à dix, tous ses orangers ont été coupés au pied, lorsqu'une grande partie des miens n'a été endommagée que dans les rameaux ; c'est que les premiers avaient été pris dans les pépinières marchandes et que les seconds provenaient de ma pépinière, où je n'ai que des arbres produits par les semis que je fais chaque année des graines des orangers de Majorque consommés chez moi. Cela ne suffit-il pas pour qu'à l'avenir, on ne plante que des orangers venus de semis ? Je sais que lorsqu'on est pressé de jouir, on est forcé d'avoir recours aux pépiniéristes, mais alors qu'on ne répète plus ce qu'on entend dire toutes les fois que le thermomètre baisse à plus de deux ou trois degrés : les orangers sont des arbres de douleur.

Trois moyens sont offerts aux cultivateurs pour la multiplication de l'oranger. Le semis, la greffe sur boutures et la marcotte. Les graines d'oranges ou de limon, se desséchant bientôt, il est prudent ou de les semer de suite après qu'on les a retirées de leurs fruits, ou de les tenir dans du sable tant soit peu humide. Le procédé que l'on suit dans les grandes pépinières pour se procurer de bonnes graines consiste, disent MM. Risso et Poiteau, « à faire choix des beaux « fruits mûrs qu'on met en tas dans un coin exposés au so- « leil pour les laisser fermenter pendant l'espace de huit à « dix jours; ensuite on les jette dans un réservoir d'eau; « après quelques heures de macération, on sépare les grai- « nes en choisissant les plus belles et les mieux nourries. « On doit toujours supprimer celles qui surnagent. »

Le moment le plus favorable au semis de ces graines est la fin du mois d'avril. Alors il n'y a plus à craindre des gelées tardives. J'ai eu fait ces semis, tantôt en pleine terre et tantôt dans des caisses ou dans des pots, j'ai toujours obtenu un meilleur résultat de ce dernier procédé. On a de plus l'avantage de rentrer les vases ou les caisses pendant l'hiver d'après, dans le cas que le temps se mette à la neige. Ce qu'on ne peut faire, si le semis a été fait en pleine terre, les jeunes plants étant alors très délicats, il suffit d'un à deux degrés de froid pour les geler et les détruire entièrement.

La germination des graines d'oranger ne se fait pas attendre long-temps; quinze jours suffisent pour voir la plantule apparaître et montrer de suite ses petites feuilles, les cotylédons demeurent cachés dans la terre; mais ensuite le développement de leur tige s'opère très lentement; c'est à peine si elle acquiert trois à quatre pouces de hauteur. J'ai essayé quelquefois de les transplanter après cette première année, mais je ne me suis jamais bien trouvé d'avoir employé cette méthode. J'ai reconnu qu'il est plus avantageux à la croissance des jeunes arbres de ne pas les déplacer avant deux ans. Des binages et des arrosemens souvent répétés selon les besoins, sont nécessaires pendant l'été, si l'on désire que les jeunes plants prennent le plus d'accroissement possible. Deux ans après le semis, c'est-à-dire, dans le mois d'avril qui suivra leur seconde pousse on dépotera ou on arrachera les petits orangers et on les transplantera dans un terrain arrosable profondément défoncé, bien fumé, et à l'abri du froid. Il ne faut jamais oublier que les orangers craignent d'autant plus le froid qu'ils sont moins développés. On les y placera par rangées de 50 à 60 centimètres de distance et à 40 centimètres les uns des autres. Si, en les transplantant, on reconnaît qu'ils sont assez développés pour ne pas en souffrir, on les émondera des petits rameaux inférieurs dont ils sont toujours garnis; si par contraire ils paraissaient encore trop faibles pour supporter cette opération, on attendra la fin de la troisième année, en ayant soin de ne la faire que dans le mois d'avril et de ne couper d'abord que les rameaux les plus bas; sauf à y revenir en juin, si on croit devoir en couper d'autres. Il en est des orangers comme des arbres en général; les jeunes plants souffrent toujours d'un élagage trop suivi. J'ai plus d'une fois fait la remarque que les jeunes orangers sont arrêtés dans leur accroissement, si on leur enlève au même instant tous leurs rameaux, et cela pour les faire monter sur une tige droite, lisse et propre à former un joli arbre. Plus d'une fois je les ai vus alors pousser du bas de la tige un ou deux gourmands qui dépassaient en hauteur celle du jeune pied qui les avait produits. Je le répète, ce n'est que partiellement et peu à peu que les petits rameaux des jeunes plants d'orangers doivent être enlevés. Pendant leur sejour dans la pépinière ils seront houés et fumés pendant le mois d'avril de chaque année et binés deux fois durant l'été, en mai et en juillet. Dès le mois d'août de la seconde année de leur mise en pépinière les jeunes orangers seront assez developpés pour être greffés à œil dormant, et deux ans après, la majorité d'entr'eux pourra être mise en place.

Les orangers venus de graines sont plus rustiques et ils résistent plus au froid que ceux venus de boutures. Cela est incontestable ; mais ces arbres, s'ils ne sont pas greffés, demeurent douze à quinze ans et souvent davantage sans fleurir et conséquemment sans produire des fruits. C'est là un grand inconvénient. M. Lardier, pour combattre ce désavantage, recommande de les greffer et si la gelée les fait alors périr, ils ne manquent pas de pousser de leur pied des rejets qui seront du franc et que l'on ne greffera plus, ceux-ci se trouvant pour lors dans les conditions voulues pour fructifier dès qu'ils auront poussé des branches et des rameaux. Je partageai l'opinion de notre compatriote, et je la mis en pratique sur à peu près la moitié de mes arbres ; mais le froid de 1837 m'a prouvé que j'avais eu tort. Tous mes arbres ont été gelés avant même qu'ils eussent commencé à fructifier ; et aujourd'hui ils sont bien moins développés que les orangers non greffés, ces orangers n'ayant été atteints que dans leurs rameaux. Si ces arbres demeurent long-temps sans rien produire, il est reconnu qu'ils donnent par la suite et plus et de meilleurs fruits que les orangers venus de boutures.

Si malgré ce que je viens de dire en faveur des orangers de graines, on veut greffer les jeunes plants, je conseille de semer les graines de limon ou de poncire. Elles donnent naissance à des plants qui croissent bien plus vite que ceux venus de graines d'oranger. Je me rappelle que durant mon enfance, j'avais semé une graine du limon incomparable qui produisit, après avoir été greffé, et quatre ans après avoir été semé, un pied d'oranger capable de figurer dans une allée que mon père planta dans son jardin. Il eût fallu huit ans à un oranger franc pour arriver à cette grosseur.

Les marcottes par strangulation sont celles qu'on doit pratiquer, lorsqu'on veut marcotter des orangers à fruits doux et même certaines variétés de bigarradier. Celles par enfouissement sans ligature, sont toujours languissantes : il n'en serait pas de même sur les autres espèces du genre orangers et même sur quelques variétés du bigarradier, le bigarradier à gros fruits, le bigarradier de la Chine, à feuille de myrte, etc. qui poussent tous des racines très-facilement; aussi ne se donne-t-on pas la peine de marcotter ceux-ci, leurs boutures étant d'une reprise assurée.

La multiplication des orangers par le moyen des boutures est celle qui donne le plus tôt d'arbres bons à être plantés à demeure. C'est aussi le meilleur procédé pour se procurer des espèces ou des variétés dont on ne peut avoir des greffes à la saison convenable, ou dont on ne veut pas courir la chance de la réussite de celles-ci ; mais nous, Provençaux qui habitons la zône la plus reculée vers le nord où l'on puisse cultiver l'oranger, ce genre de multiplication ne nous convient pas, j'ai déjà dit pourquoi. On commence déjà si bien à le reconnaître que je connais beaucoup de propriétaires de jardins à orangers, qui réservent avec soin les graines de toutes les oranges qui se consomment chez eux. Un grand inconvénient qu'offrent même les boutures, c'est que celles prises sur les orangers ne réussissent que très rarement. Pour mon compte, je n'ai jamais obtenu des racines d'une bouture d'oranger à fruits doux, quoique faites avec des gourmands, c'est-à-dire avec des bourgeons ayant toutes les conditions exigées. C'est pourquoi les pépiniéristes des villes d'Hyères, d'Ollioules, qui vendent des millions d'arbres chaque année, n'emploient que les boutures du limonier ballotin. Chaque orangiste a, dans son jardin, plusieurs ballotins qui lui fournissent celles dont il a besoin. Il se procure de plus tous les jets gourmands des autres limoniers, des poncires, des bergamotiers, etc. que l'on enlève à ces arbres, lorsqu'en avril ou en mai on les nettoie de leur bois mort ou inutile.

C'est à la fin d'avril qu'on fait les marcottes et les boutures de limonier et d'oranger. Je ne reviendrai pas sur le mode d'opérer ; ce sujet ayant été traité à ces deux articles.

Les orangers étant en sève quand on plante les boutures, il m'est arrivé plus d'une fois de greffer ces boutures à écusson, ce qui se fait chez soi sur une table, et de ne les mettre en terre qu'ainsi greffées. Toutes les greffes ne réussissent pas sans doute, mais les pieds sur lesquels les écussons végètent sont bien plutôt développés que ceux greffés plus tard ; il est certain que la greffe retarde beaucoup le développement des arbres ; on gagne donc à les greffer soit en boutures, soit en transplantant les arbres déjà enracinés. J'ai planté, dans le mois d'avril de cette année 1838, vingt-quatre pieds d'oranger venus de graines que je veux transformer en chinois. Je les ai tous greffés au moment de leur transplantation. Neuf ont réussi, les autres, bien que la greffe ait manqué, n'ont pas trop souffert de cette opération, parce qu'en les plantant, il aurait fallu ni plus ni moins diminuer leurs rameaux, pour mettre en équilibre leurs branches avec leurs racines.

De quelque manière qu'on ait formé la pépinière, c'est

toujours dans les premiers jours d'avril, et jamais avant,qu'il faut transplanter les orangers, limoniers, bigarradiers, etc. Un arbre, qui vient de subir cette opération, tombe le jour même dans un état d'atonie, de maladie même qui le rend plus délicat, plus impressionnable ; il suffit alors d'une gelée de deux ou trois degrés pour le faire périr en entier. En 1830 je n'ai eu, sur trois à quatre mille pieds d'oliviers, que quatre individus gelés par le froid rigoureux des premiers mois de cette année là, et ces quatre oliviers avaient été transplantés en novembre 1829. Tous les orangers, même ceux à pepins, qui avaient été transplantés avant la gelée du 24 mars 1837, périrent en tout ou en partie. Les arbres toujours verts, réussissent mieux quand ils sont plantés en sève qu'au moment de l'inaction de ce fluide. Je crois avoir dit à l'article cyprès que je ne transplante ces arbres que dans les mois de mars et d'avril, et certes la crainte d'un froid tardif n'est pour rien dans ma manière d'opérer, c'est que j'ai toujours observé qu'ils réussissaient plus sûrement. Cette année encore j'ai planté en avril à peu près quarante orangers et autant de cyprès pour abris et pas un seul de ces arbres n'a manqué. Il est vrai que prenant dans mes pépinières les arbres que je plante, ils n'ont point à souffrir un transport qui dessèche plus ou moins leurs racines, s'ils ne sont pas expédiés avec soin.

Au surplus j'ai par devant moi une expérience qui prouve que l'oranger peut non seulement être transplanté même en été, mais encore qu'il peut l'être à tout âge.

Mon père, ayant une disposition nouvelle à faire dans son jardin, fut obligé d'arracher, dans le mois de juillet, un bigarradier à gros fruit, qu'il estimait avoir plus de quarante ans ; désirant conserver cet arbre, il le fit enlever avec une très-large motte de terre et il le fit replanter le jour même. Il fut de suite arrosé, et il le fut tous les soirs pendant près d'un mois. Les rameaux qui lui avaient été conservés ne perdirent pas même les feuilles et au printemps d'après il fleurit et il porta des fruits qu'il mûrit; je me rappelle d'avoir vu pendant long-temps cet arbre, dont je possède, dans ma terre des Moulières, un descendant. Il périt lors du grand froid de 1820, et c'était à peu près en 1775 qu'il avait été transplanté.

Comme on cherche plutôt l'exposition du terrain que sa nature quand on veut faire une plantation d'oranger, je ne dirai pas quelle est la sorte de terre qu'il faut choisir pour y placer ces arbres. Du reste ma plantation, composée de plus de cent pieds, est une preuve que les orangers, et tous les arbres de ce genre, s'accommodent de tous les sols, si on a le soin de les bien fumer et de les arroser pendant l'été. J'ai placé les miens dans un terrain dont une grande partie, ayant été nivelée pour la rendre arrosable, fut privée de toute terre végétale et n'offrit plus après cette opération qu'une terre extrêmement argileuse et tenace, et cependant ils se sont toujours montrés avec une végétation surprenante, tant dans cette partie que dans l'autre; mais je ne leur fais faute ni de fumier, ni d'arrosements, ni de labours. Il est pourtant une exception, c'est lorsqu'une humidité, permanente pendant l'hiver, pénètre les racines de ces arbres. Alors ils jaunissent, ils ne poussent presque plus et ils finissent par périr. Cela ne tient pas à la nature du terrain, mais bien à la position. Le mien était dans ce cas; je l'ai desséché et rendu cultivable au moyen de divers canaux souterrains pratiqués avant de faire ma plantation.

Tout terrain destiné à une plantation d'oranger doit être

défoncé à plein et à quatre-vingts centimètres au moins de profondeur. Il serait bien que ce travail se fit pendant l'été qui doit précéder la plantation ; à défaut, il est de rigueur qu'il soit fait dans le courant de l'automne. Après avoir débarrassé le sol des pierres et des racines qu'on trouve ordinairement dans un pareil défoncement, après l'avoir égalisé et après l'avoir disposé de manière que les eaux d'arrosage arrivent partout, on ouvre les fosses pour chacun des pieds qu'on veut planter. Ces fosses, restant alors exposées pendant tout l'hiver aux influences de l'atmosphère, n'en seront que mieux préparées pour recevoir les arbres qu'on se propose d'y placer.

La distance des fosses doit être de quatre mètres en tous sens et de manière que les arbres, une fois plantés et occupant le centre des fosses, se trouvent à quatre mètres les uns des autres ; sans doute on se récriera contre ce rapprochement des pieds d'orangers ; que dirait-on, si on visitait mes jardins où il est très souvent des orangers qui ne sont distants de leurs voisins que de deux ou trois mètres? On a la croyance dans nos pays que plus les orangers sont serrés les uns contre les autres et plus ils se garantissent mutuellement de l'action du froid. Est-ce là un préjugé vulgaire? C'est possible ; quoiqu'il en soit, j'ai toujours planté mes orangers à moins de quatre mètres et je pense que je n'en planterai jamais à plus de distance. Je ne partage pas l'opinion de MM. Risso et Poiteau qui recommandent de placer les orangers à plein vent à six mètres les uns des autres. Dans les pays où ces arbres sont rarement atteints par le froid, il est bien de les plus espacer que nous ne le faisons; trop rapprochés ils se nuiraient entr'eux ; mais dans nos pays où il faut tous les dix ans, sinon les couper rez-terre, du moins les fortement ébrancher, il n'est pas nécessaire de les éloigner autant les uns des autres.

Le moment de la plantation étant venu, c'est-à-dire, dans les premiers jours d'avril, on fait apporter et placer au fond de chaque fosse du bon fumier, presqu'entièrement consommé, on recouvre ce fumier de douze à quinze centimètres de terre et on place l'oranger au centre de chaque fosse. Si la terre qui a été retirée des fosses est graveleuse et de mauvaise qualité, ce n'est pas un mal, pour mieux assurer sa reprise, de recouvrir ses racines avec de la bonne terre végétale; au surplus voyez au mot plantation pour tous les détails de cette opération. Un arrosement, donné de suite après, est indispensable et il sera répété huit jours après s'il ne pleut pas. Les arbres seront placés dans la même profondeur qu'ils l'étaient dans la pépinière. Il m'est arrivé de déplanter quelques années plus tard des orangers qui, pour avoir été plantés trop bas, ne végétaient qu'avec peine. Replantés à moins de profondeur, ils devenaient plus vigoureux.

Si les arbres, qu'on a plantés, sont dans le cas d'être greffés, pour ne pas l'avoir été dans la pépinière, ou pour ne pas donner d'assez bons fruits, ce qui peut arriver sur les orangers, ou encore pour multiplier chez soi des espèces qu'on ne possède pas, on greffera les sujets à écusson, soit à œil dormant depuis le mois d'août jusqu'à la fin de septembre, soit à œil poussant depuis le mois de mai jusqu'à la fin de juin. Pour les détails de l'opération voyez le mot GREFFE.

Les orangers plantés, ayant repris, seront houés en mars de chaque année, et alors on ne manquera pas de leur enlever toutes les racines et barbilles superficielles. J'ai vu une plantation d'orangers qu'il n'a plus été possible de houer, faute d'avoir supprimé les racines qu'ils avaient poussées près de la surface du sol durant les premières années qui avaient suivi leur plantation. Le propriétaire, d'une ignorance crasse en agriculture, n'avait jamais souffert qu'on touchât à une seule de leurs racines. Par la suite il reconnut la faute et alors il promit, mais un peu trop tard, qu'on ne l'y prendrait plus. En effet ses arbres, qui ne périrent pas pour cela et qui ne cessèrent pas de donner des fruits, avaient besoin d'être arrosés souvent et quand l'eau venait à manquer, ils jaunissaient, leurs feuilles flétrissaient et leurs oranges étaient petites et sans sucs. Si jamais on avait des orangers en pareille position, le mieux serait de couper les racines qui seraient trop superficielles et d'enlever en même temps une grande partie des branches, afin de ne pas rompre l'équilibre existant, et voulu par la nature, entre les parties extérieures et les parties terrestres d'un arbre. Sans nul doute l'arbre ne donnerait plus le même produit durant quelques années, mais alors ses fruits seraient beaux et bons.

Indépendamment d'un houage en mars, il est nécessaire si on veut voir prospérer sa plantation d'orangers, de biner deux fois et d'arroser tous les quinze à vingt jours selon que les eaux d'arrosage seront plus ou moins abondantes. Dans les plantations qu'on ne peut arroser qu'une fois par mois, il est d'une très grande utilité de biner un peu profondément le terrain, cinq à six jours après cet arrosement. Cette œuvre entretient la fraîcheur de la terre et fait végéter les orangers avec une force que n'ont jamais les orangers arrosés plus souvent, mais non binés ainsi qu'il vient d'être dit. Ceci, comme tout ce qui précède et tout ce qui suit, est applicable à tous les arbres du genre oranger.

Les orangers, en se développant, poussent des bourgeons de forme irrégulière, les uns se rejettent en dehors et frottént contre les arbres voisins, les autres s'avancent dans l'intérieur de l'arbre ; alors encore, une infinité de petits rameaux poussent du bas et du centre des branches. Il est urgent d'enlever et ces bourgeons et ces rameaux gênants. L'oranger a besoin de beaucoup d'air et de lumière, sinon la cochenille adonide et le noir les atteignent. Ce sera donc un bien de les émonder des rameaux qui les suffoquent intérieurement tous les deux ans et de leur couper les bourgeons et les branches qui se gènent et se croisent mutuellement. Cet élagage aura lieu par un jour de soleil, et quand on n'aura plus à craindre des froids tardifs. Le mois d'avril est l'époque la plus favorable. Plus tard le soleil étant trop chaud, les plaies faites aux arbres se cicatrisent plus difficilement. Il faudra ne pas oublier de recouvrir les grandes plaies avec de la bonne argile, et dans les pays où l'on peut se procurer de la bouze de vache, avec de l'onguent de Saint-Fiacre. Voyez ce mot, Pour ce qui est des limoniers en espalier, il faut, dès que ces arbres sont plantés, les disposer de manière à ce qu'ils se divisent en deux branches que l'on écarte en forme de V et lorsque ces mères-branches ont poussé des secondes et des troisièmes branches, on les arrange de telle sorte qu'elles garnissent les vides. On conçoit que ces arbres exigent une taille annuelle. Je le répète, c'est à Saint-Tropez qu'il faut voir comment on sait conduire et arranger les limoniers en espalier.

Pendant les premières années qui suivent leur plantation, les orangers se contentent du fumier de litière qu'on répand sur le terrain et qu'on enfouit en les houant ; mais plus tard leurs nombreuses racines ont besoin d'un engrais plus actif, plus puissant et plus durable, c'est alors qu'on emploie les rognures de corne, les débris des boucheries, les vieux cuirs, les chiffons de laine. C'est dès les premières pluies de l'automne que ces différens engrais doivent être placés à vingt-cinq ou trente centimètres de profondeur. La pluie de l'hiver les ramollit, prépare leur décomposition et les dispose à fournir aux suçoirs des racines les sucs dont celles-ci sont si avides, quand déjà elles ont soutiré du terrain tout l'humus qu'il contenait. Comme ces engrais sont d'une plus longue durée que les fumiers végéto-animaux, ils doivent être placés à une profondeur telle qu'on ne les dérange pas lors des houages. A cet effet on ouvre un fossé formant un quart ou un demi-cercle autour d'une partie du tronc de l'arbre, et à une distance d'à peu près un mètre, et on les arrange dans le fond du fossé que l'on recouvre de suite avec la terre qui en a été extraite. Les années d'après on continue dans les parties opposées, lesquelles n'ont point encore reçu ces engrais et de cette manière, les orangers sont fumés sans discontinuité. Cet amendement n'empêche pas qu'on n'éparpille du fumier ordinaire sur le terrain et qu'on ne l'enfouisse lors du houage. C'est avec de tels soins et en ayant l'attention de ne cultiver aucune plante potagère, et surtout des artichauds sous les orangers, qu'on a la satisfaction d'obtenir des arbres d'une grande vigueur et conséquemment d'un grand produit.

Nous serions trop fortunés dans le midi de la Provence, s'il ne survenait de temps à autre des gelées qui viennent détruire dans un seul jour ce qui fesait notre joie et notre richesse : les orangers et les oliviers. En effet, quel est l'arbre dans la nature qui peut être comparé à l'olivier pour son utilité, et quel est celui qui peut l'être à l'oranger par sa beauté? L'oranger est pour moi le roi des arbres ; c'est ainsi que je le nommais, lorsque, bien jeune enfant encore, je m'extasiais devant ceux plantés dans le jardin de ma famille ; eux que six mois avant j'avais vus parés de fleurs d'un blanc éclatant et d'une suavité sans égale, et que je voyais alors couverts de fruits d'un jaune d'or et revêtus d'un feuillage, unique en son genre, et cela quand il n'y avait plus trace de végétation nulle part, quand les arbres qui les entouraient étaient effeuillés, quand enfin la nature était morte partout. Mais que sert à l'oranger une si brillante parure, lorsqu'un froid rigoureux se fait sentir ? ce que le luxe et l'aisance servent à l'homme opulent, lorsqu'il est surpris par un de ces maux contre lesquels la médecine est impuissante. Peu de jours après une de ces gelées qui font descendre le thermomètre à cinq ou six degrés au dessous de zéro, les feuilles des orangers se flétrissent et se dessèchent sur l'arbre ; l'écorce du tronc se fendille et avant le mois d'avril elle se détache et elle répand une odeur des plus infectes. Ce sont là autant de signes non équivoques d'une véritable destruction. Si pourtant on fouille autour de l'arbre, on trouve à quelques pouces seulement dans la terre que l'action du froid n'est point arrivée jusque là ; c'est le cas alors de recéper l'oranger et pour ne pas me répéter je renvoie pour le traitement de ces arbres à la partie de l'article Olivier qui traite des oliviers atteints par la gelée.

Si par contraire le thermomètre ne marque dans son maximum de froid que trois à quatre degrés, plusieurs pieds, et surtout les orangers venus de semence, ne seront malades que dans les branches ; il s'en trouvera même dont les rameaux seuls auront été frappés. L'expérience m'a prouvé que les uns et les autres ne doivent pas être taillés pendant le printemps qui suit le froid. A la suite des grandes gelées de 1811, les orangers souffrirent beaucoup, cependant les arbres placés contre des murs fesant face au froid, ne furent atteints que dans leurs branches. Mon père fit tailler les siens selon l'usage du pays, c'est-à-dire, vers la fin du mois d'avril qui suivit, et on eut attention de porter le fer jusque dans le vif. Quelques orangers qui étaient d'une même grosseur, qui n'étaient ni plus ni moins atteints et qui étaient cultivés dans un jardin limitrophe, et seulement séparés les uns des autres par un mur de clôture, ne furent pas soumis à cette opération. Ils ne furent nettoyés de tout leur bois mort que dans le mois de mai d'après. Comparés pendant l'été avec ceux qui avaient été taillés, il y avait une différence extrême en leur faveur. Leurs nouveaux bourgeons et leurs feuilles, en se faisant jour à travers les rameaux desséchés étaient d'un vert foncé, lorsque ceux des arbres taillés étaient jaunâtres. Il ne s'était pas écoulé deux ans que déjà on ne s'apercevait presque plus du mal que le froid avait fait à ces orangers; tandis que ceux de mon père furent retaillés l'année d'après, les branches coupées, quoique jusqu'au vif, s'étant desséchées dans une longueur de plusieurs pouces, et jamais plus ils ne prirent un développement égal à ceux de son voisin et cela jusqu'au froid excessif de 1820, qui les nivela tous au rez-du sol. Un pareil phénomène s'est montré une seconde fois sur les mêmes arbres après le froid de 1837. Les orangers du jardin de ma famille ont été taillés; les autres ne le sont pas encore aujourd'hui 10 mai 1839. Ceux-ci sont couverts d'un feuillage qui, par sa couleur d'un vert foncé, fait contraste avec les autres.

L'arbre, atteint par la gelée, peut être assimilé à un homme malade sur lequel on voudrait faire l'amputation d'un bras ou d'une jambe; affaibli par la gravité de son mal, il n'aurait plus la force de résister à l'opération, avec cette différence pourtant que le premier, ayant plus de vitalité que celui-ci, ne meurt pas de suite par l'effet de la taille, mais il en est plus ou moins affecté. Aussi ai-je toujours observé que la plupart des branches d'un oranger atteint par la gelée, et taillé pendant le mois d'avril qui suit le froid, continuent à se dessécher, bien qu'elles aient été coupées à 15 ou 20 centimètres dans le vif. Il faut alors recourir à une seconde taille. On éviterait cette double opération, toujours nuisible à l'accroissement de l'arbre qui la subit, si on attendait que la sève, par la force de son ascension eût arrêté le mal, et que la ligne de celui-ci fut bien dessinée. Après le froid de 1837, je me trouvai dans une plantation d'oranger faite aux environs de Toulon, un jour que l'on taillait ces arbres. J'annonçai à la dame de la maison qu'il faudrait les retailler une seconde fois, par la raison que le mal ne pouvait pas encor eêtre bien connu, et que les arbres étant encore dans un état de souffrance, les parties de l'arbre coupées continueraient à se dessécher. Un mois après cette dame m'annonça que l'on devait tailler de nouveau ses orangers. Voici comment alors je traitai les miens. Ceux que je reconnus entièrement gelés, furent recépés dans le mois d'avril à quelques centimètres dans le vif; je fis recouvrir les pieds ainsi coupés par un décimètre de terre fine et légère et je me gardai bien de fumer le terrain, je laissai venir tous les bourgeons qui se montrèrent; ce n'a été qu'en avril 1838 que j'ai enlevé les faibles en conservant les quatre ou cinq plus vigoureux. Un mois après j'ai couché et marcotté ceux qui ont pu l'être et de manière que mes arbres sont restés sur deux ou trois pieds. S'il en est que je veuille avoir sur un seul, je couperai par la suite ceux ou celui qui seront le moins développés. Les orangers qui ne furent atteints que dans les branches et dans les rameaux ne furent nullement touchés, j'avais le projet de ne les tailler qu'en avril ou mai 1838, mais dans le mois de juillet 1837, m'étant aperçu que le mal causé par le froid avait cessé de gagner sur le vif et qu'une ligne de démarcation bien caractérisée séparait l'un de l'autre, je brisai avec la main les parties mortes, et je m'aperçus qu'elles cassaient tout juste sur le vif et je sciai les branches et les rameaux trop épais pour céder à la flexion que j'aurais pu leur imprimer et cela sur la ligne de séparation du vif et du mort. Ces orangers n'ont pas été autrement traités et si je ne craignais pas de froisser quelques amour-propres, je dirais, comparez mes arbres avec tels autres qui ont été conduits selon la coutume du pays et décidez.

Plusieurs insectes vivent sur l'oranger. Comme ceux de l'olivier ils sont indestructibles. La cochenille adonide et le puceron sont les seuls que l'on peut, sinon détruire et faire disparaître entièrement, du moins en diminuer sensiblement le nombre. Il suffit pour le premier de frotter les branches et les rameaux des arbres qui en sont infestés, avec du gros linge trempé dans du vinaigre. On s'opposera ensuite à l'accroissement et conséquemment à la multiplication des cochenilles logées sur les feuilles, et ce moyen est aussi celui que j'ai employé contre les pucerons, soit en les trempant dans un baquet plein de vinaigre, ce qui s'exécute facilement en fléchissant le rameau, soit en les saupoudrant avec de la chaux fusée, dite fleur de chaux. Le vinaigre que l'on emploira pour cette dernière opération ne doit pas être du meilleur ; si on n'en avait pas d'autre, il faudrait l'étendre d'une partie d'eau commune. Une observation à faire est celle qu'il ne faut jamais faire ces deux opérations en même temps sur le même pied. Le vinaigre en agissant sur la chaux développerait une chaleur qui, bien qu'elle soit insensible à nos sens, dessécherait les jeunes rameaux et les feuilles encore tendres, soumis à ces opérations. Et ce n'est jamais que ces feuilles et ces rameaux qui sont saisis par les pucerons. Ils y sont presque toujours si nombreux que la végétation des arbres, du moins dans la partie attaquée, est suspendue et que visiblement on s'aperçoit que les orangers, atteints par ces insectes, sont souffrants. Un moyen dont je me suis bien trouvé encore est celui de couper avec ma serpette les rameaux et les feuilles saisies par les pucerons et par les cochenilles, et de les enfouir à quelques centimètres de profondeur dans la terre.

Les orangers placés contre des murs ou cultivés dans des jardins peu aérés, sont souvent couverts d'une poussière noire, connue vulgairement sous le nom du noir. Cette poussière, selon M. Risso, un des auteurs de l'Histoire naturelle des Orangers, est une plante cryptogame qu'il nomme le dœmathium monophyllum. Voyez ce que j'en dis à l'article Olivier, cet arbre étant souvent atteint par cette plante parasite.

Les fruits des arbres, composant le genre oranger, n'arrivent à leur parfaite maturité que vers les mois de février et de mars. Voilà pourquoi les premières oranges qui arrivent à Paris sont si acides. Cueillies avant même qu'elles aient pris un commencement de cette belle couleur orange qui leur est propre, elles sont papillotées dans du papier gris, placées dans des caisses, rangs par rangs, et expédiées pour Paris, Lyon, etc. Ce n'est qu'après leur départ d'Hyères, d'Ollioules, etc. qu'elles acquièrent leur couleur rouge. Pour que nos oranges soient véritablement bonnes, elles doivent demeurer sur les arbres jusques à la fin du mois d'avril; cependant elles n'ont jamais la douceur des oranges de Majorque, du Portugal, de Malte; elles conservent toujours un filet d'acidité ; mais c'est justement cette légère acidité, jointe à une saveur qui leur est particulière, et que ne possèdent pas les oranges des contrées que je viens de citer, qui les rend préférables par plusieurs personnes et je suis de ce nombre. Qu'on ne dise pas que c'est une partialité de ma part pour la Provence, car j'ajouterai, il y a entre ces diverses oranges une différence égale à celle qui existe entre le chasselas de Fontainebleau et les meilleurs raisins des environs de Toulon. Ceux-ci sont si doux qu'ils affadissent le goût, par contraire le premier conserve une acidité bien légère sans doute, mais assez sensible pour le rendre, selon moi, le plus excellent raisin quand il est cueilli en novembre.

Les gelées qui surviennent en décembre et en janvier ne sont pas souvent assez fortes pour atteindre les arbres, mais elles suffisent pour geler les fruits. De là l'habitude de cueillir les oranges avant la fin de décembre. Au surplus elles se bonnifient, étant gardées soit dans des caisses où elles conservent leur fraîcheur, soit sur des tablettes; mais là elles se ramollissent et finissent par se flétrir.

C'est avec les fleurs des diverses variétés de l'oranger et mieux avec celles de plusieurs sortes de bigarradiers, tels que ceux désignés sous les noms de riche dépouille, de franc, de doux, de corniculé, à feuilles de saule que l'on fait cette eau répandue chez presque tous les peuples civilisés, sous le nom d'eau de fleurs d'orange. On vend pour le prix de cinq à six francs chez nos ferblantiers de Toulon de petits alambics avec lesquels on fait soi-même l'eau de fleur d'orange nécessaire à la consommation de son ménage. Voici comment je prépare celle que je me procure au moyen des fleurs produites par mes orangers : Après avoir fait ramasser au lever du soleil les fleurs, soit à terre, quand elles sont fraîches encore, soit sur les rameaux, en ayant soin alors de ne choisir que les plus épanouies, je les place dans mon petit alambic avec une quantité d'eau d'un poids égal à celui des fleurs. Je ne reçois pas le premier jet qui donnerait un goût d'empyreume au produit de la distillation. Lorsque j'ai obtenu, pas tout-à-fait la moitié du volume de l'eau mise dans l'alambic, c'est-à-dire, trois quarts de litre sur deux litres, j'enlève le vase ou la bouteille qui a reçu le produit de la distillation et qui est alors de l'eau de fleurs d'orange double, je le remplace par un autre vase et le second produit que je retire ensuite, en quantité d'environ un litre, est mis de côté pour faire partie d'une seconde distillation. Aussi dans cette nouvelle distillation, comme dans les suivantes, j'obtiens un peu plus d'un litre d'eau de fleurs d'orange double. Quand on opère en grand, on voit surnager sur le liquide quelques gouttes d'huile essentielle connue sous le nom de néroli.

Les feuilles d'oranger, coupées, hâchées et mises dans un alambic avec un poids égal d'eau au leur, donnent par la distillation une sorte d'eau de fleurs d'orange, connue sous le nom d'eau naphre en Provence et d'eau de naphore dans le Languedoc.

ORGE. Genre de plantes de la famille des céréales, composé de plusieurs espèces, dont quelques unes doivent être mentionnées :

Orge commune, *Hordeum vulgare*, Lin.; *hordi* en

prov. Cette espèce est reconnaissable à son épi formé de quatre rangs de grains, tous munis d'une longue barbe.

ORGE A DEUX RANGS, vulgairement *paumelle* ou *paumoule*, *pooumouro* en prov. Les épis sont à deux rangs de grains et sans barbes.

ORGE NUE, *Orge céleste*, vulgairement *orge pelée*, *hordi puera*, *pela* en prov.

Ces trois sortes d'orge sont celles que l'on cultive généralement dans le midi de la France. Une espèce qu'il serait bon d'y importer est celle connue sous le nom d'orge trifurquée dont le grain est nu, les feuilles très larges et les tiges très grosses.

Toutes les orges ne prospèrent que sur les bons terrains. C'est pourquoi on a l'habitude dans nos pays de fumer ceux sur lesquels on sème cette céréale. Le vice de cette culture, c'est qu'elle succède à une culture de froment et qu'elle est encore suivie de cette même culture. Le fumier étant alors absorbé presqu'en entier par les plantes d'orge, celles de froment n'en profitent pas, aussi elles n'y sont jamais vigoureuses et ne donnent qu'un faible produit. Cette coutume a encore le tort d'être contraire aux lois des assolemens. C'est en février et en mars que les orges sont semées sur trois bons labours ou mieux sur un bouage donné à la main, ce qui n'a lieu que dans la petite culture. Les plantes, sarclées en avril, montent en épi dès les premiers jours de mai et presque toujours leurs épis sont coupés vers les derniers jours de ce mois ou dès le commensement de juin. C'est le grain le plus précoce.

C'est sans doute parce que l'orge effrite beaucoup le terrain qu'elle est peu cultivée. Son seul avantage est d'arriver en maturité long-temps avant les autres céréales ; or, comme à la fin de mai la provision de blé est achevée chez les pauvres cultivateurs, ceux-ci ont le moyen de ramasser l'orge, de la mettre en farine et de se procurer un pain grossier sans doute, mais qui permet d'attendre la récolte du blé, toujours plus tardive de près d'un mois.

L'orge étant souvent atteinte par le charbon, on ne doit pas négliger de chauler celle que l'on sème.

Il se fait une grande consommation d'orge dans tous les pays à bière. C'est avec ce grain, après qu'il a fermenté, que l'on fabrique cette boisson. L'orge sert encore à la nourriture de divers bestiaux, tels que chevaux, bœufs, moutons, volaille, etc. Il est peu de grains qui les engraissent plus que celui-ci.

ORME, *Oume* en prov. Genre de plantes de la famille des amentacées et composé de plusieurs espèces, dont une est précieuse pour l'habitant de la campagne, soit comme donnant un ombrage frais et salutaire pendant l'été, soit comme fournissant un des meilleurs bois pour la construction des divers instrumens dont il fait usage. C'est avec ce bois qu'il fabrique ses brouettes, le sep de ses charrues, ses herses, les moyeux et les jantes de ses voitures. Cette espèce est :

L'ORME CHAMPÊTRE, *Ulmus campestris*, Lin. La culture a fait produire à cet orme une infinité de variétés. Les plus répandues sont l'orme à larges feuilles ou orme tilleul, l'orme à feuilles glabres d'un vert noir, l'orme panaché à larges feuilles.

L'orme se multiplie de semis, de marcottes et de boutures. Le premier moyen est presque le seul mis en usage, car des graines semées en avril, c'est-à-dire, au moment où elles se sont desséchées et tombées de l'arbre, sur une terre fine et légère, lèvent peu de jours après, et si les jeunes plants sont arrosés pendant l'été, ils ont acquis une hauteur de vingt-cinq à trente centimètres et ils peuvent être mis en pépinière pendant l'hiver qui suit ; à ce grand avantage se joint celui que les arbres venus de ce semis sont plus rustiques, deviennent plus grands et vivent plus long-temps que ceux obtenus par boutures ou par marcottes. Les variétés, comme aussi les diverses autres espèces d'orme, se propagent par la greffe.

Pour qu'un orme arrive à toute la grosseur qui lui est naturelle, il a besoin d'être placé dans un terrain frais pendant tout l'été. Cet arbre ne redoute rien tant qu'un terrain sec et pierreux. Après être demeuré six à sept ans dans la pépinière, il est transplanté et il peut être mis en place durant tout l'hiver. Si par cas des circonstances forçaient à laisser les ormes pendant un plus long-temps dans la pépinière, il n'y aurait aucun inconvénient de les planter, fussent-ils même âgés de vingt ans. Ils reprennent toujours facilement, ils sont plutôt développés, et dans nos pays un prompt développement est d'une absolue nécessité, si l'on veut faire prospérer une plantation d'ormes. Il y a à peu près vingt ans que les lices de Toulon ont été complantées dans toute leur longueur par deux rangées d'ormes et sur plusieurs points ces rangées ont été triplées et quadruplées. Aujourd'hui il n'existe plus la moitié de ces arbres. Leur dépérissement est dû à la larve d'un insecte désigné par les entomologistes sous le nom de *bombix cossus*, le *cossus gâte bois*. Cette larve n'attaque que les jeunes arbres, du moins ses ravages ne sont pas nuisibles aux ormes qui ont déjà pris un certain accroissement. Elle est d'un rouge luisant, ayant la tête noire, répand une odeur désagréable et elle a de sept à huit centimètres de longueur. Aussi a-t-elle bientôt formé des galeries autour du tronc et du moment que ces galeries ont cerné le tronc, l'arbre périt. C'est toujours à sa base et tout près le sol, comme on a pu le remarquer sur les ormes dont je viens de parler, que réside la larve du cossus. Avec un peu de surveillance on peut prévenir le préjudice causé par cet insecte aux ormes qui en sont attaqués. Dès que l'on voit le tronc des arbres perforé et de la sciure de bois sur le sol, on introduit dans le trou, qui est bouché avec la même sciure, la pointe d'un intrument qui consiste seulement en une verge de fer pointue, longue de vingt cinq à trente centimètres et emmanchée à un morceau de bois arrondi sur l'extrémité que l'on tient dans la main. Si la larve a prolongé circulairement sa galerie, on fait une nouvelle ouverture sur le point où la pointe de l'instrument a pénétré et on l'introduit de nouveau. On continue jusqu'à ce qu'on arrive à l'insecte que l'on perce et que l'on tue. Je me sers encore du même instrument sur mes peupliers d'Italie, mes mûriers, mes pommiers.

Les autres espèces d'ormes, dont les plus remarquables sont l'orme d'Amérique, l'orme rouge, l'orme à feuilles crépues, l'orme de la Chine, se multiplient de greffes sur l'espèce commune. Le bois de nombreuses espèces d'orme est inférieur en qualité à celui de l'orme champêtre; c'est un avantage qui doit faire préférer cette espèce aux autres.

OROBANCHE. Genre de plantes de la famille des orobanchoïdes, composé de plusieurs espèces dont une l'OROBANCHE ODORANTE, *orobanche major*, Lin.; *asperge sauvage* en Provence, ne peut être oubliée dans un ouvrage sur l'agriculture du midi de la France, car elle fait le tourment des cultivateurs des environs de Toulon. Plusieurs d'entr'eux, par suite de ses effets désastreux, ont renoncé à la culture des pois, des fèves, des lentilles, des ers, des vesces, et enfin de toutes les légumineuses sujettes à être attaquées par la bruche des pois, petit insecte noir nommé courgoussoun dans plus d'un pays de la Provence.

Cette plante est parasite; par des expériences et des observations plusieurs fois répétées, je me suis assuré que les graines d'orobanche, d'une ténuité sans égale et presque imperceptibles, demeurent en terre sans germer, tant que les racines des plantes, qui lui conviennent, ne s'approchent point d'elles; mais dès l'instant qu'une de ces racines est en contact avec une de ces graines, celle-ci développe sa radicule qui s'y implante de suite. Combien de fèves j'ai arraché, ayant leurs racines saisies par ces graines dont le germe était à peine développé. Ce germe grossit aux dépens de la sève de la plante sur laquelle la graine s'est implantée, et pousse une seule tige plus ou moins élevée. J'en ai vu qui avaient atteint une hauteur de près d'un mètre. La culture a produit sur cette parasite les effets qu'elle produit sur toutes les plantes soignées par l'homme, c'est-à-dire, que sa hauteur qui n'est selon les botanistes, que de douze à quinze centimètres, est de soixante à quatre-vingt centimètres dans nos champs et qu'elle a fourni plusieurs variétés. Nous avons maintenant l'orobanche blanche, fauve, violette, jaune, etc. Il est évident que plus l'orobanche se développe, et plus la plante, qui la nourrit, souffre; aussi voit-on souvent des champs entiers de pois, de fèves, de lentilles, etc. qui se dessèchent et meurent sans rien produire. Il eût été possible dans les premiers temps où cette parasite se montra sur nos terres de l'empêcher de se propager, mais aujourd'hui on ne peut plus s'opposer à ses ravages, du moins sans de grands frais et une surveillance de chaque jour. Ce n'est que depuis la fin du siècle dernier que la partie ouest du territoire de Toulon fut envahie par l'orobanche odorante. Ce n'a été que peu à peu qu'elle s'est répandue ; elle n'est arrivée encore que dans les environs de la Crau, village à deux lieues à l'est de Toulon. J'ai remarqué un champ de ce pays sur lequel quelques plantes d'orobanche s'étaient montrées en 1837 et qui en a été infesté cette année, 1838, au point que le nombre des tiges d'orobanche dépassait celui des tiges de fèves qui y étaient cultivées. Je conseille donc aux habitans des communes de Hyères, Solliès et autres plus à l'est, mais voisines de ce village, de veiller à ce que les premières plantes d'orobanche qui paraîtront sur leurs domaines soient arrachées au moment de la floraison. C'est le seul moyen à employer pour que cette plante, qui est une véritable peste pour nos cultivateurs, ne se multiplie pas chez eux. Sa tige est terminée par un long épi de fleurs ; à celles-ci succèdent des capsules qui contiennent chacune des milliers de graines. Si donc on oublie d'arracher ou de couper une seule tige, car cette simple opération suffit, l'orobanche étant annuelle, on peut être assuré que désormais les fèves et les pois, qu'on y cultivera, seront détruits par l'orobanche. C'est par ce moyen que je suis parvenu à en garantir mes légumineuses. Chaque année je les fais visiter plusieurs fois par des femmes qui tirent à elles toutes les tiges d'orobanche qu'elles y rencontrent. Mais pour qu'une pareille surveillance produise l'effet désirable, il faut que les voisins en fassent autant ou du moins il est nécessaire que le terrain sur lequel on opère ait assez d'étendue pour qu'il n'y arrive pas trop de semence d'orobanche des terres voisines.

L'orobanche étant annuelle ne se multiplie que par semis naturel de ses graines. C'est donc bien inutilement, comme le pratiquent la plupart de nos cultivateurs, que l'on arrache les plantes jusqu'à leurs racines pour les détruire en entier, soit en les brûlant, soit en les faisant pourrir dans l'eau, et cette opération est d'autant plus ridicule que presque toujours elle est faite après que les capsules inférieures sont déjà en maturité et que les graines sont répandues sur le terrain par le fait seul de l'arrachage de la plante. J'ai depuis longtemps considéré l'orobanche comme une plante trop funeste aux cultivateurs pour que je ne l'aie observée avec soin, et pour que je n'aie fait de nombreuses expériences sur sa manière d'être. C'est par ces expériences que je me suis assuré qu'elle vient sur les légumineuses, mais seulement sur celles sujettes à la bruche, de préférence aux autres végétaux, bien qu'il ne soit pas sans exemple qu'elle se soit montrée sur certains géraniums, sur des œillets cultivés en pots. Ces expériences m'ont encore appris que les graines d'orobanche ne germent que lorsqu'elles sont à portée des racines qui sont à leur convenance. J'ai semé plusieurs fois en automne des graines d'orobanche dans des pots où j'ai placé aussi des pois, des fèves, des lupins, des pois-chiches. En mars et en avril plusieurs tiges d'orobanche se sont montrées sur les pots à pois, à fèves, à lentilles, etc., il ne s'en est point offert sur ceux où se trouvaient les lupins, les pois-chiches, légumes comme on sait que la bruche respecte. J'ai semé des mêmes pois et des mêmes fèves dans des pots où je n'avais point placé des graines d'orobanche, et ces plantes ont végété avec la plus grande vigueur et sans qu'il y soit venu une seule orobanche. J'ai fait l'expérience contraire, c'est-à-dire, que j'ai semé des graines d'orobanche sans aucune autre sorte de semences et là encore il n'y a pas eu germination de ces graines.

On croit avoir remarqué que la culture du pois-chiche détruit une grande partie des graines d'orobanche. M. Julien, directeur des postes, ayant semé une partie de sa terre en vesce (*merevion* en Provence), fut fort étonné de voir une moitié du terrain couverte d'orobanche, et l'autre où l'on n'en apercevait que quelques unes. Il se rappela alors que des pois-chiches avaient été cultivés durant l'année précédente dans cette dernière partie. Sur une des terres de mon père, on avait pris l'habitude de ne semer des pois-chiches que dans une partie, sans doute parce que là ils réussissaient mieux. Un nouveau fermier, changeant de méthode, y sema des fèves, pas une orobanche ne s'y montra, tandis que celles faites sur les autres points de ce domaine en étaient infestées. M. Aguillon, depuis deux ans, mélange des pois-chiches avec ses pois, et depuis lors ces plantes sont exemptes d'orobanche. Aujourd'hui encore, 30 avril 1839, au moment de mettre sous presse cet article, il n'en paraît pas une, et c'est la troisième année de ses expériences. Ces divers faits ne suffisent pas cependant pour me convaincre. Il convient donc de répéter ces expériences sur plusieurs terres, afin de s'assurer d'une manière positive de l'action des pois-chiches sur cette parasite. Car ce n'est que le flambeau de l'expérience à la main que je veux éclairer mes concitoyens, et je ne le puis en cette occasion, étant préservé de l'orobanche en faisant, comme je l'ai dit, arracher toutes les années celles qui se montrent chez moi.

Si l'orobanche odorante est d'une part une véritable peste pour les cultivateurs, elle est de l'autre un véritable bienfait de la nature envers l'homme atteint de la diarrhée et de la dyssenterie; ses fleurs desséchées, mises en poudre, après avoir été torréfiées sur une plaque ou une pelle en fer, et prises par deux bonnes pincées dans de la soupe, du chocolat, du café arrêtent la diarrhée qui a résisté aux remèdes les plus vantés de la médecine. Pour plus de détail voyez l'article que j'ai fait insérer en juin 1838 dans les divers journaux du midi sur les vertus médicinales de cette plante.

Quelques personnes mangent cette orobanche en guise d'asperge. De là son nom vulgaire d'asperge sauvage. On dit que c'est un grand excitant, soit chez les hommes, soit chez les animaux qui sont dans le cas d'en faire usage en pâturant.

ORTIE, *Ourtigo* en prov. Genre de plantes de la famille des urticées, composé d'un grand nombre d'espèces dont une seule sera mentionnée à cause du service qu'elle peut rendre aux cultivateurs.

Ortie dioïque, ou grande ortie. On la trouve le long de nos rivières, de nos haies établies en terrains frais, etc. Moins piquante que la petite ortie, ses feuilles sont un bon aliment pour les vaches auxquelles elles donnent plus de lait et pour tous les ruminans. En les laissant se faner à l'air on empêche l'effet de leur piqûre. Les Suédois cultivent cette ortie en raison de la précocité de sa végétation. C'est le premier fourrage vert qu'on peut donner aux bestiaux. On multiplie l'ortie dioïque par le semis de ses graines qui a lieu en automne sur un simple labour, et sans les recouvrir si la saison est pluvieuse, il serait mieux de passer la grande herse de suite après le semis. Ces graines ne lèvent que dans le printemps, et la première année les jeunes plantes ne s'élèvent qu'à quinze ou vingt centimètres. Ce n'est qu'à la seconde année de sa végétation qu'elle prend de l'accroissement et alors elle commence à fournir deux coupes de fourrage. Par la suite elle peut être coupée trois fois pendant le printemps et le commencement de l'été, et donner chaque fois un fourrage plus abondant qu'aucune autre plante, si elle est arrosée toutes les fois qu'elle en a besoin. Un grand avantage, qu'offre encore la culture de l'ortie, est celui que le terrain, s'il est d'une bonne qualité, n'a pas besoin d'être fumé, qu'il s'améliore et qu'il devient propropre à recevoir une culture de céréales sans engrais de suite après le défrichement de la prairie. Nos étés sont trop secs pour espérer de pouvoir cultiver l'ortie, quoiqu'elle ne résiste pas à une humidité permanente pendant l'hiver, hors de nos plaines et de nos terres arrosables.

J'ai dit que l'ortie donne trois coupes d'abondant fourrage depuis le printemps jusqu'au milieu de l'été. Elle en donnerait bien davantage, mais alors le foin qu'on obtiendrait serait dur, amer et d'une odeur forte. Dès ce moment on laisse fleurir et durcir les tiges de l'ortie et en septembre ou octobre on les coupe pour litière qui est considérée comme fournissant un excellent fumier.

Le fourrage, fourni par l'ortie, ne peut être donné seul aux bestiaux; il est nécessaire, à cause de la propriété légèrement purgative de cette plante, d'en faire de la mêlée quand il est à demi-sec, avec de la paille ou avec d'autre fourrage auxquels il communique sa saveur. S'il était séché sur place et sans aucun mélange, il faudrait le retourner souvent. Il est sujet à se moisir, s'il n'est pas surveillé pendant sa dessication.

Les tiges de l'ortie dioïque étant coupées pendant l'été et rouies donnent une filasse avec laquelle on fabrique, en Suède, des toiles qui valent celles de chanvre et de lin. On on en fait aussi de très bon papier.

OSEILLE, *Oouseillo aigretto* en prov. Genre de plantes qui se divise en deux sections, dont une est composée de plusieurs espèces non acides, elles sont connues sous le nom de patience, et l'autre est formée de plusieurs espèces de plantes toutes plus ou moins acides; ce sont les oseilles. Les premières, bien que dans quelques pays on en mange les feuilles, soit mêlées avec l'oseille pour en affaiblir l'acidité, soit en guise d'épinards, n'intéressent pas assez les cultivateurs pour que je m'en occupe, et parmi les secondes je ne mentionnerai que l'OSEILLE DES PRÉS, *Oseille des jardins*; *rumex acetosa*, Lin. On en cultive plusieurs variétés.

Les plus multipliées sont l'oseille ordinaire, l'oseille à grandes feuilles, l'oseille à feuilles crépues, l'oseille vierge. Cette dernière est celle qui devrait être la plus généralement cultivée en raison de ce qu'elle ne monte jamais en graine et qu'elle n'est pas aussi acide que les autres.

L'oseille se multiplie par éclats des vieux pieds. On le pourrait aussi par le semis de ses graines, mais ce moyen trop long et trop minutieux, n'est usité dans aucun de nos jardins. C'est presque toujours en bordure que l'on cultive l'oseille; lorsqu'on veut en faire une plantation, on ouvre un fossé de quarante centimètres de profondeur, on le remplit à moitié de bon fumier, on couvre le fumier d'une couche de terre et c'est sur cette terre qu'on place les éclats des vieux pieds d'oseilles, à cinquante centimètres de distance les uns des autres; on finit de remplir le fossé avec la terre qui en a été extraite. Dès l'année suivante les jeunes plantes sont assez développées pour donner une ample provision de feuilles. Tout terrain, s'il est fumé et arrosé, convient à l'oseille. Un léger houage en hiver, pendant lequel on place du fumier autour de chaque pied, et un ou deux binages, sont des œuvres indispensables, si l'on veut voir prospérer la plantation, il faut de plus, avoir le soin de couper les tiges d'oseilles toutes les fois qu'il s'en montre. Si on négligeait cette opération les plantes ne donneraient plus de nouvelles feuilles, or ces feuilles sont les seules qu'on doive employer à l'usage de la cuisine pendant l'été, les feuilles anciennes étant plus acides et plus rudes.

OSIER. Nom de plusieurs espèces de SAULE, voyez ce mot.

OXALIS. Genre de plantes de la famille des géraniées, dont une espèce, venue du Pérou, commence à être cultivée comme plante alimentaire par beaucoup d'horticulteurs. C'est l'*oxalis crénelée*, *oxalis crenata*.

Ce n'est que depuis 1829 que cette plante, à racines tuberculeuses, a été importée en Europe et déjà elle commence à se répandre. M. de Beauregard la possède depuis quatre ans à Hyères; c'est dire que bientôt la culture de l'oxalis crénelée sera propagée dans toute la Provence; car nul, plus que lui, n'a le désir de voir l'agriculture du midi, s'avancer dans la voie des améliorations; et déjà l'on peut considérer cette culture en plein succès dans nos contrées quand on sait qu'elle réussit très bien dans les environs de Paris où la température ne doit certainement pas lui être aussi favorable que celle de nos départemens.

L'oxalis crénelée ne peut être placée, dans nos pays de sécheresse, ailleurs que dans les terres arrosables ou fraîches pendant l'été, comme celles des plaines de Cogolin, Grimaud, Fréjus, la Camargue; et même elle n'est véritablement productive que dans celles qui sont légères, bien ameublies et abondantes en humus. Il n'est pas rare que là un seul tubercule en produise quatre à cinq cents; aussi cet oxalis se multiplie-t-il à l'infini en peu de temps. M. de Beauregard a reçu et planté deux tubercules en 1835, et en 1838, il en a récolté près de trente-un quintaux.

Un reproche que l'on fait à cette plante est celui qu'elle ne donne que des tubercules peu volumineux. Cependant parmi ceux que j'ai plantés et que je dois à l'obligeance de M. de Beauregard, il s'en trouve de la grosseur d'un œuf de poule, les deux premiers qu'il a possédés avaient à peine celle d'une noix; il est donc vraisemblable que par suite d'une culture continue et soignée, on parviendra à les faire grossir davantage. Ce serait très-utile, car aucune plante connue ne produit autant que celle-ci; si on arrive un jour à ce résultat, nul doute que dès cet instant l'oxalis crénelée ne compte parmi les premières plantes économiques de l'Europe. Je dois pourtant prévenir que la saveur de ses tubercules, qui contiennent de douze à quatorze pour cent de fécule blanche et légère, ne convient point à beaucoup de gens, surtout quand on en mange pour la première fois, soit à cause d'un goût qui est particulier à cette oxalis, soit à cause d'un principe d'acidité dont elle est accompagnée; cependant il y a un moyen de l'en priver. Il suffit de faire cuire à demi, c'est-à-dire de faire bouillir durant quelques secondes les tubercules dans une première eau qui se charge de l'acide qu'ils renferment. Ils sont alors, après avoir terminé leur cuisson dans une seconde eau ou dans du lait ou mieux dans une friture, un mets qui, sans être mauvais, est pourtant repoussé par plus d'une personne.

Il en est de l'oxalis comme de beaucoup d'autres productions du sol qui ne plaisent pas d'abord, mais auxquelles on finit par s'habituer et par rechercher. Quelle difficulté Parmentier n'a-t-il pas rencontré quand il a voulu introduire la culture de la pomme de terre. Alors on objectait que rien n'était plus mauvais, et aujourd'hui ce serait une calamité publique si cette solanée venait à disparaître. Espérons qu'il en sera de même de l'oxalis crénelée. Il ne faut pour cela qu'un seul cultivateur ami de son pays dans chaque commune. Ce serait vraiment une œuvre philantropique que de concourir à la propagation de cette plante. Qu'on se représente une année de disette comme celles de 1793, 1794, 1811, 1817 et on reconnaîtra que l'oxalis à cause de sa grande et facile multiplication, serait d'un secours incalculable pour les pauvres gens qui pourraient se la procurer à très bas prix à cause des grandes quantités qu'on en récolterait.

La pomme de terre, dit-on, sera toujours préférée. Non elle ne le sera pas plus que l'oxalis, quand nous serons accoutumés au goût de cette plante; et puis n'est-il pas des années durant lesquelles la pomme de terre ne réussit pas; et si le blé venait à manquer alors, de quelle ressource ne seraient pas les tubercules d'oxalis. Au surplus, je ne partage pas l'opinion des gens auxquels le goût de ces tubercules repugne, j'ai ai mangé plusieurs fois et toujours ils ont été à ma convenance et j'ai observé qu'ils sont un aliment de plus facile digestion que les pommes de terre, les patates, les topinambours, les navets et autres racines. Un autre avantage en leur faveur, c'est que cuisant en peu de temps, ils consument moins de combustibles.

Par observation, je sais que les chevaux, les bœufs, les brebis, les chèvres, se nourrissent volontiers des tubercules de l'oxalis. J'ai un cheval qui refuse les betteraves et qui est avide de ces tubercules. Si une plus longue expérience permet d'alimenter ces animaux avec les racines de l'oxalis crénelée, cette plante va devenir pour la basse

Provence et pour tous les pays où les fourrages sont chers et rares, une source de richesses où pourront puiser tous les propriétaires ruraux, avides de fumier; et le problême de pouvoir nourrir à l'étable ou à l'écurie des bœufs à l'engrais, des vaches laitières, des jumens poulinières, sera désormais résolu. Il est plusieurs grandes plaines voisines du littoral où les terres sont assez fraîches pendant l'été pour que l'oxalis puisse y végéter sans avoir besoin d'être arrosée. Comme elles sont presque toutes de terres d'alluvions, elles remplissent les conditions nécessaires pour qu'elle s'y multiplie à l'infini. Quels produits elles peuvent alors donner.

La chair des tubercules d'oxalis étant plus fine et plus moëlleuse que celles des autres tubercules cultivés, on peut en faire des gâteaux, des friandises qui seront préférés (les parfums qu'on y fait entrer neutralisant le goût particulier à l'oxalis) à ceux faits avec la pomme de terre, la carotte et même avec la patate.

L'oxalis crénelée se multiplie au moyen de ses tubercules, qui ont le précieux avantage de se tous conserver d'une année à l'autre, si on a soin de les enfermer dans un lieu sec et à l'abri des gelées et des rats qui ne manqueraient pas d'en diminuer le nombre. C'est vers le milieu d'avril et à 8 ou 9 centimètres de profondeur qu'on plante les tubercules. On les espace de 80 à 90 centimètres. Un ou deux sarclages et des arrosemens fréquens, dans les terrains secs, sont nécessaires pendant l'été. Une façon qui est de rigueur, si on veut obtenir beaucoup de produit, est celle de butter plusieurs fois. Le premier buttage a lieu quand les tiges ont une longueur de dix-huit à vingt centimètres et il est fait de manière que le poids de la terre fasse incliner ces tiges et qu'elles prennent une direction horizontale; les autres buttages se pratiquent quand celles-ci se sont prolongées ; on les couvre de terre chaque fois, en ne laissant paraître que huit à dix centimètres de la sommité des tiges. Ces buttages, qu'on répète toutes les fois que les tiges se sont allongées de quinze à vingt centimètres, ont pour résultat de faire pousser de nouvelles racines à chacune de leurs articulations, lesquelles alors donnent toutes plusieurs tubercules. Ceux-ci n'arrivent à la grosseur dont ils sont susceptibles que dans le mois d'octobre, et à une maturité complète que dans le mois de novembre. On reconnaît qu'ils sont mûrs à une dureté qui annonce que leur eau de végétation s'est évaporée, ou plutôt qu'elle s'est condensée et convertie en fécule. C'est en décembre qu'on les arrache. On pourrait, lorsque l'hiver n'est pas très-rigoureux, les laisser sur place, et ne les sortir de terre qu'au fur et à mesure des besoins.

P.

PALIURE EPINEUX, *Argalon*, *porte chapeau*, *épine de christ*, *Rhamnus paliurus*, Lin.; *arnavés*, *arneveou* en prov. Arbrisseau formant un genre de la famille des rhamnoïdes et indigène de nos pays. Les nombreux piquans, dont les rameaux du paliure sont garnis, semblent rendre cet arbrisseau très propre à former des haies, mais l'expérience prouve qu'il se plait à vivre isolé et qu'il est impossible de le faire croître tout près d'un autre sujet. En effet observez les lieux couverts naturellement de paliures, jamais vous n'y verrez deux pieds très voisins l'un de l'autre. Son bois étant très dur on fait avec ses rejetons, toujours très multipliés, des bâtons qui sont recherchés.

PANAIS. Genre de plantes de la famille des ombellifères, dont une espèce est cultivée, dans quelques uns de nos jardins, pour sa racine que l'on mange comme celle de la carrote. C'est le PANAIS CULTIVÉ, *Pastinaca sativa*, Lin.; *pastenargo, giroundo, girouilho* en prov. Cette plante, commune dans nos champs où sa racine est très petite, fournit dans les terrains arrosables et profondément labourés une grosse et longue racine à saveur douceâtre et aromatique, ce qui la rend très excitante. C'est au moyen de ses graines, semées en mars qu'on multiplie le panais. Le plant, sarclé et éclairci, est arrosé souvent pendant l'été et il commence à être bon à arracher en juillet, on le laisse en place pour l'usage de tout l'hiver; mais cette racine est si peu recherchée qu'on n'en trouve pas sur nos marchés; les maraichers de la Provence ayant éprouvé souvent que la culture du panais n'est pas lucrative en raison de la difficulté de trouver des consommateurs. Mais si le panais n'offre pas un grand avantage comme plante potagère, il n'est pas ainsi considéré comme propre à la nourriture des bestiaux. Ses fanes, coupées en juillet, peuvent être données aux cochons, aux moutons et aux bœufs, et ses racines sont pendant une partie de l'année un très bon aliment pour ces animaux. Il est des contrées de l'ouest de la France où l'on consacre des plaines d'une grande étendue à cette culture. C'est une plante de plus à intercaler dans les assolemens à long terme.

PANIC ou PANIS. Genre de plantes de la famille des graminées, composé d'un grand nombre d'espèces. Je n'en mentionnerai que quelques unes.

PANIC MILLET, *Panicum miliaceum*, Lin.; *milh*, *meilh* en prov. Cette plante, originaire de l'Inde, est aujourd'hui très commune dans une grande partie de l'Europe où elle est cultivée pour ses graines dont on nourrit les oiseaux et les jeunes poulets. Il y en a trois variétés: celle à grains blancs qui est la plus estimée, celle à grains jaunes et celle à grains noirs. Les deux premières seules sont cultivées, mais il arrive bien souvent qu'elles dégénèrent en la troisième. Celle-ci est repoussée avec raison, d'abord parce que la couleur de ses grains n'est pas agréable et ensuite parce que ses panicules sont très lâches et fort peu productives. Le millet ne prospère que dans les terrains les plus fertiles. Il effrite si fort les terres sur lesquelles on le cultive, que l'une des conditions de mon bail à ferme des propriétés rurales que je possède à Cogolin, est qu'il n'y sera jamais semé du millet. En effet, ce n'est que dans les fonds très gras, et que l'on ne craint pas d'épuiser, qu'on peut se permettre cette culture. Je l'ai adoptée plus d'une fois dans mes assolemens et toujours la végétation des plantes qui ont succédé au millet s'est ressentie de l'épuisement des terres d'où il venait d'être arraché. Non seulement le millet ne prospère que dans les meilleurs terrains; mais encore faut-il qu'ils soient frais pendant tout l'été, ou du moins qu'ils soient arrosables. Or, le prix de ce grain est si minime qu'il est rare que l'on consacre des terres arrosables à cette culture. C'est en avril ou en mai que l'on sème le millet sur trois raies de labour. Il ne doit l'être que par une main exercée. Combien on voit des champs, cultivés en millet, ne rien ou peu produire pour avoir été ensemencés trop dru. De toutes les céréales celle-ci est celle qui demande à être semée le plus clair. Deux sarclages pour débarrasser le millet des herbes sauvages, qui ne manqueraient pas de l'étouffer, sont d'une absolue nécessité. Le grain est mûr en septembre. Comme tous ne mûrissent pas en même temps, on coupe assez souvent en deux fois les panicules mûres, et l'on fait un ou plusieurs tas de ces panicules qu'on ne lie pas, quoique tenant à une partie de la tige, et après quelques jours et lorsqu'on s'est assuré que les graines, qui n'avaient pas encore acquis une maturité complète, ont jauni et se détachent facilement, on porte les tiges de millet sur une aire où elles sont dépiquées au moyen d'un ou plusieurs chevaux.

PANIC D'ITALIE, *Millet à épi*, *millet des oiseaux*, *panicum italicum*, Lin. Ce que je viens de dire de l'espèce précédente s'applique à celle-ci, avec la différence pourtant que le panic d'Italie se sème plus souvent par rangées qu'à la volée, et qu'après qu'elles sont coupées, les tiges sont liées en paquets et suspendues sous un hangard ou dans un grenier jusqu'à parfaite maturité de toutes les graines; celles-ci sont ensuite battues, soit avec des baguettes, soit avec le fléau ou froissées avec la main.

PANIC ÉLEVÉ, *herbe de Guinée*. Plante vivace s'élevant à plus d'un mètre et fournissant un très bon fourrage pour les chevaux et les bœufs. On multiplie ce panic ou par graines semées en fin avril ou par éclats des touffes des anciens pieds que l'on plante par rangées pendant le mois de mars. Ce n'est qu'à la seconde année que les jeunes plants commencent à former de larges touffes et à donner des tiges très élevées. Cette plante est encore peu répandue dans nos contrées. Elle demande un terrain fertile, arrosable et bien exposé. On ne doit pas oublier que cette plante, étant originaire des pays chauds, ne s'accommode que très difficilement de notre température d'hiver. Aussi doit-on s'attendre à la voir plus ou moins souffrir toutes les fois que le thermomètre descendra à cinq ou six degrés.

Le PANIC VERT, le PANIC ERGOT DE COQ et le PANIC SANGUIN sont autant d'espèces très communes dans nos terrains frais ou arrosables. Elles font le désespoir de nos jardiniers qui les désignent toutes les trois sous le nom de *panisso.* On a beau sarcler les plantes qui en sont infestées, il en paraît chaque année des milliers. J'ai vu des luzernes abandonnées et défrichées à cause de l'état de souffrance où les avait réduites la présence de ces panics. Les arracher avec le plus grand soin durant quelques années, c'est le seul moyen à employer pour s'en débarrasser. Mais il faut éviter qu'une seule plante reste, elle fournirait assez de graines pour rendre inutile cette précaution. Les deux premières ont en plus le grand inconvénient de s'accrocher au moyen de leurs épis contre les bas, les habits des personnes qui s'en approchent. Il faut donc se garder de les donner aux lapins. J'ai eu plus d'une fois de jeunes lapins tellement entortillés par les tiges de ces panics, qu'ils finissaient par en mourir, faute de pouvoir venir prendre leur nourriture.

PASQUIER. Nom des prairies annuelles dans une partie du département du Var. Ailleurs c'est la barjelado, la veillado. Presque toujours c'est avec la vesce réunie à l'avoine et quelques fois à l'orge que l'on fait ces sortes de prairie. Une des habitudes vicieuses de nos pays, c'est de couper le fourrage produit par ces graines que lorsque les fleurs sont fanées et que les gousses et les épis sont très avancés. C'est au moment où la vesce et l'avoine ou l'orge sont en pleine floraison qu'il doit être fauché. Alors les plantes n'ont encore rien enlevé à la terre, et celle-ci profite plus qu'elle ne perd de cette culture. Les plantes ne tirent leur nourriture du sol que lorsqu'elles commencent à développer leurs fruits. Jusqu'alors elles n'ont puisé que dans l'atmosphère. C'est en septembre et au plus tard en octobre que dans nos pays secs on sème ces prairies. Voyez PRAIRIES.

PASSE-RAGE. Genre de plantes de la famille des crucifères dont une espèce annuelle, est cultivée dans nos jardins sous les noms de CRESSON ALÉNOIS, CRESSON DES JARDINS, *nestoun* en prov.; *lepidium sativum*, Lin. Semées en septembre, les graines de cette plante lèvent de suite et donnent une fourniture de salade qui est fort estimée à cause de sa saveur piquante et qui dure tout l'hiver. Comme la plante monte en tige de suite quand les graines sont semées dans le printemps, il faut resemer tous les quinze jours. Les arrosemens ne doivent pas manquer, s'il ne pleut pas; tout terrain lui est propre, s'il est arrosable.

PASSE-ROSE. Voyez ALCÉE.

PASSE-VELOURS, *Celosie*. Genre de plantes de la famille des amaranthoïdes, et dont une espèce, annuelle, est cultivée dans tous nos parterres sous le nom de crête de coq, d'amaranthe. Ses graines sont semées en avril en pots et sur une terre légère. Les jeunes plants transplantés en mai, fleurissent depuis le mois de juillet jusqu'aux premiers froids. Il y en a plusieurs variétés; celles à fleurs jaunes et à fleurs pourpres sont les plus multipliées. Arrosemens et sarclages pendant l'été.

PASTEL, GUÈDE. Plante d'un genre de la famille des crucifères, cultivée et comme plante tinctoriale et comme plante fourragère. C'est l'isatis tinctoria de Lin., le *lenti* en prov.

Avant la découverte de l'indigo le pastel, dont les feuilles fournissent une couleur bleue des plus solides, était généralement cultivé dans toute la France. Le bas prix de l'indigo ne permet plus aujourd'hui de cultiver cette plante avec profit, ou du moins ne permet pas de donner trop d'extension à cette culture qui est cependant encore pratiquée dans les environs des villes où sont établies de nombreuses teintureries, par la raison que de l'union du pastel avec l'indigo résulte une couleur plus fixe et plus intense.

Cette plante, originaire du centre et du nord de l'Europe, ne demande pas une exposition particulière, elle résiste aux plus grands froids; mais elle exige un terrain profond, frais ou arrosable pendant l'été et fertile. Celui qui serait trop humide pendant l'hiver ne lui conviendrait pas du tout. Il lui faut une terre dans laquelle elle végète avec vigueur, car c'est du nombre et de la grosseur de ses feuilles que dépend le succès de la culture du pastel, comme plante tinctoriale. Cultivé comme plante fourragère, le pastel ne peut l'être avec quelque avantage, que s'il est placé dans les sols les plus médiocres. Jusqu'à présent ce n'est que pour être donné en vert aux ruminans que cette plante est cultivée pour fourrage. Un des auteurs du Bon Jardinier, année 1838, dit qu'il s'est assuré qu'elle vient facilement sur des terres médiocres et fort sèches. Cette qualité et sa grande précocité la lui font considérer comme une plante fourragère d'une grande utilité. Elle peut donner un abondant fourrage pendant cinq à six ans.

C'est dans le mois d'octobre que nous devons semer les graines de pastel dans le midi de la France. Le jeune plant doit être éclairci, s'il paraît trop épais, car chaque pied atteint bientôt un large développement, si la terre a été ameublie préalablement par deux ou trois bons labours et fumée abondamment avec du fumier bien consommé. En avril il est sarclé et en mai il est biné. C'est à la fin de mai que les feuilles, commençant à jaunir et à fléchir, annoncent qu'elles sont arrivées au point de maturité nécessaire pour donner le plus de fécule colorante possible. Plus tôt ou plus tard, elles en contiennent moins. Cependant un cultivateur de pastel distingué et qui a fait un mémoire sur cette plante, prétend que c'est au moment où ces feuilles prennent une couleur bleuâtre et non pas quand elles commencent à jaunir, qu'il faut les couper. La culture du pastel étant pour ainsi dire inconnue dans notre département, je n'ai pu me procurer des renseignemens certains sur le mérite de ces deux opinions. Quoi qu'il en soit les feuilles de pastel sont détachées soit à la main, soit avec une petite faucille, par un beau jour et en ayant soin de ne pas toucher à celles du centre qui ne sont pas encore arrivées au point de maturité nécessaire. On répète cette opération quatre à cinq fois dans les pays chauds, tels que les nôtres. Les feuilles coupées sont mises à sécher pendant un ou deux jours, et seulement pour qu'elles se fanent tant soit peu. Arrivées au point désiré, on les porte dans un moulin à huile et elles y sont réduites en pâte par l'effet de leur trituration sous la meule Cette pâte peut alors se conserver, et lorsque toutes les feuilles de l'année ont subi la même préparation, on en forme un ou plusieurs tas que l'on transporte sous un hangard et dont on unit la surface, après les avoir bien pressés soit avec la main, soit avec des battoirs en bois.

Peu de jours après, il s'y établit une fermentation, et une croûte noire, très-compacte se forme sur les surfaces. C'est le moment où la fécule colorante se développe. Il est essentiel de réparer les fentes qui se présentent sur cette croûte au moyen d'une pâte qu'on tient en réserve tout exprès. Lorsque cette pâte a fini de fermenter, ce qu'on reconnaît à la diminution de son odeur forte et qui tient de l'ammoniaque, on brise la masse, on pétrit de nouveau la pâte et de manière à mêler la croûte avec l'intérieur et on en forme des boules, que l'on allonge ensuite au moyen d'un moule et dont le poids est toujours d'une livre au moyen de ce moule.

Il existe deux variétés de pastel, l'une est le pastel bâtard, celui-ci est plus velu et prend moins de développement, il produit de graines jaunes ; l'autre est le vrai pastel, il est presque glabre, et ses graines sont violettes. C'est cette dernière qui est et qui doit être cultivée.

PASTÈQUE. Melon d'eau, *cucurbita citrulus*, Lin., *pastéco* en prov. Plante du genre et de la famille des cucurbitacées, cultivée par tous les cultivateurs du midi de la France. La chair un peu fade sans doute, mais très sucrée et pleine de jus de son fruit, fait rechercher la pastèque pendant les grandes chaleurs de juillet et d'août.

Il en existe plusieurs variétés. Les principales et les plus communes sont la pastèque à écorce épaisse, c'est-à-dire, celle dont l'écorce extérieure est séparée de la pulpe colorée par une chair de couleur blanche et quelquefois épaisse de deux à trois centimètres, la pastèque à écorce mince, c'est-à-dire, celle dont la pulpe est colorée jusques sous la pellicule verte qui recouvre l'écorce, et la pastèque à chair ferme.

Les deux premières variétés se subdivisent en d'autres sous-variétés distinctes par leurs graines noires, rouges, jaunâtres, etc., ou par leur pulpe jaune, blanche ou rouge. Les graines de la variété à écorce mince sont infiniment plus petites que celles des autres variétés. La pastèque à pulpe ferme diffère encore des deux autres en ce que les graines sont noires et bordées de blanc sur le côté. Cette variété, ne pouvant être utilisée que pour la confiture, à cause de la nature de sa pulpe, et cette sorte de confiture n'étant nullement estimée, n'est pas très répandue. La culture de cette cucurbitacée est une des plus faciles dans nos pays. On ne choisit pas le terrain, parce que c'est toujours dans ceux, qui ont été profondément défoncés pour y établir l'année d'après une plantation de vigne ou pour tout autre objet, qu'on cultive la pastèque. Cependant celui qui est léger, et même presque sableux, est à préférer. Là on obtient de plus grosses et de plus douces pastèques que dans les terrains forts et compactes, fussent-ils même arrosables. L'opération du semis et des premiers soins à donner aux jeunes plants sont les mêmes que ceux mentionnés pour le CONCOMBRE, voyez ce mot. L'usage est qu'on ne taille pas les plantes de pastèques. Cependant une première taille est nécessaire pour la multiplication des premiers rameaux. On pince la sommité du plant lorsqu'il a poussé cinq à six feuilles et ensuite on l'abandonne à lui-même, après l'avoir biné et butté. Mais pour que les plantes de pastèques prospèrent sans être arrosées, il faut, dans nos pays où nous n'avons plus de pluies depuis la fin de mai jusqu'en août et souvent jusqu'en fin septembre, que le terrain soit défoncé à près de quatre-vingt centimètres. Il en est de même des melons. On fait beaucoup des uns et des autres dans des terres arrosables, mais jamais leurs fruits ne valent ceux des *recavas*, nom donné en Provence aux défoncements profonds. Ceux-ci sont toujours plus savoureux et plus gros. Les gros melons et les pastèques des environs d'Antibes, dont une seule fait quelquefois la charge d'un homme, sont tous récoltés sur terrain non arrosable; mais là le terrain convient parfaitement à ces plantes.

PATATE. *Convolvulus patatas*, Lin.; *patato* en prov. Plante du genre LISERON, voyez ce mot, dont la culture commence à se propager dans le midi de la France.

Cultivant depuis 1814 la patate en pleine terre, et ayant en 1821 publié sur cette plante une notice dont l'édition est presque épuisée, je vais donner à cet article tout le développement dont il est susceptible, et je puiserai dans ma notice ce que j'aurai à en dire.

La patate, au nombre des plantes que la nature a fait naître pour les besoins de l'homme, fournit aux peuples qui la cultivent, un aliment sain, abondant et très agréable. Originaire de l'Inde, elle fut transportée dans le Nouveau-Monde peu de temps après sa découverte, et elle s'y est tellement propagée, qu'on la rencontre dans ses îles comme dans son continent, sous le ciel brûlant de la Guiane, comme sur les terres si souvent couvertes de neige du New-Jersey.

Les Espagnols furent les premiers qui essayèrent d'apporter la patate des Antilles en Europe; le royaume de Grenade, où les chaleurs de l'été sont si grandes, leur parut être le pays le plus propre pour la cultiver : elle y vint si bien, que depuis lors cette culture s'est toujours continuée dans les environs de Malaga.

C'est de cette ville que vraisemblablement ont été apportées les patates que l'on vit en France pour la première fois, et que nous arrivent encore aujourd'hui la majeure partie de celles qu'on se procure à Marseille.

Puisque le climat des départemens du midi de la France a tant d'analogie avec celui de quelques provinces des Etats-Unis d'Amérique, ou plutôt puisque notre température est bien plus douce, en hiver, que celle du New Jersey, où ce liseron est si abondant, pourquoi cette plante n'est-elle point encore naturalisée dans nos pays? C'est que le procédé, employé dans ces régions lointaines pour se procurer des tubercules de patates bien conservés au moment de leur plantation, nous est inconnu.

C'est donc la difficulté de préserver ces tubercules de la

pourriture à laquelle ils sont si sujets quelques mois après leur extraction de la terre, qui seule a empêché la culture de la patate de se généraliser en Provence. Cette racine y est pourtant bien connue et bien appréciée aujourd'hui. Il en arrive chaque année des quantités considérables des îles Baléares et des côtes méridionales de l'Espagne, et toujours elles sont promptement enlevées. Les jardiniers des environs de Toulon et de Marseille qui cultivent la patate, comme plante de produit, trouvent très vite et à bon prix le placement de leurs récoltes. Il serait donc avantageux qu'on parvînt à découvrir un moyen assuré d'en conserver les tubercules jusqu'au moment des besoins. La culture de la patate n'étant familière et mise en usage dans nos jardins que depuis près de vingt-cinq ans, je dirai, après avoir traité des soins qu'il faut donner à la plante, comment je parviens à me procurer chaque année le nombre de tubercules qui me sont nécessaires.

Une preuve certaine des avantages que présente cette culture, c'est qu'elle est répandue chez presque tous les peuples qui habitent la zone torride. Dans les régions où la patate est indigène, elle a produit des variétés à l'infini. Il en existe dans l'Inde un grand nombre; mais on n'en connaît encore que trois en Amérique et en Europe. La jaune, la blanche et la rouge.

Une terre légère, substantielle, fraîche ou arrosable, est celle qu'on doit préférer pour la culture de la patate. Cette racine ne végéterait pas dans un terrain sec qui ne serait pas arrosé, comme elle serait peu productive, si elle était cultivée dans des terres argileuses et compactes. Il est vraisemblable qu'un terrain sablonneux et arrosé, ou du moins constamment humecté par de fortes rosées ou par de petites pluies, pourrait aussi lui convenir. N'est-ce pas au milieu des sables qui longent le Dellaware, qu'on récolte, dans le New-Jersey, cette grande quantité de patates qui alimentent les marchés de Philadelphie, où elles sont très communes, et souvent à plus bas prix que la pomme de terre.

Comme les patates, recueillies dans un terrain qui aurait été abondamment fumé, n'ont pas un goût aussi agréable que celles cultivées dans une terre sablonneuse, où l'on n'aurait pas répandu de l'engrais, il faut ne mettre sur le terrain réservé aux patates, qu'une légère couche de fumier très consommé, si déjà, ce qui vaudrait mieux, il n'a été fumé lors de sa préparation pour la culture des plantes qui ont précédé celle-ci.

Un labour, de vingt-cinq centimètres de profondeur, est plus que suffisant. Un terrain trop effondré tromperait l'attente du cultivateur. Ces plantes y pousseraient des tiges d'une longueur extrême, mais leurs racines s'enfonçant profondément, leurs tubercules prendraient une forme allongée, et ne grossiraient pas.

La disposition du terrain est ce qu'il y a de plus essentiel pour le développement des tubercules de la patate. Cette plante ne produisant bien que lorsqu'elle est exposée à toute l'ardeur du soleil, il est nécessaire, pour que ses racines puissent jouir de l'influence des rayon solaires, qu'elle soit cultivée sur un terrain exhaussé. A cet effet, on forme avec la terre qui vient d'être fumée et bêchée, des buttes ou des ados.

Les buttes se font en élevant la terre en pain de sucre, que l'on tronque à son sommet, et sur lequel on fait un petit creux. On y place ensuite la patate qu'on couvre d'un peu de terre. Ces buttes, d'un diamètre à leur base de cinquante à soixante centimètres, doivent être de trente centimètres à leur sommet, et être distantes, l'une de l'autre, de quinze centimètres.

Cette méthode des buttes n'étant pas commode pour contenir l'eau quand on arrose, elle ne doit être mise en usage que dans les terrains qu'on peut se dispenser d'arroser, telles que sont dans notre département les plaines de Fréjus, de Grimaud, de Cogolin (1), etc. etc., dont les terres, de nature sablonneuse et constamment humectées par les rosées de la nuit, sont toujours assez humides pour permettre d'y cultiver avec succès la patate, sans qu'il soit nécessaire de l'arroser, ainsi que je m'en suis assuré pour la plaine de Cogolin en 1816, et l'on sait que cette année, par son intempérie, ne fut pas favorable à la végétation des plantes exotiques, venues, comme celle-ci, des pays les plus chauds de la terre.

Dans les terrains que l'on arrose par irrigation, on doit préférer les ados pour la culture de la patate. La rigole, qui reste entre deux ados, et qu'on doit avoir soin d'emplir d'eau lors des arrosemens, facilite beaucoup cette opération. En ou-

---

(1) Ce que je disais et faisais imprimer en 1821, prouve bien que j'ai le premier cultivé la patate dans les champs. En effet, en 1816 j'ai commencé à planter des patates dans mes terres non arrosables de la plaine de Cogolin et j'ai continué jusqu'en 1826, époque où je fus appelé aux fonctions de receveur des Hospices civils de Toulon, fonctions dont j'ai été, par la plus grande injustice, évincé en mars 1831, bien que cette place ne m'eût été donnée que comme une récompense de ce que j'avais fait pour le bien de mon pays; mais en révolution, il ne suffit pas toujours de s'être rendu utile et d'être un honnête homme.

tre, cette méthode permet aux racines de mieux se développer et se prolonger davantage.

Pour former les ados, on commence par diviser le terrain destiné aux patates, en plate-bandes de quatre-vingt-deux centimètres de largeur; on ouvre ensuite à chaque division un fossé de la largeur du fer de la bêche; la terre enlevée est jetée sur les deux côtés du fossé. Par cette addition de terre, la partie du terrain, dans laquelle seront plantées les patates, doit être élevée d'à peu près trente centimètres, et présenter à son sommet une surface de vingt-quatre à vingt-huit centimètres. C'est au centre de cette surface qu'on pratique de petits creux de douze à quinze centimètres de profondeur, et distants l'un de l'autre d'un demi-mètre. On place une patate dans chaque creux; on la couvre de terre, en observant toutefois de ne pas combler le creux en entier, afin qu'il offre une espèce de godet, propre à recevoir et retenir l'eau des légers et fréquens arrosemens, qu'il est indispensable de donner à la main avant et après le premier bourgeonnement de cette racine.

Il est très-utile dans les diverses préparations qu'on donne à la terre pour la culture de la patate, de rechercher avec soin et de détruire la taupe grillon qui ronge et se nourrit des tubercules de cette plante. On ne doit point non plus épargner les mulots et les souris.

La patate se multiplie par ses tiges ou par ses tubercules.

Dans les pays où la végétation des plantes n'est jamais arrêtée par les gelées, et même dans ceux où l'hiver ne se montre qu'en passant, il suffit, pour obtenir une belle plante de patate, de couper une tige de ce liseron, et de la placer dans le terrain préparé pour cette culture; bientôt elle végète avec une vigueur étonnante.

En Europe, comme dans tous les pays où le froid vient durant plusieurs mois suspendre le mouvement de la sève dans les végétaux, on le peut aussi, mais il faut avoir à sa disposition sinon une serre chauffée, du moins une serre tempérée. Non seulement j'enferme dans la mienne les patates cultivées en pots et en caisses, mais encore j'y conserve toutes les racines ayant la grosseur d'un tuyau de pipe, les tiges détachées des mères-patates que je trouve au moment de la récolte, comme aussi le nombre de tubercules, que je crois être nécessaires pour la reproduction de l'espèce. Je les place au fond d'une fosse creusée à un demi-mètre de profondeur et dans une position telle que les rayons solaires après avoir traversé le vitrage de la serre se répandent sur toute sa surface, et je les recouvre de la terre qui avait été extraite de la fosse.

En février d'après, je retire de cette fosse les racines, les tiges et les tubercules conservés. J'établis aussitôt dans la même fosse une couche chaude faite avec du fumier, sorti fumant de mes écuries. Je fais mettre un lit de terre de 9 à 10 centimètres sur le fumier qui a dû être serré et pressé au moyen d'un piétinement plus ou moins prolongé. J'arrange les tubercules à côté les uns des autres, en les espaçant de trois à quatre centimètres, je plante ensuite les racines et les tiges, de telle sorte qu'une de leur extrémité se trouve peu enfouie et je répands dessus de dix à douze centimètres de terre. La chaleur de la couche développe bientôt la végétation des patates. Dès ce moment des arrosemens peu copieux, mais répétés suivant les besoins, sont nécessaires. Des bourgeons nombreux ne tardent pas à se montrer. Ces bourgeons ayant à traverser une partie de terre assez épaisse et tenue légérement humide par de fréquens arrosemens, sont la plupart munis de racines ou du moins sont disposés à en pousser dès qu'ils sont mis en place, c'est ordinairement du 15 au 20 mai. Par ce moyen, je me procure plus de plantes que je n'en ai besoin, ce qui fait que j'en remets aux personnes qui en désirent. Mais chacun n'est pas en position de faire contruire une serre. Les cultivateurs qui sont dans ce cas, et c'est celui de la presque généralité, ne peuvent multiplier la patate que par ses tubercules.

Si parmi les patates que l'on a gardées pour leur reproduction, il s'en trouve, en les sortant de la fosse où elles ont été placées, qui ne soient point parfaitement conservées, il est important d'enlever avec un couteau la partie gâtée, et d'exposer ensuite ces racines au soleil, pendant plusieurs heures, afin que la plaie puisse se cicatriser avant de les planter; ce qui ne doit avoir lieu que le lendemain. Si on les enfouissait de suite, on en perdrait la majeure partie par la pourriture que leur procurerait l'humidité de la terre.

On a toujours, et avec juste raison, recommandé de placer horizontalement les patates en les plantant. Ces racines, conservées jusqu'à présent dans le sable ou dans la terre, n'offraient, en les retirant des caisses où elles étaient placées, aucun signe de végétation; maintenant que par le procédé dont il sera fait mention, on trouve, à l'ouverture des caisses, la presque totalité des patates avec un commencement de végétation sur une de leurs extrémités, on devra, ainsi que je le pratique, planter perpendiculairement celles dont les bourgeons sont apparents. Etant plus exposés à l'ardeur du soleil, ces bourgeons se montreront plus tôt hors de terre. L'extrémité inférieure produira alors les racines de la plante.

C'est vers le milieu d'avril que l'on plante les tubercubercules de la patate, conservés dans des caisses. Comme plusieurs ne germent pas et qu'alors la plantation offre des vides, il est utile de ne les mettre en place que lorsqu'ils vont commencer à végéter. A cet effet on prépare dans les premiers jours d'avril et dans la meilleure exposition de son jardin, de petites planches de terre, dont le nombre et les dimensions seront déterminés par la quantité de patates qu'on voudra planter. On exhausse ces planches de quinze centimètres, par l'addition d'un mélange composé d'un tiers de sable fin et de deux tiers de terreau; ou tout simplement avec de la terre légère et substantielle. On y place les tubercules de patate à côté et très-près les uns des autres, on les recouvre de six centimètres du même mélange ou de la même terre. Pendant la nuit, on étend des paillassons sur les planches pour garantir les patates des froids tardifs qui pourraient survenir. Si le temps devenait trop sec, et que la terre des couches ou des planches perdît l'humidité nécessaire à la végétation de ces racines, on verserait dessus et sous forme de pluie, quelques arrosoirs d'eau. Cette opération se réitérera toutes les fois qu'on en reconnaîtra la nécessité. Vers le commencement ou le milieu de mai, selon l'époque où elles ont été mises en terre, on déterre quelques patates et dès qu'on s'aperçoit qu'elles ont commencé de végéter, on les enlève en évitant de briser les bourgeons fragiles et les frêles racines qu'elles ont produits, et on les plante à demeure sur les ados. On sera, par ce moyen, assuré de la réussite de chaque tubercule, qui ne tardera pas de montrer hors de terre ses jeunes pousses.

Dès l'instant que la patate est en pleine végétation, elle ne demande pas d'autres soins que ceux donnés à nos plantes indigènes. Quelques sarclages, pour tenir les plantes nettes des mauvaises herbes, sont seulement indispensables pour celles cultivées dans les terres naturellement fraîches; mais pour celles plantées dans les jardins plus ou moins secs, à des arrosemens légers et donnés à la main, doivent succéder des irrigations abondantes qui se renouvellent tous les huit à dix jours, plus ou moins selon la chaleur et la sécheresse de l'été. Vers la fin d'août, ayant poussé des racines profondes, et produit des tiges nombreuses, qui, en interceptant une partie des rayons solaires, entretiennent plus long-temps l'humidité de la terre, la patate peut demeurer douze à quinze jours sans être arrosée. Au surplus en se fanant elle fait connaître elle-même ses besoins.

Vers la fin d'août, on ne doit pas oublier de supprimer une partie des nombreuses tiges, que les patates ont étalées dans les intervalles des ados, ou tout au moins d'effeuiller la plupart de ces tiges. Non seulement ce feuillage épais gênerait le cours de l'eau, lors des arrosemens; mais il intercepterait totalement les rayons de la lumière qui influent tant sur le volume des tubercules produits par cette plante. Les tiges enlevées servent à la nourriture des herbivores; les lapins, les chèvres, les chevaux, etc. en sont très-friands.

On doit avoir le plus grand soin de ne pas cultiver les patates dans un terrain trop ombragé ou trop humide, et de ne pas les arroser au delà de leurs besoins; un excès d'humidité leur fait pousser des feuillages d'une beauté extraordinaire, mais c'est au détriment des racines, qui s'allongent beaucoup et ne se renflent pas.

Les tubercules de la patate sont très sujets à être mutilés ou brisés en les arrachant. Comme ceux qui seraient dans cet état ne peuvent se conserver, il faut que le jardinier qu'on emploiera à leur arrachis, ait l'adresse et le soin de ne pas les toucher avec l'instrument dont il se servira. A cet effet, il commencera par ouvrir une tranchée en avant de chaque plante, et ne s'en approchera qu'en creusant au dessous. La terre tombera d'elle-même, et laissera à découvert les tubercules. Alors il pourra, sans les endommager, les séparer de la plante à laquelle ils ne tiennent que par une petite racine, qui n'a ordinairement que quelques lignes d'épaisseur.

DE L'USAGE DE LA PATATE.

La patate dont le goût sucré peut être comparé à celui de la châtaigne, et dont la légèreté est telle que sa pesanteur est beaucoup moindre que celle de la pomme de terre, est une ressource inappréciable pour les peuples qui cultivent cette racine. Elle est une des bases de leur nourriture, et remplace chez quelques uns le pain des Européens. De quelle utilité serait conséquemment la patate, si elle était naturalisée, et sa culture répandue dans les départemens méridionaux? Elle y serait d'un secours immense dans les années de disette. C'est dans cette partie de la France, c'est dans ces contrées, si peu fertiles en froment, que durant les guerres maritimes, le peuple des petites communes, ne pouvant, à cause de son haut prix, se procurer du pain, ne soutient souvent son existence langoureuse, que par l'usage des végétaux sauvages si rarement agréables et par fois si malfaisans. C'est aussi dans ces mêmes départemens que la culture de la patate réussit aussi bien qu'on peut le désirer. Il est donc bien utile que les amis du bien public s'unissent de tous leurs moyens pour qu'elle s'y propage avec célérité (1).

(1) Ceci était écrit en 1820.

Il y a plusieurs manières de préparer les tubercules de la patate. Cuits sous la cendre, dans le four ou à la vapeur de l'eau bouillante, ils sont pour le pauvre une nourriture de facile digestion, et avec laquelle il peut se procurer à l'instant un repas simple et frugal sans doute, mais bien agréable. Coupés en tranches et rissolés ensuite à la poële avec du beurre ou d'huile fine, ils forment un plat délicat, qui peut être servi sur la table du plus voluptueux gastronome.

Le riche également, à qui des alimens simples ne conviennent pas toujours, et qui a souvent besoin, pour exciter son appétit, de mets habilement préparés, trouvera de nouvelles jouissances dans l'usage de cette racine, qui pourra, par les soins d'un cuisinier intelligent, être servie sur sa table sous mille et mille formes différentes. Bouillie, pilée et pétrie avec des œufs, on en fait des beignets et des gâteaux excellents, qu'on aromatise selon le goût avec plus ou moins d'eau de fleur d'orange, de canelle ou de vanille. Glacée comme les marons, elle devient un manger délicieux. En Espagne et dans toute l'Amérique, on en compose des confitures qui ont bien leur mérite. Il n'est enfin sortes de préparations friandes qu'on ne puisse composer avec les tubercules de la patate.

Comme il est impossible de les conserver long-temps, il faut avoir soin de consommer de suite ceux qui ont été brisés, coupés ou endommagés pendant leur arrachis ou pendant leur transport.

Les tubercules de la patate ne servent pas seulement à la nourriture de l'homme, mais aussi, coupés par petits morceaux, ils sont un véritable régal pour les animaux de la ferme, comme pour ceux de la basse-cour, lorsqu'ils sont cuits. On doit surtout employer à cet usage, ceux qui oservi à la reproduction de l'espèce; ils ne sont jamais aussi délicats que les nouveaux, et il est trop difficile de les conserver pour les replanter une seconde fois.

Quoique la patate soit recherchée et mangée avec une véritable délectation, par toutes les personnes qui ont résidé long-temps dans les colonies, elle ne plait cependant pas, à cause de sa douceur, à beaucoup de gens qui la goûtent pour la première fois. Je crains que par ces motifs, plusieurs agriculteurs ne se refusent à la cultiver.

Il est constant qu'avant de s'habituer à un aliment nouveau, les hommes ont besoin d'en faire un long usage; et par fois ce nouvel aliment ne plait véritablement qu'à ceux qui naissent et s'identifient, pour ainsi dire, avec lui.

DE LA CONSERVATION DES TUBERCULES DE LA PATATE.

Dès l'instant qu'ils sont hors de terre, les tubercules de la patate ont une disposition naturelle à la pourriture. Exposés au contact de l'air, ils peuvent bien, pendant deux mois, se conserver, mais après ils commencent par se détériorer et ils finissent par se gâter complètement.

Le refroidissement de la température peut bien influer sur l'altération que les patates éprouvent dans nos pays. Mais le contact de l'air seul suffit pour les gâter, et elles sont aussi bien soumises à son influence dans les pays les plus chauds de l'Amérique, qu'en Europe. Il est donc absolument nécessaire, quand on ne peut la multiplier par boutures, d'en conserver les tubercules. Deux moyens ont été indiqués; l'un consiste à les enfermer dans une caisse avec du sable, et l'autre à cultiver la patate dans des pots qu'on entre dans l'orangerie avant l'hiver. Ces pots, qui ne doivent plus être arrosés dès le mois d'octobre, sont dépotés au printemps suivant.

Pour conserver les patates dans le sable, on place celles qu'on veut garder pour leur reproduction ou pour l'usage de la maison, dans une caisse au fond de laquelle on a mis du sable ; on les y range par lit, on recouvre chaque lit avec le même sable, l'on transporte cette caisse dans un lieu abrité du froid et de l'humidité ou mieux dans un local habité et chauffé journellement. Quelques personnes ont poussé la précaution jusqu'à renfermer cette première caisse dans une seconde. Les résultats de tant de soins ne sont souvent guéres satisfaisans.

Par le dépotement des pots enfermés en hiver, opération qui ne doit avoir lieu qu'à l'instant de la plantation des patates, on obtient de chaque plante quatre ou cinq petits tubercules. Ce procédé est sans doute plus assuré que le précédent ; mais pourra-t-on le mettre en pratique lorsqu'on cultivera cette racine dans la grande culture ?

Ayant observé que les patates, placées dans le sable, ou exposées sur la paille, ou sur des tablettes à un air saturé d'humidité, fermentent et se pourrissent en répandant une odeur de rose, et que celles mises dans la cendre ou laissées pareillement sur des tablettes, à un air chaud et ne contenant aucun fluide aqueux en dissolution, se flétrissent, se dessèchent, se durcissent et deviennent complètement inodores, je pensai qu'une substance sèche de sa nature, non susceptible d'attirer et de s'emparer de l'eau de végétation des patates et qui abriterait ces racines du contact de l'air, était la seule dans laquelle on pouvait espérer de les conserver. Tous les grains farineux, mais de préférence le millet, me parurent propres à remplir mon objet.

A cet effet, vers la fin du mois d'octobre 1818, je mis dans le fond d'une caisse, faite avec des planches bien jointées, une couche de millet de huit à neuf centimètres d'épaisseur, sur laquelle je plaçai un rang de patates à côté, mais séparées les unes des autres. Je répandis dessus une nouvelle couche de millet, moins épaisse que la première, que je couvris par une seconde rangée de patates, et je continuai ainsi tant que j'eus de ces racines à conserver. J'eus soin de donner à la couche supérieure de millet une épaisseur double de celle des autres couches. Je fis ensuite clouer le dessus de la caisse. Cette précaution est indispensable pour empêcher le dégât que les rats et les souris feraient au millet, et par suite aux patates dont ils sont très friands. Ils m'en ont plus d'une fois donné des preuves.

Dans les premiers jours du mois de mai suivant, je m'empressai de visiter ma caisse ; et ce fut avec une satisfaction bien grande que je trouvai mes patates, à l'exception de quatre ou cinq, non seulement aussi fraîches qu'au moment où je les y plaçai, mais ayant sur une de leurs extrémités un commencement de végétation semblable à celle des pommes de terre, ce que je n'avais point encore remarqué sur celles que j'avais, les années précédentes, préservées de la pourriture. J'observai en même temps que les plus grosses étaient aussi bien conservées que les plus petites.

Ce moyen de conservation des patates me parut dès lors préférable à tous les autres, et surtout à celui du sable, dans lequel il n'y a que les tubercules d'une grosseur moyenne qui sont plus long-temps sans se détériorer. Parmi ceux que j'avais mis dans le millet, il y en avait plusieurs de très petits, et qui n'avaient pas un pouce de diamètre, et deux d'une telle grosseur, qu'ils pesaient chacun près d'une livre. Ils n'avaient, les uns et les autres, rien perdu de leur fraîcheur naturelle, ni de leur goût, pendant les sept mois qu'ils avaient été enfermés. Je fis cuire sous la cendre la plus grosse de ces racines ; elle me parut aussi suave et aussi sucrée que celles que je fais préparer en automne. Cette qualité des patates augmente encore leur mérite, et leur donne une supériorité de plus sur la pomme de terre, qui acquiert, lorsqu'elle commence de végéter, une âcreté qui la rend d'un bien mauvais goût.

Cette nouvelle manière de conserver les tubercules de la patate, est d'une si facile exécution, qu'une fois connue, je ne doute point que ces racines ne se multiplient, et que leur culture ne se répande bientôt dans le midi comme dans l'intérieur de la France.

Les tubercules de la patate, destinés à la reproduction de l'espèce ou à la consommation d'hiver, doivent, avant d'être enfermés dans les caisses, être mis, pendant deux ou trois jours, à ressuyer sur des tablettes.

Il faut aussi avoir l'attention de ne sortir ces racines des caisses qui les contiennent, qu'au moment de leur plantation; cette précaution est de rigueur. Toutes celles qu'on retire du millet ou du sable pendant l'hiver, se gâtent avant l'arrivée du printemps, quand même on les y replacerait de suite.

En me résumant, je dis que la patate est d'une grande ressource pour les peuples qui la possèdent ; que cette plante qui depuis long-temps est cultivée en Espagne et dans plusieurs contrées des Etats-Unis d'Amérique, où les hivers sont habituellement très rigoureux, peut aussi l'être dans le midi et même dans l'intérieur de la France, que la culture de cet intéressant végétal n'est ni pénible, ni difficile ; que ce liseron par son usage serait d'un grand secours aux habitans des campagnes, s'il se répandait et se multipliait ; que la conservation de ses tubercules, désormais facile au moyen du millet, n'est plus maintenant une difficulté à la propagation de cette plante, et que l'époque n'est sans doute pas éloignée, où nous verrons cette racine figurer dans nos marchés à côté de la pomme de terre.

PAUMELLE ou **PAUMOULE**. Voyez Orge.

PAVOT. Genre de plantes de la famille des papavéracées, dont deux espèces vont être mentionnées.

Pavot somnifère, pavot des jardins, *Papaver somnifera*, Lin.; *pavot* en prov. Cette espèce se cultive et comme plante d'ornement et comme plante de produit. La culture étant la même et les fleurs des pavots cultivés dans les jardins étant connues et appréciés de chacun, je ne prolongerai cet article que pour faire connaître la culture du pavot, dans le cas qu'on voulût l'intercaler dans certains assolemens. En effet, il est des plaines d'alluvions, si je puis m'exprimer ainsi, telles que celles de la Crau d'Arles, d'Hyères, de Fréjus, de Grimaud, de Cogolin et de plusieurs autres communes voisines du littoral et d'une embouchure de fleuve ou de rivière, dans lesquelles le pavot serait cultivé avec avantage et pourrait remplacer quelquefois les dolics ou haricots noirs, le maïs, etc. Au surplus, tout terrain, s'il n'est pas trop argileux ou trop surchargé d'humidité pendant l'hiver, et pourtant s'il est convenablement préparé, convient à la culture du pavot. La graine est semée en octobre sur deux raies.

Lorsque la terre vient de produire une céréale, il est utile pour que le semis soit plus régulier, que le chaume soit brûlé sur place avant le premier labour. Il est encore nécessaire que la terre soit aussi émiettée que possible, la moindre motte s'opposant à la levée de la graine. Celle-ci doit être très-clair semée, et pendant l'hiver on sarcle et on éclaircit les plantes.

trop rapprochées. En mai les fleurs commencent à paraître, et alors les champs, cultivés en pavot, ressemblent à des parterres ; car ils sont émaillés d'une infinité de couleurs ; les fleurs de pavot somnifère prenant les mêmes nuances que celles du pavot des jardins. A la fin de juin, les capsules qui succèdent aux fleurs sont arrivées à leur maturité. Des ouvriers sont alors envoyés pour couper les plantes. Ils en font des poignées qu'ils lient ensemble, en ayant soin de ne pas les incliner, pour que la graine ne s'échappe pas par les petits trous dont les capsules sont percées, et ils en forment des faisceaux qu'ils placent droits, dans le champ même, et appuyés les uns contre les autres. Quelques jours après les capsules étant entièrement sèches et les graines parfaitement mûres, des femmes, des enfans, surveillés par un homme de confiance, arrivent sur les lieux, étendent des draps plus ou moins distants les uns des autres, prennent les faisceaux des tiges de pavots et les secouent sur les draps ; ce qu'ils font en les retournant de haut en bas et en les frappant les uns contre les autres. Les graines tombent toutes par cette seule opération. On les transporte dans un grenier où elles sont déposées sur les mêmes draps et de manière qu'elles y forment une couche peu épaisse. Elles y sont remuées une ou deux fois pendant chaque vingt-quatre heures et après quelques jours, elles ont acquis une dessication complète, et leur mucilage s'est converti en huile. C'est le moment de les porter au moulin. C'est avec ces graines qu'on obtient cette huile connue sous le nom d'huile d'œillette, huile qui, après celle d'olive, est une des meilleures à manger. Aussi la mêle-t-on avec cette dernière, et tel qui croit à Paris faire usage d'huile de Provence qui n'a sur sa table que d'huile de Picardie. Par expérience je puis dire aux Provençaux qui, habitant le centre et le nord de la France, ont conservé l'habitude de faire leur cuisine à l'huile, lorsque vous verrez l'huile, qu'on vous vendra, se couvrir d'écume dès qu'elle sera mise dans la poële, à coup sûr vous avez là d'huile d'œillette. Au surplus cette huile, quoique fabriquée avec la plante qui fournit l'opium du commerce, n'est nullement malfaisante; car des expériences, faites avec soin et constatées par des hommes éclairés, ont fait reconnaître qu'elle ne participe en aucune manière des qualités de la capsule dont elles sortent. Son seul défaut, si c'en est un, c'est de n'avoir aucun goût.

Comme les autres huiles de graines, elle est fort en usage pour l'éclairage et aujourd'hui elle partage, avec l'huile de colza, l'emploi qu'en font les fabricans de savon quand ils se servent de la soude factice; les huiles de graines mêlées dans la proportion d'un cinquième avec l'huile d'olive, rendent le savon plus onctueux. Il serait trop dur et trop cassant s'il n'était fait qu'avec de l'huile d'olive. Il n'en était pas de même autrefois quand on ne fabriquait qu'avec la barrile ou soude d'Espagne. Aussi la quantité d'huile d'œillette et de colza qui entre chaque jour à Marseille est immense. Aujourd'hui que des grands moulins à huile de graines sont construits à Marseille, cette quantité d'huile est diminuée; mais elle est remplacée par de nombreux chargemens de graines que font venir les propriétaires de ces belles usines. Pourquoi donc n'alimenterions-nous pas nous-mêmes une partie de ces moulins? Je vous en conjure, ô mes concitoyens! faites des essais et je vous dis de plus, avec toute la conviction qu'a formée en moi une longue pratique, vous réussirez et vous triplerez la valeur de vos terres fraîches ou arrosables, si vous accordez la préférence au colza, et celle de toutes les terres qui seront fumées et convenablement préparées, fussent-elles sur les coteaux les plus élevés, et cela sans qu'elles soient arrosables, si vous faites choix du pavot. Voyez comme les pavots de nos jardins se multiplient d'eux-mêmes sans avoir besoin de les résemer et souvent sur des points où la terre n'est ni fumée ni houée.

Il existe une variété du pavot somnifère qu'on devrait plutôt considérer comme une espèce. On la désigne sous le nom de pavot blanc, pavot aveugle, par la raison que sa capsule n'est pas percée, ce qui est cause que les graines ne peuvent en sortir sans qu'on la brise. C'est celle que l'on emploie de préférence en médecine; ce qui l'a fait nommer encore pavot médicinal. Les plantes de cette variété fournissant moins de capsules et celles-ci contenant moins de graines que la variété commune, il est peu intéressant de la cultiver sur le rapport de l'huile que sa graine produit. Ses capsules, ainsi que celles du pavot somnifère, lorsqu'elles sont incisées encore vertes, donnent une gomme d'un brun noirâtre, c'est l'opium du commerce.

Pavot coquelicot, *pavot rheas*, Lin.; *talipan*, *ruelo* en prov. Cette espèce, si commune dans nos champs, est devenue, par une culture soignée, un des plus jolis ornemens de nos parterres. Ses fleurs doubles ou simples ont pris plus d'extension et des couleurs qui varient à l'infini du blanc au rouge et au violet. La culture de ce pavot étant la même que celle du pavot des jardins, je ne prolongerai pas davantage cet article.

PÊCHER. Arbre formant une espèce du genre amandier et de la famille des rosacées. C'est l'*amygdalus persica* de Lin.; *pesseguier* en prov. Cet arbre est un de ceux qui sont le plus multipliés et cela à cause de la saveur, du parfum et de la délicatesse de son fruit qui passe à bon droit pour le plus exquis de tous, et qui est recherché avec une sorte d'empressement tenant de l'envie, par les personnes qui habitent les contrées où le pêcher est cultivé. On ne me croirait pas, si je disais le prix des premières pêches qui se vendent à Londres, à Paris, etc. Il est vrai que la culture de cet arbre est, dans le nord de la France, si coûteuse et si minutieuse par les petits soins qu'elle exige, qu'il faut bien que le cultivateur trouve à se dédommager de ses avances par le haut prix de ce fruit.

Dans la Provence, à l'exception de ceux cultivés par quelques amateurs, les pêchers sont abandonnés à toute la fougue de leur végétation et ne sont pas différemment soignés que les autres arbres fruitiers. Cependant lorsqu'ils sont vigoureux, leurs fruits cueillis au point d'une complète maturité, n'en sont pas plus mauvais et valent bien les pêches de l'intérieur de la France. Cela doit être, malgré que Duhamel assure qu'en Provence, forcés de nous contenter de nos pavies, nous sommes privés des pêches délicates des environs de Paris. Est-il donc si extraordinaire que le pêcher, qui est originaire de la Perse, comme son nom l'indique, et conséquemment d'un pays dont la température a plus d'analogie avec la nôtre, qu'avec celle du nord de la France, donne avec moins de soins des fruits aussi savoureux et aussi bons dans le département du Var que dans les départemens septentrionaux.

Nous possédons cinq variétés bien distinctes de pêcher, que par la nature de leurs fruits ou de leurs fleurs, on a nommés :

Le pêcher pavie ; fruit à peau couverte d'un duvet et à chair ferme, adhérente au noyau et à la peau.

Le pêcher brugnon ; fruit à peau lisse et à chair ferme également adhéreente au noyau et à la peau.

Le pêcher proprement dit ; fruit à peau couverte d'un duvet et à chair fondante, se détachant du noyau et de la peau.

Le pêcher violet ; fruit à peau lisse et à chair se détachant du noyau et de la peau.

Le pêcher a fleurs doubles ; cet arbre ne porte aucun fruits ; ses fleurs roses sont très doubles et donnent à ce pêcher l'aspect le plus agréable.

Ces variétés sont si tranchantes que la nature elle-même semble respecter les caractères qui servent à les reconnaître. J'ai observé que, d'un noyau de pêche semé, naît toujours un arbre dont les fruits peuvent bien s'être améliorés ou dégénérés, mais ne sont jamais d'une variété différente de celle à laquelle appartient le pêcher qui produisit ce noyau. Ces diverses variétés semblent donc ne pas être le fait de l'homme. En effet si c'était par la culture qu'on les eût autrefois obtenues, il n'y aurait pas de raison maintenant pour que dans un jardin, par exemple, où l'on ne cultive que le pêcher pavie, on obtint des pêches brugnons ou des pêches violettes ; ce phénomène est encore à voir. Néanmoins il serait bien possible, et cette particularité ne détruirait pas mon assertion, que dans un jardin où une seule variété fût cultivée, il y vint naturellement un ou plusieurs pêchers d'une variété différente. C'est qu'alors des noyaux de cette autre variété auraient été apportés et enfouis avec les engrais ou lancés des jardins voisins.

Par le semis des noyaux et les soins donnés aux arbres

qui en sont provenus, ces variétés ont produit chacune un nombre sans fin de sous-variétés. En décrivant les plus connues dans la Provence, je groupperai toutes ensemble celles portant le même caractère distinctif et je désignerai chaque variété de pêche par le nom sous lequel elle est connue dans la Provence et par celui que lui donnent les auteurs qui ont écrit sur cet arbre.

Les pêches, en provençal *pessegues*, sont divisées suivant leur conformation particulière en quatre sections, portant les noms de pavies, de brugnons, de pêches proprement dites, et de pêches violettes.

Des PAVIES. Les pavies, je ne sais trop pourquoi, sont en général préférés, dans la Provence, aux véritables pêches. Il est vrai qu'ils y acquièrent une suavité que n'ont pas à pareil degré celles-ci. Mais à saveur égale, offrent-ils jamais cette délicatesse qui fait le mérite d'une bonne pêche. Enfin que ce soit goût ou préjugé, les pêches n'y sont donc pas autant recherchées que les pavies jaunes.

La plupart de nos jardiniers appellent pavies les pêches proprement dites et réservent le nom de pêches aux véritables pavies. C'est encore là une de ces vieilles habitudes qui tiennent au peu de goût qu'ont eu jusqu'à présent pour l'étude de l'agriculture, les propriétaires ruraux de la Provence. Cette erreur de nom est si enracinée dans l'opinion de nos cultivateurs, que je doute que de long-temps les noms généraux de pêche et de pavie puissent recevoir leur vraie application. Je suis entré dans cette explication afin que si mon ouvrage tombe entre les mains de quelques jardiniers peu instruits, ils apprennent cette particularité et ne soient pas surpris si la dénomination, que je donne à diverses pêches, diffère de celle sous laquelle ils les connaissent.

On nomme pavie toutes les pêches dont la peau est couverte d'un duvet et dont la chair ferme est adhérente au noyau. Nous en possédons dans la Provence un si grand nombre de variétés, dont la plupart ne diffèrent que par la précocité ou le retardement de la maturité, que je n'entreprendrai pas de les toutes décrire. Ce serait un travail long, inutile, et peut-être même impossible. Je ne citerai que les plus remarquables et conséquemment les plus distinctes les unes des autres.

Pavie de la Magdeleine, *magdalenen jaoune* en prov. Sa chair est jaune, parfumée. Sa peau, également jaune, est fouettée de rouge du côté du soleil. Il mûrit à la fin de juillet. Son diamètre est de deux à quatre pouces.

Pavie jaune, *pessègue jaoune* en prov. Sa chair est d'un jaune citron aussi bien que sa peau, qui bien rarement offre quelques légères nuances de rouge du côté du soleil. Ce pavie, qui est ordinairement arrondi et dont la grosseur est de trois à quatre pouces, a beaucoup d'eau, est très parfumé, et mûrit dans le mois d'août. Il mérite d'être multiplié.

Pavie de Provence, *pavie jaune* de Duhamel; *pessègue jaoune* en prov. Le midi de la France produit une infinité de pavies jaunes qui, se ressemblant entr'eux, diffèrent cependant les uns des autres par l'époque de leur maturité et par leur grosseur. Plus souvent arrondis qu'applatis, ils offrent un diamètre qui varie depuis deux jusqu'à cinq ou six pouces. J'en ai vus qui pesaient jusqu'à dix-huit onces la pièce. La peau du pavie de Provence est d'un jaune plus foncé que celle du pavie jaune. Elle est toujours un peu fouettée de rouge du côté du soleil. Sa chair est très ferme, mais elle est juteuse et son eau très parfumée. Toutefois il est

26

des années où ces pavies sont pâteux et secs, et où ils le sont d'autant plus que les arbres, qui les produisent, sont plus ou moins chargés. La maturité des divers pavies de Provence a lieu depuis le commencement d'août jusqu'aux premiers jours d'octobre.

Pavie blanc, *pavie Magdeleine*, Duhamel ; *pessegue blanc* en prov. Sa peau d'un blanc jaunâtre est rouge du côté du soleil. Sa chair est ferme et de couleur blanche. Sa grosseur est de trois à quatre pouces. Il mûrit à la fin d'août. Ce pavie n'étant pas aussi parfumé que le pavie de Provence, il n'est pas très multiplié.

Pavie rouge, *pavie alberge*, *persais d'Angoumois*, Duhamel ; *pessegue rouge muscat* en prov. Sa peau est d'un jaune donnant sur le rouge du côté de l'ombre et d'un rouge vineux sur la partie exposée au soleil. Sa chair, qui est très parfumée et rouge sur la peau et auprès du noyau, est jaune lardée de filets rouges dans son intérieur. Son diamètre est de trois à cinq pouces. Il mûrit vers le milieu du mois de septembre.

Pavie betterave. Ce fruit singulier par sa couleur ne mérite pas d'être multiplié. Aussi est-il très rare et s'il trouve une place ici, c'est qu'il offre une variété bien tranchante et toute particulière. Sa peau est surchargée d'un duvet si grossier et si épais qu'elle en paraît d'un gris violet. Sa chair, très ferme et très adhérente au noyau, est d'une couleur égale à celle d'une betterave rouge fortement colorée. Son eau, mais seulement lorsqu'il est bien mûr, est sucrée et passablement parfumée. Sa grosseur varie comme celle de presque toutes les pêches suivant que l'arbre est dans un bon ou mauvais terrain, et qu'il charge peu ou beaucoup. Le pavie betterave est aux pavies, ce que la pêche betterave de

Duhamel, nommée aussi la cardinale, la druselle, est aux pêches proprement dites. Il mûrit en septembre.

Des BRUGNONS. Ces pêches se font remarquer par leur peau lisse et se distinguent des pêches violettes par leur chair ferme et adhérente au noyau.

Gros brugnon violet, *gros brugnoun*, *gros brignoun* en prov. Sa peau de couleur violette est quelquefois un peu jaunâtre du côté de l'ombre. Sa chair bien blanche et plus fine que celle des autres brugnons, est très parfumée, très sucrée et rouge près le noyau. Il est assez arrondi et offre un diamètre de trois pouces. Sa maturité est au milieu d'août.

Petit brugnon violet; *brugnon violet musqué*, Duhamel; *pichoun brugnoun* ou *brignoun* en prov. Il diffère du précédent par sa grosseur qui n'est jamais de plus de deux pouces, par la couleur de sa peau qui est ordinairement d'un jaune blanchâtre du côté de l'ombre et par sa chair qui est plus aigrelette et moins blanche. Comme le recommande Duhamel, pour que sa chair soit plus délicate, il ne faut le cueillir que lorsqu'il commence à se faner. On reconnaît qu'il est au point de l'être, lorsqu'en le touchant, on sent que sa chair s'est ramollie. Il mûrit peu de temps après le gros brugnon.

Brugnon jaune, *brugnoun jaoune* en prov. Ce brugnon, fouetté de violet, prend une couleur jaune du côté du soleil au moment qu'il arrive à sa maturité. Son diamètre est de deux ou trois pouces, il mûrit à la fin d'août.

Des PÊCHES PROPREMENT DITES. Elles sont très bien distinctes des pavies par la délicatesse de leur chair qui se détache du noyau et de la peau, et des pêches violettes par le duvet dont elles sont couvertes. Ce sont ces pêches que dans la Provence le vulgaire nomme *pêches molles*, *pavies*.

Il n'est en Europe aucun fruit qui puisse être comparé à la véritable pêche. Sa chair fine, et extrêmement délicate dans plusieurs variétés, réunit à la saveur la plus exquise la suavité des parfums les plus doux. Dès lors il ne faut pas s'étonner si la culture de l'arbre, qui produit cette pêche, s'est propagée partout où elle a pu être admise, si elle a donné naissance à plusieurs écrits, et si elle a été profondément étudiée par les cultivateurs des environs de la capitale. Ceux de Montreuil, qui en font une de leurs principales occupations, l'ont poussée à un point qu'on ne peut plus dépasser. Il faut traverser cette petite commune, si l'on veut se faire une idée des peines que prennent ses habitans pour soigner leurs pêchers, qui tapissent en plus d'un endroit les façades de leurs maisons.

Par le semis de ses noyaux et par la culture, la pêch proprement dite, a produit, dans ces pays, des variétés à l'infini. Ce qui est étonnant, c'est que, dans la Provence, on en trouve à peine quelques unes dans nos jardins et pourtant il en est qui ne le céderaient en rien pour le goût et la délicatesse à celles de Paris, quoique Duhamel prétende le contraire. Il est vrai que dans de certaines années, nos pêches, et elles ont cela de commun avec les autres fruits, ne sont pas aussi savoureuses qu'elles le sont ordinairement; mais il en arrive autant dans tous les pays. Ce fait n'aurait pas dû échapper à Duhamel, lui qui était si bon observateur, qui, s'il parle d'après ses propres observations, n'est peut-être venu en Provence, au moment de la maturité des pêches, qu'une fois en sa vie, et qui vraisemblablement n'a goûté que des pêches apportées dans les villes, et l'on verra bientôt si ces pêches peuvent être bonnes.

Avant pêche blanche. Sa peau est blanche et tant soit peu colorée en rouge du côté du soleil. Sa chair blanche est aussi fine et parfumée, et laisse plusieurs lambeaux sur le noyau, lorsqu'on l'en détache.

Avant pêche jaune. Sa peau est jaune et d'un rouge foncé du côté du soleil. Sa chair est également jaune, excepté près du noyau, où elle est rougeâtre. Son eau est douce et assez parfumée.

Ces deux pêches ne sont estimées qu'à cause de leur maturité qui devance beaucoup celle des autres. Elles sont extrêmement petites. Leur diamètre n'est que de dix à quatorze lignes. Elles deviennent toujours plus rares, nos cultivateurs préférant les remplacer par des arbres qui produisent de beaux fruits.

Pêche magdeleine, *la pourprée hâtive*, Duhamel; *pavio magdalénen* en prov. Cette pêche est, après les précédentes, la plus précoce; elle est en pleine maturité à la fin de juillet. Sur un espalier placé au midi de mon jardin, j'en cueille toutes les années quelques unes de mûres du 10 au 15 de ce mois. On reconnaît aisément la pourprée hâtive à la régularité de sa forme qui est arrondie, au velouté de sa peau qui est colorée en rouge du côté du soleil et tiquetée de points rouges sur un fond jaune paille de l'autre, et à la délicatesse de sa chair qui est blanche et fondante. La pourprée hâtive que je possède est souvent parsemée de plusieurs petits tubercules à chair succulente et toujours mûre deux ou trois jours avant celle de l'intérieur. Son diamètre varie suivant la vigueur de l'arbre de deux à quatre pouces. On peut se procurer la jouissance de cette excellente pêche durant plus d'un mois, en en plaçant quelques pieds en espalier au nord. Je la considère comme la meilleure de toutes celles que nous avons dans la Provence. On devrait la multiplier plus qu'elle ne l'est.

Chevreuse hâtive, Duhamel, *pêche molle*, *pavie* ; *beouo pavio* en prov. Cette belle pêche est de toutes la plus multipliée dans nos jardins. Elle mérite bien cette préférence par sa grosseur qui est quelquefois de cinq pouces ; mais non par la bonté de sa chair dont la délicatesse et la saveur sont bien moindres que celles de la précédente. Sa peau est grossière ; elle est d'un blanc jaunâtre et se colore en rouge du côté du soleil.

Belle chevreuse, Duhamel, *pêche molle jaune* ; *pavio jaouné* en prov. Elle ne diffère de la précédente que par la couleur de sa chair qui est jaunâtre. Sa peau, un peu moins grossière, est plus colorée en jaune. Le noyau de l'une et de l'autre est terminé par une pointe longue de plus d'une ligne ; caractère qui sert à distinguer ces deux variétés.

La royale, Duhamel, *pessegue moulan* en prov. ; *pêche molle*, *téton de Vénus* en Provence. Elle est remarquable en ce qu'elle est divisée par une légère gouttière en deux portions, dont une est arrondie et l'autre applatie, ce qui la rend un peu oblongue. Elle est terminée par un mamelon assez gros. Aussi est-elle souvent confondue avec le téton de Vénus de Duhamel, de laquelle on la distingue par la couleur de sa peau plus foncée et par son eau plus sucrée. Sa chair est fine, blanche et colorée en rouge près du noyau. Sa peau presque verte, tire tant soit peu sur le jaune paille ; elle est d'un rouge très foncé du côté du soleil. Son noyau se rompt souvent dans le fruit. Elle mûrit à la fin d'août.

L'*Admirable jaune*, Duhamel; la *molle jaune tardive* en Provence; *moulan jaoune* en prov. Sa peau est jaune du côté de l'ombre et fortement teinte en rouge dans la partie exposée au soleil. Sa chair également d'un jaune d'abricot est très rouge autour du noyau. Elle est assez grossière et souvent pâteuse. Cette pêche est la moins bonne de toutes celles que l'on trouve dans la Provence. Sa grosseur est de deux à trois pouces, mais elle est souvent moindre, parce que les arbres, qui la produisent, chargeant beaucoup habituellement et venant toujours de noyaux perdus dans les champs, sont pour l'ordinaire placés sur des sols arides et parconséquent sont dans un état de végétation qui ne leur permet pas de donner de beaux fruits. L'admirable jaune mûrit à la fin du mois de septembre.

Telles sont, à l'exception de quelques autres possédées par des amateurs, les pêches cultivées dans la Provence, et comme je l'ai dit, le nombre est infini dans l'intérieur de la France. Il ne faut pas chercher la cause de cette rareté des bonnes pêches dans nos pays, ailleurs que dans le goût bien prononcé des Provençaux pour les pavies jaunes. Je connais des jardiniers qui ont essayé de multiplier des royales, des chevreuses ou autres variétés qui leur ont paru d'une bonne qualité et qui ont été forcés de revenir à la seule culture du pavie jaune par la difficulté qu'ils éprouvaient pour la vente de leurs pêches.

Il est encore vrai que si dans les jardins des amateurs, on ne rencontre pas un plus grand nombre de variétés de pêches proprement dites, la faute en est aux pépiniéristes qui n'élèvent que des pêches du pays, auxquelles pourtant ils substituent des noms puisés dans Duhamel ou dans d'autres auteurs. Lorsqu'on voudra faire une plantation un peu considérable d'arbres fruitiers, il sera donc prudent de s'adresser aux grands pépiniéristes qui n'épargnent rien pour se procurer les bonnes espèces. On ne doit jamais négliger de placer dans la plantation d'un verger : l'avant pêche blanche, la pourprée hâtive, la grosse mignonne, la magdeleine rouge, la belle garde, la belle chevreuse, la belle de Vitry, la royale, la nivette, la bourdine.

Des PÊCHES VIOLETTES. Celles-ci sont reconnaissables à leur peau lisse et à leur chair fine et séparée du noyau. Il en est plusieurs variétés.

Petite violette hâtive, Duhamel, *la petite pêche violette* en Provence; *passegue pruno* en prov. Sa peau est d'une couleur violette très foncée, quelquefois d'un blanc citrin du côté de l'ombre. Sa chair, blanche et fondante, est très sucrée et très parfumée. Son diamètre n'est guères que d'un pouce et demi. Cette pêche paraît oblongue, étant assez souvent applatie sur ses côtés. Elle mûrit à la fin d'août. Le parfum qu'elle exhale est un indice de sa maturité. C'est une des bonnes pêches connues. Mais l'arbre qui la produit, quoique se couvrant de fleurs chaque année, ne charge pas beaucoup. C'est du moins ce que j'ai remarqué sur les pieds que je possède.

Grosse violette hative, Duhamel. La *grosse pêche violette*, en Provence; *pessegue vioulet* en prov. Elle ne diffère de la précédente que par sa grosseur qui est double. Sa chair est un peu moins parfumée. L'arbre charge beaucoup. Elle mûrit en même temps.

Jaune lisse, Duhamel. Sa peau est jaune et un peu rougeâtre du côté du soleil. Sa chair jaune et sucrée n'est pas aussi délicate que celle des précédentes. Elle mûrit en septembre.

La *Cerise*. Elle est petite, d'un rouge cerise, terminée à son sommet par une pointe ; elle est d'un goût et a une saveur agréables. L'arbre est petit et ses feuilles sont étroites.

Les pêches à peau lisse, ainsi que les brugnons, peuvent être gardés plusieurs jours dans la fruiterie, où ils finissent d'acquérir un surcroit de maturité qui les rend délicieux.

En Provence les pêchers végètent dans tous les terrains, mais à cause des fortes chaleurs et des longues sécheresses qui règnent, ils ne prennent leur entier développement et ne donnent de beaux et bons fruits que dans les terres meubles, profondes et fraîches en été. Aussi ne les cultive-t-on que dans celles qui sont arrosables. Si par fois l'on en voit quelques pieds dans les champs, les fruits en sont pâteux, secs et de mauvaise qualité. Toutefois il n'est pas sans exemple que des pêchers plantés au milieu des vignes produisent de plus belles et de meilleures pêches que ceux cultivés dans les jardins ; mais qu'on ne s'y trompe pas, alors le terrain où ils se trouvent, par sa position dans un bas fond ou dans le voisinage d'une rivière dont les eaux filtrant à travers les terres, conserve pendant les grandes chaleurs de l'été l'humidité nécessaire à la végétation de ces arbres.

Les pêchers viennent si bien dans nos pays, ils produisent, livrés à eux-mêmes, de si bons fruits, qu'on ne se donne pas la peine de les élever en espalier dont l'entretien est si dispendieux. En effet qu'a-t-on besoin de contrarier le développement naturel d'un arbre qui fournit au moins tous les deux ans une récolte abondante. D'ailleurs comment nos cultivateurs se rembourseraient-ils de leurs avances, s'ils soignaient le pêcher comme on le fait à Montreuil ; les belles pêches ne se vendant jamais plus de dix à quinze francs le quintal. La culture du pêcher ne peut donc être pour eux de quelque profit qu'autant qu'elle ne leur demande pas des soins différens de ceux donnés aux autres arbres fruitiers.

Le pêcher se multiplie comme l'amandier par le semis des noyaux ou par la greffe. Dans les jardins où le pêcher est cultivé, rarement il est nécessaire de semer ses noyaux. Les pêches, qui se pourrissent sur l'arbre au moment de leur maturité, ou celles qui se mangent sur pied, en fournissent à la terre chaque année un assez grand nombre pour qu'on puisse trouver chez soi les pieds dont on peut avoir besoin. Comme souvent ces pieds donnent des variétés dégénérées, on greffe les plants de pêchers provenus de noyaux. Je cultivais un brugnon dont les fruits avaient trois pouces de diamètre et dont les noyaux des arbres, successivement produits, ont fini par ne plus donner que des plants qui n'ont porté que de très petits brugnons, tardifs à mûrir et presque sans saveur. Cependant il arrive que des plants non greffés ont fourni des pêches excellentes et même supérieures à la variété dont elles émanaient. Mais pour une variété d'améliorée, on en obtient vingt qui sont dégénérées. Sans doute l'amateur qui peut sacrifier l'intérêt à ses jouissances particulières peut et doit même faire des semis de noyaux de pêches dans le seul objet de se procurer et d'enrichir son pays de variétés nouvelles; en peut-il être ainsi du cultivateur qui compte sur les productions de ses arbres pour fournir aux dépenses de son exploitation. Il faut nécessairement qu'il greffe, afin de s'assurer de la bonté du fruit qu'il obtiendra.

On sème les noyaux de pêches sur place ou en pépinière. De quelque manière qu'ils le soient, ils doivent l'être, ou du moins être stratifiés dans le mois de septembre qui suit leur maturité, afin qu'ils ne perdent pas leur vertu.

germinative; on les traite, ainsi qu'il a été dit pour les amandes.

A la fin de l'été les jeunes plants, s'ils n'ont pas été négligés, peuvent être greffés à œil dormant qui est la greffe la plus usitée aujourd'hui pour la multiplication des arbres fruitiers. Que ces plants soient destinés à former des pleins vents, ou à être placés en espalier ou à prendre toute autre forme, on les conduit comme il sera recommandé à l'article pépinière. Deux ans après on les transplante, en ayant soin, d'après les invitations de Duhamel, de ne pas couper les racines, ou du moins de les laisser avec toute la longueur possible, à cause de la gomme qui découle de la coupure, laquelle empêche la plaie de se cicatriser. Selon ce savant agriculteur, le dépérissement de beaucoup de pêchers, pendant la première année de leur plantation, ne reconnaît pas d'autre cause. Pourvu qu'on n'attende point le moment de leur floraison, ils peuvent être transplantés pendant tout l'hiver. Une fois repris, les jeunes plants n'exigent plus que d'être houés pendant l'hiver et binés en été.

L'amandier, le prunier et l'abricotier reçoivent également la greffe du pêcher qui s'accomode très bien, suivant la nature du terrain où il est placé, de la sève de ces divers arbres. En effet dans une terre aride et exposée au midi, pour que le pêcher puisse végéter et subsister pendant quelque temps, il demande à être greffé sur amandier, comme il doit l'être sur prunier, s'il est destiné à croître dans un sol humide et argileux. Cependant on voit souvent dans nos jardins, des pêchers ne point vieillir, quoique greffés sur le prunier; c'est qu'alors ils ont été greffés sur drageons, lesquels sont munis de racines qui conservent leur disposition naturelle à tracer et à drageonner. Lorsqu'on n'élève pas soi-même les pêchers qu'on plante, il est donc indispensable en les achetant de vérifier, s'ils sont greffés sur plants venus de noyaux ou sur drageons. Les racines pivotantes des premiers sont un caractère facile à distinguer les uns des autres.

L'expérience ayant démontré que les pêchers venus de noyaux périssaient plutôt lorsqu'ils étaient transplantés, nos cultivateurs se gardent bien de toucher à ceux qui, naissant fortuitement dans leurs jardins, se trouvent placés d'une manière convenable. Quelques uns même leur laissent faire le premier fruit et ils ne les greffent qu'autant que ce fruit n'est pas d'une belle et bonne espèce. La greffe alors en usage est celle à œil à la pousse, faite dans le mois de juin ou pour mieux dire à la fin de l'ascension de la sève. Il est même plus d'un pays de la Provence, où les propriétaires ne se donnent jamais l'embarras de transplanter les pêchers, ils les laissent à l'endroit même où ils se montrent naturellement. Cette culture vicieuse a le grave inconvénient de n'offrir que des arbres irrégulièrement plantés et bien souvent trop rapprochés les uns des autres. Dans ce pays les pêchers ne reçoivent d'autre labours que ceux donnés aux plantes cultivées dans le terrain où ils sont placés, et d'autres soins que ceux d'être nettoyés de leur bois mort.

Tel est le mode de culture suivi dans plusieurs contrées de la Provence et principalement dans la riche vallée qu'arrose le Réal-Martin, vallée qui s'étend dans le département du Var, depuis la commune de Pignans jusqu'à celle de Pierrefeu, et qui fournit, année commune, quinze à dix-huit mille quintaux de pêches.

Les pêchers ainsi conduits, donnant d'excellents fruits et d'abondantes récoltes, on ne s'avise point de les soumettre à une taille annuelle qui, cependant, lorsqu'elle est faite à propos et selon les règles, prolonge la durée de ces arbres. Mais rien n'est plus difficile que la taille du pêcher. Livrée à une main peu exercée, cette opération force l'arbre à pousser des gourmands et l'empêche de produire. On sait que les pêchers s'épuisent par le trop grand nombre de branches qu'ils poussent et conséquemment par la quantité de fruits dont ils se surchargent ordinairement ; par la taille on diminue les nombreuses branches qui affament l'arbre et le précipitent vers sa fin, et l'on rétablit un juste équilibre entre ses racines et ses branches. Un amateur, jaloux de conserver ses pêchers aura donc soin de les débarrasser de leurs gourmands ; et pendant les premières années de leur plantation, de leur enlever toutes les branches qui se croisent et nuisent à celles qui doivent concourir à la forme qu'on veut leur donner : en ayant l'attention cependant, une fois qu'ils ont acquis une certaine grosseur, de ne leur couper aucune des principales branches ; l'observation ayant prouvé que ces arbres ne résistent pas à de trop grosses plaies. Si pourtant il fallait en venir pour cause de maladie ou pour tout autre accident à l'enlèvement d'une de ces branches, l'expérience a prouvé que dans nos pays brûlans on devait la couper à un demi pouce au dessus de son insertion sur le tronc et pratiquer dans ce cas une sorte de taille en crochet.

Quoiqu'il n'entre point dans le plan de mon ouvrage de trop prolonger les articles qui le composent, je ne puis cependant m'empêcher de transcrire ici un passage de l'ouvrage de M. Moupellier, agriculteur distingué, qui a écrit sur la plantation, le gouvernement et la taille des arbres fruitiers cultivés dans le midi de la France ; d'autant que cet auteur écrivant et cultivant dans un pays dont la température se rapproche de la nôtre, donne des préceptes fondés sur une longue pratique.

« Chap. 1er, sect. 3e. Du PÊCHER. 1° Les variétés du pê-
« cher diffèrent, par la vigueur naturelle ; la taille plus ou
« moins longue, la charge plus ou moins forte, l'inclinaison
« plus ou moins oblique doivent donc être la seule différence
« de culture.

« 2° Dans certaines variétés, les yeux inférieurs s'étei-
« gnent ; cette partie du bois est toujours perdue, et il se-
« rait inutile de tailler sur ces yeux ; il faut asseoir la taille
« plus loin sur des yeux bien prononcés. On est donc forcé
« de tailler plus long sur ces variétés, à partir de la base
« des branches ; mais par cette raison même, et pour ne
« pas ajouter au vice de l'arbre, il faut tailler plus court
« sur la partie productive des branches ; il y aura moins
« de bois perdu.

« 3° Le pêcher étant exposé, dans ce pays, à beaucoup
« plus d'accidens qui troublent la végétation, il faut se mé-
« nager plus de ressources, et pour cela ne pas le réduire,
« lors de l'ébourgeonnement ou de la taille, au nombre
« rigoureux de bourgeons qui paraît suffire dans le mo-
« ment ; réservez-en quelqu'un de surabondant ; vous au-
« rez peut-être besoin d'y recourir.

« 4° A cause des vents, taillez un peu plus court sur les
« fortes branches du pêcher buisson en plein vent, et char-
« gez davantage en branches latérales, auxquelles vous
« pourrez laisser encore un œil de plus ; la tête de l'arbre
« sera moins élevée, les bois plus forts et moins dégarnis,
« les fruits moins exposés à être abattus.

« Cela vaut mieux que de recourir aux cerceaux, aux
« ligatures, aux tuteurs qui blessent mortellement les bran-

« ches et font périr l'arbre pour sauver quelques fruits. Le « remède est pire que le mal.

« 5° Il y a des espèces qui fourmillent de petites bran- « ches à moitié dégarnies et terminées par quelques boutons « à fleurs ; un coup d'œil donné sur l'arbre les indique suf- « fisamment ; respectez ces petites branches, assez longues « pour devoir être attachées au treillage ou aux branches « voisines, lorsque leurs fruits sont noués ; ces branches « manquent rarement d'en donner, et redoutent la serpette « qui peut s'exercer sur les autres pour en faire naître de « pareilles. Ce n'est que sur ces branches que j'établis la « fructification des pêchers qui ont cette manière de végéter.

« 6° L'exposition du midi, sur des murs, est trop chaude « pour l'espalier de pêcher, dans ce climat ardent : vous « chercheriez vainement à la tempérer par des arrosemens; « ces espaliers manquent d'air, parce que le long des murs, « la grande chaleur le raréfie ; le seul moyen de réussir se- « rait de planter en avant des murs, de manière que l'on pût « passer derrière les treillages ; une haie au midi, dont les « racines seraient séparées de la platebande de l'espalier, « par un fossé ou par un mur souterrain serait préférable ; « l'espalier aurait moins de chaleur et plus d'air.

« Si l'on a des murs, je conseille de les couvrir d'espalier « de pêcher, à toutes les autres expositions, même au nord « où les fruits mûriront plus tard, et de n'y renoncer en « faveur du pommier ou du prunier, que lorsqu'on se sera « assuré que le pêcher ne peut y réussir.

« Ne perdez pas de vue que ces observations sont relati- « ves à ce climat, dont la température est assez échauffée « en été, pour mûrir des fruits à toutes les expositions. »

Pour ce qui est des soins à donner aux pêchers élevés en

espalier, en buisson, etc. etc., je dois observer aux personnes, qui ne sont point encore assez exercées, que dans un livre on peut bien apprendre les principes et les règles élémentaires de la taille des arbres, mais que ce ne sera qu'après avoir vu opérer, et avoir opéré soi-même plus d'une fois, que l'on pourra se risquer de conduire un arbre et se promettre de lui donner une forme qui en flattant la vue, ne l'empêche pourtant point de produire, ainsi que cela n'arrive que trop souvent aux agriculteurs qui ont plus de théorie que de pratique. C'est le cas d'appliquer à cette opération du jardinage le proverbe provençal : *experienço passo scienço.*

De tous nos arbres fruitiers, les pêchers sont ceux dont l'existence est la plus courte et la plus précaire. Par les maladies et les insectes qui les attaquent, ou par des causes qui nous sont souvent inconnues, ou peut-être même par suite de leur conformation naturelle, ils arrivent rarement à l'âge de vingt ans et encore faut-il, pour qu'ils y parviennent, que dans les années où ils chargent trop, une partie de leurs fruits soient enlevés à mesure qu'ils commencent à grossir. Il est bien vrai que dans le centre de la France, on en voit qui vieillissent beaucoup plus, mais là on ne cultive pas des fraisiers, des plantes fourragères au pied de ces arbres, comme on le pratique souvent et si mal à propos dans la Provence. De plus ils sont élevés en espalier, et l'on a reconnu que cette forme prolonge la durée du pêcher, et ils sont greffés sur amandier ou sur prunier dont la nature est plus vivace que la leur.

Cette remarque, que les pêchers greffés sur amandier ou sur prunier, vivent plus que ceux qui le sont sur franc, n'a pas échappé à quelques uns de nos cultivateurs qui ne plantent que des pêchers ainsi greffés. Cependant il ne faut pas oublier que dans un jardin arrosable des pêchers greffés sur amandier ne sauraient réussir, les racines de cet arbre craignant l'humidité.

Toutes les années les pêchers se couvrent de fleurs ; quoiqu'il arrive quelquefois que par des pluies ou par des gelées tardives, ces fleurs ne nouent point ou que ces arbres ne retiennent pas, plus souvent ils chargent si fort qu'ils en périssent, ou tout au moins qu'ils demeurent plusieurs années dans un état maladif qui ne leur permet plus de fructifier. A ce grave inconvénient, suite inévitable d'une trop abondante récolte, se joint encore la mauvaise qualité du fruit qui souvent est alors invendable. Pourquoi nos cultivateurs ne veulent-ils pas comprendre qu'il serait de leur intérêt d'enlever la surcharge de leurs arbres ? Ne seraient-ils pas assurés alors, ceux qui suivraient cet utile conseil, que leurs pêchers donneraient de plus beaux fruits, qu'ils fructifieraient de nouveau l'année suivante, et que leurs pêches se vendraient alors à un prix qui les dédommagerait amplement du léger sacrifice qu'ils feraient.

La culture du pêcher est extrêmement répandue dans la Provence. Il n'est pas un jardin où cet arbre ne se trouve très multiplié. Marseille et après cette ville, celles de Toulon et d'Aix consomment une si grande quantité de pêches que c'est sur le produit de cette récolte que nos cultivateurs espèrent, pour payer une partie du fermage des jardins ou des terres arrosables qu'ils tiennent en ferme.

Les pêches sont un fruit très sain, si l'on en juge par le nombre incroyable qui s'en mange chaque année. Cependant il est certain qu'elles sont indigestes et nuisibles à la santé, quand elles sont cueillies avant leur maturité. Bien loin d'attendre qu'elles soient mûres, nos jardiniers, devant transporter les leurs souvent à plus de quinze lieues, les encaissent encore demi vertes. Nul doute que ces pêches, qui ne mûrissent que par artifice, n'acquièrent jamais la saveur, la délicatesse et surtout le parfum de celles demeurées sur l'arbre. Dès lors doit-on être surpris, si des étrangers, arrivant à Marseille et ne goûtant d'autres pêches de Provence que celles qui leur sont servies dans cette ville, trouvent une grande différence entre ces fruits et les pêches des environs de Paris.

Les pêchers sont sujets à une maladie dont on n'a point reconnu la cause et conséquemment dont on ne peut les garantir. Dans le printems on voit souvent des feuilles, qui tout à coup se difforment, s'épaississent, deviennent irrégulières, changent de couleur et se couvrent d'aspérités; enfin l'aspect de l'arbre annonce qu'il est souffrant. Plusieurs auteurs ont assigné une cause particulière à cette maladie connue sous le nom de cloque; mais leur opinion ne s'appuyant que sur des présomptions, on n'est point encore certain du principe qui donne naissance à la cloque. Il n'y a point d'autre remède contre cette maladie des pêchers que celui de couper les bourgeons qui en sont atteints. Cependant à Montreuil, qui est le pays où la culture du pêcher est arrivée à son plus haut degré de perfection, on ne contrarie pas la nature, on laisse agir le mal qui ordinairement n'a pas d'autre suite que d'occasionner la perte des bourgeons et la chute des feuilles cloquées. Au moment de l'ébourgeonnement et du pâlissage, on répare le mal autant qu'il est possible en remplaçant les bourgeons malades par les gourmands que l'arbre a poussés. Pendant l'été on doit avoir l'attention d'arroser et de biner plusieurs fois le terrain autour du pied des pêchers attaqués de la cloque pour réparer la déperdition inutile de la sève causée par cette maladie.

Il ne faut pas confondre la cloque avec le recoquillement de certaines feuilles que présente souvent le pêcher. Cette monstruosité, qui est le résultat de la piqûre de certains insectes, ne porte aucun préjudice à l'arbre, et n'a aucune analogie avec cette maladie, qui certainement n'est point occasionnée par aucun animal, puisqu'on trouve des feuilles et des bourgeons cloqués entièrement dépourvus d'insectes. Il est certain que bien des fois des milliers de pucerons assaillissent les feuilles cloquées, mais ce n'est point là une raison pour croire avec Rozier que la cloque reconnaisse la même cause que le recoquillement des feuilles.

Il est des années où les pucerons et les cochenilles assiègent les pêchers, au point qu'ils ne peuvent résister à leurs attaques, si elles sont trop long-temps continuées. Il convient donc d'employer tous les moyens possibles pour débarrasser les pêchers de ces insectes. Comme, lorsqu'ils commencent à se montrer, ils sont réunis sur les sommités des bourgeons, je me suis assez bien trouvé de leur immersion dans une infusion de tabac, ou dans du vinaigre, ou dans une décoction alkaline. L'aspersion ne produirait pas un aussi sûr résultat, parce que ces insectes se trouvant en partie à la surface inférieure des feuilles, qui sont alors recoquillées, n'en seraient point atteints. Si l'on néglige de les détruire dès leur première apparition, ils gagnent bientôt tout l'arbre; il n'y a alors plus d'autres moyens de destruction que celui de frotter avec un linge grossier, trempé dans une des liqueurs que je viens de désigner, toutes les parties où l'on en découvre quelques uns, et d'enlever et de brûler les feuilles qui en sont le plus attaquées.

La culture du pêcher à fleur double ne diffère en rien de celle du pêcher commun. Placé ordinairement dans les jardins d'agrément, il fait le plus bel effet, lorsque, déployant ses guirlandes de rose, il est mollement balancé au gré du zéphir. Comme ces sortes de jardins sont toujours arrosés dans nos pays, le pêcher doit être greffé sur prunier. Il faut néanmoins en avoir toujours quelques pieds en réserve dans sa pépinière. C'est le vra moyen de ne pas être privé de ce bel arbre quand périssent ceux que l'on possède.

PÉPINIÈRE. *Pepinièro*, *bastardièro* en prov. Il est souvent si difficile de se procurer de beaux sujets et les espèces que l'on désire, qu'il est inconcevable que dans chaque propriété il n'y ait pas une petite pépinière à l'usage du maître. Les arbres qu'on en tire ont, sur ceux venus des pépinières marchandes, le grand avantage d'être arrachés avec toutes les précautions possibles, d'être plantés aussitôt après, de ne pas changer de nature de terrain, de se trouver à une même exposition et enfin de ne presque rien coûter. L'établissement d'une pépinière chez soi est donc d'une utilité incontestable. De plus, n'est-ce pas à ces sortes de pépinières que sont dues la plupart de ces grandes plantations qu'entreprennent certains propriétaires? Croit-on qu'un de nos habiles agriculteurs qui a planté dans une de ses terres dont une partie est arrosable, cinq à six mille pêchers, huit à dix mille noiseliers, etc., les ait pris ailleurs que chez lui? Et moi-même aurais-je placé dans la terre que j'habite tous les orangers, mûriers, noisetiers, oliviers, amandiers, figuiers, etc. etc. que j'y ai plantés, si je ne les avais pas trouvés dans mes pépinières? La première économie d'un cultivateur est celle de prendre chez lui ce qu'il ne pourrait se procurer ailleurs qu'à prix d'argent; je sais que je parle contre l'intérêt des pépiniéristes, mais n'est-pas pour celui des cultivateurs que j'ai pris la plume et dès lors ne dois-je pas leur donner les conseils qui me sont dictés par l'expérience ?

La formation d'une pépinière n'est pas une chose aussi difficile que plusieurs personnes le pensent. Le terrain qu'on devra choisir sera celui qui, par sa nature, tiendra le milieu entre les diverses qualités de la terre dans laquelle on a le projet de planter les arbres qu'on y élévera. Il sera défoncé à soixante-quinze centimètres de profondeur, si on veut faire une pépinière à sec, et à soixante centimètres seulement, si on a la possiblité d'arroser ; cette opération se fera vers la fin du printemps, afin que les chaleurs et la sécheresse de l'été détruisent les débris des plantes qu'on aurait pu y oublier; dès que les premières pluies le permettront, c'est-à-dire, en septembre, on y enfouira du fumier en assez grande abondance et on y fera sur sa surface telles divisions qu'on jugera nécessaires aux différentes espèces d'arbres qu'on veut y placer.

Cependant pendant l'automne qui précède le défoncement du terrain destiné à la pépinière, on a dû semer dans une terre légère des noyaux d'abricots, de pêches, de prunes, d'amandes et pendant l'hiver des pépins de poires, les plus mauvaises qualités sont les meilleures, parce que la culture n'a pas entièrement dénaturé leur première origine, de pommes, de coings, etc. Les plants en provenant seront sarclés et arrosés pendant l'été, et cela toutes les fois qu'il en sera besoin. Durant l'hiver qui suit la préparation du terrain, on place en lignes espacées de cinquante à soixante centimètres les jeunes plants venus des noyaux et pépins semés, et on les écarte les uns des autres de cinquante à soixante centimètres.

On en fait autant pour les boutures. Les binages ne doivent pas être négligés ; plus ils seront répétés, et plus les jeunes sujets végéteront avec vigueur et plus vite ils se développeront; c'est surtout dans les pépinières au sec que les binages multipliés sont nécessaires. Il ne faut jamais oublier que ce sont avec de pareils soins que dans nos pays on combat les longues sécheresses de nos étés. Pendant l'hiver suivant, on houe et on revient aux binages durant l'été. Au moyen de ces soins les sujets de la pépinière seront en grande partie en état d'être greffés à œil dormant dans le mois d'août de la même année. Avant la fin du mois du février de l'année qui suit, on visite les sujets greffés et on coupe la tête de ceux, sur lesquels la greffe a réussi, à un pouce au dessus de l'œil, en orientant la plaie du côté opposé à l'œil, et de suite on greffe en fente, à un pouce dans la terre, ceux dont l'œil placé à la fin de l'été précédent, ne s'est pas conservé. Il est prudent de soutenir au moyen d'un tuteur, et les plus faciles à se procurer sont des roseaux, les bourgeons produits par les greffes, le vent du nord-ouest est si violent dans la Provence et dans une partie du Languedoc, qu'ils seraient presque tous démâtés, pour me servir de l'expression locale, sans cette précaution ; mais avant le placement des tuteurs, qui n'a lieu qu'à la fin de mai, et lorsque la greffe commence à se montrer, on supprime les bourgeons qui ont poussé au dessous et à l'entour d'elle, en ayant soin de conserver quelques uns de ceux qui sont venus au dessus. Ceux-ci facilitent l'ascension de la séve vers la greffe. Ils sont enlevés vers la fin de mai. On se contente cette année de donner deux binages. Pendant l'hiver suivant on taille les branches latérales de la greffe, mais en ayant soin de ne pas rapprocher la coupe de la tige principale, et on coupe en même temps le chicot qui avait été laissé sur le sujet au dessus de la greffe. Un an après les arbres sont assez développés pour être transplantés et mis en place. Si on voulait avoir une pépinière d'orangers, il faudrait l'établir sur un terrain abrité du vent du nord par un mur, ou du moins la garantir du froid au moyen de paillassons ou de toute autre couverture.

PÉPON. Nom donné à plusieurs espèces du genre courge et parmi lesquelles se trouvent celles dont on fait le plus grand usage, soit pour la nourriture de l'homme, soit pour celle de certains animaux. Je ne m'occuperai que de celles-ci.

Le TURBAN, *Bonnet de turc* en Provence. Fruit orbiculaire de la grosseur d'un melon ; terminé par le disque de la fleur qui prend de l'extension et qui forme un autre fruit, mais toujours moindre et comme implanté dans le premier, dont il est séparé par un bourrelet, ce qui donne à celui-ci la forme d'un turban de turc. Il est d'un rouge foncé, lorsque l'autre prend assez souvent une autre couleur, comme celle d'un jaune pâle, parfois tâché ou fouetté de rouge. Sa chair très dure est fondante et une des meilleures pour la purée.

Le GIRAUMONT, CITROUILLE, *Courge gavotte* en Provence. Fruit moins gros que celui de l'espèce suivante. Sa couleur et sa forme diffèrent à l'infini, suivant les diverses variétés. Les unes sont lisses, les autres sont bosselées, celles-ci sont à peau jaunes, celles-là à peau verte, il en est qui sont à peau blanche. Leur chair d'un jaune pâle est en général plus filandreuse et moins savoureuse que celle de la précédente et celle du potiron, aussi ne l'emploie-t-on le plus souvent qu'à la nourriture des cochons. Une variété très estimée est celle nommée *souchini* dont on cueille le fruit avant que la fleur s'en sépare, pour le manger, tantôt en salade, tantôt en guise d'aubergine. Le véritable souchini ne prolonge pas ses tiges à plus de cinquante à soixante centimètres. Les fruits naissent très-rapprochés les uns des autres. Si la plante donne des tiges plus longues, c'est qu'elle commence à dégénérer, à s'abâtardir, comme on dit en Provence. Le fruit, arrivé à sa maturité, est allongé, de grosseur moyenne et sa peau est colorée en vert, mais par bandes plus ou moins foncées.

Le POTIRON. *Courge messinaise* en Provence. Le nom qu'en Provence on donne à cette courge semble annoncer qu'elle nous est venue de Messine, ce qui explique le nom de courge marine, d'outre-mer, qu'on lui donnait autrefois dans l'intérieur de la France. Il en est plusieurs variétés ; toutes ont une chair jaune, fondante et d'un grand usage dans la cuisine de nos campagnes.

La MELONNÉE. *Courge musquée* en Provence. Fruit très-gros, chair fondante, d'un rouge orangé, très-sucrée et d'un usage très-répandu dans la Provence. On en connaît également un grand nombre de variétés qui se distinguent par la forme du fruit plus ou moins allongé, la couleur de sa peau et de sa chair.

Le PASTISSON, BONNET D'ÉLECTEUR, *Bonnet de prêtre* en Provence. Fruit d'une forme plus ou moins irrégulière, prenant quelquefois celle d'un champignon, d'une bouteille, d'un bonnet de prêtre d'Italie ; cueillies tendres encore, on les mange en friture.

Les autres espèces sont la cougourdette, l'orangin et la barbarine.

Les pépons ne peuvent être confondus avec les calebasses non plus avec les pastèques ; leurs fleurs sont jaunes ; elles sont blanches dans les calebasses ; leurs feuilles sont lobées, elles sont découpées dans les pastèques. Les fleurs de ces dernières sont jaunes comme celles des pépons, mais elles sont beaucoup plus petites.

Les différentes espèces de pépons et généralement toutes celles du genre courge viennent avec plus de vigueur dans une terre substantielle et légère, si toutefois elle est fraîche en été ou arrosable, que dans celle qui serait plus ou moins argileuse. On sème leurs graines et on soigne les plantes comme celles du concombre, avec la différence que la plante devant grossir davantage, on ouvre une plus grande fosse et on y met plus de fumier. Le moment de semer varie suivant qu'on veut obtenir des primeurs. On peut semer à la fin de février et ceci est applicable aux concombres; mais alors il faut employer de fumier tiré de la litière : sa chaleur facilite la germination des graines, qu'en outre on doit garantir du froid, ainsi que les jeunes plants qui en proviennent, avec des cloches en verre ou avec des pots à fleurs ou mieux avec des paillassons. Là véritable saison de semer les graines de courges et de concombre, est depuis les derniers jours de mars jusqu'au quinze avril.

PERCE-PIERRE. Voyez BACCILE.

PERSICAIRE. Voyez RENOUÉE.

PERSIL. Plante formant une espèce du genre persil et de la famille des ombellifères. C'est le *juvert*, la *bouanos herbos* des Provençaux, *apium petroselinum*, Lin. Il en est plusieurs variétés. Toute terre bien ameublie convient à la culture du persil, dont les graines qui restent de trente à quarante jours sans lever, se sèment depuis le mois de janvier jusqu'à fin septembre. Si on veut avoir du persil pendant l'été, il est nécessaire d'arroser les plantes. Cependant elles se passent de ce soin. Toutefois elles se dessèchent et périssent en juillet ; mais déjà elles ont donné leurs graines, qui souvent se ressèment d'elles-mêmes.

PERVENCHE. Genre de la famille des apocinées dont deux espèces se trouvent sur les rives élevées des torrens profonds et dans tous les endroits naturellement humides et boisés, et dont une espèce est cultivée dans nos jardins; c'est la PERVENCHE rose ou du cap, pervenche d'Amérique en prov. Petit et charmant arbuste cultivé ordinairement en pot, mais qui pourrait l'être en pleine terre partout où les orangers le sont, car il ne craint pas plus le froid que ces arbres. Il est vivace, c'est pourquoi on peut le multiplier de marcottes ou de boutures, mais on préfère en semer les graînes lorsqu'elles ne se resèment pas naturellement. Bien que les graines germent facilement partout, il est bien de ne les semer que sur une terre franche et substantielle. C'est en mars et avril. Les arrosemens ne doivent pas être négligés si l'on veut que la pervenche rose ne discontinue pas de fleurir. Elle conserve ses feuilles et même elle fleurit pendant tout l'hiver dans l'orangerie.

PETELIN. Voyez PISTACHIER.

PEUPLIER. Genre de plantes de la famille des amentacées, composé de plusieurs espèces dont les plus multipliées, dans le midi de la France, sont :

Le PEUPLIER FAUX TREMBLE. *Aoubro* en provençal. Il croît si vite qu'on en peuple les bords de toutes nos rivières.

Le PEUPLIER COTONNEUX. *Piblo* en prov. On le trouve dans les bois humides de la Provence. Son tronc naturellement tortueux est cause qu'il n'est pas multiplié. Il pousse un si grand nombre de rejetons, que bientôt ils s'emparent du terrain à l'exclusion des autres ; j'en excepte pourtant le pin d'Alep avec lequel il semble aimer à se trouver; car l'un et l'autre continuent à végéter et à prospérer, quoique rapprochés.

Le PEUPLIER NOIR. Avant que le platane fût connu, nos promenades publiques étaient bien souvent ombragées par cet arbre. On en voit encore quelques pieds dans les allées du Champ-de-Bataille de Toulon. Maintenant il est rare partout.

Le PEUPLIER D'ITALIE, *peuplier pyramidal*, *piboulo*. Cet arbre est trop commun et trop connu dans nos pays pour que j'en parle.

Tous les peupliers se plaisent dans les terrains légers et humides ou arrosables. Ils se multiplient pendant l'hiver de boutures et de rejetons.

PHALARIDE. Genre de plantes de la famille des graminées, dont une espèce la PHALARIDE DES CANARIES, l'*alpiste*, *phalaris canariensis*, Lin.; *grano de canari*, *grano longuo* en prov., est cultivée dans le midi de la France pour la nourriture des petits oiseaux. On sème la graine longue pendant tout l'hiver, mais mieux en novembre sur une terre bien ameublie et bien fumée. On ne doit pas négliger un sarclage dans le mois de mars; il faut savoir choisir le point convenable de maturité des épis. Coupés trop verts, le grain ne se détache qu'avec beaucoup de difficulté, trop mûrs, le grain a disparu en grande partie; le vent les a dispersés alors et les oiseaux en ont fait un dégât considérable. On les bat ou on les foule suivant l'importance de la quantité récoltée.

PHORMIUM-TENACE, *Lin de la Nouvelle-Zélande*. Plante formant un genre de la famille des liliacées, qui devrait être déjà très répandue dans la Provence, à cause de la propriété de ses feuilles qui donnent une filasse, sinon supérieure, du moins égale au plus beau chanvre. Elle se multiplie de ses œilletons toujours très nombreux. Elle vient dans tout terrain, s'il est humide ou souvent arrosé.

Je ne saurais trop recommander la multiplication du lin de la Nouvelle-Zélande dans tous les terrains trop humides pour y établir d'autre culture. Si l'on remarque que les autres plantes textiles, telles que le chanvre, le lin, nécessitent des frais de culture considérables, tandis que le phormium se passe de tout soin, il n'y a nul doute qu'on ne se décide à le planter dans un but d'utilité, et non de curiosité comme on a fait jusqu'à présent. Ce sont les feuilles les plus extérieures seulement que l'on doit détacher et mettre à rouir ou à bouillir; car c'est le moyen le plus sûr pour obtenir leur filasse; on les divise en lanière, on les met sur le feu dans un chaudron avec de l'eau; après une ébullition de quelques heures, on les retire et on les fait sécher. Déjà le parenchyme a été détruit en partie et il suffit alors de frotter les fibres dépouillés en partie de leur parenchyme pour les en débarrasser entièrement. Dans la Nouvelle-Zélande, où il a été observé pour la première fois, on fait ramollir les feuilles dans l'eau et on les bat sur un billot de bois jusqu'à ce que leurs fibres se séparent les uns des autres et soient débarrassés du parenchyme qui les unissait.

PHYTOLACCA. Genre de plantes de la familles des atriplicées dont une espèce le *phytolacca commun*, *raisin d'Amérique*, *phytolacca decandra*, Lin. *Raisinet* en Provence, est cultivée dans plus d'un parterre à cause de ses grappes de fleurs et de ses fruits qui en font une plante d'ornement. Sa tige qui s'élève souvent à près de deux mètres, périt pendant l'hiver, mais il en repousse une ou plusieurs autres au printemps. Comme les oiseaux sont très-friands des baies de ce phytolacca, il convient d'en avoir toujours quelques pieds dans les environs des tèses. C'est le moyen d'y attirer des grives, des merles et surtout des gorges-rouges. Mais il faut que ces environs soient arrosables pendant l'été.

On multiplie cette plante au moyen de ses graines que l'on sème en mars et en place ou en pépinière sur une terre légère, préférant celle qui est granitique ou schisteuse à celle qui est calcaire. Le plant, une fois développé, se passe de soins, mais non pas d'arrosement, s'il est dans un terrain aride et si l'on tient à ce qu'il donne ses fruits en automne. Celui qui serait argileux et humide durant l'hiver, ne lui conviendrait pas, il cesserait bientôt de vivre. Bosc a ouï dire dans l'Amérique du nord, d'où le phytolacca a été répandu en Europe, que ses baies, infusées dans l'eau-de-vie, forment un excellent remède contre les rhumatismes, lorsqu'après avoir chauffé cette infusion on s'en frotte au moment de se coucher.

Les plantes du phytolacca commun prennent un si grand développement qu'il y aurait du profit à remplacer certaines cultures par la leur. Brûlées au moment qu'elles vont fleurir elles fournissent cinquante pour cent de potasse. Cette opération peut être répétée quatre à cinq fois pendant le même été. Les baies étant pressées donnent un suc rouge de laque qu'on n'a pu fixer sur les étoffes jusqu'à présent.

PIED-D'ALOUETTES. Voyez DAUPHINELLE.

PIMENT. Genre de plantes de la famille des solannées. Une espèce, le PIMENT COMMUN, *poivre d'inde capsicum annuum*, Lin.; *pebroun*, *pimentoun*, *pementoun* en prov., est cultivée dans tous les jardins pour ses fruits que l'on mange crus, cuits ou confits dans le vinaigre. Comme toutes les plantes annuelles, on multiplie le piment au moyen de ses graines, que l'on sème en janvier et février sur couches de fumier, couvertes de terre, et sous châssis à vitres ou en mars sur une bonne terre, mieux sur du vieux terreau. Les jeunes plants sont repiqués dès qu'ils ont poussé plusieurs feuilles; ils demandent pour prospérer une terre bien fumée et convenablement défoncée, des sarclages et des arrosemens fréquens en été.

Dès que les fruits se montrent, on les cueille. Moins ils sont développés et meilleurs ils sont. La grosseur d'une noix est plus que suffisante. Plus tard ils sont durs. On les place sur des planches ou sur un linge, on les laisse se ressuyer et perdre une grande partie de leur eau de végétation. Dès qu'ils sont un peu flétris, on les jette dans du bon vinaigre, sans autre préparation. Quinze jours après ils sont confits au points de les manger; on retire du vinaigre ceux dont on a besoin, on les exprime deux ou trois fois dans de l'eau, on les laisse égouter, on les sale, on les arrose avec de la bonne huile et on les sert.

Nos gens de la campagne font une grande consommation de piments; ils les mangent crus accompagnés d'un peu de sel; lorsqu'ils en ont le temps ou les moyens, ils en forment des brochettes qu'ils présentent à un feu assez violent pour les cuire; ils les assaisonnent avec du sel et de l'huile pendant qu'ils sont sur le feu.

Il est plusieurs autres espèces de piment, mais elles ne sont cultivées que par les amateurs.

PIMPRENELLE. Genre de plantes de la famille des rosacées, dont une espèce la PIMPRENELLE COMMUNE, *Sanguisorba officinalis*, Lin.; *pimpinello* en prov., est cultivée dans quelques jardins comme plante potagère et dans plus d'un champ comme plante fourragère. Voyez le mot PRAIRIES. L'usage de la pimprenelle étant très borné, et se réduisant à faire partie des fournitures de salade, ce n'est ordinairement qu'en bordure qu'on la cultive. On la multiplie par semis de ses graines en octobre ou en mars, ou par éclats de vieux pieds. Tout terrain lui convient.

La pimprenelle supportant les longues sécheresses de nos étés, sans périr sur nos coteaux et semée sur simple labour, ainsi que j'en ai fait l'expérience, (Voir au mot ASSOLEMENT) on ne doit jamais oublier de la mêler avec les autres graines des prairies artificielles quand elles sont établies sur terrain qu'on ne peut arroser que de loin en loin. Elle y serait d'autant mieux placée que naturellement elle s'y montre d'elle-même; voilà pourquoi il n'est pas rare d'en voir surgir des plants dans plus d'un semis de sainfoin. Il paraît que ses graines ont été ramassées avec celles du sainfoin qu'on s'est procuré. Du reste cela n'est pas étonnant, la pimprenelle officinale étant originaire d'une partie de la France.

PIN. Genre de la famille des conifères dont quelques espèces sont indigènes de nos pays, et dont plusieurs autres pourraient y être cultivées avec avantage.

Les espèces les plus communes dans le midi de la France sont :

Le PIN D'ALEP, PIN DE JÉRUSALEM, *pin blanc* dans une partie de la Provence, à cause de la couleur de l'écorce de son bois, qui est d'un gris blanchâtre. Toutes nos montagnes calcaires en sont plus ou moins couvertes. Son tronc n'est en général jamais bien droit. Cependant les deux individus qui existent dans un bosquet du domaine de Coudon, près Toulon, et qui sont d'une hauteur de vingt-cinq à trente mètres, présentent un tronc assez droit. Leur circonférence est de trois mètres vingt-cinq centimètres. Ce sont sans doute les deux plus beaux pins d'Alep qui existent en Provence. Les amateurs des beaux arbres les verront toujours avec plaisir, d'autant qu'autour de ces arbres séculaires sont aussi des chênes blancs, des chênes verts et des cyprès qui les égalent en hauteur et en grosseur. Le bois du pin d'Alep est fort bon pour la charpente, la menuiserie, sans vouloir cependant, ainsi que celui de nos autres pins, le bois du Nord. Cet arbre fournit beaucoup de goudron et de résine pour la marine. Les forêts qui existent entre Toulon et Marseille, et qu'on nomme vulgairemont bois de Cuges, en produisent considérablement.

Le PIN MARITIME, *pin pinastre*, *pinsot*, dans la partie de la Provence où cet arbre est très commun, mais qu'il ne faut pas confondre avec le véritable PIN PINSOT, PETIT PIN MARITIME, qui est plus petit. Le pin maritime peuple toutes les montagnes de la bande granitique du département du Var. Il y croît avec la plus grande vigueur, et son tronc qui est ordinairement très-droit, s'élève quand on le laisse vieillir à plus de vingt-cinq mètres. Sa croissance est très rapide, il est conséquemment d'un grand produit. Croirait-on cependant que partout où l'on est peu distant de la mer les forêts de pin maritime ont été coupées en grande partie. Il est vrai que souvent c'est pour faire place aux chênes-liège, arbres bien plus précieux. Mais à part ce cas exceptionnel, on ne devrait porter la hâche de destruction sur une forêt de pin maritime qu'en tremblant. Aucune culture ne peut remplacer ces arbres avec avantage. Point de main d'œuvre, peu d'impositions à payer et un fort beau produit de quinze en quinze ans. Une grande partie des vastes et sombres forêts des Maures, de l'Esterel ont cessé d'ombrager des pays qui deviendront une charge pour leurs propriétaires, quand le peu de terre végétale qui les couvre et qui est retenue par les débris de ces arbres, aura été entraînée dans les torrens, les rivières et puis la mer. L'établissement de grandes fabriques de soude factice dans le voisinage de la mer, aux Martigues, à Marseille, à Hyères, etc. est la cause de cette dévastation de nos forêts de pin. Elles ont payé, et elles paient encore maintenant le bois dont elles ont besoin à des prix excessifs. Aussi les marchands de bois ne peuvent-ils plus bientôt leur en fournir, leurs cognées ayant tout détruit. De là vient que le bois de pin se paie aujourd'hui plus cher que celui de chêne. Dès lors ne semble-t-il pas que les propriétaires forestiers de nos pays devraient se hâter d'ensemencer en pins maritimes les coteaux arides qu'ils possèdent; et bien pas du tout. Non seulement ils ne forment pas de nouvelles forêts de pins dont la croissance est si rapide, mais encore beaucoup d'entr'eux défrichent les forêts dont ils ont vendu le bois et détruisent des millions de petits pins que les bûcherons n'avaient pas coupés à cause de leur peu de grosseur. Et pourquoi ces défrichemens? Pour en faire des essarts, qu'ils ne sèment que tous les huit à dix ans; des essarts, où le grain qu'on y jette, ne réussit pas, quand le printemps est sec; des essarts, qui dans les bonnes années donnent quelques hectolitres de blé, qu'on a peine à vendre; des essarts enfin, qui ne produisent rien pendant huit à dix ans. Quel calcul ou plutôt quel dérangement dans le cerveau de certains hommes. Car du train dont on marche, dans moins d'un demi-siècle toutes les montagnes de la bande granitique du Var, naguères si gaies, si verdoyantes, ne présenteront plus que des rochers nus et arides. Disons encore que des incendies périodiques consument chaque année des immenses forêts de pin dans les Maures ; celle de l'Esterel l'a été en partie en 1838, et ajoutent ainsi de nouvelles dévastations à celles faites par les hommes. Cependant le sol des forêts incendiées se couvre en peu d'années d'une multitude de pins qui végètent avec d'autant plus de vigueur que les incendies ont été plus violents et ont laissé plus de cendres et de parties charbonnées. Une opération bien désastreuse est celle, pour profiter de l'action des cendres et des débris de forêts, de semer en céréales le sol ravagé par les incendies. Tous les jeunes pins, qui se montrent dans le printemps qui suit l'incendie, sont détruits par le sarclage de ces plantes et dès lors les terrains ainsi semés se changent en essarts, sur lesquels ne viennent plus que des cistes, des bruyères et rarement des pins ; tous les arbres régénérateurs ayant été victimes de l'incendie et les jeunes plants, provenus de leurs graines, ayant été arrachés lors du sarclage du froment. Et pourtant que coûterait au propriétaire de ces sols brûlés, et même semés en céréales, la renaissance de leurs forêts? aucuns frais autres que ceux, bien minimes, de ramasser des graines de pin maritime, opération toujours facile ; les cônes de ces arbres étant assez gros et s'ouvrant d'eux-mêmes après leur dessication. Ils n'auraient ensuite qu'à faire jeter ces graines sur le terrain en même temps que le seigle dont la culture, par un usage vicieux de ces contrées, succède immédiatement à celle du froment. Après la moisson du seigle, le chaume qu'on devrait laisser assez long, (un demi-mètre environ) servirait d'abri aux jeunes pins venus du semis de ces graines.

Le bois du pin maritime est un des meilleurs bois résineux que nous ayions en Provence. Il est excellent pour brûler, et et il fournit des planches, des solives, des poutres qui sont d'autant meilleures que les arbres sont venus sur des terrains secs et rocailleux.

Avant la grande destruction de nos forêts, il existait des pins maritimes d'un âge fort avancé. La construction les a tous employés, et de nos jours cent pins de construction, c'est ainsi qu'on désigne tous ceux dont le tronc est assez long et assez épais pour pouvoir être employés par les constructeurs de la marine, et de nos jours, dis-je, cent pins de construction seraient difficiles à trouver dans une seule forêt.

Le PIN PINIER, PIN PIGNON, PIN CULTIVÉ, *bon-pin* en Provence. Cet arbre se trouve sur plusieurs points du midi de la France, mais plus particulièrement sur les terrains sablonneux qui longent la mer. Ils y forment quelquefois des forêts sans mélange d'autres pins. C'est parce qu'il n'était jamais allé à Saint-Tropez que Bosc a dit que les pins pinier sont toujours isolés et épars dans les terrains cultivés autour des villages. Le fond du golfe que l'on côtoie, avant d'arriver dans cette ville présentait, il y a vingt ans, une forêt très épaisse de pins pinier. Il y avait des arbres de tous les âges. Ils ont tous été coupés pour la construction maritime; et le sol a été défriché et changé, non en essarts, mais en terres labourables, rendues fertiles, quoique sablonneuses, par des inondations qui se répètent plusieurs fois pendant l'hiver de chaque année.

Il existe aussi une de ces forêts dans les environs des ruines de Taurentum, entre la Ciotat et Bandols. Je ne puis parler des ruines de cet ancien port des Romains sans interrompre durant quelques instans ce que j'ai à dire sur le pin pinier; — Beaucoup de gens pensent, en visitant l'ancien port de Fréjus, et les alentours d'Arles, que la mer s'éloigne de nos côtes. Cette opinion, qui est partagée par plus d'un savant, est une erreur. Le port de Taurentum prouve que si la mer perd sur un point, elle gagne sur un autre. En effet, il se forme des atterrissemens partout où il y a des embouchures de rivières peu distantes. Si les eaux se sont retirées et se retirent journellement de Fréjus, d'Arles, d'Hyères, etc. etc., c'est que le Rhône, Argent et Gapeau charrient dans leurs momens de fougue des sables qui s'amoncèlent sur les bords de la mer. Par contraire, dans les parties du littoral, où il n'y a pas affluence de rivières, comme à Taurentum, les eaux de la mer affluent et s'élèvent. Les restes de cet ancien port en sont une preuve irréfragable. Le quai, où les bâtimens abordaient autrefois, est maintenant à une profondeur dans la mer qui m'a parue être d'un mètre et demi. En supposant que le quai de cette ancienne demeure des Romains était encore abordable en l'an 300 de J. C., les eaux s'éléveraient d'un mètre en dix siècles. Et suivant ce calcul, on peut prédire à l'avance, qu'en l'an 5000 de J. C., si déjà il n'est survenu un de ces cataclismes qui bouleversent non seulement les villes, mais les empires, mais le monde entier, les eaux de la mer auront submergé de plusieurs mètres les quais de Marseille, de Toulon, et qu'une distance de plusieurs journées de marche aura séparé Arles, Fréjus, Hyères, etc. de la mer. Ce que je viens de dire n'a rien d'étonnant. Ne sait-on pas que dans l'Inde, on voit des restants de pagodes dans la mer, et à une certaine distance du rivage. Or, ces pagodes ou temples religieux avaient dû être construits au centre de pays habités. Qui ne sait qu'à Marseille comme à Toulon, on trouve, en faisant des fouilles, des vestiges d'anciennes maisons dont le rez-de-chaussée était beaucoup plus bas que celui des maisons actuelles. Au surplus ne reconnaît-on pas, les commentaires de Jules-César à la main, que la ville de Marseille, alors que ce guerrier en faisait le siége, était plus basse que celle d'aujourd'hui.

Le pin pinier par son port, le fourré de son chapeau, la qualité de son bois et la grosseur de l'amande de son fruit, qui fait les délices des enfans, est le plus précieux de tous les pins. On peut se faire une idée de la beauté de cet arbre toutes les fois qu'on va à Saint-Tropez. On trouve sur le bord de la route un pied de pin pinier monstrueux. Il est connu sous le nom de pin de Bertaud, parce qu'il est dans le domaine et près du château de ce nom. Le voyageur trouve sous ce pin un ombrage impénétrable au soleil et souvent un abri quand il est surpris par un orage.

Nous possédons depuis une vingtaine d'années une variété de pin pinier dont les pignons, au lieu d'être osseux, sont assez tendres pour être brisés avec les dents. J'en possède un pied dont le tronc a déjà cinq à six pouces de diamètre. On s'en procure facilement chez M. Rantonet, horticulteur distingué et pépiniériste à Hyères.

Le PIN MUGHO. Cet arbre, fort rare en Provence, se trouve cependant sur le sommet d'une des hautes montagnes des Maures entre Collobrières et Bormes, où il forme un bouquet d'arbres de trente à quarante mètres de longueur sur autant de largeur. Ce sont des vilains arbres; le plus gros de tous, celui qui semble avoir fourni les semences qui ont produit tous les autres, m'a paru ne pas avoir plus de trois mètres de hauteur, tous sont tortus et irréguliers, et les feuilles très courtes sont ramassées à l'extrémité des rameaux.

Le PIN COMMUN DE FRANCE, le PIN DE TARARE, DE GENÈVE,

J'ai vu dans les bois de Saint-Julien près Brignolles, quelques pins auxquels nulle autre description des auteurs que celle du pin de Tarare ne convenait. Ces arbres étaient déjà fort rares dans cette forêt, il y a vingt ans. Je ne sais s'il en existe encore.

Le PIN LARICIO, PIN DE CORSE. Cet arbre fournit les plus belles mâtures. Des habitans de la Corse m'ont assuré qu'on voyait dans cette île des pins dont la hauteur du tronc dépassait 30 mètres. J'en ai planté près de cinquante pieds, provenus d'un semis de graines que j'avais fait. Malheureusement ces arbres, dont plusieurs s'étaient élevés à trois mètres, ont presque tous été étouffés par les pins maritimes auprès desquels ils se trouvent, et ceux qui vivent encore, moins quelques uns qui sont isolés et plus distants d'autres pins, ne végètent pas avec vigueur. Je ne sais à quoi attribuer le non succès de ma plantation. Ils avaient été placés dans des trous assez larges et dans un terrain excellent, quoique dans une forêt. Il ne faut pas qu'on se décourage par mon essai. Il est possible que d'autres fassent mieux.

Le PIN DU LORD, le pin Weymouth. Cet arbre donc le tronc est très droit et s'élève jusqu'à plus de trente mètres, pousse des branches et des rameaux tellement horizontaux qu'ils sont parallèles avec le terrain. C'est un des plus beaux pins.

Les pins se multiplient par semences; on le pourrait par la greffe Tschoudy (voyez au mot GREFFE). Les fruits des pins, comme ceux de la plupart des cônifères, n'arrivent à parfaite maturité qu'à la fin de l'été de leur seconde année. Ce n'est qu'alors, et avant que les cônes soient entr'ouverts qu'il faut recueillir la graine. On la sème au commencement du printemps sur une terre légère, bien ameublie et mélangée avec du fumier réduit en terreau, quand c'est pour faire une pépinière ; si c'est sur place, ce sera à la fin de l'automne, c'est-à-dire au moment où l'on sèmera le blé, le seigle ou tel autre grain avec lequel on voudra l'associer.

Comme la reprise des arbres résineux, et surtout des pins, n'est pas toujours certaine, à cause du peu de chevelu dont ces arbres sont ordinairement munis, et surtout à cause de l'action de l'air sur leurs racines, il faut vers la fin de l'hiver de la seconde année, en ayant soin de pincer leurs plus longues racines, les déplacer pour les mettre en pépinière. Cette opération leur fait pousser de nouvelles racines et plus elles sont nombreuses et moins ils redoutent leur mise en place dans un âge plus avancé. Après un séjour de deux ou trois ans dans la pépinière, ils doivent être plantés à demeure. Plus tard il ne serait pas sûr, quelque précaution que l'on prit, de les voir résister à leur transplantation. Ils seront arrachés avec la plus grosse motte de terre possible et ils le seront en mars ou en avril. L'expérience m'a démontré que les arbres résineux, quand ils ont plus de deux ans, réussissent beaucoup mieux quand ils sont transplantés au moment où leur sève se met en mouvement, que lorsqu'elle est dans l'inaction. Les soins qu'ils exigent, soit pendant, soit après leur plantation, sont exactement les mêmes que ceux recommandés pour le CYPRÈS. Voyez ce mot.

Nous voyons des forêts de pins, et surtout de pins maritimes où les arbres n'ont jamais été élagués, et où pourtant on trouve des sujets de la plus grande beauté. C'est qu'en général, ils sont toujours fort serrés les uns contre les autres, que leurs rameaux, entrelacés ensemble, s'entre-détruisent, et qu'il ne leur reste que le sommet de la tige, lequel par suite des éclaircis qui se font, finit par former un chapeau. C'est là la véritable cause de cette direction verticale, sous laquelle se présentent nos pins maritimes. Je pense qu'on en peut dire autant du laricio et de la plupart des autres arbres résineux.

Il arrive, ou par le fait des incendies dont j'ai parlé, ou par la maigreur du terrain, que les arbres sont dans certaines forêts plus ou moins distants les uns des autres. Pour lors ils sont fournis de branches depuis le sol jusqu'à leur sommet. Dans ce cas il est bien de les élaguer. Autour des grandes villes cette opération, au lieu d'être une dépense, est un produit. Des hommes, chargés d'alimenter les fours des boulangeries, ne manquent pas de solliciter la vente et la coupe de tous les bois bas. Malheureusement les propriétaires sont dans la croyance que plus un arbre est dégarni de ses branches, et plus tôt il grossit et il s'élève. C'est là une erreur très-grave. Tout arbre, dont le feuillage n'est pas en proportion avec ses racines, souffre et ne végète presque plus; c'est ce qui arrive dans nos forêts de pin. Celui qui achète la bourrée, *fascine* en prov., a intérêt à couper le plus de branches possibles, aussi peut-on dire qu'en général il ne ménage guères les arbres. Par suite de cette opération vicieuse et préjudiciable, il résulte que les pins que l'on a trop suivis, demeurent plusieurs années avec une végétation languissante, qui ne redevient vigoureuse que lorsqu'il y a encore équilibre entre leurs parties terrestres et leurs parties aëriennes. Un propriétaire jaloux de la prospérité de ses arbres, ne souffrira jamais qu'on les dépouille de leurs branches ou rameaux au delà de la moitié de leur hauteur.

PIOCHE. Instrument en fer étroit et allongé. C'est ce qu'on nomme dans plus d'un pays de la Provence pic plat, eyssadon plat. Le *magaou* dans les environs de Saint-Tropez, est aussi une pioche, on la nomme pioche à défricher. Souvent on donne ce nom à la houe, c'est mal à propos car la pioche ne diffère du pic qu'en ce que celui-ci est pointu lorsque celle-là est carrée à son extrémité.

PISTACHIER DE TERRE. Voyez ARACHIDE.

PISTACHIER. Genre de plantes de la famille des térébintacées, dont deux sont indigènes du midi de la Provence et dont une est cultivée dans nos champs où elle peut être considérée comme y étant naturalisée.

Je ne m'occuperai que de ces trois espèces.

PISTACHIER LENTISQUE, *Pistacia lenticus*, Lin.; *lentisclé* en prov. Cet arbre décore, par ses feuilles toujours vertes et persistantes, les bois dont le sol est frais pendant une partie de l'année et surtout les bords des ravins qui sont boisés. Les pieds femelles sont remarquables par leurs fruits réunis en grappes, d'une couleur rouge d'abord et noire lorsqu'ils sont arrivés à leur maturité. Ils sont fort recherchés alors par les merles, les grives et les oiseaux à bec fin. C'est pourquoi il convient d'en placer plusieurs pieds dans les tèses; mais pour qu'ils fructifient, il faut avoir soin de placer à chacune des extrémités de la tèse, un pied mâle. Toute terre, si elle conserve sa fraîcheur, ou mieux si elle est arrosable, convient à cet arbre. On pourrait le multiplier par semis de ses graines et par boutures, mais il est si facile de se procurer des pieds enracinés dans nos bois, que personne ne pense à le propager différemment. C'est en incisant son écorce, que, dans le Levant, on obtient cette résine que le commerce apporte à nos pharmaciens sous la forme de petits grains d'un blanc jaunâtre et connu sous le nom de mastic. Les Turcs en font un usage continuel, c'est-à-dire, qu'ils en tiennent dans la bouche pour avoir une haleine suave et odorante.

PISTACHIER TÉRÉBINTHE, *Pistacia terebinthus*, Lin.; *pètelin* en prov. Cet arbre, qu'on ne trouve que dans les terrains rocailleux et calcaires, se trouve rarement aux mêmes lieux que le lentisque, qu'on rencontre aussi bien dans les terrains granitiques ou schisteux que dans ceux qui sont à la convenance du pételin. Il fournit également un fruit qui est recherché par les merles. Il est donc utile d'en placer quelques pieds mâles ou femelles dans les tèses qui ne sont pas trop humides pendant l'hiver. Comme il n'est pas toujours facile d'extraire les pieds de pételin des fentes des rochers où ils croissent plus volontiers, on les multiplie au moyen de ses fruits que l'on sème en mars sur une terre légère et arrosable. Thouin assure que le vrai pistachier greffé sur le pistachier térébinthe résiste à un plus grand degré de froid que lorsqu'il est venu de semences. Je n'ai pas éprouvé le fait, mais ce qu'il y a de certain, c'est qu'on multiplie beaucoup le pételin par semis de ses fruits dans le but de greffer en vrai pistachier les pieds qui en proviennent, et qu'une grande partie de pistachiers cultivés en Provence sont greffés sur pételin.

PISTACHIER COMMUN, VRAI PISTACHIER, *Pistacia vera*, Lin. Cet arbre, dont l'amande, contenue dans son fruit, est si douce, si délicate, si estimée, n'est pas aussi commun dans le midi de la France qu'il mériterait de l'être. Et même si l'on en excepte quelques amateurs, peu de personnes pensent à le cultiver. On le multiplie de ses fruits semés en mars dans des terrines ou en pleine terre, mais alors il faut que la terre soit légère, bien meuble et rendue fertile par une addition de terreau. Les plants, qui en proviennent, sont mis en place après cinq à six ans, en ayant soin d'en placer plusieurs, voisins les uns des autres, afin que sur le nombre il y ait un individu mâle. Ce qui, sans doute, est cause du peu d'empressement des propriétaires ruraux du midi de la France à planter des pistachiers chez eux, c'est la lenteur avec laquelle ces arbres végètent, et le temps qu'il faut attendre pour avoir du fruit. C'est sans doute par ce motif qu'on le greffe de préférence sur le pételin. On le peut aussi sur le lentiscle.

Je ne sais si dans le restant de l'Europe la greffe du pistachier, soit sur pételin, soit sur lui-même, est aussi difficile et aussi peu assurée que dans nos pays, mais ce qu'il y a de certain, c'est que là il faut faire une étude particulière de cette greffe pour la réussir. Aussi je ne connais que M. Aguillon, ancien député, et dont un des grands délassemens est la pratique de toutes les greffes connues, qui ait pu me donner les renseignements qui suivent.

Les bourgeons ou rameaux du pistachier sont tous munis de deux yeux que l'on reconnaît être à bois, parce qu'ils sont plus petits que les autres. L'expérience a appris à M. Aguillon que ce sont ces deux yeux qu'il faut faire servir à la multiplication de l'espèce par le moyen de la greffe, mais l'expérience lui a aussi appris que ces deux yeux sont nécessaires à la vitalité et conséquemment au développement des boutons à fruits qui sont en dessous. Si l'on tient à leur conservation, il faut donc n'enlever qu'un des deux yeux dont il a été fait mention. A cet effet on enlève le plus élevé, c'est-à-dire, celui qui est le plus rapproché du bouton terminal, et lorsqu'on a plusieurs greffes à faire, on en fait autant sur chacun des rameaux dont on a besoin de prendre un œil.

Ce n'est qu'après le 15 juillet, et c'est avant le 1er août, qu'on fait cette opération et qu'on greffe à écusson les sujets. Ceci s'applique aux pieds mâles aussi bien qu'aux pieds femelles; il faut nécessairement posséder un pied mâle, si l'on veut que les pieds femelles donnent du fruit. Ces derniers sont sujets à être atteints par les gelées tardives. Ainsi voilà deux années 1837 et 1838, où les pistachiers n'ont rien produit: leurs fleurs ayant été gelées par les froids rigoureux du commencement du printemps.

Le pistachier vient dans toute terre, mais on s'aperçoit qu'à soins égaux il prospère mieux dans les sols calcaires.

PIVOINE. *Pivoni*, *pivoino* en prov. Genre de plantes de la familles des renonculacées. Ce genre est composé de plusieurs espèces dont les unes sont ligneuses et les autres herbacées.

Parmi les premières, on cultive de préférence dans les jardins,

La PIVOINE en arbre. Tige de quatre-vingt à cent vingt centimètres de hauteur, fleurs très doubles, arrondies d'un rose plus décidé au centre que sur les bords.

La PIVOINE EN ARBRE ODORANTE. Elle diffère par ses fleurs qui sont d'un rose plus prononcé et qui exhalent une odeur de rose.

Ces deux pivoines, qui ne sont pour ainsi dire que deux variétés de la pivoine papavéracée dont la fleur est simple, fleurissent en même temps que la pivoine des jardins. Elles supportent la pleine terre dans nos pays, mais il est prudent de les placer à l'abri du vent du nord et de celui du nord-ouest qui les briseraient et qui leur amèneraient souvent un froid trop vif Elles demandent, quoique cela, un terrain un peu mélangé et de fréquens arrosemens au moment qu'elles vont fleurir. Elles s'en passent, ou du moins il ne faut pas les leur prodiguer après leur floraison. Une terre légère et mêlée avec du bon terreau est celle qui leur convient. On les multiplie comme les pivoines herbacées par éclat de leurs racines, quand elles sont munies de tubercules.

Parmi les pivoines herbacées, celles qui méritent le plus nos soins sont :

La PIVOINE DE LA CHINE ; fleurs blanches, très doubles, se montrant à la fin de mai. On a obtenu plusieurs variétés qui donnent de très belles fleurs, je recommande aux amateurs celle à deux couleurs et celle qui est désignée sous le nom de pivoine de la Chine prolifère.

La PIVOINE A FLEURS DÉCOUPÉES ; fleur plus petite, de couleur pourpre, mais très double. Ses pétales larges sur les bords se rétrécissent successivement jusqu'à être linéaires dans le centre.

La PIVOINE DES JARDINS. C'est celle que l'on trouve dans presque tous nos parterres, il y en a plusieurs variétés toutes à fleurs très doubles. La plus commune est celle à fleurs d'un rouge cramoisi, c'est la plus multipliée. Les autres sont à fleurs couleur de chair, à fleurs d'un rouge vif, à fleurs d'anemones, etc., etc.

Ces pivoines viennent à toute exposition et dans toute terre bien ameublie et rendue fertile au moyen de fumier bien consommé. On les multiplie par éclats de leurs tubercules ; cette opération se fait de novembre en janvier, mais pas plus tard ; car en février elles commencent à pousser. En plantant les tubercules, il faut s'assurer s'ils sont munis d'yeux. S'ils en manquaient ils demeureraient un ou deux ans sans pousser, et même plusieurs ne pousseraient pas du tout. Le mieux est qu'une partie de l'ancienne tige tienne à l'extrêmité supérieure du tubercule. Ces plantes demandent, comme les premières, beaucoup d'eau au moment de leur floraison, et moins quand les fleurs sont passées. Un terrain, constamment humide pendant l'hiver, est nuisible aux pivoines.

Les pivoines, dont je viens de m'occuper, ont leurs fruits couverts de poils. Il en est quelques unes dont le fruit au lieu d'être velu, est glabre, c'est-à-dire uni et privé de poils.

Les plus multipliées parmi celles-ci sont :

La PIVOINE A ODEUR DE ROSE, dont la tige est aussi élevée que la pivoine en arbre et dont les fleurs, d'un pourpre peu prononcé, sont très doubles et à odeur de rose. Elles paraissent au commencement de juin.

La PIVOINE STÉRILE. Ses fleurs sont d'un rose tendre, très doubles, mais inodores. Même multiplication et même culture que la précédente.

PLANTAIN. Genre de la famille des plantaginées, dont quelques espèces doivent être mentionnées.

PLANTAIN CORNE DE CERF, *Plantago coronopus*, Lin., cultivé dans l'intérieur de la France comme fourniture de salade. Sa graine se sème en mars, en bordure et avec précaution, car elle est menue, et il ne faut pas que les plantes soient trop serrées. Tout terrain lui convient, mais il faut, pour remplir l'objet de cette culture, de fréquens arrosemens. Sans eux les feuilles de ce plantain sont dures. Il est indigène de la Provence.

PLANTAIN LANCÉOLÉ, *Plantago lanceolata*, Lin., *lengo de buouo* en prov. ; langue de bœuf. Cette plante qui se montre naturellement dans la plupart de nos prairies naturelles et artificielles, est recherchée par les bestiaux, de là son nom vulgaire, langue de bœuf. On sait que c'est avec sa langue que le bœuf réunit dans sa bouche les herbes qu'il coupe ensuite avec ses dents incisives. Le plantain lancéolé ne doit donc jamais être oublié dans une prairie artificielle. Il garnit les vides et il augmente la masse du foin à faucher.

Plantain maritime, *Plantago maritima*, Lin. Cette plante prenant un plus grand développement que la précédente, et les bestiaux la paissant avec empressement, quand ils en rencontrent, il serait bien d'en ramasser des graines sur les plantes qui croissent naturellement dans nos champs, d'en faire un semis régulier afin d'avoir l'année d'après une assez grande quantité de graines pour les mêler avec celles des prairies artificielles à établir.

Le grand plantain. Ce plantain étant souvent très commun dans nos prairies naturelles, il convient de l'arracher à cause de la disposition naturelle de ses feuilles qui s'étendent sur le terrain, nuisent à la végétation des plantes qui les avoisinent, ne peuvent être fauchées, à cause de leur position horizontale sur le terrain, et finalement tiennent la place d'autres herbes à feuilles verticales. Ce sont les tiges de ce plantain que l'on donne aux oiseaux granivores et dont ils paraissent très passionnés.

Les graines de tous les plantains se sèment en automne et en printemps. Un terrain frais ou arrosable est celui où ils végètent avec vigueur.

PLANTATION. Il est peu d'opérations en agriculture qui demandent plus de soins, plus de précautions que celle d'une plantation d'arbres. Quel mécompte et quelle perte pour celui qui l'a faite, si elle ne réussit pas, ou même si elle ne donne pas les résultats qu'il en attend! Combien voyons-nous des arbres, plantés par spéculation, ne pas même produire du vivant du propriétaire de quoi payer les frais d'entretien qu'ils exigent. Voyez ce que je dis à l'article OLIVIER au sujet d'une plantation d'oliviers. Celui qui l'a faite, bien qu'il ait vécu durant plus de vingt ans encore, est mort sans avoir rien vu produire à ces arbres. C'est donc mal comprendre ses intérêts et ses jouissances que de lésiner sur les frais d'une plantation.

Avant de se décider à placer les arbres dont on a fait choix, il faut être certain si le sol leur convient; s'il n'est pas trop humide pendant l'hiver. Ainsi une plantation de châtaigniers dans un terrain calcaire ne doit pas être tentée en grand, bien entendu; car je ne prétends pas que l'on doive se priver d'avoir deux ou trois pieds de châtaigniers, parce qu'on ne possède pas le sol qui leur convient. Ainsi une plantation d'oliviers ne prospère pas si elle est faite dans un terrain submergé pendant l'hiver. Après qu'on s'est assuré que le terrain est dans les conditions voulues par la nature des arbres qu'on veut planter, on fait ouvrir des fosses de deux mètres de largeur en tous sens, si ces arbres doivent prendre un grand développement, et d'un mètre et demi si naturellement ils ne s'élèvent pas beaucoup, ou encore s'ils sont placés dans un jardin où ils doivent être tenus bas au moyen d'une taille annuelle. Il serait bien que ces fosses fussent ouvertes plusieurs mois à l'avance, afin que la terre qui en est extraite et celle de leurs parois s'imprégnassent des sels tenus en dissolution dans l'atmosphère, fussent détrempées par les pluies de l'automne et ameublies par les gelées de l'hiver. L'époque de la plantation varie suivant le genre d'arbres et suivant que l'hiver se prolonge plus ou moins. Il est des arbres qu'on peut planter en tous temps, mais on ne doit faire une plantation d'été que dans un cas forcé. Il est évident qu'un arbre arraché en juillet, parce qu'on voudra établir inopinément un bâtiment ou telle autre construction sur l'emplacement qu'il occupe, ne peut être planté qu'alors ; à part un cas pareil, il est beaucoup plus avantageux d'attendre l'automne, l'hiver ou le printemps ; car que de soins et de peines demande une plantation d'été. L'arbre doit être arraché vers le soir, avec la plus grosse motte de terre possible, être mis de suite en terre et être copieusement arrosé. Le lendemain il doit être abrité du soleil et finalement être arrosé tous les soirs pendant une quinzaine de jours. Voyez à l'article oranger, ce qui est dit d'un gros bigarradier transplanté en juillet.

C'est donc, depuis le moment que la végétation est ralentie par l'approche des froids, jusqu'à celui où elle commence de se remettre en mouvement qu'il faut exécuter les plantations qu'on a à faire. Dans les terrains secs, arides ou non arrosables, les arbres sont plantés, savoir : les arbres à feuilles persistantes, tels que l'olivier dans les premiers jours du mois d'octobre et lorsqu'il y a encore un peu d'activité dans leur sève ; ce qui suffira pour donner à leurs racines un commencement de végétation et assurera leur reprise. Les arbres qui perdent leurs feuilles le seront en novembre. Dans les terrains frais ou arrosables, mais non sujets à des stagnations d'eau, tous les arbres, à l'exception de ceux qui peuvent être atteints par le froid (l'oranger, l'olivier, le figuier, le grenadier, etc., etc.) et de ceux qu'on nomme résineux, doivent être plantés de décembre en février.

Parmi ces derniers, les uns le seront dès qu'on n'aura plus à craindre de grandes gelées et les autres lorsqu'ils commenceront à pousser. L'expérience m'a appris que la reprise des arbres résineux et des orangers est plus assurée, quand ces arbres sont arrachés et plantés dans le printemps que lorsqu'ils le sont dans le courant de l'hiver.

Les terrains plus ou moins submergés pendant l'hiver ne conviennent qu'à certains arbres tels que les platanes, les peupliers, les saules ; si on veut les convertir en vergers, il faut nécessairement donner un écoulement aux eaux, ce qu'on obtient facilement quand il y a tant soit peu de pente, au moyen de rigoles souterraines ou petits aqueducs nommés odes, ouïdes en Provence. Une fois desséchés, ces terrains sont dans les mêmes conditions que les précédens.

Les arbres à planter, de quelle nature qu'ils soient, seront arrachés avec autant de racines et surtout avec autant de chevelu qu'il sera possible. Les grosses racines seront coupées avec une serpe bien tranchante, et non pas avec le fer de la houe dont on se sert pour déchausser ces arbres et surtout pas avec le fer d'une pioche (pic plat en provençal) ainsi qu'on est dans l'usage de le faire toutes les fois qu'on arrache des arbres d'une certaine grosseur.

Si malgré ces précautions, quelques petites racines sont déchirées, brisées ou mutilées, on les rhabillera avec la serpette. Les arbres résineux seront arrachés avec une motte de terre. Si les arbres qu'on arrache sont destinés à supporter un transport de plusieurs jours, il est bien, et presque nécessaire, de les tremper dans une sorte de pâte liquide, faite avec un mélange de bonne terre de jardin et de curures de fosses à fumier, délayées au moyen d'eau bourbeuse. Il ne reste plus alors qu'à les emballer. Je possède un sapin argenté et un if que j'ai fait voyager de Toulon à Cogolin, et plus tard, quand ils étaient plus gros, de Cogolin à ma terre des Moulières près Toulon, qui ne se sont pas le moindrement ressentis de ce double transport et de cette transplantation répétée, par la raison qu'ils ont été soignés comme je viens de le dire.

Certains arbres ne souffrent pas l'étêtement, (les arbres résineux); d'autres qui ne le supporteraient que difficilement; il en est enfin qui doivent être nécessairement étêtés. Lorsqu'on arrache un arbre, on le prive d'une partie de ses racines, il n'y a dès cet instant plus d'harmonie entre les racines restantes et les branches. Si on plante l'arbre avec toutes ses branches, il lui faudra long-temps pour qu'il ait poussé des racines en nombre suffisant pour fournir aux branches les sucs nourriciers qui leur sont nécessaires pour végéter; il faut donc couper ces branches ou du moins les diminuer beaucoup. Dans ce cas il ne faut jamais, quand les plants qu'on arrache ont cinq ou six ans de pépinière, rabattre le tronc de l'arbre au dessous de la bifurcation des plus grosses branches, comme habituellement cela se pratique pour les oliviers, les mûriers, les platanes et tous les grands arbres qu'on plante; ce sera à neuf ou dix centimètres au dessus de leur enfourchure que les branches seront coupées, et cela par le motif que plus le bois est jeune, plus facilement il s'y forme des yeux et plus tôt il en sort des bourgeons. Il serait bien de ne pas couper les rameaux qui se trouveraient sur un tronçon de branches. Il est quelques arbres sur lesquels les grandes plaies, faites sur leur tronc, se cicatrisent difficilement ou qui demeurent plus long-temps sans se développer quand ils sont étêtés, le noisetier et le noyer par exemple. Ceux-là doivent conserver leur principales branches jusqu'à leur dernière sommité, mais il faut avoir soin de dépouiller ces branches de tous leurs rameaux sans exception.

Ce qui vient d'être dit est applicable aux arbres en général. Il n'en est pas de même pour les arbres résineux et pour certains arbres à feuilles persistantes. Il paraît que les feuilles de ceux-ci, non seulement, exigent peu de racines, mais encore qu'elles soutirent de l'atmosphère une partie des gaz et des sucs qui sont nécessaires à la végétation de l'arbre, et qu'alors il peut y avoir pendant un temps donné, défaut d'équilibre entre les racines et les branches sans danger pour ces sortes d'arbres. Ainsi nous voyons les orangers reprendre, quoique arrachés et plantés avec une grande partie de leurs feuilles, lorsque rarement nous voyons réussir un poirier, un mûrier mis en terre avec leurs branches. Cependant il est toujours prudent de diminuer le nombre des branches d'un arbre à feuilles persistantes et des arbres résineux, en ayant soin pour ces derniers, et surtout pour les pins, de ne pas couper la sommité de leur tige. L'olivier, quoique conservant ses feuilles, peut être êteté; il ne craint pas les plaies qu'on est dans le cas de lui faire. Il en donne des preuves toutes les années lors de ces grandes amputations qu'on lui fait en le taillant, et qui sont souvent nécessaires après un hiver rigoureux.

S'il y a facilité, l'arbre replanté sera orienté, comme il l'était dans la pépinière; cette précaution n'est pas d'une absolue nécessité; mais on peut dire qu'elle doit être plus utile que préjudiciable. A cet effet on marque le midi des arbres en pépinière, au moyen d'un coup de pinceau trempé dans de la peinture noire et à l'huile; un ouvrier, dans un jour, en préparerait plusieurs milliers. Avant de planter l'arbre on fait tomber dans la fosse qui lui est destinée une partie de la terre qui en forme les parois, ce qu'on nomme écrêtement, on met au fond des ramilles de pins, de chênes verts, des cistes, etc. et on la remplit à moitié avec la terre qui en avait été retirée, ou mieux avec celle des bords; ce qui se fait en prolongeant l'écrêtement autant que le permet la terre qui y a été amoncelée. On place alors l'arbre au centre de la fosse et on l'aligne, s'il fait partie d'une plantation faite par rangées. On introduit avec la main de la terre dans les cavités que forment la croisure ou les étages de certaines racines. Si on n'a pas eu des ramilles ou des cistes ou encore des herbes à sa disposition, on répandra selon la nature des arbres du fumier contre les parois des fosses, et on fera tomber la quantité de terre nécessaire pour recouvrir toutes les racines. On plombera cette terre en la pressant fortement avec les pieds, ce qui assujettira l'arbre contre toute violence du vent et remplira les vides qui auraient pu rester au milieu des racines; finalement on remplit la fosse en entier. Si on plante en mars et surtout en avril, il faut arroser largement, et même, s'il ne pleut pas, y revenir quelques jours après. Les arrosemens sont d'une nécessité absolue pour les arbres résineux, car pour eux point de succès sans arrosement.

Les premiers arrosemens ou les premières pluies, après la plantation, tassent et affaissent la terre dans la fosse, et font descendre l'arbre planté, plus bas qu'on ne l'avait placé; ce qui nécessite de mettre encore de la terre sur les racines de l'arbre; c'est pourquoi il faut veiller, au moment de la plantation, à ce que les racines les plus supérieures ne soient pas trop couvertes de terre, puisqu'on sait qu'après un ou deux arrosemens, il faudra, pour niveler la surface de la fosse avec le terrain, y en ajouter encore. On doit calculer à l'avance l'épaisseur de la couche de terre qui recouvrira l'étage le plus élevé des racines après cette dernière opération; car il suffit que cette épaisseur garantisse ces racines de toute mutilation faite avec le fer de la houe lorsque par la suite on donnera les œuvres qui lui seront nécessaires. Une observation qu'il faut encore avoir est celle conseillée par tous les auteurs et qui consiste à planter l'arbre de manière que la greffe ne soit pas enfouie. Pour moi je dirai: exceptez-en l'olivier et l'oranger, afin qu'ils repoussent du franc, quand la gelée force à les recéper. C'est au surplus ce qui est usité dans nos pays.

Il est utile à l'accroissement des arbres qu'on a plantés de ne couper aucune de leur pousse pendant la première année. c'est un des préceptes de Bosc qui ajoute : *la seconde on commence à les disposer à la forme qu'on veut leur donner.*

PLAQUEMINIER. Genre de plantes de la famille de ce nom, composé de plusieurs espèces que l'on multiplie de graines semées en printemps et sur une terre légère, mêlée avec de la terre de bruyère. Tous les plaqueminiers sont des arbres qu'on peut, étant placés à une bonne exposition, cultiver en pleine terre dans nos pays. L'un d'eux connu sous la désignation d'ébénier, fournit le bois d'ébène. Celui qu'on nomme le kaki, est recommandable par ses fruits que l'on mange et qui sont rouges et très savoureux.

PLATANE. Genre de plantes de la familles des amentacées, dont on cultive plusieurs espèces, quelques unes sont encore peu répandues. Celles-ci sont le PLATANE ONDULÉ, PLATANE A FEUILLES LACINIÉES, PLATANE ÉTOILÉ, PLATANE A FEUILLES EN COIN. Une autre espèce se trouve dans les grands parcs de l'intérieur de la France; elle n'est pas fort multipliée en Provence. C'est le platane d'Occident. Toutes ces espèces ne demandent pas d'autres soins et ne se multiplient pas autrement que l'espèce dont je vais m'occuper.

PLATANE D'ORIENT. *Platanus Orientalis.* Il n'est plus

personne aujourd'hui qui ne connaisse ce platane. Les rues des villes et des plus petits villages, les promenades publiques et particulières de la Provence ne sont plus ombragées, quand on peut les arroser, que par des platanes. Il est en effet peu d'arbres qui puissent disputer à celui-ci la rapidité de sa croissance, la qualité de son bois, la beauté de son feuillage. Ce qui prouve qu'on a su l'apprécier, c'est que le premier platane, qui a paru en France, a été planté en 1754, et déjà des millions et puis encore des millions de platanes croissent dans le midi seulement; et bien qu'il n'y ait que quatre-vingt quatre ans que cet arbre est connu par nous, il est déjà des pieds d'une grosseur et d'une grandeur extraordinaires.

Tout terrain, s'il est frais ou arrosable pendant l'été, convient à ce platane. On pourrait le multiplier de graines et de marcottes, mais on le peut si facilement et si vite au moyen des boutures, que personne pense à mettre en usage d'autres moyens. C'est pendant tout l'hiver qu'on plante les boutures. Si elles ont été soignées ou mieux arrosées souvent, les arbres qui en proviennent peuvent être mis en place quatre ans après, et déjà leur tronc est assez gros pour donner de l'ombrage quelques années après leur plantation. Ce n'est pas que le platane ne puisse venir dans un terrain sec, mais là il croît à peine et il lui faut long-temps avant qu'il ait pris un certain développement.

Le platane ne craint pas la taille et il prend toutes les formes qu'on veut lui donner. Cet arbre, si jeune d'introduction, rend déjà les plus grands services pour la charpente, la menuiserie, le charronnage.

Le platane offre une singularité qui lui semble particulière, du moins à ma connaissance. On dirait que l'Etre qui a créé toutes choses, a voulu nous montrer jusques dans les plantes, combien sont grandes les précautions que les individus créés par lui, prennent pour la conservation des corps qui doivent les régénérer. La base de chaque pétiole est terminée par une gaine ou coiffe exactement fermée, et c'est dans cette coiffe et à l'abri des injures du temps que naît et grossit l'œil, qui doit pousser l'année d'après.

PLATRAS. L'expérience ayant démontré, dans plus d'une de nos contrées, que les arbres sur lesquels on répand des décombres, végètent avec plus de vigueur que les autres, toutes choses égales d'ailleurs, on a l'habitude dans ces contrées de transporter dans les champs d'oliviers tous ceux qui sont à portée. Ces décombres ne sont réellement utiles et ne favorisent la végétation de ces arbres qu'autant qu'ils contiennent des plâtras; le plâtre est si abondant chez nous que les maçons n'en font pas faute dans toutes les constructions dont ils sont chargés. Le transport des décombres dans tous les pays à plâtre est donc une bonne opération. On doit la mettre en pratique toutes les fois qu'on en a l'occasion. Mais comment agissent les platras sur la végétation des arbres? Vraisemblablement comme le plâtre; alors comment agit le plâtre? Je n'en sais rien et beaucoup qui dissertent sur l'action du plâtre n'en savent pas davantage, car ils ne raisonnent que par supposition. Voyez l'article suivant.

PLATRE. *Gyp* en prov. Chacun connaît le plâtre, mais beaucoup ignorent que cette màtière, employée par les maçons sous forme d'une poudre grossière, tantôt d'un gris blanchâtre et tantôt d'un gris rougâtre, est le résultat de la cuisson d'une pierre composé de gypse ou sélénite, mélange avec plus ou moins d'argile, de sable, de chaux et en de telles proportions qui font varier sa couleur et ses qualités. Le GYPSE, qui est ce que nous appelons *plâtre blanc*, *gyp blanc* en prov., est un mélange de chaux et de souffre; de là le nom de sulfate de chaux qu'on lui donne en chimie.

En agriculture, le plâtre joue un grand rôle aujourd'hui. Répandu au moment du labour il resserre ou il divise la terre, selon qu'il est dominé par le sable ou l'argile, et il dissout une partie de l'humus qu'elle contient. On conçoit d'après cela que le plâtre ne peut avoir des effets marqués que sur les terrains fumés depuis long-temps et renfermant plus ou ou moins d'humus. Mêlé avec du fumier, il triple l'action de celui-ci; toujours par sa propriété de décomposer et de rendre solubles une plus grande quantité de ses molécules. On gagne à ce mêlange qu'avec moins de fumier, on obtient plus d'effets, mais aussi on perd en ce que le fumier n'a plus aucune action sur les récoltes suivantes et ne profite plus aux racines des arbres. Or comme nous fumons nos champs, non seulement pour y cultiver des céréales ou des légumineuses, mais encore pour activer la végétation de nos oliviers et de nos vignes, il arriverait, si nous employions le plâtre de cette manière, que nos récoltes d'olives et de raisins diminueraient sensiblement.

L'emploi du plâtre, sur les feuilles de certaines plantes, produit, au dire de tous les agriculteurs, des effets extraordinaires, merveilleux. Je dois donc, moi aussi, le préconiser, non pas sur la foi de mes expériences, car elles n'ont pas été toujours satisfaisantes, mais sur la foi de celles faites par les plus savans agriculteurs de l'Europe. Le célèbre Franklin, voulant faire connaître dans son pays les bons effets du plâtre sur les prairies à base de légumineuses, traça en grands caractères sur le bord d'une luzernière qui longeait la grande route, conduisant à Wasington, et avec du plâtre en poudre, ces mots : CECI A ÉTÉ PLATRÉ. Durant plusieurs années, mais surtout durant la première, la partie plâtrée s'éleva au dessus de celle non plâtrée, et de manière que chaque passant pouvait lire : *Ceci a été plâtré*. Depuis lors les Américains ont adopté l'usage de ce stimulant, et ce qui paraîtra surprenant, c'est qu'ils le tirent de France, lorsqu'en France, où il est si abondant, il est beaucoup de pays où il n'est employé que pour la construction des maisons. C'est sur les feuilles et les tiges des plantes, quand elles ont commencé à s'élever de quelques pouces en printemps et encore imprégnées de rosée ou de pluie, et de plus par un temps couvert ou brumeux, qu'on répand le plâtre. Ce qui est singulier, c'est qu'il ne produit pas d'effets sur les graminées, tandis qu'il en a de prodigieux sur les luzernes, les trèfles, les sainfoins et sur toutes les légumineuses. Il agit aussi sur les colzas, les navettes et les autres crucifères. Je crois avoir parlé à l'article olivier de son action puissante sur cet arbre, à en juger par ceux peu distants des fours à plâtre. Ils sont toujours les plus vigoureux et les plus fertiles de la contrée, et cela sans jamais recevoir aucune autre œuvre que des élagages bisannuels.

Cependant on a reconnu que le plâtre n'a aucune action sur les plantes cultivées en terrain contenant des débris de pierres gypseuses. Divers agriculteurs, et je suis de ce nombre, ont éprouvé que le plâtre n'a pas constamment une action stimulante. Il est vrai, pour mon compte, que ma terre se trouve à la base d'une haute montagne (Coudon) dont l'intérieur doit contenir du plâtre puisque je suis au centre et à moins d'une lieue de toutes les plâtrières qui alimentent Toulon aussi bien que les bourgs voisins. Du reste le plâtrage d'une prairie est une opération si peu coûteuse, que je ne manque jamais de la mettre en pratique sur mes luzernes d'un an.

Voici ce que Chaptal dit en traitant, dans sa Chimie appliquée à l'Agriculture, de l'action stimulante du plâtre : « L'effet du plâtre se fait sentir pendant trois ou quatre ans; « on peut en renouveler l'usage après ce terme. La quantité « qu'on en emploie est ordinairement de 150 à 160 kilo« grammes par demi hectare. »

J'ai déjà dit que je ne concevais pas comment agissait le plâtre sur la végétation. Chaptal lui-même après nous avoir dit qu'on a beaucoup disserté sur l'action du plâtre et après nous avoir donné son opinion et celle de plusieurs savants sur ce sujet, se résume ainsi : « Jusqu'ici on a suffisam« ment constaté les bons effets du plâtre, et l'agriculture « s'est enrichie d'une découverte fort importante : le fait « suffit sans doute au cultivateur et ce n'est pas le seul où « la théorie ne peut rien ajouter à la pratique. »

POIREAU ou PORREAU. Plante du genre ail et de la famille des liliacées. *Allium porrum*, Lin.; *pouarré* ou *pouarri* en prov. Cette plante est très répandue dans la Provence. Il n'est pas de jardin potager où plusieurs carrés ne soient destinés à sa culture.

Le porreau se multiplie de graines, semées en février et avec les mêmes soins que celles de l'oignon. Je renvoie à cet article pour cette opération, ainsi que pour la conduite du semis et de la plantation des jeunes plants. J'observerai seulement que les plants de poireau ne doivent être transplantés que dans les mois de juin et juillet. On gagne à ce retard qu'ils sont plus gros au moment de leur transplantation et que le terrain, qui leur est destiné, est utilement employé pendant ce temps à la culture d'autres plantes, telles que les choux printaniers, les pommes de terre, les laitues, etc., qui achèvent les phases de leur végétation vers le milieu de l'été. Les bulbes des poireaux étant très allongés, et non arrondis comme ceux des oignons, les jeunes plants peuvent être plantés plus rapprochés les uns des autres, mais les rangées doivent être plus écartées que celles des oignons; elle le sont ordinairement de trente à trente-cinq centimètres, et comme ces plants sont destinés à être blanchis il est bien de les enfouir plus profondément.

Dans les mois de septembre et d'octobre les poireaux sont arrivés à toute leur grosseur. Il est beaucoup de jardiniers qui, pour utiliser le terrain, les blanchissent tous pendant ces deux mois; il faut pour cela qu'ils soient assurés du débit. Si c'est pour ses propres besoins qu'on cultive le poireau, ou si l'on est obligé de le vendre petit à petit, on les blanchit successivement, à fur et mesure des besoins, et cela pendant tout l'hiver.

Plus les bulbes des poireaux sont allongés, et plus ils sont estimés. Aussi est-ce vers ce but que tend la culture qu'on leur donne. Premièrement on les plante à cinq ou six pouces de profondeur, et secondement on les butte deux fois différentes pour les forcer à allonger leur bulbe.

Leur buttage s'opère de la manière suivante: On ouvre un fossé tout le long d'une rangée de poireaux, et de telle façon que non seulement les bulbes, mais encore le chevelu, sont mis à découvert; l'ouvrier passe alors entre la seconde rangée et celle-ci et avec son pied fait tomber toute la première rangée de poireaux dans le fossé. Il ouvre alors un autre fossé le long de cette seconde rangée, et la terre qu'il en enlève sert à enfouir les poireaux renversés dans le premier fossé. Ils ne le sont alors que jusqu'à quelques pouces au dessous de l'engainement des feuilles. On continue de même pour tous les poireaux qu'on veut blanchir. Quinze à vingt jours après, on finit de couvrir les poireaux, avec de la terre prise entre chaque rangée et cette fois, ils le sont au point que leurs feuilles ne paraissent qu'en partie. Vingt jours après cette dernière opération, ils sont bons à être arrachés et renfermés.

C'est parmi les poireaux non blanchis qu'on choisit les plus beaux pour les replanter en une seule rangée et les faire grainer. La culture de ces poireaux est la même que celle des oignons porte-graines.

POIRIER. Arbre du genre de ce nom et de la famille des rosacées. De tous les arbres fruitiers le poirier paraît être le plus multiplié et c'est avec raison, car il est, le pommier excepté, le seul qui donne du fruit frais durant toute l'année. Les premières poires paraissent dans le commencement de juin et il est des poires d'hiver que l'on conserve jusqu'en mai, et puis ce fruit n'est-il pas le plus sain de tous? Il est rafraichissant pendant l'été, tempérant pendant l'hiver, stomachique et pectoral lorsqu'il est cuit, et l'on ne peut contester que la saveur dont il affecte nos sens, bien que la pêche lui dispute cette qualité, est une des plus agréables parmi celles que nous rencontrons ailleurs. En effet y a-t-rien d'aussi délicat qu'un beurré blanc, rien d'aussi bon qu'une royale d'hiver? Aussi le poirier est-il un des arbres dont on a cherché à multiplier les variétés le plus possible. Le bon Jardinier de 1838 en mentionne plus de cent vingt et il paraît que si on augmentait le catalogue qu'il en donne de toutes celles qui sont encore inconnues à Paris, ce nombre serait beaucoup plus grand. Il est peu de pays où le poirier soit moins cultivé que dans le nôtre. Conséquemment nous y possédons peu de variétés, et pourtant parmi le petit nombre de celles qui semblent être indigènes de la Provence, il en est plusieurs dont je ne puis trouver la description dans aucun des auteurs qui ont écrit sur le poirier; je ne perdrai pas mon temps à décrire toutes les poires connues. Ce serait prolonger inutilement cet article; comme j'ai fait pour tous les autres arbres fruitiers, je ne parlerai que des meilleures variétés en suivant l'ordre de leur maturité et en prenant pour guide le bon Jardinier de 1838, comme étant l'ouvrage le plus moderne.

1. Caillot rosat, en Provence. Paraissant sur le marché de Marseille dans la première quinzaine de juin. Petite, allongée, jaune du côté de l'ombre, rouge du côté du soleil, sucrée, tendre mais sèche et pas de saveur. La chair se prolonge souvent sur le pédoncule ou queue, et quelquefois jusqu'à son extrémité. *L'aurate* lui ressemblerait, si son goût n'était un peu musqué. Voyez le bon Jardinier.

2. Muscate. Je n'ai pu reconnaître cette poire parmi celles décrites dans le bon Jardinier, ni dans les grands ouvrages d'agriculture, etc. Un peu plus grosse que la précédente, un pouce et demi de diamètre, turbinée, aplatie en dessous et presque toujours divisée dans sa longueur par une sorte de protubérance, jaune d'un côté et rouge de l'autre. Chair très dure et très ferme, mais très sucrée et très relevée, d'un goût à elle particulier et qui lui a fait donner le nom de muscate. Paraît peu de temps après le caillot rosat.

3. Poire de saint-jean, en Provence. *Petit muscat, sept en gueule*, Duhamel, bon Jardinier. Mûre en même temps que la muscate, très petite, arrondie et tenant à un très long pédoncule, jaune, chair blanche, tendre et d'un

goût un peu musqué; réunie en bouquets quelquefois au nombre de douze ou quinze.

4. Satin vert, attrape volet, en Provence; *troumpo cassaire* en prov.; *magdeleine*, *citron des Carmes*, Duhamel. Vers la fin de juin. De grosseur moyenne, turbinée, vert clair, fondante, parfumée, cotonneuse par excès de maturité.

5. Cramoisie, brisarelle, en Provence: *cremesino*, *brisarello*, en patois, *archiduc d'été*, Duhamel; *ognonet amiré*, bon Jardinier. Au commencement de juillet. Moyenne, turbinée et quelquefois allongée, jaune d'un côté, et rouge vif de l'autre. Chair ferme. Goût de rose et relevé. Pédoncule court. La chair s'y prolonge plus d'un côté que de l'autre. C'est une de nos meilleures poires d'été. Les pépiniéristes n'en peuvent pas tenir. La poire nommée poire de roi en Provence, ne me paraît être qu'une variété de la cramoisie. Elle est moins parfumée, plus tardive et commence quand l'autre finit.

6. * Jaune cassante, cuisse de done, en Provence; *petit blanquet*, *poire à la perle*, Duhamel. Petite, allongée, d'un jaune très pâle, chair, demi cassante, juteuse et musquée. Peu estimée. Mûrit en même temps que la cramoisie (1).

7. Cuisse de dame, en Provence; *cuisse madame*, Duhamel. Moyenne, allongée, verte et rousse, demi beurrée, un peu musquée. Mûre dans le mois de juillet.

8. * Poire d'épargne, beau présent, Duhamel et le bon

---

(1) Les qualités marquées de l'astérique * ne se trouvent que chez les amateurs, et alors elles ne sont pas désignées en Provence autrement que dans les pépinières.

Jardinier. Fruit moyen, très allongé, vert fondant, le meilleur de la saison, mollissant promptement, mûrit aussi en juillet.

9. Brutebonne en Provence, *beurré d'Angleterre*, Duhamel. Moyenne, allongée, grise, demi beurrée, fondante, parfumée, quelquefois pierreuse, mûrit fin juillet et août.

10. * Bellissime d'été, *suprême*; gros fruit en forme de calebasse, jaune pâle, chair blanche, demi-beurrée, parfumée, agréable. Mûrit en juillet.

11. Poire de confiture en Provence; *orange musquée* ou *d'été*, bon Jardinier. Moyenne, arrondie, jaune et rouge clair, très ferme et très dure, ce qui la rend propre à confir avant son entière maturité, musquée, mûrit aussi en juillet.

12. * Salviati, bon Jardinier. Moyenne, arrondie, jaune et rouge-clair, demi beurrée, sucrée, très parfumée; mûrit en juillet. L'arbre veut être greffé sur franc.

13. Bon chrétien, en Provence; *gros bon chrétien d'été*, *gracioli* d'été, bon jardinier. Grosse, pyramidale, tronquée, bossue, demi cassante, sucrée, très succulente. Mûrit en août.

14. * Belle de Bruxelles, bon Jardinier. Grosse, allongée en calebasse, d'un blanc jaunâtre, chair fondante, parfumée, bonne. Mûrit au commencement d'août.

15. * Cassolette, muscat vert, Picolet, bon Jardinier. Petite, d'un vert clair et rouge, pâle, cassante, tendre, fumée, musquée. En août.

16. Sucré vert, en Provence. Moyenne, arrondie, verte, beurrée, sucrée, très estimée, mûrit en août. * *Sucré vert*, bon Jardinier. Fruit moyen, allongé, vert, beurré, sucré, bon. Mûrit fin octobre.

17 * **Poire ananas**, bon Jardinier. Forme de doyenné, un peu bosséléе, peau jaune, chair fine, fondante, eau abondante, sucrée, relevée, très bonne, odeur d'ananas. Mûrit en septembre.

18. **Beurre gris** en Provence, *Beurré* gris, bon jardinier. Grosse, variée de couleur, fondante, très beurrée, eau abondante, sucrée, mais plus ou moins aigrelette, meilleure greffée sur franc. Mûrit en fin septembre. On la cueille comme toutes les beurrées, avant la maturité et se place sur des tablettes.

19. * **Beurré d'Arembery**, bon Jardinier. Très beau et bon fruit, verdâtre, forme et grosseur du beurré gris. Le meilleur des beurrées. Mûrit en novembre et décembre.

20. **Beurré blanc** en Provence. *Doyenné blanc*, *beurré blanc*, *Saint-Michel*, bon Jardinier. Grosse, presque ronde, jaune, très-sucrée, quelquefois relevée, excellente. Mûrit en septembre. L'arbre doit être taillé court pour lui faire pousser du bois et arrêter l'excès de sa fécondité.

21. * **Doyenné roux**, bon Jardinier. Moyenne, grise, beurrée, fondante, meilleure que la précédente. Mûrit en septembre et en octobre.

22. **Bergamotte d'automne** en Provence et bon Jardinier. Fruit gros, turbiné, jaune et rouge brun, beurré, sucré, doux, parfumé. Mûrit d'octobre en décembre.

23. * **Crassane**, bon Jardinier. Fruit rond, gros, gris vert, très fondant, sucré, relevé, excellent; meilleur et plus abondant en espalier. Se cueille au commencement d'octobre et mûrit de novembre en janvier.

24. * **Angélique de bordeaux**, **saint-marcel**, bon Jardinier. Fruit gros, turbiné, à longue queue, un peu fon-

dant à sa maturité, doux et sucré. Mûr en janvier et février.

25. * BON CHRÉTIEN D'HIVER, bon Jardinier. Fruit gros, à peau unie, épaisse, d'un jaune verdâtre ; chair ferme, sucrée. En octobre et se conserve tout l'hiver. Le BON CHRÉTIEN D'AUCH est une variété excellente, qui donne de plus beaux et de meilleurs fruits.

26. * VIRGOULEUSE en Provence et bon Jardinier. Fruit gros, allongé, jaune, tendre beurré, relevé, excellent. Mûrit de novembre en février. Greffer sur franc, sujet à se décoller sur cognassier.

27. * SAINT-GERMAIN. Bon Jardinier. Fruit pyramidal, allongé, vert, fondant, mais souvent pierreux. Mûrit de novembre en avril.

28. ROYALE D'HIVER en Provence et bon Jardinier. Fruit gros, pyriforme, jaune clair et beau rouge, demi beurré, fondant, sucré. Mûrit de décembre en avril.

29. * COLMAR, POIREMANNE, bon Jardinier. Fruit très gros, pyramidal, tronqué, vert et rouge léger, beurré, fondant, sucré, relevé, excellent. Mûr de janvier en mars.

30. La QUARANTE ONCE en Provence. *Poire d'une livre*, bon Jardinier. L'arbre se cultive en espalier à cause de la grosseur de sa poire, et ceci s'applique à tous les poiriers qui produisent de gros fruits. Applati dans sa longueur, vert jaunâtre, pointillé de roux; très bon étant cuit. Mûr de décembre en février.

31. MUSCAT LALLEMAN, bon Jardinier. Très gros, ventru, gris et rouge, beurré, fondant, musqué et relevé. Mûr de mars en mai.

32. FORTUNÉE, Bon Jardinier. Fruit gros, arrondi, à chair beurrée, fondante, délicieuse, se conservant jusqu'en juillet. C'est la meilleure de toutes les poires.

Lorsqu'on s'éloigne des villes, on trouve dans plusieurs de nos villages de très gros poiriers dont les fruits ne sont pas désignés ici ; c'est qu'à part quelques bons chrétiens, quelques cramoisies, ils sont en général mauvais ; et ils portent des noms différens dans chaque localité. Ainsi dans les environs de Toulon il y a le *poumaou*, la *brute bonne bâtarde* qui charge étonnamment dans les terres fraîches, la *cadeirenco*, la *renden*, la plus mauvaise de toutes les poires connues. Parmi ces poires je citerai :

Le *poumaou*, qui est passable quand on le saisit à son point de maturité. Fruit moyen, turbiné, jaune d'un côté, rouge de l'autre ; chair demi beurrée, sucrée, mais très pierreuse ; mûr en juillet. Je n'ai trouvé dans le bon Jardinier de 1838, aucune description qui puisse s'appliquer à cette poire.

Le poirier se multiplie de marcottes, de drageons, de semis et de greffes sur franc, sur cognassier, sur épine. Il est des arbres, tels que certains abricotiers, certains pêchers dont les semences redonnent les mêmes variétés ; mais le poirier, jamais ! Il n'y a que la greffe qui puisse propager les bonnes espèces ; il faut donc préparer des sujets propres à recevoir celle des variétés qu'on ne possède pas ou qu'on veut multiplier. Les sujets, venus de semis de pépins pris sur sauvageons, *perussier* en prov., demeurent long temps sans donner du fruit ; selon la variété qu'on y place dessus, il est plus avantageux de semer des pépins retirés des poires bonnes à manger. Dans ce cas, et lorsqu'on ne cherche pas à obtenir des variétés nouvelles, car c'est au moyen du semis qu'on a obtenu ces nombreuses variétés de poires connues, dans ce cas, dis-je, je préfère le fruit le plus âpre, le plus mauvais, par la raison qu'alors il se rapproche davantage du sauvageon et conséquemment que les arbres qui en proviennent sont plus rustiques, sans participer du défaut qu'ont les sauvageons, celui de tarder plus long-temps de se mettre en fruits.

C'est en mars et dans une terre légère, bien ameublie, arrosable et déjà rendue fertile par des cultures fumées qu'on sème les pépins de poirier. Ils sont placés au fond d'une rigole d'un pouce de profondeur, et de suite recouverts par la terre qui avait été retirée de cette rigole. Si le temps est au sec, on y jette dessus quelques arrosoirs d'eau. Quand les jeunes plants se montrent avec deux ou trois feuilles, on les sarcle légèrement pour les débarrasser des mauvaises herbes et on ne ménage pas les arrosemens pendant l'été. A moins qu'ils aient végété avec beaucoup de vigueur et qu'ils se soient élevés de vingt à trente centimètres, il est mieux de ne les arracher et de ne les repiquer en pépinière qu'après leur seconde année; ils sont alors plus forts, et s'ils sont bien soignés, pendant l'été qui suit leur repiquage, ils peuvent être greffés à œil dormant dans les mois d'août et de septembre de la même année. Dans tous les cas, ils doivent l'être l'année d'après. Pour la manière d'opérer, voyez le mot GREFFE. C'est à quelques pouces seulement au dessus du sol que l'on placera la greffe. La tige qui en proviendra pourra alors être conduite comme on le voudra, c'est-à-dire, en faire un espalier, une quenouille, un entonnoir, etc. Deux ans après les jeunes arbres seront assez développés pour être transplantés et mis en place. Pour le reste des opérations, voyez les mots PÉPINIÈRE, PLANTATION, TAILLE.

Les poiriers greffés sur franc, et surtout sur sauvageons, étant tardifs à produire, on préfère greffer sur cognassier. Voyez ce mot. Mais ainsi que je l'ai déjà dit dans cet article, si on jouit plutôt, on ne jouit pas long-temps. Aucun de ces beaux poiriers, qu'on voit dans les champs, n'est greffé sur cognassier.

Autour de certains poiriers francs, et je me suis assuré que ces arbres sont eux-mêmes provenus de drageons, on voit souvent surgir de nombreux drageons. Lorsqu'il est possible de greffer ceux-ci sur place et de les y laisser croître, on est assuré d'obtenir en peu de temps des pieds plus ou moins gros et plus ou moins productifs ; mais si on les arrache et si on les transplante ailleurs, on est long-temps avant de les voir grossir ; car ces drageons, n'étant produits que par des racines traçantes, ne sont pas ordinairement fournis de chevelu ; ce n'est qu'après avoir formé des racines qu'ils végètent avec vigueur, ce qui demande toujours plusieurs années; ils ne peuvent donc être greffés que trois ou quatre ans après leur plantation, et ce n'est qu'après six à sept ans qu'on peut espérer de les voir produire.

Tout terrain convient aux poiriers en général, mais pour qu'ils végètent avec beaucoup de vigueur et qu'ils prennent un grand développement, il faut qu'ils soient dans un terrain frais, sans être trop humide, profond et dans lequel leurs racines pivotantes aient de la facilité à se prolonger. J'en ai vu de très gros dans les pays calcaires comme aussi dans les pays granitiques et schisteux. Il existe, non loin du rivage de la mer, entre Bormes et Saint-Tropez, et conséquemment sur un sol schisteux, un poirier bon chrétien d'une telle grosseur qu'il a produit dans une seule année la somme de trois cents francs. Un bateau transporta sa récolte à Marseille où les poires étaient fort chères alors à cause du manque du fruit, on compléta son chargement qui fut de soixante quintaux au prix de cinq francs chaque. Jamais, arbre soumis à la taille et mis en quenouille, en espalier, etc. a-t-il pu donner le vingtième d'un pareil produit?

Les poiriers, sur cognassier, prospèrent mieux et sont plus fertiles sur un terrain frais ou arrosable que sur celui qui est sec et aride. On ne doit donc planter sur ce dernier terrain que des poiriers greffés sur franc ou sur sauvageon; mais si on veut que ces arbres végètent avec vigueur, les fosses, dans lesquelles ils seront placés, devront être larges et profondes. C'est une règle bien établie que plus les fosses sont spacieuses et plus vite les arbres se développent et conséquemment plus tôt ils produisent.

Les poiriers, comme tous les arbres, sont sujets à des maladies et nourrissent des insectes qui leur sont particuliers. Ce qui nuit à la multiplication du poirier dans certains pays du midi de la France, c'est tout premièrement l'aridité du sol, et ensuite la larve d'un petit insecte que je n'ai pu encore me procurer dans son état parfait, et que je n'ai pu encore connaître. On aperçoit sur l'écorce du tronc ou des branches de la majeure partie de nos poiriers des plaques qui se dessèchent et qui se prolongent peu à peu à plusieurs pouces en tous sens. Si on détache cette écorce, on aperçoit sur l'aubier des galeries en zig et zag formées par une larve qu'on finit par découvrir. Ces plaques sont très souvent nombreuses sur le même pied. Le mal, que cause cette larve, n'est pas seulement dans l'ouverture des galeries qu'elle pratique sur l'arbre, mais bien par les ravages qu'elle fait sur les couches corticales les plus intérieures de l'écorce, où elle vit dans les premiers jours de son existence et où elle paraît se nourrir du parenchyme qui y est renfermé. Non seulement cette partie de l'écorce se dessèche, mais encore toute celle qui est voisine; de manière que presque toujours le mal cerne la branche ou la tige de l'arbre. C'est alors que l'on voit ces arbres être souffrans, rabougris, et finir par mourir. J'ai sauvé quelques poiriers, en enlevant avec ma serpette et de suite que je les ai aperçues, ces plaques ainsi desséchées; si les galeries sur l'aubier sont déjà commencées, je les suis jusqu'à ce que j'arrive à la larve. Je préviens donc que c'est le seul moyen à employer pour conserver les poiriers, et encore ne réussira-t-on pas toujours. Il est des pieds où ces larves sont si nombreuses qu'il est difficile de les toutes détruire. Je ne parlerai pas du *charançon gris* qui dans le printemps se nourrit des bourgeons naissans, ni de l'*attelabe alliaire* qui ronge le pétiole des feuilles non entièrement développées, non plus qua de quelques chenilles qui se nourrissent des feuilles du poirier. Le mal, que tous ces insectes nous font, n'est rien en comparaison de celui que nous cause la larve dont il vient d'être fait mention.

Il est quelques espèces du genre poirier, cultivées dans les bosquets des grands amateurs d'horticulture, tels que le poirier du mont Sinaï, le poirier de la Chine. Leurs fruits n'étant pas mangeables, je ne m'occuperai pas de ces arbres.

POIS. Genre de plantes de la famille des légumineuses, dont une espèce est généralement cultivée dans presque toute l'Europe. C'est

Le pois cultivé, *Pisum sativum*, Lin.; *pese* en prov. De tous les légumes frais, celui donné par cette plante, est le meilleur. Il est peu de gens qui ne mangent les pois avec délices. Dans le nord, où ils sont meilleurs que dans le midi de la France, et où ils durent bien plus de temps, puisqu'on en mange pendant tout l'été, on en possède un plus grand nombre de variétés. On n'en cultive dans nos champs que quatre qui sont;

Les POIS NAINS, *Bassets* en Provence. Ils ont moins d'un pied de hauteur.

Les pois qui ne sont ni à rames ni nains. POIS BATARDS, *pois de Paris* en Provence. Ils ont de quinze à vingt-quatre pouces de hauteur. C'est, je crois, le *pois nain hâtif* de Paris, dont la hauteur est de plus d'un pied.

Les POIS A RAMES, *pois longs*, en Provence.

Les POIS SANS PARCHEMIN ou *mange tout*, *pois goulus*, *pois gourmands*, en Provence.

Le pois sauvage poussant des tiges allongées, les variétés, qui s'éloignent de cette disposition naturelle, tendent nécessairement à s'en rapprocher. Voilà pourquoi les pois nains et les pois bâtards ont besoin d'être renouvelés souvent ou du moins à être débarrassés chaque année de ceux qui paraissent, par leurs feuilles plus larges et leurs tiges plus longues, vouloir se rapprocher du type primitif.

Les pois viennent dans tous les terrains, mais ils préfèrent celui qui est léger et frais sans être trop humide, et surtout ils ne sont jamais si vigoureux que lorsqu'ils se trouvent sur un sol vierge de pois, c'est-à-dire, sur lequel cette plante n'a jamais été cultivée. Voilà pourquoi ils végètent avec tant de force dans les terrains boisés nouvellement défrichés.

Si l'on veut avoir des primeurs il faut semer à la fin d'août et sur terrain arrosable; mais que de soins, et encore ne réussit-on pas toujours. Dès que les froids arrivent, c'est-à-dire vers la fin du mois de novembre, on doit au moyen de plusieurs piquets, inclinés du sud au nord, garantir les plantes en les couvrant avec des paillassons de la longueur de trente à quarante centimètres de largeur que l'on arrange sur les piquets de manière à former sur les plantes une toiture ouverte seulement au midi, afin que le soleil puisse continuer à les éclairer et leur donner la chaleur dont elles ont besoin pour amener des fleurs d'abord et des cosses ensuite. A défaut de paillassons, on se sert de paille longue, de tiges de maïs, de sarmens, etc. Cette sorte d'abri est celle usitée par tous nos jardiniers pour la conservation des haricots semés en février.

Si on vise à récolter des pois de primeur et qu'on n'ait pas à sa disposition des terrains arrosables, on attend, pour semer, les premières pluies du mois de septembre ; mais en choisissant forcément une exposition au sud, et surtout un terrain où l'on y en ait jamais cultivé. Si l'hiver n'est pas rigoureux, on pourra commencer à cueillir des petits pois à la fin de février ou dans la première quinzaine de mars. Alors on ne se donne pas la peine de les couvrir; et d'ailleurs le pourrait-on à Carqueiranne, succursale dépendante de la commune d'Hyères, à Saint-Nazaire, petit port de mer, à l'ouest de Toulon, où l'on en fait des quantités immenses. C'est de là que sortent les premiers pois mangés à Marseille, Toulon, Hyères et d'où il en sortira des chargements, si jamais un chemin de fer est établi entre Paris et la Provence.

La saison la plus favorable, pour le semis des pois, est la fin du mois d'octobre. Les plantes, retenues constamment par le refroidissement de la température, ne se mettent en fleurs qu'en mars et en avril, et ne manquent jamais de produire beaucoup.

Le terrain doit être ameubli et passé à la houe. S'il a été fumé pour la récolte précédente, ou s'il est naturellement gras il sera bien de n'y enfouir aucun engrais ; trop de vigueur fait couler les fleurs. Les pois sont semés à plein ou par rangées; cette dernière méthode, qui d'ailleurs est la seule mise en usage dans nos pays, est la meilleure. Elle facilite les binages et les sarclages qu'il convient de donner aux plantes. La bruche, petit insecte noirâtre, nommé courgoussoun, dans plus d'un pays de la Provence, se trouvant dans chaque graine de pois, il en est dont le germe a été dévoré par lui. De plus le vide qu'il laisse dans le pois se remplit d'eau, s'il pleut avant la germination; et le germe est sujet à se pourrir lorsque l'ouverture de ce vide est placée de manière que l'eau ne puisse en sortir. Ces deux considérations sont la cause qu'il faut semer les pois très épais, et de telle sorte qu'ils se touchent presque tous; on consomme beaucoup plus de pois, mais on gagne à ce qu'on n'a pas de vide et qu'alors on espace les rangées de soixante à soixante-dix centimètres. Une fois les poids levés, ils ne demandent plus qu'à être sarclés, quand ils ont poussé quelques feuilles, pour les débarrasser des mauvaises herbes, et plus tard à être binés et butés au moyen de la terre qui avait été extraite des fossés au fond desquels on avait placé les petits pois et qui avait été laissée sur le bord et de manière à servir d'abri aux jeunes plants; c'est pourquoi si l'on peut ouvrir les fossés de l'est à l'ouest, il ne vaut que mieux.

Les cosses qui ne sont pas cueillies durcissent et finissent par se dessécher en juin. On arrache les plantes, de suite après leur maturité, on les bat ou on les foule et si l'on récolte plus de pois secs que l'on en a besoin pour les semences de l'année suivante, on les trempe dans l'eau bouillante, on les fait sécher et on les conserve dans des sacs de toile bien serrée. C'est le seul moyen d'empêcher que la bruche ne vienne les assaillir. On peut alors les garder pour l'usage de la maison. Si l'on n'a pas eu le soin de les ébouillanter, ou s'ils ne l'ont été qu'à demi, ce qui permet à la bruche de continuer ses ravages, il arrive souvent qu'on a des pois secs de reste; je les utilise alors en les fesant consommer par mes bêtes de ferme, après avoir été trempés pendant une demi journée. Ce séjour des pois dans l'eau prévient souvent des coliques, et je me hâte de réparer une oubli que j'ai fait à l'article fève. Tous les légumes donnés aux chevaux, aux mulets doivent être ramollis par leur immersion dans l'eau. J'ai pensé perdre un cheval ces jours derniers par la seule cause qu'on lui avait donné des féverolles non trempées. Il a éprouvé des coliques qui ne lui laissaient pas un moment de repos.

POIS CHICHE, garvance, *Cicer arictimun*, Lin.; *cese* en prov. Plante formant un genre de la famille des légumineuses, et généralement cultivé dans le midi de la France. Tout terrain convient aux pois chiches, s'il est bien ameubli et bien fumé. C'est de janvier en mars qu'on sème les pois chiches et cela est si vrai que nos paysans disent :

Qu voou un bouan cesier
Que lou fasse en febrier.

Cependant Bosc, et après lui divers auteurs qui ont écrit sur l'agriculture, recommandent de les semer dans le midi, les premiers après la récolte des céréales, les seconds en automne, afin, disent-ils, que les plantes aient le temps de croître et de se fortifier contre les froids et contre l'humidité de l'hiver. Ce sont les articles et les conseils de ce genre, qui ont fait reconnaître que les livres de ces agronomes, si bons à consulter pour tout ce qui tient aux principes de l'art, ne peuvent pour la pratique convenir aux cultivateurs du midi; et qui ont fait désirer un ouvrage, écrit dans le pays même par un homme des champs.

C'est à la volée ou par rangées, qu'on sème les pois chiches. La première méthode est usitée dans les grandes, la seconde dans les petites cultures, et encore pas autant qu'il le faudrait. La culture par rayons est la plus économique. Elle facilite les sarclages et les binages et de plus permet au moyen d'un griffon, de détruire toutes les plantes inutiles qui naissent et croissent entre les rangées et de manière que les sarclages se font à peu de frais, puisqu'alors il consiste à nettoyer le petit intervalle laissé le long des rayons.

Nous devons donc faire des vœux pour que le semoir Hugues soit plus connu qu'il ne l'est dans nos pays ; et surtout pour que sa valeur puisse un jour être à la portée des cultivateurs. Jusqu'à présent il ne peut être mis en usage que par des propriétaires, possesseurs de grandes plaines et exploitant pour leur compte.

Les plantes de pois chiches doivent être sarclées d'abord en avril et ensuite en mai. C'est pendant ce mois qu'il transude des feuilles de ces plantes une liqueur acide que l'on ne rencontre sur aucune autre plante de cette famille. Un grand inconvénient que présente cette culture, c'est que dans le mois de mai et même en juin, la récolte s'annonce fort bien, et que souvent au moment de la maturité, il n'y a presque rien. C'est que ces pois sont sujets à être atteints par une maladie nommée le blanquet, qui dessèche les plantes avant qu'elles aient le temps de produire. On croit que c'est aux rosées du mois de mai qu'est due cette maladie et conséquemment la cause des mauvaises récoltes des pois chiches. Il est si rare qu'elles soient bonnes, qu'un autre proverbe provençal fait dire : *Si les pois chiches t'ont réussi, ne va pas t'en vanter à ton voisin.* Et cependant on en cultive presque dans toutes les métairies. Cela vient de ce que, s'ils réussissent, ils produisent l'impossible.

Un second inconvénient de la culture du pois chiche est celui qu'elle effrite considérablement le terrain. Ce végétal soutire beaucoup du sol. La récolte des plantes, qu'on cultive immédiatement après les pois chiches, se ressentent toujours de cette culture.

Dès qu'on s'aperçoit que les grains sont mûrs, ce qu'on reconnaît à la couleur jaune et au desséchement des cosses, il faut de suite arracher les plantes. Si on les laisse trop mûrir et trop long-temps exposés au soleil, ils durcissent et ils sont difficiles à cuire. On sait qu'il faut les faire bouillir avec un morceau de tartre ou dans un lessif tiré au clair, si on veut qu'ils soient mangeables. Cependant il est des années où l'on récolte des pois chiches qui cuisent sans aucune précaution. C'est qu'alors ils sont venus, dit-on, dans des terres où les légumes, qui en sortent, sont d'une cuisson facile. Je pense que c'est parce qu'alors on les a ramassés au point nécessaire et qu'ils n'ont pas été trop long-temps exposés au soleil. Je recommande donc, si on veut avoir des pois chiches de bonne cuite, comme on dit vulgairement en Provence, de les transporter sous un hangard de suite après les avoir arrachés. Là ils finissent de se dessécher tout aussi bien que dans les champs où ils demeurent souvent plusieurs semaines, et où, comme c'est alors en juillet, le soleil brûlant de ce mois a le temps de les durcir. Je sais bien qu'on les arrange à côté les uns des autres ; les gousses sur le sol et les racines en l'air ; celà n'empêche pas le soleil d'agir. Une fois bien secs on les bat ou on les foule avec un ou plusieurs chevaux suivant la quantité de plantes qu'on a à dépiquer.

Une vieille habitude veut, en Provence, que le jour des

Rameaux on mange des pois chiches à diner. On se demande souvent la cause de cet usage. Je vais raconter à ce sujet ce que j'ai ouï dire, il y a long-temps, à un de nos vieillards qui s'occupait beaucoup de sciences et d'archéologie. Une disette affreuse désolait la Provence. Un bâtiment chargé de pois chiches arriva à Saint-Raphaël le jour des Rameaux. De partout on courut sur ce bâtiment et beaucoup purent assouvir leur faim le jour même des Rameaux. Ce fut en souvenir de cet heureux arrivage qu'on mangea des pois chiches à pareil jour des années suivantes. Plus tard on attacha un devoir religieux à cette pratique et ce devoir se continue. Et encore aujourd'hui, il se mange plus de pois chiche ce jour là seul que dans le reste de l'année. Voici une autre version : Les tiges des pois chiches ressemblent à un rameau ; de là est venu l'usage de mettre le produit de cette plante en évidence le jour des Rameaux. C'est parce que les pois chiches sont difficiles à cuire, que Bosc a dit que les estomacs délicats n'en peuvent faire usage qu'en purée. S'il avait pu se procurer de ceux qui cuisent aisément, il aurait reconnu que c'est un de nos meilleurs légumes, non pour le goût, mais pour la santé. Cela a été si bien reconnu que les Chartreux de Laverne, de Mont-Rieux, etc. ne pouvant faire gras, pendant même qu'ils étaient malades, fesaient usage de bouillon de pois chiche en guise de bouillon de viande.

On mange les pois chiches bouillis et assaisonnés avec de l'huile et de vinaigre. En soupe, après qu'ils ont été écrasés et mis en purée ; à Paris les croutons à la purée se font avec les pois chiches. Mis en farine on en fait une grande consommation en bouillie, connue et mangée par nos paysans sous le nom de farnade. C'est la polenta des Italiens. Les pois chiches servent encore à entretenir l'ouverture des cautères.

Il y a plusieurs variétés de pois chiches; mais tout ce que j'ai dit est applicable à ces diverses variétés qui ne diffèrent d'ailleurs que par le plus ou le moins de grosseur du grain. Il en est une dont le grain est d'un violet foncé quand il est cuit, à cause de sa couleur, on ne la multiplie pas.

POIS DE SENTEUR. Voyez GESSE.

POMME D'AMOUR. Voyez TOMATE.

POMMES DE TERRE ou **PARMENTIÈRE**, *Solanum tuberosum*, Lin.; *poummos de terro*, *truffo* en prov. Plante de la famille des solanées, dont la culture est aujourd'hui indispensable dans nos pays;

> Quelle plante, après les graines de première nécessité, a plus de droit à nos soins que celle qui prospère dans les deux continens, à laquelle la France doit l'inappréciable avantage d'avoir pu jouir d'une ressource dans cette effroyable disette que le règne de la terreur avait pour ainsi dire organisée.
>
> *Nouv. Cours complet d'Agric.*, *art.* POMME DE TERRE.

et à qui la France doit que la culture de cette plante s'est propagée, dans toute son étendue, assez à temps pour atténuer les effets de cette disette que tu nous rappelles, oh bon et modeste Parmentier! A lire la phrase que tu écrivais en 1816, on ne se douterait pas que c'est à toi. Mais la France entière n'ignore plus ce que tu as fait pour elle, et sa reconnaissance a écrit ton nom sur les pages de l'avenir, en le donnant à la solannée, primitivement connue sous la désignation insignifiante de pomme de terre.

La pomme de terre est une conquête faite par le Nouveau-

Monde sur l'ancien. Elle est originaire de la chaîne des Cordilières. C'est donc des régions tempérées de l'Amérique qu'elle nous est venue. On prétend qu'elle a été importée en Irlande en 1545 par le capitaine John Hawhins, d'où elle a été répandue dans le restant de l'Europe. Queiqu'il en soit, elle était connue du temps d'Olivier de Serres, puisqu'il en donne la description dans son Théâtre d'Agriculture. Cependant les longues années, qui séparent l'époque où cet immortel ouvrage parut d'avec la fin du dix-huitième siècle, passèrent sans que personne songeât à essayer la culture de cette plante. C'est tout au plus, si on la voyait dans les écoles de botanique. Tous les hommes qui, comme moi, ont vécu durant les derniers temps de ce siècle, se rappellent que la culture de la pomme de terre n'était pas en usage. On mangeait pourtant ses tubercules, mais rarement, quoique leur valeur ne fût guères différente de celle de nos jours. Ils arrivaient à Marseille, à Toulon, des montagnes de la haute Provence, où selon toute apparence, on cultivait depuis long-temps la pomme de terre. Il surgit alors en France un homme du nom de Parmentier, un homme dont toute l'existence était consacrée au soulagement et à l'amélioration du sort de ses semblables, un homme enfin, dont les pareils n'apparaissent que de loin en loin et qu'on ne saurait mieux comparer qu'à un de ces météores lumineux et bienfaisans, qui se montrent quelquefois pendant la nuit au voyageur égaré pour le faire rentrer dans la bonne voie. Cet homme, dont le rare savoir n'était égalé que par sa modestie, comprit tout le bien que pouvait faire à son pays la culture de la pomme de terre. Dans le même temps, était assis sur le trône de France un de ces rois qui s'occupent plus du bonheur de leurs peuples que du réhaussement de leur gloire. Parmentier et Louis XVI s'entendirent. Le savant proposa! Le monarque s'empressa d'accueillir les propositions. Dès cet instant le philantrope Parmentier mit tous ses moyens en jeu pour arriver au but qu'il se proposait! L'introduction et la propagation de la culture de la pomme de terre dans toute la France, de cette plante *à laquelle la France a dû*, comme il le disait trente ans plus tard, *l'inappréciable avantage d'avoir pu jouir d'une ressource dans cette effroyable disette que le règne de la terreur avait pour ainsi dire organisée.* Il commença à la cultiver lui-même en grand; finalement il pria Louis XVI de paraître un jour de fête et au milieu de sa cour avec un bouquet de fleurs de pommes de terre à la boutonnière de son habit, comme on portait alors les fleurs; le sage monarque se prêta à cette idée ingénieuse. Ce trait de philantropie, qu'on peut ranger au nombre de ceux qui honorent la mémoire de ce malheureux prince, décida en partie le succès de l'entreprise du généreux Parmentier. Tous les grands, pour se rendre agréables au roi, voulurent, en vrais courtisans, que la pomme de terre fut cultivée dans leurs domaines; ils s'adressèrent à Parmentier qui ne leur en distribua que quelques tubercules, persuadé qu'alors ils les recommanderaient à leurs gens. Toutefois cela ne fesait pas encore les affaires de celui-ci. Il savait que les grands de la cour, plus avides de plaisirs que soucieux d'amélioration de la culture de leurs terres, ne se rappelleraient bientôt plus de la pomme de terre. C'étaient les petits propriétaires, c'étaient les pauvres cultivateurs surtout, qu'il désirait persuader; et il y parvint mais non sans peine. Après plusieurs essais qui ne donnèrent pas les résultats qu'il en attendait, il sema en pommes de terre une plaine d'une assez grande étendue, voisine d'une grande route, et peu distante de quelques uns de ces villages si nombreux autour de Paris. Il fit soigner les plantes qui en provinrent, avec une sorte d'apparat pour attirer les regards et les observations des passans, il s'y montrait souvent accompagné de plusieurs savans de la capitale et puis, quand les tubercules approchèrent de leur maturité, un piquet de gendarmerie rodait nuit et jour autour de cette plaine. Lorqu'il se fut assuré que les pommes de terre étaient au point d'être arrachées, les gendarmes reçurent l'ordre de se retirer à la nuit close et de revenir avant l'apparition du jour. Cette surveillance réveilla la curiosité des passans. On aurait bien voulu goûter les racines d'une plante que l'on fesait garder avec tant de persévérance; mais commeht s'y prendre, les gendarmes étaient d'une si grande sévérité qu'ils ne laissaient approcher personne. Cependant on s'aperçut qu'il n'y avait plus de gardes pendant la nuit. Cela se dit dans les villages voisins. Quelques uns des habitans les plus osés se risquèrent de faire une excursion dans la plaine aux pommes de terre. Quand vint la nuit d'après, le nombre des maraudeurs augmenta. Le silence et l'impunité donnèrent de l'audace aux plus timides et durant la quatrième nuit, le champ fut dévasté en entier, il n'y resta plus une seule pomme de terre. Le domestique de Parmentier ayant été prévenu de cet événement, s'en vint, tout éploré, l'annoncer à son maître. A cette nouvelle, Parmentier, ravi, enchanté, lui remet une pièce d'or, en lui disant qu'il n'aurait jamais pu lui rien apprendre d'aussi agréable; car dès ce moment, ajouta-t-il, la propagation de la culture de la pomme de terre dans ma patrie n'est plus un doute pour moi. Il ne se trompait pas, car en 1820, Bosc écrivait dans une note du nouveau Cours com-

plet d'Agriculture : « La culture des parmentières est ac-
« tuellement si générale, les malheureuses circonstances
« dans lesquelles s'est trouvée la France ont si bien convaincu
« de tous ses avantages, qu'il n'est plus nécessaire de la
« provoquer ; le triomphe de mon maître, ami et collègue
« Parmentier est complet. »

On me pardonnera cette digression qui, sans être étrangère à mon sujet, n'est pas d'une absolue nécessité; mais j'ai toujours été pénétré d'une si grande admiration pour Parmentier, que je n'ai pu traiter de la pomme de terre sans exprimer, bien faiblement sans doute, une partie des sentimens que réveillent en moi les noms de Parmentier et de solanée parmentière. Et puis j'écris pour le midi, où beaucoup de gens ignorent ce qu'ils doivent à ce savant agriculteur; pour le midi où la reconnaissance est un des caractères nationaux.

Tout terrain, s'il n'est pas trop humide, et si, étant naturellement peu fertile, il est défoncé à 25 ou 30 centimètres de profondeur et copieusement fumé, convient à la pomme de terre qui végète cependant avec plus de vigueur dans le schiste et dans le grès que dans le calcaire. Elle se multiplie au moyen de ses tubercules, on le pourrait par le semis de ses graines, méthode qu'on pratique, quand on veut obtenir des variétés nouvelles. C'est depuis le mois de février jusqu'à la fin de juin qu'on la plante dans la Provence ; et même quand on veut avoir des tubercules de primeur on en plante en janvier. C'est alors contre des abris, et encore arrive-t-il bien souvent que les tiges sont atteintes et détruites par la gelée. Le véritable temps est le mois de mars pour toute terre non arrosable. On plante encore en avril dans les terrains frais, comme dans certains bas fonds qui conservent leur humidité durant une partie de l'été. On retarde quelquefois jusqu'en mai dans les jardins arrosés. Le terrain ayant été préparé, on ouvre une rigole, au fond de laquelle on met abondamment du fumier. On place les tubercules sur le fumier et à quarante centimètres de distance et on enfouit. Quelques personnes font le contraire de ce qui vient d'être dit, c'est-à-dire, que le fumier recouvre alors les tubercules et elles s'en trouvent bien. On sarcle, on bine et alors on butte les tiges. Les rangées doivent être de soixante centimètres l'une de l'autre. Plus rapprochées, on ne peut facilement biner les plantes ; et celles-ci s'affament et s'entrenuisent les unes les autres. Lorsqu'il est possible d'avoir des tubercules d'une telle grosseur qu'on ne se croie pas obligé de les couper, ce n'est que mieux. Je connais des cultivateurs qui les enfouissent toujours entière, quelle que soit leur grosseur. Ils prétendent que la belle semence fait la belle production. Je ne crois pas cela nécessaire. Il suffit de planter des pommes de terre de la grosseur d'un œuf pour obtenir des tubercules très volumineux, si le terrain a été bien préparé et bien fumé.

Les pommes de terre de la seconde saison ne se cultivent que sur des terrains arrosables. C'est après que les fromens sont coupés et les gerbes enlevées qu'on les plante ; cependant il ne faut pas dépasser les premiers jours de juillet. Plus tard la plante n'aurait pas assez de temps pour amener ses tubercules à maturité. Les soins sont les mêmes, mais il y a cette différence que le fumier est enterré lors de la préparation du terrain. A cause des grandes chaleurs de l'époque, les tubercules plantés ne doivent par l'être immédiatement sur le fumier. Si l'on veut cultiver la pomme de terre pour la nourriture des bestiaux, on peut faire la préparation du terrain, la plantation et même l'arrachage avec la charrue. Les binages sont également donnés avec la houe à cheval ou mieux avec le cultivateur qui chaussera les plantes. Car il est bien avéré que toutes les cultures en rayon, sans en excepter celle du froment, de l'avoine, etc., sont moins coûteuses que celles à plein.

Non seulement la culture de la pomme de terre s'est étendue en France, mais on y possède des variétés dont le nombre est aujourd'hui très considérable. Comme il n'entre pas dans mon plan de donner la description de toutes les variétés connues, j'imiterai Parmentier, qui, dans l'article que j'ai cité, et bien qu'il écrivit pour des pays où l'on peut cultiver cette plante très en grand, n'en a décrit que douze. Ce sera donc dans sa nomenclature que je puiserai ce qui va suivre et d'autant plus qu'il a fait un choix de celles qui lui ont paru préférables.

La *grosse blanche*, *tâchée de rouge*. Tubercules oblongs, conglomérés, marqués par des points rouges intérieurement; la plus vigoureuse, réussit dans tous les terrains.

La *Blanche longue*. Tubercules conglomérés, exempts de points rouges intérieurement. Bonne qualité. Terre légère.

La *Jaunâtre*, *ronde aplatie*. Tubercules souvent doubles, s'écartant du pied de la plante et filant au loin; terre légère. Se délaye dans l'eau pendant la cuisson. Excellente qualité.

La *Rouge oblongue* ou *vitelotte*, ou *souris*, ou *rognon*. Tubercules d'un rouge foncé, intérieurement blanc; très productive; chair ferme; goût excellent; ne se délite pas par la cuisson, et est en conséquence préférée pour les ragoûts. Terre forte.

La *Rouge longue* ou *hollande rouge*. Tubercules rabateux à leur surface, garnis d'un grand nombre de cavités ou yeux à bourgeons, marqués intérieurement d'un cercle rouge ; chair ferme, délicate, forme d'un rognon ; tardive ; abondante ; sol gras.

La *Longue rouge*, *corne de vache*. Tubercules pointus à une extrémité et obtus de l'autre, un peu aplatis, ayant peu d'œilletons. Chair absolument blanche ; précoce ; d'une bonne qualité. Terrain gras.

La *Pelure d'oignon*, *jaune de Hollande*. Tubercules oblongs, aplatis, quelques fois pointus à une de leurs extrémités, ayant peu d'yeux ; hâtive, excellente qualité ; terrain léger.

La *Petite jaune aplatie*. Tubercules en forme de haricots ; bonne à manger ; s'enfonce beaucoup dans la terre.

La *Rouge longue marbrée*. Tubercules d'un rouge éclatant intérieurement ; ne vaut pas les autres déjà décrites.

La *Rouge ronde ou truffe d'août*. Terrain sablonneux. Elle est en même temps, excellente, productive et précoce. Elle se conserve difficilement pendant l'hiver.

La *Violette*, *violette-hollandaise*. Tubercules ronds et oblongs quand ils ont du volume, marqués de tâches violettes et jaunâtres, chair blanche. Bonne qualité ; terrain gras.

La pomme de terre étant cultivée maintenant par tous les plus riches comme par les plus pauvres cultivateurs, je ne dirai rien de l'usage de ses tubercules pour la nourriture de l'homme. On les prépare de tant de manières que chacun peut choisir celle qui lui convient le mieux. Un des plus grands avantages de cette plante est celui, comme dit Parmentier, d'offrir aux habitans de la campagne un comestible tout fait.

Ils peuvent aller dans leur champ déterrer ses racines à onze heures, et avoir à midi une nourriture saine, nourrissante et pouvant tenir lieu de pain. Ces mêmes racines sont encore pour ces habitans de la campagne une ressource pour l'engrais de leurs bestiaux et de leurs animaux de basse cour. On peut à volonté les leur donner crues ou cuites à l'eau, en ayant cependant la précaution de laisser tiédir celles qui sont cuites et de couper, en petits morceaux, celles qui sont crues. Dans la plupart des pays où l'on nourrit beaucoup de bestiaux, on est depuis quelque temps dans l'usage de faire fermenter les pommes de terre, et de distiller le produit de la fermentation. On en obtient une eau-de-vie qui remplace celle du vin et de plus on gagne à ce nouveau procédé que les pommes de terre ainsi fermentées, et après être sorties de l'alambic, sont plus nourrissantes et plus saines pour les animaux qui en sont alimentés.

Les tubercules de la pomme de terre contiennent une fécule très blanche, très fine et très nourrissante. C'est la substance qu'on vend par paquets sous le nom de fécule ou de farine de pomme de terre. On en fait des soupes, des bouillies d'autant meilleures qu'elles sont des plus légères. Si on rape ces tubercules dans de l'eau, il se précipite au fond une matière plus ou moins brune par son mélange avec les fibres des mêmes tubercules, mais déjà annonçant que sa couleur est d'un beau blanc. On enlève toutes ces fibres, on lave à plusieurs eaux cette matière qui toujours se précipite au fond du vase et qui chaque fois se montre plus blanche, enfin on la décante et on la fait sécher. On a après sa dessication, qui se fait au soleil et non autrement, une substance pulvérulente, d'un blanc de lait ; c'est la fécule.

POMMIER. Arbre du genre poirier et de la famille des

rosacées, dont la culture a amélioré le fruit, et ce fruit est depuis long-temps un des plus multipliés dans l'Europe, soit pour l'usage de la table, soit pour en faire le cidre, qui est la boisson d'une partie de la France pendant presque toute l'année. Cet arbre, originaire des régions froides, ne prospère pas dans nos pays. Bosc, un des hommes dont la France agricole se glorifie le plus, a reconnu *que les départemens situés sur le bord de la Méditerranée sont trop chauds pour le pommier*. En effet, nous voyons peu de grands pommiers dans nos pays, et s'il en est quelques uns c'est toujours dans des jardins arrosables ou dans des terrains qui, par leur position, conservent de la fraîcheur pendant l'été. Comme on ne fait jamais un verger dans nos pays sans y placer quelques pommiers, bien qu'on soit persuadé à l'avance qu'ils ne seront pas de longue durée, je vais citer les variétés les plus estimées, et je prendrai dans le bon Jardinier de 1838, la description que j'en vais donner.

Calville blanc d'hiver. Arbre très fécond. Fruit très gros, à côtes relevées, peau jaune pâle, tirant sur le vert; chair fine, tendre, grenue, légère, goût relevé. Se cueille après la Saint-Michel et se mange de décembre en avril.

Postophe d'hiver. Pomme grosse, excellente et belle comme la reinette du Canada.

Calville rouge d'automne. Fruit moyen, cônique et rouge foncé, chair un peu teinte, sucrée, parfumée de violette.

Fenouillet gris, anis. Fruit bien fait, ventre de biche, tendre, à odeur de fenouil ou d'anis.

Fenouillet jaune ou drap d'or. Fruit moyen, de même forme que le précédent, peau d'un beau jaune, marquée de traits fins, ressemblant à des lettres et qui ont fait donner au fruit le nom de pomme de caractère. Chair ferme, délicate, douce, fort bonne. Mûrit de décembre à février.

Reinette dAngleterre. pomme d'or. Fruit moyen de la couleur du fenouillet jaune, rayé de rouge, ferme, sucré, très relevé. Excellent jusqu'en mars.

Pomme reinette dorée, ou *rousse*, ou *jaune tardive.* Fruit moyen, raccourci, à peau rude et d'un gris clair sur un fond jaune, chair ferme, sucrée, relevée, peu acide. Bonne jusqu'en mars.

Reinette de Hollande. Fruit très gros, très bon. Mûr en octobre et novembre.

Reinette de Bretagne. Beau fruit, rouge foncé et vif, piqueté de jaune, ferme, sucré, peu acide. Exellent, pas assez connu. Finit en décembre.

Reinette du Canada. Fruit très gros, jaune lavé de rouge; chair caverneuse, sans acide. Très bonne jusqu'en février et mars.

Reinette d'Espagne. Fruit gros, allongé, à côtes relevées; l'un des meilleurs et se gardant jusqu'en mars.

Reinette grise, haute bonté. Fruitgros, aplati, gris, ferme, sucré, fin, excellent. Se conserve jusqu'en été.

Pigeonnet, cœur de pigeon, museau de lièvre. Moyen, allongé, rouge, rayé de rouge foncé, fin, doux, agréable. Jusqu'en décembre.

Pigeon de Jérusalem. Fruit petit, cônique, couleur de rose changeante, fin, délicat, grenu, léger, très bon. Jusqu'en février.

Api, *Appie* du temps d'Olivier de Serres, du nom d'Appius Claudius qui, dit-on, l'apporta du Péloponèse à Rome. Fruit très petit, jaune pâle, d'un beau rouge vif du côté du soleil, ferme, croquant; bon jusqu'en avril.

Il y en a plusieurs variétés. Une d'elles, connue sous le nom d'api noir, a une peau d'un rouge très brun. C'est parce qu'on la cueille trop tôt que cette pomme mûrit difficilement dans nos pays. Ce n'est qu'à la fin d'octobre ou même dans le mois de novembre qu'il convient de la cueillir et de la placer dans le fruitier.

Les racines du pommier étant plutôt traçantes que pivotantes, une terre humide, mais non aquatique et à défaut arrosable, plus grasse que maigre et peu profonde, est celle où le pommier végète avec vigueur et donne beaucoup de fruits.

Les pommiers, que nous cultivons dans nos champs, et qui donnent ces mauvaises pommes de Saint-Jean, connues dans une partie de la Provence sous le nom de pommets, parce qu'on les cueille et qu'on peut les manger avant leur maturité, produisent une infinité de rejets et de drageons que l'on arrache et que l'on met en pépinière. Mais les sujets qui proviennent de ces rejetons ne survivent pas long-temps à leur mise en place. Lorsqu'on veut se procurer de beaux sujets de pommier, il vaut mieux acheter quelques livres de pommes des plus mauvaises qualités, les ouvrir, en détacher les pépins, les mettre à stratifier (Voyez STRATIFICATION.) les semer en mars sur une terre douce et légère et finalement les couvrir d'un pouce de la même terre, sur laquelle on répand un peu de mousse pour maintenir sa fraîcheur. Les jeunes plants sont débarrassés des mauvaises herbes, arrosés et sarclés deux ou trois fois pendant l'été. Après la seconde année, ils sont arrachés et mis en pépinière. Les soins à leur donner étant les mêmes que ceux des jeunes poiriers, je renvoie à l'article POIRIER pour ne pas me répéter.

Les pommiers étant développés au point que l'on désire, sont mis en place, où on les cultive et on les conduit comme les poiriers, mais avec la différence que les labours ne doivent pas être donnés trop profondément à cause de la disposition naturelle du pommier à tracer.

Nous sommes dans l'usage de chausser, autant qu'il est possible, nos orangers et autres arbres délicats, pour garantir leur tronc des injures du temps ; et bien pour les pommiers nous devons faire le contraire, c'est-à-dire, enlever pendant l'automne, autour de chaque pied, une couche de terre de cinq ou six pouces de profondeur, jusqu'à la distance de six pieds, tant pour faire arriver plus directement les principes de la végétation, fournis par tous les météores d'hiver, jusqu'aux racines, que pour détruire les insectes rassemblés au pied de l'arbre où ils cherchent alors un abri. On remet la terre après l'avoir amendée, ou mieux, on la remplace par de la nouvelle bien substantielle, ou si le terrain est sec par du fumier réduit en terreau. Cette œuvre, qui est recommandée par le bon Jardinier, ne doit jamais être négligée dans le midi, où plus qu'ailleurs le pommier a besoin d'être soigné.

Le pommier est sujet à des maladies comme tous les autres arbres, mais il nourrit un plus grand nombre d'insectes que le poirier, le pêcher, etc. La maladie la plus à craindre pour cet arbre est celle connue sous le nom de chancre. C'est une plaque large et noire, arrondie, du centre de laquelle suinte une liqueur qui paraît sortir de l'aubier, qui en est plus ou moins altéré. Dès qu'on s'en aperçoit, il faut, avec un instrument bien tranchant, enlever toute la partie malade et trancher jusqu'au vif. Si on prend la maladie à temps, cette opération suffit pour en guérir l'arbre, mais bien souvent c'est trop tard et on ne réussit pas.

Parmi les insectes qui se nourrissent sur le pommier et lui portent préjudice, il faut mettre en première ligne de compte la teigne padelle dont la chenille, abritée sous des toiles, le dépouille de toutes ses feuilles. J'ai vu dans un grand jardin où plusieurs centaines de pommiers qui s'y trouvaient et qui y avaient été plantés par un jeune propriétaire, lequel ne prenant conseil que dans des ouvrages d'agriculture faits pour le nord, avait cru se donner de grands revenus par cette plantation d'un nouveau genre dans le midi, des centaines de pommiers, dis-je, dont les feuilles étaient chaque année dévorées par cette chenille. Ces arbres ne donnant jamais aucun produit, furent tous coupés quelques années après, mais déjà la majeure partie avait cessé d'exister. Plusieurs autres insectes, tels que le charançon gris, plusieurs bombices, noctuelles, etc. causent aussi un grand ravage aux pommiers en se nourrissant de leurs boutons. Il est aussi un puceron (le lanigère) qui occasionne des exostoses à leurs branches et par suite le dessèchement de ces mêmes branches. Le seul moyen, pour atténuer le mal causé par ces divers insectes, est de chercher et de tuer les chenilles et de détruire aussi les œufs de ces insectes; quelquefois, et suivant les espèces, ils forment des anneaux autour des branches.

PORREAU. Voyez Poireau.

POTENTILLE. Genre de plantes de la famille des rosacées, dont une espèce est un fléau pour les jardins où elle se trouve. C'est la POTENTILLE RAMPANTE, la *quinte feuille*; la *frago* en prov. Chacun des nœuds de ses tiges, qui rampent sur la terre, pousse des racines et forme une nouvelle plante. Combien de carrés de fraisiers, j'ai été forcé d'arracher parce que cette potentille s'étant mêlée avec ces plantes, je ne pouvais la faire enlever, sans enlever aussi les fraisiers. Je ne saurais trop recommander de détruire la potentille rampante; on n'y parviendra qu'en l'arrachant.

POURPIER. Genre de plantes de la famille des portulacées, composé de plusieurs espèces dont une seule doit, en quelque sorte, être mentionnée.

Le POURPIER COMMUN, *Portulaca oleracea*, Lin.; *bourtouraigo* en prov. Cette plante, qu'on dit originaire de l'Inde, s'est si bien naturalisée en Provence que chaque année elle nous occasionne des frais d'arrachage; tant nos jardins en sont infestés. On ne laisse que les plantes dont on peut avoir besoin pour l'usage de la table. On sait que les jeunes tiges et les feuilles de ce pourpier fournissent une salade estimée par beaucoup de gens. Dans l'intérieur de la France elle est cultivée dans beaucoup de jardins comme plante potagère. Suivant Rozier, cette plante est rafraîchissante et diurétique. Les feuilles nourrissent peu et se digèrent avec assez de promptitude; elles diminuent la chaleur du corps et des urines; elles ont quelquefois modéré le vomissement bilieux, la diarrhée bilieuse, le scorbut, l'inflammation des voies urinaires.

PRAIRIES. Etendue de terre couverte de diverses plantes que l'on fauche au moment qu'elles sont en fleurs, que l'on fait sécher, que l'on enferme pour la nourriture des bestiaux et qui constituent dans cet état ce qu'on nomme le foin et qu'il ne faut pas confondre avec le fourrage, comme nous le faisons en Provence et comme je l'ai fait moi-même sans doute dans mon Manuel, par la raison que le foin porte le nom de fourrage dans notre langage provençal. Le fourrage est le foin, la paille, les herbes sèches qu'on coupe sur les bords des chemins, les rives des ruisseaux et toutes les herbes sèches ou fraîches qui servent à la nourriture des bestiaux.

J'ai démontré à l'article assolement la nécessité d'établir des prairies partout où il y a possibilité. Je ne reviendrai pas sur ce sujet, qui lui seul comporterait un volume. Je rappellerai seulement ce que disait Olivier de Serre, il y a bien long-temps : *Les prairies sont le ferme fondement sur lequel s'appuie toute l'agriculture*, et ce que disait de nos jours un de nos hommes d'état et en même temps un des savants qui honorèrent la fin du dix-huitième siècle, Chaptal : *Avec du fourrage on a des bestiaux, avec des bestiaux on a du fumier, et avec du fumier on a de tout.* Ces deux axiomes devraient être suffisans, pour que nos ménagers ou métayers et nos petits propriétaires abandonnassent leur système de culture, qui consiste en un assolement biennal le plus souvent avec jachères pendant l'intervalle d'une culture de froment à l'autre, pour en adopter un où les plantes fourragères seraient intercalées. Les avantages qu'ils en retireraient seraient immenses ; plus d'une fois obligés de nourrir leur mulet ou leur âne avec de la paille souvent moisie, des mauvaises herbes, des sarmens de vigne coupés par morceaux ou avec du foin acheté, ils trouveraient dans ce nouveau système de culture des ressources qui leur étaient inconnues et dont ils ne se doutaient pas. Les environs de Draguignan offrent un exemple frappant de ce que j'avance. Avant que la culture du sainfoin y eût été introduite par les soins du vénérable D'Azémar, les malheureux fermiers de ces contrées ne pouvaient nourrir le cheval qui servait à l'exploitation des terres dont ils étaient chargés qu'au moyen du foin qu'ils achetaient à haut prix. Aujourd'hui, ils récoltent les uns la presque totalité de celui qui leur est nécessaire, les autres en ont de surplus et se créent, par la vente de ce qu'ils ont en trop, un revenu qui eût paru fabuleux, tant il était alors invraisemblable, si on l'avait annoncé aux cultivateurs de Lorgues, de Draguignan, durant les quatre ou cinq premières années de notre siècle. Aussi les avantages de la culture du sainfoin ont-ils été appréciés, et aujourd'hui cette culture s'est étendue dans tout le département du Var; toutefois elle n'est pas assez générale. Beaucoup l'ont adoptée, mais un plus grand nombre ne se doute pas qu'il trouverait dans la culture du sainfoin l'aisance dont il est privé et qu'il cherche en vain dans la fausse voie où la routine l'égare. Il est vrai que bien souvent les moyens manquent; car le défoncement, que le sainfoin, pour prospérer, exige dans nos terres peu profondes et arides pendant l'été, ne se fait pas sans de grandes dépenses. Il est vrai encore que la majeure partie de nos propriétés rurales est entièrement complantée en vignes ou en oliviers, et que l'établissement d'une prairie artificielle dans de pareils terrains, porterait le plus grand préjudice à la végétation de ces arbres et conséquemment diminuerait les produits qu'on en espère. Dans ces deux suppositions, ne pourrait-on pas avoir recours aux prairies temporaires? Alors pas de frais, une raie de labour, sur le chaume du froment qui a été coupé, suffit. Les vignes et les oliviers ne se ressentent pas de cette culture, puisque les plantes, qui font la base de ces sortes de prairies, sont fauchées avant d'avoir fructifié, et que le terrain peut et doit être labouré de suite après. Voyez au mot ASSOLEMENT.

Il est trois sortes de prairies, les prairies temporaires, les prairies artificielles et les prairies naturelles.

Des PRAIRIES TEMPORAIRES. On nomme ainsi tout semis de plantes annuelles dont les tiges et les feuilles sont destinées, soit en vert, soit après leur fanage, à la nourriture des bestiaux. Elles sont désignées dans le midi sous plusieurs noms. Dans la Provence c'est ce qu'on nomme *pasquier*, *barjelado*, *veillado*. Plusieurs plantes sont propres à cette sorte de prairies. Parmi les graminées, le seigle, le maïs, l'avoine, l'orge et au besoin le froment; parmi les légumineuses, la vesce, le pois gris, la gesse, la fève, la lentille. C'est un bien d'associer certaines légumineuses à une céréale; celle-ci sert de soutien aux premières qui s'y accrochent au moyen de leurs vrilles.

Il est des terrains arrosables naturellement gras et herbeux où l'on ne se donne pas la peine de semer des graines de plantes fourragères; après l'enlèvement des gerbes de froment ou d'avoine, on se contente de submerger le sol au moyen de l'eau d'arrosage durant quelques heures. Cette humidité fait développer le germe des graines qui s'y trouvent; le chaume sert d'abri contre les grandes chaleurs aux jeunes plantes, qui sont assez fortes et assez robustes quand l'hiver arrive pour être pâturées jusqu'au commencement de janvier et qui après repoussent et s'élèvent à une telle hauteur qu'en mai, étant fauchées, elles donnent un foin abondant et du goût des bestiaux par le mélange des diverses plantes qui la composent. Le terrain est de suite labouré et planté en pommes de terre ou semé en haricots. On conçoit que cette récolte et celle qui la suit sont très nettes, la presque totalité des graines qui se trouvaient dans le terrain ayant germé. C'est une bonne opération que de faucher les prairies temporaires quand elles sont en fleurs, et non à mi-grain, comme on en a l'habitude dans nos campagnes. Voyez les mots PASQUIER et ASSOLEMENT.

Des PRAIRIES ARTIFICIELLES. Ce nom est donné aux terrains sur lesquels on sème des graines de plantes vivaces, propres à la nourriture des bestiaux et dont les tiges et les fanes peuvent être fauchées une ou plusieurs fois dans l'année. Les prairies artificielles, déjà très usitées dans le midi de la France, où les prairies naturelles sont si rares, ont le grand avantage de fournir du foin aux pays en plaine qui n'en pourraient pas avoir autrement, d'en donner une plus grande quantité qu'une prairie naturelle de même étendue et de permettre, sur leur défrichement, des récoltes de céréales d'une grande beauté. Combien de terrains autrefois sans produit, donnent aujourd'hui dans les environs de Lorgues et de Draguignan, des coupes abondantes de sainfoin d'abord, et des récoltes superbes de blé ensuite.

Dans toutes les fermes où l'on manque de foin pour nourrir les bêtes attachées à l'exploitation, et où il y a le moindre carré de terre, libre de vignes ou d'oliviers, on doit établir une prairie artificielle. Que l'on ne prenne pas pour prétexte que les étés sont trop secs et le terrain trop aride. Avec du fumier on fertilise celle-ci et avec un profond défoncement on ne craint pas la sécheresse de l'été. Passez vos terres, dans quelle position et de quelle nature qu'elles soient, à soixante-dix ou quatre-vingts centimètres de profondeur, et vous aurez des luzernes très fournies et très-élevées que vous couperez trois fois pendant six ans au moins, là où vous voyiez à peine croître quelques brins d'herbe. Mais les frais de défoncement, direz-vous? Et bien ces frais vous seront amplement remboursés par la valeur du foin que vous y ramasserez, par la récolte des céréales que vous y ferez après le défrichement de la luzerne, sans être obligés de fumer; et vous gagnerez encore à votre opération que lorsque vous voudrez planter ce terrain en vignes, les frais de plantation seront réduits à plus de moitié. Ensuite ne comptez-vous pour rien de ne plus avoir le souci d'aller chaque année vous procurer le foin dont vous avez besoin, souvent dans une commune éloignée de la vôtre et à un prix qui rend votre exploitation plus onéreuse que profitable. Il n'y a donc que les terres trop humides pendant l'hiver, ou les terrains trop rocailleux, qui ne puissent pas être convertis en prairies artificielles; comme il n'y a que des hommes indolens, des hommes embourbés dans la routine jusqu'au cou, qui ne récoltent pas chez eux tous les fourrages dont ils ont besoin. Quel est le résultat d'une conduite aussi inexplicable que désavantageuse; celui que les moyens manquent, et que les travaux d'exploitation sont mal et souvent pas du tout exécutés.

A l'exception de la pimprenelle, de la spergule et du plantain, les plantes propres à fournir des prairies artificielles sont fournies par la famille des légumineuses et par celle des graminées. Parmi les premières, je citerai de préférence à plusieurs autres peu répandues : la luzerne, le sainfoin, le trèfle. Voyez ces mots. Les gramens vivaces que l'on doit plus particulièrement employer à ces prairies sont :

L'Agrostic d'Amérique, le *herd-grass* des Américains du nord, qui devrait toujours trouver place dans nos prairies artificielles, où son produit serait considérable, et où il serait d'une longue durée si la germination de sa graine, extrêmement fine, et la venue de la jeune plante, fort délicate, n'éprouvaient de grandes difficultés et si celle-ci n'était bien souvent étouffée par les plantes rustiques et indigènes qui croissent autour d'elle. M. Vilmorin, chez qui on trouvera à se fournir de la graine, conseille d'en former des semis à part et bien soignés, pour en repiquer les plants, quand ils seront forts. L'expérience me manque pour savoir, si la température du midi de la France ne serait pas contraire à la végétation de cette graminée. Quatre à cinq kilogrammes de graines suffisent pour un hectare. On les sème en automne ou en mars.

L'avoine élevée, le fromental. J'ai traité de cette plante à son article. Il faut ordinafrement cent kilogrammes de graines par hectare.

La fétuque des prés, la fétuque élevée et la fétuque ovine, sont des plantes qui ne doivent pas être oubliées dans les prairies à sol humide et de longue durée. Elles donnent un foin abondant et du goût des bestiaux. Cinquante kilogrammes de graines sont nécessaires à l'ensemencement d'un hectare. Le semis doit se faire, si le terrain est humide pendant tout l'hiver, vers la fin de septembre.

Le fléau des prés, *Phleum pratensis*, *Timothy* des Anglais. Cette plante, semée à part, ou mélangée seulement avec la fétuque élevée, la fétuque des prés, à cause du retard des uns et des autres à monter et à épier, donne des produits considérables. M. Vilmorin a vu chez un habile cultivateur du département du Loiret, des prairies, faites avec cette graminée, donner jusqu'à quatre-vingts quintaux métriques ou quatre-vingt mille kilogrammes de foin par hectare. Ces prairies étaient établies sur des terrains humides, soit tourbeux, secs, siliceux, soit sablonneux. De quelle ressource serait cette plante pour les communes de Cogolin et de Grimaud où les terres sont essentiellement humides, grasses et légères et où il suffit de ne plus labourer les chaumes pour y avoir, deux ans après, des prairies naturelles bonnes à faucher; mais où les meilleures de ces prairies ne donnent pas au delà de vingt-cinq quintaux métriques ou vingt-cinq milles kilogrammes de foin par hectare et souvent de mauvaise qualité. Je suis certain qu'elle réussirait complètement. C'est un essai que je recommande à la philantropie de MM. de Feraporte et Thanaron, eux qui possédent de si grandes prairies naturelles et de si grandes connaissances en agriculture. M. Vilmorin, j'en suis sûr, se ferait un plaisir de leur procurer toute la graine dont ils auraient besoin. La quantité de graines à semer est de sept à huit kilogrammes par hectare. C'est de septembre en octobre que le semis doit s'en faire. S'ils réussissaient, ils augmenteraient la prospérité agricole de leur pays, déjà si propre à l'éducation des bestiaux.

La houque laineuse. *Holcus lanatus*, Lin. Ne pouvant mieux dire que M. Vilmorin qui joint à de profondes connaissances en théorie, une excellente pratique, je puise chez lui ce qui suit :

Il est peu de plantes, parmi les graminées vivaces, qui conviennent mieux que celle-ci pour entrer dans la composition d'un fond de pré, surtout pour terrain frais. Elle croît abondamment dans les prairies des environs de Paris, soit humides, soit sèches. L'époque de sa floraison qui tient le milieu entre les espèces hâtives et les tardives, et la faculté qu'elle a de se conserver sur pied quelque temps après sa maturité, sans trop perdre de sa qualité, permettent de l'associer avec les autres graines. Enfin elle est très bonne en pâturage. Il faut à peu près quarante livres de graines par hectare. On la sème en octobre.

Si le mélange des graminées avec les plantes des prairies artificielles, et particulièrement avec le trèfle, est une bonne pratique comme j'en suis convaincu pour beaucoup de cas, la houque laineuse serait sans contredit une des espèces les plus propres à cet usage et préférable à plusieurs égards au ray-grass que les Anglais y emploient ordinairement.

L'ivraie vivace. *Lolium perenne*, Lin. *Ray-Grass* des Anglais; *margaou* des Provençaux. Cette plante qui croît naturellement dans nos champs, et qui est si préconisée par les agronomes anglais, ne paraît pas nous convenir, si nous la jugeons par ce qu'elle est dans les jardins et autres lieux arrosables ou frais de nos pays. Dans l'intérieur de la France même on n'en est pas très satisfait, du moins d'après la généralité des expériences qui ont été faites. Il est cependant des exceptions d'un résultat opposé. Ce n'est que dans les lieux bas et frais où le ray-grass des Anglais peut offrir quelques chances de succès dans nos pays. On sème en octobre. Il faut cinquante livres de graines par hectare.

Depuis peu de temps, il a été introduit en France une nouvelle espèce d'ivraie, nommée ray-grass d'Italie dont on vante beaucoup les beaux produits. C'est encore une plante à former des prairies artificielles dans les plaines d'Hyères, de Bormes, de Cogolin, de Grimaud, de Fréjus, etc., car elle donne étonnamment, dit-on, dans les terres humides et non calcaires. Il ne s'agirait rien moins que de soixante-quinze quintaux métriques ou soixante-quinze mille kilogrammes par hectare, et de huit coupes pendant l'année, quand elle se trouve dans une terre grasse et arrosée. Sa graine, dont il faut de quarante à cinquante kilogrammes par hectare, doit être semée seule, et non mêlangée, à cause de la grande précocité de la plante, et dans le mois d'octobre.

Le PANIS ÉLEVÉ ou herbe de Guinée. Ayant parlé de cette plante à son article, je n'y reviendrai pas.

Les prairies artificielles se subdivisent en pré gazon et en prairie d'assolement. Les premières composées d'un ou plusieurs gramens sont d'une longue durée, les secondes étant à base de plantes légumineuses et devant faire partie d'un assolement, ne peuvent subsister plus de sept à huit ans. Le terrain destiné à une prairie artificielle, soit à long, soit à court terme, doit toujours être largement fumé, profondément défoncé, (vingt-cinq à trente centimètres, s'il est arrosable ou frais durant l'été et cinquante à soixante-quinze centimètres s'il est sec et selon qu'il est de nature plus ou moins rocailleuse, plus ou moins argileuse et plus ou moins humide pendant une partie de l'année), parfaitement épierré et exactement aplani, mais avec une pente sensible à partir du point où arrive l'eau jusqu'à l'extrémité de la planche, si elle doit être arrosée. C'est d'une bonne préparation de la terre que dépend le succès d'une prairie. Combien de sainfoins et de luzernes ne prospèrent pas pour avoir été semés dans un terrain sec et seulement labouré. Mais avant tout il faut bien étudier la qualité de la terre. Si elle repose sur un sous-sol calcaire et sec, c'est le sainfoin qu'il faut choisir, si le sous-sol est granitique ou schisteux, et avec cela si la terre a de la profondeur, on préférera la luzerne; on réservera le trèfle pour celle qui serait trop humide pendant l'hiver. Lorsque c'est un pré gazon ou une prairie à long terme qu'on veut établir, il faut nécessairement que ce soit sur un terrain qui conserve sa fraicheur pendant tout l'été ou qui soit arrosé avec des eaux très abondantes. Si l'on n'a à sa disposition que l'eau d'une petite source, on se décidera pour une prairie d'assolement plutôt que pour un pré gazon. Doit-on mélanger diverses plantes ensemble dans l'établissement d'une prairie artificielle? Oui et non. Oui, quand c'est un pré gazon; non, quand c'est une prairie d'assolement. L'usage veut dans nos pays que lorsqu'on veut faire un pré gazon, on sème ensemble ou séparément, mais toujours sur le même sol, des graines de fromental, de luzerne et de trèfle. Ce mélange est reconnu désavantageux par beaucoup de cultivateurs; en effet la luzerne n'est plus en fleurs lorsqu'à peine le fromental est bon à faucher. Il en résulte que la luzerne est trop dure et que le fromental n'est pas assez substantiel, assez avancé, si on fauche la prairie, quand la luzerne ou le fromental sont arrivés au point d'être coupés; d'autre part on ne fait que trois ou quatre coupes pendant l'été, toujours pour attendre la maturité du fromental, tandis qu'on en ferait cinq et quelquefois six, si, ayant formé une prairie d'assolement, la luzerne se trouvait seule; et ensuite les dernières coupes seraient bien plus nombreuses qu'elles ne le sont, par la raison que la luzerne occuperait tout l'espace rempli par le fromental. Un seul arrosement d'une coupe à l'autre suffit à la luzerne pour qu'elle végète avec vigueur et fournisse une herbe abondante, tandis qu'il faut des arrosemens répétés au fromental. Tous ces inconvéniens sont connus par plusieurs de nos cultivateurs, et bien, l'empire de la routine est si fort sur leur esprit, qu'ils n'en veulent pas démordre; il est de rigueur qu'ils mélangeront toujours leurs prairies de cette manière, parce que leurs devanciers fesaient ainsi. J'ai vu des messieurs, (on me pardonnera cette expression parce qu'elle peint mieux les individus dont je veux parler), qui se retirant de leur emploi et voulant, bon gré, mal gré, faire de l'agriculture sur leurs terres, semer des prairies où ils ne manquaient pas de mélanger la luzerne avec le fromental parce que leur voisin, cultivateur praticien, le leur avait conseillé. Si les exemples et les conseils n'ont aucune influence sur des hommes de cette classe, eux qui devraient donner l'exemple, que doit-on attendre de ceux qui n'ont jamais reçu et qui ne peuvent recevoir d'instruction. Si le mélange d'une ou de plusieurs graminées vivaces dans les prairies d'assolement est un procédé vicieux, il n'en est pas de même pour les prés gazon. La plupart des graminées que j'ai citées doivent entrer dans leur composition, et l'on ferait bien d'y ajouter parmi les autres plantes fourragères, le trèfle rouge, le plantain lancéolé; plus ces prés sont mélangés et plus le foin qu'on y ramasse est du goût des bestiaux. Et puis devant être d'une plus longue durée, plus il y a de sortes de plantes et plus il en reste, quand celles d'une plus courte existence périssent. Pour que ces prés soient d'un bon produit, il ne faut pas qu'il s'y forme des vides, et il n'y en a pas quand les diverses plantes qui les composent ne mûrissent pas leurs graines en même temps. Si le trèfle a mûri la sienne au moment de la fauchaison, cette graine tombe, et si elle se trouve au pied d'une plante qui est prés de sa fin, elle germe et elle remplace celle-ci. De cette manière, il est des prés gazon que l'on ne pense jamais à détruire; tant ils continuent de produire. Il en est à ma connaissance dont l'origine est oubliée.

J'ait fait connaître les inconvéniens du mélange de la luzerne avec les gramens, mais je suis loin de combattre celui de cette plante ou du sainfoin, ou du trèfle avec des céréales annuelles, telles que le froment, l'avoine, l'orge. Ce mélange étant usité dans le nord comme dans le midi de l'Europe, j'aurais mauvaise grace de ne pas l'approuver. Cependant la vérité me force de dire que j'ai plus d'une fois remarqué que ces légumineuses se développent bien plus vite et avec bien plus de vigueur quand elles sont semées seules que lorsqu'elles le sont lors du semis ou du sarclage du froment, de l'avoine ou de l'orge. Pourtant comme en définitive, elles reprennent de la force et que par la suite elles fournissent des coupes abondantes, on peut ne pas se priver d'une récolte de grains dont la valeur compense la diminution des premiers foins.

Les graines de la plupart des plantes fourragères étant extrêmement menues, il faut avoir soin de ne les pas trop enfouir. Les prairies d'assolement doivent être sarclées dès que les plantes sont assez développées pour supporter cette opération qui les nettoie des mauvaises herbes, comme les prés gazon doivent être délivrés de certaines plantes qui, en grossissant, nuiraient à leur croissance et répandraient une infinité de graines. Ces plantes sont arrachées à la main et non autrement.

Les prés gazon sont ordinairement fumés durant l'hiver de chaque année. On éparpille le fumier aussi également que possible et on les submerge avec l'eau qui sert à les arroser pendant l'été, mais de manière que cette eau n'entraîne pas le fumier. Les prairies d'assolement étant de courte durée, ne reçoivent pas d'engrais, mais comme elles sont presque toujours faites avec des plantes légumineuses, on les amende pendant le printemps de la seconde année avec du plâtre, (Voyez ce mot.) qui dans la généralité des pays double et triple leur produit.

Lorsque ces prairies ont plusieurs années d'existence, on

les voit se dégarnir et finir par ne plus fournir que des coupes presque insignifiantes. J'avais en 1837 un de mes carrés de luzerne qui était dans ce cas. J'en défrichai la moitié, je brûlai les racines et les chiendents qui en furent arrachés, je fis de la terre écobuée; la moitié de cette terre fut répandue sur la partie restante, et elle fut de suite après recouverte de quelques pouces d'une terre que j'avais retirée de la fosse d'une aspergière récemment faite au dessus. Cette opération a ranimé cette prairie d'une manière miraculeuse. J'y ai coupé en 1838 cinq foins superbes lorsque l'année précédente je ne l'avais fauchée que deux fois, ayant cessé de la faire arroser, tant ces deux coupes m'avaient peu satisfait.

La dépaissance des prairies d'assolement ne doit pas être permise. Les moutons, et les chèvres surtout, font périr beaucoup de plantes en les broutant jusqu'en dessous du collet de leurs racines.

Des prairies naturelles. Tout terrain, qui, sans avoir été ensemencé, donne une herbe assez élevée et assez fournie pour être fauchée, constitue une prairie naturelle.

Les terrains de cette nature donnent-ils tout le produit dont ils sont susceptibles? Si ce produit peut être augmenté, par quel moyen arriverait-on à un pareil résultat? Il n'est pas de doute que presque toutes les prairies naturelles, du moins dans nos pays, où l'on ne ramasse pas le blé nécessaire à la consommation locale, ont dû leur conversion en ce genre de culture, parce qu'il n'a pas été possible d'y établir une culture de céréale. Des inondations trop souvent répétées, tels que des bas fonds dans certaines plaines, des eaux qui se montrent seulement pendant l'hiver et qui ne permettent ni labour, ni ensemencement durant cette saison, sont l'origine de ces sortes de prairies. Mais ces prairies en bas fond, dont le sol a été relevé après un laps de temps plus ou moins long, par le détritus des plantes qui s'y trouvent, par les monticules de terre qu'y ont formés pendant l'été les taupes et les campagnols, par le dépôt annuel et successif des inondations, peuvent être défrichées et converties en terres arables. On voit souvent de pareils défrichemens; combien on devrait en voir davantage. Le besoin du foin, quoique d'une mauvaise qualité, des prairies naturelles, l'insouciance, le manque de fonds sont cause qu'on les laisse subsister en cet état; mais quel profit ne retirerait-on pas des avances que nécessite toujours le défrichement d'une prairie. De belles récoltes d'avoine et de froment d'abord et des produits bien plus considérables en foin, par la suite. Si le terrain, malgré son élévation, était reconnu trop humide pour y établir des prairies d'assolement, on pourrait le convertir en pré gazon composé des gramens, qui se plaisent de préférence dans les sols humides et pris parmi ceux dont il a été parlé ci-dessus. Il est quelques unes de ces prairies naturelles qui sont si souvent et si long-temps submergées, qu'il y naît une infinité de joncs et qu'il n'y vient que des plantes aquatiques. En juin, les eaux disparaissant, elles sont fauchées; on comprend que l'on n'y ramasse que du mauvais foin et souvent en petite quantité. Ce sont les prairies de cette nature qu'il convient d'améliorer. Souvent une réparation bien minime suffirait, mais c'est qu'on ne la suppose pas, c'est qu'on ne veut pas se donner la peine d'observer, c'est enfin qu'on ne se soucie pas de dépenser de l'argent; y en aurait-il de mieux employé? Il existait dans la plaine de Cogolin une assez vaste prairie dont la bonne moitié ne produisait plus que des joncs. Que de bécassines, de poules d'eau j'y ai tués. Le propriétaire avait essayé, au moyen de quelques rigoles, de faire fuir les eaux dans un de ces grands fossés d'écoulement qui se voient dans les plaines sujettes à des innondations, lequel longeait toute la longueur de son pré; c'était peine perdue; il était toujours submergé depuis les premières pluies de l'hiver jusques dans le mois de mai. Il fut bien agréablement surpris de voir un jour que les eaux s'étaient écoulées, que son pré était aussi à sec qu'il pouvait le désirer, et sans qu'il eût fait la moindre réparation pour cela. Mais ce que lui n'avait pas fait, un de ses voisins inférieurs l'avait exécuté. Celui-ci avait baissé et nettoyé le fond du grand fossé d'écoulement dont il vient d'être fait mention et cela avait suffi pour changer le plus mauvais pâturage en une bonne prairie naturelle, après que les joncs eurent été arrachés et après que les plantes aquatiques eurent fait place à de meilleures plantes. Il est une infinité de ces prairies qu'on ne peut plus faucher pour cause de submersion et stagnation d'eau pendant huit mois de l'année qu'on pourrait échanger contre de bonnes prairies naturelles par le simple creusement d'un fossé. Souvent ce n'est pas chez soi, ainsi que je viens d'en donner un exemple, qu'il faut faire les réparations, car à quoi serviraient-elles, si les propriétaires inférieurs ne donnaient pas une fuite aux eaux. Dans toutes les plaines où il n'y a presque pas de pente, il suffit que les grands fossés d'écoulement arrêtent les eaux sur un seul point pour que plusieurs propriétés supérieures soient innondées. Si l'on est dans cette position, il faut savoir faire des sacrifices. Il est des cas de force majeure, tels que des mineurs, des absens, où ils sont nécessaires et avantageux. Mieux vaut faire une dépense dont on ne devrait pas être chargé, que de perdre ses récoltes et par fois sa propriété.

Il arrive quelquefois dans les pays où l'humidité du terrain permet des prairies naturelles, que des terres qui ne donnent plus que de faibles récoltes de blé, sont converties en prairies. Dans ce cas, et ainsi que je l'ai dit, on se contente de ne plus labourer le chaume, et des herbes de nature différente y croissent d'elles-mêmes. Il y en vient nécessairement de bonnes et de mauvaises. Ne vaudrait-il pas mieux, n'y aurait-il pas un grand avantage de fumer ces terres, retourner et enfouir le chaume de suite après la moisson, et d'y semer en octobre, et par un second labour, des graines des différens gramens, qui ont été désignées et auxquelles on pourrait associer quelques graines de trèfle, de plaintain lancéolé, et autres qui donnent de l'herbe du goût des bestiaux et propres à entrer dans la composition d'un pré gazon. Ce pré fournirait du foin en meilleure qualité et en bien plus grande quantité qu'une prairie naturelle. C'est aux propriétaires aisés à faire ces essais qui ne peuvent manquer de réussir; les autres, reconnaissant les avantages d'une pareille opération, ne manqueront pas de les imiter, et les pays qui sont en position de posséder des prairies de cette nature, ramasseront plus de foins et pourront nourrir et engraisser un plus grand nombre de bestiaux. N'oublions pas que la France consomme plus de viande qu'elle n'en produit, et qu'un numéraire immense en sort pour l'importation des bestiaux qui lui sont nécessaires. Donnons donc tous nos soins à en augmenter la quantité. C'est ce que nous ferons, si nous donnons plus d'extension à la culture des plantes fourragères; et de plus nos bestiaux seront plus gros et plus gras, ils produiront davantage lors de leur vente, si nous les nourrissons avec du foin de prairies artificielles de préférence à celui, rarement d'une bonne qualité, des prairies naturelles. Et ensuite quelles puissantes récoltes de céréales après le défrichement des premières! L'amour du pays, l'intérêt particulier doivent engager à ne pas négliger ces conseils.

PRIMEVÈRE. Genre de plantes de la famille des lysimachiées. Il y en a plusieurs espèces, presque toutes cultivées par les amateurs, bien que deux soient communes dans les bois et les prés de la France. Les diverses primevères soignées par les amateurs sont :

La PRIMEVÈRE COMMUNE, *Primula veris*, Lin.; *printanièro* en prov., dont la culture a fait obtenir des fleurs variant du jaune au rouge dans quelques variétés, et des fleurs implantées l'une sur l'autre dans une variété particulière. On les multiplie en automne par éclat des vieux pieds ou par semis de graines. Toute terre convient, quand c'est en pleine terre qu'on la cultive. Les variétés de choix, tenues en pots, préfèrent une terre légère, mais fraîche, sans être trop humide, et ombragée.

La PRIMEVÈRE ÉLEVÉE, *Primula elatior*. Celle-ci se distingue de la précédente, toutes deux indigènes de la France, par la disposition de ses fleurs qui sont en ombelles sur une hampe de quatre à six pouces de hauteur, tandis qu'elles sont simplement pédonculées dans la primevère commune. Du reste même culture, même genre de multiplication.

La PRIMEVÈRE AURICULÉE, *Primula auricula*, Lin. L'oreille d'ours des amateurs. La culture de cette plante a fait fureur dans un temps. La mode en est passée maintenant; cependant elle se trouve dans plus d'un jardin, dont les nombreuses variétés ornent les gradins. Les plus recherchées sont celles dont les fleurs sont orangées, brun foncé, brun olive, couleur de feu, velouté de noir, pourpre avec liseré d'une teinte tranchant avec le restant de la corolle.

Cultivée en pots, l'auricule demande une terre substantielle, mais légère et rendue fertile au moyen du terreau, car elle craint les engrais trop actifs, tels que ceux de litière, de bergerie, etc. Elle annonce, quand ses feuilles sont molles et tant soit peu flexibles, le moment où elle a besoin d'être arrosée. Des arrosemens trop répétés lui sont contraires. On la multiplie de graines semées pendant l'hiver sur terre fine et légère, ou mieux de bruyère, et à peine couvertes. On repique les jeunes plants en pleine terre dans un terrain ombragé et très ameubli; l'année d'après on met en petits pots ceux dont les fleurs sont à la convenance de l'amateur, et on ne les dépote qu'à leur troisième année.

La primevère candélabre. En fleur toute l'année, assez grande, de couleur rose, portée par des hampes de 30 à 35 centimètres de longueur, autour desquelles elles sont disposées en girandoles au nombre de 8 à 10 sur chaque. Cultivée en pots avec terre de bruyère. En terre tempérée pendant l'hiver, elle fait un effet charmant par ses belles fleurs. On la multiplie de graines et d'éclats de vieux pieds.

Les autres primevères cultivées telles que celles à feuilles de cortuse, de paliure sont moins intéressantes. Au surplus même culture et même multiplication.

PRUNIER. Genre de plantes de la famille des rosacées composé de plusieurs espèces dont une doit être longuement mentionnée.

Prunier cultivé, *prunus domestica*, Lin.; *pruniero* en prov. Cet arbre est, par la bonté de son fruit, un de ceux qui sont les plus multipliés dans le midi, comme dans le centre et le nord de la France. Aussi ses variétés sont-elles en nombre presque indéfini. Je ne donnerai la description que de celles qui sont les plus estimées. Comme il s'en découvre toujours des variétés plus nouvelles, j'ai puisé dans les ouvrages les plus modernes, et notamment dans le bon Jardinier de 1838, les renseignemens dont j'ai eu besoin. Je dois dire pourtant que ces longues nomenclatures des diverses variétés de fruits sont souvent pleines d'erreurs, mentionnant souvent des variétés qui n'existent pas ou qui sont décrites plusieurs fois sous des noms différens. Je n'en citerai que deux exemples pour ne pas trop prolonger ce que j'ai à dire sur ce sujet. Le prunier de Brignolles est désigné comme donnant un fruit à peau d'un jaune pâle avec lequel on prépare les bons pruneaux de ce nom. Et bien la vérité est que les pruneaux de Brignolles dits pistoles sont produits par le perdrigon violet dont on pèle les fruits. La poire brute bonne de Provence qui figure comme une variété particulière dans le Nouveau Cours complet d'Agriculture, est le véritable beurré d'Angleterre. Seulement nous en avons deux sous-variétés dont une plus grosse.

1° Damas de provence hatif, *Nouveau Duhamel*; la *Jeannenque* en prov. Fruit rond, moyen, d'un violet noir, très fleuri; sa chair est jaune, sucrée. Il mûrit à la fin de juin.

2° Prune monsieur. Fruit gros, rond, beau, violet, fondant, peu relevé, meilleur dans les terres chaudes et légères. Mûrit au commencement de juillet.

3° Surpasse monsieur. Fruit ressemblant au précédent, mais il est plus gros et plus parfumé. C'est aux semis de M. Noisette qu'on le doit.

4° Prune royale de Tours. Fruit gros, presque rond, violet et rouge clair, fin, sucré; en juillet. Abondant.

5° Perdrigon blanc. Fruit petit, long, d'un jaune donnant sur le blanc, très sucré, très parfumé et excellent. Il se reproduit par le semis de son noyau. Il mûrit en août.

6° Perdrigon violet. *Pardigouno* en prov. Fruit un peu plus gros que le précédent, d'un violet foncé, très fleuri, chair ferme et un peu acide, tant qu'il n'est pas arrivé à une complète maturité qui a lieu au commencement d'août, mais très sucré alors. C'est avec cette prune que l'on fait les pruneaux si vantés de Brignoles. Les auteurs du nouveau Cours complet d'agriculture, le bon Jardinier et autres, ont donc été dans l'erreur, quand ils ont annoncé que c'est avec une prune à peau blanche que l'on fabrique ces pruneaux. On fabrique avec le même genre de prune, deux sortes de pruneaux, dont une dite pistole est ainsi nommée parce que les prunes ont été dépouillées de leur peau et l'autre, pruneaux, dont on conserve la peau et qui conséquemment sont d'un violet très foncé.

7° Prune de Jérusalem. Très beau fruit, goût de la prune monsieur, chair de l'abricot.

8° Prune reine-claude. Même nom en Provence, où elle est commune et où les arbres en plein vent chargent considérablement. Fruit gros, arrondi, vert et souvent coloré de rouge d'un côté, sujet à se crevasser au moment de sa maturité; chair très sucrée, fondante et très juteuse. La reine-claude mûrit en fin juillet et elle est la meilleure de toutes. Elle se reproduit du semis de son noyau, mais on risque d'obtenir une variété moindre.

9° Prune dauphine. Sorte de reine-claude, d'un vert jaunâtre et d'une très bonne qualité.

10° Grosse mirabelle. Fruit arrondi, jaune, piqueté de rouge, fondant, très sucré, excellent. Mûrit en juillet.

11° Impériale violette. Fruit très gros, violet clair, ferme, sucré. Mûrit au commencement d'août.

12° Diaprée violette. Fruit moyen, allongé, violet, fleuri, ferme, sucré, délicat, excellent. Mûrit à la fin de juillet.

13° Sainte-Catherine. Fruit moyen, allongé, jaune, sucré, très bon. Mûrit de septembre en octobre.

14° Prune de Saint-Martin. Fruit moyen, violet, sucré et bon. C'est la plus tardive de toutes les prunes.

15° Robe sergent, agrune, prune d'ante à Agen. Fruit gros, allongé, d'un violet noir; c'est avec cette prune que l'on prépare les excellens pruneaux d'Agen. Il serait curieux de savoir comment il se fait que cette belle prune porte le nom d'agrune à Agen et que les fruits des pruniers qui se rapprochent le plus de l'état sauvage, et même ceux du prunelier, s'appellent *agrenes* dans la partie sud-est de la Provence. Il n'y a pas de doute qu'il doit y avoir analogie entre ces deux noms, quoique donnés à des prunes d'une nature bien différente, et dans deux pays distants de près de deux cents lieues l'un de l'autre.

Tout terrain, s'il est frais ou arrosable pendant l'été, convient au prunier. Il ne redoute que celui qui serait trop sablonneux et aride ou trop aqueux durant l'hiver. On le multiplie par le semis de ses noyaux ou par les rejetons et surtout par les drageons qui naissent autour des vieux pieds. Quelques variétés se reproduisent d'elles mêmes; (la reine-claude, le perdrigon blanc, le damas rouge, la sainte-Catherine) les autres variétés ne se propagent que par la greffe.

Les noyaux de prunes se sèment en automne ou se mettent à stratifier pour ne les semer que dans le mois de mars. Les drageons se greffent sur place, et ne sont plantés que lorsqu'ils ont la grosseur désirée, ou on les arrache pour les placer dans une pépinière. Voyez les mots GREFFE et PLANTATION pour les divers soins que les jeunes plants de prunier exigent dans la pépinière et lors de leur transplantation.

Comme il y a la plus grande facilité à se procurer des drageons de prunier, c'est presque le seul procédé, mis en œuvre, pour multiplier et propager les diverses variétés connues; et comme les greffes de pêcher et d'abricotier réussissent très bien sur le prunier, c'est souvent sur des drageons qu'on opère ces greffes. Toutes les greffes usitées peuvent être pratiquées sur le prunier. Pour l'opération voyez le mot GREFFE. Il arrive souvent que l'écorce se détache difficilement de l'aubier et qu'il est difficile de placer l'écusson ou la greffe en couronne. Cela vient de ce que la saison n'est pas assez avancée ou que l'arbre souffre de la sécheresse. Dans le premier cas on a soin d'opérer quand la sève est en parfaite activité, et dans le second on arrose largement les sujets à greffer deux ou trois jours à l'avance.

Le prunier, lors de sa plantation et une fois développé, ne demande pas d'autres soins que ceux donnés aux autres arbres fruitiers, voyez au mot PLANTATION; seulement ce qu'il demande, pour croître avec plus de vigueur et donner plus de fruits, c'est d'être débarrassé des nombreux drageons qu'il pousse, surtout si le sujet a été produit lui-même d'un drageon, car alors ses racines ayant des dispositions naturelles à tracer, en produisent une plus grande quantité que celui qui serait venu de semis. Celui-ci, bien qu'il soit de la nature du premier, que ses racines prennent une direction plutôt horizontale que verticale, est toujours muni de racines pivotantes; et l'on sait que ces racines ne fournissent jamais des drageons. De là la cause que les pruniers, venus de noyaux semés, sont d'une plus longue durée, et acquièrent un plus grand développement que ceux venus sur drageons. Il paraît que la reine-claude que nous possédons dans une grande partie de la Provence est primitivement provenue d'un semis de noyau, car les drageons qu'il produit (les nombreux sujets que nous possédons ayant tous été fournis par des drageons, ne sont munis que de racines traçantes) et dont on se sert pour le multiplier, n'ont pas besoin d'être greffés pour donner d'excellentes et véritables reine-claudes. De plus ces drageons rappellent encore, par les nombreux piquans dont ils sont entourés, leur première origine. Les arbres venus de semis sont plus lents à se mettre en fruits. Je ne sais si ces drageons ont conservé cette disposition, ou si c'est une disposition naturelle au prunier, ce qu'il y a de certain, c'est qu'ils demeurent cinq à six ans et souvent plus, après avoir été mis en place, sans fleurir et conséquemment sans donner du fruit.

Le prunier peut être placé parmi les arbres fruitiers les plus utiles. Son fruit qui est sain et excellent dans quelques variétés, se mange frais, confit au sucre, conservé dans l'eau-de-vie et séché, tantôt tel qu'il tombe de l'arbre, tantôt étant préparé et mis dans l'état qu'on nomme pistole à Brignolles. C'est de cette ville que sortent les meilleurs pruneaux connus.

Digne, autre ville de la Provence, est aussi en possession de donner des pruneaux qui sont très estimés et envoyés au loin. Je ne sais pourquoi les divers auteurs qui ont traité du prunier ne les ont jamais mentionnés. Les pruneaux dont il est parlé et que l'on vante le plus après ceux de Brignolles, sont ceux de Tours et d'Agen.

Les pruneaux sont une nourriture si saine et en même temps si agréable, qu'il est surprenant qu'on n'en prépare pas une plus grande quantité. Pourquoi laisser perdre et pourrir ces nombreuses prunes que leur abondance empêche de vendre. Leur préparation est si simple qu'on ne comprend pas pourquoi on les jette, quand on n'a pas de cochons à nourrir. Voici le procédé employé à Brignolles pour la préparation des prunes, dites pistoles, qui sont exportées de cette ville dans toute l'Europe.

Après que les prunes sont arrivées à leur complète maturité, on les cueille, on les pèle avec un morceau de roseau façonné en forme de couteau et on les pique sur de longues épines ou sur des bâtons pointus; exposées au soleil elles s'y dessèchent. Mais avant que la dessication soit trop avancée, on les retire des épines, on les fend d'un côté, on retire le le noyau et on opère leur entière dessication, soit en les replaçant sur les épines dont on les a retirées, soit en les plaçant sur des claies, en ayant soin, dans ce dernier cas, de les retourner tous les jours. Lorsqu'elles sont sèches au point qu'elles conservent un peu de mollesse, sans craindre qu'elles se moisissent, on les enferme dans des boîtes que l'on tient en lieux très secs.

Il se fait chaque année des envois si considérables de ces prunes, que les jardins de la ville de Brignolles ne peuvent pas suffire à toutes les demandes: aussi les commerçans de cette ville, sont-ils obligés de tirer de Digne une grande partie des prunes qu'ils expédient. Nul doute que les prunes préparées ailleurs qu'à Brignolles n'auront pas le goût de celles sorties de cette ville, mais elles n'en seront pas moins un fort bon dessert. Je conseille donc aux habitans de la campagne de préparer ainsi leurs pruneaux, plutôt que de les laisser gâter.

Parmi les autres espèces de prunier, il en est quelques

unes qui méritent d'être mentionnées, soit comme arbres utiles, soit comme arbres d'ornement. Parmi les premiers, sont :

Le PRUNIER SAUVAGE. *Prunus insititia*, Lin. Cette espèce, si c'en est une, peut servir à former des sujets propres à recevoir la greffe des bonnes variétés de prunier domestique. Les quelques piquans, dont sont fournis les rameaux, sont un de ses caractères. Son fruit n'est pas très bon à manger, quoique les enfans et les oiseaux surtout s'en accommodent très bien. Les piquans n'auraient pas dû être mis par Linné, au rang des caractères botaniques de ce prunier; tous les pruniers domestiques venus de noyaux, en sont toujours plus ou moins fournis. Voyez ce que j'en dis à la variété dite reine-claude. Tout semble prouver en effet que le prunier sauvage, commun le long des rives boisées de nos grands ruisseaux, est le produit d'un noyau du prunier domestique ou plutôt que toutes les excellentes prunes que nous mangeons ne sont que des variétés du prunier sauvage, lequel serait alors le type de l'espèce.

Le PRUNIER ÉPINEUX, *Prunus spinosa*, Lin.; *prunelier* ou *épine noire* vulgairement. *Agrenas* en prov. Cette espèce bien plus commune dans la Provence que l'espèce précédente, se trouve dans les bois et les haies dont le terrain n'est pas trop sec pendant l'été, du moins on ne le trouve que là, tandis qu'on le rencontre sur les sols les plus arides du nord et du centre de la France. Il est vrai que là on ne demeure pas comme dans le midi cinq à six mois sans recevoir une pluie qui puisse tenir lieu d'arrosement. Cet arbre, qui ne s'élève guères qu'à trois mètres au plus de hauteur, et conséquemment qui ne peut être regardé que comme un arbrisseau, pourrait être utilisé, à cause des nombreux piquans dont ses rameaux sont armés, à faire des haies. On lui préfère avec raison l'aubépine, qui ne trace pas comme le prunelier. Celui-ci s'avance chaque année et gagne dans la propriété qu'il clôt, lorsque ses nombreux drageons ne sont pas arrachés. Si on semait ses noyaux, on obtiendrait des plants qui, ayant une racine pivotante, traceraient moins que ceux venus de drageons; mais jamais une haie de prunelier ne pourra être comparée à celle faite avec l'aubépine dont le feuillage, les fleurs et les fruits sont d'un aspect plus gai, et qui supporte sans se dégarnir ni se trop emporter, la tonte annuelle la plus rigoureuse.

Les fruits du prunelier, connus sous le nom de *prunelles*, *chelosses* et d'*agrenos* en prov. ne sont pas sans utilité, je ne dirai pas comme fruits, bien que les enfans de tous pays et les oiseaux les mangent, mais comme astringens. Leur suc mêlé et bouilli avec du vitriol forme une encre plus solide que celle qui est composée avec la noix de galles. Ce suc, épaissi au moyen du feu, forme cette substance, connue en pharmacie, sous le nom d'acacia nostras, et ordonnée par les médecins contre la dyssenterie.

Les diverses variétés du prunier domestique se greffent sur le prunelier. On prétend que ces arbres ne sont pas de longue durée, parce qu'ils sont sujets à se décoller. On pourrait prévenir cet inconvénient en greffant au chalumeau. J'ai deux pruniers reine claude greffés et un pêcher à fruits violets, sur prunelier; ils viennent avec vigueur; mais ils ne le sont pas depuis assez de temps pour me donner le droit de combattre cette opinion.

Par la culture on a obtenu une fort jolie variété de prunelier à fleurs doubles qui décore très bien les jardins d'ornement.

Le PRUNIER MIROBOLAN est un petit arbrisseau fleurissant dans le premier printemps. C'est ce qui le fait placer par quelques amateurs dans les bosquets ou jardins anglais.

Le PRUNIER DE LA CHINE. Arbrisseau recherché à cause de ses fleurs roses très doubles et décorant très bien un parterre, sa plus grande hauteur dépassant à peine un demi-mètre. Cette espèce demande les soins de l'amateur et une terre de jardin, car elle n'est pas très rustique. On la multiplie de greffes sur le prunelier ou sur autre espèce peu élevée.

Par contraire le prunier mirobolan, le prunier à fleurs doubles, et autres espèces que je n'ai pas cru devoir désigner, se propagent par semis de noyaux et par greffes, et se contentent de tous terrains s'ils sont frais ou arrosables.

PUCERON. Genre d'insectes de l'ordre des hémiptères, composé d'un grand nombre d'espèces, toutes se nourrissant de la sève des plantes. Comme le préjudice qu'ils portent au cultivateur est considérable, (On peut en juger par l'état des orangers dont les jeunes pousses sont attaquées par cet insecte.) il convient que celui-ci ne néglige aucun moyen pour se débarrasser d'eux. Comme les divers procédés, qu'on peut mettre en pratique pour la destruction des pucerons, ont été désignés à l'article ORANGER, voyez ce qui en est dit à cet article.

PUITS PERDUS, BOISTOUT. Que de terrains, qui ne pouvant être mis en culture, seraient couverts d'une belle végétation, si l'on savait,. au moyen d'un puits de ce genre, donner une fuite aux eaux qui sont stagnantes ou qui n'étant pas apparentes, rendent la terre trop humide pour pouvoir être labourée pendant toute la saison des pluies. Je ne saurais trop recommander aux propriétaires de terrains de cette nature de faire construire un puits perdu sur le point où les eaux semblent se réunir. Il est sous-entendu que ces terrains forment un creux d'où les eaux ne peuvent s'écouler ; car s'ils étaient tant soit peu en pente, il serait plus court et moins dispendieux de construire des rigoles souterraines, *odes*, *ouides* en Provence, qui conduiraient les eaux en dehors de la propriété. Je puis donner pour exemple mon domaine des Moulières dont la dénomination indique qu'il était couvert de moulières, nom donné en Provence aux parties de terrains constamment humides et molles pendant l'hiver ; là où en 1827, et antérieurement, on ne pouvait rien faire produire au sol, on voit maintenant des vignes d'une grande vigueur et de beaux fromens, des légumineuses d'un grand produit dans les soles qui sont entre les rangées de vignes. Et cependant me plaignant un jour, et peu de temps après que par le décès de mon estimable père, j'étais entré en possession de ce domaine, me plaignant, dis-je, au fermier de l'état d'inculture et du non produit de cette partie des Moulières, *il n'y viendrait pas du seigle*, me dit-il, *c'est donc bien inutile que je cultive ce terrain, et d'ailleurs quel est l'ouvrier qui pourrait le labourer pendant l'hiver à cause de sa grande humidité ?* Et c'est pourtant avec quelques rigoles creusées à un mètre de profondeur et au fond desquelles j'ai fait construire, avec les pierres trouvées lors des défonçages nécessités pour la plantation des vignes, des petits aqueducs et recouverts de pierrailles et de terre pardessus, que j'ai desséché, assaini et rendu fertile un terrain qui était réputé ne pouvoir produire une récolte de seigle. Quand il y a impossibilité de conduire les eaux en dehors de chez soi, soit parce que la pente manque, soit parce qu'on n'a pas le droit de les déverser chez son voisin, il faut avoir recours à un puits perdu, comme je l'ai dit, creusé dans la partie où les eaux paraissent se rendre, c'est-à-dire, dans la partie la plus basse. Il est de fait que dans presque tous les puits ouverts pour donner de l'eau, il est un point au dessus duquel l'eau trouvée ne peut s'élever, c'est que là il se trouve une couche de terre graveleuse ou sablonneuse par laquelle les eaux s'infiltrent. Si donc on creuse un puits perdu, il n'y a pas de doute qu'au dessous de la couche argileuse qui retient les eaux au dessus du sol, il doit se trouver une couche de terre d'une nature opposée, c'est-à-dire, d'une terre qui permettra l'infiltration des eaux. Il n'est jamais besoin de creuser beaucoup ces puits. Il est rare que la couche argileuse ait plus de deux mètres d'épaisseur. Pour le rendre plus solide, il sera bien de le monter en pierres sèches et de l'exhausser d'un petit mur en maçonnerie au dessus du sol pour prévenir l'entraînement des terres par les fortes pluies de l'hiver, ce qui l'aurait bientôt comblé. Une fois le puits terminé, il ne reste plus qu'à y conduire toutes les eaux soit visibles, soit non apparentes, au moyen de rigoles creusées à un mètre de profondeur et des aqueducs que j'ai mentionnés. Je réponds à l'avance du succès de l'opération. Une précaution à prendre est celle de ne monter le puits en pierres sèches qu'une année après qu'il a été creusé. Il est bon de s'assurer d'avance si les eaux trouveront à s'infiltrer. Si par cas, elles ne s'écoulaient pas; c'est que l'on n'aurait pas dépassé la couche d'argile et qu'il serait nécessaire d'approfondir le creusement. Ce ne sera donc que lorsqu'on sera certain que les eaux ont trouvé un terrain d'écoulement qu'on terminera le puits et qu'on s'occupera des rigoles souterraines.

PUNAISE. Genre d'insectes de l'ordre des hémiptères qui se compose de près de mille espèces. Je ne m'occuperai de ces insectes que pour rappeler ce que j'ai dit à l'article CAPRIER. La punaise du choux est le plus cruel ennemi que cet arbuste a à craindre. Il faut donc l'en débarrasser, comme il est aussi nécessaire de détruire toutes celles, qui nuisent à la végétation des plantes cultivées par l'homme. Le seul procédé qu'on puisse mettre en pratique est celui qui est usité pour la punaise des lits, c'est-à-dire, de les rechercher et de les écraser. La plus incommode pour l'homme est sans contredit celle-ci. On peut s'en garantir par des recherches journalières, mais quand on sort de chez soi et qu'on couche dans des auberges, que de mauvaises nuits passées, alors que par suite des fatigues d'un voyage, tels que les font les naturalistes, les agronomes, c'est-à-dire, d'un voyage à pied, on a besoin de repos. Dans pareille circonstance il est cependant un moyen bien simple pour se préserver des atteintes de ce vilain et puant insecte ; c'est celui de ne pas éteindre la lumière, et de la placer sur une table de nuit à côté et à la hauteur du lit, en prenant des précautions contre tout accident de feu. La punaise fuyant la clarté demeure dans sa retraite et n'incommode pas celui qui sait mettre ce procédé en usage.

R.

RADIS. Voyez RAIFORT.

RAIFORT. Genre de plantes de la famille des crucifères, dont une espèce est cultivée dans les jardins potagers sous les noms de *raifort*, *radis*, *raves*; *reifouart*, *arreifouart*, *radis* en prov.

Cette espèce présente un nombre considérable de variétés qu'on peut diviser en trois sections, savoir : les radis, les raves et les raiforts.

Les radis sont arrondis, courts et peu épais. Il y en a plusieurs sous-variétés, le rose, le rouge, le violet, le blanc.

Les raves sont allongées et peu épaisses. Ses sous-variétés sont la blanche, la rouge, la violette, la saumonée ou la rose.

Les raiforts sont longs et épais de quinze à vingt centimètres. Ils sont noirs, gris ou blancs. Ils ne sont pas communs dans le midi de la France, et rarement on en trouve sur nos marchés.

Les petits radis et les raves sont généralement recherchés quand ils sont tendres et peu piquants. Pour les obtenir avec ces qualités, il faut en semer la graine sur une terre légère, rendue fertile par du fumier bien consommé et ne pas manquer d'arroser très souvent les jeunes plantes. En piétinant le sol avant de semer la graine, les radis ne s'allongent pas comme cela arrive par fois, et ils prennent une forme plus ronde. On sème les graines des petits radis et des raves depuis le mois de février jusqu'au mois d'octobre en pleine terre et à toute exposition, et depuis le mois d'octobre jusqu'en février contre un mur abrité des vents de nord et de nord-ouest. Comme cette graine lève vite et fort bien, il ne faut pas qu'elle soit semée très-épaisse ; les plantes qui en proviennent sont alors plus vigoureuses et conséquemment leurs racines sont plus tôt formées et bonnes à cueillir. On doit savoir que plus vite les radis et les raves arrivent au point d'être mangés et plus tendres ils sont.

Les raiforts ne devant être mangés qu'à la fin de l'automne, ou même en hiver, on ne doit en semer la graine qu'au milieu de l'été et sur un sol demi ombragé.

Il est une autre espèce de raifort dite FAUX RAIFORT, *raphanus raphanistrum*, Lin. ; *ravanasso ravanello* en prov., qui est très commune dans nos champs. J'ai habité un pays où les faux raiforts étaient recherchés pour la nourriture des cochons qui en paraissaient avides, surtout quand on les leur donnait bouillis et saupoudrés d'une poignée de son. Pendant une année de disette, j'ai vu là des pauvres gens aller à la recherche de ces plantes, les faire cuire et en faire la base de leur nourriture.

RAIPONSE, RAPOUNCHOU en prov. Espèce de CAMPANULE. Voyez ce mot.

RAISIN D'AMÉRIQUE. Voyez PHYTOLACCA.

RAQUETTE. Espèce de CACTIER. Voyez ce mot.

RAVE NAVET. Voyez le mot NAVET.

RAVE RAIFORT. Voyez le mot RAIFORT.

RAY-GRASS des Anglais. C'est l'IVRAIE VIVACE. Voyez au mot PRAIRIE.

REGLISSE. Genre de plantes de la famille des légumineuses, composé de plusieurs espèces dont une est cultivée pour ses racines d'un usage fréquent en pharmacie. C'est la réglisse officinale, *glycyrrhiza glabra* de Lin.; *rescarici* en prov. C'est dans l'Italie méridionale et surtout dans la Calabre que la culture en grand de la réglisse est pratiquée. J'ai plus d'une fois goûté des racines de réglisse cultivée dans la Provence et je n'ai pas fait une grande différence entre ces racines et celles que le commerce nous fournit. Comme il serait possible qu'on voulut essayer cette culture, je dirai que la réglisse exige pour bien réussir et donner de longues et abondantes racines, une terre douce, profonde, plus légère que forte. On pourrait la multiplier de ses graines, mais la facilité qu'on a à se procurer des bourgeons enracinés est cause qu'on ne la propage que par ce dernier moyen. C'est par rangées de soixante centimètres de distance et à trente centimètres les uns des autres qu'on plante ces bourgeons pendant tout l'hiver, on sarcle et on bine pendant l'été. En automne on coupe les tiges que ces bourgeons ont poussées et qui se sont desséchées, car elles sont annuelles bien que les racines soient vivaces, et en mars on fume et on houe l'intervalle qui sépare les rangées. Un binage est donné en mai et l'on continue durant l'hiver et l'été suivant les mêmes opérations, moins pourtant celle de fumer.

A la fin de la troisième, les racines sont assez fortes et assez sucrées pour être arrachées. On les nettoie alors des bourgeons, du chevelu, on les lave, et on les fait sécher. Lorsque la dessication est complète, on en fait des bottes qu'on livre au commerce.

Si l'on voulait retirer le jus de ces racines et en faire cet extrait vendu par les pharmaciens sous le nom de suc de réglisse et sous forme d'un bâton ayant une couleur noire et une consistance très dure, voici le procédé à suivre : Après l'entière et parfaite dessication des racines, et même longtemps après, si cela convient, on met à tremper ces racines et cela jusqu'à ce qu'elles se soient ramollies. Alors on les coupe par morceaux et on les réduit en forme de pâte en les plaçant sous une meule. Celles de nos moulins à huile pourraient fort bien servir ; on fait bouillir cette pâte pendant une demie heure, en ayant soin de ne mettre dans la chaudière que la quantité d'eau nécessaire pour ne pas avoir une trop grande évaporation à faire ; on retire la pâte ou pulpe de la chaudière, on la presse, et le suc qui en est retiré, est mêlé avec l'eau de la chaudière qu'on réduit en consistance solide; on laisse refroidir, on forme de ce suc ainsi réduit des bâtons plus ou moins longs que l'on fait sécher dans un four.

REINE MARGUERITE. Voyez ASTÈRE DE LA CHINE.

REJETS. J'ai dit quelque part que les drageons naissent

autour, mais à plus ou moins de distance des pieds de certains arbres ; exemple : Le poirier franc, le cérisier, le prunier, le pommier de Saint-Jean, l'aylante, etc. et que les rejets se montrent au bas, mais contre le tronc des arbres, l'olivier, le figuier, etc. les uns et les autres semblent des moyens offerts à l'homme par la nature pour la multiplication de plusieurs sortes d'arbres. Les pépiniéristes les mettent en usage toutes les fois qu'ils en ont l'occasion parce qu'au moyen de ce produit ils obtiennent plutôt des arbres bons à être mis en demeure. Pour mon compte je fais une grande différence entre un drageon et un rejet ; celui-ci croît toujours sur la naissance d'une grosse racine qui pivote plus ou moins, celui-là naît sur une racine qui croît presque à fleur de terre et dans le sens du terrain, c'est-à-dire, sur une racine qui est traçante. Or, les sujets, produits en ces deux cas, tirent chacun de la nature des racines sur lesquelles ils sont venus ; c'est-à-dire, que les drageons sont munis de racines qui, ayant déjà tracé, continuent cette disposition naturelle chez eux, et que les rejets sont seulement fournis de chevelus et de racines qui tendent à pivoter plutôt qu'à tracer. Aussi je plante beaucoup de rejets d'arbres, quand ils sont bien enracinés, et je ne plante que le moins possible des drageons, qui, conservant la faculté de tracer, sont dans le cas de fournir beaucoup de nouveaux drageons, lesquels naissent et vivent au dépens des arbres qui les produisent, appauvrissent inutilement le terrain et gênent les travaux à faire.

REMPOTER. Toutes les fois que des plantes sont renfermées dans un pot, leurs racines ne pouvant s'allonger, se contournent dans le sens de la paroi intérieure du pot et elles s'emparent bientôt de tout l'HUMUS (Voyez ce mot.) contenu par le peu de terre dans laquelle elles se trouvent. Si on ne vient pas en aide à ces plantes, on les voit jaunir et annoncer qu'elles ont besoin des secours de l'homme; celui-ci doit alors les dépoter d'abord, et les rempoter en suite. Ces deux opérations consistent à arroser la veille les plantes à dépoter, afin que la terre conserve la forme du pot sans s'émietter. Si on doit agir sur une assez grande quantité de pots, on fait dresser une table à la hauteur nécessaire pour qu'étant debout, on puisse opérer dessus sans être gêné. Sur les extrémités de cette table on forme un petit tas des diverses terres dont on aura besoin; car il est telles plantes qui nécessitent de la terre de bruyère, comme il en est qui demandent une terre légère, mais fertile, au moyen du terreau et d'autres enfin qui exigent des terres artificielles, c'est-à-dire, des terres mélangées et composées long-temps à l'avance. Quand on habite non loin de terrains en friche et boisés, il est rare qu'on n'y trouve pas les différentes terres dont on a besoin pour les diverses plantes que l'on tient en pot. En face de soi on prépare un certain nombre de pots vides, dans lesquels on place d'abord un tesson ou morceau de tuile, ou de brique qui facilite l'écoulement de l'eau des arrosemens. Sans cette précaution, l'eau séjournerait et ne tarderait pas à pourrir les racines des plantes. C'est même un bien pour éviter la moindre stagnation d'eau de couvrir le fond du pot d'une petite couche de sable grossier. Après ces divers soins on remplit ces pots au tiers de leur hauteur avec les différentes terres que l'on croit avoir à employer. On prend alors un pot à dépoter, on le renverse dessus dessous, on pose à plat la main droite sur la terre et de manière que la tige de la plante passe entre les doigts, on donne quelques légers coups avec le bord du pot sur celui de la table, et cela jusqu'à ce que la terre et la plante se détachent du pot, ce qu'on reconnaît au poids qui porte sur la main qui les soutient; de la main gauche on enlève le pot vide; aussitôt on pose la plante sur la table, on tranche avec un couteau une partie de la motte et conséquemment des racines, ce qui est essentiel; si on négligeait cette dernière opération, et qu'on plaçât la motte, sans y toucher, dans un plus grand pot qu'on finirait de remplir avec de la nouvelle terre, il arriverait que les racines de la plante qui s'étaient contournées autour de l'ancien pot et dont les spongioles ou suçoirs étaient rentrés dans l'intérieur de l'ancienne terre, continueraient à vivre dans cette même terre, sans jamais pénétrer dans la nouvelle et ne tarderaient pas à ne plus trouver les sucs nutritifs nécessaires à la plante. La motte de terre et les racines ayant été réduites dans tous les sens, on place le tout dans un des pots préparés, en ayant soin de ne pas le choisir plus gros, que ne le comporte le développement de la plante; car c'est encore là une attention que doit avoir celui qui rempote; l'expérience ayant démontré bien souvent qu'une plante placée dans un pot, non proportionné à sa grosseur, y végète mal et n'acquiert jamais la vigueur qu'on remarque sur celle qui est dans un pot d'une dimension convenable; et puis si à chaque rempotage, il fallait donner à la plante un pot plus grand, à quelle grosseur de pot arriverait-on? Ce que je viens de dire s'applique également aux arbres en caisse. Or, voyez à Versailles l'oranger de François 1er. Depuis plusieurs siècles, il vit toujours dans une caisse d'égale dimension. La plante ayant été posée au centre du pot, et de manière qu'elle ne soit ni plus ni moins enterrée qu'elle l'était dans l'ancien, on finit de remplir le pot avec la terre appropriée à ses besoins; on presse légèrement cette terre avec la main, afin qu'il ne reste pas de vide autour du pot ; on arrose modérément et on tient pendant quelques jours les plantes rempotées à l'ombre et à l'abri de tout courant d'air. On conçoit que venant d'éprouver une opération qui les rend plus impressionnables, elles ont besoin de plus de soins.

Par suite des principes, si souvent émis dans mon livre, que les parties aériennes d'une plante doivent être en équilibre avec ses parties terrestres, il est évident que l'on doit choisir le moment du dépotage, pour nettoyer et diminuer le développement des tiges de la plante soumise à cette opération. Il est certain qu'elle se remettra plutôt de l'état de souffrance où l'a mise le rempotage, si ses rameaux ont été diminués et proportionnés à ses racines.

Le temps de l'année le plus propice au rempotage des plantes en pot paraît être celui où la sève n'est pas en mouvement, du moins celui où la plante paraît sortir de cet état de torpeur où l'avait plongé l'hiver. C'est donc en mars et en avril, suivant le plus ou moins de rusticité qu'on lui connaît. Depuis quelque temps les horticulteurs ne sont pas d'accord sur ce point ; les uns prétendent que les plantes se ressentent moins de cette opération, quand elle est faite en automne. Je laisse à de plus habiles que moi à nous éclairer là dessus. Ce que je sais, c'est que j'ai vu les messieurs Thouin opérer toujours dans le premier printemps, et l'on sait que de leur temps, les plantes des pots si nombreux des serres et des orangeries du jardin du roi de Paris n'en étaient pas moins aussi vigoureuses que celles de nos modernes horticulteurs.

RENONCULE. Genre de plantes de la famille des renonculacées composé de près de cent cinquante espèces dont une fait l'ornement des jardins et des amphithéâtres; car elle peut être cultivée en pleine terre et en pots. C'est à peu près la seule dont je m'occuperai.

RENONCULE DES JARDINS. Renoncule asiatique des botanistes. *Ranunculus asiaticus*, Lin.; *renounculo*, *relancuro* en prov. Cette renoncule est si multipliée et si appréciée par les amateurs des belles plantes, que je ne me permettrai pas d'en donner la description; mais si elle est généralement cultivée, elle ne l'est pas toujours avec les soins qu'elle exige pour donner de belles fleurs. Or, comme la culture de la renoncule n'a d'autre but que celui d'obtenir des fleurs d'une grande beauté, il ne faut rien négliger pour arriver à ce résultat.

La renoncule ne prospère que dans une terre douce au toucher, légère, mais substantielle et passée à la claie. Celle qu'on trouve dans les terrains boisés, riche d'humus et rendue noire par la décomposition de feuilles, et après avoir été dépouillée des racines, des pierres, etc. qu'elle contient, au moyen de la claie, serait la terre par excellence, surtout si l'on avait soin de l'arroser quelques mois avant de l'employer, avec du jus de fumier; jus qu'on obtient en faisant détremper dans l'eau du fumier consommé ou qu'on trouve dans les fosses à fumier que l'on mouille de temps à autre pour prévenir l'action d'une fermentation trop active. Quelles que soient la nature et la composition de la terre employée, Féburier, l'un des plus grands amateurs de renoncules et dont la collection s'est parfois montée à plus de trente mille griffes, recommande d'y mêler un peu de sel; cette substance agissant avec une grande énergie, on aura soin d'en être sobre.

On multiplie la renoncule de semences ou de griffes. Par

le premier moyen on peut se procurer de nouvelles variétés, par le second on propage les belles variétés déjà connues. C'est sur les renoncules à fleurs semi-doubles, dont les pétales sont larges, réguliers et arrondis et dont les couleurs sont bien tranchées, bien vives et à tiges épaisses et élevées, qu'on ramasse la graine que l'on veut semer. Le choix de cette graine est essentiel. Celle prise sur des variétés, dont la fleur serait d'une forme irrégulière et d'une couleur fausse, ne produiraient que des fleurs repoussées par les vrais amateurs.

C'est sur une terre bien légère, bien fournie de terreau et tamisée finement, qu'on la sème ; dans nos pays c'est à la fin de septembre. On la répand de manière qu'elle soit plus ou moins épaisse, selon qu'on aperçoit une plus ou moins grande quantité de graines marquées d'une lentille à leur centre. Toutes celles qui n'offrent pas cette lentille ne germent pas. C'est un signe certain qu'elles sont avortées. On comprend que plus il y a de ces dernières, plus les graines doivent être nombreuses. On les couvre ensuite de deux lignes de la même terre qu'on fait tomber dessus au moyen d'un tamis. Dès que la terre commence à se dessécher, on arrose légèrement avec un arrosoir à pomme percée de très petits trous. Les terrines, dans lesquelles le semis a été fait, sont placées à un demi soleil pendant le mois d'octobre et lorsque les premiers froids arrivent, on les transporte contre un mur exposé au midi, où elles trouvent un abri contre les gelées et le vent glacial du nord. Après trente à quarante jours, quelques graines commencent à lever et peu de temps après toutes celles qui sont naturelles. Si des herbes se montrent, on les arrache et on sarcle les jeunes plantes avec beaucoup de précautions et seulement avec un petit morceau de bois dur, aminci et large seulement de quelques lignes.

Vers le milieu de l'été les feuilles jaunissent et se dessèchent. On discontinue alors les arrosemens. En septembre, on retire les jeunes plantes de renoncules et on les plante dans d'autres terrines ou pots et on emploie la terre que j'ai déjà désignée pour les griffes. On les soigne comme durant la première année, et dans le mois d'avril, plusieurs commencent à fleurir. Traitées encore de la même manière durant la troisième année, toutes les plantes donnent leurs fleurs. On choisit et on conserve celles qui conviennent, et l'on arrache et l'on jette celles dont les fleurs n'ont rien de remarquable.

Les griffes ainsi obtenues du semis des graines et celles qu'on se procure chez les amateurs et chez les pépiniéristes se plantent, soit dans des pots, soit dans des caisses, soit enfin dans des plate-bandes, vers les derniers jours de septembre. J'ai déjà fait connaître la terre qu'il convenait d'employer pour celles placées dans des pots ou dans des caisses; si c'est en pleine terre, il faut que la terre, déjà fertilisée par les engrais, soit substantielle, bien ameublie, et s'il est possible, passée à la claie, du moins dans une épaisseur de huit à dix centimètres. C'est une bonne précaution, soit pour activer la végétation des griffes, soit pour les préserver de certains insectes, de les faire tremper pendant douze à quinze heures dans une eau où l'on a fait détremper de la suie tamisée. C'est à quinze centimètres l'une de l'autre que l'on place les griffes, et de manière qu'elles soient recouvertes d'environ trois centimètres de terre. Des sarclages répétés, et de légers arrosemens sont des travaux indispensables à donner aux plantes jusqu'au moment de la floraison. Après que les feuilles se sont desséchées, ce qui n'a lieu, comme on le pense bien, qu'après la floraison, on arrache les renoncules, on sépare les griffes des tiges et des feuilles, on place les premières dans un panier ou dans un crible qu'on plonge plusieurs fois dans l'eau et qu'on remue pour détacher la terre qui tenait aux griffes et les insectes qui pourraient s'y trouver. La première est entraînée par l'eau chaque fois qu'on relève le panier, les seconds sont amenés sur la surface de l'eau, d'où on les enlève. On fait ensuite dessécher les griffes à l'ombre. Quand elles le sont à demi, on divise les griffes qui sont entremêlées ensemble; car bien souvent une seule plante en fournit quatre ou cinq. Si on attendait plus tard, cette séparation des griffes, nées sur un même pied, ne serait plus possible. Après leur complète dessication les griffes sont mises dans des sacs de papier, et conservées en lieu sec. On peut les passer d'une année à l'autre sans qu'elles perdent leur faculté végétative. Il est même des amateurs qui les laissent ainsi se reposer durant une année, ayant le soin alors d'avoir une double provision.

Renoncule rampante, *Ranunculus repens*. Lin., *Bouton d'or* en Provence. Fleur petite, très jaune et double dans la variété, cultivée dans les parterres. C'est en automne qu'on multiplie cette renoncule par éclat de ses pieds. Elle n'est pas difficile pour la qualité du terrain. Cependant une terre fraîche ou arrosable et substantielle est celle qui convient le mieux à sa culture. Des sarclages et des arrosemens fréquens dans le printemps, époque de sa floraison, donnent plus de vigueur à la plante.

Il est quelques autres espèces de renoncules, mais comme

on ne les trouve que dans quelques jardins d'amateurs, je n'en parlerai pas.

RENOUÉE. Genre de plantes de la famille des polygonées, composé de plus de cinquante espèces, dont deux sont cultivées depuis long-temps, l'une dans les parterres comme plante d'ornement, et l'autre dans les champs comme plante alimentaire, et dont une troisième commence à l'être comme plante tinctoriale.

RENOUÉE DU LEVANT, *Polygonum orientale*, Linné; *persicaire*, *bambou* en Provence. Cette plante, beaucoup plus commune autrefois dans nos jardins qu'aujourd'hui, est d'un très bel effet, quand elle est isolée. Ses tiges sont élevées de près de deux mètres, sont garnies de grandes feuilles ovales, d'un vert tendre et sont terminées par de longs épis de petites fleurs rouges. Une variété a ses fleurs de couleur blanche. Cette plante étant annuelle, elle se multiplie de ses graines en mars et qui se resèment d'elles-mêmes, quand déjà on en a cultivé quelques pieds. Tout terrain, s'il est arrosable, est à sa convenance.

RENOUÉE SARRASIN, BLÉ NOIR, *Polygonum fagopyrum*, Lin. Cette plante, d'une si grande utilité dans certains pays de la France, est à peine connue dans la Provence. Cependant notre température ne s'oppose pas à sa culture. Je l'ai mise en pratique durant plusieurs années, et chaque fois j'ai récolté plusieurs hectolitres de blé noir; mais n'en ayant pas le débouché, et mes bestiaux ne s'y habituant pas aisément, je discontinuai cette culture. Ignorant alors que la farine du sarrasin ne passe pas à la fermentation panaire, j'avais essayé d'en faire fabriquer du pain; mais il était compacte, lourd, de couleur verdâtre et d'une saveur qui ne plaisait pas. J'en avais nourri mes chiens qui ne le refusaient pas sans doute, mais je reconnaissais que c'était faute du mieux. Cependant on fait avec cette farine des bouillies qui sont estimées dans les pays où cette plante est cultivée. Faisant dépiquer ce grain par mes chevaux, les tiges de la plante, étant brisées, étaient renfermées dans mes greniers, et servaient de nourriture à mes bestiaux pendant l'hiver. Ils mangeaient ce fourrage sans aucune répugnance.

Tout terrain convient au sarrasin. On le sème en avril et on récolte son grain à la fin de juin; celui-ci ne mûrit pas tout à la fois, il faut donc attendre pour moissonner la plante que la plus grande partie des graines soit arrivée à maturité. Mais alors les premiers grains sont déjà tombés, car la moindre secousse, le plus léger vent les détachent de la tige. C'est là sans doute un inconvénient, mais cet inconvénient devient un avantage quand il survient une pluie à la fin du mois d'août ou au commencement de septembre; car les grains tombés, ayant été enfouis par le labour donné au terrain, après l'enlèvement des tiges, germent après cette pluie, et les plantes, qui en proviennent et qui souvent couvrent une partie du sol, sont en fleurs en octobre et enfouies en semant le blé; ces plantes, ainsi enterrées, sont une augmentation de fumier, qui ne laisse pas que de donner de la vigueur au froment ou aux autres céréales cultivées après le sarrasin.

Renouée des teinturiers, *Persicaire des teinturiers*, *Polygonum tinctorium*. Plante dont les feuilles fournissent une matière, colorant en bleu. L'indigo, dont nous ne pouvons pas nous passer, fait sortir de France, chaque année, la somme immense de vingt-cinq millions. Combien cette somme s'accroîtrait, si une nouvelle guerre maritime fesait monter cette substance du prix actuel de vingt à vingt-deux francs le kilogramme à celui de cent à cent cinquante francs comme il se vendait communément durant les guerres de l'empire. La renouée des teinturiers semble pouvoir nous donner bientôt, sinon tout l'indigo, du moins une grande partie de celui qui est nécessaire aux fabriques de l'Europe. Les premières graines de cette plante semées en Europe furent envoyées de la Chine vers le milieu du siècle dernier, par le père d'Incarville au jardin du Roi à Paris. Elles levèrent très bien, mais pourtant, soit qu'on n'ait pu faire grainer les plantes qui en provinrent, soit que cette renouée n'ait pas paru d'un grand intérêt alors, il est certain que depuis ce temps elle était connue et décrite par les botanistes, mais non cultivée pas même dans aucune des écoles de botanique. Cependant on savait, par les relations des voyages de lord Macartney et des missionnaires dans l'intérieur de la Chine, que les fabriques nombreuses de ce vaste empire trouvaient à se pourvoir dans le pays même de tout l'indigo dont elles avaient besoin, et que cette matière était extraite d'une renouée ou persicaire cultivée dans le pays. C'est alors que des graines de cette plante furent envoyées à Paris par le père d'Incarville, et que la plante elle-même fut introduite à Londres par les soins de John Blake. Mais à cette époque on ne prévoyait pas encore les grands avantages de la culture de cette renouée, et l'on ne se donna aucune peine pour la conserver et la multiplier. Ce n'est que de nos jours qu'on s'est occupé sérieusement de la cultiver et c'est à M. Jaume Saint-Hilaire, qui a publié, en 1816, un intéressant mémoire sur cette plante, et à M. Delille, professeur de la Faculté de Montpellier, qui en 1834 ou 1835 en avait reçu des graines de Pétersbourg où elle venait d'être introduite, que l'on doit et la connaissance des propriétés colorantes de la renouée des teinturiers et la propagation de la culture de cette plante. Les expériences faites jusqu'à ce jour donnent les plus grandes espérances ; faisons des vœux pour que celles à venir ne laissent plus aucun doute sur la qualité de l'indigo retiré des feuilles de la renouée cultivée en Europe.

La renouée des teinturiers, qui paraît être vivace ou du moins bisannuelle dans les pays chauds, est annuelle dans ceux où le froid se fait sentir, car il suffit que le thermomètre descende à zéro pour qu'elle périsse. On la multiplie par semis de ses graines, par boutures et par marcottes obtenues au moyen du buttage de ses tiges dès qu'elles sont assez développées pour supporter cette opération. La renouée des teinturiers vient dans tout terrain ; mais elle ne prospère que dans celui qui est léger, chargé d'humus, naturellement frais ou arrosable. C'est en avril qu'on en sème les graines, et c'est à la fin de mai qu'on met en terre les boutures ou qu'on prépare les marcottes. La plante ne demande plus d'autres soins que d'être sarclée et arrosée, quand elle se trouve dans un terrain sec. Si elle est bien soignée, elle talle beaucoup et elle s'élève à près de quatre-vingts centimètres. Ne cultivant cette plante que depuis cette année (1839) et les procédés usités pour en utiliser les feuilles ne m'étant pas encore connus, je ne puis donner dans mon Manuel les renseignemens qu'il sera pourtant fort utile de connaître si l'on parvient à obtenir avec peu de frais l'indigo contenu dans les feuilles ; car alors les plaines de Grimaud, de Fréjus, de Cogolin, d'Hyères, de la Camargue, etc. naturellement douces et humides seront bientôt couvertes par cette renouée. Les premières gelées ne se faisant sentir en Provence que dans le mois de novembre, nul doute que ce sera là plutôt que dans l'intérieur de la France que la culture de la renouée des teinturiers, dont la végétation et l'accroissement sont lents jusqu'au mois de juin, pourra devenir avantageuse.

RESEDA. Genre de plantes de la famille des caparidées, composé de plusieurs espèces dont une est rangée parmi nos plantes économiques, et dont une autre est cultivée en pots et en pleine terre dans nos parterres.

Reseda gaude, *Reseda lutea*, Lin.; *gaudo, herbo deis judious* (herbe des juifs) en prov.

La gaude, que l'on trouve dans les terrains sablonneux, le long des chemins, est cultivée dans certains pays comme plante tinctoriale; ses tiges, une fois desséchées, donnent une belle et solide couleur jaune.

C'est en automne, et sur un terrain léger et maigre, que la graine de cette plante doit être semée; sur un sol fertile, nul doute que cette plante ne végétât avec plus de vigueur, mais elle ne serait pas aussi recherchée par les fabricans, qui savent fort bien reconnaître les tiges qui contiennent davantage des principes colorans. Comme cette graine est très menue, il faut la mêler avec du sable pour pouvoir les répandre avec plus d'uniformité. Elle demande à être peu enfouie. Un sarclage en printemps est la seule façon que demande la gaude. Vers la fin du mois de juillet ou de celui d'août, suivant qu'elle est venue sur un terrain plus frais ou plus sec, les tiges de cette plante commencent à jaunir. C'est alors le moment de visiter souvent le champ où se trouvent les plantes de gaude afin de les arracher avant qu'elles se dessèchent sur place. Lorsque les graines sont tombées en partie, il faut se mettre à l'œuvre de suite. Si on prévoyait une pluie prochaine, on pourrait retarder de quelques jours, par la raison que la gaude doit être arrachée avec sa racine, pour que les fabricans l'agréent ; cette opération serait alors plus expéditive et moins dispendieuse.

Une fois arrachées, les plantes de gaude sont réunies en petites bottes et portées sur une aire ou sur un terrain sec. Après quelques jours de repos, on les secoue pour en faire tomber la graine. Elles sont ensuite déposées dans un grenier et non sous un hangard, où l'humidité pourrait les atteindre et les noircir ; ce qu'il faut bien éviter. Les moindres tâches de moisissure, ou la plus petite détérioration, suffiraient pour qu'elles fussent refusées par les fabricans.

Les teinturiers, après avoir fait bouillir leurs étoffes dans une solution de sel marin, de tartre et de nitrate de bismuth, les trempent pour les colorer en jaune dans une décoction des tiges de la gaude. La nuance est d'autant plus foncée ou d'autant plus faible que les étoffes ont été plus tôt ou plus tard trempées. Si la décoction de la gaude est mélangée avec d'autres couleurs, celles-ci n'en deviennent que plus solides.

Reseda odorant, *Reseda odorata*, Lin. ; *reseda* en prov. Cette plante est au nombre de celles dont les fleurs exhalent une odeur des plus suaves. Celle du reseda a quelque rapport avec le parfum de l'abricot. C'est à cause de son odeur qu'on la trouve dans tous les jardins à fleurs, car son port, son feuillage et sa fleur même, n'ont rien de remarquables. Une terre douce et légère est celle qu'il faut donner à cette plante qui se multiplie de ses graines qu'on sème en mars et en avril. Si l'on place les pots contre un abri, ou encore si l'hiver n'est pas très rigoureux, les plantes de reseda peuvent subsister pendant trois ans. Elles ne demandent, pendant tout ce temps, que des sarclages et des arrosemens. Arrivées à leur maturité, les graines ne tenant plus à la gousse qui les renferme, et qui est ouverte à son sommet, il faut ne pas attendre ce dernier moment pour celles qu'on veut recueillir et qu'on destine au semis de l'année suivante.

RHODODENDRON. Genre de plantes de la famille des rosagées, dont toutes les espèces connues sont dans le cas d'être cultivées comme arbrisseaux d'ornement. Ils sont, la plupart, d'un port et d'un aspect des plus séduisans. Les plus remarquables sont :

Le RHODODENDRON HYBRIDE. Ses fleurs plus colorées en rose que celles des autres espèces sont très grandes.

Le RHODODENDRON D'AMÉRIQUE, *grand rhododendron*. Bel arbrisseau de près de deux mètres à fleurs roses ou rouges. Une variété donne des fleurs d'un blanc très prononcé.

Le RHODODENDRON PONTIQUE, dont les fleurs sont grandes et violettes et qui a fourni plusieurs variétés. Il s'élève un peu plus que le précédent.

Le RHODODENDRON EN ARBRE A FLEURS ROUGES. Ce rhododendron fort rare encore et devenant un bel arbre, ornera nos bosquets par la suite en ayant le soin de le placer à une bonne exposition; il exige la serre tempérée dans le nord, mais il pourra être cultivé en pleine terre dans nos pays. Ses fleurs, d'un rouge vif, mais un peu foncé, sont réunies en tête hémisphérique à l'extrémité des rameaux.

Le RHODODENDRON EN ARBRE A FLEURS BLANCHES. Il ressemble au précédent, mais ses feuilles sont d'un roux doré en dessous et ses fleurs sont blanches, campanulées et munies de quelques points pourpres et d'un nectaire de couleur violette. Ces dernières sont aussi disposées en têtes hémisphériques. Il est encore rare et il demande les mêmes précautions que le Rhododendron en arbre à fleurs rouges.

Tous les rhododendrons se multiplient par greffes, par

marcottes ou par semis, qui se fait en mai en terrine et sur terre de bruyère, passée à un tamis à très petits trous. Pour que les graines de rhododendron lèvent, il faut user de beaucoup de précaution. Les terrines doivent être placées dans un baquet contenant assez d'eau pour que le fond des terrines soit submergé de trois à quatre pouces. Par ce moyen, il y a une humidité constante autour des graines ; si on ne voulait pas faire usage de ce procédé, il faudrait mouiller légèrement la superficie des terrines au moins trois fois par jour.

RHUBARBE. Genre de plantes de la famille des polygonées. Plusieurs des espèces qui composent ce genre, fournissent une racine employée en médecine comme purgatif astringent. Elles sont susceptibles d'être cultivées en pleine terre dans nos jardins pharmaceutiques ; cependant des essais plusieurs fois répétés en France ont prouvé que la culture des rhubarbes n'était pas lucrative.

Une terre franche, profonde, très fumée et peu humide est celle qui est propre à la culture des rhubarbes. On les multiplie de graines ou de drageons. Ce dernier moyen étant plus expéditif est le seul usité. Ces drageons sont pris sur le collet des racines en avril, ou du moins dès l'instant qu'ils se montrent après l'hiver, et ils sont plantés de suite à près de deux mètres de distance les uns des autres. Il faut les arroser légèrement si le temps est sec, et pas du tout si le tems est naturellement humide. Les pieds de rhubarbe sont houés pendant l'hiver, binés une fois et arrosés de loin en loin pendant l'été, et cela pendant cinq ans ; car ce n'est qu'après ce temps qu'on les arrache et dans les premiers jours de septembre pour en prendre les racines qui alors sont souvent plus grosses que la cuisse. On les coupe en petits morceaux après leur avoir enlevé l'épiderme et on les met à sécher sur des claies. Une fois complètement desséchés, on unit ces morceaux avec une rape, on fait disparaître leurs angles et on les roule dans une barrique. Sortis de là ils constituent alors la rhubarbe des boutiques.

RICIN. Genre de plantes de la famille des euphorbiacées, dont une espèce seulement est dans le cas d'être mentionnée.

Ricin palma christi, *Ricinus communis*, Lin. Cette plante, quoique originaire des parties les plus chaudes de l'Asie, de l'Afrique et de l'Amérique, est comme naturalisée dans nos pays; car on ne peut plus s'en débarrasser, quand on a eu le malheur d'en cultiver un seul pied et il arrive plus d'une fois qu'elle ne périt pas pendant l'hiver et qu'elle se conserve jusqu'à la fin de sa seconde année, après laquelle elle meurt, ce qui arrive partout, puisqu'elle est bisannuelle. C'est à cause de son port qu'on la voit dans les jardins, comme c'est à cause de ses graines qui donnent une huile purgative et vermifuge, qu'on la cultive dans certains pays. C'est au moyen de ses graines qu'on sème en avril et qu'on place dans une terre grasse et bien ameublie, qu'on multiplie le palma christi. Le plant n'a besoin pour se développer que d'être sarclé et arrosé souvent pendant l'été. S'il est ainsi soigné, il s'élève à plus de trois mètres et il donne abondamment du fruit. Si son huile, qui est épaisse et visqueuse, pouvait être utilisée dans les arts ou dans l'économie domestique, autrement que par sa vertu purgative, il serait facile de se créer un bon produit par la culture du ricin, car aucune plante n'est plus facilement cultivée que celle-là. Decandolle assure que les feuilles du palma christi, appliquées sur le sein des femmes nourrices, est un moyen assuré de faire passer le lait. En Toscane on en fait un si grand usage qu'une des serres du jardin botanique de Florence est destinée à la conservation pendant l'hiver de plusieurs pieds de cette plante pour en donner aux femmes qui en ont besoin. S'il faut en croire Pline, liv. 23, chap. 4, on fait avec les pédoncules du ricin des mèches qui donnent une clarté divine, bien que son huile, qui est purgative, rende un feu obscur, ce que l'on doit attribuer à son épaisseur et à son gluant.

RIZ. Plante formant un genre dans la famille des graminées. Cette plante ne pouvant venir que sur les terrains susceptibles d'être submergés pendant l'été, et nos pays étant d'une aridité extrême, je n'en dirai rien pour ne pas prolonger inutilement mon ouvrage. Cependant comme il existe quelques variétés de riz qui se contentent d'être arrosées, je mentionnerai celle qui paraît pouvoir être cultivée dans nos terres arrosables.

Riz sec de la Chine, *Riz de Carro*. C'est la seule variété qui ait donné quelques résultats satisfaisants au moyen des arrosemens pendant l'été. On sème ce riz dans le mois d'avril, sur une terre substantielle et grasse ; on le recouvre d'un demi pouce de terre légère pour favoriser sa levée, on arrose immédiatement après et l'on répète plus ou moins les arrosemens suivant qu'il règne des temps pluvieux ou secs. Deux sarclages sont de toute nécessité, et des arrosemens pendant tout l'été sont de rigueur. Ce riz ne vaut pas autant que le riz commun, mais il peut le suppléer et d'ailleurs, ne serait-il pas avantageux à un cultivateur de récolter dans ses terres le riz nécessaire à sa consommation.

Le riz de la Chine n'a été cultivé jusqu'à présent que dans l'Italie, faisons des vœux pour qu'il s'y propage et qu'il arrive bientôt dans nos contrées où il est encore inconnu ; car il ne faut pas croire que ce grain que nous avons tous essayé, et que nous avait envoyé le gouvernement, fut un véritable riz; c'était tout bonnement un épeautre, déjà cultivé dans plusieurs départemens de l'intérieur de la France. D'ailleurs le véritable riz, quelle que soit sa variété, se termine par une panicule comme le millet, tandis que le prétendu riz sec, qu'on nous avait adressé, produisait un chaume droit, roide et terminé par un épi aplati, à grains serrés et sur deux rangs, comme dans l'orge distique.

ROBINIER. Genre de plantes de la famille des légumineuses, composé d'une trentaine d'espèces, presque toutes ligneuses et dont plusieurs sont placées avec avantage dans les parcs et dans les bosquets et jardins d'agrément. Les plus intéressantes à connaître sont :

Le ROBINIER FAUX ACACIA, *acacia commun*, *acacia blanc*, *Robinia pseudo acacia*, Lin. Arbre de vingt à vingt-cinq mètres de hauteur, épineux et donnant des grappes de fleurs blanches. Il est très multiplié en Provence où il vient avec vigueur, mais il ne vieillit pas autant que dans les pays moins chauds. Il y en a plusieurs variétés que l'on greffe toutes sur l'acacia commun.

Le Robinier rose et sa variété qui est un peu plus élevée sont deux jolis arbrisseaux à cause du grand nombre de fleurs roses dont ils se couvrent dans le printemps.

Le ROBINIER SATINÉ, *Caragana argenté*. Arbrisseau d'un à deux mètres de hauteur, à feuilles portées sur un pétiole épineux et à fleurs rosées en avril.

Le ROBINIER DE LA CHINE. Arbrisseau d'un mètre de hauteur à fleurs grandes et jaunes en mai.

Tous les robiniers, par la disposition de leurs feuilles ailées, ressemblent, les uns un peu plus que les autres, aux acacies ou *mimosa*. On les multiplie de rejetons, par la greffe et enfin par semis de leurs graines semées dans une terre légère durant le mois de mars. Si le terrain est propre aux graines des robiniers, les jeunes plants s'élèvent beaucoup durant la première année. Et après trois ou quatre ans, ils ont pris assez de grosseur pour être transplantés et mis à demeure. Toute terre leur convient, si pourtant elle a de la profondeur et n'est pas trop aride. Ils viennent mieux et plus vite dans les terres arrosables. Les espèces peu élevées, et considérées comme arbrisseaux, se greffent, quand on ne veut pas ou qu'on ne peut pas se procurer des graines, sur le *robinier-caragana*, arbrisseau qui s'élève à cinq ou six mètres et qui produit des fleurs jaunes en petites grappes.

ROMARIN COMMUN, *Rosmarinus officinalis*, Lin., *roumaniou* en prov. Plante d'un genre, composé seulement de deux espèces, dont une, du Chili, n'est pas cultivée en France, et dont celle, qui est ici mentionnée, est indigène des provinces méridionales de la France. On connaît l'excellence et la renommée du miel de Narbonne, et bien c'est aux nombreux romarins, qui croissent dans le département de l'Aude, que le miel doit sa bonne qualité. C'est par la distillation de ses feuilles et de ses fleurs, qu'on obtient la liqueur connue sous le nom d'eau de la reine de Hongrie. Il est des pays de la Provence où le romarin n'est pas commun et où les ruchers au contraire sont multipliés. Comme le romarin fleurit de très bonne heure en mars et avril et longtemps avant les autres plantes, et comme on sait aussi que ses fleurs donnent au miel un parfum qui le fait rechercher par les acheteurs, on a grand soin d'en faire des bordures ou des haies autour ou dans le voisinage des ruchers. La plantation de ces bordures et de ces haies n'est ni longue, ni dispendieuse. On coupe des branches sur les vieux pieds et après en avoir taillé le gros bout en bec de flûte, on les enfonce dans le terrain, qu'on a défoncé quelquefois à quelques pouces de profondeur, et souvent pas de tout. L'année d'après on remplace les pieds qui n'ont pas pris, et deux ans après la première plantation, les abeilles trouvent sur les romarins à faire un ample butin.

RONCE. Genre de plantes de la famille des rosacées. Les nombreux piquans dont elles sont armées et la facilité avec laquelle elles se propagent font considérer quelques espèces de ronce comme un triste présent que Dieu a fait à l'homme. Parmi ces espèces la RONCE COMMUNE, *rubus fructicosus*, Lin.; *roumi*, *roumias* en prov.; la RONCE BLEUATRE, *rubus cæsius*, Lin., sont très répandues dans nos bois, nos champs et partout où il y a un peu de terre fraîche. Elles font le désespoir du cultivateur qui sait qu'il n'a d'autres moyens pour s'en débarrasser que de les arracher; de là ce proverbe provençal que je puis facilement donner en français sans rien lui ôter de son originalité et de sa justesse: *Si tu me coupes, tu me tailles; si tu me brûles, tu me fumes; mais si tu m'arraches, tu m'achèves.* On a prétendu qu'on fait mourir les ronces, si, en les coupant durant le mois de mai, on répand du sel marin en poudre sur la plaie. Je l'ai essayé plusieurs fois et toujours sans succès. Il est des ronces qui sortent de murailles en pierres sèches, d'ailleurs encore en assez bon état pour ne pas les sacrifier à la destruction de ces ronces. On parvient à les faire mourir après un certain nombre d'années en les coupant toutes les fois qu'elles se montrent. Pour réussir, il ne faut pas oublier cette opération une seule fois; car cette seule fois suffirait pour anéantir les bons effets déjà obtenus.

On a prétendu que les haies faites avec des ronces sont

impénétrables. Je ne conviens pas de cela, il suffit d'une faucille pour se frayer un passage, et d'ailleurs quel inconvénient que celui d'avoir une haie auprès de laquelle il faut avoir un surveillant pour l'empêcher de s'étendre dans le terrain qu'elle clôt. Ne vaut-il pas mieux l'aubépine?

La ronce a produit par la culture des variétés dont plusieurs sont cultivées par les amateurs, ces variétés sont : la Ronce sans épines ; la Ronce a fleurs doubles blanches dont les fleurs, venant par bouquets, ressemblent à des petites roses blanches et se montrent durant plusieurs mois ; la Ronce a fleurs doubles roses, trouvée en 1817 dans les champs et maintenant cultivée. C'est un charmant arbrisseau quand il est couvert de ses fleurs qui sont très doubles, à pétales intérieurs linéaires et de couleur rose. La culture de ces variétés n'est pas difficile. Il suffit d'une bouture, d'une marcote, mises dans un terrain frais ou arrosé pour les propager autant qu'on le desire. On pourrait utiliser des ronces communes qu'on ne souffre qu'impatiemment en y greffant dessus ces deux dernières variétés.

Parmi les autres espèces de ronces il existe la ronce framboisier dont il est fait mention dans son article. Voyez framboisier. Les autres espèces à mentionner sont la ronce framboisier du Canada et la ronce a feuilles de rosier. La première se recommande par la matière visqueuse et à odeur très agréable que l'extrêmité de ses rameaux laisse aux doigts quand on les touche et la seconde par ses fleurs blanches qui sont très doubles et fort grandes. Il leur succède des petits fruits qui ont le goût et le parfum de la framboise. Elles demandent une terre de bruyère et la dernière une exposition abritée pendant l'hiver.

ROQUETTE. Nom que l'on donne en Provence à deux

plantes de deux genres différens. Toutes deux méritent d'être mentionnées, la première comme étant cultivée dans nos jardins et la seconde comme infestant certains terrains de nos pays.

ROQUETTE DES JARDINS, *Brassica eruca*, Lin, *rouqueto* en prov. Plante du genre CHOU et de la famille des crucifères, dont les feuilles, à cause de leur saveur piquante, font toujours partie de la salade mêlée, autrement dite fourniture de salades. Cette plante se multiplie de graines que l'on sème en août et en septembre sur une terre substantielle, ameublie et arrosable. Ses feuilles sont bonnes à couper depuis la fin de septembre jusqu'en mars, époque où elle monte en graine. Ces graines sont si nombreuses sur chaque pied, que je suis surpris que personne n'ait encore pensé à cultiver la roquette des jardins comme plante oléagineuse.

ROQUETTE DES CHAMPS, *Rouqueto souvageo, planto blanco*, en provençal. Plante du genre sisymbre qui se montre dans les terrains fumés, quoique non arrosables, de plusieurs contrées du midi de la France. Il est des années, durant lesquelles, cette plante est extrêmement commune; c'est lorsque l'automne est pluvieuse; on peut alors en tirer parti, soit en la vendant sur place aux bergers qui viennent hiverner dans la basse Provence, soit en l'arrachant et en l'enfouissant autour des oliviers: l'expérience m'a prouvé plus d'une fois qu'elle est un excellent engrais.

ROSEAU. Genre de plantes de la famille des graminées dont une espèce, la seule dont je m'occuperai, est très multipliée sur les rives de nos torrens et ruisseaux et dans les lieux conservant de la fraîcheur pendant tout l'été. C'est le ROSEAU A QUENOUILLE, *Roseau canne*, *Arundo donax*, Lin.;

cano en prov. Un cannier, pour me servir de l'expression usitée dans nos pays, est indispensable dans une propriété un peu importante. Il ne se passe pas de jour sans qu'on ait besoin d'y avoir recours. Veut-on un échalas, un tuyau momentané pour fontaine, pour tonneau, un bâton pour s'appuyer, une mesure de longueur pour plantation de vigne, un jalon, etc. etc., on court au cannier et on y trouve ces divers objets; mais les cannes ne servent pas seulement au propriétaire, elles sont encore d'une grande utilité dans les arts. On les emploie à faire des plafonds, des claies pour vers à soie et pour sécher les fruits, des peignes pour les tisserands, des bobines pour les fileuses, elles servent encore aux pêcheurs à la ligne, à former les bordigues, sorte de labyrinthe d'où le poisson ne peut plus sortir et où il est forcé d'entrer quand d'un étang il veut se rendre à la mer. Aussi les grandes roseraies que l'on voit dans les plaines d'Hyères et surtout de Cogolin, de Fréjus, etc. sont-elles d'un grand produit. Elles n'ont pas seulement l'avantage de ne demander aucuns frais de culture, pas même ceux de coupe, car ce sont les acheteurs qui se chargent de cette opération, mais encore celui de contenir les eaux lors des débordemens; combien de roseraies faites en travers d'un bas fonds qui en retenant les pailles et les débris que les eaux, pendant les grandes crues, charrient avec elles, ont exhaussé et amélioré des terrains qu'on ne pouvait plus cultiver à cause des submersions de longue durée auxquelles ils étaient sujets. Enfin je n'en finirais pas, si je voulais énumérer tous les services que cette plante rend à l'agriculture.

Le roseau canne se multiplie par éclat des œilletons, dont ses racines sont fournies, et par boutures. C'est vers la fin de l'automne qu'il faut faire la plantation, soit des tronçons de racines, soit des boutures. Lorqu'on ne peut faire autrement, on prend un roseau, on le coupe d'une longueur d'environ deux mètres en lui conservant la partie la plus basse; comme ayant les yeux les mieux formés, et les plus près à se développer ; on ouvre un fossé de vingt-cinq à trente centimètres de profondeur sur autant de largeur, et on y enfouit le roseau dans toute sa longueur, et de manière que même son extrémité supérieure soit entourée, et qu'il soit recouvert par dix à douze centimètres de terre. Le roseau, ainsi préparé, pousse des tiges de chacun de ses yeux; mais ces tiges sont faibles pendant la première année, ce qui est cause qu'un cannier ou roseraie, fait par ce procédé, est plus long à se former. Il est donc mieux de planter, dans le fossé dont il a été parlé, des parties de racines, munies de deux ou trois œilletons, et de les recouvrir, tout comme il a été dit. Dès la même année, on obtient des cannes, qui ont déjà une certaine grosseur et qui s'élèvent quelquefois à plus de deux mètres. Une roseraie peut être établie partout, même dans le terrain le plus aride, mais elle ne prospère et ne donne du produit que dans les terrains frais pendant tout l'été, sans cependant être trop aquatiques pendant l'hiver. Dans ces sortes de terrain, les cannes s'élèvent jusqu'à cinq et six mètres et acquièrent un diamètre de près de deux pouces vers leur base. Pour que la canne puisse être utilisée, c'est-à-dire, pour qu'elle soit de longue durée, il est nécessaire qu'elle demeure deux ans sur pied. Mais il arrive souvent que pendant l'hiver qui suit son premier jet, elle est atteinte par le froid. C'est une grande perte pour le propriétaire, car c'est une récolte perdue. Assez ordinairement on coupe ces cannes ainsi gelées et l'on profite de cette fâcheuse circonstance pour nettoyer le cannier des ronces, des houblons et des autres plantes qui y croissent d'aventure ; car plus une roseraie est nette, et mieux les cannes se développent et plus il en pousse. Ces cannes ne sont pas toujours perdues ; il est bien des maçons ou des propriétaires, habitant les villes qui, faute de connaissances, les achètent pour en faire des plafonds, des claies, etc. Trompés qu'ils ont été, ils ne tardent pas de reconnaître leur peu d'expérience au peu de durée des ouvrages faits avec ces cannes.

Par ce qui vient d'être dit, on voit que Bosc a été jeté dans une erreur complète, quand il avance que les cannes sont coupées toutes les années. J'affirme, et je le puis, parce que j'ai habité long-temps les pays du département du Var, où se récoltent les nombreuses cannes qui sont chaque année embarquées pour Marseille, (ce qui a fait penser encore au même auteur que les cannes vendues à Paris étaient récoltées dans le département des Bouches-du-Rhône,) et surtout parce que je possède encore dans un de ces pays des roseraies que j'ai établies moi-même, j'affirme, dis-je, que nous ne coupons chaque année que les roseaux de deux ans et seulement ceux qui, par les rameaux sortis de leurs yeux, annoncent qu'ils ont ce temps d'existence. Si on se donnait la peine d'examiner ceux qu'on reçoit à Paris, on apercevrait dans leur extrémité supérieure la marque où les rameaux ont été coupés. Les roseaux sont d'une si grande utilité que l'on ne pourrait trop les multiplier partout. On a toujours quelque recoin où le sol est plus humide, et bien là on doit y placer quelques éclats de racines de canne, et sans aucuns frais, et peu de temps après, on se trouvera avoir sous la main des objets d'une nécessité de tous les jours.

ROSIER. Genre de plantes de la famille des rosacées, composé de plusieurs espèces dont quelques unes font l'ornement de nos jardins. On possède maintenant des fleurs d'une régularité et d'une beauté remarquables. Rien ne peut être comparé à un camélia à fleurs doubles, à un dhalia pourpre, mais ces fleurs sont belles et voilà tout. La rose, au contraire et surtout la rose aux cent feuilles, s'offre également à nous sous une forme gracieuse, et elle répand une odeur des plus suaves.

Il n'est donc pas étonnant que la culture du rosier soit générale et qu'on trouve partout ce charmant arbuste, qui n'a contre lui que ses épines, comme si la nature avait voulu faire entendre à l'homme qu'il n'y aura jamais pour lui de jouissances sans un peu de tribulation. Depuis quelques années cette culture s'est changée en manie, et cela est si vrai qu'en ce moment le nombre des variétés et sous-variétés de roses dépasse celui de mille. Mon Manuel étant plus un ouvrage d'agriculture que d'horticulture, je ne puis donner à cet article l'extension qu'il mériterait dans un ouvrage d'un autre genre. D'ailleurs il n'est pas un horticulteur qui ne se procure, même dans nos pays, le Bon Jardinier, et là il trouvera tous les détails dont on peut avoir besoin, quand on s'adonne particulièrement aux rosiers.

Je dirai seulement que les rosiers végètent, et même avec vigueur, dans tous les terrains, s'ils sont houés et fumés toutes les années ; et encore qu'une des propriétés qui font admettre leur culture en tous lieux est celle de pouvoir supporter la sécheresse de nos étés sans être arrosés. Cependant une terre fraîche, substantielle, ameublie et entretenue dans un état constant de fertilité au moyen de fumier bien consommé et presque réduit en terreau, est celle qui les fait pousser avec plus de force et qui leur fait prendre plus de développement.

Le rosier se multiplie de graines, pour obtenir des variétés nouvelles, de drageons, de marcottes et au moyen de la greffe en fente ou en écusson, tantôt à œil dormant et tantôt à œil poussant. Les plants, tirés des pépinières ou des vieux pieds, sont mis en place pendant tout l'hiver. Ils ne demandent ni plus de soins, ni plus de précautions que les arbustes les plus rustiques. C'est en février qu'il faut nettoyer les rosiers de leur bois mort, enlever les branches et les rameaux qui se gênent, qui nuisent à la régularité de la forme qu'on veut leur donner. Les graines de rosier, qui doivent toujours être prises sur les pieds à fleurs doubles, ou tout au moins à fleurs semi-doubles, sont semées en terrines de suite après leur maturité, et autant que possible pas au delà du mois d'octobre; alors elles lèveront presque toutes au printemps d'après. Elles ne doivent guère être enfouies, un demi pouce au plus; les jeunes plants seront sarclés et arrosés pendant tout l'été, et mis en pépinière ou en place vers la fin de l'hiver d'après.

S.

SAFRAN. Genre de plantes de la famille des iridées. Parmi les quelques espèces dont ce genre se compose, il en est une qui est cultivée en grand avec avantage dans plusieurs départemens de l'intérieur de la France, c'est le SAFRAN CULTIVÉ, *crocus sativus*, Lin. Il est surprenant que nous, habitant le midi de la France, pays où la température est moins froide et se rapproche plus de celles des contrées d'où le safran est originaire, négligions de nous emparer de ce genre de culture, si lucratif et le seul qui puisse convenir à certains cantons dont les terres sont trop sèches, trop arides pour qu'on puisse y cultiver toute autre plante; ce qui le prouve, c'est que le safran qu'on voit dans une infinité de nos propriétés rurales, prospère et donne quelque produit, bien qu'on soit dans l'usage de le placer sur les plus mauvais sols, et de ne plus donner aux plantes ni au terrain, aucune façon. Que l'on sache que dans le Gatinois, dans l'Angoumois, un demi hectare de terre produit jusqu'à vingt à vingt-quatre demi kilog. de stigmates de safran qui sont les seules parties de la fleur que l'on ramasse. Si nous en croyons les auteurs, le produit d'un demi hectare est terme moyen, de quinze cents francs pendant les trois années de durée de cette culture. Si nous prélevons la moitié de cette somme pour les frais de culture, et pour les impositions, il reste en bénéfice une somme décuple de celle de la valeur de certains fonds dont on ne retire presqu'aucun produit. Ce qui suit va démontrer que nos terres sont éminemment les plus propres à la culture du safran. D'ailleurs nos cultivateurs le savent bien, puisque ce n'est que sur les plus mauvaises qu'ils plantent leur safran.

Le safran ne prospère et ne donne des produits que dans les terres légères, sèches, ameublies à la profondeur de 25 à 30 centimètres et rendues fertiles au moyen du terreau, des curures de ruisseaux, des feuilles sèches, etc. Une terre qui conserverait un peu trop d'humidité pendant l'hiver, serait nuisible au succès de la culture. Mais si le terrain doit être sec, il est de rigueur qu'il soit entièrement purgé de pierres. Toutes celles qui dépassent la grosseur d'une noisette doivent être enlevées. De cette précaution dépend le produit des caïeux de safran qu'on y plantera. Le terrain ayant été ainsi préparé pendant les mois d'avril ou de mai, on ouvre des fossés de quinze à vingt centimètres de profondeur, et cela dans le mois d'août, en commençant par un de ses bords, et on place, au fond de ces fossés, les caïeux ou oignons de safran, à cinq centimètres de distance les uns des autres. Une seconde tranchée est ouverte parallèlement et à seize ou dix-huit centimètres de distance de la première, la terre qui en est retirée sert à combler celle-ci; on y place les caïeux comme dans la première et ainsi de même jusqu'à la fin du terrain préparé et destiné à cette culture. On comprend que là le safran doit donner une récolte autrement productive que celle que l'on retire de celui qu'on cultive dans nos pays.

Dès les premières pluies de l'automne, les feuilles, et les fleurs avec elles commencent à paraître. C'est alors qu'il faut être vigilant; car plus le stigmate reste sur place, et plus il perd de son arome et conséquemment de sa qualité. C'est dès le matin, et avant que la rosée soit dissipée, ou du moins avant que le soleil ait commencé de faner les fleurs de safran, que l'on cueille ces fleurs. Tout le monde, vieux ou jeune, homme ou femme est apte pour faire cette cueillette. Ces fleurs venant toutes en peu de temps, c'est-à-dire, en quinze à vingt jours, il est nécessaire que chacun mette la main à l'œuvre, si on ne veut pas perdre une partie du fruit de l'entreprise d'une pareille culture. Les fleurs sont déposées dans un tamis de crin à claire voie. Quand le tamis est à demi plein, on le suspend au-dessus d'une brasière modérément garnie de braise sans fumeron et couverte de cendres, et de manière à ce qu'il soit éloigné du feu d'environ cinquante centimètres. C'est à un ouvrier intelligent que ce soin doit être confié. Car un feu un peu trop violent, qui le brûlerait, ou qui lui donnerait une odeur de fumée, serait cause que le safran ne serait pas vendable. C'est ordinairement la ménagère qui se charge de cette opération. On le remue constamment jusqu'à ce qu'il soit arrivé au point qu'il se brise entre les doigts en le pressant. On le met de suite à refroidir entre des feuilles de papier blanc, et une fois sec, on l'enferme dans des petites caisses en bois qu'on transporte de suite dans la partie de la maison la plus à l'abri de l'humidité.

Revenant aux plantes du safran, après que la fleur a été ramassée, je dirai que vers la fin du printemps, il est de toute utilité de couper ou d'arracher les feuilles et de donner aussitôt un binage de dix à douze centimètres de profondeur, et de le répéter en août. Dès le jour même de la première pluie de l'automne, et avant que les fleurs paraîssent, on bine pour la troisième fois, mais alors on a la précaution de ménager la partie où sont les oignons, dans la crainte que quelques uns aient commencé à pousser. Les oignons de safran, après avoir donné trois récoltes, sont déterrés pour être replantés ailleurs. Si on a eu soin de la plantation, on doit alors avoir quatre fois plus d'oignons en caïeux que lorsqu'on les a mis en terre ; ce qui permet de donner plus d'extension à la nouvelle plantation. Quelques personnes laissent leurs oignons de safran plus de quatre ans en terre ; elles ont tort, parce que le nombre des oignons ayant quadruplé, terme moyen, les plantes se gênent, s'affament mutuellement et ne donnent presque plus de produits, d'autant que le terrain, pendant les trois années qui suivent la plantation, a été amaigri et privé de ses sucs nourriciers ; et cela est si vrai que si l'on veut remplacer cette culture par une autre, on ne le peut qu'en le fumant. Je dis par une autre, car pour peu de notions qu'on ait de l'art des assolemens, (Voyez ce mot.) on se gardera bien de replanter des oignons de safran, là où ils viennent d'être arrachés. En bonne règle, il ne faut y revenir que huit à dix ans après. C'est en juillet que les oignons de safran sont arrachés pour être replantés de suite sur le terrain de la nouvelle plantation, terrain qui doit avoir subi la préparation que j'ai recommandée. Les caïeux trop petits et tous ceux qui ne paraissent pas sains, soit qu'ils aient été blessés en les arrachant, soit qu'ils soient atteints de quelque maladie, doivent être mis de côté pour être jetés, ou du moins pour être plantés ailleurs.

Il arrive souvent que des plantes de safran périssent ; en visitant avec attention leurs oignons, on aperçoit une sorte de champignons, dont la végétation a du rapport avec celle de la truffe, qui se nourrit et croît aux dépens de ces oignons. Comme ce champignon se propage avec la plus grande vitesse, le nombre des plantes, qui périssent, est souvent considérable ; il est donc urgent, dès qu'on aperçoit une ou plusieurs de ces plantes, de les arracher avec une motte de terre et de les transporter dans un ruisseau, ou marre d'eau ou sur un chemin ; car mises sur une autre partie de la propriété, elles conserveraient le germe de ce champignon et il ne manquerait pas de se montrer dès l'instant qu'une nouvelle plantation de safran y serait établie ; au surplus ce n'est pas seulement sur le safran qu'il végète, il se nourrit sur plusieurs autres plantes, et surtout sur le liseron des champs si commun, si multiplié dans nos pays.

On connaît les divers usages économiques du safran ; il est aussi d'une grande utilité pour certains arts et plus encore pour la médecine. Il est stomachique, résolutif, anodin, emménanogue, béchique, détersif, céphalique, diaphorétique ; cependant il n'est pas sans exemple qu'employé à de trop fortes doses il ne cause de grands ravages dans l'économie animale. On l'a vu produire le délire, les vomissemens, l'assoupissement léthargique. La seule odeur peut faire naître une partie de ces accidens. On cite des cas où des femmes chargées d'éplucher les fleurs ont été atteintes de syncope, de pertes de sang et autres indispositions plus ou moins graves.

SAINFOIN. Genre nombreux de la famille des légumineuses dont une espèce, le SAINFOIN COMMUN, *Hedysarum onobrychis*, Lin., *esparcet* en prov., est cultivée comme plante fourragère.

Si tous les auteurs, à partir d'Olivier de Serres jusqu'à Yvart, ne recommandaient pas la culture du sainfoin, dans les terrains de nature sèche et calcaire, il ne faudrait qu'avoir vu le changement qui s'est opéré dans les exploitations agricoles des environs de Draguignan, de Lorgues depuis l'introduction de cette plante par le bon et sage préfet d'Azemar, pour se hâter de propager sa culture dans tous les terrains de cette nature. Que l'on compare l'aisance d'une métairie où les bestiaux, nécessaires à son exploitation, sont nourris au moyen des sainfoins qui y sont cultivés, avec une autre métairie où les fourrages manquent totalement et l'on ne balancera pas de reconnaître avec Rozier que *le sainfoin est un magnifique présent de la nature pour les pays qui manquent de fourrages, à raison du peu de valeur de leurs champs, que jusqu'à présent on ne connaît aucune plante capable de la suppléer et que tous les soins des cultivateurs doivent tendre à y multiplier cette culture*,

Un terrain non humide et calcaire est donc celui qui convient le mieux au sainfoin. Cependant il prospère aussi, mais moins bien, dans ceux qui sont granitiques ou schisteux. Les uns et les autres doivent avoir une certaine profondeur pour que ses longues racines, naturellement pivotantes, puissent s'enfoncer et trouver les sucs nourriciers qui sont nécessaires pendant l'été à sa végétation. Car si le sainfoin craint durant l'hiver un excès d'humidité, il a pourtant besoin de ne pas être totalement privé d'un peu de fraîcheur en été; sans nul doute il pousse avec plus de vigueur, il s'élève davantage dans une terre fertile et chargée d'humus, que dans celui qui est maigre, et pourtant c'est dans les champs où l'on ne peut rien obtenir qu'il faut cultiver cette plante; indépendamment des diverses coupes de fourrage qu'on y fera pendant toute la durée du sainfoin, on y obtiendra des récoltes de froment, d'avoine, de légumes après son défrichement; mais pour cela il faut donner au terrain un labour, soit avec la houe, soit avec une grande charrue, de vingt-cinq à trente centimètres de profondeur et le fumer largement. Afin que le sainfoin réussisse, il faut que durant la première année, ses racines trouvent une terre assez meuble pour qu'elles puissent, en se prolongeant à une certaine profondeur, braver les chaleurs et les longues sécheresses de nos étés, je répète, ce que j'ai dit plusieurs fois; on ne peut combattre l'action de ces sécheresses sur les diverses plantes que nous cultivons en cette saison que par des labours profonds; et puis quel avantage n'est pas celui de rendre productif un terrain, jusqu'alors de la plus complète stérilité. Un pareil changement, une amélioration de cette nature, valent bien la peine qu'on fasse la dépense d'un défoncement qui du reste n'est pas bien coûteux si on ne l'approfondit qu'à trente centimètres; c'est en semant le blé ou autre céréale, et en automne, qu'on sème aussi les graines de sainfoin. Il entre toujours le double de la semence du blé, ainsi si on jette en terre un hectolitre de blé, il faudra y jeter deux hectolitres de sainfoin.

J'ai démontré à l'article froment combien un sarclage est utile à cette plante ; je dirai ici qu'il est indispensable quand le sainfoin est mêlé et croît avec elle. Les deux plantes, prenant chacune dans le sol les sucs qui leur sont propres, ont besoin pour prospérer d'être débarassées des mauvaises herbes qui, étant de la même famille qu'elles, viendraient leur disputer une partie de ces sucs. Si le semis avait manqué en partie, ce qui arrive quand on a de la mauvaise graine ou quand il y a eu de trop longues pluies qui ont submergé le terrain, on peut regarnir les vides en y semant de la nouvelle graine au moment du sarclage.

Le sainfoin est d'une assez longue durée quand il se trouve dans un terrain bien défoncé et à sa convenance ; il y a des exemples de douze à quinze ans ; mais pour qu'il arrive à cet âge, il faut 1° que le terrain ait été profondément défoncé, qu'il ait été amendé, soit avec du fumier, soit avec des plantes enfouies en vert, soit enfin avec du tourteau, avec des cendres, ou même avec de la suie, quand on ne peut se procurer d'engrais plus énergiques, 2° qu'il soit toujours coupé au moment où il commence à fleurir, et 3° que les bestiaux ne le paissent dans aucun temps, et surtout en été. Un sarclage ou mieux un binage donné avec la houe fourchue ou à deux pointes, après sa seconde année, est de la plus grande utilité pour prolonger sa durée. Cette œuvre détruit les diverses plantes qui, étant venues d'aventure et se trouvant dans leur sol natal, y croissent vite, avec vigueur et s'emparent du terrain au détriment du sainfoin qu'elles font mourir en peu de temps.

On assure que le plâtre, d'un effet si puissant sur toutes les légumineuses, n'agit pas avec autant de force sur le sainfoin que sur ses congénères ; cependant c'est une opération qu'il convient de ne pas négliger ; les effets du plâtrage n'en sont pas moins sensibles, et d'ailleurs c'est une si faible dépense qu'il ne vaut pas la peine que, par esprit d'économie, on croie pouvoir s'en dispenser. On revient même à cette opération vers la cinquième année, si l'on est dans le cas de pouvoir conserver le sainfoin pendant huit à dix ans. C'est au printemps, et quand il a commencé de se développer qu'il faut le plâtrer.

Bosc recommande comme une œuvre très utile de herser le sainfoin même deux fois pendant l'hiver et d'y répandre de suite de la chaux en poudre. Selon ce savant agriculteur il en résulte une augmentation considérable de produit, et ce fait, dit-il, est prouvé par l'expérience.

Une fois que l'on a débuté dans la culture du sainfoin, il faut avoir soin de récolter chez soi les graines dont on peut avoir besoin. C'est sur les sainfoins de deux à trois ans, et sans en faucher la première coupe, qu'il faut recueillir ces graines. Ne mûrissant pas toutes en même temps, il arrive qu'il y a des graines qui tombent par excès de maturité, lorsque d'autres sont encore vertes ; c'est au cultivateur à savoir choisir le moment favorable. C'est le matin et avant que la rosée ait disparu qu'il faut couper les tiges de sainfoin chargées de graines mûres. Il est nécessaire, pour prévenir la chute de celles qui le sont trop, de donner le moins de secousses possibles aux tiges, soit pendant qu'on les coupe, soit pendant leur transport, soit enfin pendant qu'on les dépose sur le lieu destiné à la dessication ; dès que les graines sont sèches, on les détache des tiges au moyen d'un fléau, ou d'un dépiquage avec un ou plusieurs chevaux. C'est cette dernière méthode qu'on pratique dans les grandes exploitations de Draguignan, de Lorgues, pays qui ne sont plus reconnaissables, ainsi que je l'ai dit à l'article assolement, depuis que M. d'Azémard parvint, à force de prières, et après avoir donné lui-même l'exemple, à y introduire la culture du sainfoin.

On est parvenu à obtenir plusieurs variétés de sainfoin. Celle qui paraîtrait devoir être préférée est celle qui, étant plus précoce, permet de faire deux coupes dans nos contrées, où la sécheresse s'oppose à le pratiquer ainsi, pour le sainfoin ordinaire. Cette variété est connue sous le nom de sainfoin chaud. Elle est rare encore en Provence. On devrait cependant l'y propager à cause de l'avantage qu'elle offre d'être coupée deux fois dans les terrains les plus arides. On en trouve des graines chez M. Vilmorin, quai de la Mégisserie, n° 30, à Paris.

Parmi les nombreuses espèces du genre sainfoin il en est encore quelques unes qui sont dans le cas d'être mentionnées. Je citerai parmi elles

Le SAINFOIN D'ESPAGNE, *Hedysarum coronarium*, Lin. Cette plante, qu'on cultive dans les parterres comme plante d'ornement à cause de ses gros épis de fleurs d'un rouge foncé, peut encore être introduite dans les grandes exploitations, comme plante fourragère en raison de la hauteur de ses tiges qui est de près d'un mètre. C'est celle qui est cultivée dans plusieurs parties de l'Italie et particulièrement à Malte sous le nom de SULLA. Le seul inconvénient qu'elle offre est celui de fournir des tiges trop grosses et trop dures, si on les coupe un peu tard. Pour le prévenir, il convient de faucher ce sainfoin dès l'épanouissement de ses fleurs. Tout ce qui a été dit sur le semis et la culture du sainfoin ordinaire est applicable au sainfoin d'Espagne. J'ai vu dans les environs de Toulon, et tout près du fort Lamalgue, un coteau d'une grande aridité pendant l'été, dont une étendue de quelques ares était couverte de ce sainfoin. Rien n'était beau comme ce coteau pendant la floraison de cette plante.

Je ne dois pas oublier de dire qu'à Malte, on défriche le sainfoin d'Espagne ou la SULLA pendant l'été de sa seconde année, et de manière qu'on n'en obtient qu'une seule coupe.

Le SAINFOIN ANIMÉ, *Hedysarum gyrans*, Lin. Ce sainfoin, qu'il convient de cultiver en pots et d'enfermer pendant l'hiver, est remarquable par le mouvement continuel d'oscillation de ses follioles latérales; mouvement qui est d'autant plus marqué que la température est plus chaude; il lui faut une terre légère.

SALSIFIS. Genre de plantes de la famille des chicoracées. Une seule est dans le cas d'être mentionnée.

SALSIFIS COMMUN ou *Salsifis blanc*, *Tragopogon porrifollium*, Lin. Cette plante, dont la racine longue et couverte d'une peau blanche, diffère de la SCORSONÈRE en ce que celle-ci a sa racine d'une couleur noire, ce qui lui a fait donner le nom de salsifis noir. Une terre profonde, légère, très fertile, soigneusement épierrée, arrosable et amendée avec du fumier, presque réduit en l'état de terreau, est celle qu'il faut choisir pour la culture de ces deux plantes. Lorsque la terre est tant soit peu pierreuse, les racines se bifurquent et ne remplissent pas l'objet qu'on se propose dans cette culture; les racines doivent être d'un seul jet. On sème la graine dès les premiers jours d'avril. Si les jeunes plants sont trop épais, il convient de les éclaircir, de manière à laisser un ou deux pouces de vide entre ceux qui restent. Un premier sarclage donné en mai, un second répété en juillet et des arrosemens fréquens pendant tout l'été sont des œuvres indispensables à la prospérité d'une culture de salsifis ou de scorsonère. Les pieds, qui montent en graines, doivent être arrachés. On peut commencer de manger des racines de ces plantes vers le mois d'octobre. Cependant il est mieux de les conserver sur place pour provision d'hiver. Elles seront plus savoureuses. On réservera à une des extrémités de deux ou de plusieurs planches les plantes destinées à fournir la graine nécessaire pour l'année d'après. Cette graine devra être ramassée dès l'instant de sa maturité et avant que le vent la disperse. Elle est mûre ordinairement en juin de la seconde année, elle sera conservée dans des sacs de papier et en lieu sec.

Les racines du salsifis et de la scorsonère sont de facile digestion, et cependant il ne s'en fait pas une grande consommation. Ce qui dégoûte sans doute bien des personnes, c'est que très souvent elles sont amères et atteintes d'une maladie qui altère leur saveur. On reconnaît la partie contaminée à une teinte un peu jaunâtre. C'est aux cuisiniers d'avoir soin d'enlever cette partie ou plutôt de mettre de côté les racines malades.

SAPIN. Genre de plantes de la famille des conifères dont les diverses espèces qui le composent sont représentées par des arbres de la plus grande hauteur, et de la plus grande utilité pour les constructions de terre et de mer. Les sapins ne croissant que dans les pays froids, nous ne les possédons et ne les cultivons que comme arbres d'agrément. Les plus remarquables sont :

Le SAPIN ARGENTÉ, *Sapin blanc*, *Sapin à feuilles d'if*, *Pinus picea*, Lin: *sap*, *sapin* en prov. Cet arbre, qui s'élève, dans les forêts des Alpes, des Pyrénées, de l'Auvergne, etc., à plus de trente mètres, est d'un effet pittoresque dans les bosquets d'agrément. On le reconnaît à ses feuilles linéaires, échancrées au sommet, planes et rangées de chaque côté sur les rameaux, comme les dents d'un peigne. Il se multiplie de graines que l'on sème, et peu de temps après les avoir retirées des cônes, sur terre de bruyère, soit en pots, soit en pleine terre; on maintient cette terre dans un état permanent de fraîcheur, en la couvrant d'un peu de mousse. On ne l'arrose que modérément, si elle en a besoin. Les jeunes pieds sont d'abord nettoyés des mauvaises herbes, et ensuite sarclés et arrosés. Ils sont mis en pépinière deux ans après, et cette fois il est bien de les placer dans une terre légère. Ils ne sont plantés à demeure que trois ans après. Tout terrain, s'il est frais et profond, leur convient. C'est le sapin argenté qui nous fournit ces belles pièces de bois qui descendent le Rhône et que nous employons pour poutre.

Le SAPIN BAUMIER, *Pinus balsamea*, Lin. Arbre de l'Amérique du nord et qui ne s'élève guères qu'à neuf ou dix mètres dans la France. Il ressemble si bien au précédent que les plus habiles les confondent, mais les feuilles, qui sont rangées de même, sont plus nombreuses et à doubles rangs, exhalant l'odeur du baume de Judée, quand elles sont froissées. J'en possède un pied qui est d'un effet charmant. Bien que je ne l'arrose pas, et qu'il soit dans un terrain sec, il supporte très bien notre température si chaude pendant l'été. Sa croissance a été très lente pendant dix à douze ans; mais depuis 1830 il s'élève chaque année de quarante à cinquante centimètres.

Le SAPIN EPICEA, *Pinus abies*, Lin. Arbre d'une grande hauteur dans les vallées profondes du nord de l'Europe. C'est de cet arbre que l'on retire les pièces de bois qui nous arrivent sous le nom de bois de nord.

Le SAPIN BLANC DU CANADA, *Sapinette blanche*. Arbre qui croît avec rapidité, et qu'en raison de cette propriété l'on plante dans tous les bosquets et autres plantations d'agrément.

Ces diverses espèces se multiplient et se cultivent de même que le sapin argenté.

Le SAPIN NOIR, *Sapinette noire*. Arbre fort élevé dans l'Amérique septentrionale, son pays natal. Il est reconnaissable et il diffère des autres sapins, et il a cela de commun avec la sapinette blanche, en ce que ses feuilles sont placées autour des branches. Elles sont d'un vert très sombre; de là son nom de sapin noir. Celui-ci demande une terre sinon humide, du moins d'une grande fraîcheur. Même genre de culture et de multiplication.

SARMENT, *Gaveou* en prov. C'est en Provence la réunion de dix à quinze bourgeons de vigne qu'on lie ensemble après la taille et dont il se fait une consommation considérable pour éclairer le feu, pour avoir de la braise en peu de temps, pour faire et hâter les fritures, pour donner de l'activité à un feu de broche, etc. etc. Ce n'est pas seulement comme combustible que les sarmens peuvent être utiles. Ils servent, quand les fourrages sont rares, à la nourriture de certains bestiaux. Les uns les coupent par petits morceaux et les leur donnent dans cet état. Les autres, mieux [illegible] avisés, après les avoir ainsi coupés, les font tremper [illegible] dans l'eau et les réduisent en une espèce de pâte, au m[illegible]oyen d'une meule de moulin à huile. Cette pâte, saup[illegible]oudrée d'un peu de son, au moment qu'on la présente [illegible] aux mulets, aux ânes, aux bœufs, est mangée par e[illegible]x avec avidité. Dans l'intérieur de la France on nomme sarment les bourgeons de vigne dès l'instant qu'ils ont pris la couleur du bois et qu'ils sont désignés dans nos pays sous le nom de ceps. Dans les pays vignicoles éloignés des villes on est obligé de faire brûler sur place les ceps ou sarmens de vigne. Je ne saurais trop recommander de profiter les cendres qui résultent de cette opération, quand même elles seraient détrempées par la pluie. Elles n'en sont pas moins utiles comme amendement.

SARRASIN. Voyez Renouée.

SAUGE. Genre de plantes de la famille des labiées, composé d'un grand nombre d'espèces. Je n'en mentionnerai qu'une.

Sauge officinale, *Saouvi* en prov. Cette plante se trouve dans presque toutes les exploitations en raison de ses vertus médicinales, et de l'usage qu'on en fait dans certaines préparations culinaires. Il n'est aucune feuille de plantes qui facilitent la digestion autant que celles de cette feuille. C'est sans doute cette propriété de la sauge officinale qui a donné lieu à cet aphorisme de l'école de Salerne : *Comment un homme peut-il mourir, si la sauge croît dans son jardin?* On multiplie cette plante par éclat de vieux pieds pendant l'hiver. Elle vient dans tous les terrains.

SAULE. Genre de plantes de la famille des amentacées. Un grand nombre d'espèces composent ce genre. Les plus intéressantes sont :

Le Saule blanc, *Salix alba*, Lin.; *saouse* en prov. C'est le saule si abondant et si multiplié sur les bords de nos ruisseaux et de nos rivières. Cet arbre, qui s'élève à plus de vingt mètres, croît avec une rapidité qui n'est égalée que par les saules des autres espèces. Son bois, d'un grain uni et homogène et d'un blanc donnant sur le rouge, peut en raison de sa légéreté être utilement employé dans les arts. Les saules sont tenus en têtards, ou sont conservés dans toute leur hauteur. Par la première méthode, on obtient tous les six à huit ans des pièces de bois, droites, longues et recherchées pour plus d'un usage. C'est avec ces pièces de bois que l'on fait ces échelles à trois pieds si nécessaires pour la taille des arbres et la cueillette des fruits de l'olivier, de l'oranger, du figuier, du grenadier, etc. et connues en Provence sous le nom d'*escarrassouns*. Cette taille souvent répétée finit par causer la pourriture du tronc des saules, mais cependant les têtards sont le moyen de tirer un meilleur parti de ces arbres qu'on place ordinairement dans les terrains humides et dans les bas fonds sujets aux inondations. Etant rapprochés les uns des autres ils retiennent les débris emportés par les eaux, et après un certain laps de temps ils exhaussent le terrain et le rendent cultivable. Etant plantés sur les bords des rivières et des torrens, ils contiennent les eaux dans leurs limites et par leurs nombreuses racines ils consolident ces bords contre les efforts des eaux.

Le Saule marsault, *Salix caprea*, Lin. Beaucoup moins multiplié en Provence que le précédent, ce saule est un arbre qui s'élève moins que le saule blanc, mais dont le bois peut être employé avec plus d'avantages dans plus d'un cas et qui peut être placé dans les terrains les plus secs. Il est vrai que là il ne fait pas la même croissance que lorsqu'il est sur un sol frais et fertile. Il fournit des cercles et des échalas, d'une longue durée, quand ils sont coupés au cœur de l'hiver. C'est toujours alors que le saule marsault, comme le saule blanc, doit être coupé ou taillé, si on veut en utiliser le produit. Plus tard les arbres étant en sève, le bois obtenu est plus susceptible d'être atteint par les vers et de plus tôt se pourrir. Un des premiers soins, à donner aux pièces des saules que l'on a abattus ou taillés, est de les écorcer, après leur avoir enlevé les rameaux. On les porte aussitôt sous des hangards, où on les conserve pendant deux ans sans les employer. Ce temps est nécessaire pour obtenir une complète dessication, sans laquelle le bois de saule ne saurait êtré de durée.

Le SAULE DE BABYLONE, *Saule pleureur*; *saouse plurour* en prov. On cultive beaucoup cet arbre, mais seulement dans les jardins, et dans quelques lieux frais, à cause de ses rameaux longs, grêles et pendants jusques sur le sol. Il est d'un effet extrêmement pittoresque. Aussi manque-t-on rarement de le planter sur le bord de ces petits étangs ou des marres d'eau qu'on établit dans les parcs, dans certains jardins, etc. Cet arbre exige un terrain gras et humide. Son bois sert aux mêmes usages que celui du saule blanc.

Le SAULE HELICE, *Salix helix*, Lin. C'est un arbrisseau qui croît naturellement dans les lieux humides de nos plaines où il est connu sous le nom vulgaire de *vese*. Il est de la plus grande utilité pour l'exhaussement des terrains souvent submergés par les eaux d'inondation, car ses rameaux inférieurs s'étendent sur la terre tout autour du tronc et y poussent des racines.

Ce qui vient d'être dit sur les saules est applicable aux OSIERS; ils font aussi partie du genre saule.

Tous les saules se multiplient de boutures qu'on se contente habituellement de placer dans un trou fait avec un pieux en fer. Elles poussent si facilement de racines qu'on ne se donne pas la peine de les planter avec plus de soins. Quelques espèces pourraient se multiplier par le semis de leurs graines, le saule pleureur excepté, car nous ne possédons en France que le pied femelle, mais c'est un procédé si long, que rarement on le met en pratique.

SAXIFRAGE. Genre de plantes de la famille des saxifragées formé par près de cent vingt espèces, dont plusieurs sont cultivées dans les jardins d'ornement et parmi lesquelles on distingue plus particulièrement la SAXIFRAGE PYRAMIDALE, la SAXIFRAGE OMBREUSE, l'*amourette*, la *mignonnette*, la SAXIFRAGE MOUSSEUSE, *gazon turc*. Toutes se plaisent de préférence dans une terre légère, fertile et fraîche, et se multiplient par éclat soit des drageons, soit des racines des vieux pieds.

SCABIEUSE. Genre de plantes de la famille des dipsacées. Parmi les nombreuses espèces qui le composent, les plus remarquables sont la SCABIEUSE, FLEURS DE VEUVE, la SCABIEUSE DU CAUCASE, la SCABIEUSE DE CRÈTE. Ces espèces, dont la première seulement se multiplie par semis de ses graines et dont les deux autres étant vivaces peuvent en outre se propager par éclats ou par boutures, demandent une terre fraîche ou arrosable et rendue fertile au moyen d'engrais et d'ameublissement, quelle que soit sa nature.

SCORSONÈRE. Voyez le mot SALSIFIS, où il a été suffisamment parlé de cette plante.

SEIGLE. Genre de plantes de la famille des graminées, dont une espèce est généralement admise dans la grande et la petite culture. C'est la seule dont il sera fait mention.

SEIGLE COMMUN, *secale cereale*, Lin.; *segue* en prov. Cette plante a peu varié, et c'est à peine si on en connaît une ou deux variétés. Nous ne cultivons en Provence que le seigle commun qui se propage d'année en année sans montrer la moindre altération dans ses caractères.

On m'a envoyé, en 1832, quelques épis d'une céréale

qu'on me désigna sous le nom de blé de Pologne ; je reconnus à la forme de l'épi et du grain, quoique deux fois plus développés que ceux du seigle commun, que c'était une espèce de seigle. M'étant assuré que cette plante exigeait pour donner un produit passable une terre très fertile, je n'ai pas continué à la cultiver.

Le seigle se contente de toutes les terres, si elles ne sont pas trop humides. On le voit prospérer sur les montagnes des Maures dans le département du Var, où il s'en ramasse beaucoup tous les ans, et où il fesait la base de la nourriture des malheureux habitans de ces pays, plongés dans la plus affreuse misère, avant que les chênes-liège fussent d'un aussi grand produit qu'ils le sont aujourd'hui. Maintenant que par la vente de leur liège ils sont plus à l'aise, ils conservent le blé qu'ils ramassent, au lieu de le vendre comme ils le fesaient autrefois. Ils commencent de remplacer la culture du seigle par celle de l'avoine, dont le grain s'écoule plus facilement. C'est à la fin de septembre ou au commencement d'octobre qu'on sème le seigle. On doit doit avoir soin de le très peu enfouir. Un sarclage donné en février favorise singulièrement la végétation de la plante. On ne manque jamais de donner cette œuvre aux seigles cultivés dans les Maures, et certes les terrains qui en sont ensemencés dans les communes de Bormes, Collobrières, la Molle, Gassin, Ramatuelle, la Garde-Freinet, le Plan de la Tour, etc. sont d'une grande étendue. J'ai assez démontré les effets du sarclage aux articles Avoine et Froment (Voyez ces mots.) pour que je répète encore ce que j'ai dit en traitant de ces deux plantes. Le seigle monte en épi, long-temps avant le froment ; mais le grain arrive plus lentement à sa maturité. Cependant il mûrit assez à temps pour que sa coupe précède celle du blé. Comme il ne tient presque plus à l'axe de l'épi, quand il est complétement mûr, il convient de le moissonner dès l'instant de sa maturité ; plus tard il s'égrène et si le vent de nord-ouest vient à souffler, comme cela n'arrive que trop souvent dans nos contrées, on est en risque de perdre la majeure partie de la récolte.

Les gerbes de seigle après quelques jours sont portées à l'aire où elles sont foulées par des chevaux quand la paille doit servir à la litière ou battues avec le fléau quand on veut utiliser le chaume, soit pour le vendre aux bourreliers, soit pour en faire des paillassons et autres objets qui ne peuvent être faits qu'avec une paille longue et mince.

J'ai dit qu'il n'y a pas long-temps la presque totalité des habitans de la partie du département du Var que nous nommons les, Maures du séjour que les Sarrasins ou Maures y ont fait, se nourrissaient avec le seigle qu'ils ramassaient. Il faut avoir vu le détestable pain qu'ils fabriquaient pour se faire une idée de l'état de leur misère. Je me rappelle qu'ayant fait, il y a près de vingt ans, une partie de chasse sur ces montagnes, mes compagnons et moi crûmes devoir, par humanité et pour ne pas froisser l'amour-propre des paysans qui nous entouraient, faire la soupe de nos chiens avec le pain dont ces derniers se nourrissaient. Le lendemain ces animaux furent si énergiquement purgés et si affaiblis que nous fûmes obligés de les remettre à notre pain. Il paraît qu'une fois habitué à ce pain, on n'en éprouve aucune indisposition, cependant je dois dire que les paysans de ces pays, sauf quelques rares exceptions, n'ont pas ces brillantes et vives couleurs que l'on remarque sur ceux des environs de Toulon, Marseille, etc. Il est vrai que leur misère est si grande qu'ils ne boivent d'autre vin que celui dont ils se régalent le dimanche quand ils ont les moyens de se rendre au cabaret. Les plus aisés d'entr'eux ont soin de faire un mélange de blé et de seigle, c'est ce qu'on nomme le méteil, et de le semer en octobre comme le seigle pur. Ne serait-il pas plus aisé et plus convenable de semer ces deux grains à part et de faire ensuite le mélange des grains avant de les porter au moulin. On le ferait alors comme on le désirerait.

Ce n'est qu'avec l'avoine et la vesce que dans nos pays on sème les prairies temporaires. L'expérience m'a prouvé que dans les terrains très légers et très secs, le seigle doit remplacer l'avoine.

On peut encore cultiver le seigle pour engrais en l'enfouissant en mai, au moment où il est en pleine floraison.

Le seigle est sujet à une maladie qu'on nomme l'ergot. Heureusement que nos seigles en sont bien rarement attaqués, du moins je n'ai jamais remarqué cette maladie sur ceux que j'ai obtenus. Cela ne doit pas surprendre quand on sait que l'ergot ne se montre que sur les seigles cultivés dans les terrains bas et humides ; or les terrains de cette nature sont chez nous consacrés à la culture des autres céréales. Cette maladie, qui ne se montre que sur le grain, se reconnaît à ce que les grains, qui en sont infestés, sont beaucoup plus longs, ou plus épais, plus ou moins arqués, de couleur d'un violet terne et ils offrent, en les cassant, ce qui alors a lieu plus facilement, une substance d'un blanc sale, d'une odeur tant soit peu vireuse, et légèrement mordicante. Les effets du seigle ergoté, sur les hommes qui sont dans le cas d'en faire usage, sont mortels. On les voit mourir par degrés, perdant leurs doigts, leurs oreilles, leurs bras, leurs jambes, par la pourriture, sans presqu'aucune douleur. J'en ai assez dit, je pense, pour que les gens, qui se nourrissent avec du pain dans lequel entre le seigle, aient soin de rejeter celui où ils apercevraient des grains atteints de cette maladie. Il serait bien dans ce cas d'essayer le chaulage, pour en garantir les récoltes suivantes. N'ayant jamais eu du seigle dans ce cas, je n'ai jamais pu faire cette expérience.

Le seigle en grains donne une farine moins blanche que celle du froment, elle a une odeur et une saveur particulière, Le pain qu'on en fait est nourrissant, mais il est lourd et laxatif quand on n'en a pas l'habitude. Ce qui me ferait croire que le seigle n'est pas un grain aussi sain que celui des autres céréales, c'est que les animaux n'en sont pas friands et que les moineaux, si avides des grains des différentes céréales, ne touchent pas à celui-ci. M. Tessier assure que ces oiseaux sont fort rares dans la Sologne où le seigle est la principale culture du pays.

SEL MARIN, *muriate de soude.* Cette substance est prônée par quelques agriculteurs. Ils la considèrent comme un très bon amendement. M. Féburier ne manquait jamais de l'employer dans la préparation de sa terre à renoncules. Il paraît que c'est surtout sur les plantes oléagineuses que le sel marin a un effet marquant. Toutefois il faut être prudent dans son emploi; agissant comme stimulant, il rendrait le terrain entièrement infertile, si l'on en était trop prodigue. On se rappelle que les anciens ne manquaient pas de faire semer du sel sur les sols ennemis pour les empêcher de produire. Je possède à Cogolin des terres dont certaines zônes sont salées; ce que l'on reconnaît à une efflorescence de couleur blanche et à saveur saline pendant la sécheresse; le blé et les légumineuses, qui sont semées sur ces zônes, demeurent un plus long-temps à germer, et pendant une partie de l'hiver, les plantes qui y viennent sont d'une couleur moins verte, et sont d'une végétation moins vigoureuse que celles qui viennent sur les parties non salées des mêmes terres. Quelques expériences faites en divers lieux, dans les environs de Marseille même, quoique non loin de la mer, prouvent qu'au moyen du sel, répandu avec sobriété, sur une terre déjà fertile, on obtient une plus abondante récolte de blé que sur une pareille terre, sur laquelle au lieu de sel, on aurait mis du fumier. Cependant je ne conseillerai jamais de revenir une seconde fois à un pareil amendement. C'est toujours au dépens de l'humus contenu dans la terre que l'on doit cette augmentation de produit. Il est certain que par une combinaison chimique, la soude dont le sel marin se compose, dissout et décompose cet humus, et dès lors il est évident que si l'on répétait coup sur coup l'emploi de ce sel comme amendement, on amènerait l'infertilité du terrain. Ce n'est donc que sur ceux que l'on veut dompter pour cause de trop de fertilité, que je conseille de faire usage du sel marin comme amendement.

SELOUIRO. Espèce de charrue (Voyez ce mot.) qui nous vient des Romains, et propre aux terres douces et légères comme celles des plaines de Fréjus, Roquebrune, etc. et des plaines de Cogolin, de Grimaud, etc., où elle est usitée de temps immémorial.

SEMOIR. Jusqu'à nos jours on a fait des tentatives inutiles pour obtenir un instrument propre à semer régulièrement les céréales et à les enfouir. Il en a été inventé de diverses sortes; mais aucun ne remplissait l'objet désiré. Il était réservé à M. Hugues de Bordeaux, avocat d'abord, un de nos meilleurs agriculteurs aujourd'hui, de faire confectionner un semoir qu'on peut considérer comme un chef-d'œuvre. Non seulement il place le grain à raies avec la plus parfaite régularité, mais encore il le sème à plein quand on le désire et de manière que les plantes sont espacées uniformément les unes des autres, ce qu'on ne peut obtenir par les semis à la main. Le semoir Hugues offre encore l'avantage qu'il peut être aussi bien employé pour le semis des céréales que pour celui des légumineuses. Mais ce semoir a un grand défaut, c'est celui d'être trop cher et de n'être à la portée que des gens riches. Je ne saurais trop le recommander à ces derniers. On se le procure à Bordeaux, cours d'Aquitaine, nº 52.

SENEÇON. Genre de plantes de la famille des radiées, dont quelques espèces peuvent être cultivées dans les jardins. La plus remarquable est :

Le SENEÇON D'AFRIQUE ou *des Indes*, *Senecio elegans*, Lin., se multipliant de graines semées en mars et en terre légère, et pouvant être cultivé en pots qu'on entre dans l'orangerie en hiver, ou en pleine terre à une bonne exposition. Sa durée est de trois ans. On en connaît plusieurs variétés; la plus recherchée est le seneçon lilacé, vivace, à tige frutescente, et qui supporte la pleine terre s'il est placé à une bonne exposition; il se multiplie de graines et de boutures en terre fertile et ameublie. Cette plante est, comme la précédente, originaire du cap.

SENSITIVE. Voyez ACACIE.

SERINGA. Voyez SYRINGA.

SERPOLET. Voyez THYM.

SÉSAME. Genre de plantes de la famille des bignonacées dont une espèce, encore peu connue en France, pourrait sans doute être cultivée dans le midi de la Provence. C'est le sé-

SAME ORIENTAL, cultivé en Egypte et dans l'Orient pour ses graines que l'on mange cuites comme le riz, ou en bouillie comme le maïs et en galettes après qu'elles ont été mises en farine. Elles donnent en outre, au moyen de la pression et de la chaleur, une huile bonne pour la cuisine et pour l'éclairage. Cette plante étant annuelle, on la multiplie par le semis de ses graines au commencement d'avril ; toute terre, si elle est arrosable, ou si elle conserve de la fraîcheur pendant l'été, est propre à la culture du sésame oriental. Il est à désirer que nos consuls d'Alexandrie ou des autres ports de l'Orient nous en envoient des graines qui devront être alors stratifiées dans du sable dès l'instant de leur maturité. Tant qu'on n'aura pas tenté la culture du sésame en Provence, on ne saura pas si ses graines peuvent y arriver ou non à maturité. La culture de cette plante serait d'un si grand avantage pour nos pays du midi, qu'on ne doit pas négliger de s'en procurer des semences dès que l'occasion s'en présentera.

SOLEIL. Voyez HÉLIANTHÈME.

SOPHORA. Genre de plantes de la famille des légumineuses, composé d'un certain nombre d'espèces dans *Linné*, mais qui a été depuis divisé et dans lequel on a pris le genre VIRGILE. Une des plus remarquables espèces du genre sophora est le SOPHORA DU JAPON, *sophora japonica*, Lin. C'est la seule qui sera mentionnée, les autres étant très rares à cause de leur peu de rusticité. Le sophora du Japon supporte très bien nos plus grands froids, et s'il en est atteint parfois, ce n'est que dans les jeunes rameaux de l'année. Il devient un très bel arbre et cela en peu de temps. Il se couvre de grappes de fleurs d'un blanc terne vers le milieu de l'été, et ses rameaux sont un peu pendants. C'est donc un arbre autant d'agrément que d'utilité, à cause de son prompt accroissement. Lorsqu'il sera plus commun et qu'on pourra en abattre de gros pieds, il est vraisemblable que son bois sera employé avec avantage dans les arts. Toute terre et toute exposition conviennent à cet arbre, mais il vient mieux dans celle qui est profonde et arrosable. On le multiplie de graines, semées en avril sur terre arrosable, (les plants tant qu'ils sont jeunes demandent une bonne exposition) de rejets enracinés et de racines, qu'il est bien de greffer en fente au moment de leur plantation.

On a obtenu par la culture une variété dont les rameaux sont inclinés et très rapprochés du tronc. C'est le sophora pleureur. On l'obtient par graines et par greffes sur le précédent ; à cause de la disposition de ses rameaux, la greffe doit être placée aussi haut que possible.

SORBIER. Genre de plantes de la famille des rosacées, dont plusieurs espèces sont cultivées comme arbres d'ornement, le SORBIER DES OISELEURS, le SORBIER HYBRIDE, le SORBIER D'AMÉRIQUE, ou comme arbres d'utilité, le SORBIER DOMESTIQUE, *cormier*, *sorbus domestica*, Lin. ; *sourbiero* en prov. Tous ces arbres se multiplient de graines dont les jeunes plants, qui en proviennent, sont très lents à croître. C'est pourquoi on les greffe le plus souvent sur le néflier ou sur l'aubépine. Le sorbier domestique étant indigène de nos pays, il est facile de s'en procurer des pieds, dont il ne faut pas mutiler les racines en les arrachant ; leur reprise n'étant pas assurée, s'ils sont déjà d'une certaine grosseur ; une fois plantés, ils ne demandent plus aucuns soins. Les sorbiers en général viennent dans tous les terrains, mais ils préfèrent, surtout le sorbier des oiseleurs et le sorbier hybride, ceux qui sont frais, profonds et ombragés ; ces derniers, originaires des pays froids, s'accommodent difficilement de la température brûlante et des longues sécheresses de nos étés.

Le fruit du sorbier domestique, *souarbo* en provençal, corme, est très acerbe, et quoique arrivé à sa complète maturité, que l'on reconnaît à sa belle couleur jaune d'un côté et rouge de l'autre, il est immangeable. Ce n'est qu'après être arrivé, soit sous l'arbre après sa chute, soit dans le fruitier, à un état qui approche de la décomposition, et qu'on nomme BLOSSISSEMENT, (Voyez ce mot) qu'il est recherché par certaines personnes; je dis par certaines personnes, car ce n'est jamais un bon fruit, et il n'est pas du goût de chacun. Comme il est très astringent, on en fait un grand usage, quand pour avoir mangé trop de raisins et de figues, on est atteint de la diarrhée. Il mûrit en même temps que ces derniers. Les jeunes filles de la campagne ne manquent jamais d'aller observer les sorbiers quand leurs fleurs sont remplacées par le fruit. Par un ancien préjugé du pays, elles prétendent que lorsqu'il y a beaucoup de sorbes, il y a aussi beaucoup de mariages; elles se croient donc intéressées à ce que les sorbiers chargent beaucoup.

Le bois du sorbier est un des plus durs d'Europe. Il est très estimé par les machinistes, par les charrons, etc. etc.

SORGHO. Voyez HOUQUE.

SOUCHET. Genre de plantes de la famille des cypérassées, dont une espèce le SOUCHET COMESTIBLE, *amande de terre*, *cyperus esculentus*, produit au milieu de ses racines de petits tubercules, que l'on mange et avec lesquels on peut faire un fort bon orgeat. Exprimés et pressés, ils peuvent aussi donner de l'huile. Ce sont ces tubercules qui servent à la régénération de la plante. On les enfouit à un pouce de profondeur dans une terre légère et humide et cela dans le mois de mars, et vers la fin de l'été on arrache la plante dont on conserve le produit, soit pour l'usage auquel on le destine, soit pour semer l'an d'après. J'ai cultivé durant quelques années le souchet domestique et l'expérience m'a prouvé, à cause du peu de grosseur des tubercules, qui rarement atteignent celle d'une noisette, que cette culture ne sera jamais avantageuse, et qu'elle est plutôt un objet de fantaisie que d'utilité.

SOUCI. Genre de plantes de la famille des radiées, dont une espèce très commune dans nos contrées peut être donnée aux bestiaux qui ne la refusent jamais. Elle est souvent si abondante dans quelques uns de nos champs, qu'elle nécessite des sarclages répétés pour que nos plantes de froment, de légumes, de potager, n'en soient pas affamées. Les soucis des champs, enterrés autour de nos oliviers, ou entassés avec les fumiers deviennent un très bon engrais ou en augmentent la masse.

On cultive dans les jardins des amateurs plusieurs espèces de souci qui, par la couleur éclatante de leurs fleurs, et par leur longue durée, font ordinairement beaucoup d'effets. Les plus communes sont :

Le Souci des jardins, *Calendula officinalis*, Lin. ; *souci, gauchet*, en prov. dont on a obtenu plusieurs variétés, parmi lesquelles le *souci d'Espagne* à fleurs doubles et le *souci à bouquet* tiennent le premier rang. La plupart se resèment d'elles-mêmes, et il ne s'agit, quand on veut alors continuer leur culture, que d'arracher les pieds mal placés. C'est en automne qu'on en sème les graines et en avril qu'on en transplante les jeunes plants; tout terrain convient à ces plantes qui résistent même à nos étés, si le terrain n'est pas trop aride. Toutefois elles ne donnent de grandes et belles fleurs que lorsqu'elles sont cultivées avec soins et souvent arrosées.

LE SOUCI A FEUILLES DE CHRYSANTHÈME, à grandes fleurs d'un jaune vif durant presque toute l'année.

Le SOUCI PLUVIAL, *souci hygromètre*, à fleurs blanches en dessus, violettes en dessous et se fermant aux approches de la pluie et pendant la nuit.

LE SOUCI DE LA REINE, *souci anémone*, à fleurs plus doubles et plus larges que celle du souci des jardins.

Ils se multiplient et ils se cultivent de la même manière que le souci des jardins et ses variétés.

SOUDE. Genre de plantes de la famille des atriplicées, composé de plusieurs espèces qu'on ne rencontre que dans le voisinage de la mer et qui donnent toutes par leur incinération, la substance connue sous le nom de soude, barille en Provence.

Avant que la soude factice fût connue, la fabrication du savon ne pouvait se faire qu'au moyen de la soude. Le haut prix auquel elle était montée pendant les guerres de la révolution, soixante à quatre-vingts francs le quintal de Provence, aurait dû servir de stimulant à nos cultivateurs. Combien de terrains salés, sur lesquels on n'obtient rien, auraient pu donner des produits immenses, s'ils avaient été mis en culture de certaines espèces de soude; il ne fallait que se procurer des graines de la SOUDE CULTIVÉE ou *barille*, *salsola sativa*, Lin. ou de la SOUDE ORDINAIRE, *kali*, *salicote*, *salsola soda*, Lin. Ces deux plantes étant alors cultivées avec le plus grand profit dans les environs d'Alicante en Espagne, cela n'eût pas été impossible; on aurait pu même en faire venir d'Arles où cette culture fut alors adoptée sur quelques points. Après que le terrain eût été bien labouré et fumé, on aurait semé cette graine sur raies en octobre, on l'aurait enfouie au moyen d'un hersage. Les jeunes plants, sarclés et nettoyés des mauvaises herbes qui pouvaient leur nuire, auraient acquis tout leur développement vers la fin d'août, époque où des ouvriers, armés d'une petite faucille peu tranchante, les auraient arrachés, entassés et mis à sécher sur place jusqu'au moment de leur incinération. Maintenant le bas prix de la soude factice est cause que la culture de la soude n'offre plus le même avantage. Cependant j'ai cru devoir dire comment on la pratique, car l'industrie humaine est tellement en progrès parmi nous qu'il pourrait se rencontrer des circonstances où la barille devienne encore d'une absolue nécessité; il est même des arts, la teinturerie par exemple, où la soude factice n'a pu remplacer la véritable soude. Au reste le savon fabriqué avec cette dernière matière est bien supérieur à celui fait avec la soude factice, et dès lors ne peut-il pas se faire que les consommateurs demandent un jour aux fabricans, des savons composés avec la barille. Si donc alors on désirait sur nos côtes introduire la culture des deux espèces de soude ci-dessus désignées, voici comment on s'y prendrait pour obtenir la soude des savonniers. C'est la méthode pratiquée en Espagne d'où nous vient la meilleure soude. Elle est préférable à celle suivie dans les environs d'Arles, où durant quelques années on s'est occupé fort avantageusement de la culture de la *soude cultivée* ou *barille* et de la fabrication de la soude.

Après que les plantes de soude sont parvenues au point d'une dessication convenable, ce qui demande une certaine habitude, on fait dans le voisinage du lieu où ces plantes ont été entassées une fosse de forme circulaire, et d'un mètre de profondeur. On en sèche et on en chauffe fortement les parois, au moyen de fagots de bruyères ou de pins, on enlève de suite les cendres et la braise, soit en y descendant, soit avec des larges pioches en se tenant aux bords; on place aussitôt deux barres de fer sur l'orifice de l'ouverture, et on dépose sur ces barres les plantes de soude, en ayant soin de les mêler avec de la fougère sèche ou avec des joncs desséchés; on choisit un jour non couvert, car la pluie nuirait essentiellement à l'opération; on met le feu, et sans la moindre discontinuation on l'attise en apportant sans cesse de nouvelles plantes qu'il est nécessaire de secouer pour en séparer les graines mûres et la terre qui pourrait être encore attachée aux racines, si les plantes ont été cultivées dans une terre légère qui a permis de les arracher, plutôt que de les couper. Ces plantes, à mesure qu'elles brûlent, se fondent, coulent et forment dans la fosse une matière rouge, liquéfiée, et semblable à du fer ou du plomb fondus. Des hommes, avec une perche de bois garnie de fer, agitent la matière de temps à autre pour qu'il y ait une fusion complète entre les premiers jets et les jets suivants. Une fois la fosse remplie de cette matière, on passe à une autre, et des ouvriers recouvrent la matière encore rouge de chaleur avec de la terre qu'on arrange en forme de cône pour éviter que l'eau de la pluie n'y pénètre. Après dix à douze jours de refroidissement on découvre la fosse et on y trouve la soude toute formée; elle est alors d'un gris noirâtre. On la rompt à coup de masse; et il ne s'agit plus que de l'enlever et de la transporter dans un magasin à l'abri de l'humidité, ou de la livrer de suite aux commerçants. Cette opération, ayant lieu vers la fin d'août ou dans les premiers jours de septembre, époque où les chaleurs sont souvent insupportables, on ne doit la faire que durant la nuit.

On doit laisser sur place la quantité de plantes qu'on jugera nécessaire pour avoir la graine dont on aura besoin pour l'année suivante. Cette graine, ayant acquis une complète maturité, sera préférable et d'un plus sûr produit que celle donnée par les plantes arrachées pour être brûlées.

La quantité de graines à semer par hectare de terrain est d'environ quatre hectolitres, il en faudrait un peu moins, si on ne semait que de celle ramassée sur des pieds laissés sur place pour avoir de la graine parfaitement mûre. On conçoit que parmi celle prise sur les plantes à brûler, il en est une grande partie non assez avancée pour qu'elle puisse germer.

Les graines, obtenues par les tiges secouées et battues au moment de leur incinération, peuvent être données aux vaches et aux chèvres, auxquelles elles fournissent un lait très beurré et aux bœufs de labour qu'elles maintiennent dans un bon état d'embonpoint.

D'après un calcul, qui me paraît exact, un hectare de terrain dont le sol a été bien labouré et fumé, et qui par sa nature et sa position non éloignée de la mer convient à la culture de la soude, peut produire, année commune, de 80 à 85 hectolitres de graines et 20 quintaux de soude. Aussi cette culture avait-elle commencé à être introduite dans les environs d'Arles, au moment de la découverte de la soude factice, et on cite tel terrain, qui dans une seule année avait donné un revenu double de la valeur du fonds. Cela dit assez pour prouver combien il eût été avantageux à l'agriculture provençale de s'emparer depuis long-temps de cette branche d'industrie ; bien que la barille ne fût jamais montée à ce prix hors de raison, où on l'a vue quelquefois pendant la guerre, et qui a dépassé cent francs le quintal en quelques circonstances, il n'est pas moins vrai que nos terres, par suite de la grande extension donnée à la fabrication du savon et du verre, seraient devenues des capitaux d'une valeur dont on ne se fait pas une idée; car il n'y a pas le moindre doute que, si le prix de la barille du commerce n'avait pas dépassé la somme de 30 francs le quintal, prix suffisant pour obtenir un produit net de 500 francs par hectare, jamais nos chimistes n'auraient cherché à composer une soude factice.

SPERGULE. Genre de plantes de la famille des caryophyllées. Il se compose de plusieurs espèces dont une la SPERGULE DES CHAMPS, *Spergula arvensis*, Lin. produit un fourrage annuel qui est une excellente nourriture donnée en vert aux bestiaux et surtout aux vaches, auxquelles elle procure un lait fournissant un beurre très estimé et qui prend dans certain pays de la Belgique, le nom de beurre de spergule. C'est dans le sables et dans les terrains légers qu'il faudrait cultiver cette plante en Provence, si on voulait l'y introduire. Les graines, semées en fin septembre, léveraient d'assez bonne heure pour que les plantes, qui en proviendraient, prissent un certain développement avant l'arrivée des froids. En avril et en mai elles seraient dans le cas d'être fauchées ou mieux d'être consommées sur place. Ce serait dans le cas seulement qu'on eut un terrain assez maigre pour que la vesce et l'avoine ne pussent y croître, que je conseillerais de cultiver la spergule en Provence, car jamais celle-ci ne donnera un produit égal à celui de nos prairies temporaires ou *pasquiers*.

SPILANTHE. Genre de plantes de la famille des radiées dont deux espèces sont cultivées dans quelques jardins potagers à cause de la saveur piquante de leurs feuilles, et qu'en raison de cette propriété, on emploie comme assaisonnemens de cuisine. Ce sont le SPILANTHE CRESSON DE PARA et le SPILANTHE CRESSON DU BRÉSIL. On sème leurs graines en avril sur terre légère et on repique les jeunes plants à la fin de mai, en ayant soin de répéter souvent les sarclages et les arrosemens pendant l'été. Si l'on se frotte les gencives avec les fleurs de l'une de ces plantes, on ressent une sensation d'un genre particulier, on salive beaucoup et on éprouve une fraîcheur agréable dans la bouche.

SPIRÉE. Genre de plantes de la famille des rosacées dont plusieurs espèces sont cultivées dans les parterres et dans les jardins d'ornement. Les plus remarquables sont :

La SPIRÉE A FEUILLES LOBÉES, *Reine des prés du Canada*, *Spiræa lobata*, Lin. Plante vivace à fleurs odorantes et de couleur rose.

La SPIRÉE TRIFOLIÉE, *Sp. trifoliata*, Lin. Vivace à fleurs blanches, grandes, en panicule et d'un bel effet.

La SPIRÉE ULMAIRE, *Reine des prés*, *Sp. ulmata*, Lin. Vivace à fleurs petites, nombreuses, simples ou doubles en panicule. Toutes ces plantes se multiplient par éclat des pieds et demandent une terre légère et arrosable pendant l'été.

Plusieurs espèces sont ligneuses et forment de petits arbrisseaux de près de deux mètres de hauteur. Les unes peuvent être soumises à la tonte et prendre telle forme qu'on veut leur donner, la SPIRÉE A FEUILLES D'ORME, la SPIRÉE A FEUILLES CRÉNELÉES, la SPIRÉE A FEUILLES DE MILLEPERTUIS; les autres, en fleurs pendant tout l'été, servent à la décoration des jardins, la SPIRÉE A FEUILLES DE SORBIER, la SPIRÉE COTONNEUSE, la SPIRÉE A FEUILLES DE SAULE. Les spirées ligneuses se multiplient de graines, de marcottes et de drageons. Elles ne viennent avec beaucoup de vigueur que dans les terres légères et arrosables.

Il est enfin une spirée, que je ne puis oublier, c'est la SPIRÉE DU JAPON, *Spiræa japonica*, *corchorus japonicus*. Arbrisseau de près de deux mètres, à fleurs jaunes, nombreuses, très doubles, très grandes, et se montrant pendant tout l'été. Il demande une terre légère, arrosable et ombragée. Cette espèce se multiplie très bien par boutures.

STATICE. Genre de plantes de la famille des plombaginées, composé d'un grand nombre d'espèces, dont quelques unes sont cultivées dans les jardins.

STATICE A BORDURES, *Gazon d'olympe*, *Statice armeria*, Lin. Plante vivace à feuilles linéaires, serrées, du milieu desquelles s'élèvent durant le printemps plusieurs têtes de fleurs qui varient selon les pieds d'un rouge au rose et au blanc. On en fait de jolies bordures. On la multiplie par éclat des vieux pieds pendant l'hiver et par graines semées en mars. On trouve cette plante dans presque tous les parterres où elle sert à diviser les planches et les compartimens.

Les autres statices sont moins communes. Celles qui se distinguent le plus sont ;

La STATICE DE TARTARIE, *St. tartarica*, Lin. Fleurs en corymbe d'un rouge assez vif.

La STATICE CRÉPUE, *St. mucronata*, Lin. Fleurs en épis serrés et d'un violet peu foncé.

La STATICE DE RUSSIE, *St. speciosa*, Lin. à fleurs roses en corymbe. Même genre de multiplication et même culture pour toutes les statices. Voyez ce qui est dit à la statice à bordures.

STERCULIER. Genre de la famille des bytinériacées dont

une espèce, le STERCULIER A FEUILLES DE PLATANE, le *Bupariti*, *Sterculia platanifolia*, Lin. est remarquable par sa tige nue, de cinq à six mètres de hauteur, par ses feuilles fort grandes, mais ayant la forme de celles du platane, et par ses fruits qui sont bons à manger. On multiplie cet arbre par graines semées en mars dans des pots à l'abri des rosées blanches et on place les plants provenus de ces graines à tout terrain et presque à toute exposition.

STRAMOINE. Genre de plantes de la famille des solanées dont les diverses espèces, dit-on, sont toutes étrangères à l'Europe et où pourtant l'une d'elles, et malheureusement la plus dangereuse, est maintenant naturalisée dans nos pays. Comme il importe à nos cultivateurs de la savoir distinguer, je vais m'en occuper avant les espèces cultivées dans nos jardins.

STRAMOINE COMMUNE, *Datura stramonium*, Lin., *pomme épineuse* en Provence. Plante annuelle d'à-peu-près un mètre de hauteur à feuilles ovales anguleuses, à fleurs très grandes, d'un blanc sale, ayant la forme d'un entonnoir et auxquelles succèdent des capsules couvertes d'épines. Elles ressemblent au fruit du marronier d'Inde avant sa parfaite maturité. Toute la plante répand pendant les chaleurs de l'été une odeur nauséabonde qui donne des vertiges à ceux qui ont l'imprudence de se reposer ou de s'endormir dans son voisinage. Ses fruits sont un dangereux poison, dont un profond assoupissement annonce les effets ; l'antidote le plus sûr est le vinaigre. Cette plante est très commune dans les plaines d'Hyères, de Cogolin et de Fréjus, dans le département du Var. Il serait utile pour le bien de l'humanité que toutes les plantes qui se montrent dans ces pays fussent arrachées durant plusieurs années, on finirait par l'en expulser. Elle peut, entre les mains de certains hommes méchans ou ignorans, devenir un instrument de mort.

STRAMOINE FASTUEUSE, *Datura fastuosa*, Lin. Plante annuelle que l'on place dans les parterres à cause de ses fleurs grandes d'un blanc violâtre et posées l'une dans l'autre au nombre de deux à trois, et que l'on multiplie de graines semées en avril sur terre légère, soit en place, soit en terrines pour en repiquer les jeunes plants. Sarclages et assolemens répétés en été.

STRAMOINE EN ARBRE. *Brugmansie odorante*, *Datura arborea*, Lin. Arbrisseau à bois mou s'élevant à plus de trois mètres et donnant de belles et longues fleurs d'un blanc pur, en entonnoir plissé, pendantes et très odorantes. Il se multiplie de boutures pendant tout l'été. Il demande une terre substantielle et arrosable. Il a besoin d'être abrité du froid et surtout de l'humidité qu'il craint par dessus tout durant l'hiver.

STRATIFICATION. Une infinité de graines, si elles ne sont pas ensemencées de suite après leur maturité, perdent leur faculté germinative. Ce sont toutes celles qui sont plus ou moins oléagineuses, ou dont l'enveloppe est osseuse. Dans les premières l'huile se décompose, rancit et donne naissance à un acide qui détruit toute vitalité; dans les secondes l'enveloppe se durcit au point qu'elle ne peut plus être ramollie par l'humidité de la terre, quand on les sème. Cependant la majeure partie de ces graines mûrit dans un moment où il n'est ni prudent, ni facile de les semer. C'est presque toujours pendant ou à la fin de l'été. Pour prévenir l'inconvénient qui résulte du retard que l'on met à leur semis, on les place sur un lit de sable et par couches au fond d'une fosse, ou d'une caisse quand c'est pour les transporter ailleurs; on les recouvre d'un second lit de sable, sur lequel on met une seconde couche de graines, et ainsi de suite. Le sable, qui doit être un peu humide, peut être remplacé par de la terre, par de la sciure de bois à demi pourrie ou par de la mousse. Cette opération est ce que les agronomes nomment la stratification.

Comme bien souvent on ne connaît pas la nature des graines que l'on veut conserver, surtout si, les envoyant de pays lointains, on ne sait pas quand elles pourront être rendues à leur destination, il est toujours convenable de les stratifier. La stratification non seulement maintient les graines dans un état de vitalité qui les dispose à germer dès qu'elles se trouvent dans une circonstance favorable, mais encore les abrite du contact de l'air, ce qui suffit pour que leur embryon ne puisse pas se développer, pendant tout le temps qu'elles ne sont pas soumises à l'action de ce fluide et à celle de la chaleur, deux conditions d'une absolue nécessité pour la germination.

SUMAC. Genre des plantes de la famille des térébinthacées dont quelques espèces doivent être mentionnées.

Sumac des corroyeurs, *sumac à feuilles d'orme*, *Rhus coriaria* Lin.: *foouvi* en prov. Arbrisseau indigène et très commun dans les fentes de rochers de certaines montagnes à base calcaire de la Provence. Ses feuilles coupées en août, séchées et réduites en poudre, servent à corroyer les peaux de mouton, de chèvre, d'agneau, etc. Pendant les guerres maritimes qui suivirent la révolution de 1789, le prix de ces feuilles était monté à un taux très élevé et tel coteau rocailleux, qui n'était susceptible d'aucune espèce de produit, donnait alors un revenu incroyable, quand à la nature du terrain. Depuis 1814, et surtout depuis que les

Siciliens ont trouvé le moyen d'éluder les droits d'entrée, les prix ont baissé jusqu'à six francs le quintal. Aussi beaucoup de propriétaires ont-ils détruit tous les pieds de sumac qui croissaient dans le voisinage de leurs oliviers, et c'est avec raison, car c'est toujours dans les sols arides et rocailleux qu'ils viennent naturellement et là, plus qu'ailleurs, ils doivent nuire à la végétation des arbres autour desquels ils se montrent.

Nécessairement les sumacs en feuille devaient tomber à un vil prix, lors de la paix de 1814, cet article n'ayant été frappé que d'un droit d'entrée de un franc les cent kilogrammes, c'est-à-dire de quarante centimes le quintal de Provence; on conviendra qu'en baissant ainsi le droit des sumacs en feuilles, le gouvernement n'a pas consulté l'intérêt des malheureux propriétaires des sols rocailleux sur lesquels naissent les sumacs et sur lesquels on ne peut établir aucun autre genre de culture, ni se créer le moindre revenu. Mais, dira-t-on, le droit sur les sumacs en poudre est de 15 francs et même de 16 francs 50 centimes quand ils sont importés par navires étrangers; et qu'importe l'élévation de ce droit, si depuis que le tarif des douanes est en activité, il n'est plus importé que des sumacs en feuilles. Lorsque nos vins sont frappés d'un droit prohibitif à leur entrée dans la rivière de Gênes, qui était autrefois leur débouché, pourquoi les sumacs étrangers ne seraient-ils pas soumis à un droit qui permettrait de soigner ceux qui croissent naturellement sur nos montagnes calcaires. Il suffirait de porter à six francs le droit sur les sumacs en feuilles et en débris; le droit pour les sumacs en brindilles et en écorce pourrait être augmenté d'un franc. Ce droit de six francs serait proportionné au droit de quinze francs pour les sumacs moulus et à celui de deux francs pour les sumacs en brindille, et il serait suffisant sans être prohibitif, pour favoriser la culture de nos sumacs.

C'est au Conseil général et à MM. les députés du Var de demander et d'obtenir ce changement dans le tarif des douanes.

Le sumac des corroyeurs se multiplie de graines et de drageons, toujours nombreux autour des vieux pieds. Mais comme le plus souvent on ne les trouve que dans les fentes de nos rochers calcaires, il n'est pas toujours facile de s'en procurer. Jusqu'à présent on ne s'était pas occupé de la multiplication de cet arbrisseau, on se contentait de soigner ceux qui se montraient naturellement dans les terrains qui étaient à leur convenance. Ce sumac est si rustique qu'on peut se passer de le houer et de le biner, une fois planté et repris. L'étude de cet arbrisseau m'étant entièrement étrangère, et ayant appris que M. Jacques Aurran le cultivait en grand et avec succès sur les coteaux de son grand domaine de Sauvebonne, je me suis adressé à lui pour avoir les renseignemens qui me manquaient. Sa réponse étant celle d'un agriculteur instruit et éclairé, je vais compléter ce que j'ai à dire sur cet article par la transcription de sa lettre.

« Le sumac des corroyeurs dans le Var est indigène du calcaire. Un invincible préjugé en bannissait la culture dans tout autre terrain. En ayant aperçu quelques jeunes plants dans le schiste et à l'extrémité de ma propriété, j'appris qu'un paysan avait déposé là un résidu de tannerie où sans doute se trouvaient quelques graines de cet arbuste et qui sans doute avaient subi, durant leur séjour dans les fosses, la préparation nécessaire aux graines oléagineuses pour germer. Je me hâtai alors de planter des plants pris dans le calcaire et le succès dépassa mes espérances. Depuis lors je n'ai cessé d'étendre cette culture et j'en aurais couvert mes collines, si le chêne-liége, encore plus productif, ne les occupait presque entièrement. Un incident néanmoins m'arrêta, ce fut la baisse consécutive du prix de vente, baisse due à l'importation ruineuse de cet article par la Sicile, mais plus encore par l'adresse des commerçans qui trouvèrent le moyen d'éluder le paiement du droit d'importation, déjà trop faible. Ce droit était établi sur le sumac en poudre ; hé bien, ils l'introduisirent en feuilles, ce qui le réduisit presque à rien. (On a vu qu'il n'est que de un franc les cent kilogrammes.) Les sumacs baissèrent rapidement de treize à douze, neuf et six francs. Cependant ayant vendu cette année à raison de neuf francs, j'ai continué mes plantations.

« Cette culture, si elle était favorisée par une augmentation des droits d'entrée sur les sumacs étrangers, ferait la fortune des terrains arides et rocailleux du département du Var ; car toute la zône schisteuse, presque partout inculte, serait disposée à recevoir cette plante, à qui il faut la plus légère culture à bras, qui n'exige la destruction d'aucun arbre et qui, par là même, n'occasionne pas l'éboulement du terrain. Je présume que la toise carrée rendrait deux livres de feuilles, si le sol était aussi couvert que possible de cet arbrisseau. Les frais d'exploitation seraient de quatre centimes par chaque toise ; ces frais sont chez moi de cinquante centimes par quintal pour ramasser les feuilles, de cinquante centimes pour le transport, de cinquante centimes pour le foulage et mise en sacs et enfin de cinquante centimes pour l'unique culture à bras que je fais donner à mes sumacs, ce qui fait en tout deux francs par quintal.

« J'ai beaucoup amélioré la qualité de mes sumacs par la

manière dont j'en fais la récolte ; aussi ont-ils été recherchés jusqu'à présent et payés un franc de plus. Mais la méthode que je suis, commence à être mise en pratique par mes voisins et maintenant leur qualité approche de la mienne.

« Autrefois, et encore aujourd'hui, dans les environs de Toulon, on coupe les rameaux des sumacs qu'on laisse sur le terrain, puis lorsqu'ils sont bien secs et bien pâles, on les transporte sur l'aire, on les foule et on obtient un débris et des feuilles sans saveur et sans couleur. Après avoir fait couper mes sumacs, je les fais transporter tous frais sur l'aire, j'en fais opérer la plus prompte dessication possible en les retournant fréquemment et ils sont foulés aussitôt. Par ce moyen une couleur d'un vert très prononcé est conservée aux feuilles et débris de sumac qui approchent alors des sumacs en feuille qui viennent de Sicile. Dans cette île, au lieu d'en couper les rameaux, on dépouille les sumacs de leurs feuilles, aussi les pieds ressemblent plus à des arbres qu'à des arbrisseaux. Il est vraisemblable que les ouvriers chargés de cette opération sont munis de gants ; car ayant voulu essayer de faire ainsi le dépouillement des mes arbres, les femmes se sont écorchées les mains et n'ont pu contiuer. »

On voit par cette note de l'un de nos meilleurs agriculteurs, combien il serait avantageux à notre département si pauvre lorsque le froid vient geler nos oliviers, que la culture du sumac des corroyeurs se propageât et s'étendît sur tous les terrains qui en seraient susceptibles, mais pour cela il faudrait que le gouvernement le voulût et conséquemment qu'il augmentât le droit des sumacs importés de l'étranger. Qu'il ne craigne pas, ainsi que l'a dit M. Donadeï, un des meilleurs agriculteurs de l'arrondissement de Grasse et aux écrits duquel les bulletins de la Société d'Agriculture de Draguignan ont dû engrande partie la célébrité dont ils ont joui dans le midi, que la tannerie manque de matière première, dans un pays d'où l'on en exporte et où l'on en emploie en litière et où on en laisse perdre une aussi grande quantité.

Sumac fustet, *Rhus cotinus*, Lin. Cet arbrisseau, indigène comme le précédent du midi de la France, est quelquefois pris pour ce dernier. On le reconnaît à ses feuilles simples, arrondies; elles sont composées de treize à dix-sept folioles ovales dans le sumac des corroyeurs.

Sumac de Virginie, *Sumac amaranthe*, *rhus typhynum*, Lin. Arbrisseau de trois à quatre mètres de hauteur, d'un aspect agréable par ses longues feuilles ailées, et par ses beaux panicules de fleurs rouges, ce qui lui a fait donner le surnom de sumac amaranthe. Multiplication par ses drageons toujours nombreux autour des vieux pieds. Il vient partout même en terrain sec.

Sumac glabre, *Vinaigrier*, *rhus glabrum*, Lin. Il diffère du précédent en ce que ses panicules sont jaunes et ses fruits d'un rouge vif. Même multiplication et il se passe de culture, aussi bien que le précédent.

Sumac vénéneux, *Rhus toxicodendron*, Lin. Je ne parle de cet arbrisseau à rameaux radicans que pour le désigner aux personnes qui voudraient faire des plantations d'arbustes grimpans autour de leurs habitations. J'ai ouï dire au professeur Desfontaines que les habitans d'une terre aux environs de Paris étaient si gravement indisposés pendant l'été de chaque année, que la plupart y succombaient; ce qui était cause que ce domaine passait souvent en de nouvelles mains. Il arriva qu'un des nombreux acheteurs, qui s'étaient succédés, fit arracher sept à huit pieds de sumac toxicodendron qui ombrageaient un banc placé dans le voisinage de la maison d'habitation ; non par crainte de ce voisinage, mais parce que ces arbrisseaux ne lui paraissaient pas assez agréables pour rester là. Dès cet instant les maladies cessèrent, et cette ferme, réputée être un foyer d'infection, devint un séjour très sain. Cela suffit, je pense, pour qu'on arrache tous les sumacs toxicodendrons qui peuvent se trouver dans nos pays et surtout pour ne pas en planter là où il n'y en a point. On reconnaît ce sumac à ses tiges sarmenteuses, radicantes, à ses feuilles ternées, à ses folioles ovales, entières, luisantes, et à ses fleurs verdâtres en corymbe. Il se multiplie comme les autres sumacs et de plus par ses rameaux qui naturellement poussent des racines.

SUREAU. Genre de plantes de la famille des caprifoliacées, composé de plusieurs espèces, qui se multiplient toutes par boutures ou par rejets enracinés et qui viennent dans tous les terrains, s'ils ne sont pas d'une excessive aridité ou pas trop humides.

SYRINGA. Genre de plantes de la famille des myrtoïdes; il se compose de quelques espèces seulement, toutes cultivées dans les jardins.

Syringa ordinaire, *Seringat*, *Philadelphus coronarius*, Lin., *Seringat* en prov. Arbuste à fleurs blanches et odorantes. Il se multiplie par rejetons et par marcottes qu'on transplante en hiver; tout terrain lui convient. On a obtenu une variété à fleurs semi-doubles qui serait préférable si ses fleurs s'ouvraient parfaitement. Les autres espèces, à fleurs plus grandes ou moins inodores, se multiplient et se cultivent comme le syringa ordinaire.

T.

TABAC. Plante de la famille des solanées et du genre

nicotiane, dont la culture a fait obtenir deux variétés différentes connues sous les noms de TABAC A LARGES FEUILLES, et de TABAC DE VIRGINIE. L'observation a bien prouvé que que ces deux plantes ne sont qu'une seule et même espèce désignée par les botanistes sous le nom de NICOTIANE TABAC, *Nicotiana tabacum*, Lin., tabac en prov.

La culture du tabac s'est répandue sur tous les points du globe où elle a pu être introduite. C'est aujourd'hui une plante de première nécessité. On en use sur les quatre parties du monde. Vouloir expliquer la cause de la célébrité du tabac sur des hommes d'un caractère, d'un goût, de mœurs et de climats si différens, ce serait entreprendre une œuvre impossible. Nous connaissons tous plus ou moins la saveur du tabac soit en feuilles, soit en poudre, et aucun de nous ne pourra dire d'une manière certaine, pourquoi nous supporterions plus long-temps le besoin de la faim et de la soif, que le désir d'une prise ou d'une pipe de tabac. Aussi l'usage de priser ou de fumer est-il devenu une véritable et forte passion pour plusieurs personnes.

Le tabac est originaire de l'Amérique où il portait le nom de Petun, et où il le conserve encore, du moins sur certains points. Les Espagnols lui donnèrent celui de tabac, parce-qu'ils le connurent à Tabago dans les Antilles, ou peut-être à Tabasco dans le Mexique. Ce fut vers le milieu du seizième siècle que l'on commença d'en parler en Europe et ce fut avant la fin de ce siècle, que M. Nicot, ambassadeur français à Lisbonne, à son retour à Paris, en présenta quelques plants à la reine Catherine de Médicis. De là le nom de Nicotiane qu'on a donné au genre de plantes dont le tabac fait partie. Bientôt le tabac se répandit dans presque toute l'Europe sous les noms d'herbe sainte en Italie et en Espagne, d'herbe à la reine, herbe du grand prieur en France. Ensuite comme toutes les choses en grande vogue, il trouva des détracteurs, une guerre acharnée s'éleva entre ceux-ci et ses partisans; des volumes sans nombre parurent pour ou contre et ce fut au point que les souverains de la Perse, de la Russie, de la Turquie en défendirent sous les peines les plus sévères, la bastonnade et la mort, l'introduction et l'usage dans leurs pays, que le pape Urbain VIII lança une bulle d'excommunication contre ceux qui prendraient du tabac dans les églises. Il n'y eut pas jusqu'en France, là où le tabac devait bientôt former un des plus grands et des plus solides revenus, où un édit royal en défendit l'usage. Cependant tous ces écrits et toutes ces défenses n'empêchèrent pas que le tabac ne devint peu de temps après d'un usage général, et les rois de France et de plusieurs autres pays profitèrent de cet engouement pour une substance qui était devenue une branche des plus étendues du commerce et ils établirent sur son débit, un impôt qui fut bientôt très productif et qui ne tarda pas à être affermé à 30,000,000 fr. Cet impôt, bien qu'il soit une charge pour certains consommateurs, fut et sera toujours d'une longue durée par la raison qu'il n'est supporté que par ceux qui le veulent bien.

Jusqu'à la révolution, le tabac en feuilles nous arrivait d'Amérique, et la régie fesait manipuler ces feuilles et fabriquer le tabac en poudre. A cette époque la culture du tabac fut permise et depuis lors c'est au moyen du tabac cultivé en France que les bureaux de la régie sont alimentés; mais cette culture, depuis que, sous l'empire, la vente du tabac fut exclusive en faveur de la régie, ne fut plus générale; et il n'y a aujourd'hui que certains départemens qui ont la faculté de cultiver cette plante.

Le tabac, étant une plante annuelle, se multiplie par semis de ses graines toujours très nombreuses sur chaque pied. On les sème dès les premiers jours du mois de mars sur des couches ou sur des planches préparées à l'avance, et à l'abri des derniers froids en les établissant contre des murs plus ou moins élevés et bien exposés au midi. On en rend la terre aussi douce et aussi meuble que possible par des remuemens répétés, et on la fertilise au moyen d'une addition de terreau, ou de vieux fumier presque réduit en poudre. Les graines étant très menues sont mêlées avec du sable pour que le semis soit plus uniforme et que les plants soient suffisamment espacés et puissent être arrachés sans blesser leurs petites racines, condition nécessaire à leur réussite. Les planches du semis sont couvertes pendant la nuit avec des paillassons, qu'on enlève tous les matins. Si le temps restait au sec pendant trop de temps, il faudrait arroser légèrement et ne le faire qu'avec un arrosoir à pomme et vers les dix heures du matin. Il est sous-entendu que les mauvaises herbes, qui se montrent autour des jeunes plants de tabac, doivent être arrachées avec la main et non autrement. Dès que les jeunes plants sont munis de quatre feuilles, ils sont en état d'être transplantés.

Le terrain est déjà préparé par des labours d'hiver et par des engrais, si le sol n'est pas naturellement gras et fertile. Il doit être, pour assurer le succès de cette culture, doux, uni, profond, plus friable que tenace, et frais s'il n'est pas arrosable. Après qu'il a été égalisé autant que cela peut se faire, on le partage en rayons distants de trois pieds et voici comment on s'y prend. Sur une des extrêmités du champ à planter, on étend un cordeau garni de nœuds séparés les uns des autres par un écartement de trois pieds ; on fiche en terre un roseau, un sarment de vigne ou enfin le premier morceau de bois venu, sur tous les points du cordeau où se trouve un nœud ; on lève alors le cordeau, on le place à trois pieds plus loin de distance, mais de manière que les nœuds croisent les signaux placés lors de la première opération, c'est-à-dire, qu'ils soient au milieu de l'espace qui sépare deux signaux, on marque encore le point des nœuds par de nouveaux morceaux de bois et on continue de même jusqu'à ce qu'on soit arrivé à l'autre extrêmité du champ. Ce travail terminé, on choisit, s'il est possible, un jour où le soleil soit couvert par des nuages, on arrache les jeunes plantes de tabac avec le plus grand soin, on les dispose dans des corbeilles ; et on les plante dans un trou fait avec un plantoir au lieu et place de chaque signal ou bâton. Par ce moyen les rangées sont en ordre, et les plantes sont régulièrement et suffisamment espacées. Les plantes sont enfoncées dans le trou fait avec le plantoir jusqu'à la naissance de la feuille la plus basse, et elles sont contenues dans cette position avec la terre qu'on y approche en enfonçant deux ou trois fois le plantoir autour d'elles et de manière que non seulement elles soient assez solides pour ne pouvoir pas être arrachées sans un léger effort, mais encore que le trou soit entièrement rempli de terre. Combien de plantes sont languissantes ou ne reprennent pas par le seul fait que le trou, fait avec le plantoir, est demeuré vide vers le bas, ce qui est cause que la racine de la plante, se trouvant dans le vide, souffre d'abord et se dessèche ensuite. Il arrive quelquefois alors que les racines, qui sont voisines du collet, se trouvant comprimées par la terre, poussent et soutiennent l'existence du jeune plant ; mais les plantes qui en proviennent n'ont jamais cette vigueur de celles dont les principales racines ont pu s'allonger dans la terre. On les reconnaît à la hauteur de leurs tiges, et à la grosseur et à la couleur de leurs feuilles. Si le temps est pluvieux ou annonce de la pluie pendant la nuit prochaine, on peut se passer d'arroser; mais si le soleil paraît, il faut que les planteurs soient suivis par des femmes, munies chacune d'un ou de deux arrosoirs sans pomme qui font tomber de l'eau autour de chaque plant. Ordinairement ce seul arrosement suffit pour faire reprendre les jeunes tabacs nouvellement plantés. Si quelques jours après on s'aperçoit qu'il en ait manqué quelques uns, on les remplace de suite, afin que la plantation n'offre pas de vide, et que ces derniers n'éprouvent pas de retard dans leur végétation. Du moment que les jeunes plants ont commencé à s'élever, on a soin de les sarcler, et on répète les sarclages plusieurs fois pendant les mois de mai et de juin. Plus souvent les plantes de tabac sont sarclées et binées, plus leur végétation est prompte, plus leurs feuilles sont grandes et plus leur produit est grand. Si le terrain est arrosable, nul doute que des arrosemens donnés de temps à autre ne favorisent beaucoup le développement des feuilles, et même il est de certaines années de sécheresse où ils sont d'une absolue nécessité pour l'existence de la plante. C'est aux cultivateurs à savoir choisir leur terrain. Si jamais la culture du tabac était autorisée dans nos pays, et qu'on voulut l'adopter sur des terres qui ne seraient pas arrosables ou que l'on reconnaîtrait ne pas trop facilement conserver de la fraîcheur pendant l'été, il faudrait les défoncer à 60 ou 70 centimètres de profondeur; plantés dans un pareil terrain, les jeunes tabacs braveraient, sans les craindre, les longues sécheresses de nos étés. Ainsi un terrain, destiné à être converti en vignes, pourrait être défoncé et cultivé en tabac pendant l'année qui précéderait la plantation de la vigne.

Lorsque les plantes de tabac ont atteint la hauteur d'un mètre, ou du moins deux mois après leur plantation, car il serait possible que dans certains terrains ces plantes n'atteignissent jamais cette hauteur, on les étête, c'est-à-dire, on coupe le sommet de la tige, ce qui les empêche de croître et de fleurir, et on les dépouille des feuilles qui, par leur poids, penchent, touchent la terre et sont sujettes à se salir ou même à se pourrir, si les plantes sont arrosées, et dans nos pays elles le sont toujours, à eau courante. On ferait bien d'enlever toutes celles qui sont tâchées ou rongées par des vers; mais la régie paie si peu, qu'on ne pourra se décider à faire un pareil sacrifice, surtout quand on sait que celle-ci n'en tiendrait nul compte. Les plantes, ainsi dépouillées de leurs mauvaises feuilles, porteraient tous leurs sucs sur les feuilles réservées, qui seraient alors réduites à neuf ou douze au plus, et elles en deviendraient plus épaisses et conséquemment plus lourdes. Ce qu'on perdrait au retranchement des mauvaises, serait compensé en grande partie par le plus grand poids des feuilles restantes, et en fin de cause on gagnerait à récolter un tabac de première qualité. On coupe ou on pince en même temps tous les bourgeons, ou repousses que la sève, ainsi arrêtée par l'étêtement des tiges, produit à l'aisselle des feuilles; les petites feuilles, que donneraient ces bourgeons, seraient de mauvaises qualités, et de plus elles attireraient à elles les sucs nourriciers des grandes feuilles conservées, ce qui nuirait à l'épaississement du parenchyme, épaississement qui est une condition nécessaire pour obtenir des feuilles propres à fournir du tabac de première qualité. Les plantes, étant ainsi étêtées et ébourgeonnées, ne demandent plus d'autres soins que d'être visitées de temps à autre pour leur enlever les nouveaux bourgeons latéraux et axillaires qui pourraient se montrer.

C'est ordinairement un mois et demi après l'étêtement que les feuilles approchent de leur maturité. On reconnait qu'elles sont dans cet état quand elles commencent à changer de couleur, que leur couleur verte, vive, devient un peu plus foncée et qu'elles s'inclinent vers la terre. Elles sont en pleine maturité lorsqu'elles sont plus rudes et plus cassantes en les faisant fléchir.

Deux méthodes sont usitées pour faire la récolte des feuilles. Je vais les donner toutes les deux ; les cultivateurs choisiront celle qui leur sera préférable. Ou on coupe la plante près de terre ou on détache les feuilles une à une. C'est toujours le matin, mais après que la rosée a été dissipée par les rayons solaires. En général c'est dans les premiers jours du mois de septembre que l'on commence, et l'on continue tant qu'il y a de tiges ou de feuilles à couper.

On laisse les tiges coupées près de terre, étendues sur le sol, et des femmes viennent les retourner deux ou trois fois dans le courant de cette première journée. On les transporte vers le soir, et avant même que la rosée se fasse sentir, c'est-à-dire, vers les quatre à cinq heures sous un hangard ou dans tel autre lieu inaccessible à la rosée ou à la pluie ; car la moindre humidité porterait un préjudice notable à la qualité du tabac. Le lendemain matin on lie les tiges deux à deux et on les suspend ensemble sur des roseaux, des perches ou des cordes ; dès qu'on reconnaît que les feuilles sont suffisamment desséchées on réunit le nombre de femmes nécessaires, et pour cela on attend un jour humide ; on renverrait l'opération si le vent d'ouest ou de nord-ouest soufflait le jour choisi. C'est ordinairement de novembre en janvier. Ainsi on a tout le temps pour ne pas opérer un jour trop sec. Des femmes détachent les feuilles des tiges, et d'autres réunissent ces feuilles par paquets qu'on nomme manoques et des hommes arrangent en tas ces manoques. Pour que l'humidité n'arrive pas jusqu'aux feuilles les plus inférieures, on établit ces tas sur des planches élevées de dix à douze centimètres au dessus du sol. Les feuilles, ainsi arrangées et entassées, fermentent et subissent une première préparation. Il ne faut pas que ces tas soient trop épais ni trop larges, afin que la fermentation n'y devienne pas trop forte, ce qui pourrait occasionner la perte totale du tas. C'est peu de temps après et pendant le courant de l'hiver, qu'il convient de vendre les feuilles de tabac. Jusqu'au moment de la vente, on les laisse entassées. Si pourtant on s'apercevait qu'un des tas répandit plus d'odeur que les autres, il faudrait le visiter et le refaire.

Si au lieu de couper les plantes on a détaché les feuilles, on les attache par bottes et on les transporte de suite sous un hangard ou dans un local préparé pour cela qu'on nomme séchoir, et dont l'étendue est proportionnée à l'extension de la culture du tabac. Une fois déposées au séchoir les feuilles sont enfilées une à une, en laissant une petite distance entr'elles, au nombre de cent feuilles plus ou moins sur chaque liasse. Ces liasses sont suspendues à côté les unes des autres et sans se toucher. Il est urgent que l'eau de la pluie n'arrive pas jusqu'à elles, c'est pourquoi les séchoirs ou les hangards sont disposés de manière à les garantir parfaitement de la pluie. Une fois sèches, les feuilles sont, comme celles séchées sur les tiges, réunies en paquets de dix à douze et ces paquets ou manoques sont mis en tas ainsi qu'il a été dit ci-dessus.

L'aisance, que la culture du tabac procurait aux cultivateurs des environs d'Antibes, et la supériorité des tabacs fabriqués, soit à Tonneins, soit à Marseille, avec les feuilles fournies par les pieds cultivés dans l'arrondissement de Grasse, font désirer que le gouvernement permette de nouveau cette culture dans le département du Var.

TAGET. Genre de plantes de la famille des corymbifères, composé de plusieurs espèces dont deux sont fréquemment cultivées dans les parterres.

Taget droit, *grand œillet d'Inde*, *tagetes erecta*, *rose d'Inde* en Provence. On en connaît plusieurs variétés.

Taget branchu, *petit œillet d'Inde*, *passe velours*, *tagetes patula*, Lin.; *œillet d'Inde* en Provence. Il en existe aussi plusieurs variétés.

Ces deux plantes, originaires du Mexique, sont annuelles et se multiplient par semis de leurs graines à la fin de mars. Les jeunes plants sont transplantés au commencement de mai, et tout terrain, s'il est arrosable, leur convient. Le dernier est comme naturalisé dans nos jardins. Il s'en montre chaque année dans le mien sans que je me donne la peine d'en recueillir ni d'en semer la graine.

TAILLE. On entend par ce mot l'opération de couper aux arbres le bois qu'ils ont de trop, ou celui qui nuit à la forme particulière qu'on veut leur donner. La taille n'est certainement pas une opération naturelle. On sait fort bien que ces grands arbres que l'on voit si vigoureux dans nos forêts, que ces noyers, ces châtaigniers, si élevés et si surchargés de fruits, que l'on se plait à remarquer le long de nos grands ruisseaux, ou dans le fond de nos vallées, n'ont jamais été taillés ; cependant on ne peut disconvenir qu'il est des cas où la taille est d'une absolue nécessité ; mais cette opération ne doit pas être la même pour chaque nature d'arbres. Il est évident qu'un chêne-liège ne sera pas taillé comme un figuier; qu'un poirier planté dans un champ ne sera pas tenu comme un poirier placé dans un jardin resserré ; qu'un arbre d'ornement ne sera pas soumis aux mêmes règles qu'un arbre forestier. Je diviserai donc tous les arbres en quatre classes et je traiterai ensuite de la taille qui convient à chacune de ces classes.

Les arbres selon leur essence, leur nature ou leur destination, peuvent se diviser en arbres de forêts, en arbres d'ornement, en arbres des champs et en arbres des jardins fruitiers.

Des arbres forestiers. Ces arbres, et parmi eux je range le chêne-liège, aujourd'hui un des arbres les plus productifs de la Provence, n'exigent d'autre taille que celle de l'élagage de leurs branches inférieures afin qu'ils acquièrent un tronc tel qu'ils puissent servir par la suite aux usages qu'on désire d'eux. Cet élagage est ordinairement fait par des hommes qui achètent à l'avance tout le bois à couper. Il est naturel de penser que plus ils rapprochent cet élagage du sommet de l'arbre et plus ils ont de profit. Par le principe d'un équilibre constant et nécessaire à la végétation et à l'accroissement des arbres entre leurs racines et leurs branches, ainsi que je le dirai bientôt, cet élagage nuit au développement des arbres qui y sont soumis ; c'est surtout dans les forêts ainsi élaguées que l'expérience prouve qu'une taille, qui rompt cet équilibre, arrête souvent la végétation, et par conséquent la croissance des arbres. Tous les jours on voit des forêts dont l'accroissement est nul, durant trois ou quatre ans, par le seul fait d'un élagage fait hors de toute proportion. Je remarquai dans un temps un défrichement qui se fit sur la base d'une des montagnes de la commune de la Molle, et cette base de montagne longeant la route de Saint-Tropez à Toulon, j'eus occasion de donner suite à mon observation; vingt-deux pins maritimes de vingt-huit à trente centimètres de diamètre au dessus du sol, furent conservés, et pour que leur ombrage ne portât aucun préjudice au froment qu'on allait semer autour d'eux, on les élagua depuis la base jusqu'à leur cime. On leur laissa à peine quelques rameaux, formant un trop faible chapeau pour des arbres aussi gros. Sur ces vingt-deux pins, seize moururent de la première à la troisième année. les six qui résistèrent à cette taille inconsidérée, discontinuèrent de végéter durant deux ou trois ans, et ce ne fut que dix ans après qu'ils commencèrent à se pourvoir d'un chapeau, non entièrement, mais en partie proportionné à leur grosseur. On conçoit que pendant tout ce temps là les troncs n'ont pas du tout grossi et que le propriétaire, en pratiquant un élagage de la sorte, s'est privé de seize pins de belle apparence et a perdu la croissance des six restant pendant dix ans. On peut encore observer ces six pins, rapprochés les uns des autres; ils sont à gauche, et à cent mètres environ de la route, et à peu de distance de la grande allée de mûrier du château de la Molle.

Un propriétaire, désireux de voir prospérer ses forêts, les fera élaguer lui-même et il veillera à ce que le premier élagage fait à un arbre forestier, et à un pin surtout, ne dépasse pas la moitié de sa longueur, prise depuis le sol jusqu'à son sommet. On pourrait, si l'on ne voulait pas avoir le souci de l'opération, ne vendre son bois que sous condition expresse que l'acheteur ne couperait que les branches qui seraient au dessous de la moitié de la longueur des arbres. Huit ans après, on peut revenir à un second élagage, et cette fois ce serait encore la moitié de la partie branchue des arbres que l'on couperait; mais alors les pins et les chênes se trouveraient avoir un tronc d'une longueur suffisante pour en faire des arbres propres aux constructions maritimes et dans ce cas on ne devrait plus, sous quel prétexte que ce fut, les élaguer ou les tailler, à moins que ce fut pour besoins domestiques. Au surplus voyez ce que j'ai dit au mot PIN.

Des arbres d'ornement. Bien que plusieurs de ces arbres aient été pris ou qu'ils comptent leurs congénères dans les forêts, ils ne peuvent être tenus comme les précédens. Ceux-ci sont considérés comme des arbres d'utilité, ceux-là ne le sont que comme des arbres de pur agrément. Il importe donc peu que les troncs de ces derniers soient plus ou moins droits, et plus ou moins longs. Ce qu'on veut, c'est qu'ils remplissent l'objet qu'on attend d'eux. Si des pins, des cyprès ont été plantés autour d'un jardin pour faire abri, nul doute qu'ils ne doivent pas être élagués de leurs branches basses, puisque ces branches, toujours très feuillées, présentent une barrière au vent et au froid. Si par contraire ces arbres ou d'autres doivent former une bordure d'une hauteur déterminée, il est encore évident qu'il faut alors abattre leur chapeau ou leur tige et les maintenir à cette hauteur. Les arbres qu'on veut faire figurer comme colonnes, obélisques, etc., devront être taillés deux fois pendant l'année; mais j'observe qu'il faut savoir choisir les arbres qui se prêtent à ce caprice des hommes. L'if, le buis, le cyprès, etc., sont ceux qui supportent le mieux les formes diverses qu'on veut leur donner et les tontes multipliées auxquelles les arbres, ainsi dénaturalisés, sont soumis.

Des arbres des champs. Il est dans le midi de la France des champs d'une vaste étendue entièrement complantés en arbres, tous plus ou moins utiles, et tous plus ou moins productifs. La nature de ces arbres varie suivant la latitude, la température, le sol et les débouchés du pays. Là ce sont des mûriers et des noyers ; ici des amandiers ; plus au sud des oliviers, des figuiers, des noisetiers ; dans le voisinage des grandes villes, des pêchers, des abricotiers, des poiriers, etc. ; et tout à fait vers le littoral, des orangers, des grenadiers ; mais ceux-ci sont toujours sur un terrain arrosable. Comme pour tous ces arbres, placés le plus souvent à grande distance les uns des autres, on ne recherche pas la forme, mais le plus de produits possibles, il suffit, lors de la taille, de leur enlever le bois qu'ils ont de trop.

La taille, ai-je déjà dit, est une opération contre nature ; or les arbres assujettis à une forme voulue, non seulement sont taillés chaque année, mais encore ébourgeonnés. Les jardiniers, qui forcent leurs arbres à demeurer constamment dans une contrainte gênante, sont bien loin d'imiter la nature, elle, toujours si prodigue de soins et de prévoyance pour les individus qu'elle crée dans ses divers règnes. Comparez l'élégance et les produits d'un arbre de plein vent venu dans nos champs et que l'on ne taille que selon ses besoins, avec ces arbres en boules, en quenouilles, en godets, cultivés dans nos jardins et taillés toutes les années ; comparez encore ces platanes, ébranchés et étêtés de temps à autre pour obtenir d'eux plus d'ombrage, ou du moins un ombrage moins élevé, avec ces hauts platanes, fort rares d'ailleurs, sur lesquels aucun fer tranchant n'a été porté ; ici, c'est la nature qui se montre avec ses formes tantôt sveltes et gracieuses et tantôt graves et majestueuses ; là, c'est l'art qui s'offre avec ses ornemens lourds et confus. Combien de fois j'ai entendu dire à André Thouin, qui, pour avoir été un des hommes les plus simples, les plus modestes de son siècle, n'en était pas moins un des plus savans dans son genre : *Les arbres de plein vent sont les plus productifs, les plus durables et en même temps les plus utiles pour leur ombrage pendant l'été.* « L'arbre de plein vent, en bonne terre bien cultivée, peut durer un siècle, » bon Jardinier de 1838. Mais ces arbres, objectera-t-on, ont l'inconvénient de charger beaucoup et de ne donner alors que de petits et mauvais fruits. Cela est vrai quand on le veut bien. Mais je répondrai qu'on peut remédier à cet inconvénient en réduisant cette trop grande quantité de fruits à un nombre proportionné à la force de l'arbre, que les arbres qui produisent beaucoup sont préférables à ceux qui ne donnent presque rien, qu'il y a possibilité de diminuer le nombre des fruits d'un arbre, ce qui les rend et plus gros et plus succulens, et finalement qu'il n'y a pas moyen d'en placer sur l'arbre souvent rendu stérile par la taille d'un jardinier ignorant et maladroit. L'avantage reste donc entièrement en faveur de l'arbre de plein vent.

Cependant ces arbres, sans avoir besoin d'une taille annuelle, ne doivent pas être totalement négligés. Toutes les fois qu'un arbre ou un arbrisseau, qu'il soit venu de graines ou de boutures, est mis en terre et qu'il commence à végéter, il pousse des branches et des racines, et cela en nombre égal, et de manière à ce qu'il y ait constamment et pendant tout le temps de son existence, équilibre entr'elles ; car les racines, organes terrestres des arbres, sont nécessaires à l'accroissement des parties extérieures de l'individu auquel elles appartiennent, comme les feuilles sont indispensables au prolongement des racines ; ainsi donc si un arbre était arraché avec ses racines et ses branches, il se montrerait avec un développement égal dans toutes ses parties. Dès lors n'est-il pas vrai, qu'il est nécessaire, pour qu'un arbre végète avec vigueur, et pour qu'il parvienne à la grosseur et à la hauteur naturelles, que cet équilibre soit conservé ; aussi l'expérience prouve que lorsqu'un arbre souffre dans ses racines ou ses branches, les branches ou les racines correspondantes non malades languissent par contre coup, parce qu'elles ne reçoivent plus les sucs que leur préparaient celles dont l'existence est menacée, et si celles-ci périssent, celles-là ne tardent pas à cesser de végéter, ou du moins leur végétation devient presque nulle, et cela jusqu'à ce que de nouvelles branches ou de nouvelles racines se soient formées et puissent les substanter. On a pu observer ce fait depuis le froid de 1820 sur les oliviers qui furent alors gelés et recépés. Lorsque pour faire des plantations de vignes, ou pour tout autre objet, on creuse dans le voisinage de ces arbres, on trouve presque toujours de grosses racines qui se sont desséchées, et qui ne vivent plus ; il en est de même pour les branches, quand les racines, qui leur correspondent, sont séparées du tronc et périssent par accident ou par le fait de l'homme. D'après ce principe de la nécessité d'un équilibre parfait entre les racines et les branches des arbres, il est hors de doute que la taille annuelle, à laquelle certains d'entr'eux sont soumis, est une opération contraire aux lois de la nature et qui certainement doit nuire à leur développement. Pour ne pas me répéter, voyez à l'article OLIVIER ce que je dis des ormes, des cyprès et des vignes taillés annuellement comparés avec leurs pareils, abandonnés à eux-mêmes.

L'humus, contenu dans la terre, sert d'aliment aux racines des plantes qui, s'il n'est pas renouvelé, s'en emparent jusqu'à la dernière parcelle. Si alors on n'apporte pas de fumier sur les sols complantés et amaigris par les racines des arbres qui s'y trouvent, celles-ci finissant par ne plus trouver la nourriture qui leur est nécessaire, ne peuvent plus fournir aux branches la sève dont elles ont besoin pour végéter avec vigueur; c'est alors qu'on voit certains arbres jaunir, ne montrer qu'une végétation languissante et cesser de donner des fruits.

Que ce soit par amputation ou par maladie d'une ou plusieurs racines, ou bien que ce soit par manque d'engrais qu'un arbre est en souffrance, il est évident d'après ce raisonnement que toujours c'est parce que ses racines ne sont plus en rapport avec ses branches et ses rameaux. Dans l'un et l'autre cas, la raison dit qu'il faut nécessairement avoir recours aux engrais ou à la taille, si l'on veut remettre cet arbre dans un état satisfaisant de végétation. Par suite de l'une et de l'autre de ces deux opérations, les arbres prennent de la vigueur et poussent de nouveaux bourgeons qui fructifient dès l'année d'après; par la première, ce sont les racines qui étant alimentées par une nourriture copieuse transmettent aux rameaux une sève plus abondante et plus substantielle qui leur fait pousser de nouveaux bourgeons; par la seconde, on place les arbres dans une position opposée à celle où ils se trouvaient, c'est-à-dire que par le fait d'une forte taille, l'équilibre est rompu en sens inverse; alors ce sont les branches restantes qui ne sont plus en proportion avec les racines, quoique déjà celles-ci fussent malades ou diminuées. Les branches ainsi réduites cherchent à rétablir l'équilibre et pour cela elles donnent naissance à de nouveaux bourgeons au moyen des émanations et des gaz qu'elles soutirent de l'atmosphère, et ces bourgeons sont d'autant plus vigoureux que les branches et les rameaux de l'arbre ont été plus diminués par la taille.

Ainsi donc, tout arbre dont les racines ont été retranchées ou blessées par un creusement ou un défoncement du sol ou qui, étant dans un terrain très amaigri et non fumé, ne trouvent plus à substanter les branches et les rameaux qu'elles doivent alimenter, est dans le cas d'être taillé, si l'on n'a pas à sa disposition le fumier dont on aurait besoin pour le remettre. Mais il est encore des cas où il est urgent de tailler les arbres de plein vent. C'est lorsque leurs branches s'entre-croisent ou se frottent les unes contre les autres, c'est lorsqu'un froid rigoureux les atteint en tout ou en partie; or on sait que les oliviers, les figuiers, les grenadiers, les orangers le sont très souvent. J'ai déjà dit en traitant de ces arbres comment et quand on doit les tailler. Ce sujet a été trop longuement traité à l'article olivier pour que j'y revienne; d'autant que mon système est applicable à chacun de ces arbres. J'observerai seulement ici que la taille des arbres de plein vent, toute simple et toute facile qu'elle paraît être, ne doit pourtant être confiée qu'à des ouvriers intelligents. Combien voit-on des oliviers mutilés, improductifs durant plusieurs années, pour avoir été livrés à des mains inhabiles.

Des arbres de jardins fruitiers. Ces arbres sont régulièrement soumis à une taille annuelle; cela doit être ainsi, et ne doit pas étonner si l'on considère que les jardins où on les cultive sont, ou resserrés, ce qui nécessite de les empêcher de prendre un trop grand développement, en raison du nombre qu'on y place, afin d'y avoir plus de sortes de fruits, ou très spacieux, ce qui suppose qu'on y plante ces arbres autant comme objet d'agrément que d'utilité. Or on ne peut disconvenir qu'une allée, composée d'arbres fruitiers ayant tous une forme régulière, satisfait davantage les yeux qu'une allée de plein vent dont les branches sont toujours plus ou moins allongées, plus ou moins penchées, selon l'espèce du sujet auquel elles appartiennent. C'est aussi le moyen d'avoir de plus gros et de meilleurs fruits, disent les partisans de la taille annuelle : il faut bien que j'en convienne aussi, puisque cette opinion est celle des Duhamel, des Thouin, des Bosc, etc. Mais j'observerai pourtant que j'ai possédé et que j'ai observé des poiriers en plein vent qui donnaient des royales d'hiver d'une qualité supérieure et cela en quantité considérable ; et lorsque par accident ils ne chargeaient par trop, j'y ai vu des poires de 16 à 17 onces la pièce. J'ai parlé à l'article poirier d'un bon chrétien qui avait produit 300 francs dans une seule année ; on m'a assuré que parmi les nombreuses poires qu'il avait données alors, il s'en trouvait de fort grosses. J'obtiens chaque année des pêches magdeleine (pêches molles en Provence) et des pavies jaunes tardives d'une grosseur monstrueuse, sur des pêchers de plein vent me donnant plusieurs quintaux de fruits, et les premières, par leur saveur et leur grosseur, valent bien celles de Montreuil. Ce que je viens de dire surprendra beaucoup de gens, car, et c'est avec raison, les voyageurs se plaignent de ne pouvoir manger une bonne pêche molle en Provence ; on en accuse notre sol, notre atmosphère et surtout notre inhabileté à savoir faire produire les pêchers. C'est qu'on ne s'est pas transporté dans les jardins où nos arbres sont cultivés. Nos marchands de fruits ne connaissent pas l'art de les transporter dans un bon état de conservation ; c'est pourquoi ils les achètent avant leur maturité. Les pêches molles, comme les autres fruits, sont placées dans des paniers sans précaution et portées d'Hyères, de Solliès, de la Valette, ou d'ailleurs à Marseille sur des charrettes, dont les secousses commencent à les meurtrir. Arrivées aux barrières de cette ville, les préposés de l'octroi, gens fort inquiets et fort difficiles, les voyageurs en savent long là dessus, ne laissent pas passer les charrettes sans les visiter ; les malheureuses pêches subissent là encore une rude épreuve. Que l'on juge de l'état dans lequel les pêches seraient exposées au marché, si on les avait cueillies au moment de leur maturité. Aussi n'est-ce que chez les propriétaires qui ne vendent pas leurs fruits, et qui les cueillent au véritable point de leur maturité, que l'on mange des pêches qui, si elles ne sont pas meilleures, sont aussi bonnes que les plus excellentes pêches de Paris.

La taille annuelle des arbres fruitiers ne semblerait donc pas d'une absolue nécessité pour avoir de beaux et de bons fruits. Mais l'usage a prévalu et tous les arbres plantés dans les jardins sont taillés sous des formes qui varient suivant leur placement et leur exposition ; les arbres placés contre un mur ne peuvent avoir celle des arbres plantés en allées ; et ces derniers ne peuvent être tenus comme ceux mis au milieu des carrés. On a donné à chacune des diverses formes d'arbres connues, des noms particuliers. Les arbres plantés contre les murs sont taillés en espalier, et cette forme suivant l'arrangement et la disposition des branches prend le nom d'espalier, quand la tige est divisée en partant du sol en deux branches et imitant un grand V, d'éventail, quand le tronc, par suite de la première taille, se partage en quatre ou cinq branches palissées contre le mur, en palmette ou en pyramide', quand la tige est rabattue sur trois yeux dont le supérieur donnera un bourgeon qui montera verticalement, et les deux autres fourniront chacune un bourgeon qui dans le mois d'août sera palissé horizontalement.

Les arbres plantés en allées sont taillés en contre-espalier et alors on peut leur donner une des trois formes désignés ci-dessus, avec la différence qu'ils sont contenus par des moyens différens.

Les arbres plantés dans les carrés sont taillés en quenouilles, en buissons, en plein vent, etc. Les quenouilles sont des arbres dont la tige a été rabattue à cinq ou six pouces au-dessus du sol et munie de trois à quatre boutons qui donnent naissance à des branches latérales et au prolongement de la tige, celle-ci est arrêtée tous les ans à trente ou quarante centimètres en ayant soin de conserver d'année en année des bourgeons alternes, destinés à former des branches latérales. Les branches latérales sont arrêtées lors de chaque taille, et toujours on fait en sorte que leur longueur et leur développement soient gradués à leur ancienneté et à leur position, c'est-à-dire que les plus inférieures, qui sont aussi les plus anciennes, soient plus longues que celles qui sont au-dessus et ainsi de suite jusqu'au sommet de la tige.

Les buissons sont des arbres auxquels on laisse prendre leur forme naturelle et que l'on taille tous les ans pour s'opposer à un trop grand développement de leurs branches à bois et pour obtenir en même temps autant de fruits qu'il y a possibilité.

Une forme d'arbre que l'on voyait autrefois dans presque

tous les jardins, et qu'on y rencontre que fort rarement aujourd'hui, est celle en gobelet. Cette taille, hérissée de difficultés, a été remplacée par la taille en quenouille. Elle consiste à élever l'arbre, aussi près du sol qu'on le peut, sur quatre à cinq branches, et ces branches évasées au moyen de cerceaux et prenant la figure d'un vase élargi à son sommet, sont conduites comme celles d'un espalier. On a soin de supprimer tous les bourgeons qui avancent en dedans et qui déformeraient le gobelet en le remplissant.

Pour faire connaître les principes et donner les préceptes nécessaires pour bien conduire les arbres taillés sous les différentes formes que je viens de désigner, *il faudrait des volumes*, comme le dit Bosc dans le nouveau Cours complet d'Agriculture, art. taille ; et les bornes restreintes de mon Manuel ne le permettent pas. Si l'on désire avoir sur cet objet tous les renseignemens désirables, on les trouvera dans le Traité de la taille des Arbres par Butret, pour la taille de tous les arbres en général, et dans la Pomone française de M. le comte Lelieur, pour la taille des pêchers en particulier.

Nous n'avons guère dans nos pays de tailleurs d'arbres instruits, et la plupart sont au nombre de ceux, si bien désignés par Rozier dans son excellent Dictionnaire d'agriculture, de ceux *qui, une serpette à la main, commencent de donner un nom à un arbre, bien ou mal appliqué, n'importe ; ensuite prenant une des extrémités de l'arbre, la serpette travaille çà et là. Certes ce n'est pas tailler, c'est massacrer.* Une des conditions principales qu'exige l'art de la taille, non seulement pour les arbres soumis à une taille régulière, mais encore pour les arbres de plein vent, c'est de bien savoir connaître la nature des branches des arbres fruitiers. Je croirais donc cet article incomplet, si je ne décrivais les différentes branches et si je ne donnais le nom sous lequel elles sont désignées par les jardiniers si renommés de Montreuil, et par suite par tous les auteurs qui ont traité de la taille des arbres.

Branches à bois. Cette branche est celle qui doit donner naissance aux autres branches.

Branche gourmande. On la reconnaît à sa grosseur, à sa longueur, à son écorce lisse, à sa direction verticale, et à l'écartement de ses yeux. Ce n'est guères que sur les arbres qui ont été taillés pendant l'hiver précédent que l'on observe des branches gourmandes. Nos oliviers en fournissent alors une grande quantité ; si on ne les enlève pas, elles s'emparent de la nourriture destinée aux branches voisines. Sur les arbres fruitiers, il faut se contenter de tordre leur extrémité, dès l'instant qu'on les aperçoit. Les jardiniers, qui raisonnent sagement, recommandent de ne pas les couper à leur base pour ne pas occasionner une grande extravasation de sève, ou pour ne pas donner naissance à plusieurs autres branches de ce genre. Si l'on reconnaissait qu'une branche gourmande est nécessaire pour remplacer une branche malade, ou pour remplir un vide, on la laisserait jusqu'à l'hiver d'après, pendant lequel on la rabaisserait à la longueur convenable.

Branche à fruit. Sur les arbres à pépins elle est garnie d'yeux gros et peu écartés, et sa base est surmontée d'anneaux sous forme de rides circulaires ; sur les arbres à noyaux, et quelquefois aussi sur les pruniers, elle est plus courte et terminée par un groupe de boutons à fleurs, du centre duquel sort un paquet de feuilles. Elle se montre ordinairement sur le bois de l'année précédente. On nomme cette dernière, petite branche à fruit.

Branche lambourde. On la confond souvent avec la petite branche à fruit ; ce qui sert à la faire connaître, c'est qu'elle naît sur le gros bois.

Branche bourse. Celle-ci ressemble encore à la petite branche à fruit, mais elle est plus courte et plus grosse, et elle n'est produite que par le jeune bois. Elle ne s'allonge pas et donne beaucoup de fruits et cela durant plusieurs années ; on voit des vieux poiriers qui en sont couverts.

Branche brindille. C'est une petite branche mince et allongée ; elle fournit généralement de beaux fruits, on en a de fréquens exemples sur les pêchers.

Branche chiffonne. C'est tout simplement une brindille trop faible pour amener ses fruits à bien. C'est donc une branche à ne pas ménager lors de la taille.

Branche à crochet. On nomme ainsi toutes les branches latérales des tiges des jeunes arbres ou des grosses branches des espaliers qu'on rabat sur deux ou trois yeux, soit dans ce dernier cas pour obtenir de ces yeux de nouvelles branches à bois ou des branches à fruit, soit dans le premier cas pour éviter l'impression que fait sur un jeune arbre l'enlèvement d'une branche, coupée rez du tronc. Combien je vois de jeunes arbres languir et périr par le seul fait de la coupe de plusieurs bourgeons trop près de la tige. Je sais que la taille en crochet ne sera de long-temps pratiquée par nos tailleurs d'arbres. Je l'ai mise en usage sur tous mes arbres et sur tous mes oliviers nouvellement plantés ou greffés. Et bien il faut que je taille moi-même ces arbres ou que je sois présent quand ils le sont par mes tailleurs d'oliviers, car ils ne couperaient jamais une branche à crochet, si je m'éloignais un instant, et cependant j'ai pour moi une longue expérience et de nombreuses observations sur les oliviers. S'il est des propriétaires qui aient des doutes sur la nécessité de la taille à crochet, qu'ils en fassent l'expérience et bientôt ils seront convaincus; qu'ils choisissent deux oliviers plantés ou greffés depuis un ou deux ans, d'une même grosseur et d'une même venue, voisins l'un de l'autre, afin qu'ils se trouvent dans un même sol; qu'ils coupent toutes les branches ou tous les bourgeons qui seront en dessous des branches conservées; sur un des deux pieds ces branches seront coupées tout-à-fait contre le tronc ou la tige de l'arbre, sur l'autre elles le seront à un ou deux pouces, en observant que plus la branche a de grosseur, et plus le crochet doit être long; je le laisse de cinq à six pouces lorsque sur des arbres oubliés j'ai des branches de trois à quatre ans à supprimer; qu'après cinq à six ans, ils comparent ces deux arbres, qui auront dû être cultivés et soignés de la même manière, et ils ne manqueront pas de reconnaître que le tronc du sujet taillé en crochet sera plus épais, et que le feuillage sera plus développé.

Lorsque la taille en crochet est faite sur les jeunes arbres, et uniquement pour ne pas porter une perturbation dans le mouvement et la direction de la sève, on aura soin de couper les crochets, dont plusieurs se seront desséchés, trois ans après, on ne risquera rien alors de rapprocher du tronc la plaie faite à l'arbre; la sève ayant pris un autre cours, il n'y a plus à craindre que celui-ci en souffre.

Il n'est pas indifférent de savoir quelle est l'époque la plus favorable à la taille. Pendant les hivers rigoureux nous perdons souvent des oliviers, des figuiers pour avoir été surpris par un grand froid peu de temps après qu'ils ont été taillés. Les arbres qui résistent aux plus fortes gelées de nos pays peuvent l'être pendant tout le temps de l'inaction de la sève.

Cependant il est bien de ne pas attendre le mois de janvier, parce qu'alors il gèle plus souvent, l'air est plus sec, plus vif et le bois s'éclate ou casse très souvent. Les arbres, qui sont susceptibles d'être atteints par un froid de 5 à 6 degrés, ne doivent être taillés que durant les mois de mars et d'avril, et les orangers, citroniers, grenadiers et autres arbres délicats et sensibles aux gelées, ne seront soumis à cette opération que depuis le 15 avril jusqu'à la fin de mai. Pour ces derniers on aura la précaution de recouvrir les grosses plaies avec *l'onguent de St-Fiacre*. (Voyez ce mot) L'action du soleil, sur les arbres taillés à la fin de mai, serait telle que le bois, s'il n'était abrité par cet englument, se fendillerait en plusieurs sens sur toute la surface de la plaie.

TAMARIX. Genre de plantes de la famille des portulacées, dont une espèce est commune le long des rivières, des étangs, des mares qui avoisinent la mer. C'est le tamarin de France, *tamarisso* en prov. Arbre qui croît assez vite et dont le bois est bon pour le chauffage. Ses feuilles sont, quand elles se trouvent près de la mer, constamment empreintes, pendant la matinée, et même quand il ne fait pas du vent durant la journée, d'un suc salin. Aussi l'expérience a-t-elle démontré dans les environs de Narbonne et de Montpellier que cet arbre décompose le sel marin, au point qu'on l'y cultive pour cet objet et dans le but de rendre à la culture des céréales des terrains rendus infertiles par le voisinage de la mer. Planté sur le bord des torrens, le tamarin, soit au moyen de ses rameaux longs et flexibles, soit au moyen de ses racines traçantes et nombreuses, arrête souvent leurs eaux, rendues impétueuses par les grandes pluies. Il donne beaucoup de soude, lorsqu'on brûle ses rameaux encore verts. Pour l'opération voyez le mot SOUDE. Il est bien entendu que ce n'est jamais loin de la mer qu'on le fait servir à cet usage.

TÉTRAGONE ÉTALÉE ou *cornue*, *tétragonia expansa*, Lin. Plante d'un genre de la famille des ficoïdes, originaire des îles de la mer du Sud et de la Nouvelle-Zélande, mentionnée dans un des voyages de Cook et apportée en Europe en 1772 par Banks. Elle est cultivée dans les environs de Paris et surtout en Angleterre pour sa propriété de ne pas monter facilement en graines pendant les fortes chaleurs de l'été et de pouvoir alors, à cause de sa saveur, remplacer les épinards. Les personnes, auxquelles on sert cette plante sans qu'elles en soient instruites, se méprennent au point qu'elles pensent manger des épinards. On la sème sur place en avril. Toute terre de jardin arrosable est à sa convenance. Comme la plante s'étend beaucoup et qu'elle est rampante, il faut semer très clair et de plus espacer les plantes de manière à ce qu'elles soient à un demi mètre au moins de distance les unes des autres.

THÉ. Genre de plantes de la famille des orangers et composé de trois espèces, bien distinctes selon les botanistes, mais possédant chacune les mêmes vertus. Ces trois espèces sont :

Le THÉ VERT, le THÉ SÉSANQUA et le THÉ DE LA CHINE ou le *thé bou*. Elles sont originaires, les unes et les autres de la Chine et du Japon, et ce n'est que là où on les cultive pour la consommation locale d'abord et pour celle du monde entier ensuite. On ne peut se faire une idée du nombre de millions que cette culture fait entrer dans la Chine et c'est d'autant plus fâcheux pour le commerce d'Europe que les Chinois ne lui demandent rien et que le numéraire qu'il verse dans cet empire n'en sort pour ainsi dire plus. Cet état de choses a éveillé l'attention de plusieurs gouvernemens et déjà en 1812, on apportait de Macao au Brésil des graines de thé et on les semait, soit dans le jardin des plantes, soit dans des jardins particuliers. Des cultivateurs et des ouvriers chinois, munis des ustensiles nécessaires, arrivèrent aux frais du gouvernement brésilien. Bien que cette culture eût été suivie des plus heureux résultats, elle fut bientôt délaissée et reléguée dans un coin du jardin des plantes; les ouvriers chinois, moins un qui était malade, retournèrent dans leurs pays; mais peu de temps après, un savant botaniste de Rio-Janeiro, Frei Léandro, aidé de l'ouvrier chinois qui était resté, donna une nouvelle et plus forte impulsion à la culture et à la préparation du thé. On a de lui un traité-pratique sur la confection des feuilles de cette plante. Aujourd'hui le Brésilien trouve dans son pays une partie du thé nécessaire à ses besoins. La plante, qui produit cette substance, étant cultivée dans des contrées de la Chine où la température est bien plus froide que dans la Provence, le Languedoc et le Roussillon, il n'y a pas le moindre doute que le thé ne devienne bientôt une de nos cultures, et une fois que nous serons parvenus à savoir le confectionner, la culture du thé sera pour nous très lucrative; et d'avance j'ose assurer que dans moins de cinq à six ans, il y aura plus d'un propriétaire rural qui récoltera le thé nécessaire à sa consommation. On ne sera plus étonné de ce que j'avance, quand on saura qu'un envoyé du gouvernement français, M. Guillemin, célèbre botaniste, est en ce moment au Brésil pour y observer et y étudier la culture du thé aussi bien que la préparation de ses feuilles et pour impporter en France des graines et des plants de ce végétal.

Le thé est un arbrisseau de près de deux mètres de haut à feuilles persistantes comme l'oranger, ovales, dentées et plus ou moins longues et larges, plus ou moins luisantes suivant les espèces ; ses fleurs sont blanches. Il demande une terre substantielle, fertile et fraîche ou arrosable de temps à autre dans nos pays et de plus une exposition abritée du grand froid pendant l'hiver et du soleil en été. On le multiplie de graines, de boutures, de marcottes et de rejetons, vers les derniers jours de mars et à l'abri des derniers froids.

THUYA. Genre de plantes de la famille des cônifères dont plusieurs espèces sont cultivées dans nos bosquets et jardins d'agrément.

THUYA DE LA CHINE, arbre de vie, *thuya orientalis*, Lin. Arbre qui s'élève à sept ou huit mètres et dont les rameaux forment l'éventail, s'élèvent aussi verticalement que la tige, et ne sont jamais pendants, ce qui le distingue du suivant. Ses cônes, de la grosseur d'une noix de galle, ont quelque ressemblance avec ceux du cyprès, mais avec cette différence qu'ils s'ouvrent et laissent tomber leurs graines durant la même année qu'ils se montrent, tandis que les cônes de cyprès n'arrivent à leur maturité qu'à la seconde année. C'est un fort joli arbre tant qu'il est jeune et arrosé ; en vieillissant ou cultivé au sec, il perd cet avantage. On le multiplie très aisément de graines semées en avril en terre légère. Il reprend très bien en le transplantant encore assez jeune. Il vient à tout terrain et à toute exposition. Il est très et peut-être trop commun en Provence.

THUYA DU CANADA, *thuya occidentalis*, Lin. Arbre s'élevant un peu plus que le précédent. Ses rameaux sont pendants et son feuillage est d'un vert roussâtre. Ses cônes sont allongés, lisses et peu épais. Même culture et mêmes soins que pour le précédent.

THUYA ARTICULÉ, *thuya articulata*, Desfontaine. C'est

à ce savant botaniste que nous devons cet arbre qui fournit dans le royaume de Maroc, d'où il a été apporté par lui, la résine connue sous le nom de *sandaraque*. Comme il n'y a pas le moindre doute qu'il peut être cultivé en pleine terre dans le midi de la France, il est à désirer qu'il y soit propagé et expérimenté par un agriculteur ami de son pays. Comme il ne mûrit pas ses graines à Paris, où il exige l'orangerie, c'est par marcottes et par boutures qu'on l'y multiplie. La température du midi de la Provence fait espérer que là il donnerait des graines mûres, ce qui favoriserait singulièrement la multiplica tion et la propagation de sa culture.

THYM. Genre de plantes de la famille des labiées, dont quelques espèces sont cultivées dans l'intérieur de la France, et que nous nous contentons de posséder sur nos montagnes. Je n'en dirai rien de plus ; car on voit rarement le thym cultivé et non plus que le serpolet, qui est une espèce du genre thym, dans nos jardins.

TILLEUL. Genre de plantes de la famille des tiliacées, composé de plusieurs espèces, dont quelques unes jouent un grand rôle dans la composition des jardins de l'intérieur de l'Europe, mais qui sont assez rares dans nos pays où cependant ils viennent assez bien quand ils sont dans un terrain arrosable, quelle que soit sa nature ; c'est dire que la première condition pour le succès d'une plantation de tilleuls dans le midi de la France, c'est que le sol doit être très frais et non accessible aux longues sécheresses de l'été ou arrosable.

Les tilleuls se multiplient tous de graines semées de suite après leur maturité comme la plupart des graines oléagineuses, de marcottes faites durant l'hivèr, et par greffes, soit en fente en hiver, soit en écusson, à œil poussant dans les mois de mars et de juin, et à œil dormant dans le mois d'août.

Tilleul des bois, *tilia europea*, Lin.; *thilot* en prov. C'est cette espèce dont les fleurs sont en si grand usage dans toutes les maladies nerveuses. Feuilles petites et rameaux velus.

Tilleul des jardins, *tilleul de Hollande*. Feuilles grandes, rameaux glabres.

Tilleul glabre, *tilleul d'Amérique*, *tilia americana*, Lin. Feuilles très grandes, glabres, rameaux cendrés.

Tilleul argenté. Feuilles blanches et cotonneuses en dessous; rameaux verts, gris ou rouges.

Tilleul lacinié. Feuilles divisées en trois lobes dont celui du centre est plus ou moins allongé et les latéraux sont incisés et dentés.

Les tilleuls deviennent tous de grands et beaux arbres. Leur bois est peu employé en raison de ce qu'il se mâche sous le rabot, et qu'il se tourmente beaucoup; il n'est pas même bien bon comme combustible, son feu n'est pas d'une longue durée ni d'une grande vivacité. La seconde couche de son écorce est filée dans plus d'un pays et donne des cordes qui résistent long-temps à l'humidité.

TOMATE. Espèce de plantes du genre morelle et de la famille des solanées et cultivée dans tous les jardins du midi de la France sous les noms de Pomme d'amour, *solanum lycopersicum*, Lin.; *poumo d'amour* en prov. L'usage général, qu'on fait de son fruit, connu de chacun, me dispense d'en parler. On multiplie la tomate de graines qui peuvent être gardées trois à quatre ans et qu'on sème depuis le mois de janvier jusqu'à la fin de mars. Lorsqu'on a encore des froids à craindre, on sème sous châssis. Quelques uns de nos jardiniers se contentent de garantir leurs semis, faits alors à un bon abri, avec des paillassons, qu'ils ont soin d'enlever dès que le soleil commence à s'élever. Que ce soit sous châssis ou en plein air, toujours il est prudent de couvrir le semis pendant certains jours où le soleil est très chaud, comme cela nous arrive parfois dans les mois de février et de mars. Les plants venus des graines, semées en janvier, sont mis en pots dès qu'ils sont assez gros pour supporter la transplantation. Les pots sont placés dans une serre ou contre un mur exposé au sud, et bien abrité du froid au moyen de paillassons. On les dépote à la fin de mars et on les met en place, et encore faut-il choisir un local où les rosées blanches n'arrivent pas.

Les plants des graines semées plus tard sont mis en pleine terre, dès qu'ils sont assez forts, en ayant soin d'attendre qu'on n'ait plus de rosées blanches à craindre. Comme il est des jardiniers qui cultivent des milliers de plants de pomme d'amour, et qu'il est avantageux dans cette culture d'avoir des primeurs, ne pouvant les placer dans des pots qu'ils ne pourraient pas tous enfermer, ils les plantent à demeure contre des ados qui déjà les abritent et pratiquent sur le sommet de ces ados, au moyen de morceaux de bois fichés et inclinés dans le sens de ces derniers, une sorte d'auvent fait avec des sarmens, nom donné en Provence à des paquets de sarmens de vignes liés ensemble, posés sur les morceaux de bois. Des rosées blanches se montrant encore quelquefois vers la fin d'avril, ce n'est que dans le mois de mai qu'on découvre les pommes d'amour, et on en fait autant pour les haricots qui alors sont déjà couverts de fleurs et dont plusieurs ont déjà à cette époque donné des fruits.

On commence aussi à voir de fort belles tomates sur les plantes. Les soins que nous donnons aux pommes d'amour sont de les sarcler souvent, de les biner, dès l'instant qu'elles sont débarrassées de leur couverture, de les arroser tous les huit jours et de supprimer toutes les branches qui croissent le long de la tige, en laissant reposer celle-ci sur le sol, ce qui vaut mieux que de la soutenir avec des échalas. Quelle que fût leur solidité, les tiges de pomme d'amour ne tiendraient pas contre la violence de notre mistral, vent du nord-ouest, qui ne laisse pas de se faire sentir même durant l'été. On appelle cette suppression des branches de la plante, la castration ou la taille des pommes d'amour. Cette opération si utile, si nécessaire pour obtenir de belles pommes d'amour, n'est usitée que par les jardiniers; il est une infinité d'amateurs qui ne la connaissent pas et qui conséquemment ne la pratiquent pas. Aussi qu'arrive-t-il ? que leurs plantes, étant munies d'une infinité de branches qui se croisent, sont très touffues et que leurs fruits se pourrissent en partie.

La tomate, pomme d'amour, demande pour bien prospérer une terre légère, rendue très meuble par divers labours donnés avec la houe et très fertile au moyen de fumier bien consommé.

On garde des pommes d'amour pour l'hiver de plusieurs manières ; tantôt c'est sous leur forme naturelle, tantôt c'est en conserve. Voici le procédé suivi dans mon ménage : On partage en deux et par le travers les plus grosses pommes d'amour qu'on trouve sur les plantes, on les sale, sans leur enlever ni graines, ni suc ; on les expose au soleil en les plaçant sur des claies. Lorsque la chaleur a fait évaporer l'humidité, on les tourne et on les retourne jusqu'à parfaite dessication. Chaque soir elles sont abritées de la rosée de la nuit. Mises à tremper durant quelques heures dans de l'eau tiède pendant l'hiver, elles se ramollissent et elles peuvent alors être préparées, après qu'on en a enlevé les graines, comme les pommes d'amour fraîches.

Une très bonne conserve de pomme d'amour est celle-ci : On exprime le suc des pommes d'amour, on passe ce suc à travers un tamis à claire-voie, mais de telle sorte que les graines demeurent dessus. On remplit plusieurs assiettes ou plats peu profonds de ce suc, et on les expose au soleil. Quand le soleil a évaporé le suc, et avant que le résidu soit trop sec, on le ramasse au centre de l'assiette avec une cuillère d'argent ou de tout autre métal. Deux jours après on réunit ce résidu sur une seule assiette, et on remplit de nouveau les assiettes vides avec du suc nouveau. Les assiettes sont rentrées chaque soir dès l'instant que le suc commence à s'épaissir afin de ne pas le laisser imprégner par la rosée de la nuit. Du moment qu'on a assez de résidu pour en faire un petit pain, on le pétrit pendant quelques instans, on l'arrondit, sous forme d'un petit pain de beurre, en ayant soin alors de s'oindre les mains avec de la très bonne huile d'olive et on l'enveloppe dans un papier blanc, huilé à l'avance ; par ce procédé, cette conserve, dans laquelle il n'entre ni sel, ni poivre, peut se garder intacte pendant deux hivers.

On a obtenu plusieurs variétés de pomme d'amour par la culture. Les deux plus estimées sont la grosse rouge et la grosse jaune, variété nouvelle mentionnée par le Bon Jardinier et encore peu connue en Provence.

TOPINAMBOUR. Voyez Héliantbe.

TOURNESOL. Voyez Hélianthe.

TOURTEAUX. Il est peu d'années que les tourteaux étaient encore inconnus en Provence, et aujourd'hui ils sont recherchés à un tel point que les gens du Nord ne s'en font pas une idée; ils n'étaient pas même usités dans les environs de Paris en 1823, puisque Bosc dit, dans le Nouveau Cours complet d'Agriculture, deuxième édition : *L'influence des tourteaux comme engrais, est regardée dans les environs de Lille et de Valenciennes comme plus puissante que celle des fumiers ordinaires : aussi s'y vendent-ils fort chers. On les répand, après les avoir réduits en poudre, à la main et à la volée sur les blés en état de végétation, pendant les premiers jours du printemps, et sur les lins, les colzas, etc. quand ils commencent à se développer.* Il nous en arrive chaque année du Havre et de Rouen plusieurs chargemens et toujours nous en manquons au moment des semences. C'est qu'on a remarqué que les froments végètent avec plus de vigueur à terrain égal, quand ils sont fumés avec des tourteaux qu'avec du fumier de litière, c'est qu'au moyen des tourteaux on a obtenu des récoltes de blé sur des terrains qui ne pouvaient rien produire avant l'introduction de cet engrais dans la Provence, c'est enfin que dans nos pays, où la sécheresse ne permet pas de recueillir beaucoup de fourrages et conséquemment d'avoir beaucoup de bestiaux, nous ne pouvions autrefois ensemencer une partie de nos terres faute de fumier, tandis qu'en ce moment, et cela depuis huit à dix ans, que le commerce nous procure des tourteaux, nous pouvons semer jusqu'à nos plus mauvais terrains. C'est, non pas en poudre, mais seulement triturés en petits morceaux, que nous le répandons. L'expérience a prouvé qu'en cet état il agissait avec bien plus d'efficacité. Ce n'est pas non plus sur les plantes de froment en végétation que nous le répandons, c'est au moment qu'on sème le blé. J'ai pensé qu'en le faisant mettre avec le blé dans le sillon ouvert par la charrue, je trouvais un double avantage, celui qu'il n'y avait pas la moindre parcelle de tourteau perdue, le grain se trouvant nécessairement en contact avec lui ; ce qui souvent n'arrive pas quand l'un et l'autre sont répandus à la volée sur le terrain et ensuite que mes plantes de froment, étant par rangées, étaient plus facilement sarclées.

La quantité de tourteaux à répandre varie selon la qualité de terrain. S'il est de mauvaise qualité il en faut dix quintaux métriques ou 500 kilogrammes par charge, et notre charge se compose de cent soixante litres. Le prix du tourteau en poudre étant d'environ huit francs les cinquante kilogrammes, il résulte que le prix de fumure d'un terrain de qualité très inférieure pouvant contenir un hectolitre de blé de semence est de quarante-cinq francs. Or, la quantité d'engrais du pays, nécessaire pour fumer un terrain de cette qualité et de cette étendue, coûterait bien davantage.

TRÈFLE. Genre de plantes de la famille des légumineuses dont plusieurs espèces sont cultivées pour le foin et le pâturage qu'elles donnent. Nos pays sont trop secs pour que la culture du trèfle puisse y prendre l'extension dont elle jouit dans l'intérieur et le nord de la France, dans l'Allemagne et dans l'Angleterre. Cependant comme nous pouvons le cultiver avec le plus grand avantage dans nos terres arrosables et dans certaines plaines, où le sol conserve de la fraîcheur pendant l'été, je vais mentionner les espèces qui me paraissent les plus convenables à cultiver dans le midi de la France.

TRÈFLE DES PRÉS, *Trèfle commun*, *Grand trèfle rouge*, *Trèfle rouge de Hollande*; *Trifolium pratense*, Lin., *Triou*, *Trèflo*, *Flous*, *Treou* en prov.

C'est l'espèce la plus répandue partout où la culture du trèfle est adoptée ; c'est aussi celle qu'on cultive le plus dans le midi de la France. Le plus souvent on mêle cette plante avec la luzerne et le fromental, et on obtient, dit-on, un meilleur fourrage au moyen de ce mélange ; on agit encore de la sorte pour que, si une de ces plantes ne réussit pas, elle soit remplacée par les autres. C'est là un mauvais raisonnement. Jamais le trèfle ne pourra s'allier avec la luzerne qui donne cinq coupes au moins durant l'été, lui qui à peine en fournit trois. C'est toujours seul que le trèfle doit être semé, et depuis la fin de février jusqu'au 15 mars; pour qu'il soit semé plus uniformément, on mêle la graine avec partie égale de sable passé à la claie. Si on veut ne pas perdre du temps ni laisser reposer le terrain, on peut le semer sur froment ou sur avoine lors du sarclage de ces plantes, façon qui suffit pour enfouir la graine. Quinze à seize kilogrames de graines suffisent pour un hectare de terrain. Si c'est dans une terre non arrosable, les feuilles et les tiges d'abord, et le chaume ensuite de ces céréales, servent d'abri aux jeunes trèfles contre l'ardeur du soleil. Les façons données à la terre pour la culture des céréales sont suffisantes pour celles du trèfle, mais on ne doit pas oublier en semant les céréales qu'elles ne doivent pas être trop épaisses pour ne pas étouffer les jeunes plantes de trèfle.

Lorsqu'on sème la graine de trèfle en automne, on peut faire une coupe à la fin de l'été, si la végétation des plantes a été favorisée par une ou deux pluies pendant le mois d'août. Mais cette coupe n'est jamais bien abondante, et de plus cette année compte au nombre des deux que ce trèfle subsiste ; c'est donc un mauvais calcul. En ne semant que dans le printemps, le trèfle donne une belle coupe et quelquefois une seconde dans les terres fraîches non arrosables pendant les deux années qui suivent et trois coupes dans celles qu'on peut arroser. Une terre profonde, douce, plutôt légère que forte, et fraîche ou arrosable est celle qui convient le mieux au trèfle. Cependant il vient et il prospère sur les terres argileuses si les graines parviennent à y lever ; car c'est la difficulté d'obtenir un pareil résultat qui fait considérer les terres de cette nature comme impropres à certaines cultures. Un sarclage, fait en avril ou en mai, débarrasse les jeunes trèfles des herbes qui sont venues avec eux, et donne à ces plantes plus de vigueur.

C'est vers la fin du mois de mars de l'année qui suit son ensemencement, et par un temps disposé à la pluie, ou à une forte rosée, qu'on plâtre le trèfle. C'est surtout sur cette plante que cette matière agit le plus énergiquement. On le sait fort bien dans la Haute-Provence où l'on cultive beaucoup le trèfle et où l'on ne manque pas de le plâtrer. Combien nos cultivateurs vulgaires du Var, des Bouches-du-Rhône, etc., gagneraient s'ils étaient à même d'aller observer et étudier les diverses cultures des Basses-Alpes, où cependant l'assolement biennal est encore le seul en usage; mais là cet assolement peut en quelque sorte être toléré à cause de la grande quantité de fumier qu'on y fait et que l'on répand sur les terres.

Ce serait peines et dépenses perdues que de vouloir cultiver le trèfle sur nos terrains montueux. Si cependant on voulait absolument y introduire cette culture, il faudrait les défoncer profondément à 50 ou 60 centimètres avec la houe à deux pointes, à cette profondeur les longues racines pivotantes du trèfle trouveraient la fraîcheur dont cette plante a besoin pour résister aux longues sécheresses de nos étés.

Mais je conseillerai, sur ces terrains, surtout s'ils sont de nature calcaire, où le trèfle ne réussit jamais aussi bien que sur tout autre sol, de le remplacer par le sainfoin bien plus rustique et bien plus durable. Mais que ce soit l'une ou l'autre de ces cultures qu'on adopte, il faudra avoir la précaution d'épierrer ces terrains toujours plus ou moins abondans en grosses pierres.

Enfouir la dernière coupe de la seconde année est une bonne opération ; elle équivaut à une fumure, et l'on peut semer dessus du froment qui y viendra très bien.

C'est ordinairement la seconde coupe de la dernière année du trèfle que l'on garde pour graines. On ne la fauche que lorsque les gousses qui contiennent les graines sont en parfaite maturité; on ne coupe d'abord que la sommité des tiges que l'on fait sécher, et enfermer dans un lieu sec, après dessication complète, et ensuite on fauche le restant des plantes qui peuvent encore être enfermées pour fourrage. Les graines sont ainsi conservées dans leurs gousses jusqu'au moment du besoin. Le déchirement de ces gousses et le nettoiement de ces graines sont fort difficiles. On n'y parvient qu'avec des machines, telles que des boccards, des râpes, mis en action par un cheval ou par l'eau.

Le fourrage, produit par le trèfle, donné en vert ou sec, est très nourrissant, mais il faut veiller, quand il est vert, qu'il ne soit pas empreint de rosée. Cela suffirait pour météoriser les bœufs, les moutons et presque tous les animaux qui n'en auraient pas usé avec modération. Les cochons peuvent aussi en être nourris, et ils s'en trouvent fort bien, car cette herbe les engraisse et leur plaît.

TRÈFLE INCARNAT, *Farouch*, *Trèfle de Roussillon*, *Trif. incarnatum*, Lin. Plante annuelle, qui, sans presqu'aucune culture, donne une coupe abondante de fourrage. Toute terre, à moins que la surface ne puisse être assez ameublie pour permettre de l'enfouir, est propre à la culture de ce trèfle; si on semait la graine encore dans sa gousse, il suffirait de la répandre à la fin de septembre sur le chaume du froment ou de l'avoine qui ont précédé et de passer dessus un fort rouleau. Dès les premières pluies, les gousses s'imbibent, se pourrissent bientôt, et les graines lèvent sans autre préparation de terrain et sans autre soin. Dès le mois d'avril les plantes de trèfle ont grossi, se sont élevées et durant le mois de mai, elles sont arrivées au point d'être fauchées. On laisse sur une portion du terrain les trèfles sur pied qui doivent fournir les graines pour l'année d'après.

Ce trèfle est fort peu répandu dans la Basse-Provence, et pourtant il y prospérerait comme dans les environs de Perpignan, où il est généralement cultivé. Voici d'après Bosc, la méthode suivie par les cultivateurs de ce pays. *En août on gratte la surface du chaume avec un petit araire qui n'en retourne pas le quart. On sème le trèfle, on roule, et on introduit l'eau pendant quelques jours. Le trèfle, arrivé à la hauteur du genou, est pâturé par les moutons, puis l'eau est de nouveau mise dans le champ, le trèfle est de nouveau bon à pâturer en février. On répète l'irrigation, puis en mai il donne une énorme récolte; après quoi le champ est labouré pour recevoir des haricots, du maïs, du millet, etc.*

Il faut dix-huit à vingt kil. de graines nettoyées et mondées, et huit hectolitres ou cinquante kil. de graines en gousse par hectare.

Trèfle rampant, *Triolet*, *Petit trèfle blanc*, *Tri-*

folium repens, Lin. Cette espèce est commune dans les prés, les pâturages frais, etc., elle réussit sur tous les sols qui ne sont pas très secs. On utilise cette petite plante en formant, au moyen du semis de ses graines, des gazons dans les jardins d'agrément. Ces gazons, d'un vert agréable, sont très jolis quand ils sont émaillés par les fleurs blanches de ce trèfle, dont la plus grande hauteur ne dépasse pas 12 à 15 centimètres. Douze kil. de graines nettoyées suffisent pour ensemencer un hectare.

TROÈNE. Genre de plantes de la famille des jasminées dont quelques espèces doivent être mentionnées.

Troène commun, *Ligustrum vulgare*, Lin., *Oolivier souvagi* en prov. Arbrisseau de nos pays, que l'on n'oublie jamais de placer dans nos tèses ou remises à chasser au filet, à cause de ses baies de couleur noire, dont les oiseaux se nourrissent avec plaisir; on trouve toujours dans nos haies et dans nos bois les rejets de troène dont on peut avoir besoin. La greffe de l'olivier et du lilas réussissent fort bien sur le troène commun.

Troène du Japon. Arbrisseau plus grand, à feuilles plus grandes et à fleurs blanches disposées en large panicule, il supporte la pleine terre, se plaît à toute exposition et il vient dans tout terrain; il se multiplie comme le précédent de graines, de rejets et de marcottes.

Troène du Népaul. Arbrisseau d'un mètre et demi de hauteur à feuilles persistantes, ovales, etc., à fleurs blanches odorantes et en panicules terminales. On le multiplie sur le troène commun; il conviendra de le planter à une bonne exposition quand on le possédera en Provence.

TRUFFE. Genre de plantes de la famille des champignons. On n'en connaît que deux espèces jusqu'à ce jour. La

TRUFFE NOIRE et la TRUFFE BLANCHE dite la *Truffe du Piémont ;* l'une et l'autre ont donné des variétés : la *Grise*, la *Rouge*, la *Rougette*, la *Rousseta* des Piémontais.

La TRUFFE NOIRE, *Truffo*, *Rabasso* en prov., est celle qui est si estimée, si recherchée et souvent à des prix très élevés, comme cette année, en 1839 ; celles qu'on trouve dans le Var sont des plus parfumées, car l'observation a prouvé que l'arome des truffes est d'autant plus développé qu'elles ont été trouvées dans un pays plus chaud. C'est dans les terrains non cultivés, frais, argileux, mêlés de sables et de parties ferrugineuses, et dans les lieux ombragés par divers arbres, tous de la famille des amentacées, qu'on trouve les truffes. La noire vient de préférence sous les coudriers, les noisetiers, les chênes, les châtaigniers ; la blanche sous les peupliers, les saules ; la rouge, qui n'est qu'une variété de cette dernière, sous les ormes qui longent certains bois.

En Provence on récolte la truffe au moyen des cochons dont l'odorat est très fin ; on dresse ces animaux à leur recherche et on a soin chaque fois qu'ils en déterrent une avec leur groin, de s'en saisir et de les remplacer par deux ou trois glands de chêne, dont les rabassiers, nom donné aux chercheurs de truffes, ne manquent jamais de se munir. Il est des pays où l'on dresse des chiens barbets qui sont plus intelligens et qui déterrent les truffes sans chercher à s'en nourrir.

Les truffes sont un mets si exquis qu'on a cherché à former des truffières artificielles. Bulliard, à qui on doit un excellent ouvrage sur les champignons, a transporté dans un jardin de la terre prise dans une truffière. *Il a*, dit Bosc, *jusqu'à un certain point*, *réussi*.

Dans la feuille du Gastronome du 7 avril 1831, pag. 3, nº 110, on lit ce qui suit : « En 1807, M. de Noé, en se « rendant dans le Gers, prit à Cahors une grande quantité « de truffes ; arrivé à son château de l'Ile de Noé, il les fit « nettoyer, et la terre qui les couvrait fut jetée dans une « charmille et sous des chênes ; puis le tout, recouvert de « terre et de feuilles mortes, fut abandonné aux soins de « la nature.

« En 1829 une fouille ayant été faite en cet endroit, on « y trouva non seulement des truffes, mais encore des « germes.

« En 1830 une nouvelle fouille donna une nouvelle ré- « colte, et les truffes, dégustées par des experts, furent « reconnues de bonne qualité, ayant le goût des truffes du « Quercy. Les dernières recherches sur les lieux ont prouvé « que la truffière s'étend chaque jour, et on peut tout es- « pérer d'un semis qui a déjà donné des produits satisfai- « sants. »

Il paraîtrait, d'après le Bon Jardinier de 1838, que les essais faits sur cette indication ont été sans succès. Cependant je vais citer un fait du hasard, qui milite singulièrement en faveur de l'article de la feuille précitée.

Dans le mois de janvier 1839, j'ai eu la rencontre de M. Gensollen, notaire à Solliès-Pont, et s'occupant beaucoup d'horticulture, qui m'a dit que durant l'automne de 1838 on trouva dans une de ses allées de noisetiers une grosse truffe noire, d'un parfum égal à celui des truffes venues des bois. Cette trouvaille étonna et fut la nouvelle de tous les gourmets du pays ; car on ne se rappelle pas que jamais une seule truffe ait été trouvée dans les environs. On avait peine à expliquer ce phénomène, lorsqu'on se souvint que pendant l'hiver de l'année précédente, on avait reçu une assez grande quantité de truffes. On questionna la servante qui avait été chargée de les nettoyer, et celle-ci avoua qu'ayant été ennuyée de ce travail, elle avait jeté plusieurs petites truffes, ainsi que la terre qui avait été détachée des grosses, sur la fosse à fumier. On conjectura de là que c'est avec ce fumier que les noisetiers furent fumés, et que la truffe trouvée provenait des petites truffes ou de la terre déposée sur le fumier. En 1837, on surveilla le houage du même noisetier, et quand les ouvriers y arrivèrent, on fut fort surpris et très satisfait de trouver, au lieu d'une, trois belles truffes. En décembre 1838, M. Gensollen, frère du notaire, voulut s'assurer si les recherches seraient alors aussi fructueuses que celles de l'année précédente et il ne manqua pas de se trouver sur les lieux dans le moment où l'on devait labourer le voisinage du noisetier truffifère. On était encore à près d'un mètre de distance qu'un des ouvriers qui venait d'enfoncer la houe, s'écria : *Il y en a, je sens les truffes*. En effet, à un nouveau coup de houe il déterra et mit à nu sept à huit truffes de la grosseur d'un œuf et pesant ensemble à peu près une livre. Plusieurs personnes ont observé et goûté ces truffes et toutes ont reconnu qu'elles ne différaient pas de celles que l'on apporte au marché de Toulon ; et ce qu'il y a de très étonnant, c'est que les truffes ont été fort rares cette année. Cela semble annoncer que durant les années favorables cette truffière artificielle donnera un grand nombre de tubercules. J'ai déjà dit que c'est sous les chênes, les coudriers, les noisetiers et dans les terrains frais que l'on trouve les truffes ; or, le terrain de M. Gensollen remplit ces conditions, puisqu'il est arrosé pendant l'été, frais pendant l'hiver et complanté en noisetier.

Les terrains de cette nature étant très multipliés dans l'arrondissement de Toulon, qui est en possession d'envoyer à Paris et dans le nord de la France, les noisettes qu'on y consomme, nous pouvons espérer de voir bientôt les truffes devenir communes dans nos pays. Leur rareté ne me permet pas cette année de faire une truffière artificielle chez moi, mais je ne laisserai point passer l'année prochaine sans en établir une. Je ne saurais trop insister pour que de pareils essais soient tentés. L'exemple offert par M. Gensollen est un encouragement qui ne doit pas être perdu pour l'industrie agricole de la Provence.

C'est par un temps sec et au moment de leur parfaite maturité que les truffes doivent être récoltées. Je ne dirai rien de l'usage de ces tubercules. Il n'est personne qui ne sache qu'ils servent à l'assaisonnement de certains mets, que cuits dans du vin blanc ou du vin rouge avec du sel, une gousse d'ail, des écorces d'orange, des feuilles de laurier de cuisine, des tiges de thym, etc. et refroidis, ils sont un régal pour bien des gens. C'est alors surtout que leur odeur si pénétrante se fait sentir.

La Truffe blanche diffère de la truffe noire par une odeur d'ail très sensible, par la couleur de sa peau qui est d'un blanc jaunâtre et lisse, lorsqu'elle est noire et comme chagrinée dans la précédente, son intérieur est très blanc, tâché de quelques marbrures grises. La chair est ferme, elle grossit plus que la truffe noire. En 1838 j'en ai trouvé une chez moi dans un lieu rendu humide par l'eau d'un bassin et ombragé par des peupliers d'Italie. Certainement jamais aucun germe de truffe n'avait été enfoui là. Sans doute sa présence était due au voisinage de ces peupliers. En serait-il de même des truffes trouvées par M. Gensollen? Les noisetiers suffiraient-ils pour faire naître des truffes noires?

Parmentier nous assure, et certes un homme de cette célébrité doit être cru, que les truffes, quel que soit l'état où elles se trouvent, n'ont pas les propriétés vénéneuses de certains champignons et qu'on ne saurait les considérer comme un aliment nuisible; il pense donc qu'il y a exagération de la part de ceux qui ont prétendu, avec quelques anciens, que leur usage, même modéré, disposait à la paralysie et à l'apoplexie; elles peuvent, au contraire, ajoute-t-il, à cause de l'odeur et de la saveur qui les caractérisent, procurer de la gaîté, exciter l'appétit et faciliter la digestion, comme tous les assaisonnemens.

TUBÉREUSE. Genre de plantes de la famille des liliacées dont une espèce, la TUBÉREUSE DES JARDINS, *Polyanthes tuberosa*, Lin.; *taberuso* en prov., est cultivée en Provence dans presque tous les jardins et surtout dans ceux de la commune d'Ollioules près Toulon, où l'on fait le commerce des oignons de cette plante. C'est de là que partent les nombreux oignons de tubercules qu'on reçoit à Paris; car dans l'intérieur de la France, la température n'est pas assez élevée pour que cette plante puisse se multiplier d'elle-même et si même elle fleurit, c'est par des soins extrêmes et coûteux qu'on arrive à ce résultat.

L'odeur de la fleur de tubéreuse, qui est simple, semi-double ou double, est si pénétrante, quoiqu'une des plus suaves, que beaucoup de femmes ne peuvent la supporter. Elle vient sur tous les sols de la Provence, mais pour qu'elle fleurisse et qu'elle végète avec vigueur, il lui faut une terre fertile, substantielle et arrosable. Sans eau la tubéreuse souffre pendant les grandes chaleurs, et cela se conçoit, puisque c'est en août que naturellement ses fleurs se montrent. Ayant plus d'une fois négligé de faire arroser les miennes durant l'été dernier, je n'ai pas eu de fleurs, mais les pluies d'automne étant survenues, elles se sont élevées en novembre, et aujourd'hui encore, 10 janvier 1839, elles sont en fleurs. Mais il a fallu qu'il régnât un hiver doux et qu'elles fussent cultivées à une aussi belle exposition que la mienne, pour que ces tubéreuses soient ainsi montées en tiges; les fleurs n'ont pas autant d'odeur que de coutume.

Après trois ans de plantation, les tubéreuses sont arrachées vers la fin de l'automne; on sépare les nombreux oignons dont elles sont pourvues, et on les replante en mars; des sarclages et des arrosemens répétés en été sont les seules façons que les jeunes plantes demandent durant cette première année et pendant laquelle la plupart des oignons montent en fleurs. Pour les soins à donner ensuite, ils consistent en hiver à fumer le voisinage des oignons, et en été à donner les mêmes cultures que celles de la première année. La tubéreuse nous est venue de l'Inde.

TULIPE. Genre de plantes de la famille des liliacées, et composé d'un assez grand nombre d'espèces dont plusieurs, mais une plus particulièrement, sont cultivées dans les jardins. Je ne m'occuperai que de cette dernière, et encore ne donnerai-je pas à cet article tout le développement dont il peut paraître susceptible aux yeux de certains amateurs.

TULIPE DE GESNER, *des fleuristes. Tulipa gesneriana*, Lin.; *Tulipo* en prov. La culture de cette plante devint une fureur vers la fin du siècle dernier. Il n'y a qu'à lire l'article que Rozier lui a consacré dans son grand et bel ouvrage d'agriculture pour se convaincre que cette culture avait dérangé le cerveau de plus d'un amateur. Mon livre étant destiné à l'instruction des cultivateurs et ceux-ci ne s'occupant de la culture des fleurs que comme passe-temps, je dirai seulement que la tulipe, pour donner de belles fleurs, doit être cultivée dans une terre substantielle, fertile et passée à la claie, que chaque année et vers le milieu de l'été, on arrache les oignons, qui sont toujours accompagnés de caïeux, que ces derniers sont plantés à part dans le mois de septembre pour donner les nouveaux oignons dont on peut avoir besoin, soit pour augmenter la collection, soit pour en fournir aux personnes qui en demandent; que les oignons, arrachés et conservés en lieux secs, sans les exposer au soleil, sont replantés dans le mois de novembre; et que les plantes une fois parues n'ont plus besoins que de légers sarclages et d'arrosemens donnés avec un arrosoir à pomme percée de petits trous, si le temps est au sec, comme cela nous arrive si souvent en mars et en avril.

Comme je présume qu'il peut se trouver un lecteur qui désire connaître ce que les amateurs sont convenus d'appeler une belle tulipe, je vais transcrire ici ce que dit le Bon Jardinier à ce sujet : *Une tulipe de premier mérite a la tige droite et ferme, de grosseur proportionnée à sa hauteur ainsi qu'au volume de la fleur. Celle-ci, supportée verticalement, est d'un cinquième plus longue que large, le fond de la corolle est d'un blanc éclatant; les pétales, étoffés et bien arrondis au sommet, offrent au moins trois couleurs parfaitement tranchées, dont la vivacité fait les délices des amateurs.*

TULIPIER. Arbre formant un genre de la famille des magnoliacées. C'est non seulement pour son ombrage, mais encore pour ses fleurs jaunes et vertes, relevées par une bande transversale, arquée d'une couleur aurore et enfin ayant la forme d'une tulipe qu'on le cultive. Etant originaire de l'Amérique du nord, le tulipier supporte les hivers les plus froids de la Provence. On ne saurait donc trop le multiplier, soit dans les bosquets, comme arbre d'agrément, soit le long des ruisseaux et des rivières, comme arbre d'utilité, en raison du bel ombrage qu'il donne et de son bois qui n'est pas assez dur pour être employé à certains usages, mais qu'on peut fort bien employer dans l'intérieur des maisons; il ne se conserve pas long-temps quand il est exposé à la pluie et à l'humidité.

Le tulipier ne se multiplie que de graines; les autres moyens connus ne peuvent être pratiqués sur cet arbre. Ses graines sont semées en mars, à l'exposition du nord et dans une terre légère et fertile. Les plants qui en proviennent sont mis en pépinières dans un terrain léger, et après quatre à cinq ans, s'ils ont été arrosés convenablement, ils peuvent être mis en place. Le terrain, qui leur convient alors, est celui qui est substantiel, frais et gras. Dans un sol aride ou trop long-temps surchargé d'humidité pendant l'hiver, ils ne vivraient pas long-temps.

Il y a plusieurs variétés de tulipier de Virginie. Celle, qui mérite la préférence sur les autres, est le tulipier à fleurs jaunes, à cause de sa fleur qui est plus grande, d'une couleur plus éclatante et d'une odeur plus agréable.

TUSSILAGE. Genre de plantes de la famille des corymbifères, dont une espèce le TUSSILAGE ODORANT, *Héliotrope d'hiver*, est cultivée dans nos jardins. Cette plante a l'avantage de fleurir pendant que les autres sont engourdies par le froid. C'est dans les mois de décembre et de janvier qu'elle donne des épis de fleurs rougeâtres et répandant une odeur très suave et approchant de celle de l'héliotrope. De là son nom d'héliotrope d'hiver.

C'est par éclat des vieux pieds qu'on multiplie en mars ou en octobre le tussilage odorant. On le pourrait par graines, mais ce moyen serait aussi long que l'autre est assuré. Il vient dans toutes les terres, si elles sont arrosables, mais il se plaît mieux dans celle qui est substantielle et fraîche. L'exposition du nord lui convient mieux que les autres.

V.

VERGE D'OR. Genre de plantes de la famille des corymbifères, dont plusieurs espèces sont cultivées comme plantes d'ornement ; les plus multipliées, ou du moins celles qui méritent le plus de l'être, sont :

La VERGE D'OR DU CANADA, *Solidago canadensis*, Lin.
La VERGE D'OR ÉLEVÉE, *S. altissima*, Lin.
La VERGE D'OR A LARGES FEUILLES, *S. latifolia*, Lin.
La VERGE D'OR BICOLORE, *S. bicolor*, Lin.

Les verges d'or sont toutes très rustiques et peuvent se placer avantageusement dans les jardins en bordures ou isolément. Elles se multiplient par éclat des vieux pieds à la fin de l'hiver; tout terrain leur convient, mais mieux s'il est substantiel, arrosable et non ombragé. Leurs fleurs paraissent en automne. Quelques unes se font remarquer par leur éclat. Ces plantes poussent des tiges assez élevées et assez fournies ; aussi, étant coupées, quand elles ont fini de fleurir, c'est-à-dire, en hiver, elles servent à augmenter la masse des fumiers.

VERNIS DU JAPON. Voyez AYLANTE.

VERS A SOIE. L'éducation des vers à soie, *magnans* en prov., est certainement une opération qui se lie à l'agriculture. En général toute plantation de mûriers n'a d'autre fin que celle de pouvoir élever soi-même un jour des vers à soie. L'histoire de ces insectes et les préceptes sur leur éducation devaient donc faire partie du Manuel du Cultivateur provençal, et cependant il n'en sera rien, par la raison que les bornes restreintes de mon ouvrage, et déjà si reculées, ne me permettraient pas de donner à cet article, si important, toute l'extension qu'il faudrait pour remplir les conditions d'utilité qu'il exigerait. Il a paru plusieurs traités très complets sur cette matière, et à cause des nouvelles méthodes d'éducation, il est présumable qu'il en paraîtra sous peu de temps de nouveaux; tout éducateur de vers à soie ne peut se passer de l'un de ces ouvrages. Je conseille d'attendre ceux qui traiteront de l'éducation des vers à soie selon le système de M. Darcet et la méthode de M. Camille Beauvais. Les succès qu'obtiennent les magnaniers qui ont adopté ce système et cette méthode, unis l'un à l'autre, doivent décider à ne plus élever les vers à soie différemment. Je vais commencer cette année à les pratiquer en partie dans ma magnanerie, du moins autant que mon local, fait d'après la méthode du comte Dandolo, pourra le permettre.

C'est dire que je n'ai pas encore l'expérience pour moi et conséquemment que je ne puis pas encore faire un article sur l'éducation des vers à soie avec les connaissances pratiques, qui sont pourtant indispensables pour bien traiter un sujet. Il y a plus, la méthode Beauvais étant toute nouvelle a besoin de vieillir encore de quelques années pour atteindre le perfectionnement dont elle est susceptible. Sous peu de tems il y aura des modifications, soit dans la forme et le placement du tarare ou ventilateur, soit dans les aménagemens des conduits de chaleur ou de froid, soit encore dans la manière de déliter. Tous les ans on annonce quelques découvertes utiles, améliorant ou simplifiant les procédés déjà usités. Si je donnais un article sur les vers à soie, il est certain que d'ici à deux ou trois ans il serait suranné et de peu d'utilité. J'attendrai donc, pour m'en occuper, que les bases sur lesquelles repose la méthode de M. Camille Beauvais soient fixées tellement qu'on ne puisse plus y toucher. Au moment de mettre sous presse cet article, j'ai occasion de lire dans les Annales Provençales d'agriculture, un écrit sur l'éducation des vers à soie, publié par M. Eugène Robert, notre compatriote. Comme la méthode de ce savant agriculteur se rattache à celle de M. Camille Beauvais, tout en l'appliquant, autant que possible, aux magnaneries où le système Darcet ne peut être mis en pratique, et comme on ne peut rien dire de mieux en aussi peu de mots, je conseille aux personnes qui s'occupent de vers à soie de se procurer l'ouvrage de M. Eugène Robert; il est déposé chez les principaux libraires de la Provence.

VERVEINE. Genre de plantes de la famille des gattiliers, dont plusieurs espèces ornent nos jardins; les plus remarquables sont :

La Verveine citronnelle ou odorante. C'est un joli arbrisseau de près de deux mètres d'élévation, donnant des panicules de fleurs petites, nombreuses, blanches en dehors, bleues en dedans et à odeur de citron, propriété qu'elles partagent avec les feuilles. On le multiplie de boutures ou de marcottes, il vient dans tout terrain, s'il est arrosable et bien exposé au midi et il demande, pour avoir une forme agréable, d'être taillé à chaque printemps.

La Verveine gentille. Ses fleurs, d'un bleu clair, sont disposées en corymbe terminal et se montrent pendant tout l'été. Même culture et même genre de multiplication que la précédente.

La Verveine veinée. Celle-ci est peu élevée et herbacée, quoique vivace. Elle fleurit pendant tout l'été et ses fleurs sont d'un pourpre violet et d'un très bel aspect. Même culture et même multiplication.

Les Verveines a fleurs de chamoedris, de twidi, de drumond, étant plus délicates, sont cultivées en pots et en terre de bruyère. On les multiplie par couchage des tiges, et elles doivent être abritées du froid pendant les jours rigoureux de l'hiver.

VESCE. Genre de plantes de la famille des légumineuses dont une espèce la Vesce cultivée, *Vicia sativa*, Lin.; *merevioun*, *pesoto* en prov., fait partie des diverses cultures du midi de la France. Dans nos pays secs et arides il nous fallait une plante, qui, semée en automne, pût nous fournir une partie du fourrage dont nous avons besoin pour la nourriture des bêtes de labour, nécessaires à l'exploitation de nos terres. Cette vesce semble avoir été créée tout exprès pour notre sol et de fait elle s'y montre naturellement; elle y est même très commune. Elle est donc pour nous un bienfait de la Providence. Toute terre, si elle n'est pas trop maigre, ni trop aride, est propre à la culture de la vesce. J'ai éprouvé que cette plante végète avec trop de vigueur, verse, se pourrit et ne donne pas de grains, dans les terrains très gras.

Aussi n'est-ce que comme fourrage que l'on doit cultiver la vesce dans ces sortes de terrain. Si c'était pour la récolte de ses grains, il faudrait en choisir un qui, sans être trop maigre, ne fût pas très fertile et encore serait-il nécessaire, pour obtenir un bon produit, que l'on semât très clair. Quatre à cinq décalitres sont suffisants pour ensemencer un hectare; si c'était pour fourrage, on en sèmerait de huit à dix, et l'on ajouterait pour soutenir les plantes de vesce et les empêcher de tomber dix à douze décalitres d'avoine ou six à huit décalitres de seigle. Pour le surplus de la culture de la vesce comme plante fourragère, voyez le mot PASQUIER. C'est en octobre qu'on sème la vesce. Il est utile que les plantes soient déjà assez fortes, quand les gelées arrivent; elles y résistent mieux; si on ne semait qu'en mars, elles n'auraient pas le temps de grainer avant l'arrivée de la sécheresse. Comme toutes les légumineuses, la vesce pour fourrage se trouve très bien d'un léger plâtrage fait par un temps pluvieux dans les mois de février ou de mars, suivant son exposition au sud ou au nord. On n'a nullement besoin de forcer la végétation de celle dont on veut laisser mûrir les grains. Aussi doit-on bien se garder de la plâtrer. Lorsque ces grains sont mûrs, ce qu'on reconnaît à la couleur fauve de leurs gousses, vertes d'abord et jaunes ensuite, on coupe les tiges avec la faucille, on en forme des petits tas sur le champ, et lorsque les plantes sont arrivées à une parfaite dessication, on les enlève le matin, avant que la rosée se soit dissipée, on les transporte sur l'aire et on les dépique comme le froment.

Les vesces récoltées servent à la nourriture des pigeons, qui en sont très friands, ou sont gardées pour les semences de l'année d'après; elles pourraient l'être durant plusieurs années, car ces graines, ainsi que la plupart des légumineuses, conservent pendant long-temps leur faculté germinative.

Il y a plusieurs variétés de vesce, la blanche et la grise. La blanche est plus estimée; il est certain qu'elle est choisie de préférence par les pigeons, que d'ailleurs on ne nourrit en Provence qu'avec la vesce, de quelle couleur qu'elle soit. Dans l'intérieur de la France on a de plus une variété de couleur noire qu'on nomme vesce de printemps, et qu'en effet on ne sème qu'en mars ; j'ai déjà dit que nos étés sont trop secs pour espérer de voir grainer une vesce qui ne serait semée que dans cette saison.

On vante beaucoup une vesce vivace qui croît spontanément dans quelques contrées du Midi. C'est la Vesce pisiforme, *vesce blanche, lentille du Canada*, dont les grains sont mangés dans plus d'un pays, tantôt entiers et tantôt en purée; de là son nom de lentille du Canada. Mis en farine, ils peuvent entrer dans la fabrication du pain. Coupée en vert la plante donne un fourrage aussi abondant qu'excellent. Toute terre, mais mieux celle qui est légère, lui convient. On sème en octobre. Il serait important qu'un de nos grands propriétaires de la Provence introduisit dans ses terres cette espèce de vesce.

Les autres vesces connues et désignées par les botanistes n'intéressent pas assez les cultivateurs pour que j'en parle. Cependant je ne terminerai pas ce que j'avais à dire sur la vesce, sans recommander aux cultivateurs de purger leurs fromens des nombreuses vesces qui souvent s'entortillent et grainent autour des tiges de ces plantes, et salissent le blé au point que plus d'une fois on ne trouve pas à le vendre. C'est donc bien mal entendre ses intérêts que de ne pas débarrasser les fromens des vesces, *vessos* en prov., dont ils sont ordinairement infestés. On ne voudra pas croire, en dehors de la Provence, que nos ménagères ne veulent pas se donner la peine de les arracher, et si vous leur demandez pourquoi, *la vesso fa la poumpo espesso*, répondent-elles, c'est-à-dire, que consommant en entier le blé qu'elles récoltent, elles obtiennent une plus grande quantité de pain, au moyen du mélange de ces vesces ; mais quel pain ; il faut l'avoir vu et goûté pour s'en faire une idée. C'est aux propriétaires, à eux qui généralement vendent leur blé, à forcer leurs fermiers de tenir nettes leurs plantes de froment.

VIGNE. Genre de plantes de la famille des vinifères et composé de plusieurs espèces dont une seule sera mentionnée.

VIGNE CULTIVÉE, *Vitis vinifera*, Lin, *vigno*, *souco* en prov. Arbrisseau sarmanteux, grimpant au moyen des vrilles, opposées aux feuilles, dont les tiges ou sarments sont garnis dans presque toute leur longueur. Fleurs dont le calice à cinq divisions s'ouvre de bas en haut et semble posé sur la fleur comme un éteignoir sur une bougie. Fruits arrondis ou allongés et réunis en grappes. C'est avec ces fruits, après qu'ils sont écrasés et mis en fermentation, qu'on fait le vin.

Dans presque tous les départemens vignicoles de l'intérieur de la France, les vignes, expulsées des terrains en plaine, sont toujours plantées sur coteaux et dans les meilleures expositions. Dans la Provence au contraire, et on en fait à peu près autant dans certains pays du Languedoc et du Roussillon, les coteaux, les penchans des montagnes sont réservés aux oliviers, aux amandiers, et les vignes sont assez souvent reléguées dans les bas-fonds, et là surtout où l'olivier est dans le cas d'être atteint par le froid. Si de tous les temps on a reconnu que les vignes bien exposées peuvent seules donner un vin parfait, si les vins les plus fins et les plus délicats sont produits par des vignes, cultivées sur coteaux, il est aisé de reconnaître que la médiocrité de nos vins est due à la nature du terrain où nous plaçons habituellement nos vignes. Ce qui lé prouve, c'est que nos raisins de Lamalgue, près Toulon, de la Gaude, de Saint-Laurent, d'Antibes, de Saint-Tropez, tous récoltés sur coteaux, donnent un vin qui jouit d'une célébrité méritée et auquel on ne reproche que d'être trop spiritueux. Cependant il est des vins, produits par des vignes plantées dans des bas fonds, mais à sol caillouteux, qui sont fort estimés par les commerçants à cause de leur propriété de très-bien supporter la mer et de se conserver facilement d'une année à l'autre. Si l'on me demande la cause de cette singularité, je répondrai que les terrains en plaine sont, pendant le mois d'avril, bien souvent traversés par des courants d'air plus ou moins froids, et que ces courants marquent presque toujours leur passage par des rosées blanches, auxquelles ne résistent pas les jeunes bourgeons de vignes. Les variétés à fruits blancs se mettant plutôt en sève que les autres, et, parmi celles à fruits noirs, le morvède étant celui qui se met le plus tard en végétation, on a eu soin d'exclure dans la plantation de ces terrains, tous les raisins blancs, et, parmi les raisins noirs, de choisir le morvède. Ce raisin ayant la propriété, bien que le plant qui le produit commence à végéter plus tard que les autres variétés de raisins, d'entrer en maturation aussitôt, et d'acquérir par suite des grandes chaleurs de nos longs étés, une maturité complète, il est certain qu'au moment des vendanges, les raisins sont, dans ces plantations, également mûrs, et que l'on y obtient un moût parfaitement homogène, lequel doit nécessairement, à cause de la qualité de ce raisin, donner un vin de bon goût, d'une belle couleur et d'une conservation assurée; si toutefois on sait saisir le moment favorable de la maturité, et si l'on n'oublie pas que pour faire un vin pareil, il faut que les raisins ne soient ni trop ni pas assez doux.

Mais le plant de morvède, si productif dans les plaines, ne l'est pas, il s'en faut, sur les coteaux. De là il est arrivé que dans la presque généralité des plantations faites sur un terrain, tant soit peu à l'abri des rosées blanches, on joint au morvède, le bouteillan, le pécoui-touart, le brun fourca, le roussillon ou grenache, l'ugni noir, le tibouren, le colombau, l'ugni blanc et autres plants connus pour donner beaucoup de fruits. Les raisins, fournis par plusieurs de ces plants, résistant moins aux pluies et à l'humidité de l'atmosphère que le morvède, ou ne mûrissant pas tous en même temps, il en résulte qu'au moment des vendanges, si la fin de l'été nous a amené plusieurs petites pluies, ces raisins sont gâtés en partie, ou n'ont pas tous acquis un même degré de maturité; dès lors il est bien évident que le moût, rendu par ces raisins, contient déjà un ferment de pourriture ou d'acidité qui ne tarde pas à détériorer le vin qu'il a produit. De là la supériorité de certains vins, bien que produits par des vignes en plaine, surtout lorsque ces vignes sont très vieilles, et lorsque le sol où elles se trouvent, étant graveleux, reçoit fort peu d'engrais.

Si donc nos vins ne se conservent pas facilement d'une année à l'autre, s'ils ne sont pas ce que les consommateurs ont droit d'attendre de notre sol, on vient d'en voir une des causes principales. Je dis une des causes, car il en est plusieurs autres, et c'est pour les examiner successivement, et pour faire connaître ce qu'une longue expérience m'a appris sur chacune d'elles, que je parlerai tout premièrement du choix des plants de vigne, de leur plantation et de leur culture, je dirai ensuite quel est le moment qu'il faut choisir pour commencer la vendange, et quelles sont les précautions que l'on doit prendre, soit pendant cette opération, soit pendant la fermentation des raisins, et finalement je mentionnerai les soins que le vin demande pour sa conservation, depuis l'instant qu'il est placé dans les tonneaux jusqu'à celui de sa vente ou de sa mise en bouteilles.

Ainsi que je viens de le démontrer, il n'est pas aussi indifférent, que le pensent la plupart de nos vignerons, de choisir telles ou telles autres variétés de vignes dans les plantations à faire. Le vin, produit par des raisins noirs, sera toujours plus coloré que celui fabriqué avec un mélange de raisins blancs et noirs. Or comme nos vins sont presque toujours achetés et transportés au dehors pour y être mêlés, à cause de leur couleur foncée et de l'alcohol qu'ils contiennent, avec des vins peu spiritueux et peu colorés, et comme les vins d'une couleur peu prononcée n'ont souvent, dans nos pays, d'autre débouché que la consommation locale, laquelle est extrêmement bornée, comparativement à la masse des vins à livrer au commerce, il y a un avantage immense, une utilité réelle à repousser de toutes les grandes plantations de vignes les raisins qui peuvent affaiblir la couleur du vin.

Du reste la qualité du vin ne gagne rien à ce qu'il y ait un trop grand nombre de variétés de raisins dans une plantation de vigne. Bosc, qui s'est beaucoup occupé de la culture de la vigne et d'œnologie, dit : « Si le mélange de deux ou « trois, ou quatre variétés est quelquefois avantageux, la « réunion d'un plus grand nombre est toujours nuisible. »

Ce n'est pas de nos jours seulement que les vins de la Provence sont recherchés pour leur couleur. Déjà du temps des Romains, les vins de la partie des Gaules que nous habitons étaient transportés dans certaines contrées de l'Italie et de l'intérieur des Gaules, pour améliorer et colorer les vins faibles et aqueux qu'on y récoltait.

Nous possédons dans la Provence plusieurs variétés de raisins sur lesquelles il n'est pas toujours facile de s'entendre ; car elles sont désignées par des noms qui varient non seulement d'un département à l'autre, mais encore dans divers cantons limitrophes. Ne pouvant les toutes désigner, je mentionnerai seulement les plus répandues et les plus multipliées dans nos pays.

Ces variétés sont le *Morvède*, le *Tibouren*, le *Bouteillan*, le *Pecoui touart*, l'*Ugni noir*, le *Brun fourca*, le *Rousillon* ou *Grenache*, le *Monestel*, le *Barbaroux*, la *Clairette* ou *Ugni*, le *Colombau*, le *Pascal blanc*, etc.

Du MORVÈDE, Mourvèdre à Antibes, Mourvaise à Fayence, Mourvebre dans les Bouches-du-Rhône, Mourvègue dans les Basses-Alpes. Selon M. le comte Odart, auteur d'un excellent et nouvel ouvrage sur la culture de la vigne et sur la vinification, le morvède paraît nous être venu de Murviebro en Catalogne. Ce plant convient si bien à notre température, il est si généralement reconnu pour donner le meilleur vin rouge possible, qu'il est répandu depuis un temps immémorial dans toute la Provence, et que, sans trop se hasarder, on peut même avancer que la renommée de nos vins de transport est due à cette variété de raisin. En effet c'est de tous les raisins celui qui donne le vin le plus coloré, le plus liquoreux, le plus sain et le plus agréable à boire.

Ainsi que je l'ai dit, ce plant se mettant en sève fort tard, il est rarement atteint par les rosées blanches du mois d'avril.

La peau du grain de morvède ayant de la consistance, il en résulte que dans les années pluvieuses, ce raisin est un de ceux qui résistent le plus long-temps à l'humidité de l'atmosphère et conséquemment qui se pourrissent le moins.

Ce sont là des avantages qui doivent décider les propriétaires de vignobles à placer, dans toute plantation à faire, un grand nombre de ceps de morvède, si pourtant c'est dans un terrain naturellement frais et fertile ; car l'expérience démontre chaque année que ce plant, si productif dans les bons fonds, ne donne presque rien quand il est planté dans un sol rocailleux et sec.

Il existe deux variétés de morvède. Le gros et le petit. Le premier, ainsi que son nom l'annonce, a de gros grains, mais ils sont épars et de plus les grappes ne sont pas nombreuses sur le même pied. Ses fleurs sont sujettes à couler. Le second a ses grains de grosseur moyenne et très serrés les uns contre les autres. Celui-ci se chargeant de beaucoup de fruits, quand il est dans un bon fond, mérite la préférence sur l'autre. De fait c'est le seul qui soit volontairement planté. Si dans une plantation nouvelle, il se trouve quelques gros morvèdes, c'est qu'ils n'ont pas été reconnus par l'ouvrier qui a choisi les crossettes.

Du TIBOUREN *Antibouren, gueisserin*; c'est un plant très productif dans les terrains profonds et gras, mais il donne peu sur les coteaux; c'est-à-dire que là, les grappes sont très allongées et que les grains sont gros et serrés les uns contre les autres, lorsqu'ici les grains sont petits et épars. La peau du tibouren, d'un noir rougeâtre, étant fort mince, il arrive souvent que dans les terrains en plaine, à cause des rosées qui y sont abondantes, les grains sont gâtés, quelquefois en entier, au moment de la vendange.

Il suffit pour cela qu'à ces rosées succèdent quelques petites pluies au moment de leur maturité. Le vin obtenu de ce plant est à peine coloré; il est pétillant. Comme le raisin du tibouren mûrit des premiers, qu'il est un des meilleurs à manger, qu'il charge beaucoup et qu'en petite quantité il ne peut qu'améliorer la qualité du vin, qui en devient moins foncé, il convient d'en placer un certain nombre de ceps dans les plantations destinées à fournir le vin de sa provision.

Du PECOUI-TOUART. Il produit aussi beaucoup, et souvent lorsque le morvède vient à manquer; mais le vin qu'il fournit, bien que son grain soit noir, n'est ni chargé en couleur, ni très estimé. Son raisin se conserve assez bien durant les années humides. Il est confondu avec le morvède par beaucoup des gens, et il en diffère cependant en ce que le pédoncule ou queue de la grappe est de couleur verte, et que celle-ci se détache du sarment en la tordant avec la main, tandis que le pédoncule de la grappe du morvède est de la couleur du sarment, qui est alors celle du bois, et qu'il ne peut être séparé du sarment qu'à l'aide d'un instrument tranchant.

Du BOUTEILLAN, *carguo muou*. Le bouteillan offre le seul avantage de produire de grosses grappes et de gros grains lesquels fournissent beaucoup de moût, mais ce moût ne donne pas un bon vin. Son grain est un peu acerbe et d'un noir rougeâtre.

Du BARBAROUX ou *raisin grec*. Son grain, de couleur rose, donne un vin léger, pétillant et de bon goût. Il est très-productif.

Du BRUN FOURCA. Son grain est gros, rond, noir et doux; le vin qu'il donne est un des meilleurs. Il a d'abord le défaut d'être précoce dans la végétation et d'être souvent atteint par les dernières rosées blanches du printemps; et ensuite celui de s'égrainer facilement, de sorte qu'on perd beaucoup de grains, quand il règne de grands vents au moment de la maturité et par suite de la secousse qu'on donne à la grappe en la coupant lors de la vendange; mais il en reste toujours assez pour qu'il soit encore un des plants qui donnent le plus de raisins.

De l'UGNI NOIR. L'ugni noir est très productif et le vin qu'il donne est de bonne qualité, il ne peut être placé que sur les hauteurs, à cause de son hâtivité à se mettre en sève. Dans les bas fonds il est souvent surpris par les gelées. Il est très répandu dans l'arrondissement de Brignolles. Il y est jusqu'à présent la base de toutes les plantations de vignes faites sur coteaux.

Du TEOULIER, *tuilier*. Son grain est noir, rond, croquant sous la dent, son suc est noir et agréable; ce qui en fait un très bon raisin pour manger, et il a de plus l'avantage de donner un très bon vin. Il est commun dans les environs de Draguignan. Il ne se plait pas dans les environs de Toulon, ou du moins on n'a pas su trouver le terrain qui lui convient.

Il est bien d'autres variétés de raisins noirs ou rouges dans les vignobles du département du Var, tels que le pascal noir, le plant du Languedoc, etc. etc. mais je n'en dirai rien, par la raison qu'on préfère planter les variétés déjà décrites.

Il ne s'est pas écoulé beaucoup de temps depuis que deux nouvelles variétés de raisins noirs que l'on disait très productives, et donnant un vin de qualité supérieure, se sont généralement répandues dans le département du Var. Elles y ont été apportées, dit-on, du Languedoc où on les avait retirées du Roussillon, et principalement de Rives-Alte. De là leur nom de *rives alte*, de roussillon, dans plus d'un pays. Dans l'arrondissement de Toulon elles sont connues sous ceux de roussillon et de monestel. Lorsque ces plants commencèrent à se montrer parmi nous, ce fut une fureur ; on se les disputait ; on en greffait des anciennes vignes ; c'était à qui ferait plus de folies. Aujourd'hui ce n'est plus de même, beaucoup n'en veulent plus. Il est plusieurs propriétaires qui ont fait greffer en morvède ceux qu'ils avaient plantés, et ces plants sont devenus un sujet de controverse parmi nos vignerons. Il en est encore qui les pronent, et il en est beaucoup qui les dédaignent. Ayant cultivé les monestels et les roussillons, je pense que c'est parce qu'on ne s'entend pas, c'est parce qu'on n'a pas assez observé, que l'on n'est pas d'accord sur les avantages et les inconvéniens attachés à ces variétés de vignes. En général ces deux variétés sont très productives, mais pour cela, il faut les placer chacune dans les terrains et les expositions qui leur sont propres. Le roussillon demande les coteaux et les terrains élevés ou du moins ceux abrités des rosées blanches ; le monestel préfère les plaines, les terrains substantiels, si toutefois ils ne sont pas trop humides ni trop exposés au froid.

Le roussillon, qui est le grenache des Bouches-du-Rhône, l'alicante du Gard et de l'Hérault, se reconnaît à la couleur orangée de ses sarmens. Il a le défaut de se mettre en végétation de très bonne heure, ce qui est cause que dans les bas fonds, il est très souvent surpris par les froids tardifs. De là son infertilité dans les terrains non abrités.

Le monestel, qui doit être le mourastel des Pyrénées-Orientales et où il donne un vin d'un bouquet agréable, ressemble beaucoup au morvède, mais ses fruits sont généralement plus gros, ses feuilles sont plus grandes et les nœuds de ses bourgeons sont irrégulièrement placés ; tantôt ils sont très rapprochés et tantôt très écartés sur le même bourgeon.

Ces deux variétés ont l'avantage, non seulement d'être très productives, quand on a le soin de les placer convenablement, mais encore de donner un très bon vin. Quoiqu'on en dise, je continue à les multiplier; mais je place les roussillons dans les parties élevées, et les monestels dans les terrains fertiles.

On m'a montré une nouvelle variété de vignes appelée le teinturier, parce que son raisin donne un vin si noir, qu'il suffit d'en placer un certain nombre de pieds dans une plantation, pour que tout le vin en soit fortement coloré. Ne possédant point encore cette espèce de vigne, je ne puis rien en dire, sinon que j'ai vu et dégusté du vin fait, mais en bouteilles seulement, avec le raisin de ce plant, et qu'il m'a paru joindre à une couleur presque noire un très bon goût. Il est à désirer que le teinturier soit productif, et qu'alors il soit multiplié dans nos vignobles.

Il fut un temps, et ce temps n'est pas loin de nous, où les propriétaires de vignes en Provence négligeaient tellement leur provision de vin, qu'il était bien rare que l'étranger, qui les visitait, trouvât chez eux du vin supportable. Un tonneau était mis en perce pour l'usage de la maison et pour celui de la ferme, et jusqu'à ce qu'il fût vide, on allait tous les jours chercher là sa provision. Si le vin se conservait, c'était bien ; s'il se gâtait, c'était bien encore ; car alors on en buvait moins, et le tonneau durait davantage. Plus tard, et lorsque le luxe commença à pénétrer dans nos villages, on plaça son vin de provision dans des damejeannes, et quand on parvenait à le conserver, on buvait jusque vers la fin de l'hiver du vin de plus d'une année. De nos jours, ce n'est plus ainsi. Il n'est pas le moindre hameau qui ne soit devenu la retraite de quelques anciens militaires. En apportant là les souvenirs de leur vieille gloire, ils y ont aussi apporté les usages des villes qu'ils ont long-temps habitées ; et à leur imitation on conserve maintenant son vin en bouteilles, on boit du vin, vieux de plusieurs ans, et de plus on ne manque pas de faire sa provision de vin blanc; et ce vin, bien qu'il ne vaille pas le vin de Sauterne ou le vin de l'Hermitage, peut bien, quand il est soigné, être préféré à beaucoup de vins blancs de l'intérieur de la France.

Comme pour le vin rouge, il est essentiel de savoir choisir et connaître les variétés de raisins propres à faire du bon vin blanc. Si l'on veut un vin doux, on choisira la clairette, l'ugni, si c'est un vin sec et pétillan que l'on désire, on donnera la préférence au pascal mêlé avec du colombau. Ces trois variétés sont à peu près les seules qu'on multiplie dans nos plantations de vigne, bien entendu qu'il y en a d'autres, mais dont je n'ai pas à m'occuper.

De la CLAIRETTE. Connue sous le nom d'*ugni* dans l'arrondissement de Toulon seulement, la clairette donne un raisin dont les grains sont d'un jaune doré, mais qui sont agréablement colorés en rose sur les coteaux ou lorsqu'ils sont frappés par les rayons solaires pendant tout le temps de leur maturation ; la pellicule qui les recouvre étant solide, ils résistent assez bien à l'humidité de l'atmosphère.

La clairette ou ugni blanc est une des variétés les plus productives, et voilà pourquoi elle mûrit difficilement son fruit dans les terrains où elle végète avec vigueur. Ses feuilles sont alors si grandes et si nombreuses que ses raisins sont constamment privés d'air et de chaleur, qu'ils n'acquièrent que bien imparfaitement une maturité complète, et que dans les années pluvieuses, ils finissent par se pourrir en partie, malgré la contexture de leur pellicule. De là ces vins blancs si détestables que l'on boit quelquefois dans nos pays. J'en ai assez dit, je pense, pour qu'on sache que la clairette doit être exclue des terrains gras et profonds et n'être placée que dans un sol peu fertile, si c'est pour la qualité du vin qu'on la plante. C'est avec ce raisin que l'on fait à Trans le vin connu sous le nom de clairette de Trans. C'est un vin doux, et fort estimé par beaucoup de gens. Il ne l'est pas par certains amateurs.

Du PASCAL BLANC. Placé sur un terrain sec et pierreux, ce plant fournit un des meilleurs raisins pour faire du vin blanc. Il est moins productif que la variété précédente, mais il est indispensable dans toute plantation de vignes à raisin blanc. Il doit toujours être mêlé avec la clairette et le colombau, si l'on veut obtenir un vin blanc parfait.

Du COLOMBAU. Son raisin produit un vin doux, mais plus pétillant que celui fait avec l'ugni ou clairette. Son raisin, d'un très bon goût, est celui qui se pourrit le plus facilement. Les rosées seules, quand elles sont abondantes et répétées, suffisent pour le gâter. C'est là, sans doute, un inconvénient. Il est cependant si nécessaire pour obtenir un bon vin, qu'il ne faut pas le repousser des plantations de vignes destinées à donner du vin blanc.

Je ne dirai rien de quelques autres raisins blancs, parce que l'expérience m'a démontré que par le mélange des raisins de ces trois variétés, chacune pour un tiers, on obtient, si toutefois ces raisins proviennent de vignes âgées et cultivées sur un sol pierreux et peu fertile, et s'ils sont arrivés à leur maturité, un vin blanc d'une qualité supérieure et d'une garde facile.

Comme les vignes, à l'exception des jeunes plantiers (1), sont presque toujours taillées avant la fin du mois de février, et que suivant la nature du sol, ou par toute autre cause, on ne plante souvent les ceps ou crossettes que dans les mois de mars ou d'avril, on aura soin de ne pas attendre le dernier moment pour se procurer ceux dont on aura besoin pour la plantation à faire. Dès qu'on les aura reçus, on ouvrira des rigoles de neuf à dix pouces de profondeur, on les y placera de manière qu'ils soient espacés d'un à deux pouces, en y observant de ne pas les mettre les uns sur les autres. S'ils demeurent quelque temps dans ces rigoles, et que la saison ne soit pas pluvieuse, il ne faut pas négliger de les plonger avant leur plantation dans une mare ou dans un ruisseau, et de les y laisser pendant vingt-quatre heures; mais avec la précaution que les yeux, qui doivent se trouver au dessus du sol après la plantation, ne soient pas recouverts par l'eau. On verra bientôt combien il est nécessaire, pour le succès de la plantation, de veiller à la conservation des crossettes.

Dans le département du Gard, la préparation des crossettes diffère de celle en usage en Provence, et comme je la crois plus propre à leur conservation, je vais dire comment on agit à Vauvert, à Saint-Gilles, etc.

On coupe dans un seul jour toutes les crocettes qu'on veut planter; le soir même, les ouvriers, qui doivent être chargés de leur plantation, se réunissent, les coupent de la longueur déterminée, leur enlèvent les vrilles et les petits sarmens dont elles sont quelquefois accompagnées et les lient

(1) Dans le midi de la France on nomme plantier les vignes nouvellement plantées.

en fagots de cinquante chaque. Le lendemain on ouvre dans le jardin ou dans la cour de la maison, un fossé de cinquante à soixante centimètres de profondeur, on y introduit de l'eau, on y fait tomber une partie de la terre qui en a été enlevée, on la gâche, on en fait une pâte liquide et on place les fagots de crossettes dans la fosse, déjà remplie à moitié par cette terre mise en pâte et on comble le fossé avec le restant de la terre. On m'a assuré dans le pays même, que les crossettes ainsi préparées, et sans nul autre soin, se conservent plusieurs mois de suite.

La vigne se multiplie par ses sarmens ou branches, auxquels, par suite de la taille, tient un talon de bois, lequel forme comme un crochet ou une crosse, de là le nom de crossettes que l'on donne, dans l'intérieur de la France, à ces branches de vignes ainsi coupées. Ces crossettes sont désignées en Provence sous le nom de ceps, et vulgairement sous celui de *mailloous*, du mot *malleoli* par lequel les Romains, nos maîtres en agriculture, les désignaient. Il est bien, quand on a le temps, de couper la portion desséchée de ce bois de deux ans. C'est une partie inutile qui se pourrit peu de temps après la plantation, et dont la pourriture gagne toujours plus ou moins dans la partie saine. Je sais que le jeune plant ne périt pas par ce fait, mais quelquefois il en souffre. C'est ce qu'il faut éviter. Plus une crossette commence à végéter avec vigueur et plus le plant qui en provient est vigoureux et fort par la suite.

Les crossettes sont quelquefois mises en pépinière pour ne les planter, qu'avec racines, un ou deux ans après. On peut encore multiplier la vigne par ses pepins, qu'on sème dès l'instant qu'on les sépare de la pulpe qui les contient. Ainsi que toutes les graines huileuses, ils perdent en peu de temps leur faculté germinative. Toutefois comme il faut presque toujours greffer les plants qui en proviennent, on préfère la voie des crossettes ou *mailloous*. Mais les pieds venus de semence ne seraient-ils pas d'une plus longue durée comme le prouvent ces vignes sauvages que l'on rencontre sur les bords de nos rivières, et dont le tronc est d'une grosseur étonnante, comparé avec les pieds de vignes que nous cultivons; et si alors ils étaient plus productifs, ce que l'expérience pourra seule démontrer, il y aurait un grand avantage à pratiquer ce genre de multiplication. C'est là encore un problême, il est vrai. C'est pour qu'on puisse le résoudre un jour, que je place dans mes plantations tous les plants de vigne, venus de semis, que je puis me procurer.

L'époque de la plantation des crossettes, qu'elles soient en boutures ou enracinées, et des pieds venus par semis des pepins, ne peut pas se préciser. Elle dépend de la nature du sol. Dans tout terrain élevé, comme dans tout sol susceptible d'infiltration des eaux, c'est-à-dire dans tout terrain sec, on peut planter depuis le mois de novembre jusqu'à celui d'avril; au contraire dans les bas fonds et dans les terres argileuses et aqueuses, là surtout où les eaux séjournent sur le terrain, on ne doit pas commencer sa plantation avant la fin du mois d'avril. Il m'est arrivé souvent de planter en mai des crossettes qui avaient, par leurs yeux supérieurs, déjà poussé des bourgeons d'une longueur de plusieurs centimètres, et qui pourtant à la fin de l'été se montraient avec une végétation plus vigoureuse, et avec des bourgeons plus forts que d'autres crossettes plantées dans le courant de l'hiver, bien entendu que j'avais eu l'attention en les plantant, de les rabattre sur les yeux qui n'avaient point encore végété.

Le temps de la plantation étant arrivé, il faut s'occuper de la préparation du terrain. Si l'on ne veut opérer que sur un petit espace, et seulement pour se procurer le vin de sa provision, il sera bien d'examiner, d'étudier et de choisir le terrain et l'exposition; et se rappelant que Virgile a dit : *Denique apertos bacchus amat colles*..... les sols pierreux sur coteaux seront préférés.

Mais si c'est pour verser son vin dans le commerce, il est inutile de faire la moindre observation sur la nature du sol. La vigne se plaît et végète avec force sur tous, si d'ailleurs le défoncement du terrain a été fait avec soins. Je possède des vignes sur du calcaire, sur du grès friable, dit vulgairement grès de boutte dans les environs de Toulon, sur de l'argile, sur du schiste, et dans chacun de ces terrains, j'ai des vignes plus ou moins vigoureuses, suivant qu'elles ont été plus ou moins plantées avec soin et qu'elles ont été plus ou moins bien tenues par mes devanciers; alors qu'est-il nécessaire de s'occuper de la nature du sol qu'on veut planter, si, du reste, l'on n'a pas de choix à faire. Force est de planter sur du calcaire ou sur du grès à celui qui ne possède pas d'autres qualités de terrain.

Je ne reconnais que les bas fonds et les sols aqueux et froids qui soient impropres à la culture de la vigne ; et par bas fonds et sols aqueux et froids, je n'entends pas la totalité d'une plaine, mais seulement la partie la plus basse, celle où l'eau séjourne pendant l'hiver.

On procède à la préparation du terrain qu'on veut planter en vignes de deux manières, à la marseillaise ou à bancs.

Commencer le défoncement par une des extrémités du terrain, et le continuer dans toute sa longueur, comme dans toute sa largeur, c'est le défoncer à la marseillaise. On est assuré qu'alors il ne reste pas la moindre partie du terrain qui ne soit tournée dessus dessous. Cette manière d'opérer est très coûteuse, mais elle ne laisse rien à désirer. Les ceps sont placés à fur et à mesure du défoncement, ou sont mis avec le pieu, après que ce travail est achevé. Je préfère ce dernier mode, parce qu'on peut enlever les pierres et les racines qu'on a trouvées, sans être gêné par les plants, qui souffrent toujours, quand ces pierres et ces racines sont enlevées après leur mise en place.

Dans les Bouches-du-Rhône on fait mieux que cela. On ne plante les crossettes que deux ans après le défoncement, et pendant ce temps, on met à profit le terrain défoncé en y cultivant des melons, des pastèques, des haricots, des pommes de terre, du froment, etc. Tout prospère sur un terrain ainsi préparé; et la vigne, qui y est ensuite plantée, profite à son tour des engrais employés à la culture de ces plantes. Cette méthode, la meilleure de toutes, quand on veut défoncer à plein tout le terrain à planter, et d'ailleurs si conforme au système des assolemens, offre encore l'avantage de faire disparaître en entier le chiendent qu'on a pu oublier lors du défoncement.

Défoncer le terrain dans sa longueur par portions égales de deux mètres de largeur, en laissant entre chaque portion un intervalle ou sole qui est ordinairement de quatre à six mètres, c'est ce qu'on nomme en Provence, ou du moins dans les environs de Toulon, planter à bancs. Si l'on ne plante les *mailloous* ou crossettes que sur une rangée, la largeur du banc, c'est-à-dire, de la partie défoncée, ne sera que d'un mètre. Lorsque les bancs sont terminés, on défonce les intervalles qui sont restés entre chacun d'eux. Si l'on donne à ce défoncement la même profondeur que celle donnée aux bancs, les jeunes ceps de vigne végéteront avec la même vigueur que s'ils avaient été placés dans un terrain préparé à la marseillaise. Cette opération a dans ce cas sur celle-ci l'avantage de faciliter la plantation des *mailloous* en temps opportun ; le défoncement des soles pouvant être renvoyé au printemps, ou même à l'hiver d'après, si la sécheresse ne le permet pas de suite après la plantation des crossettes. C'est ce qu'ont fait en 1834 la plupart des propriétaires qui ont planté des vignes pendant cette année calamiteuse.

La profondeur du défoncement varie suivant qu'on opère sur un terrain en plaine et substantiel, ou sur un sol graveleux et aride. Dans le premier cinquante à 60 centimètres suffisent ; dans le second soixante-quinze centimètres ne sont pas trop. Il m'est arrivé d'aller jusqu'à près d'un mètre. Les ouvriers avancent moins vite, il est vrai, mais le travail est bien meilleur.

Depuis que j'ai écrit ces lignes, j'ai voulu observer et étudier moi-même la culture de la vigne dans le département du Gard, et depuis lors j'ai dû modifier mon opinion sur la profondeur des défoncemens. Comme plus les défoncemens sont profonds et plus ils sont dispendieux, j'ai commencé cette année en 1839, de les réduire chez moi à cinquante centimètres par la raison qu'à Vauvert, à Saint-Gilles, etc. on ne se donne pas toujours la peine de les porter à cette profondeur, et que pourtant on parvient dans ces pays à avoir des vignes vigoureuses et plus fertiles que les nôtres. Il est vrai que leur mode de taille est différent de celui usité dans la Provence, et aussi qu'on y cultive mieux la vigne que nous ne faisons. Nous plantons mieux et avec beaucoup plus de frais, mais nous ne cultivons pas avec les mêmes soins. De là sans doute cette différence de produits. J'aurai soin, en parlant des différentes œuvres à donner aux jeunes plantations, de dire comment on opère dans cette partie du Languedoc. Voici le procédé usité pour la préparation d'un terrain à planter :

Tous les coteaux qui avoisinent Vauvert et Saint-Gilles m'ont paru être couverts d'un terrain plus ou moins pierreux, mais profond. Si ce terrain est net de ronces ou autres végétaux vivaces, on lui donne un labour avec une forte charrue attelée de deux ou trois paires de bœufs, et au moyen duquel on l'approfondit de trente à trente-cinq centimètres. On croise ce premier labour par un second, on égalise la surface du sol et on place les ceps dans un trou fait avec le pieu. Si le terrain est infesté de plantes dont on ne pourrait pas se débarrasser par ces deux labours croisés, on le défonce alors en entier, mais en s'arrêtant à cinquante centimètres de profondeur; on enlève jusqu'aux moindres débris des végétaux arrachés, aussi bien que les grosses pierres qu'on a été dans le cas d'extraire, on égalise la surface du sol, si besoin est, et on plante les ceps. On comprend par ces quelques mots qu'une plantation de vignes dans le Languedoc est bien moins coûteuse que celles faites en Provence; car ce qui est le plus long dans un défoncement, c'est le jet en arrière de la terre fournie par le défoncement des couches inférieures. Aussi la différence de dépense entre la Provence et le restant de la France pour une plantation de vignes est très grande. L'expérience a sans doute prouvé que les profonds défoncemens, usités dans le premier de ces pays, ne sont pas nécessaires puisqu'ils ne le sont que là. Il est vrai que nulle part, à l'exception de ces fonds riches qu'on trouve aux environs de Lunel, les jeunes plantiers poussent avec autant de vigueur que dans la Provence. Mais à quoi sert cette vigueur, si plus tard les plants ne donnent pas plus et souvent produisent moins de raisins que là où ils ont végété avec peu de force durant leurs premières années. Si avec moins de frais on a plus de résultats, la raison doit se taire devant les faits. Tout le monde sait en Provence que le Languedoc est un fleuve de vin; imitons alors les cultivateurs de cette province puisqu'ils font mieux que nous en dépensant moins; mais je le répète, ils cultivent avec plus de soins, et ils ne fatiguent pas leurs jeunes vignes par des récoltes de céréales, de légumes, de plantes tubéreuses, des melons, des pastèques, etc. comme on le fait dans la Provence.

Les crossettes, par quelque procédé que le défoncement ait été pratiqué, sont placées de manière que leur base repose sur une couche de terre dont l'épaisseur varie selon que le défoncement a été plus ou moins approfondi, qu'elles ne soient pas plantées à plus de trente-six centimètres de profondeur et que leur sommet, muni d'un œil, dépasse la superficie du sol de dix à douze centimètres. Le tassement du terrain, par la pluie, met ensuite à découvert l'œil inférieur à celui-ci. Il est donc très essentiel que ces deux yeux, bien que l'un soit d'abord enfoui dans la terre, soient sains, ce qui n'a pas toujours lieu par le frottement qu'exercent les unes contre les autres, les crossettes destinées à la plantation, lesquelles sont nécessairement mises en faisceaux pour être transportées du vignoble d'où elles sont tirées, sur le terrain à planter.

Dans la plus grande partie des pays vignicoles de la France, les ceps sont plantés à égale distance entr'eux, tant en longueur qu'en largeur, et cette distance varie singulièrement d'un département à l'autre. Dans l'arrondissement de Nîmes elle est de un mètre quatre-vingt-six à quatre-vingt-huit cent.

Il n'y a pas de doute que cette grande distance doit favoriser la végétation des plants, surtout s'ils sont bien soignés, de plus elle offre l'avantage qu'on peut donner les façons nécessaires à la vigne avec la charrue, ce qui est une grande économie et ce qui ne peut s'exécuter en Provence où elles ne le sont qu'avec la houe.

L'intervalle laissé entre chaque rangée est donc le même dans un sens comme dans l'autre, et il n'est pas assez grand pour être ensemencé. Aussi ne voit-on jamais du froment ou des légumes au milieu de ces vignes. C'est ce qu'on nomme planter à plein. En Provence cette méthode n'est guères usitée ; je l'ai pourtant plus d'une fois pratiquée, mais par la suite, je n'ai pas eu à m'en féliciter, bien que mon terrain eût été défoncé à la marseillaise et à près d'un mètre de profondeur ; mais les plants avaient été placés à un mètre les uns des autres. Ainsi plantés les pieds de vigne se suffoquent et leurs racines s'affament mutuellement, quoique abondamment fumés.

L'usage veut en Provence qu'on plante les ceps de vignes par rangées à un mètre de distance les uns des autres, et que ces rangées soient séparées par de grands intervalles dont la largeur varie de quatre à six mètres. On nomme les rangées, suivant les localités, *outins*, *filagnes*, *bancs*, et les intervalles ou soles, *faïsses*, *méjeans*, *oulières*.

Les rangées sont simples ou doubles ; simples, les raisins sont moins ombragés, et les pieds de vigne sont mieux et plus économiquement cultivés, parce que chaque année une des deux soles, au milieu desquelles se trouve chaque rangée, est semée en froment ou en légumes, et conséquemment est largement fumée et que le dernier sillon du labour donné à l'autre sole, peut être ouvert tout à côté et contre le pied des vignes, ce qui laisse peu de terrain à remuer aux ouvriers chargés de les houer.

Les rangées doubles n'offrent pas les mêmes avantages, mais elles ont celui bien précieux de permettre aux bourgeons des vignes de se plutôt lier les uns aux autres au moyen de leurs vrilles et de pouvoir alors braver le vent du nord-ouest (le mistral), lorsque ceux des vignes sur un seul rang sont souvent abattus en partie par ce vent, qu'on peut bien regarder comme le principal ennemi des cultivateurs de la Provence, et qui est quelquefois d'une violence extrême durant le mois de mai.

Ma règle est de planter par rangées simples dans les terrains abrités, et par rangées doubles dans ceux les plus exposés au mistral. Mais si l'on tenait aux rangées simples, bien que l'exposition donnât des craintes, on pourrait à défaut d'abri naturel, former un abri artificiel. C'est pour abriter les vignes d'une propriété que je possédais dans la commune de Cogolin, et les garantir de ce vent, que j'ai planté une longue ligne de cyprès. C'est un exemple que je ne saurais trop conseiller d'imiter ; on le peut avec peu de frais, en ayant toujours chez soi une pépinière de cyprès. Voyez l'article qui traite de cet arbre pour la formation de cette pépinière.

Comme ce n'est pas sans de grandes dépenses que les soles sont défoncées, il est rare que, pour se défrayer en partie de ses déboursés, on ne les sème, dès la première année de la plantation, soit en melons, soit en haricots, soit en pommes de terre, etc. Il ne faut que vouloir observer, en comparant à la fin de l'été les plants des rangées dont les soles ne sont pas ensemencées avec ceux d'une position contraire, pour s'apercevoir du préjudice que la culture de ces végétaux cause à la nouvelle vigne. En effet les plantes, cultivées dans les soles d'une jeune plantation, s'emparant de presque toute l'humidité du terrain défoncé, et des divers gaz ou sucs qui y sont contenus, les racines de la jeune vigne en sont privées, et alors ne pouvant pas s'allonger faute d'alimens, les bourgeons doivent être nécessairement faibles et peu développés. Que sera-ce si, à cette culture de plantes d'été, on fait succéder pendant l'hiver celle du froment, et que l'on continue ainsi pendant plusieurs années? Oh! alors les jeunes vignes sont perdues à jamais. J'ai vu des plantiers quoique faits avec soin et en bon terrain, être arrivés par cette seule cause à leur caducité, après moins de vingt ans d'existence. C'est donc mal comprendre ses intérêts que d'agir de la sorte. Celui qui fait une plantation de vignes doit se bien pénétrer de ce principe, que plus on donne de soins aux ceps nouvellement plantés, que moins on les fatigue par des cultures voisines. et plus les pieds de vigne se développent, plus ils produisent du fruit, et plus est longue leur durée.

Houer en mai les jeunes ceps et les biner au moins deux fois pendant l'été qui suit leur plantation, c'est favoriser singulièrement leur reprise et leur développement. Je suis dans l'usage de faire biner jusqu'à quatre fois mes plantiers d'un an. Dans les environs de Lunel, de Montpellier, de Vauvert, etc. les binages des jeunes vignes sont, depuis quelques années, répétés jusqu'à sept à huit fois pendant l'été qui suit leur plantation. Il est des propriétaires aisés qui, sachant mettre à profit l'expérience, en donnent jusqu'à dix à douze. Par suite de la distance qui sépare les ceps, ces œuvres sont données avec une charrue, dite vigneronne. Chaque binage croise celui qui a été fait précédemment. On sait maintenant que plus on bine un plantier de l'année et plus il végète. On voit déjà que dès la première année de leur plantation les vignes du Languedoc sont mieux cultivées et plus soignées que celles de la Provence ou du moins du département du Var, où la majorité des plantiers n'est pas binée plus d'une fois, et encore combien en est-il qui ne le sont pas du tout.

Il arrive quelquefois, malgré tous les soins possibles, que les jeunes plants de vigne ne prospèrent pas. Il en est qui ne poussent pas du tout, et parmi ceux qui semblent prospérer, il en est qui se dessèchent durant les mois de juillet et d'août. Ces accidens peuvent être causés ou par le temps, ou par l'époque de la plantation, ou enfin par la qualité des crossettes ou mailloous, c'est-à-dire ; que les ceps nouvellement plantés ont à souffrir 1° d'une trop grande sécheresse, quand ils sont sur coteaux, ou dans un sol aride ; 2° de l'humidité du terrain, lorsqu'ils sont plantés dans un terrain aqueux avant les mois d'avril et de mai ; et 3° de la manière que les ceps ont été traités depuis leur séparation du vieux pied qui les a produits jusqu'au moment de leur mise en place. Il arrive bien souvent qu'ils sont réunis en gerbes qu'on laisse tremper dans l'eau durant un ou deux mois, ou ce qui est pire, qu'ils sont enfouis par paquets et à peine couverts de quelques pouces de terre. Dans le premier cas leur organisation est altérée, dans le second ils s'échauffent, ils chancissent, et dans l'un comme dans l'autre cas, ils perdent en partie leur faculté germinative. A cet effet je rappelle les soins déjà conseillés pour leur conservation.

Il est encore une cause qui peut faire manquer la réussite d'une plantation, c'est le trop profond placement des crossettes. En général les ouvriers ont la manie de vouloir les enfouir de soixante à soixante-dix centimètres de profondeur, quand les défoncemens ont été poussés jusqu'à soixante-quinze centimètres. C'est trop, surtout si le sol est naturellement humide. La raison seule indique que les jeunes racines des ceps nouvellement plantés doivent, pourvu toutefois qu'elles ne gènent pas par la suite le bouage des vignes, se trouver assez rapprochées de la surface du terrain, pour jouir de l'influence atmosphérique. Cette influence ne peut être mise en doute, car elle est prouvée par la différence qui existe, à la fin du premier été d'une plantation, entre les ceps binés plusieurs fois, et ceux qui ne l'ont pas été. Or, biner ou remuer le sol, n'est-ce pas faciliter l'introduction de l'air ou des gaz atmosphériques au dessous de la surface du terrain? Pendant les années pluvieuses et dans les bas fonds, les crossettes, mises trop profondément en terre, présentent encore l'inconvénient de se pourrir en partie, et alors de ne donner en printemps que des bourgeons faibles qui cessent de végéter dès l'instant que les grandes chaleurs de l'été se font sentir, ou que la sécheresse de cette saison commence. J'ai vu, lorsque l'hiver est humide, plus d'une plantation de vignes manquer presqu'en entier, par le seul fait que les ceps ont été plantés trop tôt, ou parce que les crossettes ont été mises à trop de profondeur.

L'usage, établi chez moi, est que dans les terrains secs, et quelle que soit la profondeur du défoncement, les crossettes, après le tassement du terrain, ne se trouvent enfouies qu'à trente-six centimètres, et que dans les terrains en plaine, elles ne le sont qu'à trente-trois; en ayant la précaution de couder la crossette à cette profondeur; la longueur que je lui donne en la préparant étant de soixante à soixante-cinq centimètres.

Y a-t il avantage de se servir des plants enracinés? Les

uns disent oui, et les autres non. C'est qu'on ne veut pas se donner la peine d'observer. Mettre les crossettes en pépinière et les planter l'année d'après, c'est sans nul doute une mauvaise opération, en ce sens que le dérangement de leurs jeunes racines est cause qu'assez ordinairement elles ne font pas les mêmes progrès que celles mises en boutures ; mais ne toucher à la pépinière, pendant la première année, que pour la houer et la biner, et planter les sujets, après deux ans de séjour en pépinière, en ayant l'attention de rejeter tous ceux qui ne sont pas très vigoureux, c'est une pratique dont on ne doit pas craindre les résultats. S'il arrive que les jeunes plants ne végètent pas plus vigoureusement, ce que je n'ai jamais remarqué, l'on a du moins le grand avantage que leur reprise est assurée, et qu'il n'y a pas de manque dans la plantation.

Doit-on tailler ou non les jeunes vignes à la fin de la première année de leur plantation? Les cultivateurs ne sont pas non plus d'accord sur ce point. Pour moi l'expérience m'a encore enseigné que ne pas les soumettre à cette opération, c'est les préparer à une végétation vigoureuse pendant leur seconde année d'existence. D'ailleurs cette pratique est suivie dans la plus grande partie des pays vignicoles et conseillée par les agronomes les plus distingués. Bosc, presque tous les auteurs et Virgile lui-même recommandent de ne rien couper aux jeunes vignes pendant l'année qui suit leur plantation. Il y a un rapport constant entre le développement des branches et des racines d'un arbre. C'est là un principe reconnu en physiologie végétale, et ce rapport est si vrai que, si l'on arrête par une grande taille la croissance d'un arbre, on empêche aussi le développement de ses racines. Il ne faut, ainsi que je crois l'avoir dit à l'article olivier, qu'examiner les racines d'un orme, venu arbre de haute futaie, et ensuite celles d'un orme tenu en buisson par une tonte continuelle, pour reconnaître la vérité de ce principe. Celles-là auront pris un développement dont on pourra à grand peine trouver la fin, lorsque celles-ci n'auront guères plus de trois à quatre mètres de longueur; et bien ce qui existe pour l'orme, existe pour tous les arbres, et partant pour la vigne. En effet l'observation nous prouve chaque jour que taillant la vigne dès ses premiers ans, ou l'abandonnant à toute la fougue de sa végétation, l'on obtient un arbuste qui s'élève rarement à un mètre de hauteur, et ayant des racines proportionnées au développement du tronc, ou un arbre sarmenteux d'une très grande hauteur, et dont les racines s'étendent à une distance qui paraîtrait incroyable si ce fait n'avait été constaté.

Ne point tailler les jeunes vignes après la première année de leur plantation, c'est donc favoriser le développement de leurs racines, et par suite celui de leurs bourgeons. Mais alors, dira-t-on, pourquoi les tailler pendant les années qui suivent? On les taille, parce que vouloir soutenir les vignes en treille, serait un très grand embarras et surtout parce que l'observation apprend que les raisins des vignes en treilles ne produisent qu'un vin très inférieur.

M. David, agronome distingué de Marseille, auteur d'un excellent mémoire sur la culture de la vigne en Provence, a professé la même opinion. Voici ce qu'il disait en 1778: *Lors de la plantation de la vigne, à quelque profondeur qu'on défonce le terrain, on ne doit placer la crossette qu'à deux pans dans la terre, ne lui donner que deux yeux de sortie et lui laisser porter deux feuilles sans la tailler. Ce cep non taillé, qui semble devoir être épuisé par le nombre des rameaux qu'il a produits et qu'on le force de nourrir, ce cep, dis-je, en reçoit un nouveau degré de force, parce que la sève se portant plus lentement dans chacun de ses rameaux est obligée de se subdiviser et grossit davantage le pied au dedans duquel elle circule avec moins de précipitation.*

Mais si l'on ne doit pas tailler la jeune vigne dans la seconde année de sa plantation, il faut bien se garder de ne pas la houer pendant l'hiver. C'est là un travail essentiel, soit pour ameublir le terrain, faciliter l'infiltration des eaux pluviales, et permettre aux racines de s'emparer de l'acide carbonique toujours plus abondant qu'on ne pense dans la couche inférieure de l'air atmosphérique, soit pour ébarbiller les plants qui, ayant végété avec vigueur, n'ont pas manqué de pousser des racines ou barbilles par les nœuds voisins de la surface du sol.

Dans le Languedoc on fait mieux encore; on met du fumier autour de chaque cep et on l'enfouit au moment du houage. Les ceps n'étant pas encore très développés, il n'en faut pas une grande quantité. Cette opération, qui est d'un résultat avantageux, n'est donc pas très dispendieuse. Aussi n'ai-je pas manqué cette année (1839) de la mettre en pratique sur les plantations faites en 1838.

L'ébarbillage devra être répété avec soin pendant les quatre à cinq années qui suivront, c'est-à-dire, tant qu'on trouvera des barbilles sur les pieds des vignes et à une profondeur de dix-huit à vingt centimètres. Plus tard le tronc de la vigne ayant grossi ne pousse plus de racines superficielles. Je considère cette façon comme étant si nécessaire que je ne cesse de la surveiller moi-même. D'abord j'exige de mes ouvriers qu'ils soient munis chacun d'une serpette ou d'un couteau, et ensuite j'ai grand soin, une fois dans la journée, de visiter, au moyen d'une petite pioche, les jeunes vignes qui viennent d'être houées. Il est quelquefois des ouvriers qui, pour n'avoir pas la peine de sortir leur serpette de la poche, arrachent les barbilles avec la main, et, les tirant de bas en haut, ils déchirent le jeune cep. Une blessure de ce genre étant certainement nuisible à la végétation des pieds qui l'ont reçue, on ne saurait trop recommander de couper les barbilles ou racines superficielles avec un instrument tranchant.

Ces racines superficielles pouvant s'approprier plus aisément, que celles venues à une certaine profondeur dans la terre, les gaz qui circulent sur la surface du sol, il arrive, si on ne les coupe pas, qu'elles poussent avec plus de force que celles-ci, et qu'après deux ou trois ans, elles ont pris un accroissement tel qu'elles forment les principales racines de la plante, et que les autres, ainsi que la partie du pi ed de la vigne qui est au dessous de ces racines ne recevant presque plus de sève, cessent de grossir, finissent par ne plus végéter, et deviennent un corps inutile qui ne tarde pas à se pourrir. Dans cet état la jeune vigne n'est plus soutenue que par ces racines superficielles, et alors si la terre qui les recouvre est entraînée par les pluies, ainsi que cela se voit souvent sur les terrains en pente, elles sont mises à découvert, et dans cet état la vigne, quand elle s'est élevée, est facilement abattue ; et quand même il n'y aurait pas entraînement de terre, les vignes auraient encore à souffrir de la présence de ces barbilles, en ce sens qu'une fois devenues grosses racines, celles-ci s'opposeraient à ce que la houe pénétrât dans le terrain, ce qui serait cause que ces vignes ne pourraient plus être houées. Si alors on voulait couper ces grosses racines, on compromettrait l'existence de ces vignes.

Un binage, donné en mai, et répété en juillet de la seconde année de la plantation, est une façon indispensable, soit pour émietter et applanir le terrain, ce qui conserve sa fraîcheur pendant une partie de l'été, soit pour arracher les herbes venues au milieu de la plantation.

Quelques précautions que l'on prenne, quelques soins que l'on se donne, on ne fait pas une plantation de crossettes non enracinées, sans que plusieurs pieds ne poussent pas. On pourvoit presque partout à leur remplacement par le provignage des pieds voisins ; comme une jeune vigne ne peut être provignée avant l'âge de cinq à six ans, et comme il faut nécessairement attendre tout ce temps là pour faire disparaître les vides causés par la non réussite de ces plants, je suis dans l'habitude de les remplacer dès l'année suivante par des crossettes enracinées, ayant deux ans de pépinière. J'ai déjà dit les motifs qui me font employer celles-ci de préférence aux crossettes, mises en pépinière depuis une seule année.

Pendant leur seconde année, les jeunes vignes, ayant été bien soignées, prennent un grand accroissement, et alors il ne faut pas oublier de les tailler durant l'hiver qui suit. Assez ordinairement elles ont poussé plusieurs sarmens de chacun des deux yeux qui sont au dessus du terrain de la plantation, après que ce terrain a été affaissé par les pluies. Pour faire grossir les jeunes pieds, et commencer à leur donner la force de soutenir par la suite, et sans le secours d'un échalas, les branches, les bourgeons et les raisins qu'ils doivent produire, il faut les recéper sur les sarmens donnés par l'œil le plus inférieur, c'est-à-dire, sur l'œil qui est le plus rapproché du sol. Pour cette fois et pour la même cause, on rabattra, à l'exception d'un seul, tous les sarmens restés sur les pieds ainsi recépés, sans oublier ceux que les yeux, qui se trouvent au dessous de la surface du sol, auraient pu pousser. Le sarment conservé, qui devra être le plus fort, sera taillé sur un seul œil. Si l'œil inférieur n'avait pas bourgeonné, il ne faudrait pas moins recéper le jeune pied de vigne sur cet œil. La sève trouvera le moyen de s'échapper par un œil adventif qui ne manquera pas de se former à côté du premier. Tailler alors sur un sarment de l'œil supérieur serait une mauvaise opération. Ce serait faire monter trop vite le jeune cep.

Si les soles ne sont pas ensemencées, et un propriétaire, désireux de voir prospérer ses jeunes vignes, ne doit commencer à y semer des céréales, des légumineuses, etc., qu'après la cinquième année de la plantation, elles recevront trois œuvres de charrue ou d'araire, et l'on n'oubliera jamais, quelque soit l'âge de la vigne, que plus souvent ces soles sont labourées pendant l'été, et plus celle-ci prospérera, et plus elle portera des raisins. Cela est si vrai, qu'on voit des vignes, bien qu'elles ne soient pas fumées, ni conséquemment semées, être très productives et très vigoureuses, par le seul fait que les soles ou vides qui les séparent sont labourés trois à quatre fois pendant l'été.

Les jeunes vignes, quand elles ont été plantées et qu'elles sont cultivées avec soin, poussent ordinairement des bourgeons dont la grosseur n'est pas proportionnée à l'ouverture des yeux qui les ont produits et qui pour lors ne sont pas très solides. Aussi qu'arrive-t-il! si durant les derniers jours de mai ou les premiers jours de juin, le vent de nord-ouest (le mistral) vient à souffler avec violence, ils sont en partie abattus ; c'est là un préjudice immense porté aux vignes qui sont dans ce cas, surtout à celles dont tous les bourgeons d'un même pied sont détachés par la force du vent. Il y a d'abord perte de sève par suite des blessures occasionnées par le déchirement de la base des bourgeons abattus, et ensuite perturbation dans le mouvement des sucs fournis et reçus par les racines ; de là, cessation complète de leur prolongement. C'est plus qu'une année de perdue pour le grossissement de ces jeunes vignes. Il faut donc prévenir un pareil accident, et on le peut, en fesant couper avec une faucille la sommité de tous les bourgeons qui se montrent très vigoureux et les rogner à un demi mètre de longueur. Cette opération est pratiquée dans plusieurs contrées de la France et surtout dans la Champagne où elle est connue sous le nom de rognerie. Ainsi coupés, les bourgeons se solidifient avant de faire de nouvelles pousses et ils ne peuvent plus être abattus. Un avantage, qu'offre encore cette opération, est celui que l'année d'après, il n'y a aucune difficulté pour tailler les vignes et pour leur donner les coursons ou têtes qui sont nécessaires ; ce qui est impossible sur celles dont le vent a abattu les bourgeons. Je ne prétends pas que cette opération soit utile au développement de la vigne ; il s'en faut ; mais c'est pour prévenir un plus grand mal que je la conseille et que je la mets en pratique.

Il est des pays, même dans la Provence, où c'est l'usage d'ébourgeonner les vignes, c'est ce qu'on nomme dans les environs de Draguignan *submencar*. Cette opération consiste à enlever, vers la fin du mois de mai, tous les bourgeons non chargés de grappes, elle a pour but de déterminer la sève à se porter vers les bourgeons restants, et par suite à faire grossir les raisins. L'ébourgeonnement est ordinairement fait par des femmes ; il est prudent de n'y employer que celles qu'on sait assez intelligentes pour le bien comprendre et ne pas enlever les bourgeons sur lesquels la taille doit être faite l'année d'après, et cela quand même ils seraient totalement dégarnis de grappes. Un des grands avantages de l'ébourgeonnement est celui d'économiser beaucoup de journées de taille. En effet tous les bourgeons détachés par les femmes au moment de l'ébourgeonnement ne sont plus à couper pendant l'hiver qui suit. Or comme une femme, dont le prix de la journée n'est que le tiers de celle de l'homme, abat dans un jour plus de bourgeons qu'un ouvrier en taillerait dans deux, quand ils sont ligneux, il y a une grande économie de frais de taille, et l'on gagne encore que les raisins, recevant plus de sève, grossissent davantage et donnent plus de vin. C'est donc une opération qu'on doit adopter dans toutes les grandes cultures de vigne, mais seulement sur les vignes ayant au moins dix à douze ans de plantation. Celles-ci étant alors moins vigoureuses que les plantiers de huit à dix ans, il est bien de faire en sorte que leur sève soit dirigée sur un moins grand nombre de bourgeons. Je ne conseillerai jamais d'ébourgeonner les jeunes vignes ; les lois de physiologie végétale, dont j'aurai bientôt occasion de parler, s'y opposent. Ce serait nuire au développement des racines, et il faut, tant que les vignes sont encore peu âgées, ne pas contrarier ce développement. C'est dans les premiers jours de juin que l'ébourgeonnement doit se faire.

Une expérience faite par un habile agriculteur des environs de Toulon, M. Agarrad, maire de la commune de la Garde, donne la certitude qu'on peut tirer un fort bon parti du produit de l'ébourgeonnement. Il a fait enfouir, en juin

1838, et de suite après l'ébourgeonnement de ses vignes, les bourgeons détachés et provenant de cette opération, dans deux soles distantes l'une de l'autre de l'un de ses vignobles; le résultat de son essai est que les fromens venus en 1839, sur ces deux soles, sont aujourd'hui 20 mai, infiniment plus élevés et plus vigoureux que ceux des autres soles, bien qu'elles aient été aussi labourées et abondamment fumées au moyen de la houe à deux pointes. C'est là un motif bien puissant pour nos pays où les engrais manquent et où ils sont si chers, de ne pas négliger l'ébourgeonnement de nos vignes, ne fut-ce que pour nous procurer une plus grande masse de fumier.

Après cette taille, les œuvres à donner à la vigne pendant la troisième année sont et doivent être, pour tout le temps de sa durée, un houage en hiver et un binage en printemps. Il serait bien de répéter ce binage en juillet, pour la destruction des herbes venues depuis celui du mois de mai, mais les pieds de vignes sont trop rapprochés dans nos plantations et leurs bourgeons sont trop entrelacés ensemble, pour qu'on puisse donner ce second binage.

Les bourgeons de la vigne prennent le nom de sarmens, dès l'instant qu'ils ont perdu leurs feuilles, et celui d'*avis* dans nos campagnes. Réunis après la taille en un petit fagot ils constituent ce que nous appelons un sarment, (voyez ce mot) *gaveou* en provençal. Ces sarmens sont un revenu pour les grands vignobles voisins des villes. C'est la raison qui fait que nos *poudaïres* (tailleurs de vignes) sont fidèles observateurs de la lune, prétendant que les sarmens d'une vigne taillée pendant la nouvelle lune ne se conservent pas. Il est bien vrai que parfois les sarmens sont dévorés par des vers, et sont réduits en poussière avant la fin de l'année.

Cependant je dois dire que je ne remarque jamais l'état de la lune, et que tantôt mes sarmens se conservent, bien qu'une partie ait été coupée dans les premiers jours de la lune, et tantôt ils se gâtent, quoique la taille de la vigne ait été faite à la fin de la lune. N'est-ce pas plutôt aux variations de l'atmosphère qu'il faut attribuer l'état des sarmens. Si l'hiver est sec et froid, la sève reste plus long-temps engourdie, et les sarmens coupés alors sont moins aqueux, et doivent certainement ne pas être piqués par le ver rongeur qui dévore ceux qui sont chargés de sève et d'humidité, pour avoir été coupés pendant un hiver doux et pluvieux.

Les sarmens sont couverts d'yeux et ces yeux sont appelés *bourres* par nos cultivateurs, lesquels désignent sous le nom de *bourrillon*, l'œil moins développé qui se voit toujours à un ou deux centimètres au dessus de la naissance du sarment, et *d'agacin* celui à peine apparent que l'on observe tout près du point de jonction du sarment au pied de la souche. C'est la connaissance de ces divers yeux de la vigne, qui fait la science de nos tailleurs de vigne, car l'usage veut en Provence que la vigne, tenue en père de famille, soit taillée sur deux bourres, le bourrillon et l'agacin. Or il est des fermiers qui, pour obtenir plus de raisins, nomment bourrillon, ce qui véritablement est une bourre, et donnent ainsi trois yeux au lieu de deux, aux vignes qu'ils tiennent en ferme. Si le propriétaire ne s'en aperçoit pas, ou qu'il ignore ce qui est si essentiel pour lui de connaître, et si cette manière vicieuse de tailler la vigne est continuée pendant plusieurs années, il s'en suit que si la vigne ainsi taillée n'est pas très vigoureuse et qu'elle bourgeonne des trois yeux qu'on lui a laissés, elle s'épuise par la quantité de raisins qu'elle produit alors, et qu'elle arrive plus tôt à sa fin ; ou que si elle ne pousse que par ses deux yeux supérieurs, il en résulte qu'on ne peut tailler que sur l'un des deux bourgeons, et malgré que ce soit sur le plus inférieur des deux, il n'est pas moins vrai qu'elle s'élève beaucoup plus vite et qu'alors son pied, n'ayant pas le temps de grossir, ne peut se soutenir contre la violence du vent et est abattu

C'est là la cause de ces nombreuses vignes penchées et souvent gissant sur la surface du sol, que l'on voit dans plus d'une plantation de vigne. On comprend que ces vignes inclinées sont une gêne pour l'ouvrier chargé de les houer et de les biner.

Une autre pratique de quelques uns de nos fermiers, de ceux qui veulent faire produire beaucoup de raisins aux vignes qu'ils cultivent, c'est de laisser un sarment en sus des coursons ou *pourtadous*, de le couper de manière qu'il soit muni de sept ou huit yeux, et de le courber en le fixant sur une des branches de la souche. On nomme un sarment ainsi taillé à sept ou huit yeux, pleyon, sautelle, aste, courgée, verge, etc., dans l'intérieur de la France. Cette taille est donc usitée dans plusieurs pays où la vigne est cultivée. Mais ce n'est jamais que sur les pieds qui sont vigoureux qu'on peut hasarder cette sorte de taille qu'au surplus l'usage réprouve en Provence.

Cependant elle est approuvée par M. le comte Odart que j'ai déjà cité. Cette charge, dit-il, modère un peu la fougue de la végétation, en augmentant la production en raisins.

La taille est donc l'opération la plus essentielle de la culture de la vigne. Je ne saurais conséquemment trop recommander aux propriétaires de la surveiller, ou tout au moins de la faire surveiller, quand ils ne le peuvent pas eux-mêmes.

Il est des tailleurs de vigne dont la coupe est à bec de sifflet ; il en est d'autres, et c'est le plus grand nombre dans la Provence, qui ont une coupe arrondie. La partie sur laquelle on taille devant être enlevée l'an d'après, je donne la préférence à la coupe arrondie par la raison qu'elle présente moins de surface à l'action du froid. Mais que la coupe soit arrondie ou qu'elle soit à bec de sifflet, il faut toujours qu'elle soit faite à près d'un pouce au dessus de l'œil supérieur du courson ou *pourtadou* ; si elle s'en trouvait rapprochée il suffirait d'une gelée un peu intense pour l'empêcher de pousser.

C'est avec un instrument dont l'origine se perd dans la nuit du temps et qui sans doute remonte à l'époque de l'introduction de la culture de la vigne dans nos pays, qu'on taille la vigne ; on l'appelle vulgairement *poudadouire*, dont on a fait le nom de *poudaïre*, tailleur de vigne, et le verbe *poudar*, tailler la vigne. Il a une forme particulière qui n'a aucune analogie avec la serpe ordinaire et cependant c'est ce dernier nom qui sert à le désigner dans plus d'un pays de l'intérieur de la France. Cet instrument est un des plus parfaits. On veut cependant lui substituer le sécateur, et on n'y réussira pas. Jamais le travail ne sera aussi bien achevé qu'avec la *poudadouire*. Si deux bourgeons naissent du même point et à côté l'un de l'autre, le sécateur n'atteindra que difficilement le sarment qui doit être enlevé, puisqu'on est obligé pour se servir du sécateur, de placer entre le tranchant et la lame à dos, le sarment à couper. Si la vigne à tailler présente plusieurs rejets (*sagatos*) qu'il faut aller couper à deux ou trois pouces dans la terre, on ne le peut avec le sécateur, quand le pied de vigne n'est pas déchaussé;

on les atteint facilement avec le talon de la *poudadouire*, qui étant plus fort que le côté du tranchant ne craint pas d'aller couper ces rejets dans la terre ; si les rejets sont au dessus du sol on peut les retrancher avec le sécateur, mais jamais assez près, pour ne pas laisser une petite partie de leur base, d'où naîtront l'année suivante plusieurs bourgeons, ce qui est un grand inconvénient et ce qui n'a pas lieu, lorsque ces rejets sont enlevés avec le talon de la poudadouire, qui les détache plutôt qu'il ne les coupe. Enfin si un vieux bois de deux ou trois ans doit être coupé et s'il est trop épais et trop dur pour être coupé avec le tranchant de la poudadouire, et alors il le sera aussi pour le sécateur, on peut le retrancher avec le talon, sans avoir recours au couteau-scie, dont cependant un tailleur de vigne doit être toujours muni, quel que soit l'instrument qu'il emploie, car une taille de vigne n'est pas terminée, s'il reste des tronçons de branches desséchées qu'on a laissées sur pied, par faute d'un instrument propre à les enlever. L'avantage du sécateur sur la poudadouire, c'est que la coupe est mieux faite, plus régulière, et qu'elle n'est jamais fendue, ce qui arrive quelquefois quand on se sert de ce dernier instrument.

Plus une vigne est tenue basse au moyen de la taille, et plus tôt ses raisins sont mûrs, plus ils sont savoureux et plus ils donnent un meilleur vin. C'est une remarque faite dans tous les pays où cet arbuste est cultivé. C'est donc pour obtenir un pareil résultat qu'il est d'usage, presque partout, de tailler chaque courson sur le sarment le plus inférieur et le plus voisin du pied de la souche. C'est ce qu'on appelle en Provence, tailler sur le vieux bois. En effet si l'on opérait la taille sur le sarment produit par l'œil supérieur du courson, c'est-à-dire sur le nouveau bois, les vignes ainsi disposées s'élèveraient beaucoup en peu de temps, et alors non seulement leurs raisins ne jouiraient plus de l'influence du sol, mais encore elles ne pourraient pas se passer d'un soutien. Comme cette manière de tailler la vigne n'est d'aucun avantage, elle n'est usitée nulle part.

Reprenant la vigne à la fin de sa troisième année je dirai qu'alors, si elle a été bien plantée et bien soignée, elle doit avoir poussé plusieurs sarmens plus ou moins vigoureux. Si on suit la méthode, adoptée en Provence, elle doit être taillée sur le plus fort de ces sarmens seulement, auquel on laissera deux yeux ; les autres devant être coupés rez du cep. Si on préfère le mode usité dans le Languedoc, et je dois prévenir que c'est celui qui est pratiqué dans mes vignes, on commence dès cette année à tailler sur deux, et même sur trois sarmens s'il y a possibilité, en ayant soin de choisir les plus écartés les uns des autres et ne tailler que sur un œil. Cette division de la jeune vigne en plusieurs branches est recommandée par M. Charrier, auteur d'un ouvrage sur la culture de la vigne, ouvrage qui a été approuvé par plusieurs sociétés d'agriculture. *En multipliant les rameaux sur les parties latérales et obliques du cep*, dit-il, *la sève y est moins impétueuse, plus filtrée, mieux préparée, par conséquent donne des fruits plus succulens, des vins plus spiritueux, plus forts et de plus longue durée.*

Pour moi ce n'est pas seulement sous ce point de vue que je considère la nécessité de multiplier les branches de la vigne. Cet arbuste est soumis aux mêmes lois de physiologie végétale que celles qui régissent les autres arbres. Si donc vous ne taillez votre vigne que sur un ou deux coursons, vous arrêtez la naissance de ses racines en contrariant l'équilibre qui existe entre ses parties terrestres et ses parties aériennes. La vigne, par le nombre, la grosseur et la longueur des bougeons qu'elle pousse chaque année après la taille, indique la quantité et le développement des racines dont elle est munie. Il ne faut donc jamais rompre cet équilibre, et c'est ce que vous faites si vous ne la taillez que sur un ou deux coursons, lorsque par sa vigueur elle en demanderait cinq à six. Au surplus ne taillant chaque courson que sur un seul œil et non pas sur deux, comme on le pratique dans la Provence, la sève n'a pas a fournir à autant de bourgeons que vous le pensez ou du moins elle ne pousse de ses œilletons qu'autant que le nombre de ses racines l'exige.

Ces trois coursons forment les branches-mères de chaque pied de vigne. Autrefois lorsque ces branches, une fois développées, donnaient des sarmens longs et épais, on les mettait chacune sur deux nouveaux coursons. Enfin si ces coursons, alors au nombre de six, et formant les secondes branches de la souche, végétaient avec beaucoup de vigueur après plusieurs années, ce qui suppose que la plantation avait été faite sur un terrain gras et qu'elle avait toujours été bien entretenue, l'on subdivisait de nouveau, selon leur plus ou moins de force, une, deux et même les six branches en deux coursons, ce qui donnait au pied ainsi taillé de huit à douze coursons ou portadous. Mais il était de rigueur, dès qu'on s'apercevait qu'il y avait des coursons dont les sarmens n'acquéraient plus la même grosseur, de réduire la branche qui faiblissait à un seul courson, car une vigne qui aurait continué à être maintenue sur un grand nombre de coursons, sans égard à la faiblesse de sa végétation, n'aurait pas tardé à dépérir, au point qu'elle n'aurait presque plus produit de raisins. Ce n'est pas que l'on ne voie des vignes supporter, sans rien perdre de leur vigueur, un pareil, et même un plus grand nombre de coursons. J'ai un vignoble où la majeure partie des souches est surmontée de douze à quinze coursons, depuis plus de quarante ans, et qui ne laisse pas que de donner toujours beaucoup de fruits et de produire un grand nombre de sarmens. Non loin de ce vignoble, j'ai remarqué bien souvent, chez un de mes voisins, une vigne de la variété dite *tibouren* qui me frappait d'étonnement par son étalage toutes les fois que je l'apercevais. J'y ai compté trente-deux coursons, sans qu'elle parut nullement souffrir de la quantité de sève qu'elle devait fournir aux différens bourgeons venus sur toutes ses branches. Chaque année elle donnait une grande corbeille de raisins, et quoique âgée alors de près d'un siècle, elle était encore sur son pied et non soutenue. Ce n'était pourtant que graduellement qu'on augmentait le nombre des coursons. Je le répète, ce n'était que sur les ceps plantés dans un terrain frais et fertile qu'on se permettait une pareille éxubérance de coursons. Aujourd'hui ce n'est plus ça, du moins dans les pays de la Provence où l'on se pique de bien cultiver la vigne. On ne taille plus, quels que soient l'âge, le développement et la vigueur du sujet, que sur trois coursons, et si un malheureux fermier se permet d'ajouter un quatrième et surtout un cinquième courson sur quelques pieds de vignes, il est mis à l'index, dénoncé au propriétaire et chassé comme un malfaiteur, comme un destructeur de vignes ; oh ! quand serons-nous assez sages pour nous rendre raison de nos opérations. Le fermier, ainsi chassé et souvent mis à contribution à raison de son méfait, a plus de bon sens que vous, qui ne connaissez pas vos intérêts. Comment pouvez-vous supposer que toutes vos vignes, dont les unes sont vigoureuses, et les autres faibles, puissent être taillées d'une manière uniforme; et puis ne voyez-vous pas que par ce refoulement continuel de la sève vers les racines, vous portez une perturbation dans le mouvement de la sève, et que par suite vous nuisez à la végétation et à l'accroissement de vos vignes, et qu'alors si ces vignes se trouvent dans un fonds gras, elles sont maintenues dans un état rachitique qui les rend infertiles et les fait dépérir plutôt. Voici deux exemples frappans qui militent singulièrement en faveur de mon opinion.

Une dame de ma connaissance possède, non loin de Toulon, un domaine dont une grande partie du sol, à plus d'un mètre de profondeur, est d'une qualité supérieure. On dirait du terreau; les céréales, les légumineuses, etc. s'y montrent avec un luxe étonnant de végétation. Il était complanté en vignes, mais celles-ci, étant très vieilles, ont été remplacées en entier depuis dix à douze ans par cette dame, qui a eu le soin de choisir les variétés les plus productives. Malheureusement elle a entendu dire que les vignes ne doivent être taillées que sur trois coursons, et pour tout au monde, et nonobstant la vigueur de ses vignes, et les conseils d'un cultivateur instruit, elle n'a pas voulu que jamais le nombre de ses coursons fût seulement augmenté d'un seul. Aussi qu'est-il arrivé de ce mode de taille sur des vignes dont le nombre et la grosseur des bourgeons demandaient une taille large et non ménagée? qu'elles sont maintenant dans un état de souffrance tel qu'elles n'y résisteront pas long-temps, et qu'elles n'auront presque rien produit pendant leur courte durée. Ses fermiers m'ont assuré qu'ils récoltaient beaucoup plus de vin quand il n'y avait que les vieilles vignes qu'aujourd'hui où il n'y a plus que de vignes qui seraient dans la force de l'âge, si elles avaient été taillées convenablement.

En 1806, je trouvai dans les propriétés de M. Porre, mon beau-père, situées dans la commune de Cogolin, une plantation de vignes faite dans un sol gras, frais et en plaine; elle n'avait alors que six ans, elle était d'une vigueur sans égale, et pourtant elle était et elle n'a été, jusqu'en 1812, taillée que sur deux coursons. Chaque année la sève s'échappait de tous les yeux qui pouvaient naître au point de jonction des deux coursons sur le vieux bois; les sarmens, d'une grosseur que je n'ai remarquée nulle part, arrivaient avant la fin de l'été à une longueur telle que plusieurs dépassaient huit à dix mètres; mais de raisins point. Etant devenu propriétaire de cette vigne en 1811 par le décès de mon beau-père, je voulus augmenter le nombre des coursons; mais je n'y fus plus à temps, le mal était pris; déjà elle ne végétait plus avec vigueur, elle se mourrait de partout, en 1820 elle n'existait plus, et le champ où elle se trouvait était converti en terre labourable. Durant les vingt ans qu'elle a existé, et bien que dans leur dernier âge plusieurs pieds eussent dix à douze centimètres de diamètre, grosseur étonnante pour une vigne qui comptait encore si peu d'existence, je ne lui ai vu donner qu'une seule bonne récolte. Ne conviendra-t-on pas que ces deux vignes auraient produit plus de raisins et auraient été d'une plus longue durée, si elles avaient été taillées avec moins de parcimonie.

De ce que je viens de dire, il est vraisemblable que plusieurs propriétaires voudront tailler leurs vignes selon mon système, mais toutes celles, qui dépassent sept à huit ans d'existence, ne peuvent l'être qu'avec beaucoup de précaution pour les mettre à même de se développer et de fructifier davantage. C'est l'histoire de deux jeunes adolescens. Amenez votre fils auprès de celui de votre fermier, placez sur l'épaule de chacun d'eux un sac de blé, vous verrez le jeune campagnard, marcher avec aisance et monter le sac de blé au grenier, s'il le faut, tandis que le jeune citadin, après avoir fait quelques pas avec peine et couvert de sueur, se débarrassera de son fardeau ; si alors, dans la croyance que vous le rendrez aussi robuste que son compagnon d'expérience, vous le forcez à supporter ce faix au dessus de ses forces, il souffrira et si vous continuez vos essais pendant plusieurs jours de suite, vous le verrez dépérir. Ce jeune homme est l'image d'une vigne tenue d'après la taille usitée et habituée, malgré sa vigueur, à ne pousser qu'une certaine quantité de bourgeons, et à proportionner le nombre de ses racines à celui de ses bourgeons. Il faut donc pour qu'une vigne puisse donner tout le produit dont elle est susceptible, et cela sans être forcée, qu'elle commence à être largement taillée dès ses premiers ans et qu'on adopte le mode de taille en usage dans le Languedoc où on fait monter les vignes plantées sur les coteaux sur quatre à cinq branches et celles, venues en terrains gras et en plaine, sur sept, huit et même neuf branches. Aussi les vignes de nos meilleurs terrains, celles des plaines de la Garde, d'Aubagne, d'Hyères, etc. donnent au plus un litre cinq décilitres de vin l'une dans l'autre, lorsque dans les environs de Lunel, elles produisent trois à quatre litres. Dès l'âge de cinq à six ans celles-ci sont déjà montées sur le nombre des branches que l'on juge nécessaires ou convenables à leur plus ou moins de vigueur ; mais pour qu'elles ne s'élèvent pas trop vite, on continue, comme je l'ai précédemment dit, de ne les tailler que sur un œil et l'œilleton.

Cette taille, sur un plus ou moins grand nombre de coursons selon la vigueur de la vigne, a dans le temps été préconisée par M. David que j'ai déjà cité. L'opinion de l'un de nos meilleurs agronomes de la Provence est d'un trop grand poids pour que je ne transcrive pas ce qu'il disait pour appuyer son système, qui est aujourd'hui le mien et celui adopté dans tous les grands vignobles de France, de ceux même qui fournissent ces vins si délicats, si renommés, et auxquels les meilleurs de la Provence ne peuvent être comparés.

Ces trois coursons, dit M. David, *terminés par un courson unique se divisent insensiblement chacun en deux coursons ; ils prennent toujours plus d'évasement. On n'a point alors égard à la figure, on taille le courson dans le sens qu'il se présente, et l'on n'a en vue que la multiplicité des coursons autant que la force des ceps peut les supporter. C'est l'époque du grand produit de la vigne et de la bonne qualité du vin. Les raisins ne touchant point à la terre, ils sont mieux exposés à l'action du soleil. Dans les subdivisions ou dans les passages divers par des filières toujours nouvelles, la sève reçoit cet afinage qui, en la rendant féconde, communique au raisin une saveur qu'on ne découvrait point dans ceux qu'elle produisait après la deuxième taille ; parce qu'alors elle se portait encore dans des canaux directs, où ne trouvant point de résistance, elle mettait tous ses efforts à pousser beaucoup de bois et des raisins sans qualité.*

On a beaucoup discuté pour savoir quelle était l'époque la plus favorable à la taille de la vigne. Le plus tôt c'est le meilleur ; la plaie faite aux vignes taillées en automne est cicatrisée quand les grands froids arrivent. La plupart des vignerons pensent qu'il faut retarder la taille des jeunes plantiers, pour les empêcher de pousser trop tôt; j'ai connu un cultivateur qui se trouvait bien de les tailler à la fin d'octobre. Selon lui ils se mettaient alors en sève beaucoup plus tard. J'ai voulu faire des expériences sur ce sujet et voici ce que j'ai appris : Quand la température se radoucit, que vous tailliez en automne ou à la fin de l'hiver, les vignes végètent toutes à la même époque. En 1834, je taillai deux rangées de jeunes vignes en octobre, en janvier suivant je taillai le restant de ces vignes, moins deux rangées; en mars je taillai celles-ci; le résultat fut que toutes poussèrent en même temps.

Quelques soins qu'on se donne pour n'avoir que des plants de choix, il se glisse dans toutes les plantations quelques cépages d'une qualité, autre que celle désirée; on remédie à ce contre-temps au moyen de la greffe. Le manque de liber dans la vigne ne permet pas de la pratiquer autrement qu'à la fente. Presque partout c'est le sujet qu'on fend; dans les environs de Bordeaux c'est la greffe elle-même qui est fendue. (Voyez au mot GREFFE.)

On greffe la vigne depuis le milieu de l'hiver jusqu'au moment où la sève commence d'être en circulation. C'est toujours à quelques pouces dans la terre qu'on place la greffe; là elle conserve plus long-temps la fraîcheur, surtout si on opère pendant l'hiver. Pour la manière d'opérer, on trouvera à l'article greffe tous les renseignemens nécessaires. Je crois devoir prévenir avant de terminer ce que j'avais à dire sur ce sujet, que plus le plant est jeune, et plus la réussite de la greffe est assurée.

Les vignes, comme les autres plantes vivaces, sont sujettes à des maladies qui les tuent. On remplace celles qui meurent au moyen des provins. Il en est de deux sortes, ou on abat et on enfouit toute la souche dans la terre; c'est le *cabus* des cultivateurs provençaux, du verbe patois *cabussar* abattre; ou on courbe et on enterre un long sarment, c'est le courbage des mêmes cultivateurs.

Le premier est usité, quand on opère sur un pied encore assez jeune pour ne pas craindre d'être abattu. Le second n'est ordinairement et ne doit être pratiqué que sur les vieilles vignes.

Le cabus se fait en ouvrant une fosse là où était le cep qui n'existe plus, soit pour cause de maladie, soit pour n'avoir pas poussé lors de la plantation et on prolonge cette fosse jusqu'au pied de la vigne qu'on veut provigner, et dont on ménage les racines, ainsi que les sarmens. On creuse cette fosse, ou du moins on en remue le fond aussi profondément que le terrain a été défoncé, lors de la plantation, on y répand du fumier, ou on y place des rameaux de cistes, ou de myrthe, ou de lentiscle, ou de buis, ou enfin des arbres et arbrisseaux forestiers qu'on a à sa disposition; et sur une couche de terre, mise sur ce fumier ou sur ces rameaux d'arbres, on fléchit tout doucement la jeune vigne, en observant de détacher, sans les déchirer, les racines qui s'y opposeraient. On la pose sur cette couche de terre, on place les deux sarmens qui doivent remplacer l'un, le pied provigné, et l'autre, le pied manquant, on coupe les sarmens inutiles, et l'on recouvre la fosse avec la terre qui en avait été extraite. Les deux sarmens, qui doivent se trouver sur le même point que les pieds qu'ils remplacent, sont coupés à deux yeux au dessus du sol, et comme ils ne manquent pas d'amener des raisins dès la première année, il est bon de les soutenir chacun au moyen d'un petit échalas contre lequel on les fixe avec une petite racine que tout exprès l'on coupe à l'avance sur le pied provigné, les racines des vignes étant très flexibles.

Le courbage se pratique ainsi : On laisse, en taillant le pied qui doit servir à cette sorte de provin, un des plus longs et des plus épais sarmens. L'ouvrier, chargé du provignage, ouvre un fossé de cinquante à soixante centimètres de profondeur, sur une longueur d'un mètre et demi et de trente à quarante centimètres de largeur, et pratiqué depuis le pied qui fournit le provin jusqu'au de là du vide à remplir. Il y courbe le sarment destiné à remplacer le pied manquant et il le place dans le fond du fossé, en le faisant sortir sur le point où se trouvait le pied auquel il doit succéder. Le fossé est alors comblé, en ayant soin d'y répandre du vieux fumier et d'y assujettir le sarment, en tassant la terre dont il est couvert. Celui-ci est ensuite coupé à deux yeux au dessus du sol et il est soutenu au moyen d'un échalas. Avec cette précaution les raisins, qu'il ne manque jamais de produire la même année, sont aérés, et ne se gâtent point, ainsi que cela a lieu lorsque ces raisins reposent sur le terrain par la négligence de l'ouvrier.

Le cabus une fois fait, on n'a plus à s'en occuper, que pour lui donner les cultures usitées dans le restant du vignoble. Ce n'est pas ainsi du courbage ; il faut, l'année d'après, couper à moitié le sarment qui a été courbé, et le séparer du pied auquel il tient encore dès la seconde année. Il a poussé alors assez de racines pour se suffire à lui-même ; il languira sans doute pendant cette année là, mais il reprendra bientôt une végétation vigoureuse, si d'ailleurs il reçoit une bonne culture. Si on ne le séparait pas de l'ancien pied, le jeune provin attirerait à lui une partie de la sève de la vieille souche et celle-ci en souffrirait. Que penser de ces propriétaires, et il en est beaucoup, qui oublient et qui négligent cette opération. J'ai observé des courbages qui, ayant plus de dix ans d'existence, tenaient encore à la mère-souche. Je laisse à juger quelle vigueur devait avoir le pied chargé de se substanter lui-même et de substanter son voisin.

On se plaint que nos vignes de la Provence ne sont pas aussi productives que celles du Languedoc; cependant, ainsi que je l'ai dit, nous plantons avec bien plus de luxe et conséquemment avec bien plus de frais. C'est que dans ce pays on élève les vignes de manière à donner beaucoup de raisins, en les taillant sur un plus grand nombre de coursons et en les soignant beaucoup mieux que nous. On commence à les fumer dès la seconde année de leur plantation et on continue de les fumer une fois en trois ans, et cela sans que leurs racines soient fatiguées par la présence d'autres végétaux qui ne laissent pas, dans nos pays de grande sécheresse, que de soutirer du terrain le peu d'humidité qu'il contient et qui est si nécessaire à la végétation de la vigne et au grossissement des raisins; or, en Provence il est d'habitude de ne fumer jamais les soles qui séparent les rangées de vignes sans les semer d'abord en froment et ensuite en légumineuses, c'est ce mode de culture qui est préjudiciable à nos vignes.

Imitons-donc les cultivateurs languedociens si nous voulons retirer de nos vignes les mêmes produits. Ne plantons pas avec autant de dépenses, mais cultivons avec plus de frais; taillons nos vignes sur un plus grand nombre de coursons et fumons-les une fois tous les trois ans. *Où trouver*, dira-t-on, *tout le fumier dont nous aurons besoin; le peu que nos bœufs, ou nos mulets ou encore nos cochons nous fournissent, est nécessaire pour les soles où les terres que nous semons en froment, en légumes, en pommes de terre, ou que nous convertissons en jardin.* Aussi n'est-ce pas de ce fumier que j'entends parler, à moins qu'il ne soit déjà très consommé et presque réduit en terreau. Le fumier de litière mis au pied de vigne, étant encore en fermentation, influe plus qu'on ne croit sur la qualité du vin. Je préfère, et il y a toujours moyen de s'en procurer, de la rapure ou des copeaux de corne, des chiffons de laine; des végétaux herbacés, des végétaux ligneux, etc. Dans les environs de Nismes, à Saint-Gilles, à Vauvert, on va chercher vers les bouches du Rhône, des JONCS, des CABREX, *triangles* en prov., des TYPHAS, *siagnos* en prov., on les coupe par morceaux, et on en couvre légèrement la surface des terrains complantés en vignes et de manière que de loin on dirait un parquet de verdure. C'est vers la fin de mai, et après que les diverses façons à donner à la vigne sont terminées, que l'on fait cette opération; ces végétaux ainsi coupés et répandus sur le sol, demeurent là pendant tout l'été et ils ne sont enfouis que par le premier labour de l'hiver suivant. Il faut avoir vu les vignes, dont la surface du terrain est ainsi couverte, et les avoir comparées avec celles, quoique placées tout à côté et dans un même sol, non soumises aux mêmes soins, pour se faire une idée de la bonté de cette pratique.

M. le comte Odart cite un habile agriculteur de l'Italie qui engraissait ses vignes au moyen des sarmens fournis par la taille et enfouis dans un fossé ouvert dans la longueur de chaque rangée. Cela ne conviendrait pas dans les alentours des villes, où les sarmens sont liés en fagots et vendus comme combustibles; mais combien de grands vignobles où ils sont enlevés à grands frais pour être brûlés ou déposés sur des terres incultes. C'est dans ces pays que l'exemple de l'agronome *Ramello* devrait trouver des imitateurs. *On conçoit facilement*, dit M. le comte Odart, *que cette substance, par sa décomposition lente, fournisse tous les principes propres à nourrir la vigne, possédant tous les élémens constitutifs de cette plante.*

C'est pendant l'hiver et dans des fossés de vingt à vingt-cinq centimètres de profondeur sur autant de largeur qu'on place tous les engrais, de quelque nature qu'ils soient. Il est sous entendu que pour la corne ou les chiffons de laine, la largeur de ce fossé devrait être moindre. Parmi les végétaux ligneux, nous avons en Provence le myrthe, le lentiscle, le ciste, le buis qui, selon le docteur Foderé de Nice, dégage pendant sa décomposition, des gaz abondans et propres à la nutrition des plantes. A défaut de ces arbustes, on peut se servir aussi, avec un avantage marqué, de la bruyère, de rameaux de genévriers, de cyprès, de pins, etc. Toutes les fois que j'ai placé des fagots de ces rameaux auprès des sarmens plantés, j'ai toujours observé qu'ils poussaient avec une grande vigueur pendant tout l'été.

Il est une infinité d'autres sortes d'engrais usités dans divers pays. Les vases, les boues, les immondices, les terres écobuées, les cendres, les débris de démolition, les varecs, etc. sont autant de moyens employés pour fumer les vignes; mais l'observation a démontré que les varecs, les boues des grandes villes, les immondices donnaient un mauvais goût au vin, que les terrains écobués augmentaient sa spirituosité et que les cendres et les débris de démolition amélioraient sa qualité.

Un des plus grands ennemis de la vigne, c'est le chiendent. Plus d'un vignoble n'est arraché que par excès de cette plante dans le terrain de la plantation. Un propriétaire, qui tient à la conservation de ses vignes et à l'abondance de ses récoltes de vin, doit surveiller les travaux de ses fermiers, et leur faire arracher le chiendent qu'ils laissent, par défaut de soins, introduire dans ses vignobles ; car une fois cette graminée mêlée aux racines de la vigne, elle ne peut plus être houée qu'imparfaitement et dès ce moment, elle cesse de produire, d'autant qu'elle est fatiguée par la présence du chiendent, qu'il n'est plus alors possible d'extirper.

La vigne, comme les oliviers, est exposée à être gelée pendant l'hiver et durant le printemps ; elle est sujette à des maladies, et elle nourrit des insectes qui nuisent à sa végétation, à ses produits et qui même peuvent devancer le terme de son existence.

Un froid de dix à onze degrés suffit pour faire périr un nombre plus ou moins grand de pieds de vigne, et une rosée blanche accompagnée d'un froid un peu vif, survenue au moment où la tige commence à végéter, détruit souvent dans une seule matinée toutes les espérances des cultivateurs. Le premier de ces cas est fort rare ; car il n'arrive pas souvent, dans le midi de la France, que le thermomètre marque dix à douze degrés de froid. Je n'ai vu un froid pareil qu'en 1820. Dans tous les vignobles en plaine ou dans des vallées sujettes à des courants d'air, une partie des vignes en fut frappée. L'expérience m'a appris que le remède le plus assuré dans cette circonstance est de greffer, dans le mois de mars, les pieds qui ont souffert, ce qu'on reconnaît à leurs yeux qui ne se gonflent pas et à la couleur de la moëlle des sarmens, qui est noire en supposant qu'ils ne fussent pas encore taillés au moment du froid. J'ai vu faire cette expérience par un seul individu, et il eut la satisfaction non seulement de faire sur ses vignes gelées et greffées en 1820, lors des vendanges qui suivirent, une récolte de raisins assez abondante, mais encore de sauver ses vignes et les disposer à produire beaucoup deux ans après, tandis que ceux qui, au lieu de s'industrier, laissèrent agir la nature, non seulement ne récoltèrent presque rien, mais encore perdirent la moitié de leurs vignes gelées. Ce furent celles dont de nouveaux yeux ne purent se faire jour à travers l'écorce du vieux bois, car en général il n'y eut que le bois de deux à trois ans qui eut à souffrir de ce froid rigoureux, de ce froid auquel nos vignes n'étaient pas habituées et auquel pourtant celles du centre de la France résistent assez régulièrement.

Quand aux vignes dont les jeunes bourgeons ont été détruits par une gelée ou une rosée blanche tardives, il n'y a rien à faire pendant la même année; mais lors de la taille qui suit, il est urgent que les ouvriers, chargés de cette besogne, soient munis d'un couteau scie à l'effet d'enlever les coursons qui n'ont point donné de sarmens et qu'on remplace par d'autres établis sur les sarmens les plus à portée.

La seule maladie à craindre pour quelques unes de nos vignes est celle qu'on nomme la brûlure. Pendant les mois de juillet et d'août, on voit souvent des vignes quelquefois chargées de raisins, se flétrir, se dessécher tout à coup et périr, soit en entier, soit dans une ou plusieurs de leurs branches, c'est ce qu'il est convenu d'appeler la brûlure, parcequ'on croit que c'est à l'action du soleil que cette maladie est due; mais pourquoi ne voit-on que les vignes en terrains en plaine ou humides, attaquées de cette maladie. Ne reconnaît-elle pas une autre cause, ou bien le soleil n'agirait-il que sur les vignes dont les sucs nourriciers sont plus aqueux ou plus abondants. Ce qu'il y a de certain c'est qu'on ne connaît pas de moyens préservatifs contre la brûlure, puisque rien n'annonce à l'avance que tels ou tels autres pieds seront atteints.

Les fleurs de la vigne coulent quelquefois, c'est-à-dire, qu'elles ne retiennent pas. C'est un contre temps qui paraît causé tantôt par un vent froid et humide et tantôt par les brouillards qui se montrent ordinairement en Provence durant le mois de mai et contre lequel il n'y a pas de remède dans les grandes plantations. On peut le prévenir en enlevant un anneau d'écorce à la base du bourgeon, mais on comprend qu'on ne peut opérer cette incision annulaire que sur quelques plants ou sur les vignes des jardins.

Les grands vents diminuent presque chaque année la récolte des raisins par l'abattis en mai des bourgeons trop vigoureux. J'ai déjà dit, en parlant de la rognure des bourgeons, usitée dans plus d'un pays, comment on pouvait prévenir ces accidents.

De tous les insectes qui vivent sur la vigne, et qui sont la PYRALE DE LA VIGNE, la TEIGNE DE LA GRAPPE, l'ATTELABE VERT, l'ATTELABE CRAMOISI, l'EUMOLPE DE LA VIGNE, le CHARANÇON GRIS, le SPHINX DE LA VIGNE, le premier est le plus nuisible. Les ravages, que les pyrales ont causés depuis quelques années sur les vignes de plusieurs départemens, ont été assez effrayans pour que M. le ministre du commerce et de l'agriculture ait cru devoir envoyer un commissaire sur les lieux, soit pour constater le dommage, soit pour trouver les moyens de détruire ces insectes qui sont d'autant plus à craindre, qu'ils semblent renaître par milliers des cadavres de ceux qui périssent naturellement ou par le fait de l'homme. Les pyrales se nourrissent des feuilles et du pétiole des feuilles de la vigne et du pédoncule de la grappe qu'elles coupent. On comprend que le mal qu'elles peuvent faire, quand elles sont nombreuses, est considérable, et qu'il est important d'en opérer la destruction autant que possible.

Si nous n'avons pas la pyrale des vignes en Provence, ou du moins si elle n'y est pas assez multipliée pour qu'elle nuise à nos récoltes, nous avons dans quelques contrées, dans celles qui sont sur terrain calcaire, les hélices ; une espèce surtout, le *limaçon* en Provence, y est si répandue et en si grand nombre que j'ai vu, dans certaines années, les grappes des fleurs non encore épanouies, rester seules sur la vigne; on n'y voyait plus une seule feuille. Heureusement que les grappes ne sont pas du goût de ces testacés et que la vigne pouvant bientôt pousser de nouvelles feuilles, ces grappes continuent à grossir et à donner leurs fleurs. Je pense néanmoins que la suppression des feuilles doit en ce moment porter un grand préjudice à la végétation des vignes et qu'il est prudent de faire ramasser ces hélices qu'on trouve alors attachées contre le vieux bois et contre les bourgeons. Les frais occasionnés pour cette recherche ne sont pas entièrement perdus, si on a dans sa basse-cour des canards. Ceux-ci dévorent avec avidité les hélices, surtout si on a le soin d'en briser légèrement la coquille.

Dans les terrains en plaine et dans les expositions septentrionales, il est d'usage d'épamprer les vignes de manière que les raisins soient privés d'air et plus chauffés par les rayons solaires. C'est là une opération qu'on doit toujours pratiquer, quand on possède un vignoble qui se trouve dans une de ces deux conditions.

Lorsque le moment de la vendange approche, il est prudent de visiter soi-même ses cuves vinaires, afin de les faire réparer, si étant en maçonnerie, on y remarque une fente ou toute autre dégradation, par lesquelles le vin pourrait se perdre. Il est une espèce de fourmi, à peine perceptible, qui hante plus particulièrement la demeure de l'homme. On la trouve quelquefois dans ces cuves, si l'on s'en est servi dans le courant de l'année comme entrepôt de grains, de son, etc., etc. Les petits trous, qu'elles pratiquent dans leurs murs, sont à peine apparens, et cependant ils suffisent pour permettre au vin de fuir en petite quantité sans doute; mais lorsque ce liquide séjourne plusieurs jours dans les cuves, cette quantité ne laisse pas que d'être une perte réelle. Si les cuves sont en bon état, ou si elles sont en bois, elles ont du moins un grand besoin d'être nétoyées et lavées à grandes eaux. Ce ne sera pas la veille du jour où doit commencer la vendange qu'on destinera à ce travail; il doit être fait cinq à six jours avant; en même temps on lavera aussi les comportes (cornues en Provence) et autres ustensiles en bois, nécessaires au transport ou au dépôt des raisins.

Le moment de la vendange ne peut être déterminé. Les vignes plantées sur coteaux mûrissent leurs raisins longtemps avant celles placées à une exposition moins abritée, et notamment avant celles cultivées dans la plaine. Si les chaleurs de l'été ont été précoces, les raisins seront plutôt mûrs qu'en temps ordinaire; le contraire arrivera, si les froids se sont continués pendant une partie du printemps. Mais à quelle époque que commence la vendange, elle n'est pas moins en général un temps de joie pour les habitans des villages comme pour les gens de la campagne. Il n'est pas une jeune personne, quelles que soient ses occupations pendant le restant de l'année, qui ne veuille aller couper des raisins ; car pour la fille du village, les rires et les plaisirs de la vendange ont un attrait irrésistible.

Le propriétaire, qui voudra faire du bon vin, ne se laissera pas influencer par l'exemple de ceux qui, souvent trop pressés, n'attendent pas la maturité de leurs raisins ; il visitera ses vignes, il n'oubliera pas que la couleur noire des raisins n'est pas un signe certain de maturité ; il goûtera lui-même ses raisins, et pour cela il ne choisira pas la grappe que le soleil a rendu vermeille ; il prendra celle qui sera ombragée par les feuilles, et s'il reconnaît après plusieurs essais, que les raisins ont acquis le degré de maturité nécessaire, c'est-à-dire, qu'ils ont cette saveur douce et agréable, qui fait la bonté du raisin, avant qu'il soit trop mûr, il doit alors se préparer lui aussi à vendanger ses vignes.

La veille du jour désigné, la cuve sera lavée de nouveau; un bouchon en liége sera placé à l'ouverture intérieure du tuyau de fuite de vin, pour que la pression du liquide ne puisse le chasser en dehors et l'on placera un fagot de tige d'asperge piquante, *asparagus acutifolius*, Lin., ou de bruyère au devant de ce bouchon pour que la rafle ne puisse s'en approcher et s'opposer à la sortie du vin, au moment du décuvage.

Arrivé au milieu de ses vignes et de ses vendangeuses, le propriétaire doit fortement recommander à celles-ci d'enlever tous les grains gâtés, et surtout de ne pas cueillir les raisins qui ne seraient pas mûrs. C'est parce qu'on ne peut parvenir exactement à ce triage et à ce choix des raisins que tant de vins de la Provence ne se conservent pas. Il m'est arrivé plus d'une fois de faire vider les paniers des vendangeuses en ma présence, et malgré mes incessantes recommandations, j'ai toujours trouvé dans plusieurs de ces paniers, des raisins verts ou gâtés. C'est un travail long et coûteux, dira-t-on, une femme dans certaines années ne remplira pas autant de fois son panier qu'elle le fait ordinairement. Je le sais bien, mais c'est pourtant une condition essentielle pour obtenir du bon vin, et du vin de facile conservation.

Les raisins transportés au cellier sont déposés sur la cuve, et c'est alors que beaucoup de cultivateurs les saupoudrent avec du plâtre. Cette opération est-elle nécessaire? améliore-t-elle la qualité du vin? je dirai : non! L'expérience m'a démontré que si elle n'est pas nuible, ce que je n'affirme pas, elle est du moins complètement inutile. J'ai déjà donné trop de développement à mon ouvrage pour que je veuille discourir sur l'action du plâtre, et d'ailleurs pourquoi moi, simple et ignorant cultivateur, irais-je m'immiscer dans un point de science, sur lequel nos plus célébres chimistes ne sont point d'accord. Je ferai seulement connaître les faits qui me sont personnels, et l'on jugera si c'est à tort ou avec raison que je ne suis pas partisan du plâtre.

J'ai dit que je possède une plantation de vignes dans une des plaines les plus froides du département du Var, celle de Cogolin, et de plus le terrain y est aqueux et il est bordé au sud par des coteaux qui, en retardant l'heure du lever du soleil, influent nécessairement sur la végétation des plantes et des vignes qui y sont cultivées. Celles-ci y sont d'une vigueur prodigieuse, mais elles ne sont pas du tout productives, et la petite quantité de raisins qu'elles fournissent, quoique presque tous morvèdes, donne un vin faible, peu coloré et susceptible de se tourner dès les premières chaleurs du printemps. Présumant que si le plâtre pouvait exercer une action quelconque sur du vin, ce devait être sur le mien, j'en saupoudrai mes raisins. Cela se passait en l'année 1813. Le vin ne fut pas meilleur que celui de l'année précédente, et ce fut à grand peine que je pus le vendre dans le mois de mai, l'acquéreur ne l'ayant accepté que sous la condition expresse que je lui remettrais en même temps du vin récolté sur mes coteaux. L'année d'après je répétai mon expérience; mais avec la différence qu'au lieu d'employer le plâtre avec modération, j'en fus prodigue à l'excès; c'est au point que les ouvriers employés au décuvage, furent surpris de trouver une matière étrangère et très abondante dans le marc sorti de la cuve. Cette fois là mon vin fut à peine coloré. Il était si peu sapide, et il paraissait contenir si peu d'alcool, sans doute parce que la fin de l'été avait été très pluvieuse, que l'on croyait boire du vin de dépense, autrement dit en Provence, de la *piquette*, *trempo* en patois. Je me pressai de le vendre à un prix très inférieur. Depuis lors je me suis bien gardé de mettre la moindre quantité de plâtre sur aucun de mes raisins.

Avant le plâtre, j'avais employé la craie, espérant neutraliser par ce moyen l'acidité du moût, lequel n'atteint jamais dans ce vignoble la douceur nécessaire pour faire un bon vin, bien que les raisins ne soient coupés que dans le mois d'octobre. Cet essai n'ayant pas donné le résultat que j'en attendais, je fis alors celui du plâtre.

Par la suite j'ai trouvé le moyen d'améliorer le vin de ces vignes; c'est d'abord en ne plus remplaçant les vignes de la partie la plus basse, et conséquemment la plus humide, lesquelles ne vécurent pas au delà de dix-huit à vingt ans, et dont le pied avait une grosseur que n'acquièrent même jamais les vignes qui ailleurs arrivent à l'âge de cent ans, ensuite en portant mes plantations sur des terrains plus élevés et dont le sol est schisteux et sec, et enfin en versant dans la cuve le moût bouilli de cinq à six chaudrons, mis sur le feu dès le premier jour de la vendange. Toutefois je n'ai jamais récolté d'excellent vin dans ce vignoble; son exposition au nord et un reste de l'ancienne plantation ne le permettent pas.

Il est d'un usage constant parmi les propriétaires désireux de faire un vin particulier pour leur provision, d'égrapper les raisins avant d'en faire tomber les grains écrasés dans la cuve. Moi-même je l'ai fait souvent, et s'il faut le dire, je n'ai jamais obtenu de cette opération le résultat que je m'étais promis. J'ai toujours mieux conservé mon vin ordinaire que mon vin égrappé. J'en étais surpris, et attribuant cette singularité à une autre cause, j'ai continué et l'année dernière, c'est-à-dire, en septembre 1834 (1), j'ai égrappé tous mes raisins. Ayant en février offert mon vin à un commerçant de vin de Toulon, je n'ai pas été peu surpris de me le voir refuser par la même raison qui m'engageait à le lui offrir. C'est alors que j'ai appris par lui que si les vins égrappés sont plus fins et plus délicats, ils demandent aussi trop de soins pour être conservés.

Je connais un propriétaire qui s'étant bien trouvé pendant une année d'avoir fabriqué du vin, couleur de pelure d'oignons, ce qui suppose qu'il n'avait pas fermenté avec la grappe, non plus qu'avec la pellicule des raisins, voulut continuer ce genre de fabrication, ce vin lui ayant été payé beaucoup au dessus du cours et lui paraissant préférable pour sa consommation. Il ne continua pas long-temps; pendant

---

(1) L'article vigne a été fait en 1835, mais il a été revu et augmenté en 1839.

les années qui suivirent, son vin n'arriva pas à la fin de l'été sans avoir tourné, ou du moins sans avoir pris un mauvais goût. L'égrappage vanté par les uns et décrié par les autres ne me paraît donc pas un procédé bon à mettre en pratique. Dans le vignoble de la Côte-d'Or, renommé pour donner le vin le plus délicat de la France, on n'égrappe pas ; mais on égrappe, dit-on, dans les environs de Bordeaux. Que conclure de cela ? que *chacun*, comme le dit le comte Odart, *doit se conduire là dessus selon les leçons de l'expérience en ayant soin de modifier les usages, lorsque les circonstances sur lesquelles ils se sont établis ne sont plus les mêmes.*

Il existe une machine composée de deux rouleaux en bois, tournant l'un contre l'autre en sens inverse, surmontés d'une trémie, et au moyen de laquelle un enfant de quatorze à quinze ans peut écraser sans peine tous les raisins d'un propriétaire. Elle est fort répandue en Languedoc où elle paraît avoir été inventée. Je fais des vœux pour qu'elle le soit aussi bientôt dans nos pays. Au moyen de ce genre de fouloir, il ne reste aucun grain non écrasé, tandis qu'il en reste beaucoup d'entiers par le piétinement, et je fais de plus observer que cette nouvelle méthode de fouler les raisins est infiniment plus propre que l'ancienne qui consiste, comme chacun le sait, à les écraser avec les pieds, tantôt nus, et tantôt chaussés de vieux souliers. De quelque manière que les raisins soient écrasés, il faut que de temps à autre l'ouvrier, chargé de cette besogne, répartisse les raisins également dans la cuve, et cela il le fait, soit avec une longue perche, soit avec une fourche. Si le raisin demeurait entassé au centre de la cuve, la fermentation s'y établirait avec peine et cette lenteur à fermenter pourrait nuire à la qualité du vin.

Dès que le propriétaire a reconnu que tout est en ordre dans son cellier, il lui convient de retourner dans les champs; car pendant qu'il surveille ce qui se fait à ses cuves, les vendangeuses profitent de son absence pour faire leur jeu. Presque toujours avec elles se trouve un garçon de vendange. Il est chargé du transport des paniers pleins de raisins qu'il dépose soit dans des comportes ou cornues, soit sur une grande et grosse toile cirée. Il doit avoir soin de remettre aux femmes un panier vide, quand il prend leur panier rempli, et de plus il veille à ce que celles-ci n'oublient pas des raisins. Cette dernière surveillance lui donne même le droit, (droit, comme on peut le croire, qui n'est consacré que par l'usage) lorsqu'il aperçoit une grappe laissée, de *moustouiré* ou d'embrasser, au choix de la vendangeuse, celle qui est en défaut. *Moustouiré* quelqu'un, c'est lui frotter un raisin sur la figure. Je ne sais si cela se pratique ailleurs que dans le midi de la France, et alors j'ignore le nom qu'on donne à cette sorte de divertissement, mais dans tous les cas je dois dire que si l'on voulait empêcher ce genre de folie à nos jeunes filles de la campagne, on courrait risque de ne point trouver de vendangeuses. C'est là une vieille coutume du pays, qui tient sans doute au caractère folâtre de nos gaies Provençales, et dont nous devons subir les conséquences sans nous en fâcher; car qu'est la perte de quelques grappes de raisins, comparée avec la satisfaction qu'éprouve toujours un propriétaire rural, pour peu qu'il ait de fortune et de philantropie, en voyant la joie et le contentement régner parmi ses ouvriers! Pour mon compte ce plaisir des vendangeurs a tant de fois provoqué le rire chez moi que j'ai cru ne pas devoir le taire dans mon ouvrage. Au surplus si l'on dit des auteurs dramatiques, *castigant ridendo mo-*

res, pourquoi nous aussi ne mêlerions-nous pas quelquefois le plaisant au sérieux, surtout si le côté plaisant se rapporte au sujet traité. De là le motif qui m'engage à raconter ces jeux de la vendange, usités dans presque tous les villages de la Provence.

Revenant au garçon de vendange, je dirai que jouissant ordinairement de la confiance du maître, il presse la cueillette des raisins pour que les mulets ou les chevaux, qui les transportent à la cuve, n'attendent pas, une fois arrivés sur les lieux. Ce n'est donc qu'après que les charges sont terminées, et que tous les paniers sont remplis qu'il a le temps d'inspecter les souches vendangées. C'est alors qu'il cueille les raisins oubliés, qu'il se présente devant la vendangeuse en faute, et qu'il lui demande quel genre de punition elle préfère; si c'est une femme ou une vieille fille, elle se laisse embrasser et les raisins sont portés dans les cornues; si c'est une jeune fille, ne fût-ce que pour commencer la lutte, elle refuse l'une et l'autre; mais elle a beau se défendre et se garantir, son visage n'est pas moins frotté avec une partie des raisins oubliés par elle. Ses compagnes accourent alors à son secours, et elles arrivent chacune avec un raisin à la main. Dès cet instant le combat est engagé; les femmes et les vieilles filles prennent toujours parti pour le vendangeur, parce qu'il use de son droit, disent-elles, et munies d'un raisin elles défendent celui-ci contre les attaques des jeunes filles. C'est alors à qui pourra faire usage de ses armes. Mais le son des grelots annonce l'arrivée des mulets, et chacun de reprendre son travail, comme s'il ne s'était rien passé, et de fait il n'y a d'autre mal que quelques raisins écrasés et presque tous les bonnets de femmes à bas.

Dès que la cuve est remplie, la fermentation s'y établit, la vendange est soulevée, et il en sort un gaz qui déborde de la cuve comme ferait un liquide qui s'y trouverait en trop, et qui se répand sur le sol du cellier. C'est que ce gaz est de l'acide carbonique qui est plus lourd que l'air atmosphérique. C'est là ce qui explique pourquoi la lumière tenue trop basse s'éteint dans un cellier, où des cuves vinaires sont en fermentation, ce qu'on remarque plus particulièrement si les portes sont fermées, tandis qu'elle continue à éclairer, si on a le soin de l'élever, au dessous des bords de la cuve et conséquemment du point d'où s'épanche l'acide carbonique. On ne saurait trop expliquer ce phénomène aux gens de la campagne. Ce serait pour eux un moyen certain de reconnaître la hauteur de la couche du gaz acide carbonique, et de s'assurer s'il y a danger ou non à pénétrer dans un lieu où des raisins sont en fermentation. Mais en même temps qu'il se dégage de l'acide carbonique des cuves, il s'évapore aussi un gaz ou une vapeur alcoolique. Est-ce un bien de s'opposer à cette évaporation comme aussi à la sortie du gaz acide carbonique? On se souvient encore de l'appareil Gervais. Que n'a-t-on pas dit et écrit pour et contre cet appareil? et qu'en est-il résulté? qu'il a produit de fortes sommes à mademoiselle Gervais son inventeur, et que personne n'en fait plus usage. Cependant il est incontestable que ce qu'on appelle le chapeau de la vendange, le marc en Provence et la *raquo* en patois, s'acidifie toutes les fois qu'il est accessible à l'air ordinaire, et que nécessairement le vin doit, selon le plus ou le moins de temps qu'il est tenu en communication avec la partie du marc exposée à l'air, souffrir de cette acidité. De plus n'est-il pas à craindre qu'une partie de la portion qui s'est acidifiée, et que l'on enlève dès que le vin est sorti de la cuve, ne soit portée au pressoir, et que le vin produit par ce pressurage ne devienne un ferment d'acidité, s'il est mêlé avec le vin de la cuve.

C'est pour prévenir cet inconvénient que je recouvre mes cuves dès l'instant qu'on a cessé d'y apporter des raisins, avec les planches qui servent à la foulure des raisins d'abord et avec des draps de lit grossiers, autrement dits draps de ménage, ensuite, trempés dans de l'eau. Ces draps ainsi mouillés se resserrent au point qu'ils empêchent l'air atmosphérique d'agir sur le marc de la vendange. Dès les premiers jours, et tant que dure la grande fermentation, j'entretiens l'humidité de ces draps en versant dessus matin et soir de l'eau avec un arrosoir à pomme percée de très petits trous, et une seule fois en vingt-quatre heures, quand la fermentation commence à s'appaiser. Par cette opération je conserve le marc des cuves, et je suis sûr que le vin du pressoir ne peut porter aucun préjudice au vin de la cuve, car il ne contient aucun germe d'acidité. C'est depuis l'appareil Gervais, c'est-à-dire, depuis quinze à dix-huit ans que je couvre ainsi mes cuves. Ce qui m'a porté à mettre en pratique ce procédé, c'est qu'ayant fait cuver des raisins pendant plusieurs années dans un foudre de soixante-dix à soixante-quinze hectolitres, et dans lequel les raisins écrasés étaient introduits par une ouverture carrée de vingt à vingt-deux centimètres pratiquée à sa bonde, et d'où le marc était retiré franc d'acidité, j'avais toujours obtenu du vin de qualité supérieure.

Le moment du décuvage ne peut être le même dans toutes les circonstances. M. Bardout, dans un écrit sur le cuvage, nous dit, que les vins des mauvais terroirs, faibles et plats, sont fades, n'ont qu'une couleur pâle et souvent ne se clarifient point, s'ils n'ont pas cuvé long-temps. Les vins légers perdent leur agrément par une trop longue infusion du marc; et les vins fins doivent, à un cuvage de courte durée, le bouquet et le moëlleux qui les caractérisent. En Provence, on n'y regarde pas de si près. Si la cuve est encore utile, on se presse et c'est à peine, si on laisse le vin fermenter quelques jours ; quand on a le temps on attend que la fermentation tumultueuse soit achevée, ce qu'on reconnaît à l'affaissement du chapeau. Je dois cependant prévenir les personnes qui désirent avoir un vin fortement coloré, que plus le cuvage sera prolongé et plus le liquide sera foncé.

Quelques jours avant de décuver on doit avoir préparé les tonneaux où le vin doit être déposé. Nul doute que la qualité des raisins influe sur celle du vin, mais nul doute aussi que de la propreté et de l'état des tonneaux résultent la qualité et la conservation de ce liquide. Sur trois tonneaux de vin gâté on peut être certain qu'il en est deux par défaut de propreté. Ce sont des enfans que l'on charge ordinairement du lavage des tonneaux. A cet effet ils y entrent nus. Déjà transis de froid, lorsque la saison est avancée, et c'est presque toujours en octobre qu'on fait cette opération, on leur donne de l'eau avec laquelle ils en lavent les parois intérieures ; mais cette eau est froide, mais ils grelottent, mais ils ont un *prix fixe* par tonneau, et alors plus tôt ils ont achevé leur besogne, plus tôt ils retirent leur salaire, et plus tôt ils vont se réchauffer. Comment des tonneaux ainsi lavés peuvent-ils être nets de tout le dépôt du vin de la récolte précédente ?

Il est d'un usage presque général en Provence, lorsqu'on a vendu son vin, de boucher et de bondonner les tonneaux en y laissant celui qui n'a pu en sortir ainsi que la lie déposée par le liquide ; on nomme cela la nourriture du tonneau. On écrirait des volumes sur le vice de cette opération, que nos gens de la campagne, et même plus d'un propriétaire n'en reviendraient pas. Ils ne cesseraient de dire : *Nos tonneaux seraient perdus si nous les laissions sans nourriture.* De là tant de tonneaux mal préparés et tant de vins gâtés. Dans nos grandes villes, et dans leurs environs on commence à comprendre qu'il est nécessaire, soit pour la propreté et la conservation des tonneaux, soit pour que le lavage se fasse mieux, de vider en entier les tonneaux mis en perce, et de les laver de suite. Si c'est pendant l'hiver, on emploie de l'eau chaude. La lie, déposée dans les inégalités dont chaque tonneau est rarement exempt, et dans le jable des douves, n'étant pas comme dans les tonneaux non lavés de suite, dans un état de siceité et de dureté, s'eulève alors aisément et par un seul frottement. Je ne puis trop recommander aux propriétaires, qui se plaignent souvent de la qualité inférieure de leur vin, de soigner ainsi leurs tonneaux. Bien entendu qu'ils doivent être hermétiquement fermés après toutefois que leur intérieur a été, le plus possible, séché avec des linges propres.

En supposant que le vin à décuver provient de raisins produits par des vignes vieilles, et plantées sur un fonds sec et caillouteux, que la fin de l'été n'a pas été pluvieuse, que la vendange n'a pas été devancée et enfin que les vendangeuses n'ont cueilli que des raisins mûrs et non gâtés, on peut être assuré que le liquide, en sortant de la cuve, a toutes les qualités nécessaires pour donner du vin de garde et de qualité supérieure. Mais pour qu'il se maintienne dans cette disposition, il faut, ainsi que je l'ai dit, que les tonneaux, dans lequel il sera placé, soient d'une propreté à toute épreuve.

Le vin, récolté sur des vignes jeunes ou sur des vignes

cultivées dans un terrain gras et fertile, demandant les plus grands soins pour sa conservation, il est bien essentiel de s'assurer de l'état des tonneaux. Non seulement ils pourraient ne pas être exactement nets, mais encore une douve, une pièce de fonds peuvent être en mauvais état et avoir besoin d'être renouvelées ; ce qui suffit pour gâter le vin ou lui donner issue.

L'usage est, en Provence, que l'on verse, dans les tonneaux qu'on va remplir, de l'eau-de-vie, ou mieux de l'esprit de vin, qu'on fait brûler au moyen d'une mèche souffrée. La quantité d'eau-de-vie ou d'esprit de vin doit être proportionnée à la capacité des tonneaux. Il n'y a pas bien long-temps que non loin de la ville d'Hyères, un incendie violent, qui consomma en entier un vaste cellier, surmonté d'un grenier rempli de foin, fut occasionné par la seule imprudence d'un ouvrier qui surchargea la dose de l'esprit de vin versé dans un gros tonneau. Cet incendie fut d'autant plus malheureux qu'il frappa sur une dame dont la bienfaisance est telle, qu'on peut à juste titre la surnommer la providence des malheureux. A peine l'eau-de-vie ou l'esprit de vin sont enflammés qu'aussitôt on bouche le tonneau, au moyen d'un linge mouillé, fortement contenu au dehors de la bonde. Aussitôt il se forme dans l'intérieur du tonneau un mélange de vapeurs alcooliques et sulfuriques, lesquelles ne pouvant y être contenues, en sortent en partie avec un sifflement aigu par les jointures des douves et autres ouvertures invisibles et impénétrables par le vin.

Cette opération, qui remplace le muttage ou souffrage dans l'intérieur de la France, est très bien entendue par la raison que nos vins ne sont jamais soutirés et qu'ils sont vendus dans le courant de l'année pour faire place à celui de la récolte à venir.

Dès que le sifflement ne se fait plus entendre, on place la chante-pleure (*embut* en provençal) sur le tonneau et l'on s'empresse de le remplir, afin que les vapeurs qui y sont en suspension, soient absorbées par le vin. Bien qu'on ait eu la précaution de placer un fagot d'asperges piquantes ou de bruyères sur le devant de l'ouverture intérieure du tuyau de la cuve, il n'en sort pas moins toujours des pellicules et des pépins de raisin. Pour éviter que ces corps, étrangers au vin et nuisibles à sa qualité, ne soient introduits dans le tonneau, j'ai fait clouer au dessus du tube de ma chante-pleure une plaque de tôle percée de nombreux petits trous.

Lorsqu'on s'aperçoit que le jet de la cuve commence à charrier de la lie, on bouche le tuyau qui donne issue au vin, afin de l'empêcher de couler, et l'on s'occupe de suite du pressurage du marc. On y procède de plusieurs manières. Ceux-ci le placent dans une caisse en bois de chêne et à barreaux, fortement contenus par de larges et épaisses bandes de fer; ceux-là le montent en pyramide tronquée, et à forme carrée qu'ils entourent d'une très longue sangle en sparterie; et d'autres enfin se servent de scourtins ou cabas, tels que nous les employons pour le pressurage des marcs d'olives, mais avec la différence que ces cabas sont de plus grande dimension que ceux dont on fait usage dans les moulins à huile. Le meilleur de ces trois procédés est celui des scourtins; le plus mauvais est celui de la caisse. Celui-ci est le plus expéditif, comme celui-là est le plus long et le plus coûteux; ce qui ne doit pas être un motif de ne pas le mettre en pratique. Les cabas donnant près du double de vin, et leur durée étant toujours de douze à quinze ans, j'invite les nouveaux propriétaires de vignes, c'est-à-dire, ceux qui n'ayant que des jeunes vignes sont dans le cas de construire un cellier, d'en faire usage.

Une autre coutume, établie dans beaucoup de nos celliers, est celle de ne pas remplir en entier les tonneaux avec le vin de la cuve, pour avoir le moyen d'y mêler du vin sorti du pressoir. Ce vin, dit-on, étant plus chargé en couleur, sert à colorer davantage le premier vin; mais ce vin est plus acerbe par suite du pressurage du marc, et il est plus chargé de lie. Dès lors la raison ne dit-elle pas qu'il doit être mis à part, et mêlé avec le dernier jet de la cuve? Il est inutile d'observer, je pense, que ce vin doit être le premier vendu, ou du moins faire règle à part et être soutiré dans les premiers jours du mois de mars. Telle est mon opinion et cette opinion n'est pas celle de plusieurs œnologues. Je citerai entr'autres le comte Odart : *D'après mes observations*, dit-il, *je regarde ce mélange comme nécessaire à la plus haute qualité du vin; abstraction faite toutefois du vin de la dernière serre, quand le marc a été taillé plusieurs fois. J'ai à l'appui de mon opinion, qui du reste n'est pas en contradiction avec la pratique d'aucun vignoble renommé, une expérience qui m'a paru convaincante et dont le résultat est pour moi une leçon dont j'ai profité.........*

Le mélange d'un sixième du vin du pressoir est donc non seulement sans inconvénient, comme le disent quelques auteurs, mais il est toujours avantageux pour le vin rouge, tant pour la coloration et sa conservation, que pour son agrément.

Dans tout l'intérieur de la France on soutire les vins et on comprend que là ce mélange du vin du pressoir, qui est toujours plus ou moins chargé de lie, ne peut pas influer sur la détérioration du vin ; mais en Provence le soutirage des vins de commerce n'est pas usité. On comprend qu'alors, plus un vin est purgé de lie et mieux et plus longtemps il se conserve. Mêlez donc du vin du pressoir au vin de provision et privez-en le vin destiné à être gardé jusqu'à l'été d'après pour être vendu au commerce.

Le vin est à peine placé dans les tonneaux qu'il commence à fermenter de nouveau et souvent à tel point qu'il rejette par la bonde des écumes qui entraînent avec elle les pépins et pellicules qui se sont glissés avec le liquide. Quand cette fermentation s'est un peu calmée, il y a diminution et vide dans les tonneaux. Dès ce moment il est urgent d'ouiller, c'est-à-dire, de remplir ce vide avec du vin, et pour cela on se sert ou du vin d'une seconde cuvée, ou du vin mis en réserve dans des petites futailles ou dans des dames-jeannes, selon le plus ou moins de nombre et de capacité des tonneaux. Je préfère le vin ainsi réservé de la première cuvée, parce qu'il est identique avec celui des tonneaux. Le vin d'un second décuvage peut être, et, presque toujours, est d'une qualité inférieure. Les raisins des vignes bien exposées ou de celles d'un âge avancé, sont les premiers mûrs et conséquemment les premiers vendangés.

Si on veut donner un bouquet à son vin, c'est le moment de placer dans le tonneau, par la bonde qui reste ouverte pendant tout le temps que le vin continue d'y fermenter, les ingrédiens qu'on a choisis. Les uns se servent de l'iris de Florence, (voyez le mot iris) les autres de fleurs de sureau, etc. J'avais un parent, possesseur d'un grand vignoble dans la plaine de la Garde, renommé autrefois par la quantité et non par la qualité de ses vins, lequel de son vivant usait d'un procédé qui améliorait sensiblement son vin et qui le rendait tel, qu'après trois ans, dont un en bouteille, il pouvait être servi sur la table d'un gourmet. Voici en quoi consistait ce procédé. Lorsque les tonneaux étaient remplis, on mettait du sel dans une longue et étroite chausse (deux onces par hectolitre), on suspendait cette chausse dans le vin encore en fermentation, et on le contenait sur les bords extérieurs de la bonde, au moyen d'une pierre ou d'un morceau de bois. Avant le dernier houillage on retirait la chausse qui n'offrait plus dans son intérieur que le dépôt terreux du sel. L'addition du sel dans le vin ou dans la vendange n'est pas une opération nouvelle. On sait que les Candiotes et en général les habitans de la partie de la Grèce, qui avoisinent le littoral, mêlent de l'eau de la mer dans leur moût.

On continue d'ouiller les tonneaux toutes les fois qu'il y a vide par suite de l'évaporation du vin en fermentation, et c'est toujours avec le meilleur vin; enfin vers la fin du mois d'octobre ou dans les premiers jours de novembre on ouille pour la dernière fois; on bouche aussitôt les tonneaux aussi hermétiquement que possible, et on place un petit tas de sable, ou une couche de plâtre gâché sur la bonde, soit pour empêcher l'infiltration de l'air, soit pour abriter le bouchon des atteintes des rats, soit enfin pour ne laisser aucune issue possible aux vapeurs qui peuvent encore se dégager du vin.

On a conseillé dans les Annales provençales d'agriculture, un genre d'ouillage qui, ayant été mis depuis lors en pratique par une personne de ma connaissance, a toujours donné le résultat le plus satisfaisant. Il consiste à remplacer le vin par des cailloux siliceux, en bien observant de rejeter avec soin toute pierre calcaire ou gypseuse, c'est-à-dire toutes les pierres dont les élémens pourraient être décomposés par le vin, et par là, altérer le liquide. L'avantage qu'offre ce genre d'ouillage, est celui qu'on est assuré que le vin n'en peut être détérioré, et qu'il y a économie. Les cailloux retirés des tonneaux sont lavés et conservés pour les années suivantes.

Un ancien proverbe provençal engage de boucher les tonneaux le jour de Saint-Martin, c'est-à-dire, le 11 novembre; c'est pour ne pas y manquer que beaucoup de nos gens de campagne, que leurs raisins aient été cueillis en septembre ou qu'ils l'aient été en octobre, ouillent pour la dernière fois, et bondent leurs tonneaux ce jour là. Cette pratique est trop ridicule pour que j'en dise davantage.

Les règles décrites ci-dessus pour le ouillage des tonneaux sont celles établies dans nos celliers. Sont-elles raisonnées ces règles? Non! Car l'expérience prouve chaque année qu'après le dernier ouillage, il se fait toujours une déperdition de liquide qui cause un vide sur la surface du vin, lequel vide se remplit nécessairement, quelle précaution que l'on prenne, d'air atmosphérique. Or il suffit que le vin soit en contact avec l'oxigène de cet air, pour qu'il se détériore plus ou moins. Si ce vide est considérable, la masse d'air qui agit sur le vin est plus grande et alors plutôt celui-ci doit-il en être altéré. Le vin, étant placé dans les tonneaux, ne demande donc d'autres soins que d'être privé du contact de l'air. Pour cela il faut ouiller souvent et tenir les tonneaux toujours pleins. Un avantage qui résulte de ces ouillages, fréquemment répétés pendant les premiers jours qui suivent le décuvage, c'est que le vin, qui fermente encore avec assez de force pour former des écumes sur la surface, rejette en dehors des tonneaux, ainsi que je l'ai dit, ces écumes, et comme elles sont toujours plus ou moins surchargées de lie, c'est un bien que le liquide en soit débarrassé. Lorsque la fermentation ne se fait plus entendre, on n'ouille plus que tous les huit jours, et alors on place un bouchon dans la bonde sans l'assujettir. Enfin quand on s'aperçoit que le vin est fait, on ouille de nouveau, et l'on bondonne aussi bien que possible les tonneaux; mais tous les mois on les débondonne pour reconnaître l'état du vin et pour remplir le vide qui s'y trouve. Tel est le procédé que j'ai suivi pendant long-temps, c'es-à-dire, pendant tout le temps que j'ai habité le pays où je possède la presque totalité de mes vignes.

Avec ces soins, et s'il est placé dans des tonneaux d'une contenance de dix à douze hectolitres au moins, le vin se conserve sur la lie jusqu'au moment de la vente, si elle a lieu, ainsi que cela se pratique ordinairement dans nos celliers, avant la fin de l'année vinaire, qui se termine dan le mois de septembre. Si par contraire on voulait conserver son vin et le faire passer d'une année à l'autre, soit pour en tirer un meilleur prix, soit pour le garder en provision, il faudrait l'avoir traité différemment.

Dans ce cas deux opérations sont essentiellement nécessaires, et ces deux opérations sont le soutirage et la clarification.

J'ai ouï dire à un œnologiste (1) que plus souvent on soutire

---

(1) Comme il peut se faire que les mots œnologue et œnologiste ne soient par compris par quelques uns de mes lecteurs, et comme c'est surtout pour les personnes peu instruites que j'ai fait mon Manuel, j'observerai que l'œnologue est celui qui écrit sur le vin et que l'œnologiste est celui qui écrit sur l'art de fabriquer le vin.

le vin et plus on en augmente la qualité. Il paraît que ce principe d'œnologie était connu des anciens, puisque Aristote dit : *Quoniam superveniente æsatis calore solent fæces subverti, ac ita vina acescere.*

La fermentation vineuse n'étant due, comme nous l'apprend Chaptal, qu'à l'action réciproque entre le moût ou le principe sucré, et le ferment ou le principe végéto-animal, donne naissance à la lie. C'est de cette matière, qui d'abord trouble la couleur du vin et qui, bien que précipitée au fond du tonneau, une fois la fermentation terminée, n'exerce pas moins une action constante sur le liquide, et tend toujours à y développer une nouvelle fermentation à chaque mouvement de sève de la vigne, c'est de cette matière, dis-je, qu'il faut le séparer. Or le soutirage et la clarification ne donnent pas d'autre résultat.

Le soutirage doit toujours avoir lieu avant le premier mouvement de la sève, c'est-à-dire, avant le mois d'avril. Si les raisins ont été vendangés après une maturité complète, et si le vin est doux, comme alors le principe sucré, qu'il contient en surabondance, a prolongé la fermentation insensible qui se fait dans les tonneaux, il convient d'attendre le mois de mars. Mais si les raisins, par défaut de chaleur, ont été coupés étant encore un peu verts, il faut que le premier soutirage ait lieu dans le mois de décembre. On ne saurait trop tôt débarrasser le vin de la lie.

Lorsque le vin doit être conservé dans des futailles et surtout dans des tonneaux, un second soutirage, répété quelques jours avant la fermentation des vins nouveaux, (vers les premiers jours du mois de septembre), est nécessaire et il suffit pour sa conservation et pour son transport, s'il doit être porté au loin. Quand il est destiné à être mis en bouteilles, il convient pour obtenir un vin d'une limpidité parfaite et dans l'état de ce qu'on nomme à clair-fin, de le clarifier. Le soutirage sépare le vin du dépôt qui s'est formé pendant et après la fermentation, mais il ne le débarrasse pas en entier de certaines substances qu'il tient encore en suspension et en dissolution et qui, pour être insensible à l'œil, n'en troublent pas moins, un peu plus tôt ou un peu plus tard, sa transparence, s'il n'a pas été clarifié.

Un mois après le second soutirage et par un temps sec, on prend le blanc de plusieurs œufs, en ayant soin de les casser chacun séparément, pour mettre de côté celui ou ceux qui annonceraient un commencement d'altération, on les bat avec un peu d'eau ou avec du vin pris dans la futaille qu'on veut clarifier et qui offre alors un vide. Les blancs d'œufs, ainsi mêlangés et battus sont versés dans la futaille, et leur mêlange avec le vin se fait au moyen d'une poignée de tiges de bruyères bien desséchées et débarrassées de leurs petites et nombreuses feuilles, ou mieux encore avec une poignée de tiges de genêt. Cette opération se nomme fouetter le vin. Il faut trois œufs par chaque hectolitre. Les blancs d'œufs après quelques jours se précipitent au fond du tonneau et entraînent, en les enveloppant, les principes dont on veut entièrement purger le vin. Après que le dépôt est fait, ce qui a ordinairement lieu en sept à huit jours, il est temps de mettre le vin en bouteilles.

C'est après un séjour de deux ans en bouteilles que le vin développe un goût qui lui est propre et qui est plus ou moins agréable, plus ou moins parfumé, selon la qualité et l'exposition du terrain, c'est ce qu'on est convenu d'appeler le bouquet du vin. Il en est qui sont véritablement bons, mais qui, malgré leur qualité supérieure, n'ont pas ce bouquet que laissent en le buvant, les vins fins de certains crus des environs de Bordeaux, et de plus d'un pays de la Bourgogne. On est parvenu au moyen de certaines matières telles que l'iris de Florence, les clous de girofle, les fleurs de vignes sauvages, celles du sureau, de remédier à la non-sapidité de ces vins; on prépare à Marseille et même à Toulon, des vins dont la coloration et le bouquet les feraient prendre pour des vins de la Bourgogne, si le prix de trente à trente-cinq centimes le litre n'annonçait que ces vins si fins, si délicats et si parfumés, après trois à quatre mois de bouteille, n'ont point d'autre origine que la Provence et le Languedoc.

Le vin n'acquiert son plus haut degré de bonté qu'après plusieurs mois et même plusieurs années de bouteilles pour les vins grossiers et fortement colorés. On peut cependant obtenir une plus prompte maturité du vin, en plaçant les bouteilles dans un appartement chauffé par un poële ou par le le soleil, pendant l'été. Une personne de ma connaissance est parvenue à rendre très vieux un vin de l'année. Après l'avoir soutiré deux fois, elle le mit en bouteilles durant le mois de mai qui suivit la vendange; quoique rouge et conséquemment non mousseux, elle ficela les bouchons des bouteilles avec du fil de fer et elle fit placer celles-ci sur la toiture de sa maison, où elle les abandonna jusqu'au mois de septembre. Comme on le pense bien, le soleil fit casser une grande partie de ces bouteilles, mais de celles qui résistèrent, il découla alors un liquide que plusieurs connaisseurs prirent pour du vin de cinq à six ans.

Tout ce que je viens de dire se rapporte aux vins rouges, et comme la fabrication et le soignement des vins blancs ne sont pas absolument les mêmes, je vais terminer cet écrit par ce que l'expérience m'a appris pour obtenir en Provence des vins blancs, qui ne valent pas sans doute les vins de l'hermitage, mais qui peuvent, quand ils sont bien préparés, être mis en concurrence avec les bons vins de l'intérieur de la France.

C'est une erreur de croire qu'on ne peut pas faire de vin blanc avec des raisins rouges. Dans la Champagne ce n'est presque qu'avec des raisins de cette espèce qu'on fabrique le vin blanc si renommé, que cette province fournit à toute l'Europe ; mais là les raisins sont coupés et rentrés avant que le soleil ait évaporé la rosée, c'est-à-dire, avant neuf ou dix heures du matin. En Provence nous ne le pourrions pas, parce qu'avant sept heures du matin les raisins sont souvent déjà chauffés par le soleil, et dès l'instant qu'ils le sont, le vin qu'ils produisent est plus ou moins coloré. C'est pourquoi il est d'usage dans nos pays de n'employer que des raisins blancs.

Le bon vin blanc ne devant pas être doux, il est essentiel de cueillir les raisins à leur maturité, mais jamais au-delà. Apportés sur le pressoir, ils sont pressés et le suc est placé dans des tonneaux ou dans des futailles selon la quantité de liquide qu'on veut obtenir. Dès que la grande fermentation est terminée, on tire le vin du vaisseau où il a fermenté, on le met dans des tonneaux très exactement lavés, et l'on veille à ce que ces tonneaux soient constamment ouillés et remplis aussitôt que le vin s'affaisse. Si les raisins ont été coupés en état de maturité convenable, et avant qu'ils soient trop doux, le vin participera de la qualité des raisins, et alors le principe sucré étant bientôt absorbé, le premier soutirage pourra se faire dans le mois de décembre. Comme pour le vin rouge, le second soutirage aura lieu avant les premiers jours de septembre, et la clarification devra s'opérer en novembre ou décembre, mais toujours par un temps sec et froid.

La clarification du vin blanc ne peut se faire avec des blancs d'œufs, ainsi qu'on le pratique pour le vin rouge. Il est plus d'un exemple de vin blanc détérioré par cette sorte de clarification, et de plus il est bien constaté que ce vin ne peut, avec des blancs d'œufs, être parfaitement séparé des principes qu'il tient en dissolution. Il faut, pour obtenir un résultat opposé, employer une substance moins divisible, une substance qui puisse être étendue à l'infini, et dont les molécules ne soient jamais disjointes et forment comme un réseau, qui en se resserrant, et en se précipitant au fond de la futaille, enveloppe et entraîne avec lui les parcelles les plus déliées des principes encore tenus en suspension dans le liquide. Il en est plusieurs, mais la plus estimée, et celle dont on se sert pour tous les vins fins, est la colle de poisson. Coupée par petits morceaux, on la met à macérer pendant dix à douze heures dans de l'eau tiède, et après on la délaye dans de l'eau et du vin, on passe le tout à travers un linge serré, et on le verse dans le vin. On les mêle ensemble au moyen d'un petit balai de tiges de genêt. Plus souvent j'emploie la gélatine, la valeur est bien différente. Deux ou trois onces suffisent pour une pièce de 220 à 240 litres. La manipulation est la même. A défaut de ces deux matières, on peut encore employer la gomme arabique.

Ayant essayé, au lieu de clarifier, de passer, à travers un double papier à filtrer, du vin blanc que je voulais mettre en bouteilles peu de jours après sa grande fermentation, j'ai reconnu que ce vin, après un séjour plus ou moins prolongé dans le verre, a fini par devenir louche, ce qui m'a donné la certitude que le seul moyen, de le rendre en véritable état de clair fin, est la clarification avec la colle de poisson ou la gélatine.

On peut en Provence, comme partout où la vigne prospère, fabriquer du vin blanc mousseux. Quand la Bourgogne, qui en envoie maintenant une si grande quantité dans toute l'Europe, ne nous en donnerait pas la certitude, un œnologiste savant, qui habite la ville d'Hyères (1) et qui par sa position de fortune peut faire tous les essais nécessaires pour arriver à un heureux résultat, nous en fournirait la preuve. J'ai goûté son vin, et tout fait présager qu'avant peu les vins préparés par lui ne laisseront rien à désirer, et qu'ils pourraient soutenir la concurrence avec ceux de la Champagne et de la Bourgogne, s'ils étaient versés dans le commerce. Faisons des vœux pour que les travaux de notre excellent compatriote soient couronnés d'un plein succès, et alors je ne doute point que son amour du bien et de la science ne l'engagent à communiquer au public les procédés qu'il suit pour obtenir le véritable vin mousseux. J'ai cru cependant me rendre utile aux personnes qui consulteront mon livre, de me procurer une instruction sur la manière de fabriquer les vins mousseux, façon de Champagne par M. Herpin, membre de la Société Royale et centrale d'agriculture, et de joindre, à ce que je viens de dire sur les vins blancs, une copie de cette instruction.

« On croyait autrefois que le mousseux était une qualité particulière aux vins de Champagne : « Les sentimens sont partagés, dit l'ancienne *Maison Rustique*, sur les prin-

(1) M. le comte de Beauregard.

cipes de cette espèce de vin : les uns ont cru que c'était la force des drogues qu'on y mettait qui les faisait mousser si fortement, d'autres ont attribué cette mousse à la verdeur des vins, d'autres, enfin, ont attribué cet effet à la lune, suivant le temps où l'on met les vins en flacons. » La chimie nous a révélé cet intéressant secret, en nous faisant connaître que la mousse est produite par un *dégagement considérable et subit de gaz acide carbonique*, lequel se trouve dissous et comprimé dans le vin, que pour obtenir du vin mousseux, il suffit de renfermer le liquide dans des bouteilles avant qu'il ait perdu tout le gaz acide carbonique qui se développe pendant la fermentation.

« En effet, on a essayé avec succès, dans plusieurs de nos départemens et notamment en Bourgogne, d'y préparer des vins mousseux selon la méthode de la Champagne. Toutefois nous devons le dire, le champagne soutient la concurrence avec la supériorité que peuvent lui donner un sol, des cépages et une culture convenables, des ouvriers exercés et habiles, enfin une pratique certaine, éclairée par une longue expérience.

« L'avantage de *faire des vins mousseux avec le vin du crû* doit être une jouissance si flatteuse et si agréable pour la plupart des propriétaires de vignes, que sans doute ils accueilleront avec bienveillance la description suivante destinée à les initier aux procédés encore peu connus de la fabrication des vins mousseux et à leur faire connaître les moyens les plus avantageux et les plus simples, indiqués par une saine théorie et confirmés par notre propre expérience, pour préparer cette boisson si agréable et si recherchée. Nous supposerons dans ce qu'on va lire qu'il s'agit de préparer 200 à 300 bouteilles de vin mousseux.

Choisissez l'espèce de raisin noir réputée, dans votre vignoble, pour produire le vin le plus généreux et le plus délicat; faites vendanger de très grand matin, par la rosée; choisissez les raisins les plus sains et les plus mûrs, rejetant avec beaucoup de soin les raisins gâtés, verts ou pourris; déposez la vendange bien délicatement, sans la froisser, dans de grands paniers; transportez-la de suite, à dos d'homme ou de cheval, sous un petit pressoir, qui doit avoir été préalablement lavé et nettoyé. La vendange étant rassemblée sur le pressoir, ce qui doit être terminé le matin même de la vendange, faites serrer le pressoir et laissez couler le jus du raisin pendant 15 à 20 minutes. Alors faites desserrer et arrangez de nouveau le marc qui s'est déformé par la pression et dont une grande partie n'a pas été écrasée; serrez une seconde fois et laissez couler le jus pendant 20 minutes environ; enlevez alors le jus qui est sorti et déposez-le dans une petite cuve.

« Le marc resté sur le pressoir n'étant guère qu'à demi épuisé *peut être pressé de nouveau*, à la manière ordinaire, pour former un vin non mousseux d'assez bonne qualité, ou bien être reporté dans la cuve de vendage ordinaire pour être mêlé à de nouveaux raisins.

« Le moût ou jus de raisin qui a été placé dans une cuve doit y rester pendant 24 à 30 heures, afin qu'il y dépose une partie des matières terreuses et du ferment dont il est chargé. Alors décantez ce moût avec précaution et *mettez-le dans un tonneau* bien propre, méché, neuf ou n'ayant servi que pour du vin blanc, et n'ayant aucun mauvais goût. Ayez soin de remplir entièrement ce tonneau, afin que le vin en bouillant rejette au dehors le ferment et les impuretés dont il est chargé. Le tonneau doit être placé à demeure dans une cave ou dans un cellier frais.

« Lorsqu'on met le moût en tonneau, il convient d'y ajouter *un litre d'eau-de-vie de Cognac*, (1) de première qualité, par cent litre de moût. Cette addition d'eau-de-vie a pour effet d'augmenter la spirituosité du vin ; de modérer la fermentation et de donner le bouquet.

« Il faut *ouiller*, c'est-à-dire remplir le tonneau avec du même vin, 3 à 4 fois par jour, pendant le temps que durera la fermentation tumultueuse. On recueillera le vin qui s'écoule par la bonde.

« Lorsque la *fermentation tumultueuse* aura cessé, remplissez le tonneau et le bondonnez comme à l'ordinaire. Du 15 au 30 décembre, par un temps clair et sec, soutirez le vin et le transvasez dans une futaille propre et soufrée; collez ensuite à la colle de poisson (environ une 1/2 once pour 200 bouteilles). Vous laisserez le vin se reposer ainsi pendant un mois environ, après quoi vous le soutirerez de nouveau dans une futaille propre et mêchée. C'est à cette époque que les marchands de vin de Champagne y ajoutent de bonne eau-de-vie et ordinairement un sirop fait avec du sucre candi dissous dans du vin blanc. Cette dernière addition est indispensable pour les vins qui ont naturellement de la verdeur et de l'acidité. Il faut, dans ce cas, cinq livres et même davantage de sucre candi pour cent bouteilles de vin.

« Laissez votre vin se reposer jusqu'à la fin de février; alors vous le collerez une seconde fois avec la colle de poisson, et

---

(1) Cette addition n'est pas nécessaire dans nos pays où les vins sont toujours trop spiritueux.

ensuite le *laisserez en repos jusque vers la fin de mars* (du 20 au 30 mars), époque à laquelle vous le mettrez en bouteilles par un temps clair et sec. Ce terme est de rigueur et il ne faut guères le dépasser, sans quoi on s'exposerait à n'avoir que du vin peu ou point mousseux.

« La *mise en bouteilles et la conservation* des vins mousseux exigent une foule de soins et de précautions que nous allons faire connaître et pour lesquels la Champagne fournit des ouvriers exercés et fort habiles.

« Le *choix des bouteilles*, dans lesquelles on veut conserver les vins mousseux, est une chose de la plus haute importance; elles doivent être très fortes, d'une épaisseur égale, avoir le goulot très étroit et de forme conique, afin que le bouchon puisse en être facilement et vivement expulsé par la force expansive du gaz carbonique, à l'instant même où l'on brise les liens qui retiennent le bouchon. Les *bouchons* doivent être fins et de première qualité. Il faut rejeter les bouchons poreux et défectueux, ainsi que ceux qui ont déjà servi.

« On *remplit ordinairement les bouteilles* jusqu'à deux travers de doigt au dessous du bouchon. Nous conseillerons aux personnes qui voudraient ne faire qu'une petite quantité de vin mousseux (deux à trois cents bouteilles) de les remplir seulement aux trois quarts pour les raisons que nous indiquerons plus loin. On enfonce avec force le bouchon dans le goulot de la bouteille, au moyen d'un petit maillet de bois, et on assujettit solidement ce bouchon avec un lien de fil de fer recuit. Il faut voir et apprendre sur une bouteille venant de Champagne la manière dont le bouchon est ficelé et assujetti.

« Cette opération étant terminée, on *met les bouteilles en tas* dans une cave bien fraîche, ayant soin de placer des lattes entre les rangs de bouteilles pour les séparer et les soutenir. Les tas doivent être isolés, solides, peu élevés et montés d'aplomb.

« Comme la fermentation du vin n'est pas encore achevée à l'époque de la mise en bouteilles, *elle continue dans l'intérieur du verre*, et il se dégage de la liqueur, par l'effet de cette fermentation, une quantité considérable de gaz acide carbonique, lequel ne pouvant s'échapper reste emprisonné dans l'intérieur de la bouteille et est forcé de se dissoudre, au moins en partie, dans le vin. Aussitôt que l'on ouvre la bouteille, ce gaz s'échappe de toutes parts du liquide où il est renfermé sous la forme de bulles ; c'est ce que l'on nomme la *mousse*. Six semaines ou deux mois environ après la mise du vin en bouteilles, la mousse commence à s'y manifester avec violence, tellement qu'un nombre considérable de bouteilles sont brisées avec explosion par l'effet du dégagement du gaz acide carbonique.

« En Champagne la *casse des bouteilles* s'élève ordinairement de douze à vingt pour cent, quelquefois au delà ; elle se continue pendant tout l'été. Les tas de bouteilles y sont placés à proximité d'une petite citerne ou d'un réservoir dans lequel vient se rendre le vin qui s'écoule des bouteilles qui cassent. On recueille ce vin tous les jours et on le met de nouveau en bouteilles après l'avoir bien collé. Nous conseillerons aux amateurs, qui n'opèrent que sur de petites quantités, d'entasser solidement leurs bouteilles dans une cuve ou dans un tonneau défoncé par un bout, afin qu'ils puissent recueillir chaque jour le vin qui, sans cette attention, serait infailliblement perdu pour eux. Un moyen certain d'éviter ou de diminuer beaucoup la casse des bouteilles, c'est de ne les *emplir, pour la première année, qu'aux trois quarts*; l'espace vide est ordinairement suffisant pour loger le gaz acide carbonique en excès.

« Le vin mousseux, après avoir séjourné pendant un an dans les bouteilles *y forme un dépôt* qui altère, la transparence et la limpidité de la liqueur et qu'il est indispensable d'enlever : c'est ce qu'on appelle en Champagne faire *dégorger* le vin. Afin de procéder à cette opération, enlevez l'une après l'autre chaque bouteille du tas, et, la tenant de la main droite par le col, à la hauteur de l'œil, le bouchon tourné en bas, imprimez à la bouteille, pendant un quart de minute ou une demi-minute environ, un léger mouvement horizontal circulaire ou de tournoiement, comme si vous vouliez la rincer. Ce mouvement a pour but de détacher le dépôt qui s'est formé dans le flanc de la bouteille et de le faire descendre lentement et sans secousse vers le goulot, ayant la plus grande attention possible de ne pas troubler le vin. Ce mouvement de rotation doit être exécuté avec beaucoup d'intelligence et d'adresse. Le dépôt étant détaché et amené vers le goulot de la bouteille, placez celle-ci sur une planche percée de gros trous ronds, dite planche à bouteilles, de manière que le bouchon soit tourné en bas. Opérez de la même manière sur chacune des bouteilles successivement, après quoi laissez-les ainsi sur la planche pendant quinze jours ou un mois. Dans quelques maisons de commerce on dépose les bouteilles dans une situation inclinée, sur la planche percée, et on fait faire aux bouteilles un quart de tour chaque jour, afin de détacher sans secousse le dépôt et de le faire descendre progressivement sur le bouchon.

« Lorsque vous serez bien assuré que tout le dépôt s'est fixé sur les bouchons, sans que la limpidité du vin soit altérée, vous pouvez procéder au *dégorgement*. A cet effet un ouvrier intelligent et habile enlève avec précaution la première bouteille placée sur la planche percée, et, la tenant dans une situation renversée, le goulot en bas, il examine au jour ou à la lumière d'une chandelle si le vin est bien clair et bien vif, alors il place la bouteille et l'appuie le long du bras gauche, saisit le goulot avec la main gauche, la paume tournée en l'air; tandis qu'avec la main droite, armée d'un crochet, il brise et détache le fil de fer qui retient le bouchon. Le vin ainsi que son dépôt sont lancés vivement au dehors de la bouteille et tombent dans un petit cuvier. Aussitôt que l'ouvrier soupçonne que le dépôt est entièrement extrait, par un tour de main vif et précis il retourne la bouteille et examine si le vin en est parfaitement clair. Dans ce cas il la donne à un autre ouvrier chargé de remplir le vide occasionné par le dépôt, avec du vin bien clair. On bouche de nouveau la bouteille avec un bouchon neuf bien choisi ou un bouchon qui a déjà servi, mais qu'on trempe légèrement dans l'eau-de-vie. On ficelle une seconde fois le bouchon avec un petite ficelle de chanvre, et par dessus celle-ci on fait une seconde ligature, fortement serrée avec du fil de fer. On goudronne ensuite, et l'on remet les bouteilles en tas avec les précautions indiquées plus haut. Le vin ainsi préparé peut être consommé cinq ou six mois après le dégorgement. Lorsque l'ouvrier, en continuant son opération, trouve des bouteilles qui ne sont pas limpides ou dans lesquelles le dépôt n'a pas entièrement descendu sur le bouchon, il les replace sur la planche percée pour les faire dégorger quelques jours plus tard.

« Quelquefois on *remplit les bouteilles* dégorgées avec un sirop de sucre candi et du vin blanc auquel on ajoute de la bonne eau-de-vie. Il y a des vins qui exigent un deuxième et même un troisième dégorgement. On y procède comme nous venons de le dire. Il arrive aussi quelquefois que la fermentation du vin et la casse des bouteilles recommencent à la deuxième année.

« Telles sont les diverses opérations nécessaires pour la préparation des vins mousseux. Elles exigent, comme on a pu le voir, beaucoup d'attention et même de dépenses. Toutefois les propriétaires de vignes trouveront une économie considérable à préparer eux-mêmes le vin mousseux qui sera consommé habituellement sur leurs tables. Nous pouvons leur garantir, d'après nos expériences personnelles, qu'en suivant ponctuellement les préceptes indiqués, ils obtiendront un succès aussi complet et aussi satisfaisant que pourra le permettre la qualité de raisin qui sera employée à cet usage. »

On fait quelquefois, mais bien rarement, du vin forcé; c'est le vin fou dont parlent les auteurs d'œnologie et qu'il ne faut pas confondre avec les vins clairets desquels j'ai dit quelques mots, en m'occupant de la question de l'égrappage des raisins. Ceux-ci ont sans doute le défaut de se conserver difficilement, mais quand ils arrivent au moyen de plusieurs soutirages, à pouvoir être gardés, ils sont très recherchés et très estimés; seulement ils ont besoin de ne pas être dépassés au delà de trois ans. Les vins forcés sont aussi d'une garde difficile et de plus ils sont très capiteux sans valoir les vins clairets. On obtient du vin forcé en enfermant du moût dans un baril fortement bondonné au moyen d'une plaque en tôle; on place ce barril au fond de la cuve, au moment où l'on va la remplir et on l'y laisse jusqu'au moment du décuvage. Après on soutire. C'est le vin le plus pétillant et le plus alcoolique possible.

Des raisins coupés après une maturité complète, apportés avec le plus grand soin dans un fruitier et placés avec précaution sur de la paille très-propre, donnent, après avoir été égrappés, nettoyés des grains gâtés et écrasés dans le mois de décembre, un moût siropeux, lequel étant placé dans une petite futaille ou dans une damejeanne de verre, produit, après une fermentation qui se prolonge pendant tout l'hiver, un vin de liqueur délicieux, si toutefois il a été soutiré plusieurs fois, s'il a été clarifié avec soin et s'il a vieilli en bouteilles pendant huit à dix ans. C'est avec la clairette et l'ugni blanc des environs de Toulon que je fais mon vin de paille. J'en ai de quinze à vingt ans qui est très bien conservé.

Dans plus d'un pays, et pour n'avoir pas la peine et l'embarras de garder durant près de deux mois une grande quantité de raisins, on suit un autre procédé. On tord le pédoncule ou la queue des raisins et on expose ceux-ci à toute l'ardeur du soleil, en épamprant les vignes dans la partie où ces raisins se trouvent. On ne les coupe que lorsqu'ils commencent à se flétrir. On les place sur des claies durant quelques jours encore, après quoi on les presse, en ayant soin de ne les porter au pressoir qu'au moment de la plus grande chaleur du jour. Les vins muscats, provenant de raisins ainsi préparés, sont bien meilleurs que ceux faits avec des raisins traités selon l'usage ordinaire.

La Provence est en possession de fournir le vin cuit que l'on boit dans l'intérieur de la France. On le prépare de deux manières :

Première préparation. On remplit de moût un gros

chaudron qu'on met sur le feu, dès que ce moût est en ébullition, on le purge de toute l'écume qui est amenée à sa surface, et lorsqu'il est réduit d'un tiers, on le retire du feu et on le verse dans un grand vase, tel qu'une comporte. De suite, et avant qu'il commence à se refroidir, on l'agite fortement jusqu'à ce qu'il ne s'élève plus de vapeur au dessus du liquide. Cette dernière opération est nécessaire pour que le vin cuit ne prenne pas un goût de fumée. Après un séjour de vingt-quatre heures, il est placé dans une futaille ou dans une damejeanne. Le principe végéto-animal étant pour ainsi dire, détruit par l'action du feu, en même temps que le principe sucré est concentré dans une masse moindre de liquide, il en résulte que la fermentation ne s'établit qu'après plusieurs mois et qu'elle dure pendant un fort long-temps. Ce n'est donc que l'année d'après qu'on peut soutirer le vin cuit et ce n'est qu'à la seconde année, et après un second et même un troisième soutirage qu'il doit être clarifié et mis en bouteilles.

Deuxième préparation. Comme beaucoup de propriétaires fabriquent du vin cuit pour en opérer la vente avant la fin de l'année vinaire, il était nécessaire de le faire entrer en fermentation le plutôt possible, et l'on y est parvenu en faisant réduire à moitié le moût mis sur le feu, et en le mélangeant, après son refroidissement, avec autant de moût ordinaire. Ce moût, contenant encore tout son ferment ou principe végéto-animal, agit nécessairement sur le principe sucré, non pas instantanément comme cela a lieu dans les cuves vinaires, mais après huit ou dix jours. La fermentation se continue lentement sans doute, mais de manière cependant à être terminée dans le mois de janvier ou février. On conçoit que ce vin cuit, ainsi préparé peut être, soutiré en avril et ensuite en septembre, puis clarifié et mis en bouteilles au commencement de l'hiver suivant, mais il ne vaut jamais, à mon avis, celui fait sans addition du moût.

Si le vin cuit provient de raisins bien murs et cueillis sur des vignes cultivées dans un terrain pierreux, exposé au sud ou à l'est, et surtout s'il a été fait suivant le premier procédé, il devient après huit à dix ans de bouteilles, un vin de liqueur que bien de gens confondent avec celui de Malaga.

Lorsqu'on prépare le vin cuit avec des raisins muscats, il prend une saveur bien différente, et alors il ne diffère en rien du véritable malvoisie. Or comme de tous les vins de dessert, celui-ci est le plus généralement estimé, je conseille aux propriétaires aisés de planter à une très bonne exposition, de cent à cent cinquante pieds de vignes de la variété dite muscat pour se fabriquer eux mêmes leur vin de malvoisie.

Ce n'est pas seulement pour le vin qu'on obtient par la fermentation de son fruit que la vigne est cultivée. Plusieurs de ses variétés donnent des raisins qui sont servis sur nos tables, soit au moment de leur maturité, soit après qu'ils ont été conservés frais durant une partie de l'hiver, soit enfin pendant presque toute l'année, quand ils ont été desséchés. Mais ces variétés ne sont pas celles que j'ai déjà mentionnées. Il en est plusieurs. Les plus multipliées sont :

1° Le PLANT DE SAINT-JEAN; cultivé à cause de sa précocité; raisins à grains ronds, blancs, sans saveur, mûrs à la fin de juillet.

2° Le PRIMAVIS MUSCAT. Variété de muscat très-précoce, dont les raisins, à grains d'un blanc doré, mûrissent dès les premier jours d'août.

3o Les CHASSELAS de diverses sortes, parmi lesquels on cultive plus particulièrement.

Le CHASSELAS ROSE, *clos vougeot* dans les environs de Toulon. Raisin ressemblant au *barbaroux* ou *raisin grec*, mais d'un meilleur goût, à cause de la saveur du chasselas qu'on rencontre en lui; il mûrit dès les premiers jours d'août.

Le CHASSELAS DE FONTAINEBLEAU. Raisins à grains peu serrés, d'un jaune plus ou moins doré, d'une assez belle grosseur et mûrs en août.

Le *ciouta*, le *tartare*, variété de chasselas remarquables par ses feuilles laciniées et découpées au point qu'elles ne ressemblent pas aux feuilles des autres variétés de vigne. Raisins à grains arrondis, de grosseur moyenne, d'un blanc doré et murissant en août.

4o Les MUSCATS *blancs*, *rouges* et *noirs*. Les deux premiers sont plus précoces et plus musqués. Mûrs à la fin d'août.

5o Les CORINTHES *blancs* et *noirs*. Raisins dont les grains sont très petits et sans pépins; ils sont très doux et très estimés,

6o La PANSE. Raisins à gros grains, un peu ovales, d'un blanc plus ou moins jaunâtre, selon qu'ils sont plus ou moins ombragés, à peau très épaisse; qualités qui les rendent propres à être conservés pour l'hiver, soit frais, soit desséchés et appelés alors raisins secs, panses en Provence, du latin *uva passa*, nom que les Romains donnaient aux raisins ainsi préparés.

7o La PANSE MUSQUÉE, ou *muscat d'Espagne*; grains ovales, assez gros, très distants les uns des autres et relevés de musc.

8° Le MAYORCAIN, *plant de Marseille*, *bormenc*. Raisins blancs, à gros grains, un peu ovales; on les distingue de ceux de la panse par leur peau très mince, ce qui les rend meilleurs et plus délicats, et par leurs grappes moins grosses et moins serrées; qualité qui facilite leur conservation durant presque tout l'hiver.

9° L'OLIVETTE, excellent raisin pour l'hiver, à grains blancs, allongés et très épars.

10° La CLAIRETTE. Raisin blanc, à grains moyens, allongés, ayant la forme d'une olive ordinaire. C'est un des meilleurs raisins d'hiver. C'est avec ce raisin qu'on fait à Roquevaire le vin blanc si estimé de ce pays. J'étais dans l'erreur lorsque j'ai dit, en décrivant la variété de raisins dite l'*ugni blanc* que le vin nommé clairette de Trans était fait avec cette seule espèce de raisin. Depuis lors j'ai été mieux informé, et j'ai su qu'à Draguignan, à Trans, etc. on possède deux sortes de raisins nommés clairette, dont une est à grains ronds, d'un blanc tantôt verdâtre et tantôt rosé, selon l'exposition et la nature du terrain; c'est l'*ugni blanc* des environs de Toulon, et dont l'autre est à grains allongés, c'est la *clairette* de Roquevaire. C'est par le mélange de ces deux raisins, mais en ayant soin d'y faire dominer la clairette à grains allongés qu'on fait le vin blanc appelé clairette de Trans. La clairette est une des variétés les plus productives, et si ses grains ne donnent pas autant de jus que la plupart des autres raisins, il n'est pas moins constant, à cause du plus grand nombre de ses grappes, que son produit dépasse de beaucoup celui de la plupart des autres raisins.

11° Le CORNICHON BLANC. Variété peu productive. Raisins

très allongés, renflés par le milieu et quelquefois arqués, c'est un raisin d'automne et d hiver.

12° Le POUMESTRE, *bouan mestre*, *aygras*; raisins à très grosses grappes et à très gros grains, ne mûrissant qu'à la fin d'octobre, et se conservant sur pied jusqu'aux froids. C'est la variété nommée *verjus*, *bourdelas* à Paris, où elle n'est cultivée qu'à cause du jus de ses raisins qu'on exprime et que l'on conserve en bouteilles, après une légère préparation, pour l'usage de la cuisine; les grains y arrivent rarement à leur maturité.

De tous les raisins qui viennent d'être mentionnés et décrits, celui qui mérite le plus notre attention, c'est le corimthe à grains noirs. Il est des pays dans le Levant qui se font un grand revenu par la vente de ce rainsin quand il est sec. Son grain étant très petit, il n'a pas besoin d'être trempé dans un lessif comme la panse pour se dessécher, il suffit de cueillir les raisins, lorsqu'ils ont dépassé de quelques jours leur complète maturité: ce que l'on reconnaît à la facilité avec laquelle les pédicelles ou queues des grains se détachent de l'axe de la grappe et de les déposer sur des claies ou mieux sur des draps placés à toute l'ardeur du soleil. Quand on s'aperçoit que les grains, sans pourtant se dépouiller de leurs pédicelles, se séparent de la grappe, on les frappe légèrement avec des petites baguettes pour les en détacher en ièrement; après on crible le tout, pour que les grains tombent sur un drap et pour que le bois des grappes reste sur le crible et finalement on vanne ce qui a passé à travers le crible pour purger les grains de tous les débris de grappes qui sont mêlés avec eux et qui sont assez petits pour que ceux-ci en soient débarrassés au moyen du van. Les grains de raisins de corinthe sont enfermés en lieux secs et ensuite livrés au commerce.

Les Anglais en font une consommation immense. Ils en achètent chaque année pour plusieurs millions. Ce raisin entre dans la composition de leur fameux pouding. Nos coteaux conviennent si bien à la culture de la vigne qui produit ce raisin, qu'il est étonnant que pas un cultivateur ait encore pensé à introduire cette nouvelle branche d'industrie agricole dans nos pays. Elle y serait d'un grand produit, ne fut-ce que pour la consommation de l'intérieur de la France où le goût pour le pouding commence à se répandre. C'est donc une variété de plus à propager dans la Provence. Du reste elle donne un raisin fort bon à manger et fort joli à cause de la petitesse de ses grains. Aussi n'ai-je jamais vu rester une seule grappe de ce raisin, quand il fait partie d'un dessert. Je ne cesse de multiplier cette variété de raisins ; j'espère dans quelques années pouvoir en procurer des ceps aux propriétaires qui désireront tenter cette culture.

Si vers la fin de l'été, c'est un plaisir pour beaucoup de gens de cueillir et de manger une grappe de muscat, au moment que, mûre et vermeille sur le sarment qui l'a produite, elle semble s'offrir d'elle-même à la main qui s'apprête à la détacher, c'est une bien plus grande jouissance de savourer pendant le mois de décembre, au coin de son feu, une grappe de chasselas de Fontainebleau ; mais selon moi, ce n'est pas en Provence qu'il faut venir pour la trouver cette grappe délicieuse, c'est dans le centre de la France, c'est à Paris surtout qu'il faut aller la chercher. Là les raisins n'acquièrent jamais cette douceur qui affadit le palais ou qui pique le gosier, comme font nos muscats. Paris ! ville fertile en productions les plus exquises, ce que je regrette de toi, ce ne sont pas tes ananas, tes melons précoces, tes pêches de Montreuil ; ce sont tes chasselas de Thoméry. Non seulement le sol et le climat de Fontainebleau, aux environs duquel se trouve le village de Thoméry, concourent à rendre meilleurs les chasselas qu'on y cultive, mais encore les propriétaires de ce pays ne manquent jamais de choisir les ceps qu'ils plantent sur les variétés qu'ils reconnaissent être les meilleures; et ensuite comme les pieds destinés à fournir les raisins d'hiver sont placés et palissés contre des murs exposés au midi, ils laissent sur pied jusqu'aux fortes gelées, les grappes destinées à la consommation de Paris, en ayant soin pour les abriter de la voracité des moineaux et de la piqûre des insectes, de les enfermer dans des sacs de papier huilé ou mieux dans de petits sacs de crin. Cueillis dans les premiers jours de novembre, ces chasselas encore frais et vermeils, sont portés avec précaution dans le fruitier et transportés sur les marchés de la capitale pendant une partie de l'hiver, où on leur trouve un écoulement facile à un prix fort élevé.

Nos raisins mûrissent trop tôt pour que nous puissions nous permettre de laisser sur pied, jusques vers la fin de l'automne, ceux que nous conservons pour l'hiver. Nous les cueillons à leur parfaite maturité, c'est-à-dire, durant le mois de septembre. Nous les plaçons dans un lien de gros fil sur lequel plusieurs grappes sont superposées, et nous suspendons ces raisins au plancher du fruitier; mais les grappes inférieures, étant pressées par celles qui sont au dessus, sont presque toujours serrées contre le fil et leurs grains en sont plus ou moins meurtris. Or, il suffit d'un seul grain, entamé ou déchiré par le fil, pour qu'il se gâte, et il suffit d'un seul grain pourri pour que la pourriture se répande sur tous les raisins du lien ou chapelet. Qu'on juge d'après toutes ces considérations, si nous pouvons avoir des raisins frais ou même des raisins passablement conservés pendant l'hiver. Depuis quelques années je fais usage d'un autre mode de conservation, mode qui n'est pas assez connu, et je m'en trouve bien. Je vais en donner la description. Pendant l'hiver on se procure des petits rejets d'oliviers, venus depuis le binage donné aux pieds de ces arbres à la fin du dernier printemps. Ces rejets sont toujours munis de petits rameaux dans toute leur longueur. On enlève ceux de ces rameaux qui sont trop rapprochés les uns des autres et on coupe en crochets de deux pouces de long ceux qui restent. Une fois secs, les rejets sont mis en réserve pour y avoir recours au moment des besoins. A la fin de septembre, on cueille la clairette, les olivettes, les mayorcains, les panses, et autres raisins de choix : on les pose sur un lit de feuilles dans une corbeille et on les apporte au fruitier où déjà les rejets ont été suspendus au plancher par le petit bout. On prend avec beaucoup de ménagement les grappes et on place chacune d'elles sur les crochets dont sont munis les rejets d'oliviers. Si l'on suit ce procédé en prenant toutes les précautions possibles, je garantis la conservation des raisins ainsi préparés pour tout l'hiver.

La Provence fournit une grande partie des raisins secs ou panses consommés dans le centre et le nord de la France. Voici la manière de les préparer. On met dans un chaudron, placé sur le feu, de l'eau de fontaine, on y ajoute d'abord la quantité de cendres nécessaires pour faire un fort lessif, et ensuite sept à huit tiges de la plante désignée par les Provençaux sous le nom de nasco, (l'érigère vulgaire des botanistes) une poignée de foin et deux têtes d'ail. Après une ébullition de quelques minutes, on essaie le lessif. Pour cela on y plonge une grappe de raisins ; si les grains en sortent tels qu'ils y sont entrés, c'est une preuve que le lessif est trop faible, qu'il faut mettre encore de la cendre, si au contraire la peau du raisin s'est fendillée en tous sens, c'est que le lessif est trop actif, il faut de suite y verser de l'eau pour le modifier. Le lessif est au point qu'il faut quand une grappe après y avoir été plongée trois fois, offrira ses grains tant soit peu fendillés. On retire du feu le chaudron, on laisse refoidir et déposer le lessif. Lorsqu'on reconnaît que celui-ci s'est éclairci par le dépôt de la cendre, on le coule à travers un linge serré et on le remet sur le feu. Dès l'instant qu'il boût, on prend deux ou trois grappes de panses, car c'est à peu près la seule variété de raisin qu'on prépare ainsi, et les tenant par l'extrêmité des pédoncules ou queues, on les plonge à trois reprises différentes dans le lessif et on les pose sur une claie. On répète cette triple immersion autant qu'on a des grappes de raisins à préparer, en ayant soin d'attendre chaque fois que le lessif soit en ébulition. Tous les jours on retourne dessus dessous les grappes et cela jusqu'à parfaite dessication. Ces raisins sont alors placés dans des corbeilles où ils sont pressés et recouverts avec du papier, après quoi ils sont enfermés en lieux secs jusqu'au moment de la consommation ou de leur livraison au commerce.

On cultive plusieurs autres espèces de vignes, mais ces arbustes qui, sont tous sarmenteux et la plupart dioïques, n'offrent rien d'intéressant; on ne les trouve que dans les écoles de botanique ou le long de quelques murs qu'ils masquent au moyen de leurs tiges sarmenteuses.

VIOLETTE. Genre de plantes de la famille des violettiers, composé d'un grand nombre d'espèces dont quelques unes sont cultivées ou méritent de l'être.

VIOLETTE ODORANTE, *viola odorata*, Lin.; *viouletier*,

viouretier en prov., violetier dans le midi de la France. Je ne me permettrai pas de décrire cette plante qui se trouve dans tous nos jardins. Ses fleurs, qui semblent ne pas oser se montrer, sont pourtant cueillies avec une sorte de jouissance par les personnes qui se promènent dans les parterres où la violotte odorante est cultivée. C'est qu'il est peu de fleurs qui exhalent une odeur plus douce et plus suave. Cette plante étant vivace, et les variétés à fleurs doubles ne donnant pas de graines, on multiplie celles-ci par division des vieux pieds, toujours disposés en grandes touffes. Toute terre, si elle est un peu ombragée, convient à la violette. C'est pendant toute l'année, mais mieux en automne ou en printemps, qu'on la plante. Il est prudent d'arroser pour en assurer la reprise. Il y a des variétés nombreuses de violettes. La plus commune est la violette bleue à fleurs doubles; viennent ensuite la violette noire à fleurs doubles, ainsi nommée à cause de sa couleur bleue très foncée, la violette rose et la violette blanche, aussi à fleurs doubles. Il y a de plus la violette panachée, la VIOLETTE DE PARME à fleurs doubles d'un bleu très pâle, la VIOLETTE DE BRUNEAU, à fleurs doubles et remarquables par la couleur de leurs pétales dont les extérieurs sont violets et dont les intérieurs sont panachés de rouge, de violet et de blanc. La culture de la violette est assez étendue dans les jardins d'Hyères et d'Ollioules, mais non pour en faire des gâteaux à la violette, comme mal à propos on l'a dit à Bosc, qui à son tour a commis cette erreur dans sont article violette du Nouveau Cours complet d'Agriculture, mais pour les porter pendant l'hiver aux bouquetières de Marseille, de Toulon, d'Aix, saison durant laquelle il n'y a pas d'autres fleurs et que de plus on ne peut guères cultiver que dans les jardins des environs de

Toulon. Quant aux gâteaux de violette si recherchés à Toulon, à Marseille et dans toute la Provence, selon Bosc, je dirai que je n'en ai jamais goûté ni entendu parler, et qu'ils ne sont pas même connus de nos confiseurs.

VIOLETTE TRICOLORE, *pensée*, *viola tricolor*, Lin.; *panseyo* en prov. Cette plante, qu'on ne se donne jamais la peine de multiplier, se resème d'elle même. Il n'en est pas ainsi de quelques belles variétés telle que la pensée à fleurs bordées d'un liseret blanc, etc. qu'on ne peut propager qu'au moyen de boutures et d'éclats des vieux pieds. La pensée vient dans tout terrain. Il en naît beaucoup et souvent trop dans les parterres où déjà elle est cultivée. Elle ne demande que des sarclages et des arrosemens pendant l'été. C'est durant l'hiver qu'on transplante les éclats des variétés dites pensées vivaces. Celles-ci demandent une terre légère et substantielle et plus de soins pour ne pas dégénérer vers la variété qui s'approche du type de l'espèce et qu'on trouve dans nos champs.

VIOLIER. Voyez GIROFLIER.

VIORNE. Genre de plantes de la famille des caprifoliacées, composé de plusieurs espèces dont deux sont dans le cas d'être mentionnées.

VIORNE, LAURIER-THYM ou *Laurier-tin*, *viburnum tinus*, Lin.; *lauretin* en prov. Cet arbrisseau, toujours vert et indigène du midi de la France, est si multiplié dans la Provence qu'il n'est pas une seule maison de campagne où on ne le trouve; c'est qu'il résiste aux longues sécheresses de nos étés, c'est qu'il vient dans tous les terrains qui ne sont pas trop humides, c'est enfin que dans le premier printemps, quand il se couvre de ses fleurs en corymbe tantôt blanches et tantôt rosées, il orne singulièrement les promenades où il se trouve. A cause de ses fruits et de son feuillage persistant, il occupe toujours les deux rangs extérieurs de nos tèses ou remises à chasser les bec-figues et autres oiseaux à bec fin. On multiplie le laurier-tin avec la plus grande facilité au moyen de ses rejets toujours nombreux autour des vieux pieds, de marcottes et de graines, qui sont mûres en automne et qu'on sème de suite, si on veut qu'elles germent au printemps d'après; semées plus tard, une partie de ces graines ne lèveraut qu'à la seconde année La viorne laurier-tin est un arbuste si rustique qu'on peut le transplanter durant presque toute l'année, si on a soin de l'arroser en le plantant durant les temps de sécheresse, et qu'il se passe de culture une fois qu'il a commencé à végéter. Cependant un ou deux binages durant l'été qui suit sa plantation le font pousser avec plus de vigueur.

Viorne obier. *viburnum opulus*, Lin. Arbrisseau qui croît dans les bois frais du centre de la France et que je mentionne parce que par la culture on a obtenu de cette viorne un arbuste qu'on ne manque jamais de placer dans un bosquet et souvent dans les parterres. Cet arbuste est connu vulgairement sous les noms de *boule de neige*, *rose de gueldre*. Il se multiplie de rejets, de marcottes et de boutures pendant tout l'hiver. Il ne prospère dans nos pays que dans les terrains frais ou arrosables pendant l'été. Il ne meurt pas dans les terrains secs, mais il y fait peine à voir, tant il y est chétif, tant ses boules de fleurs sont petites.

VOLCAMIER. Genre de plantes de la famille des gatiliers dont une espèce s'est rendue très commune d'elle-même dans plus d'un de nos pays, ce sera la seule que je mentionnerai.

Volcamier du Japon, *clerodendrum fragrans*, cle-

rodendron en Provence. Petit arbuste qu'on voyait durant les premières années du siècle dans presque tous nos jardins, tant il était de mode alors. Cultivé en pleine terre, mais à une bonne exposition, il s'y multipliait de rejets à tel point qu'il en était embarrassant. C'est pour cette cause et pour celle de l'odeur puante de ses feuilles que j'arrachai tous les pieds que je possédais. Il est fâcheux que ses feuilles, quand on les touche, laissent les doigts empreints d'une odeur désagréable; car ses fleurs réunies en tête, sont très doubles, d'un blanc de lait en dedans, tant soit peu purpurines en dehors et exhalant un parfum qui s'approche de celui des fleurs de l'oranger. Cette plante, très sensible aux gelées, périt toutes les fois qu'elles sont un peu intenses; mais elle repousse dès l'arrivée du printemps. Conservé en pots qu'on place contre un abri, le clerodendron ne présente plus l'inconvénient de tracer, de devenir incommode, et il brave le froid de nos hivers ordinaires. C'est durant les premiers jours du printemps qu'on plante ses rejets. Toute terre, si elle est souvent arrosée pendant l'été, est à leur convenance.

Y.

YEUSE. Voyez CHÊNE.

YUCCA. Genre de plantes de la famille des liliacées, composé de quelques espèces dont une se voit dans presque tous les jardins et qui conséquemment doit trouver ici une place.

YUCCA A FEUILLES D'ALOÈS, *yucca aloëfolia*, *arbre à épée* en Provence. Cet arbrisseau, qui s'élève de trois à quatre mètres, et dont le tronc a quelque analogie avec celui des palmiers, ne figure dans nos jardins qu'à cause de son port, de ses feuilles ensiformes et de ses fleurs en panicules terminales au sommet de la tige. On le multiplie de rejets ou de boutures qu'il faut laisser se dessécher au soleil pendant près d'un mois, ne planter qu'en été, et se bien garder de les arroser tant qu'elles n'ont pas donné signe de vie. Le yucca à feuilles d'aloès vient dans tout terrain, même dans le plus aride ; cependant une fois repris, il se développe davantage et plus vite dans une terre grasse et arrosable ; mais là il court risque de se pourrir lors de sa plantation, si on oublie qu'il craint la moindre humidité, tant qu'il n'a pas commencé à végéter.

Je recommande aux amateurs les Yuccas filamenteux et a feuilles glauques. Ils résistent très bien à nos hivers, et ils sont extrêmement pittoresques. Le Yucca nain, plus rustique encore que le yucca à feuilles d'aloès, pourrait être propagé dans nos pays en raison de la facilité qu'on a à le multiplier, et de ses feuilles piquantes qui le rendent propre à faire des haies dans les terrains secs. Il est d'ailleurs d'une forme singulière.

Z.

ZAMIE. Genre de plantes de la famille des cycadées, dont une espèce plus rustique que les autres, la Zamie horrible, peut être cultivée en pleine terre dans nos pays, mais à une bonne exposition. Cette plante, qui vient dans tout terrain, ne doit être cultivée que comme étant singulière par ses pointes aiguës et défensives.

ZINNIA. Genre de plantes de la famille des corymbifères composé de plusieurs espèces, toutes originaires de l'Amérique méridionale. Plusieurs sont cultivées par les horticulteurs. La plus multipliée, et la seule qu'on voit dans nos jardins est le Zinnia rouge, *Zinnia multiflore*, *zinnia multiflora*, Lin. Cette plante, remarquable par le nombre de ses fleurs à disque jaune et à rayons d'un rouge variant du vif au terne pendant leur durée, qui est de plus de quinze jours, se multiplie de graines qu'on sème en mars en terre légère et fertile ou plutôt qui se resèment d'elles-mêmes. Il m'en sort des milliers de pieds chaque année. Elle demande, comme toutes les plantes de parterre, des sarclages et des arrosemens pendant l'été.

Quelques autres zinnias, parmi lesquels je citerai le Zinnia élégant, dont on a obtenu de fort jolies variétés, se trouvent dans les jardins des amateurs. Même culture et mêmes soins que pour le zinnia rouge.

ZOEGEA D'ORIENT, *Zoegea leptaurea*, Lin. Plante annuelle formant un genre de la famille des flosculeuses, qu'on cultive dans plus d'un jardin pour ses belles fleurs de couleur jaune. On multiplie le zoegea de graines semées en mars et sur place. Tout terrain arrosable est propre à la culture de cette plante.

FIN.

LISTE DE MM. LES SOUSCRIPTEURS

AU PREMIER VOLUME

du Manuel du Cultivateur Provençal.

Monsieur le Ministre de l'Agriculture, pour... 50 ex.

Le Comice Agricole de Toulon, pour les 28 communes, composant l'arrondissement de Toulon, 28

M. Jourdan, préfet de la Corse, ... 2

MM. le Ministre de la marine.

Martin, percepteur et propriétaire à Pignans.

Reverdit, juge suppléant près le tribunal civil à Toulon.

Le Baron Feraporte des Garcinières, à Cogolin.

Le Comte David de Beauregard, à Hyères.

Le chevalier de Lajard, à la Valette.

Hermieu, maire et notaire, à Cogolin.

Augier (Louis), propriétaire à Cogolin.

De Lavau, ancien officier supér., à Carqueiranne.

Thouron, licencié en droit et avoué à Toulon.

Denis, député du Var et maire à Hyères.

Granet, ancien militaire, à Toulon.

Athanoux, juge de paix, au Luc.

De Beuthy (Alphonse), propriétaire à Hyères.

De la Boulie, ancien procureur-général à Aix.

Assailly, propriétaire à Toulon.

Martin (Henri), chirurgien de la marine, à Toulon.

Courchet fils, avocat, à la Garde-Freinet.

Boyer de Fonscolombe (Hypolite), à Aix.

Le Marquis de la Goua, à Aix.

MM.

De **Beaulieu**, propriétaire, à Aix.
Graeb, capitaine de vaisseau, à Toulon.
Raoulx de **Crozet**, chef de comptabilité, à Toulon.
De **Berlier-Tourtour**, propriétaire, à Draguignan.
Duval, ingé. en chef du dép. du Var, à Draguignan.
Blanc, propriétaire à Draguignan.
Garcin, marchand tailleur, à Draguignan.
Braquetti, négociant, à Marseille.
Reverdit, officier de marine en retraite, à Toulon.
Capeau, ancien président de la cour royale, à Aix.
Hugues, entrepren. de diligences, au Puget près Cuers.
Nonai, capitaine de frégate, à Toulon.
Martin, receveur des douanes, à Saint-Tropez.
Jeangérard, lieutenant de vaisseau, à Toulon.
Fabre, officier de marine en retraite, à Toulon.
Roux, ancien conserva. des hypothèques, à Marseille.
Bonard, directeur du génie maritime, à Toulon.
De **Pontevès**, maire et propriétaire à Forcalqueiret.
Laugier, médecin de la marine en retraite, à Toulon.
De **Clapier**, ancien magistrat, à Brignolles.

Lightning Source UK Ltd.
Milton Keynes UK
UKHW030613060519
342177UK00009B/2116/P

9 781274 844170